Czech pocket dictionary

English-Czech & Czech-English

John Shapiro

Czech pocket dictionary
by John Shapiro

Copyright ©2015-2017 John Shapiro. All rights reserved.
Edited and published by Fluo!Languages.

First edition: March 2017

While the publisher and the authors have used good faith efforts to ensure that the information and instructions contained in this work are accurate, the publisher and the authors disclaim all responsibility for errors or omissions, including without limitation responsibility for damages resulting from the use of or reliance on this work. Use of the information and instructions contained in this work is at your own risk. If any code samples or other technology this work contains or describes is subject to open source licenses or the intellec- tual property rights of others, it is your responsibility to ensure that your use thereof complies with such licenses and/or rights.

No part of this book may be reproduced or utilized in any form or by any means, electronic or mechanical, including photocopying, recording, or by any information storage and retrieval system, without permission in writing from the author.

This dictionary includes processed information, partly based on data which forms part of the English Wiktionary project.

ENGLISH-CZECH

A

aardvark • *n* hrabáč *(m)*, hrabáč kapský *(m)*
aardwolf • *n* hyena cibetková *(f)*
abaca • *n* manilské konopí *(n)*
aback • *adv* zpět
abandon • *v* vzdávat se, vzdát se, opustit
abandoned • *adj* opuštěný
abase • *v* ponížit
abash • *v* zahanbit
abattoir • *n* jatky
abaxial • *adj* nesouosý
abbess • *n* abatyše *(f)*
abbey • *n* opatství *(n)*
abbot • *n* opat *(m)*
abbreviate • *v* zkracovat, zkrátit
abbreviation • *n* zkratka *(f)*, zkrácení *(n)*, krácení
abdicate • *v* abdikovat
abdication • *n* abdikace *(f)*
abdomen • *n* břicho *(n)*
abdominal • *adj* břišní
abduct • *v* unést
abduction • *n* abdukce, únos *(m)*
aberrant • *adj* scestný, aberující *(m)*
ability • *n* schopnost
ablaut • *n* kmenostup *(m)*, střída *(f)*
able • *adj* schopný, způsobilý
abnormal • *adj* abnormální *(n)*
aboard • *adv* na palubě
abolish • *v* zrušit
abomination • *n* odpor *(m)*, zhnusení *(n)*, odpornost *(f)*, ohavnost *(f)*
aborigine • *n* domorodec *(m)*
abort • *v* potratit
abortifacient • *adj* abortivní *(n)*
abortion • *n* potrat *(m)*, interrupce *(f)*
abound • *v* oplývat
about • *adv* asi, přibližně • *prep* kolem, okolo, o
above • *n* vyšší • *adv* výše • *prep* nad
above-mentioned • *adj* výše zmíněný
abracadabra • *interj* abrakadabra
abrade • *v* obrousit, odřít
abrasion • *n* odřenina *(f)*
abroad • *adv* v zahraničí
abscess • *n* absces *(m)*, hnisavý vřed *(m)*
abscissa • *n* abscisa *(f)*
absence • *n* nepřítomnost *(f)*, absence *(f)*
absent • *adj* nepřítomný *(m)*
absinthe • *n* absinth *(m)*, absint *(m)*, pelyněk *(m)*
absolute • *adj* absolutní, jistý, čistý
absolutely • *adv* naprosto
absolution • *n* rozhřešení *(n)*
absorb • *v* absorbovat, pohltit, vstřebat
absorbed • *adj* pohlcený
absorption • *n* absorpce *(f)*, vstřebání *(n)*
absquatulate • *v* zdejchnout
abstain • *v* zdržet
abstract • *n* výtah *(m)*, shrnutí *(n)*, výtažek *(m)*
absurd • *adj* absurdní
absurdity • *n* absurdnost *(f)*, absurdita *(f)*
abulia • *n* abulie *(f)*
abundance • *n* hojnost *(f)*
abundant • *adj* hojný *(m)*
abuse • *n* zneužití *(n)*
abyss • *n* propast *(f)*
academic • *adj* akademický *(m)*
academy • *n* akademie *(f)*
acarus • *n* roztoč *(m)*
accede • *v* přistoupit, souhlasit
accelerate • *v* zrychlovat, zrychlit, urychlit
acceleration • *n* zrychlení *(n)*, akcelerace *(f)*
accent • *n* přízvuk *(m)*
accept • *v* přijmout, přijímat, akceptovat
acceptability • *n* přijatelnost *(f)*
acceptable • *adj* přijatelný *(m)*
acceptance • *n* přijetí *(n)*
access • *n* přístup *(m)*
accessory • *n* doplněk *(m)*
accident • *n* nehoda *(f)*
accidental • *adj* nahodilý, náhodný
acclimatization • *n* aklimatizace *(f)*
acclimatize • *v* aklimatizovat
accommodation • *n* ubytování *(n)*, akomodace *(f)*
accompaniment • *n* doprovod *(m)*
accompany • *v* doprovodit
accomplice • *n* spolupachatel *(m)*, spoluviník *(m)*, komplic *(m)*
accord • *n* souhlas *(m)*
accordion • *n* akordeon, harmonika
accordionist • *n* harmonikář *(m)*
account • *n* účet *(m)*, konto *(n)*
accountability • *n* odpovědnost *(f)*
accountant • *n* účetní *(m)*
accounting • *n* účetnictví *(n)*
accreditation • *n* akreditace
accretion • *n* nárůst *(m)*, nárůstek *(m)*
accuracy • *n* přesnost *(f)*

accurate • *adj* přesný *(f)*
accusation • *n* obvinění *(n)*
accusative • *n* čtvrtý pád *(m)*, akuzativ *(m)*
accusatory • *adj* žalující, obviňující, vyčítavý
accuse • *v* obviňovat, obvinit
accused • *n* obviněný *(m)*
ace • *n* eso *(n)*
acerbity • *n* hořkost *(f)*, kyselost *(f)*, trpkost *(f)*
acetamide • *n* acetamid
acetaminophen • *n* paracetamol *(m)*
acetate • *n* acetát *(m)*
acetone • *n* aceton *(m)*
acetylcholine • *n* acetylcholin *(m)*
acetylene • *n* acetylen *(m)*, acetylén *(m)*
ache • *v* bolet • *n* bolest *(f)*
achene • *n* nažka *(f)*
achievable • *adj* dosažitelný *(m)*
achieve • *v* dosahovat, dosáhnout
acid • *n* kyselina *(f)* • *adj* kyselý
acidosis • *n* acidóza *(f)*
acinus • *n* lalůček *(m)*
acknowledgement • *n* uznání *(n)*, přiznání *(n)*
acne • *n* akné *(n)*
aconite • *n* oměj *(m)*
acorn • *n* žalud *(m)*
acoustic • *adj* akustický, zvukový
acoustics • *n* akustika *(f)*
acquaintance • *n* známý *(m)*
acrimony • *n* rozhořčenost *(f)*, strohost *(f)*, jízlivost *(f)*
acrobat • *n* akrobat *(m)*
acrobatics • *n* akrobatika *(f)*, akrobacie *(f)*
acromegaly • *n* akromegalie
acromion • *n* nadpažek *(m)*
acronym • *n* akronym *(m)*
acropolis • *n* akropole *(f)*, akropolis *(f)*
across • *adv* vodorovně • *prep* přes
act • *v* působit • *n* čin *(m)*, skutek *(m)*, zákon *(m)*, dějství *(n)*
actinium • *n* aktinium *(n)*
action • *n* čin *(m)*, akce *(f)*, žaloba *(f)*
active • *adj* činný *(m)*
actively • *adv* aktivně
activism • *n* aktivismus *(m)*
activist • *n* aktivista *(m)*
activity • *n* aktivita *(f)*, čilost *(f)*, činnost *(f)*
actor • *n* herec *(m)*, herečka *(f)*
actress • *n* herečka *(f)*
actual • *adj* skutečný
actually • *adv* skutečně, opravdu
acumen • *n* bystrost *(f)*

acupuncture • *n* akupunktura *(f)*
acute • *adj* akutní
adamant • *adj* neoblomný, neochvějný *(m)*
adapt • *v* adaptovat, přizpůsobit, upravit
adaptability • *n* přizpůsobivost *(f)*
adaptable • *adj* přizpůsobivý *(m)*
adaptation • *n* přizpůsobení *(n)*, adaptace *(f)*
adapter • *n* adaptér *(m)*
add • *v* přidat, sečíst
addend • *n* sčítanec *(m)*
adder • *n* zmije *(f)*
addict • *n* závislák *(m)*, fanatik *(m)*
addicted • *adj* závislý
addictive • *adj* návykový *(m)*
addition • *n* přídavek *(m)*, sčítání *(n)*
additional • *adj* dodatečný
address • *n* adresa *(f)*
addressee • *n* adresát *(m)*
adenine • *n* adenin *(m)*
adenocarcinoma • *n* adenokarcinom *(m)*
adenoid • *n* nosní mandle *(f)*
adenoma • *n* adenom *(m)*
adenosine • *n* adenozin *(m)*
adequate • *adj* přiměřený, odpovídající, adekvátní
adherent • *n* příznivec *(m)*, stoupenec *(m)*, člen, přívrženec *(m)*
adhesion • *n* adheze *(f)*
adjacency • *n* sousednost *(f)*
adjacent • *adj* přilehlý
adjectival • *adj* adjektivní, přídavné jméno *(n)*
adjective • *n* přídavné jméno *(n)*
adjoin • *v* sousedit
adjudicate • *v* rozsoudit
adjust • *v* upravit
adjustable • *adj* nastavitelný
adjustment • *n* přizpůsobení, úprava
adjutant • *n* pobočník *(m)*
administer • *v* podat, spravovat
administration • *n* správa *(f)*
administrator • *n* správce *(m)*, administrátor *(m)*
admirable • *adj* obdivuhodný
admiral • *n* admirál *(m)*
admiration • *n* obdiv *(m)*
admire • *v* obdivovat
admirer • *n* obdivovatel *(m)*
admissible • *adj* přípustný
admit • *v* připustit
admonition • *n* napomenutí *(n)*
adobe • *n* vepřovice *(f)*
adolescence • *n* dospívání *(n)*

adolescent • *n* dospívající *(m)*, puberťák *(m)*
adopt • *v* adoptovat, osvojit
adoption • *n* adopce *(f)*, osvojení *(n)*
adore • *v* zbožňovat
adorn • *v* zdobit
adrenaline • *n* adrenalin *(m)*
adrenergic • *adj* adrenergní
adroitness • *n* zručnost *(f)*, obratnost *(f)*, šikovnost *(f)*
adult • *n* dospělý *(m)* • *adj* dospělý
adulterer • *n* cizoložník *(m)*
adulteress • *n* cizoložnice *(f)*
adulterous • *adj* nevěrný
adultery • *n* cizoložství *(n)*, manželská nevěra *(f)*
adulthood • *n* dospělost *(f)*
advance • *n* záloha *(f)*
advancement • *n* pokrok *(m)*, vývoj *(m)*
advantage • *n* výhoda *(f)*, výhoda
advantageous • *adj* výhodný *(m)*
adventure • *n* dobrodružství *(n)*
adventurer • *n* dobrodruh *(m)*
adventurous • *adj* dobrodružný *(m)*
adverb • *n* příslovce *(n)*
adverbial • *n* příslovečné určení *(n)* • *adj* příslovečný
adversary • *n* protivník *(m)*
advertisement • *n* reklama *(f)*
advice • *n* rada *(f)*
advise • *v* radit, poradit, informovat
advisory • *adj* poradní
advocate • *n* obhájce *(m)*, advokát *(m)*, právník *(m)*, právníčka *(f)*
adze • *n* tesla *(f)*, skoble *(f)*, teslice *(f)*
aeration • *n* provzdušnění *(n)*
aerial • *n* anténa *(f)*
aerodynamics • *n* aerodynamika *(f)*
aerology • *n* aerologie
aesthetic • *adj* estetický *(m)*
aesthetics • *n* estetika *(f)*
aetiology • *n* etiologie *(f)*
affable • *adj* vlídný *(m)*, přívětivý *(m)*
affair • *n* záležitost, poměr *(m)*
affect • *v* ovlivnit, postihnout
affection • *n* afekt *(m)*, pocit *(m)*, emoce *(f)*
afferent • *adj* dostředivý
affiliation • *n* přidružení *(f)*, přičlenění *(f)*, vztah *(m)*, propojení *(n)*, sdružení *(n)*, spolek *(m)*, svaz *(m)*
afflict • *v* postihnout
afford • *v* dovolovat, dovolit
aforementioned • *adj* výše zmíněný
afraid • *adj* bojácný, bázlivý, vystrašený
after • *adv* potom • *prep* po, za, na, podle

afterlife • *n* podsvětí, posmrtný život *(m)*
afternoon • *n* odpoledne *(n)*
afterwards • *adv* později, poté
again • *adv* zase, opět, znova
against • *prep* proti, o
agar • *n* agar *(m)*
agate • *n* achát *(m)*
agave • *n* agáve *(f)*
age • *v* stárnout • *n* věk *(m)*, stáří *(n)*, plnoletost *(f)*, doba *(f)*
agency • *n* kancelář *(f)*, agentura *(f)*
agenesis • *n* ageneze *(f)*
agent • *n* agent, zástupce
agglomeration • *n* aglomerace *(f)*
aggregate • *n* skandha
aggression • *n* agrese *(f)*
aggressive • *adj* útočný *(m)*, agresivní
aggressively • *adv* agresivně, útočně
aggressiveness • *n* útočnost *(f)*, agresivita *(f)*
agnostic • *n* agnostik *(m)*
agnosticism • *n* agnosticismus *(m)*
agonist • *n* agonista *(m)*
agoraphobia • *n* agorafobie *(f)*
agranulocytosis • *n* agranulocytóza *(f)*
agree • *v* shodovat, souhlasit, dohodnout, vyhovovat
agreeable • *adj* příjemný *(m)*
agreement • *n* domluva *(f)*, souhlas *(m)*, soulad *(m)*, dohoda *(f)*, shoda *(f)*
agricultural • *adj* zemědělský
agriculture • *n* zemědělství *(n)*
aid • *n* pomoc *(f)*, pomůcka *(f)* • *v* pomáhat, asistovat, napomáhat
aikido • *n* aikido *(n)*
aim • *v* zamýšlet • *n* záměr *(m)*
aimless • *adj* bezcílný *(m)*
aimlessly • *adv* bezcílně
aimlessness • *n* bezcílnost *(f)*
air • *v* větrat • *n* vzduch *(m)*, popěvek *(m)*
air-to-air • *adj* vzduch-vzduch
air-to-surface • *adj* vzduch-země
aircraft • *n* letadlo *(n)*
airline • *n* letecká společnost *(f)*, aerolinie, aerolinka *(f)*
airmail • *n* letecká pošta *(f)*
airplane • *n* letoun *(m)*, letadlo *(n)*
airport • *n* letiště *(n)*
aitch • *n* há *(n)*
akimbo • *adj* s rukama v bok
akin • *adj* příbuzný *(m)*
alacrity • *n* čilost *(f)*, hbitost *(f)*
alanine • *n* alanin *(m)*
alas • *interj* běda
albatross • *n* albatros *(m)*

albeit • *conj* třebaže
albinism • *n* albinismus *(m)*
album • *n* album *(n)*
albumen • *n* bílek *(m)*
alchemist • *n* alchymista *(m)*
alchemy • *n* alchymie *(f)*
alcohol • *n* alkohol *(m)*
alcoholic • *n* alkoholik *(m)*, opilec *(m)*, pijan *(m)* • *adj* alkoholický *(m)*
alcoholism • *n* alkoholismus *(m)*, alkoholizmus *(m)*, otrava alkoholem *(f)*
alder • *n* olše *(f)*
alderman • *n* obecní starší *(m)*, radní *(m)*, konšel *(m)*
alembic • *n* alembik *(m)*
alert • *n* výstraha *(f)*, poplach *(m)*, upozornění *(n)*
alfalfa • *n* vojtěška *(f)*
alga • *n* řasa *(f)*
algebra • *n* algebra *(f)*
algebraic • *adj* algebraický *(m)*
algorithm • *n* algoritmus *(m)*
algorithmic • *adj* algoritmický *(m)*
alibi • *n* alibi *(n)*
alien • *n* cizinec *(m)*, mimozemšťan *(m)*
alienate • *v* odcizit
alienation • *n* odcizení *(n)*
alimony • *n* výživné *(n)*, alimenty
alive • *adj* živý *(m)*
alkaline • *adj* zásaditý
alkaloid • *n* alkaloid *(m)*
alkalosis • *n* alkalóza *(f)*
all • *n* všechno *(n)* • *adv* všechno
allay • *v* utišit, uklidnit
allegation • *n* tvrzení *(n)*
alleged • *adj* údajný *(m)*
allegedly • *adv* údajně, prý
allegiance • *n* oddanost *(f)*
allegorical • *adj* alegorický
allegorically • *adv* alegoricky
allegory • *n* jinotaj *(m)*, alegorie *(f)*
allele • *n* alela *(f)*
allergen • *n* alergen *(m)*
allergic • *adj* alergický *(m)*
allergist • *n* alergolog *(m)*
allergology • *n* alergologie *(f)*
allergy • *n* alergie *(f)*
alley • *n* alej *(m)*, ulička *(f)*
alliance • *n* unie *(f)*, svaz *(m)*
allied • *adj* spojenecký *(m)*
alligator • *n* aligátor *(m)*
allot • *v* podělit, přidělit
allow • *v* dovolit, povolit
alloy • *n* slitina *(f)* • *v* legovat, slévat, slít
allspice • *n* nové koření *(n)*
allude • *v* dělat narážky, narážet

alluvial • *n* naplavenina *(f)* • *adj* náplavový, aluviální
ally • *n* spojenec *(m)*
almanac • *n* almanach *(m)*
almighty • *adj* všemohoucí, všemocný
almond • *n* mandle *(f)*, mandloň *(f)* • *adj* mandlový
almost • *adv* skoro, téměř
alms • *n* almužna *(f)*
alone • *adv* sám *(m)*
along • *prep* podél
alpaca • *n* alpaka *(f)*
alpha • *n* alfa *(f)*
alphabet • *n* abeceda *(f)*
alphabetic • *adj* abecední
alphabetical • *adj* abecední *(m)*
alphabetically • *adv* abecedně, abecední *(n)*, abecední
already • *adv* už, již
also • *adv* také
altar • *n* oltář *(m)*
altercation • *n* hádka *(f)*
alternate • *v* střídat se, střídat • *n* obměna *(f)*, náhrada *(f)* • *adj* střídavý, alternativní, náhradní
alternating • *adj* střídavý *(m)*
alternative • *n* alternativa • *adj* alternativní
although • *conj* ač, ačkoliv
altimeter • *n* výškoměr *(m)*
altitude • *n* nadmořská výška *(f)*, výška *(f)*
alto • *n* alt *(m)*
altruism • *n* altruismus *(m)*
altruistic • *adj* altruistický
alumnus • *n* absolvent *(m)*
alveolus • *n* plicní sklípek *(m)*
always • *adv* vždy, pořád
amalgam • *n* amalgám *(m)*
amanita • *n* muchomůrka *(f)*
amateur • *n* amatér *(m)*
amaze • *v* ohromit, udivit, zhromit
amazement • *n* úžas *(m)*, ohromení *(n)*
amazing • *adj* úžasný *(m)*, ohromující
ambassador • *n* velvyslanec *(m)*
amber • *n* jantar *(m)*
ambergris • *n* ambra *(f)*
ambient • *n* prostředí *(n)* • *adj* obklopující
ambiguity • *n* mnohoznačnost *(f)*, dvojsmysl *(m)*
ambiguous • *adj* mnohoznačný *(m)*
ambition • *n* ctižádost *(f)*, ambice, ambice *(f)*
ambitious • *adj* ctižádostivý *(m)*
ambivalent • *adj* ambivalentní, rozporuplný *(m)*

amblyopia • *n* tupozrakost *(f)*
amblyopic • *adj* tupozraký
ambulance • *n* sanitka *(f)*
ambulatory • *adj* ambulantní
ambush • *n* záloha *(f)*
ameliorate • *v* zlepšit
amen • *adv* amen
amend • *v* zlepšit, zlepšovat, vylepšit, vylepšovat, zlepšit se, zlepšovat se, napravit se, napravovat se, napravit, napravovat
amendment • *n* dodatek *(m)*
americium • *n* americium *(n)*
amethyst • *n* ametyst *(m)*
amicable • *adj* přátelský
amine • *n* amin *(m)*
ammonia • *n* čpavek *(m)*, amoniak *(m)*
ammonium • *n* amonium *(n)*
ammunition • *n* munice *(f)*
amnesia • *n* amnézie *(f)*
amnesty • *v* amnestovat • *n* amnestie *(f)*
amok • *adv* amok *(m)*
among • *prep* mezi
amorphous • *adj* beztvarý, amorfní
amount • *n* množství *(n)*
amoxicillin • *n* amoxicilin *(m)*
ampere • *n* ampér
ampersand • *n* ampersand
amphetamine • *n* amfetamin *(m)*
amphibian • *n* obojživelník *(m)*
amphibious • *adj* obojživelný
ampicillin • *n* ampicilin *(m)*
ample • *adj* hojný *(m)*
amplifier • *n* zesilovač *(m)*
amplitude • *n* amplituda *(f)*
amputate • *v* amputovat
amputation • *n* amputace *(f)*
amulet • *n* amulet *(m)*
amusement • *n* zábava *(f)*
amygdala • *n* amygdala *(f)*
amylase • *n* amyláza
anabiosis • *n* anabioze *(f)*
anabolism • *n* anabolismus *(m)*
anachronism • *n* anachronismus *(m)*
anaconda • *n* anakonda *(f)*
anagram • *n* anagram *(m)*, přesmyčka *(f)*
anal • *adj* anální
analgesic • *n* analgetikum *(n)* • *adj* analgetický *(m)*
analog • *adj* analogový *(m)*
analogous • *adj* obdobný, analogický
analogously • *adv* analogicky
analogy • *n* analogie *(f)*
analysis • *n* analýza *(f)*, rozbor *(m)*
analyst • *n* analytik *(m)*

analytic • *adj* analytický *(m)*
analyze • *v* analyzovat
anapest • *n* anapest *(m)*
anaphylactic • *adj* anafylaktický *(m)*
anaphylaxis • *n* anafylaxe *(f)*
anarchism • *n* anarchismus *(m)*
anarchist • *n* anarchista *(m)*
anarchy • *n* anarchie *(f)*, bezvládí *(n)*, zmatek *(m)*
anatomical • *adj* anatomický
anatomist • *n* anatom *(m)*
anatomy • *n* anatomie *(f)*
ancestor • *n* předek *(m)*
anchor • *v* zakotvit • *n* kotva *(f)*
anchorage • *n* kotviště *(n)*
anchovy • *n* ančovička *(f)*, sardel *(f)*
ancient • *adj* starobylý
and • *conj* a
androgen • *n* androgen *(m)*
android • *n* android *(m)*
anemia • *n* chudokrevnost *(f)*
anemone • *n* sasanka *(f)*
anesthesia • *n* anestezie *(f)*
anesthesiologist • *n* anesteziolog *(m)*
anesthetic • *n* anestetikum *(n)* • *adj* anestetický
aneurysm • *n* aneurysma *(n)*
angel • *n* anděl *(m)*
angelic • *adj* andělský *(m)*
anger • *v* rozzlobit • *n* vztek *(m)*
angiography • *n* angiografie *(f)*
angle • *n* úhel *(m)*, úhel
anglicism • *n* anglicismus *(m)*
angry • *adj* rozhněvaný, rozzlobený, zlostný
anhedonia • *n* anhedonie *(f)*
aniline • *n* anilin *(m)*
animal • *n* živočich *(m)*, zvíře *(n)* • *adj* zvířecí
animate • *adj* životný *(m)*
animateness • *n* životnost *(f)*
animation • *n* animování *(n)*
anime • *n* anime *(n)*
animosity • *n* nepřátelství *(n)*, odpor *(m)*, animozita *(f)*
anise • *n* anýz *(m)*
ankle • *n* kotník *(m)*
ankylosis • *n* ankylóza *(f)*
anneal • *v* žíhat
annealing • *n* žíhání *(n)*
annexation • *n* anexe *(f)*
annihilate • *v* vyhladit
annihilation • *n* anihilace *(f)*
anniversary • *n* výročí *(n)*
annotation • *n* anotace *(f)*, poznámka *(f)*, vysvětlivka *(f)*, komentář *(m)*
announce • *v* oznámit

annoy • *v* obtěžovat, rušit
annoyance • *n* zlost (f), zloba (f), rozmrzelost (f)
annoying • *v* otravný (m)
annual • *adj* výroční, každoroční
anode • *n* anoda (f)
anomie • *n* anomie (f)
anonymity • *n* anonymita (f)
anonymous • *adj* bezejmenný (m), anonymní
anorexia • *n* anorexie
anorgasmia • *n* anorgasmie (f)
answer • *n* odpověď (f) • *v* odpovědět
ant • *n* mravenec (m)
antacid • *n* antacidum (n)
antbird • *n* mravenčík (m)
anteater • *n* mravenečník (m)
antebellum • *adj* předválečný
antedate • *v* antedatovat
antelope • *n* antilopa (f)
antenna • *n* tykadlo (n)
anthem • *n* národní hymna (f), hymna (f)
anther • *n* prašník (m)
anthill • *n* mraveniště (n)
anthology • *n* antologie (f)
anthrax • *n* anthrax
anthropologist • *n* antropolog (m)
anthropology • *n* antropologie (f)
anthropomorphism • *n* antropomorfismus (m)
anti-inflammatory • *n* antiflogistikum (n) • *adj* protizánětlivý (m)
antibiotic • *n* antibiotikum (n) • *adj* antibiotický (m)
antibody • *n* protilátka (f)
anticholinergic • *adj* anticholinergní
anticoagulant • *n* antikoagulant (m)
antidepressant • *n* antidepresivum (n)
antidote • *n* protijed (m), protilátka (f)
antiemetic • *n* antiemetikum (n)
antigen • *n* antigen (m)
antihistamine • *n* antihistaminikum (n)
antihypertensive • *n* antihypertenzivum (n)
antimony • *n* antimon (m)
antiparticle • *n* antičástice (f)
antipathy • *n* antipatie (f)
antipsychotic • *n* antipsychotikum (n)
antipyretic • *n* antipyretikum (n) • *adj* protihorečnatý (m)
antiquark • *n* antikvark (m)
antique • *n* starožitnost (f)
antiquity • *n* antika (f)
antitank • *adj* protitankový (m)
antithesis • *n* antiteze (f)
antler • *n* paroh (m)

antonym • *n* antonymum (n), opozitum (n)
anus • *n* řiť (f), řitní otvor (m)
anvil • *n* kovadlina (f)
anxiety • *n* úzkost (f), starost (f), nedočkavost (f)
anxiolytic • *n* anxiolytikum (n)
anxious • *adj* úzkostný (m)
anything • *pron* cokoliv
anywhere • *adv* kdekoliv
aorta • *n* srdečnice (f), aorta (f)
apartheid • *n* apartheid (m)
apartment • *n* byt (m)
apathy • *n* apatie (f)
apatite • *n* apatit
ape • *n* opice (f)
aperture • *n* clona (f)
aphasia • *n* afázie (f)
aphelion • *n* afélium (n)
aphid • *n* mšice (f)
aphorism • *n* aforismus (m), aforizmus (m)
aphorist • *n* aforista (m)
aphoristic • *adj* aforistický
aphrodisiac • *n* afrodiziakum (n)
apiary • *n* včelín (m)
apnea • *n* apnoe (f)
apolitical • *adj* apolitický (m), nepolitický (m)
apologetic • *adj* omluvný (m)
apologetics • *n* apologetika (f)
apologist • *n* apologeta (m)
apologize • *v* omluvit
apologue • *n* bajka (f)
apology • *n* omluva (f)
apostasy • *n* odpadlictví (n)
apostate • *n* odpadlík (m)
apostrophe • *n* apostrof (m)
appalling • *adj* otřesný
apparatus • *n* aparát (m)
apparent • *adj* zjevný, viditelný, očividný, zdánlivý
apparently • *adv* zjevně, patrně, zřejmě
appeal • *v* odvolat, apelovat • *n* odvolání (n)
appear • *v* objevit, vypadat
appearance • *n* objevení se (n), vzhled (m)
appellate • *adj* odvolací (m)
appendectomy • *n* apendektomie (f)
appendicitis • *n* zánět slepého střeva (m), apendicitida (f)
appendix • *n* příloha (f), dodatek (m), slepé střevo (n)
appetite • *n* chuť (f)
applaud • *v* tleskat
applause • *n* potlesk (m), aplaus (m)

apple • *n* jablko *(n)*
applicable • *adj* aplikovatelný
application • *n* aplikace *(f)*
appoint • *v* jmenovat
appointment • *n* jmenování *(n)*, schůzka *(f)*
apposition • *n* přístavek *(m)*
appreciate • *v* vážit si, být vděčný, cenit, oceňovat, uvědomovat si, stoupnout v ceně
apprehend • *v* chytit, uchopit, zadržet, zajmout, zatknout, dopadnout, pochopit, chápat, porozumět, obávat se, rozumět, věřit
apprehension • *n* pochopení *(n)*, obava *(f)*
apprentice • *n* učeň *(m)*
approach • *n* přístup *(m)*
approachable • *adj* přístupný *(m)*
approval • *n* schválení, souhlas
approve • *v* schválit, schvalovat
approximate • *adj* přibližný *(m)*
approximately • *adv* přibližně, zhruba
approximation • *n* přiblížení *(n)*
apraxia • *n* apraxie *(f)*
apricot • *n* meruňka *(f)* • *adj* meruňkový
apron • *n* zástěra *(f)*
aptitude • *n* vloha *(f)*, předpoklad *(m)*, schopnost *(f)*, nadání *(n)*, talent *(m)*
aquarium • *n* akvárium *(n)*
aquatic • *adj* vodní
arable • *adj* orný *(m)*
arachnid • *n* pavoukovec *(m)*
arbitrariness • *n* libovůle *(f)*, svévole *(f)*
arbitrary • *adj* libovolný *(m)*, náladový *(m)*
arboretum • *n* arboretum *(n)*
arc • *n* oblouk *(m)*
arcade • *n* arkáda *(f)*
arch • *n* oblouk *(m)*, klenba *(f)*
archaeologist • *n* archeolog *(m)*
archaeology • *n* archeologie *(f)*
archaic • *adj* archaický
archangel • *n* archanděl *(m)*
archbishop • *n* arcibiskup *(m)*
archdiocese • *n* arcidiecéze *(f)*
archduchess • *n* arcivévodkyně *(f)*
archduchy • *n* arcivévodství *(n)*
archduke • *n* arcivévoda *(m)*
archenemy • *n* úhlavní nepřítel *(m)*
archer • *n* lučištník *(m)*, lukostřelec *(m)*
archery • *n* lukostřelba *(f)*
archipelago • *n* souostroví *(n)*
architect • *n* architekt *(m)*, architektka *(f)*
architecture • *n* architektura *(f)*
archive • *v* archivovat • *n* archiv *(m)*

are • *v* jsi, jste, jsme, jsou • *n* ar *(m)*
area • *n* plocha *(f)*, oblast *(f)*
areola • *n* prsní dvorec *(m)*, dvorec *(m)*, areola *(f)*
argent • *n* stříbro • *adj* stříbrný
arginine • *n* arginin *(m)*
argon • *n* argon *(m)*
argue • *v* debatovat, diskutovat, hádat se, argumentovat, prokazovat
argument • *n* argument *(m)*, hádka *(f)*
argumentative • *adj* hádavý *(m)*
aria • *n* árie *(f)*
arise • *v* vzniknout
aristocracy • *n* aristokracie *(f)*
aristocrat • *n* šlechtic *(m)*
arithmetic • *n* aritmetika *(f)* • *adj* aritmetický *(m)*
ark • *n* archa *(f)*
arm • *n* paže *(f)*, ruka *(f)*, zbraň *(f)* • *v* zbrojit
armadillo • *n* pásovec *(m)*
armchair • *n* křeslo *(n)*
armed • *adj* ozbrojený
armistice • *n* příměří *(n)*
armless • *adj* bezruký
armor • *n* brnění *(n)*, zbroj *(f)*, pancíř *(m)*, krunýř *(m)*, obrněné vozidlo *(n)*, obrněné vojsko *(n)*, obrněná vojska
armored • *adj* obrněný *(m)*
armpit • *n* podpaží *(n)*, podpažní jamka *(f)*
army • *n* armáda *(f)*, vojsko *(n)*
arnica • *n* prha
around • *adv* okolo • *prep* kolem, okolo
arrange • *v* uspořádat
array • *n* pole *(n)*
arrest • *v* zatknout, zadržet • *n* zatčení *(n)*, vazba *(f)*
arrhythmia • *n* arytmie *(f)*
arrival • *n* příchod *(m)*, příjezd *(m)*, přílet *(m)*
arrive • *v* dorážet, dorazit, docházet, dojít, dojíždět, dojet, doletovat, dolétat, doletět, přicházet, přijít, přijíždět, přijet, přilétat, přiletět, přicestovat, přibývat, přibýt
arrogance • *n* domýšlivost *(f)*, arogance *(f)*
arrogant • *adj* arogantní, domýšlivý, nafoukaný
arrow • *n* šíp *(m)*, střela *(f)*, šipka *(f)*
arsenal • *n* zbrojnice *(f)*, arzenál *(m)*
arsenic • *n* arzen *(m)*
arson • *n* žhářství *(n)*
arsonist • *n* žhář *(m)*
art • *n* umění *(n)*
artemisia • *n* pelyněk *(m)*

arteriosclerosis • *n* arterioskleróza *(f)*, kornatění *(n)*
arteritis • *n* arteritida *(f)*
artery • *n* tepna *(f)*
arthritis • *n* artritida *(f)*
arthropod • *n* členovec *(m)*
arthroscopy • *n* artroskopie *(f)*
artichoke • *n* artyčok *(m)*
article • *n* článek *(m)*, člen *(m)*
articulate • *v* artikulovat
artifact • *n* artefakt
artificial • *adj* umělý *(m)*
artillery • *n* dělostřelectvo *(n)*, artilerie *(f)*
artisan • *n* řemeslník *(m)*
artist • *n* umělec *(m)*, malíř *(m)*
artistic • *adj* umělecký
artwork • *n* výtvarné dílo *(n)*, dílo *(n)*
arum • *n* árón *(m)*
as • *adv* tak • *conj* jak, zatímco, neboť, protože, jelikož, poněvadž, neb
asana • *n* ásana *(f)*
asbestos • *n* azbest *(m)*
asbestosis • *n* azbestóza *(f)*
ascend • *v* stoupat
ascendancy • *n* nadvláda *(f)*, převaha *(f)*
ascension • *n* stoupání, vzestup
ascertain • *v* zjistit
ascetic • *n* asketa *(m)* • *adj* asketický *(m)*
asceticism • *n* askeze *(f)*, asketismus *(m)*, asketizmus *(m)*
asexuality • *n* asexualita
ash • *n* popel *(m)*, jasanový, dřevo *(n)*
ashamed • *adj* zahanbený
ashen • *adj* popelavý, bledý, sinalý
ashtray • *n* popelník *(m)*
ask • *v* ptát, žádat
askance • *adv* podezřívavě, úkosem
asparagine • *n* asparagin *(m)*
asparagus • *n* chřest *(m)*
aspect • *n* stránka *(f)*, vid *(m)*
aspen • *n* topol *(m)*, osika *(f)*
asphalt • *n* asfalt *(m)*
aspheric • *adj* asférický
aspic • *n* huspenina *(f)*, sulc *(m)*, aspik *(m)*
aspirate • *v* vdechnout
aspirin • *n* aspirin *(m)*
ass • *n* osel *(m)*, debil *(m)*, idiot *(m)*, prdel *(f)*
assailant • *n* útočník *(m)*
assassin • *n* asasín *(m)*, hašašín, atentátník *(m)*
assassinate • *v* zavraždit
assassination • *n* atentát *(m)*
assay • *v* analyzovat • *n* pokus *(m)*, zkouška *(f)*, analýza *(f)*
assembler • *n* assembler *(m)*
assembly • *n* shromáždění *(n)*
assert • *v* tvrdit
assertion • *n* tvrzení *(n)*
assertive • *adj* asertivní, průbojný *(m)*, kategorický *(m)*
assertiveness • *n* asertivita *(f)*
assess • *v* ohodnotit, ocenit
asset • *n* aktivum *(n)*
assets • *n* aktiva
asshole • *n* prdel *(f)*, řiť, blbec, vosel
assign • *v* přiřadit, přidělit
assignment • *n* přiřazení *(n)*
assist • *v* pomáhat, asistovat
assistance • *n* asistence *(f)*, pomoc *(f)*
assistant • *n* asistent *(m)*, asistentka *(f)*, pomocník *(m)*, pomocnice *(f)*
associate • *v* asociovat
association • *n* sdružení *(n)*, asociace *(f)*
associative • *adj* asociativní
assortment • *n* kolekce *(f)*
assume • *v* předpokládat, domnívat se, zaujmout, nabrat
assumption • *n* předpoklad *(m)*
assyriology • *n* asyriologie *(f)*
astatine • *n* astat *(m)*
aster • *n* astra *(f)*
asterisk • *n* hvězdička *(f)*
asteroid • *n* asteroid *(m)*
asthma • *n* astma *(n)*
asthmatic • *n* astmatik *(m)* • *adj* astmatický *(m)*
astigmatism • *n* astigmatismus *(m)*
astonish • *v* ohromit
astound • *v* ohromit
astrolabe • *n* astroláb *(m)*
astrologer • *n* astrolog *(m)*, hvězdopravec *(m)*
astrology • *n* astrologie *(f)*
astronaut • *n* kosmonaut *(m)*
astronomer • *n* hvězdář *(m)*, astronom *(m)*
astronomy • *n* hvězdářství *(n)*, astronomie *(f)*
astrophysics • *n* astrofyzika *(f)*
asunder • *adv* na kusy
asylum • *n* útočiště *(n)*, azyl *(m)*
asymptomatic • *adj* asymptomatický
asymptote • *n* asymptota *(f)*
asymptotic • *adj* asymptotický
asymptotically • *adv* asymptoticky
asynchronous • *adj* asynchronní
at • *prep* u, při, v, na, do
atavism • *n* atavismus *(m)*
ataxia • *n* ataxie *(f)*
atelier • *n* ateliér *(m)*

atheism • *n* ateismus *(m)*
atheist • *n* ateista *(m)*, ateistka *(f)*
atheroma • *n* aterom *(m)*
atherosclerosis • *n* ateroskleróza *(f)*
athetosis • *n* atetóza *(f)*
athlete • *n* sportovec *(m)*, atlet *(m)*, atletka *(f)*
athletics • *n* atletika *(f)*
atlas • *n* atlas *(m)*
atmosphere • *n* atmosféra, ovzduší, atmosféra *(f)*
atmospheric • *adj* atmosférický
atoll • *n* atol *(m)*
atom • *n* atom *(m)*
atomic • *adj* atomový *(m)*
atone • *v* odčinit
atonement • *n* odčinění *(n)*, udobření *(n)*, náprava *(f)*, vykoupení *(n)*
atrium • *n* předsíň *(f)*
atrocity • *n* zvěrstvo *(n)*
atrophic • *adj* atrofický
atrophy • *v* zakrnět • *n* zakrnění *(n)*
attach • *v* připojit, přiložit, připevnit, přichytit se
attack • *v* útočit • *n* útok *(m)*
attacker • *n* útočník *(m)*
attempt • *v* zkusit • *n* pokus *(m)*
attend • *v* zabývat se, zúčastnit se, účastnit se
attendance • *n* účast *(f)*, docházka *(f)*
attention • *n* pozornost *(f)*, pozor *(m)*
attentive • *adj* pozorný
attest • *v* potvrdit
attic • *n* půda *(f)*
attitude • *n* přístup *(m)*, postoj *(m)*
attorney • *n* advokát *(m)*
attract • *v* přitahovat
attraction • *n* přitažlivost *(f)*
attractive • *adj* přitažlivý *(m)*, atraktivní
attractiveness • *n* přitažlivost *(f)*
attractivity • *n* přitažlivost *(f)*, atraktivita *(f)*
attribute • *v* připisovat • *n* přívlastek *(m)*
auction • *n* aukce *(f)*, dražba *(f)*
audacious • *adj* neohrožený *(m)*, statečný *(m)*, odvážný *(m)*, chrabrý *(m)*, drzý *(m)*, nestydatý *(m)*, nestoudný *(m)*, bezostyšný *(m)*
audacity • *n* smělost *(f)*, troufalost *(f)*
audible • *adj* slyšitelný *(m)*
audience • *n* obecenstvo *(n)*
audiovisual • *adj* audiovizuální
audit • *n* audit *(m)*
auditorium • *n* hlediště *(n)*
auditory • *adj* sluchový *(m)*
augment • *v* rozšířit, zvětšit, nabýt, vzrůst, vyrůst • *n* augment *(m)*
augur • *v* věštit, věstit • *n* augur *(m)*, ptakopravec *(m)*
aunt • *n* teta *(f)*
aura • *n* aura *(f)*
aureola • *n* aureola *(f)*, nimbus *(m)*, svatozář *(f)*
auricle • *n* ouško *(n)*
aurora • *n* polární záře *(f)*
auspicious • *adj* slibný *(m)*, nadějný *(m)*
austere • *adj* strohý *(m)*, uměřený *(m)*
austerity • *n* přísnost *(f)*, úspornost *(f)*, omezení *(n)*, utahování opasků *(n)*
autarkic • *adj* soběstačný
authentic • *adj* pravý, autentický, originální, hodnověrný, věrohodný
authentication • *n* autentizace *(f)*
author • *n* autor *(m)*
authoritarian • *adj* autoritářský *(m)*
authoritative • *adj* autoritativní, autoritářský
authoritatively • *adv* autoritativně
authority • *n* autorita *(f)*
authorship • *n* autorství *(n)*
autism • *n* autismus *(m)*
autistic • *n* autista *(m)* • *adj* autistický *(m)*
autobiography • *n* vlastní životopis *(m)*, autobiografie *(f)*
autoclave • *n* autokláv *(m)*
autocrat • *n* samovládce *(m)*
autodidact • *n* samouk *(m)*
autograph • *n* autogram *(m)*
autoimmune • *adj* autoimunitní
autoimmunity • *n* autoimunita *(f)*
automatic • *adj* automatický *(m)*
automatically • *adv* automaticky
automation • *n* automatizace *(f)*
automaton • *n* automat *(m)*
automobile • *n* automobil *(m)*, auto *(n)*
automotive • *adj* automobilový
autonomous • *adj* samosprávný, autonomní
autonomy • *n* územní samospráva *(f)*, autonomie *(f)*
autumn • *n* podzim *(m)*
autumnal • *adj* podzimní
auxiliary • *adj* pomocný *(m)*
auxin • *n* auxin *(m)*
available • *adj* k dispozici, dostupný *(m)*, platný
avalanche • *n* lavina *(f)*
avant-garde • *n* avantgarda *(f)*
avarice • *n* chamtivost *(f)*, lakomství *(n)*
avaricious • *adj* chamtivý
avatar • *n* avatar *(m)*
avenge • *v* pomstít, mstít

avenger • *n* mstitel *(m)*
avenue • *n* třída *(f)*
average • *n* průměr *(m)* • *adj* průměrný *(m)*
averse • *adj* mající averzi *(m)*
aversion • *n* averze, odpor *(m)*
avert • *v* odvrátit
aviation • *n* letectví *(n)*
avid • *adj* nadšený *(m)*, vášnivý *(m)*, zanícený *(m)*, zapálený, dychtivý, náruživý *(m)*
avocado • *n* avokádo *(n)*
avoid • *v* vyhnout se
avuncular • *adj* strýčkovský, strýcovský
await • *v* očekávat, čekat
awake • *v* vzbudit se, probudit se, vzbudit • *adj* vzhůru, probuzený, bdící
awaken • *v* vzbudit

award • *n* ocenění *(n)*
aware • *adj* vědom
awareness • *n* vědomí *(n)*, uvědomění *(n)*
away • *adv* pryč
awfully • *adv* strašně
awkward • *adj* neobratný *(m)*, nešikovný *(m)*, nepříjemný *(m)*
awl • *n* šídlo *(n)*
axiom • *n* axiom *(m)*
axiomatic • *adj* axiomatický *(m)*
axis • *n* osa *(f)*, čepovec *(m)*, axis *(m)*
axle • *n* osa *(f)*
axon • *n* axon *(m)*
azalea • *n* azalka *(f)*
azimuth • *n* azimut *(m)*
azure • *adj* azurový, azurově modrý

B

baa • *v* bečet, mečet • *n* bečení *(n)* • *interj* bé
baboon • *n* pavián *(m)*
baby • *n* děťátko *(n)*, miminko *(n)*
babysitter • *n* dozor u dítěte
bachelor • *n* starý mládenec *(m)*, bakalář *(m)*, bakalářka *(f)*
bacillus • *n* bacil *(m)*
back • *v* couvat • *n* záda, rub *(m)*, zadek *(m)*, část *(f)*, zadní konec *(m)*, obránce *(m)*, bek *(m)* • *adj* zadní • *adv* zpět, zpátky
backbone • *n* páteř *(f)*
backdrop • *n* zadní kulisa *(f)*
backgammon • *n* vrhcáby
background • *n* pozadí
backpack • *n* batoh *(m)*
backup • *n* záloha *(f)* • *adj* záložní
backward • *adj* vzad • *adv* zpátky, dozadu, vzad
backwards • *adv* pozpátku
bacon • *n* slanina *(f)*
bacteria • *n* bakterie
bacterial • *adj* bakteriální
bactericidal • *adj* baktericidní
bacteriological • *adj* bakteriologický
bacteriologist • *n* bakteriolog *(m)*
bacteriology • *n* bakteriologie *(f)*
bacteriophage • *n* bakteriofág *(m)*
bad • *adj* špatný *(m)*, zlý, špatný, vadný, nepříjemný, podlý
badge • *n* odznak *(m)*
badger • *n* jezevec *(m)*

badinage • *n* škádlení *(n)*
badly • *adv* špatně
badminton • *n* badminton *(m)*
bag • *n* taška *(f)*, pytel *(m)*
bagpipes • *n* dudy
bail • *n* kauce *(f)*
bait • *n* návnada *(f)*
bake • *v* péci, péct
baker • *n* pekař *(m)*
bakery • *n* pekárna *(f)*
baking • *n* pečení *(n)*
baklava • *n* baklava *(f)*
balaclava • *n* kukla *(f)*
balalaika • *n* balalajka *(f)*
balance • *n* rovnováha *(f)*
balanced • *adj* vyvážený, vyrovnaný, rovnovážný, vybalancovaný
balcony • *n* balkón *(m)*
bald • *adj* plešatý, ojetý, sjetý
balding • *adj* plešatějící *(m)*
baldness • *n* plešatost *(f)*
ball • *n* koule, míč *(m)*, klubko, vejce, ples *(m)*, bál *(m)*
ballad • *n* balada *(f)*
ballast • *n* zátěž *(f)*
ballerina • *n* balerína *(f)*, baletka *(f)*
ballet • *n* balet *(m)*
ballista • *n* balista *(f)*
ballistics • *n* balistika
balloon • *n* balón *(m)*
balsam • *n* balzám *(m)*
balustrade • *n* balustráda *(f)*
bamboo • *n* bambus *(m)* • *adj* bam-

busový *(m)*
bamboozle • *v* napálit, poplést, obalamutit, doběhnout, ošidit
ban • *v* zakazovat, zakázat • *n* zákaz
banal • *adj* banální
banana • *n* banán *(m)*, banánový, banánovník *(m)*
band • *n* kapela *(f)*, tlupa
bandage • *n* obvaz *(m)*
bandit • *n* bandita *(m)*
bang • *n* rána *(f)*, výbuch *(m)*, ofina *(m)*, vykřičník *(m)*
banjo • *n* banjo *(n)*, bendžo *(n)*
bank • *n* banka *(f)*, banka, břeh *(m)*
banker • *n* bankéř *(m)*
bankruptcy • *n* úpadek *(m)*, bankrot *(m)*
banner • *n* prapor *(m)*, transparent *(m)*, zástava *(f)*
banyan • *n* banyán *(m)*
baobab • *n* baobab *(m)*
baptism • *n* křest *(m)*
baptize • *v* křtít
bar • *n* tyč *(f)*, prut *(m)*, bar *(m)*, zákaz *(m)*, advokacie *(f)*, takt *(m)*, laťka *(f)*
barbarian • *n* barbar *(m)* • *adj* barbarský
barbaric • *adj* barbarský
barbecue • *v* grilovat • *n* gril *(m)*
barber • *n* holič *(m)*, lazebník *(m)*, bradýř *(m)*
barbershop • *n* holičství *(n)*, kadeřnický salon *(m)*
barbican • *n* barbakán *(m)*
barbiturate • *n* barbiturát *(m)*
bareheaded • *adj* prostovlasý
barf • *v* blít
barge • *n* člun *(m)*
barium • *n* baryum *(n)*
bark • *v* štěkat • *n* štěkání *(n)*, štěkot *(m)*, kůra *(f)*
barley • *n* ječmen *(m)*
barmaid • *n* barmanka *(f)*
barn • *n* stodola *(f)*
barometer • *n* tlakoměr *(m)*, barometr *(m)*
baron • *n* baron *(m)*
baroness • *n* baronka *(f)*
barque • *n* bark *(m)*, bárka *(f)*
barrack • *n* kasárny, barák *(m)*
barrage • *n* baráž *(f)*
barred • *adj* proužkovaný
barrel • *n* sud *(m)*, bečka *(f)*, barel *(m)*, hlaveň *(f)*
barren • *adj* neplodný *(m)*
barrier • *n* bariéra *(f)*
barrow • *n* mohyla *(f)*
bartender • *n* barman *(m)*

basal • *adj* základní, bazální
basalt • *n* čedič *(m)*
base • *n* kořen, základ *(m)*, základna *(f)*, zásada *(f)*, báze *(f)*, alkálie *(f)*, pikola *(f)*, patka *(f)*, meta *(f)*
baseball • *n* baseball
baseline • *n* účaří *(n)*
basement • *n* suterén *(m)*
basic • *n* základ *(m)*, nezbytnost *(f)* • *adj* základní *(m)*, nezbytný, elementární *(m)*, jednoduchý *(m)*, zásaditý *(m)*
basil • *n* bazalka *(f)*
basilica • *n* bazilika *(f)*
basilisk • *n* bazilišek *(m)*
basin • *n* umyvadlo *(n)*, povodí *(n)*
basket • *n* koš *(m)*, košík *(m)*
basketball • *n* basketbal *(m)*
basophil • *n* bazofil *(m)*
basophilic • *adj* bazofilní
bass • *n* basa *(f)*
bassoon • *n* fagot *(m)*
bassoonist • *n* fagotista *(m)*
bast • *n* lýko *(n)*
bastard • *n* levoboček *(m)*
bat • *n* netopýr *(m)*, pálka *(f)*
bath • *n* vana *(f)*, koupelna *(f)*, koupel *(f)*, koupání *(n)*
bathe • *v* koupat
bathhouse • *n* lázeň
bathrobe • *n* župan *(m)*
bathroom • *n* koupelna *(f)*, záchod *(m)*, toaleta *(f)*
bathtub • *n* vana *(f)*
bathyscaphe • *n* batyskaf *(m)*
batiste • *n* batist *(m)*
baton • *n* taktovka *(f)*, kolík *(m)*
battalion • *n* prapor *(m)*
batter • *n* těsto *(n)*, pálkař *(m)*
battered • *adj* skloněný, bitý, zbitý
battery • *n* baterie *(f)*, baterka *(f)*, fyzické napadení *(n)*, sestava *(f)*
battle • *v* bojovat • *n* bitva *(f)*, boj *(m)*, zápas *(m)*
battlefield • *n* bojiště *(n)*
battlement • *n* cimbuří *(n)*
battleship • *n* bitevní loď *(f)*, lodě
bauxite • *n* bauxit *(m)*
bay • *n* záliv *(m)*, zátoka *(f)*, hnědák *(m)* • *v* štěkat, lát, poštěkávat
bayonet • *n* bajonet *(m)*, bodák *(m)*
bazaar • *n* tržiště *(n)*, tržnice *(f)*, trh *(m)*
be • *v* být, mít
beach • *n* pláž *(f)*
beadle • *n* dráb *(m)*
beagle • *n* bígl *(m)*
beak • *n* zobák *(m)*
beam • *n* břevno *(n)*, trám *(m)*, paprsek

(m)
bean • *n* fazole *(f)*
bear • *n* medvěd *(m)* • *v* nést, nosit, snášet, snést
bearable • *adj* snesitelný *(m)*
beard • *n* brada *(f)*, vous *(m)*
bearded • *adj* vousatý, bradatý
bearer • *n* posel *(m)*, nosič *(m)*
bearing • *n* ložisko *(n)*
beast • *n* zvíře *(n)*, bestie *(f)*
beat • *v* bít, tlouct, mlátit, bušit
beau • *n* švihák *(m)*, galán *(m)*
beautiful • *adj* krásný, pěkný
beautify • *v* krášlit
beauty • *n* krása *(f)*, kráska *(f)*, krasavice *(f)*
beaver • *n* bobr *(m)*
because • *adv* kvůli • *conj* protože
become • *v* stát
bed • *n* postel *(f)*, lůžko *(n)*, řečiště *(n)*, dno *(n)*, záhon *(m)*, sloj *(f)*, ložisko *(n)*
bedbug • *n* štěnice *(f)*
bedroom • *n* ložnice
bedstraw • *n* svízel *(f)*
bee • *n* včela *(f)*
beech • *n* buk *(m)*
beechnut • *n* bukvice *(f)*
beef • *n* hovězí *(n)*
beefsteak • *n* biftek *(m)*
beehive • *n* hnízdo *(n)*, úl *(m)*
beekeeper • *n* včelař *(m)*
beekeeping • *n* včelaření *(n)*
beer • *n* pivo *(n)*
beeswax • *n* včelí vosk *(m)*
beet • *n* řepa *(f)*
beetle • *n* brouk *(m)*
beetroot • *n* červená řepa *(f)*, cvikla *(f)*
befogged • *adj* zamlžený *(m)*, pod mlhou *(m)*
before • *prep* před
befuddle • *v* zmást, omráčit
beg • *v* prosit
beget • *v* počít, vyvolat, zapříčinit, plodit
beggar • *n* žebrák *(m)*
begin • *v* začínat, začít
beginner • *n* začátečník *(m)*
beginning • *n* začátek *(m)*, počátek *(m)*
begonia • *n* begonie *(f)*, begónie *(f)*
behavior • *n* chování *(n)*, jednání *(n)*
behaviorism • *n* behaviorismus *(m)*
behead • *v* stít
behemoth • *n* behemot *(m)*, obluda *(f)*
behind • *adv* vzadu, zpátky • *prep* za
beige • *n* béžový *(m)* • *adj* béžový
being • *n* bytost *(f)*, tvor *(m)*, existence, život, bytí *(n)*

belated • *adj* opožděný
belch • *v* říhat, říhnout, krknout
beleaguer • *v* obléhat, oblehnout, obtěžovat
belief • *n* víra *(f)*, přesvědčení *(n)*
believe • *v* věřit, myslet
believer • *n* věřící *(m)*
belittle • *v* shazovat, bagatelizovat
bell • *n* zvon *(m)*, zvonek *(m)*, zvonec *(m)*, zvoneček *(m)*, zvonění *(n)*
belle • *n* kráska *(f)*, krasavice *(f)*
belles-lettres • *n* beletrie *(f)*
bellow • *n* bučení
bellows • *n* měch *(m)*, vlnovec *(m)*
belly • *n* břicho *(n)*
belong • *v* patřit
beloved • *adj* milovaný *(m)*
below • *prep* pod
belt • *n* pásek *(m)*, opasek *(m)*, pás *(m)*, řemen *(m)*
bench • *n* lavička *(f)*, lavice *(f)*
bend • *v* ohnout • *n* ohyb
beneath • *prep* pod
benefaction • *n* dobrodiní *(n)*
benefactor • *n* dobrodinec *(m)*
beneficial • *adj* prospěšný *(m)*
benefit • *v* prospět • *n* výhoda *(f)*
benevolently • *adv* laskavě, vlídně, shovívavě, benevolentně
benign • *adj* nezhoubný *(m)*, benigní
benzene • *n* benzen *(m)*
beret • *n* baret *(m)*
berkelium • *n* berkelium
berry • *n* bobule *(f)*
beryl • *n* beryl *(m)*
beryllium • *n* beryllium *(n)*
beside • *prep* vedle
besides • *prep* kromě
best • *v* porazit • *adj* nejlepší • *adv* nejlépe
bestow • *v* udělit
bet • *v* vsadit • *n* sázka *(f)*
beta • *n* beta
betray • *v* zradit
betrayer • *n* denunciant, konfident, špicl, udavač, udávač, zrádce
betrothal • *n* zasnoubení *(n)*
betrothed • *n* zasnoubený *(m)*
better • *adj* lepší
between • *prep* mezi
beverage • *n* nápoj *(m)*
bewilder • *v* zmást, dezorientovat
bewitch • *v* očarovat, začarovat, uhranout, zaklít, okouzlit, učarovat
bewitching • *adj* okouzlující, uhrančivý, čarovný
beyond • *prep* za

17

bezant • *n* bezant *(m)*
bias • *n* zaujetí *(n)*, předpojatost *(f)*
biased • *adj* zaujatý *(m)*
bib • *n* bryndák *(m)*, lacl *(m)*
bible • *n* bible *(f)*
biblical • *adj* biblický
bibliographic • *adj* bibliografický *(m)*
bibliography • *n* literatura *(f)*
bibliophile • *n* bibliofil *(m)*
bicameral • *adj* dvoukomorový *(m)*, bikamerální *(m)*
biceps • *n* biceps *(m)*
bicuspid • *n* třenový zub *(m)*, třenák *(m)*
bicycle • *n* kolo *(n)*, jizdní kolo *(n)*, bicykl *(m)*
bid • *v* žádat
bidet • *n* bidet *(m)*
bidirectional • *adj* dvousměrný
bifurcation • *n* větvení *(n)*, rozdvojení *(n)*
bigger • *adj* větší
bike • *n* kolo *(n)*, motorka *(f)*
bikini • *n* bikiny
bilberry • *n* borůvka *(f)*
bile • *n* žluč *(f)*
bilinear • *adj* bilineární
bilingual • *adj* dvojjazyčný
bill • *n* zobák *(m)*, účet *(m)*, směnka *(f)*
billiards • *n* kulečník *(m)*
bin • *n* popelnice *(f)*
binary • *n* binární soustava *(f)*, dvojková soustava *(f)*, spustitelný soubor *(m)*, binárka *(f)* • *adj* binární, dvojkový, dvojný, duální
bind • *v* vázat, spojit, svázat
binder • *n* pořadač *(m)*
binding • *adj* závazný *(m)*
binge • *n* žravost *(f)*
bingo • *n* bingo *(n)*
binoculars • *n* dalekohled *(m)*
biochemical • *adj* biochemický
biochemistry • *n* biochemie *(f)*
biography • *n* životopis *(m)*
biological • *adj* biologický *(m)*, biologický
biologist • *n* biolog *(m)*
biology • *n* biologie *(f)*
biomass • *n* biomasa *(f)*
biopsy • *n* biopsie *(f)*
biotite • *n* biotit *(m)*
biplane • *n* dvouplošník *(m)*, biplán *(m)*
birch • *n* bříza *(f)*
bird • *n* pták *(m)*
birdbath • *n* koupátko *(n)*
birdie • *n* ptáček *(m)*
birth • *v* porodit • *n* porod *(m)*, narození *(n)*, zrod *(m)*, původ *(m)*
birthday • *n* narozeniny
birthmark • *n* mateřské znaménko *(n)*
birthplace • *n* rodiště *(n)*
birthrate • *n* porodnost *(f)*
bisection • *n* půlení *(n)*, rozpůlení *(n)*
bisexual • *n* bisexuál *(m)* • *adj* bisexuální
bishop • *n* biskup *(m)*, střelec *(m)*
bismuth • *n* bismut *(m)*, vizmut *(m)*
bison • *n* zubr *(m)*, bizon evropský *(m)*, bizon *(m)*, bizon americký *(m)*
bit • *n* udidlo *(n)*, fréza *(f)*, vrták *(m)*, kousek *(m)*, troška *(f)*, chvilka *(f)*, okamžik *(m)*, dílek *(m)*, flastr *(m)*, bit *(m)*
bitch • *n* fena *(f)*, vlčice, kurva *(f)*, běhna *(f)*, děvka *(f)*, šlapka *(f)*
bite • *v* kousat
bitter • *adj* hořký *(m)*, zatrpklý
bittern • *n* bukač *(m)*
bivalve • *n* mlž *(m)*
bizarre • *adj* bizarní *(m)*
black • *n* čerň *(f)*, černoch *(m)*, černoška *(f)* • *adj* černý, černošský
black-and-white • *adj* černobílý
blackberry • *n* ostružina, ostružina *(f)*
blackbird • *n* kos
blackboard • *n* tabule *(f)*
blackmail • *v* vydírat • *n* vydírání *(n)*
blackmailer • *n* vyděrač
blackout • *n* okno *(n)*
blacksmith • *n* kovář *(m)*, podkovář *(m)*
bladder • *n* měchýř *(m)*
blade • *n* čepel *(f)*
blame • *v* vinit
blancmange • *n* pudink *(m)*
bland • *adj* mdlý
blank • *n* mezera *(f)*
blanket • *n* deka *(f)*
blasphemous • *adj* rouhavý *(m)*
blasphemy • *n* rouhání *(n)*
blatant • *adj* do očí bijící, do nebe volající, bezostyšný, flagrantní
bleach • *v* bělit • *n* bělidlo *(n)*
bleed • *v* krvácet, odvzdušnit
bleeding • *n* krvácení *(n)*
blender • *n* mixér *(m)*
bless • *v* požehnat
blessed • *adj* požehnaný
blessing • *n* požehnání *(n)*, žehnání *(n)*
blimp • *n* neztužená vzducholoď *(f)*
blind • *adj* slepý *(m)*
blindness • *n* slepota *(f)*
blini • *n* bliny
blink • *v* mrknout, bliknout, blikat • *n*

mrknutí *(n)*
bliss • *n* blaženost *(f)*
blister • *n* puchýř *(m)*
block • *n* blok, blok *(m)*
blockade • *n* blokáda *(f)*
blockbuster • *n* trhák *(m)*
blond • *n* blondýna *(f)*, blonďák *(m)*
blood • *n* krev *(f)*
bloodshed • *n* krveprolití *(n)*
bloodstained • *adj* zakrvácený, zkrvavený
bloodstream • *n* krevní oběh *(m)*
bloodsucker • *n* vyděrač
bloodthirsty • *adj* krvelačný, krvežíznivý
bloody • *adj* krvavý *(m)*
bloom • *n* rozkvět *(m)*
blooming • *adj* kvetoucí, rozkvetlý
blossom • *n* rozkvět *(m)*
blot • *v* poskvrnit, pokaňkat, postříkat, sát, nasát, vysát, vymazat • *n* skvrna *(f)*, kaňka *(f)*
blouse • *n* blůza *(f)*
blow • *v* vát, vanout, foukat
bludgeon • *n* obušek
blue • *n* modř *(f)* • *adj* modrý
blue-eyed • *adj* modrooký
blueberry • *n* borůvka *(f)*
bluff • *v* blafovat
bluish • *adj* modravý
blunt • *adj* tupý *(m)*
blur • *v* rozostřit, rozmazat
blurred • *adj* rozmazaný, neostrý
blush • *v* červenat se • *n* červenání se
bluster • *v* zuřit, bouřit • *n* chvástání *(n)*, hukot *(m)*, kraval *(m)*
boa • *n* hroznýš *(m)*
boar • *n* kanec *(m)*
board • *n* prkno *(n)*, deska *(f)*, tabule *(f)*
boards • *n* mantinel *(m)*
boast • *v* chlubit
boat • *n* loď *(f)*, člun *(m)*
bode • *v* věštit, předpovídat
bodily • *adj* tělesný *(m)*
body • *n* tělo *(n)*, trup *(n)*, body *(n)*, orgán *(m)*, organizace *(f)*, skupina *(f)*, seskupení *(n)*, těleso *(n)*
bodybuilder • *n* kulturista *(m)*
bodybuilding • *n* kulturistika *(f)*
bodyguard • *n* tělesná stráž *(f)*, bodyguard *(m)*, osobní strážce *(m)*
bog • *n* rašeliniště *(n)*
bogart • *v* jockovat
bogeyman • *n* bubák *(m)*
boggle • *v* být, zmaten, zmást
bohemian • *n* bohém *(m)*
boil • *n* nežit, uher, beďar, var, bod varu • *v* vařit, uvařit, vřít
boiler • *n* kotel *(m)*
boiling • *n* var *(m)*
bold • *adj* odvážný *(m)*, smělý *(m)*, troufalý *(m)*, polotučný *(m)*, tučný *(m)*, zvýrazněný *(m)*
bole • *n* peň *(m)*
boletus • *n* hřib *(m)*
bolide • *n* bolid *(m)*
bolster • *v* posílit se • *n* podhlavník
bolt • *n* šroub *(m)*
bomb • *v* bombardovat, vybouchnout • *n* bomba *(f)*
bombard • *n* bombarda *(f)* • *v* bombardovat
bomber • *n* bombardér *(m)*
bombing • *n* bombardování *(n)*
bond • *n* vazba *(f)*, dluhopis *(m)*
bondage • *n* bondáž *(f)*
bone • *n* kost *(f)*
bonfire • *n* táborák *(m)*
bong • *n* zvonek *(m)*
boo • *interj* baf
boob • *n* cecek *(m)*
booger • *n* sopel *(m)*
book • *v* rezervovat, zarezervovat, zabukovat • *n* kniha *(f)*, album *(n)*
bookbinder • *n* knihař *(m)*
bookbinding • *n* knižní vazba *(f)*
bookcase • *n* knihovna *(f)*
booking • *n* rezervace *(f)*
booklet • *n* brožura *(f)*, knížka *(f)*
bookmark • *n* záložka *(f)*
bookseller • *n* knihkupec *(m)*
bookshop • *n* knihkupectví *(n)*
bookworm • *n* knihomol *(m)*
boomerang • *n* bumerang *(m)*
boon • *n* požehnání *(n)*, dobrodiní *(n)*, laskavost *(f)*, dar *(m)*, modlitba *(f)*
boot • *n* bota *(f)*
bootee • *n* návlek *(m)*
booty • *n* kořist *(f)*
booze • *n* chlast *(m)*
border • *v* ohraničit, ohraničovat, olemovat, hraničit • *n* okraj *(m)*, lem *(m)*, záhon *(m)*, hranice *(f)*
borderline • *n* hranice *(f)* • *adj* hraniční
bore • *v* vrtat, vyvrtat, nudit
bored • *adj* znuděný
boredom • *n* nuda *(f)*
boring • *adj* nudný *(m)*
born • *adj* rozený
boron • *n* bor *(m)*, bór *(m)*
borrow • *v* půjčovat, půjčit
borscht • *n* baršč *(m)*, boršč *(m)*
bosom • *n* poprsí *(n)*
boss • *n* šéf *(m)*

bossy • *adj* panovačný *(m)*
botanical • *adj* botanický
botanist • *n* botanik *(m)*
botanize • *v* botanizovat
botany • *n* botanika *(f)*
bother • *v* vadit
bottle • *n* láhev *(f)*, flaška
bottom • *n* dno *(n)*
bottomless • *adj* bezedný
botulism • *n* botulismus *(m)*
bough • *n* větev *(f)*, větévka *(f)*
boundary • *n* hranice *(f)*
bouquet • *n* kytice *(f)*, pugét *(m)*, buket *(m)*
bourgeoisie • *n* buržoazie *(f)*
bovine • *n* tur *(m)*
bow • *v* ohnout, klanět • *n* luk *(m)*, ohyb *(m)*, smyčec *(m)*, klička *(f)*, poklona *(f)*, příď *(f)*
bowels • *n* nitro *(f)*, jádro *(n)*, střevo *(n)*, střeva
bowl • *n* mísa *(f)*, miska *(f)*
bowsprit • *n* čelen *(m)*
bowstring • *n* tětiva *(f)*
box • *n* schránka *(f)*, krabice *(f)*, bedna *(f)*, lóže *(f)*, box *(m)*, kozlík *(m)*, pouzdro *(n)*, zimostráz *(m)*, úder *(m)* • *v* uhodit, boxovat
boxer • *n* boxer *(m)*
boxing • *n* box
boy • *n* chlapec *(m)*, hoch *(m)*, kluk *(m)*
boyar • *n* bojar *(m)*, bárin *(m)*
boycott • *v* bojkotovat • *n* bojkot *(m)*
boyfriend • *n* přítel *(m)*, kluk *(m)*, milenec *(m)*, kamarád *(m)*
bra • *n* podprsenka *(f)*
brace • *v* posílit se
bracelet • *n* náramek *(m)*
bracket • *n* konzola *(f)*, závorka *(f)*, stromeček *(m)*
bradycardia • *n* bradykardie *(f)*
brag • *v* chvástat
braggart • *n* chvastoun *(m)*
braid • *n* cop *(m)*
brain • *n* mozek *(m)*
brake • *v* brzdit • *n* brzda *(f)*
bran • *n* otruby
branch • *v* větvit • *n* větev *(f)*, pobočka *(f)*
brand • *n* cejch *(m)*, značka *(f)*
brandish • *v* mávat
brass • *n* mosaz *(f)*, mosazný *(m)*, žesťě, žesťový *(m)*
brat • *n* spratek *(m)*, fracek *(m)*
brave • *adj* odvážný *(m)*, statečný *(m)*
bravery • *n* statečnost *(f)*, odvaha *(f)*
brawl • *v* prát se, rvát se • *n* rvačka *(f)*

brazen • *adj* mosazný *(m)*
bread • *n* chléb *(m)*, chleba *(m)*
breakfast • *v* snídat • *n* snídaně *(f)*
breakthrough • *n* průlom *(m)*
breakwater • *n* vlnolam *(m)*
bream • *n* cejn, cejn velký
breast • *n* prs *(m)*, ňadro *(n)*, hruď
breastplate • *n* kyrys *(m)*
breaststroke • *n* prsa
breath • *n* dech *(m)*, dech, nádech
breathe • *v* dýchat
breed • *v* šlechtit • *n* plemeno *(n)*, rasa *(f)*
breeze • *n* větřík *(m)*, vánek *(m)*
breviary • *n* breviář *(m)*
brevity • *n* krátkost *(f)*, stručnost *(f)*
brew • *v* vařit
brewery • *n* pivovar *(m)*
bribe • *v* uplatit, podplatit • *n* úplatek *(m)*
bribery • *n* úplatkářství *(n)*
brick • *v* zdít, bricknout • *n* cihla *(f)*, cihla • *adj* cihlový
bricklayer • *n* zedník *(m)*
brickyard • *n* cihelna *(f)*
bride • *n* nevěsta *(f)*
bridegroom • *n* ženich *(m)*
bridesmaid • *n* družička *(f)*
bridge • *n* most *(m)*, hřbet *(m)*, můstek *(m)*, kobylka *(f)*, bridž *(m)*
bridle • *n* uzda *(f)*
brief • *adj* stručný, krátký, zhuštěný, strohý *(m)*
briefcase • *n* kufřík *(f)*, aktovka *(f)*, diplomatka *(f)*
brig • *n* briga *(f)*
brigade • *n* brigáda *(f)*
brigand • *n* zbojník *(m)*
brigandine • *n* brigantina *(f)*, brigandýna *(f)*
brigantine • *n* brigantina *(f)*
bright • *adj* jasný, světlý, bystrý
brilliance • *n* genialita *(f)*
brilliant • *adj* zářivý
brilliantly • *adv* zářivě
brine • *n* lák *(m)*
bring • *v* přinášet, přinést, přivádět, přivést, přivážet, přivézt
brink • *n* pokraj *(m)*, hrana *(f)*, okraj *(m)*
brisk • *adj* bystrý, energetický, čilý, živý, svěží
brittle • *adj* křehký, lámavý, přecitlivělý, citlivý
broad • *adj* široký *(m)*
broadcast • *v* vysílat • *n* vysílání
broadsword • *n* široký meč *(m)*
brocade • *n* brokát *(m)*

broccoli • *n* brokolice *(f)*
brochure • *n* brožura *(f)*
broken • *adj* rozbitý *(m)*
bromide • *n* bromid *(m)*, bróm *(m)*, suchar *(m)*
bromine • *n* brom *(m)*
bronchiole • *n* průdušinka *(f)*
bronchitis • *n* zánět průdušek *(m)*, bronchitida *(f)*
bronchodilator • *n* bronchodilatátor *(m)*, bronchodilatancium *(n)*
bronchoscope • *n* bronchoskop *(m)*
bronchospasm • *n* bronchospasmus *(m)*
bronchus • *n* průduška *(f)*
bronze • *n* bronz *(m)*, bronzová *(f)* • *adj* bronzový *(m)*
brooch • *n* brož *(f)*, spona *(f)*, sponka *(f)*
brood • *v* vysedět
brook • *n* potok *(m)*
brooklet • *n* potůček *(m)*
broom • *n* koště *(n)*, smeták *(m)*
broth • *n* vývar *(m)*
brothel • *n* nevěstinec *(m)*, bordel *(m)*
brother • *n* bratr *(m)*, bratr
brother-in-law • *n* švagr *(m)*
brotherhood • *n* bratrství *(n)*
browbeat • *v* zastrašovat
brown • *v* zhnědnout • *n* hnědý • *adj* hnědý *(m)*
brownie • *n* šotek *(n)*
browse • *v* brouzdat, prohlížet si
brucellosis • *n* brucelóza *(f)*
bruise • *v* otlouct se • *n* podlitina *(f)*, modřina *(f)*
brush • *n* štětec *(m)*, štětka *(f)*, kartáč *(m)*
brusque • *adj* bryskní
brutality • *n* brutalita *(f)*
bubble • *n* bublina *(f)*
buccaneer • *n* bukanýr *(m)*
buck • *n* jelen *(m)*, beran *(m)*, kozel *(m)*
bucket • *n* vědro *(n)*, kýbl *(m)*, kbelík *(m)*
buckle • *n* spona *(f)*
buckwheat • *n* pohanka *(f)*
bud • *v* pučet • *n* pupen *(m)*
budgerigar • *n* andulka *(f)*
budget • *n* rozpočet *(m)*
buffalo • *n* buvol *(m)*, bizon *(m)*
bufflehead • *n* hohol bělavý
bug • *n* štěnice *(f)*, brouk *(m)*, chyba *(f)*
buggy • *adj* chybový *(m)*
bugle • *v* troubit • *n* trubka *(f)*, zběhovec *(m)*
bugler • *n* trubač *(m)*
build • *v* stavět, postavit, budovat, vy-budovat • *n* sestavení *(n)*
builder • *n* stavitel *(m)*, budovatel *(m)*
building • *n* stavba *(f)*, budování *(n)*, výstavba *(f)*, budova *(f)*, dům *(m)*
built-in • *adj* vestavěný
bulb • *n* bulva *(f)*, hlíza *(f)*
bulge • *n* boule *(f)*, výčnělek *(m)*, výstupek *(m)*
bull • *n* býk *(m)*, bula *(f)*
bulldog • *n* buldok *(m)*
bulldozer • *n* buldozer *(m)*
bullet • *n* kulka *(f)*, odrážka *(f)*
bulletproof • *adj* neprůstřelný
bullfinch • *n* hýl obecný *(m)*
bullshit • *n* kecy *(m)*, kravina *(f)*, nesmysl *(m)*
bully • *v* šikanovat
bullying • *n* šikana *(f)*
bulwark • *n* val *(m)*, záštita *(f)*, vlnolam *(m)*, hrazení *(n)*
bumblebee • *n* čmelák *(m)*
bump • *n* ťuknutí *(n)*, náraz *(m)*, bum *(m)*, boule, břicho *(n)*, buben *(m)*, bubínek *(m)*, bříško *(n)*, mozůlek *(m)*
bumper • *n* nárazník *(m)*
bun • *n* žemle *(f)*
bundle • *n* balík *(m)*
bungalow • *n* bungalov
bunker • *n* bunkr *(m)*
buoy • *n* bóje *(f)*
buoyancy • *n* vztlak *(m)*
burbot • *n* mník *(m)*
burden • *n* břemeno *(n)*, zatížení *(n)*, náklad *(m)*, zátěž *(f)*, břímě *(n)*
burdock • *n* lopuch *(m)*
bureau • *n* kancelář *(f)*, úřad *(m)*
bureaucracy • *n* byrokracie *(f)*
bureaucrat • *n* byrokrat *(m)*
bureaucratic • *adj* byrokratický
burgher • *n* měšťan *(m)*
burglar • *n* lupič *(m)*
burgrave • *n* purkrabí *(m)*
burn • *v* hořet, spálit, pálit, upálit, popálit, vypálit • *n* popálenina *(f)*, spálenina *(f)*, pálení *(n)*, potok *(m)*
burning • *adj* pálící, pálivý, palčivý
burnout • *n* vyhoření *(n)*
burp • *v* říhat, říhnout, krknout • *n* říhnutí *(n)*, krknutí *(n)*
burrow • *n* nora *(f)*
burst • *v* prasknout • *n* prasknutí
bury • *v* pohřbít
bus • *n* autobus *(m)*
bush • *n* keř *(m)*
business • *n* podnik *(m)*, byznys *(m)*, obchod, záležitost *(f)*, věc *(f)*
businessman • *n* obchodník *(m)*, pod-

nikatel *(m)*
businesswoman • *n* obchodnice *(f)*, byznysmanka *(f)*, byznysmenka *(f)*
bust • *n* busta *(f)*, bysta *(f)*
bustard • *n* drop
busy • *v* zaměstnávat • *adj* zaměstnaný *(m)*, zaneprázdněný *(m)*, rušný
busybody • *n* všetečka *(f)*
but • *conj* kromě, vyjma, ale, jenže
butane • *n* butan *(m)*
butcher • *v* porážet • *n* řezník *(m)*
butler • *n* majordomus *(m)*
butt • *n* zadek *(m)*, hýždě *(f)*, prdel *(f)*, nedopalek *(m)*, pažba *(f)*
butter • *v* mazat máslem, namazat máslem, pomazat máslem • *n* máslo *(n)*
buttercup • *n* pryskyřník *(m)*
butterfingers • *n* nemehlo *(n)*
butterfly • *n* motýl *(m)*
buttermilk • *n* podmáslí *(n)*
buttock • *n* zadek *(m)*, hýždě *(f)*, půlka *(f)*
button • *n* knoflík *(m)*, tlačítko *(n)*, odznak *(m)*, pupen, pupenec
buttress • *n* opěrný pilíř *(m)*, opora *(f)*
buxom • *adj* baculatý
buy • *v* kupovat, baštit, žrát, skočit, sbaštit i s navijákem
buyer • *n* kupující, kupec, zákazník, nákupčí
buzz • *v* bzučet • *n* bzukot *(m)*
buzzard • *n* káně *(n)*
by • *prep* u, do, od, pomocí, prostřednictvím, podle, o, za, po
bye • *interj* nashle
bygone • *adj* minulý, dávný
bypass • *n* obchvat *(m)*, bypass
byte • *n* byte *(m)*

C

cab • *n* kabina *(f)*
cabaret • *n* kabaret *(m)*
cabbage • *n* zelí *(n)*
cabin • *n* srub *(m)*, kajuta *(f)*
cabinet • *n* kabinet
cable • *n* lano *(n)*, kabel *(m)*, kabelovka *(f)*, telegram *(m)*
cabriolet • *n* kabriolet *(m)*
cacao • *n* kakaovník *(m)*, kakaový bob *(m)*
cache • *n* mezipaměť *(f)*
cachexia • *n* cachexie *(f)*
cactus • *n* kaktus *(m)*
cadastral • *adj* katastrální
cadastre • *n* katastr *(m)*
cadaver • *n* mrtvola *(f)*
cadmium • *n* kadmium
cadre • *n* rámec *(m)*, rám *(m)*
cafeteria • *n* jídelna *(f)*, bufet, menza, kantýna *(f)*
caffeine • *n* kofein *(m)*
cage • *n* klec *(f)*
cajole • *v* obloudit, přemluvit, přesvědčit
cake • *n* dort *(m)*, deska *(f)*, blok *(m)*
calamint • *n* marulka *(f)*
calamity • *n* kalamita *(f)*
calcification • *n* zvápenatění *(n)*, kalcifikace *(f)*
calcination • *n* kalcinace *(f)*
calcite • *n* vápenec *(m)*
calcium • *n* vápník

calculate • *v* spočítat, kalkulovat
calculation • *n* výpočet *(m)*
calculator • *n* kalkulačka *(f)*, kalkulátor *(m)*
calculus • *n* počet *(m)*, počet
calendar • *n* kalendář *(m)*
calendula • *n* měsíček *(m)*
calf • *n* tele *(n)*, lýtko *(n)*
calibrate • *v* kalibrovat
calibration • *n* kalibrace *(f)*
californium • *n* kalifornium
caliph • *n* kalif, chalífa
caliphate • *n* kalifát, chalífát
call • *v* volat, zavolat, křičet, telefonovat, zatelefonovat, navštívit, říkat • *n* hovor *(m)*, křik, volání *(n)*
caller • *n* volající
calligraphy • *n* kaligrafie *(f)*
calling • *n* povolání *(n)*
callous • *adj* otrlý
callow • *adj* plešatý
callus • *n* mozol *(m)*
calm • *v* uklidnit • *n* klid *(m)* • *adj* klidný *(m)*
calmly • *adv* klidně
calorie • *n* kalorie *(f)*
calque • *n* kalk *(m)*
calyx • *n* kalich *(m)*
cam • *n* vačka *(f)*
camber • *n* sklon *(m)*
camel • *n* velbloud *(m)*
camellia • *n* kamélie *(f)*

camera • *n* fotoaparát *(m)*, kamera *(f)*
cameraman • *n* kameraman *(m)*
camp • *v* tábořit, stanovat • *n* tábor *(m)*, kýč *(m)*, nevkus *(m)* • *adj* táborový *(m)*, teatrální, afektovaný *(m)*, přemrštěný *(m)*, zženštilý *(m)*, nevkusný *(m)*
campaign • *n* tažení *(n)*, kampaň *(f)*
camphor • *n* kafr *(m)*
campus • *n* kampus *(m)*, areál *(m)*
camshaft • *n* vačkový hřídel
can • *v* moci, umět, smět, konzervovat • *n* plechovka *(f)*, konev *(f)*, konzerva *(f)*
canal • *n* kanál *(m)*, průplav *(m)*, kanálek *(m)*
canard • *n* kachna *(f)*
canary • *n* kanár, kanárek *(m)*, kanárkově žlutá *(f)*
canasta • *n* kanasta *(f)*
cancel • *v* škrtnout, škrtat, zrušit, stornovat, vyrušit, krátit
cancellation • *n* zrušení *(n)*, storno *(n)*
cancer • *n* rakovina *(f)*
cancerous • *adj* rakovinný
candid • *adj* přímý *(m)*, nestranný, upřímný *(m)*, otevřený *(m)*, nepřetvařující se, spontánní, přirozený *(m)*
candidate • *n* kandidát *(m)*
candidiasis • *n* kandidóza *(f)*
candle • *n* svíce *(f)*, svíčka *(f)*
candlestick • *n* svícen *(m)*
candor • *n* upřímnost *(f)*, nestrannost *(f)*, bezpředsudkovost *(f)*
candy • *n* sladkost *(f)*
cannabis • *n* konopí *(n)*
cannibal • *n* kanibal *(m)*, lidožrout *(m)*, lidojed *(m)*
cannibalism • *n* kanibalismus *(m)*
cannon • *n* dělo *(n)*
canoe • *n* kánoe *(f)*
canon • *n* kánon *(m)*
canonical • *adj* kanonický
canopy • *n* baldachýn
cantankerous • *adj* nevrlý *(m)*, hašteřivý *(m)*
canteen • *n* jídelna *(f)*, kantýna *(f)*
cantilever • *n* konzola *(f)*, krakorec *(m)*
canton • *n* kanton *(m)*
canvas • *n* plátno *(n)*
canyon • *n* kaňon *(m)*
caoutchouc • *n* kaučuk *(m)*
cap • *n* čepice *(f)*
capable • *adj* schopný
capacitor • *n* kondenzátor *(m)*
cape • *n* mys *(m)*
capercaillie • *n* tetřev, tetřev hlušec
capillary • *n* vlásečnice *(f)*, kapilára *(f)*
capital • *n* kapitál, hlavice *(f)*

capitalism • *n* kapitalismus, kapitalizmus
capitalist • *n* kapitalista *(m)* • *adj* kapitalistický
capon • *n* kapoun
capsaicin • *n* kapsaicin *(m)*
capsule • *n* tobolka *(f)*, kapsle *(f)*
captain • *n* kapitán *(m)*, námořní kapitán *(m)*
caption • *v* opatřit popiskem, opatřit titulky • *n* titulek *(m)*, popisek *(m)*
captive • *n* zajatec *(m)* • *adj* zajatý
captivity • *n* zajetí *(n)*
capture • *v* zajmout, zachytit, vzít
capybara • *n* plavoun *(m)*, kapybara *(f)*
car • *n* auto *(n)*, automobil *(m)*, vagón *(m)*, kabina *(f)*
carabiner • *n* karabina *(f)*
caracal • *n* karakal
caramel • *n* karamel *(m)*
carapace • *n* štít *(m)*
carat • *n* karát *(m)*
caravan • *n* karavana *(f)*, karavan *(m)*
caravel • *n* karavela *(f)*
caraway • *n* kmín *(m)*
carbine • *n* karabina *(f)*
carbohydrate • *n* sacharid *(m)*, karbohydrát *(m)*
carbon • *n* uhlík *(m)*, kopírák *(m)*, uhlí *(n)*
carbonated • *adj* perlivý
carburetor • *n* karburátor *(m)*
carcass • *n* zdechlina *(f)*, mrtvola *(f)*
carcinogen • *n* karcinogen *(m)*
carcinogenic • *adj* karcinogenní
carcinoma • *n* karcinom
card • *n* karta *(f)*
cardboard • *n* karton *(m)*
cardia • *n* kardie *(f)*, česlo *(n)*
cardiac • *adj* srdeční *(m)*
cardinal • *n* kardinál *(m)*
cardiologist • *n* kardiolog *(m)*
cardiology • *n* kardiologie *(f)*
cardiomyopathy • *n* kardiomyopatie
care • *n* péče, péče *(f)* • *v* starat se, starat, pečovat
career • *n* kariéra *(f)*
careerism • *n* kariérismus *(m)*
careerist • *n* kariérista *(m)*
carefree • *adj* bezstarostný *(m)*
careful • *adj* opatrný *(m)*, pečlivý *(m)*
carefully • *adv* opatrně
carefulness • *n* opatrnost *(f)*
careless • *adj* lehkomyslný, nedbalý, lhostejný
carelessly • *adv* nedbale, lehkomyslně
carelessness • *n* lehkomyslnost, ned-

balost (f)
caress • v laskat
cargo • n náklad (m)
caricature • v karikovat • n karikatura (f)
caricaturist • n karikaturista (m)
caries • n kaz (m), zubní kaz (m)
carmine • n karmín (m)
carnage • n masakr (m), krveprolití (n), řež (f)
carnation • n karafiát (m), hvozdík (m)
carnival • n karneval (m)
carnivore • n masožravec (m)
carnivorous • adj masožravý (m)
carol • n koleda (f)
carp • n kapr (m)
carpel • n pestík (m)
carpenter • n tesař (m), truhlář (m)
carpet • n koberec (m)
carrack • n karaka (f)
carriage • n kočár (m), vagón (m), postoj (m), vozík (m)
carrier • n nosič (m), dopravce (m), bacilonosič (m), nosný signál (m)
carrion • n mršina (f), zdechlina (f)
carrot • n mrkev (f)
carry • v nosit, nést, vozit, vézt
cart • n vůz (m)
cartel • n kartel (m)
cartilage • n chrupavka (f)
cartilaginous • adj chrupavčitý (m)
cartography • n kartografie (f)
cartoon • n karikatura (f)
cartridge • n náboj (m), kazeta (f)
cartwheel • n hvězda (f)
carve • v vyřezávat
caryatid • n karyatida (f)
case • n případ (m), kauza, bedna (f), pouzdro (n), vitrina (f)
casein • n kasein (m)
cash • n hotovost (f), hotové peníze, peníze
cashew • n kešu oříšek (m)
cashier • n pokladní
casino • n kasino (n)
casserole • n kastrol (m)
cassette • n kazeta (f)
cassowary • n kasuár (m)
cast • v lít, odlít • n odlitek (m)
castanet • n kastaněty
castaway • n trosečník (m)
caste • n kasta (f)
castle • n hrad (m)
castling • n rošáda (f)
castrate • v kastrovat
castration • n kastrace (f)
casual • n brigádník (m) • adj náhodný, občasný, příležitostný
casualty • n oběť (f)
casuistry • n kazuistika
cat • n kočka (f), kocour (m), šelma kočkovitá (f)
cat-o'-nine-tails • n důtky
catabolism • n katabolismus (m)
cataclysm • n kataklyzma (f)
catafalque • n katafalk (m)
catalepsy • n katalepsie (f)
catalogue • n katalog (m), soupis (m)
catalysis • n katalýza (f)
catalyst • n katalyzátor (m)
catalytic • adj katalytický
catamaran • n katamaran (m)
catapult • v katapultovat • n katapult (m)
cataract • n katarakt (m), stupňovaný vodopád (m), šedý zákal (m), katarakta (f)
catastrophe • n katastrofa (f)
catastrophic • adj katastrofický
catatonic • adj katatonický, katatonní
catch • v chytit, chytnout, zachytit
catchy • adj chytlavý (f)
catechism • n katechismus (m), katechizmus (m)
categorical • adj kategorický
categorization • n kategorizace (f), třídění (n), klasifikace (f)
category • n kategorie (f)
caterpillar • n housenka (f)
catfish • n sumec (m)
catharsis • n katarze (f)
cathedral • n katedrála (f)
catheter • n cévka (f)
cathode • n katoda (f)
cation • n kationt (m)
catkin • n jehněda (f)
catnip • n šanta kočičí
cattail • n orobinec (m)
cattle • n skot (m), dobytek (m)
catwalk • n molo (n)
cauliflower • n květák (m), karfiól (m)
causal • adj příčinný (m), kauzální
causalgia • n kausalgie (f)
causality • n příčinnost (f)
cause • v způsobit, zapříčinit • n příčina (f)
causeway • n násep (m), násyp
caustic • n žíravina (f) • adj žíravý (m), sžíravý (m)
cautious • adj opatrný (m)
cautiously • adv opatrně
cavalry • n jezdectvo (n), kavalérie (f)
cave • n jeskyně (f)
caveat • n varování, upozornění

caveman • *n* jeskynní muž *(m)*
caviar • *n* kaviár *(m)*
cavity • *n* dutina *(f)*
cedar • *n* cedr *(m)*
cedilla • *n* cedilla *(f)*
ceftriaxone • *n* ceftriaxon *(m)*
cefuroxime • *n* cefuroxim *(m)*
ceiling • *n* strop *(m)*, horní celá část *(f)*
celebrate • *v* slavit
celebration • *n* oslava *(f)*
celery • *n* celer *(m)*
celestial • *adj* nebeský *(m)*
celibacy • *n* svobodný stav, celibát *(m)*
celibate • *adj* svobodný *(m)*, celibátní, žijící v celibátu, nevdaná, neženatý *(m)*
cell • *n* článek *(m)*, cela *(f)*, buňka *(f)*
cellar • *n* sklep *(m)*
cellarage • *n* sklepení *(n)*
cellist • *n* violoncellista *(m)*
cello • *n* violoncello *(n)*
cellophane • *n* celofán *(m)*
cellular • *adj* buněčný
cellulose • *n* celulóza *(f)*
cement • *n* cement *(m)*
cenotaph • *n* kenotaf *(m)*
censer • *n* kadidelnice *(f)*
censor • *v* cenzurovat • *n* censor *(m)*, cenzor *(m)*, cenzor
census • *n* sčítání lidu *(n)*
cent • *n* cent
centaur • *n* kentaur *(m)*, Kentaur *(m)*, souhvězdí Kentaura *(n)*
centenarian • *n* stoletý *(m)*, stoletá *(f)*
centenary • *adj* stoletý
centennial • *n* sté výročí
center • *n* střed *(m)*, centrum *(n)*, středisko *(n)*
centipede • *n* stonožka *(f)*
central • *adj* ústřední, centrální
centrifugal • *adj* odstředivý *(m)*
centrifuge • *n* odstředivka *(f)*
centripetal • *adj* dostředivý *(m)*
centurion • *n* centurio *(m)*
century • *n* století *(n)*
cephalalgia • *n* cefalea *(f)*, cefalgie *(f)*
cephalopod • *n* hlavonožec *(m)*
ceramic • *n* keramika *(f)* • *adj* keramický *(m)*
cereal • *n* obilnina *(f)*, obilí *(n)*
cerebellum • *n* mozeček *(m)*
cerebral • *adj* cerebrální, mozkový
cerebrospinal • *adj* mozkomíšní
cerebrum • *n* koncový mozek *(m)*
ceremonial • *adj* obřadný *(m)*
ceremony • *n* obřad *(m)*
cerium • *n* cér *(m)*, cer *(m)*
certain • *adj* jistý *(m)*

certainly • *adv* určitě, nepochybně, jistě, zajisté
certainty • *n* jistota *(f)*
certificate • *n* certifikát *(m)*, osvědčení *(n)*
cervicitis • *n* cervicitida *(f)*
cervix • *n* děložní čípek *(m)*
cesspool • *n* žumpa *(f)*
chaff • *n* pleva *(f)*
chaffinch • *n* pěnkava *(f)*
chagrin • *v* zklamat, zarmoutit • *n* zármutek *(m)*
chain • *n* řetěz *(m)*, řetězec *(m)*, zřetězení *(n)*
chair • *n* židle *(f)*
chairman • *n* předseda *(m)*
chalcedony • *n* chalcedon
chalet • *n* chata *(f)*
chalk • *n* křída *(f)*
challenge • *v* vyzvat • *n* výzva *(f)*
chamber • *n* komora *(f)*
chameleon • *n* chameleon *(m)*, chameleón *(m)*
chamois • *n* kamzík *(m)*
champ • *v* chroustat
champagne • *n* šampaňské *(n)*, šumivé víno *(n)*
champion • *n* mistr *(m)*, přeborník *(m)*, šampión *(m)*
championship • *n* mistrovství *(n)*
chance • *v* narazit • *n* šance *(f)*, příležitost *(f)*, náhoda *(f)*, pravděpodobnost *(f)*
chancellor • *n* kancléř *(m)*
chandelier • *n* lustr *(m)*
chandler • *n* svíčkař *(m)*
change • *v* měnit, změnit, proměnit, vyměnit, převléknout • *n* změna *(f)*, drobné, náhrada *(f)*, záměna *(f)*
channel • *n* koryto *(n)*, kanál *(m)*
chanterelle • *n* liška obecná *(f)*
chaotic • *adj* chaotický
chapel • *n* kaple *(f)*
chaplain • *n* kaplan *(m)*
chapter • *n* kapitola *(f)*
character • *n* postava *(f)*, znak *(m)*
characteristic • *n* charakteristika *(f)*, vlastnost *(f)* • *adj* charakteristický *(m)*
characterize • *v* charakterizovat
charades • *n* šarády
charcoal • *n* dřevěné uhlí *(n)*, uhel *(m)*
charge • *v* pověřit, nabít • *n* výpad *(m)*, náboj *(n)*
chariot • *n* válečný vůz *(m)*
charioteer • *n* vozataj *(m)*
charismatic • *adj* charismatický
charitable • *adj* dobročinný *(m)*
charity • *n* dobročinnost *(f)*, charita *(f)*

charlatan • *n* šarlatán *(m)*
charlatanry • *n* šarlatánství *(n)*
charm • *n* půvab *(m)*
charming • *adj* okouzlující *(m)*
chart • *n* graf *(m)*
chase • *v* honit, hnát, pronásledovat • *n* honba *(f)*, stíhání *(n)*
chassis • *n* podvozek *(m)*, šasi *(n)*
chaste • *adj* cudný
chastely • *adv* cudně
chastity • *n* cudnost *(f)*
chat • *v* povídat • *n* chat *(m)*
chatty • *adj* povídavý, upovídaný
chauffeur • *n* šofér *(m)*, řidič *(m)*
chauvinism • *n* šovinismus *(m)*, šovinizmus *(m)*
chauvinist • *n* šovinista *(m)* • *adj* šovinistický *(m)*
cheat • *v* podvádět
check • *v* prověřit, zaškrtnout, kontrolovat, ovládat, zkontrolovat • *n* šach *(m)*, křížek *(m)*, odškrtnutí *(n)*, účet *(m)*, kontrola *(f)*, zkouška *(f)*
checkmate • *v* matovat, dát mat • *n* mat *(m)*, matová situace *(f)* • *interj* mat, šach mat *(m)*
checkpoint • *n* přechod *(m)*
cheek • *n* líčko *(n)*, půlka *(f)*
cheekbone • *n* lícní kost *(f)*
cheerful • *adj* radostný *(m)*, šťastný *(m)*
cheerfulness • *n* veselost *(f)*, radost *(f)*, štěstí *(n)*
cheerleader • *n* roztleskávačka *(f)*
cheers • *interj* na zdraví
cheese • *n* sýr *(m)*, chechtáky, prachy, love • *interj* sýr
cheetah • *n* gepard *(m)*
chef • *n* šéfkuchař *(m)*
chelicera • *n* klepítko *(n)*, chelicera *(f)*
chemical • *n* chemikálie • *adj* chemický
chemist • *n* chemik *(m)*
chemistry • *n* chemie *(f)*, chemie
chemotherapeutic • *adj* chemoterapeutický
chemotherapy • *n* chemoterapie *(f)*
cheque • *n* šek *(m)*
cherry • *n* třešně *(f)*, třešeň *(f)* • *adj* třešňový
cherub • *n* cherubín *(m)*, andílek *(m)*
chess • *n* šachy
chessboard • *n* šachovnice *(f)*
chest • *n* truhla *(f)*, hruď *(f)*
chestnut • *n* kaštan *(m)*, kaštanově hnědá *(f)*
chew • *v* žvýkat
chi • *n* chí
chick • *n* ptáče *(n)*, kuře *(n)*, kočka *(f)*

chickadee • *n* sýkora *(f)*, sýkorka *(f)*
chicken • *n* slepice *(f)*, kur *(m)*, kuře *(n)*, kuře *(f)*, zbabělec *(m)*, posera *(m)*
chickpea • *n* cizrna *(f)*
chickweed • *n* ptačinec *(m)*
chicory • *n* čekanka *(f)*, čekanka obecná *(f)*
chide • *v* vyhubovat
chief • *n* náčelník *(m)*, šéf *(m)* • *adj* hlavní
chiefly • *adv* hlavně
child • *n* dítě *(n)*, dcera *(f)*
childbirth • *n* porod *(m)*
childhood • *n* dětství *(n)*
childish • *adj* dětinský
childless • *adj* bezdětný *(m)*
chilly • *adj* sychravý
chimera • *n* Chiméra, chiméra
chimney • *n* komín *(m)*, cylindr *(m)*
chimpanzee • *n* šimpanz *(m)*
chin • *n* brada *(f)*
china • *n* porcelán *(m)*
chinchilla • *n* činčila *(f)*
chip • *n* chip *(m)*, čip *(m)*
chipper • *adj* čiperný
chiropractor • *n* chiropraktik *(m)*
chisel • *n* dláto *(n)*, sekáč *(m)*, majzlík *(m)*
chitin • *n* chitin *(m)*
chivalrous • *adj* rytířský *(m)*
chivalry • *n* rytířství *(n)*, galantnost *(f)*
chlorination • *n* chlorace *(f)*
chlorine • *n* chlór *(m)*
chloroform • *n* chloroform *(m)*
chlorophyll • *n* chlorofyl *(m)*
chocolate • *n* čokoláda *(f)* • *adj* čokoládový *(m)*
choice • *n* volba *(f)*, možnost *(f)*
choir • *n* sbor *(m)*, chór *(m)*, kruchta *(f)*, kůr *(m)*
choke • *v* dusit, škrtit • *n* sytič, snížené
choking • *n* dušení *(n)*
cholera • *n* cholera *(f)*
cholesterol • *n* cholesterol *(m)*
choline • *n* cholin *(m)*
chondrosarcoma • *n* chondrosarkom *(m)*
choose • *v* volit, zvolit, vybírat, vybrat, vyvolit, zvolit si, rozhodnout se
choosy • *adj* vybíravý *(m)*
chopstick • *n* jídelní hůlka *(f)*
chorale • *n* chorál *(m)*, sbor *(m)*
chord • *n* akord *(m)*, tětiva *(f)*
chordate • *n* strunatec *(m)*
chorea • *n* tanec svatého Víta *(m)*
choreographer • *n* choreograf *(m)*
choreography • *n* choreografie *(f)*

chorus • *n* refrén *(m)*
chough • *n* kavče *(n)*
chrism • *n* křižmo *(n)*
christen • *v* pokřtít, křtít
chromatic • *adj* chromatický
chromatid • *n* chromatida *(f)*
chromium • *n* chrom
chromosome • *n* chromozom *(m)*
chronic • *adj* chronický, chronický *(m)*
chronicle • *n* kronika *(f)*
chronological • *adj* chronologický
chrysanthemum • *n* chryzantéma *(f)*
chunk • *n* kus *(m)*, kousek *(m)*
church • *n* kostel *(m)*, chrám *(m)*, cerkev *(f)*, církev *(f)*, bohoslužba *(f)*, mše *(f)*
chutney • *n* čatní *(n)*
cicada • *n* cikáda *(f)*
cider • *n* jablečný mošt *(m)*
cigar • *n* doutník *(m)*
cigarette • *n* cigareta *(f)*
cilium • *n* řasinka *(f)*, brva *(f)*
cinch • *n* hračka *(f)*
cinema • *n* kino *(n)*
cinnamon • *n* skořicovník *(m)*, skořice *(f)*
cipher • *n* číslice *(f)*, cifra *(f)*, šifra *(f)*
circa • *prep* přibližně, cirka
circle • *v* kroužit • *n* kruh *(m)*, kružnice *(f)*
circulate • *v* obíhat, šířit
circulatory • *adj* oběhový
circumcise • *v* obřezat
circumcision • *n* obřízka *(f)*
circumference • *n* obvod *(m)*
circumflex • *n* stříška *(f)*, vokáň
circumnavigate • *v* obeplout, obejít
circumscribe • *v* obmalovat, obkroužit, ohraničit, omezit, opsat
circumspect • *adj* obezřetný *(m)*
circumspection • *n* obezřetnost *(f)*
circumstance • *n* okolnost *(f)*
circus • *n* cirkus *(m)*
cirque • *n* kar *(m)*
cirrhosis • *n* cirhóza *(f)*
cirrus • *n* úponek *(m)*, řasa *(f)*
citadel • *n* citadela *(f)*
citizen • *n* občan *(m)*, občanka *(f)*
citizenry • *n* občanstvo *(n)*
citizenship • *n* občanství *(n)*
city • *n* město *(n)*, velkoměsto *(n)*
civet • *n* cibetka *(f)*
civic • *adj* městský *(m)*, občanský *(m)*
civilization • *n* civilizace *(f)*
civilized • *adj* civilizovaný
clade • *n* klad *(m)*
claim • *v* tvrdit • *n* nárok *(m)*, tvrzení *(n)*, zábor *(m)*

clairvoyance • *n* jasnovidnost *(f)*, jasnovidectví *(n)*
clairvoyant • *n* jasnovidec *(m)* • *adj* jasnovidecký, jasnovidný, jasnozřivý
clam • *n* škeble *(f)*
clamp • *n* svěrka *(f)*
clan • *n* klan *(m)*, rod *(m)*
clandestine • *adj* utajovaný *(m)*, utajený *(m)*
clap • *v* tleskat
clapper • *n* srdce zvonu, srdce, řehtačka *(f)*
clapperboard • *n* klapka *(f)*
clarify • *v* objasnit, vyjasnit
clarinet • *n* klarinet *(m)*
clarinetist • *n* klarinetista *(m)*
clarity • *n* jasnost *(f)*
clash • *n* střet *(m)*
clasp • *v* sevřít
class • *n* třída *(f)*
classic • *adj* klasický *(m)*
classicism • *n* klasicismus *(m)*
classification • *n* klasifikace *(f)*
classify • *v* klasifikovat
classmate • *n* spolužák *(m)*
classroom • *n* třída *(f)*
claustrophobia • *n* klaustrofobie *(f)*
clavicle • *n* klíční kost *(f)*
claw • *n* dráp *(m)* • *v* drápat, drapnout
clay • *n* jíl *(m)*
clean • *v* čistit, vyčistit, uklidit, uklízet • *adj* čistý *(m)*
cleaner • *n* uklízeč *(m)*, uklízečka *(f)*
cleanliness • *n* čistota *(f)*, čistost *(f)*
cleanly • *adj* čistotný *(m)*
cleanse • *v* očistit se
clear • *v* vyčistit, vyjasnit, očistit • *adj* čirý *(m)*, jasný *(m)*, čistý *(m)* • *adv* mimo
clearly • *adv* jasně
cleavage • *n* rozpolcení *(n)*, rozdělení *(n)*, štěpnost *(f)*, výstřih *(m)*, rýha mezi ňadry *(f)*, štěpení *(n)*
cleaver • *n* sekáček *(m)*
clef • *n* klíč *(m)*
clench • *v* sevřít
clergy • *n* duchovenstvo *(n)*
clergyman • *n* duchovní *(m)*
clerical • *adj* úřednický, kněžský
clerk • *n* úředník
clever • *adj* chytrý
cleverness • *n* chytrost *(f)*
click • *v* cvaknout, kliknout, dojít, sednout
client • *n* klient, zákazník
clientele • *n* klientela *(f)*
cliff • *n* útes *(m)*
climate • *n* podnebí *(n)*, klima *(n)*

climatology • *n* klimatologie *(f)*
climb • *v* růst, lozit, lézt
clinic • *n* klinika *(f)*
clip • *v* stříhat
clipboard • *n* schránka *(f)*
clique • *n* klika *(f)*
clitoris • *n* poštěváček *(m)*, klitoris *(m)*
cloaca • *n* kloaka *(f)*
cloak • *n* plášť *(m)*
clobber • *v* přepsat
clock • *n* hodiny
clockwise • *adv* po směru hodinových ručiček
clog • *v* ucpat • *n* dřevák *(m)*
clogged • *adj* ucpaný *(m)*
cloister • *n* klášter *(m)*
close • *v* zavřít • *adj* blízký *(m)*
close-hauled • *adj* ostře proti větru
closed • *adj* zavřený, uzavřený *(m)*
closet • *n* skříň
closure • *n* uzavření *(n)*, uzavírka *(f)*, uzávěr *(m)*
cloth • *n* látka *(f)*
clothes • *n* oblečení *(n)*, šaty
clothing • *n* oblečení *(n)*
cloud • *v* zatemnit • *n* mrak *(m)*, oblak *(m)*
cloud-cuckoo-land • *n* Mrakoptakohrad *(m)*, Kocourkov *(m)*
cloudberry • *n* ostružiník moruška *(m)*
cloudy • *adj* oblačný, zamračený
clout • *v* uhodit
clove • *n* hřebíček *(m)*, stroužek *(m)*
clover • *n* jetel *(m)*
clown • *n* klaun *(m)*
club • *n* kyj *(m)*, klacek *(m)*, obušek *(m)*, klub *(m)*, spolek *(m)*, kříž *(m)*, hůl *(f)*
clubhouse • *n* klubovna *(f)*
clue • *n* klíč *(m)*, vodítko *(n)*, nápověda *(f)*
clumsy • *adj* nemotorný, neohrabaný, nevhodný, nešikovný
cluster • *n* shluk *(m)*, kupa *(f)*
clutch • *n* spojka *(f)*
coach • *v* trénovat • *n* kočár *(m)*, trenér *(m)*, kouč *(m)*
coachman • *n* kočí *(m)*
coal • *n* uhlí *(n)*
coalesce • *v* sloučit, spojit
coalescence • *n* hromadění *(f)*
coalition • *n* koalice *(f)*
coarsely • *adv* hrubě
coast • *n* pobřeží *(n)*, břeh *(m)*
coat • *n* kabát *(m)*, nátěr *(m)*
cobalt • *n* kobalt *(m)*
cobble • *v* dláždit
cobbler • *n* švec *(m)*

cobra • *n* kobra *(f)*
coca • *n* kokainovník pravý
cocaine • *n* kokain *(m)*
coccyx • *n* kostrč *(f)*
cochlea • *n* hlemýžď *(m)*
cock • *n* kohout *(m)*, kokot *(m)*
cock-a-doodle-doo • *interj* kikirikí
cockade • *n* kokarda *(f)*
cockatoo • *n* kakadu *(m)*
cockchafer • *n* chroust *(m)*
cockcrow • *n* kuropění *(n)*
cockerel • *n* kohoutek *(m)*
cockpit • *n* kokpit *(m)*
cockroach • *n* šváb *(m)*
cockscomb • *n* hřebínek *(m)*
cocksucker • *n* kuřbuřt *(m)*
cocktail • *n* koktejl *(m)*
cocoa • *n* kakaový bob, kakao *(n)*
coconut • *n* kokos *(m)*, kokosový ořech *(m)*
cocoon • *n* kukla *(f)*
cod • *n* treska *(f)*
coddle • *v* rozmazlovat
code • *n* zákoník *(m)*, kodex *(m)*, kód *(m)*
codification • *n* kodifikace *(f)*
codify • *v* kodifikovat
coefficient • *n* koeficient *(m)*, součinitel *(m)*
coenzyme • *n* koenzym *(m)*
coerce • *v* donutit
coercion • *n* donucení *(n)*
coffee • *n* káva *(f)*, kávovník *(m)*
coffin • *n* rakev *(f)*
cog • *n* koga *(f)*
cognac • *n* koňak *(m)*
cognitive • *adj* kognitivní
coherence • *n* soudržnost *(f)*, koherence *(f)*
coherent • *adj* soudržný *(m)*, souvislý *(m)*, ucelený, koherentní
cohort • *n* kohorta *(f)*
coil • *n* cívka *(f)*
coin • *v* razit • *n* mince *(f)*
coincidence • *n* koincidence *(f)*, náhoda *(f)*
coke • *n* koks *(m)*
cola • *n* kola *(f)*
colander • *n* cedník *(m)*, řešeto *(n)*
cold • *n* zima *(f)*, chlad *(m)*, nachlazení *(n)* • *adj* studený, chladný, nepřátelský
colic • *n* kolika *(f)*
colitis • *n* kolitida *(f)*
collaboration • *n* spolupráce *(f)*, kolaborace *(f)*
collage • *n* koláž *(f)*
collagen • *n* kolagen *(m)*

collapse • *v* spadnout, zhroutit se
collar • *n* límec *(m)*, obojek *(m)*
collateral • *n* kolaterál *(m)*, zajištění *(n)*, zástava *(f)*
colleague • *n* kolega *(m)*
collect • *v* sbírat, sebrat, shromažďovat, shromáždit, vybírat
collecting • *n* sběratelství *(n)*
collection • *n* sbírka *(f)*, sběr *(m)*, sbírání *(n)*
collectivist • *n* kolektivista *(m)* • *adj* kolektivistický
collectivization • *n* kolektivizace *(f)*
collector • *n* sběratel *(m)*, výběrčí *(m)*
collegial • *adj* kolejní, kolegiální
collide • *v* srazit
colliery • *n* uhelný, důl *(m)*
collision • *n* srážka *(f)*
collocation • *n* kolokace *(f)*
colloquial • *adj* hovorový *(m)*
colloquially • *adv* hovorově
colloquium • *n* kolokvium *(n)*
colloquy • *n* disputace
collusion • *n* koluze *(f)*
cologne • *n* kolínská voda *(f)*
colon • *n* dvojtečka *(f)*, tračník *(m)*
colonel • *n* plukovník *(m)*
colonialism • *n* kolonialismus
colonization • *n* kolonizace *(f)*
colony • *n* kolonie *(f)*
color • *v* obarvit, zardít se, začervenat se • *n* barva *(f)*, odstín *(m)*, vlajka *(f)*
colorful • *adj* barevný, pestrý
colorimetry • *n* kolorimetrie *(f)*
colossus • *n* kolos *(m)*
colostrum • *n* mlezivo *(n)*, kolostrum *(n)*
colt • *n* hříbě *(n)*
coltsfoot • *n* podběl *(m)*
columbine • *n* orlíček
column • *n* sloup *(m)*, sloupec *(m)*, sloupek *(m)*
coma • *n* bezvědomí *(n)*, kóma *(n)*
comb • *v* česat, pročesat, pročesávat
combat • *v* bojovat • *n* boj *(m)*
combination • *n* kombinace *(f)*
combine • *v* kombinovat • *n* kombinát *(m)*
combustibility • *n* hořlavost *(f)*
combustible • *adj* hořlavý
combustion • *n* spalování *(n)*
come • *v* přicházet, přijít, přijíždět, přijet, předejít, udělat
comedy • *n* komedie *(f)*, veselohra *(f)*
comestible • *n* jídlo *(n)*, poživatina *(f)* • *adj* jedlý, poživatelný
comet • *n* kometa *(f)*

comfort • *n* pohodlí *(n)*
comfortable • *adj* pohodlný *(m)*, v, pohodlí
coming • *n* příchod *(m)*
comma • *n* čárka *(f)*
command • *v* přikázat, nařídit, rozkázat, ovládat • *n* příkaz *(m)*, rozkaz *(m)*, povel *(m)*
commander • *n* velitel *(m)*, fregatní kapitán *(m)*, komandér *(m)*
commandment • *n* přikázání *(n)*
commensurable • *adj* souměřitelný *(m)*, soudělný *(m)*
comment • *v* komentovat • *n* komentář *(m)*
commerce • *n* obchod *(m)*
commercial • *n* reklama *(f)* • *adj* obchodní, komerční
commercially • *adv* komerčně
commission • *n* komise *(f)*, provize *(f)*
commissioner • *n* komisař *(m)*
commit • *v* spáchat, zapsat
committee • *n* výbor *(m)*, komise *(f)*
commodore • *n* komodor *(m)*
common • *adj* společný *(m)*, běžný *(m)*, obvyklý *(m)*, běžný, obyčejný
commonly • *adv* běžně
communicable • *adj* přenosný
communicate • *v* komunikovat
communication • *n* dorozumívání *(n)*, komunikace *(f)*
communism • *n* komunismus *(m)*
communist • *n* komunista *(f)* • *adj* komunistický
community • *n* společenství *(n)*, komunita *(f)*, spolunáležitost *(f)*
commutative • *adj* komutativní *(m)*
compact • *adj* kompaktní
companion • *n* společník *(m)*
company • *n* společnost *(f)*, podnik *(m)*, společnost, rota *(f)*
comparable • *adj* srovnatelný *(m)*
comparative • *n* komparativ *(m)*
compare • *v* porovnávat, porovnat, srovnávat, srovnat, stupňovat, být, srovnatelný
comparison • *n* porovnání *(n)*, stupňování *(n)*
compartment • *n* oddělení *(n)*, kupé *(n)*
compass • *n* kompas *(m)*, buzola *(f)*, rozsah *(m)*, oblast *(f)*
compassion • *n* soustrast *(f)*, soucit *(f)*
compatibility • *n* kompatibilita *(f)*
compatible • *adj* slučitelný, kompatibilní
compatriot • *n* krajan *(m)*
compel • *v* nutit

compete • *v* soutěžit, konkurovat
competent • *adj* příslušný
competition • *n* soupeření, konkurování, konkurence, soutěž *(f)*
competitive • *adj* soutěžní, konkurenční, soutěživý *(m)*
competitiveness • *n* soutěživost *(f)*
competitor • *n* soutěžící *(m)*
compilation • *n* překlad *(m)*
compile • *v* přeložit, kompilovat
compiler • *n* překladač *(m)*
complacency • *n* samolibost *(f)*, sebeuspokojení *(n)*, uspokojení *(n)*
complain • *v* stěžovat, podat, stížnost *(f)*
complaint • *n* stížnost *(f)*, nemoc *(f)*, příznak nemoci *(m)*, symptom *(m)*
complement • *v* doplnit • *n* doplněk *(m)*
complete • *v* dokončit • *adj* úplný *(m)*, plný
completely • *adv* zcela
completeness • *n* úplnost *(f)*
complex • *n* komplex *(m)* • *adj* komplexní
complexion • *n* pleť *(f)*, pokožka *(f)*, barva pleti *(f)*
complexity • *n* složitost *(f)*
compliant • *adj* vhodný
complicate • *v* komplikovat
complicated • *adj* komplikovaný *(m)*
compliment • *n* poklona *(f)*, kompliment *(m)*
component • *n* součástka *(f)*
compose • *v* sestavit, dát dohromady, obsahovat, obsáhnout, složit, vytvořit, uklidnit se, zklidnit se, naaranžovat
composer • *n* skladatel *(m)*
composition • *n* složení, skladba *(f)*
compositor • *n* sazeč *(m)*
compost • *v* kompostovat • *n* kompost *(m)*
compote • *n* kompot *(m)*
compound • *n* sloučenina *(f)* • *adj* složený *(m)*
comprehensible • *adj* srozumitelný *(m)*
comprehension • *n* porozumění *(n)*, pochopení *(n)*, chápání *(n)*
comprehensive • *adj* obsáhlý
compress • *n* kompres *(m)*
comprise • *v* obsahovat
compromise • *n* kompromis *(m)*
compulsion • *n* nutkání *(n)*
compulsive • *adj* nutkavý
compulsory • *adj* povinný *(m)*
compunction • *n* výčitky svědomí, lítost
compute • *v* počítat, sčítat
computer • *n* počítač *(m)*, sčítač *(m)*
comrade • *n* kamarád *(m)*, soudruh *(m)*, soudružka *(f)*
con • *n* proti *(n)*, zápor *(m)*
concatenation • *n* konkatenace *(f)*, spojení *(n)*, zřetězení *(n)*
concave • *adj* konkávní
concavely • *adv* konkávně
concavity • *n* konkávnost *(f)*
conceal • *v* skrýt, skrývat, ukrýt, schovat, zakrýt
concealment • *n* zatajování *(m)*, zamlčení *(m)*, úkryt *(m)*, utajení *(m)*, maskování *(m)*
concede • *v* připustit
conceit • *n* namyšlenost *(f)*, nafoukanost *(f)*
conceivable • *adj* myslitelný, možný, představitelný
conceivableness • *n* myslitelnost *(f)*
conceive • *v* koncipovat, vymyslet, formulovat, pochopit, chápat, počít, otěhotnět
concentrate • *v* soustředit, koncentrovat • *n* koncentrát *(m)*
concentrated • *adj* koncentrovaný
concentration • *n* koncentrace *(f)*
concentric • *adj* soustředný *(m)*
concept • *n* pojem *(m)*
conception • *n* početí *(n)*
conceptually • *adv* koncepčně
concern • *v* trápit, znepokojovat • *n* podnik *(m)*
concert • *n* koncert *(m)*
concertina • *n* koncertina *(f)*
concession • *n* ústupek *(m)*
conciliatory • *adj* smířlivý *(m)*
concise • *adj* stručný *(m)*
conciseness • *n* stručnost *(f)*
conclude • *v* dojít k závěru
conclusion • *n* závěr *(m)*
concomitant • *adj* doprovodný *(m)*
concrete • *n* beton *(m)* • *adj* konkrétní, betonový *(m)*
concubine • *n* konkubína *(f)*
concurrent • *adj* souběžný *(m)*
condemn • *v* odsoudit
condescending • *adj* blahosklonný *(m)*
condescendingly • *adv* blahosklonně
condition • *n* podmínka *(f)*, stav, kondice *(f)*, stav *(m)*
condom • *n* kondom *(m)*, prezervativ *(m)*
condor • *n* kondor *(m)*
conducive • *adj* přínosné
conduct • *v* dirigovat, vést • *n*

provádění *(n)*, vedení *(n)*, řízení *(n)*, správa *(f)*, chování *(n)*, děj *(m)*, zápletka *(f)*
conduction • *n* vedení *(n)*
conductor • *n* dirigent *(m)*, průvodčí *(m)*, vodič *(m)*
cone • *n* kužel *(m)*, šiška *(f)*, čípek *(m)*
coneflower • *n* třapatka *(f)*
confederation • *n* konfederace *(f)*
confer • *v* jednat, hovořit, radit se, vést, propůjčit, udělit
conference • *n* konference *(f)*
confession • *n* vyznání *(n)*, přiznání *(n)*, zpověď *(f)*
confessional • *n* zpovědnice *(f)*
confessor • *n* vyznavač, zpovědník *(m)*
confidence • *n* sebevědomí *(n)*, jistota *(f)*, důvěra *(f)*, důvěrnost *(f)*, tajemství *(n)*
confidential • *adj* důvěrný *(m)*
configuration • *n* konfigurace *(f)*
confine • *v* poutat, omezovat, tísnit
confinement • *n* zajetí *(n)*
confirm • *v* potvrdit
confirmation • *n* potvrzení *(n)*, biřmování *(n)*
confiscate • *v* zabavit
confiscation • *n* konfiskace *(f)*
conflagration • *n* požár *(m)*
conflict • *n* střet *(m)*, konflikt *(m)*
confluence • *n* soutok *(m)*
conformist • *n* konformista *(m)*
confound • *v* zamlžit, mást, zhoršit
confuse • *v* zmást, splést, zaměnit
confused • *adj* zmatený *(m)*
confusing • *adj* matoucí *(m)*
confusion • *n* zmatek *(m)*
congenial • *adj* přátelský
congenital • *adj* vrozený *(m)*
congestion • *n* nahromadění *(n)*, zahlcení *(n)*, zácpa *(f)*
conglutinate • *v* slepit, slepovat
congratulate • *v* blahopřát, gratulovat
congratulation • *n* gratulace *(f)*, blahopřání *(n)*
congratulations • *interj* gratuluji
congress • *n* kongres *(m)*
conifer • *n* jehličnan *(m)*
coniferous • *adj* jehličnatý
conjecture • *n* dohad *(m)*
conjugate • *v* časovat
conjugation • *n* konjugace *(f)*, časování *(n)*
conjunction • *n* spojka *(f)*, konjunkce, konjunkce *(f)*
conjunctiva • *n* spojivka *(f)*
conjunctivitis • *n* zánět spojivek *(m)*

conjuncture • *n* shoda okolností *(f)*
connect • *v* spojit, připojit
connection • *n* spojení *(n)*
connoisseur • *n* znalec *(m)*
connotation • *n* konotace *(f)*
conquer • *v* dobýt, zdolat
conqueror • *n* dobyvatel *(m)*
conquest • *n* dobytí *(n)*
conscience • *n* svědomí *(n)*
conscientious • *adj* svědomitý
conscientiousness • *n* svědomitost *(f)*
conscious • *adj* při, vědomí, vědomý
consciously • *adv* vědomě
consciousness • *n* vědomí *(n)*, uvědomění *(n)*
conscript • *n* branec *(m)*
conscription • *n* odvod *(m)*
consecrate • *v* zasvětit
consensus • *n* shoda *(f)*, souhlas *(m)*
consent • *v* souhlasit • *n* souhlas *(m)*
consequence • *n* důsledek *(m)*, následek *(m)*
consequently • *adv* následně, potažmo
conservation • *n* zachování *(n)*, konzervace
conservatism • *n* konzervatismus *(m)*
conservative • *adj* konzervativní
consider • *v* zvažovat, uvažovat
considerable • *adj* značný
considerate • *adj* ohleduplný *(m)*
consignee • *n* příjemce *(m)*, adresát *(m)*
consignment • *n* zásilka *(f)*
consist • *v* skládat • *n* souprava *(f)*
consistent • *adj* konzistentní, bezesporný *(m)*
consolation • *n* útěcha *(f)*, cena útěchy *(f)*
console • *v* utěšit
consolidated • *adj* konsolidovaný *(m)*
consolidation • *n* konsolidace *(f)*
consonant • *n* souhláska *(f)*
conspicuous • *adj* nápadný *(m)*
conspiracy • *n* spiknutí *(n)*
conspirator • *n* spiklenec *(m)*
constable • *n* konstábl *(m)*
constabulary • *n* policejní sbor *(m)*
constant • *n* konstanta *(f)*
constellation • *n* souhvězdí *(n)*, konstelace *(f)*, plejáda *(f)*
constipation • *n* zácpa *(f)*
constituent • *n* složka *(f)*
constitute • *v* ustavit, tvořit
constitution • *n* ústava *(f)*
constitutional • *adj* ústavní
constrict • *v* zúžit
constriction • *n* zúžení *(n)*
construct • *v* konstruovat, sestavit, sestrojit

construction • *n* stavba *(f)*, stavebnictví *(n)*, konstrukce *(f)*
consul • *n* konzul *(m)*
consular • *adj* konzulární, konzulský
consulate • *n* konzulát *(m)*
consume • *v* spotřebovat
consumer • *n* spotřebitel *(m)*
consumption • *n* spotřeba *(f)*, zničení *(n)*
contact • *v* kontaktovat • *n* kontakt *(m)*, dotek *(m)*, kontakt, spojení, čočka *(f)*
contagion • *n* nákaza *(f)*
contagious • *adj* nakažlivý *(m)*
contain • *v* obsahovat
container • *n* kontejner *(m)*
contaminate • *v* znečistit, kontaminovat
contamination • *n* znečištění *(n)*, kontaminace *(f)*
contemplation • *n* rozjímání *(n)*, meditace *(f)*
contemporary • *n* současník *(m)*, současnice *(f)* • *adj* současný *(m)*
contempt • *n* opovržení *(n)*, despekt *(m)*, pohrdání *(n)*, přezírání *(n)*, ponížení *(n)*
contemptible • *adj* opovrženíhodný
contemptuous • *adj* pohrdavý *(m)*
content • *n* obsah *(m)*, podstata *(f)* • *adj* spokojený *(m)*
contentious • *adj* sporný *(m)*
contents • *n* obsah *(m)*
conterminous • *adj* sousední
contest • *n* soutěž *(f)*
context • *n* kontext
contextual • *adj* kontextový, související
continent • *n* kontinent *(m)*, světadíl *(m)*
continental • *adj* kontinentální, pevninský
continuation • *n* pokračování *(n)*
continue • *v* pokračovat
continuity • *n* spojitost *(f)*
continuous • *adj* nepřetržitý, kontinuální, spojitý *(m)*
continuum • *n* kontinuum *(n)*
contort • *v* zkroutit
contraband • *n* kontraband *(m)*
contrabassoon • *n* kontrafagot
contraception • *n* antikoncepce *(f)*
contraceptive • *n* antikoncepce *(f)*
contract • *n* smlouva *(f)*, kontrakt *(m)* • *v* zkrátit, kontrahovat, podepsat kontrakt, uzavřít kontrakt, nakazit se, získat, onemocnět
contradiction • *n* rozpor *(m)*, spor *(m)*, kontradikce *(f)*

contradictory • *adj* protichůdný, protikladný, protiřečící, neslučitelný, odporující
contraindication • *n* kontraindikace *(f)*
contraposition • *n* obměna *(f)*
contrast • *v* kontrastovat • *n* protiklad *(m)*
contribute • *v* přispět
contribution • *n* příspěvek *(m)*, přispění *(n)*
control • *v* řídit, ovládat • *n* kontrola, nadvláda, správa
controversial • *adj* kontroverzní, sporný
conundrum • *n* hádanka *(f)*
convenient • *adj* pohodlný
conveniently • *adv* pohodlně, jako na objednávku
convention • *n* sjezd *(m)*, konvence *(f)*, úmluva *(f)*
converge • *v* konvergovat, sbližovat, sblížit
convergence • *n* konvergence *(f)*, sbližování *(n)*, přibližování *(n)*
convergent • *adj* konvergentní, sbíhavý *(m)*, konvergující
conversation • *n* konverzace *(f)*, rozhovor *(m)*
converse • *v* konverzovat, rozmlouvat, hovořit
convert • *v* převést
converter • *n* konvertor *(m)*, převodník *(m)*
convex • *adj* konvexní
convexly • *adv* konvexně
convey • *v* dopravit, přepravit, sdělit, převést
convict • *v* odsoudit, usvědčit • *n* odsouzený *(m)*, mukl
conviction • *n* přesvědčení *(n)*, odsouzení *(n)*, usvědčení *(n)*
convince • *v* přesvědčit
convincing • *adj* přesvědčivý
convoy • *n* konvoj *(m)*, konvoj
coo • *v* vrkat • *n* vrkot *(m)*
cook • *v* vařit • *n* kuchař *(m)*, kuchařka *(f)*
cookbook • *n* kuchařka *(f)*
cooker • *n* vařič *(m)*, sporák *(m)*
cookery • *n* kuchařství *(n)*
cooking • *n* vaření *(n)*, kuchyně *(f)*, kuchařství *(n)*
cookstove • *n* sporák *(m)*
cool • *adj* chladný, skvělý, v pořádku, ok
coolie • *n* kuli *(m)*
cooling • *n* chlazení *(n)*

cooperate • *v* spolupracovat
cooperation • *n* spolupráce *(f)*
cooperative • *n* družstvo *(n)*
coordinate • *v* koordinovat • *n* souřadnice *(f)*
coordination • *n* koordinace *(f)*
coot • *n* lyska *(f)*
copper • *n* měď *(f)*, měděná *(f)*, měďák *(m)* • *adj* měděný
coppersmith • *n* mědikovec
coppice • *v* prořezat, prořezávat • *n* mlází *(n)*, houština *(f)*, podrost *(m)*
copra • *n* kopra *(f)*
coprolalia • *n* koprolálie *(f)*
copy • *v* kopírovat • *n* kopie *(f)*, rozmnoženina *(f)*
copyright • *n* autorské právo *(n)*, copyright *(m)*
copywriter • *n* copywriter *(m)*
coral • *n* korál *(m)*, korálová *(f)*
cord • *n* provaz *(m)*, šňůra *(f)*
cordierite • *n* cordierit *(m)*
corduroy • *n* manšestr *(m)*
core • *n* jaderník *(m)*, jádro *(n)*, podstata *(f)*
coriander • *n* koriandr *(m)*
corkscrew • *n* vývrtka *(f)*
corm • *n* hlíza *(f)*
cormorant • *n* kormorán *(m)*
corn • *n* kuří oko *(n)*
corncrake • *n* chřástal polní *(m)*
cornea • *n* rohovka *(f)*
corneal • *adj* rohovkový, korneální
cornet • *n* kornet *(m)*
cornflower • *n* chrpa *(f)*
cornucopia • *n* roh hojnosti *(m)*, přehršel *(f)*, přehršle *(f)*, spousta *(f)*, habaděj *(n)*
corolla • *n* koruna *(f)*
corollary • *n* důsledek *(m)*
coronation • *n* korunovace *(f)*
corporal • *adj* tělesný *(m)* • *n* desátník *(m)*, kaprál *(m)*
corporation • *n* společnost *(f)*
corporeal • *adj* tělesný *(m)*
corpse • *n* mrtvola *(f)*, mrtvý *(m)*
corpus • *n* korpus *(m)*
corpuscle • *n* částečka *(f)*, částice *(f)*, korpuskule *(f)*
correct • *v* opravit • *adj* správný *(m)*, slušný *(m)*, korektní
correction • *n* oprava *(f)*
correctly • *adv* správně
correctness • *n* správnost *(f)*
correlation • *n* korelace *(f)*
correspond • *v* odpovídat
corresponding • *adj* odpovídající

corridor • *n* chodba *(f)*, koridor *(m)*
corrosive • *n* žíravina *(f)* • *adj* žíravý *(m)*
corrupt • *v* zkazit, narušit • *adj* zkažený, zkorumpovaný, porušený
corruption • *n* korupce *(f)*
corsair • *n* korzár *(m)*
corset • *n* korzet *(m)*
cortex • *n* kůra *(f)*
corticosteroid • *n* kortikosteroid *(m)*
cortisone • *n* kortizon *(m)*
corvette • *n* korveta *(f)*
cosecant • *n* kosekans *(m)*
cosine • *n* kosinus *(m)*
cosmetic • *n* kosmetika • *adj* kosmetický
cosmetics • *n* kosmetika *(f)*, šminky
cosmetologist • *n* kosmetolog *(m)*
cosmic • *adj* kosmický, vesmírný
cosmogony • *n* kosmogonie *(f)*
cosmologist • *n* kosmolog *(m)*
cosmology • *n* kosmologie *(f)*
cosmos • *n* vesmír *(m)*, kosmos *(m)*
cost • *n* náklad *(m)*, cena *(f)* • *v* stát
costa • *n* žebro *(n)*
costume • *n* kostým *(m)*
cosy • *adj* pohodlný, útulný
cotangent • *n* kotangens *(m)*
cotton • *n* bavlna *(f)*, bavlna • *adj* bavlněný
couch • *n* pohovka *(f)*, gauč *(m)*
cough • *v* kašlat • *n* kašel *(m)*, kašel
coulisse • *n* boční kulisa *(f)*
coulomb • *n* coulomb
council • *n* rada *(f)*
counsel • *n* rada *(f)*
count • *v* počítat, počítat s • *n* počet *(n)*, odpočet *(n)*, hrabě *(m)*
countable • *adj* spočitatelný, spočetný *(m)*, počitatelný *(m)*
countdown • *n* odpočítávání *(n)*
countenance • *v* podporovat • *n* výraz *(m)*
counter • *n* počtář *(m)*
counterbalance • *v* vyvážit • *n* protizávaží *(n)*, protiváha *(f)*
counterexample • *n* protipříklad *(m)*
counterfoil • *n* útržek *(m)*
counterpart • *n* stejnopis *(m)*, protějšek *(m)*
counterproductive • *adj* kontraproduktivní *(m)*
counterrevolution • *n* kontrarevoluce *(f)*
counterrevolutionary • *n* kontrarevolucionář *(m)*
countess • *n* hraběnka *(f)*

countless • *adj* nesčetný, nesčíslný
country • *n* země *(f)*, stát *(m)*, venkov *(m)*
countryman • *n* rodák *(m)*, krajan *(m)*
county • *n* hrabství *(n)*, okres *(n)*
couple • *n* pár *(m)*, pár
coupon • *n* kupón *(m)*, lístek *(m)*, poukaz *(m)*
courage • *n* odvaha *(f)*, kuráž *(f)*, statečnost *(f)*
courageous • *adj* odvážný *(m)*
course • *n* průběh *(m)*, kurz *(m)*, chod *(m)*
court • *n* dvůr *(m)*, soud *(m)*, stání *(n)*, kurt *(m)*, dvorec *(m)*
courteous • *adj* zdvořilý, slušný
courtesan • *n* kurtizána *(f)*
courtship • *n* dvoření *(n)*, námluvy
courtyard • *n* nádvoří *(n)*
cousin • *n* bratranec *(m)*, sestřenice *(f)*
covariance • *n* kovariance *(f)*
covenant • *n* dohoda *(f)*
cover • *v* krýt • *n* víko, příbor (stolní)
cover-up • *n* ututlat
coverage • *n* pokrytí *(n)*
cow • *n* kráva *(f)*, tur *(f)*, skot *(m)*
coward • *n* zbabělec *(m)*, posera *(m)*
cowardice • *n* zbabělost *(f)*
cowardly • *adj* zbabělý *(m)*
cowboy • *n* kovboj *(m)*
cower • *v* krčit se
cowslip • *n* prvosenka jarní *(f)*, petrklíč *(m)*
coyote • *n* kojot *(m)*
cozy • *adj* útulný
crab • *n* krab *(m)*
crack • *n* trhlina *(f)*, prasklina *(f)*, puklina *(f)*, škvíra *(f)*, mezírka *(f)*, štěrbina *(f)*, vtip *(m)*, vtípek *(m)*, fórek *(m)*, prasknutí *(n)*, křupnutí *(n)*, rupnutí *(n)*
cradle • *n* kolébka *(f)*
craft • *n* řemeslo *(n)*, plavidlo *(n)*
craftiness • *n* úskočnost *(f)*
craftsman • *n* řemeslník *(m)*
crag • *n* útes *(m)*, převis *(m)*
cramp • *n* křeč *(f)*
cranberry • *n* brusinka *(f)*
crane • *n* jeřáb *(m)*
cranial • *adj* lebeční
cranium • *n* mozkovna *(f)*
crank • *n* klika *(f)*
crankshaft • *n* kliková hřídel *(f)*
crap • *n* hovno *(n)*
crate • *n* bedna *(f)*
craving • *n* choutky
crawl • *v* plazit, lézt
crayfish • *n* rak *(m)*

crayon • *n* pastelka *(f)*, barevná tužka, krajon *(m)*
crazy • *adj* šílený, pominutý, trhlý, potrhlý, zbavený rozumu, ztřeštěný, bláznivý
cream • *n* smetana *(f)*, smetánka *(f)*, krém *(m)* • *adj* krémový
crease • *v* udělat záhyb, mnout • *n* rýha *(f)*, vráska *(f)*, záhyb *(m)*
create • *v* vytvořit, udělat
creation • *n* výtvor *(m)*, tvoření *(n)*, vytvoření *(n)*, vytváření *(n)*, stvoření *(n)*
creationism • *n* kreacionismus *(m)*
creative • *adj* tvořivý *(m)*
creativity • *n* tvořivost *(f)*
creator • *n* tvůrce *(m)*, stvořitel *(m)*
creature • *n* tvor *(m)*, stvoření *(n)*
credential • *n* pověření *(n)*
credibility • *n* důvěryhodnost *(f)*
credit • *v* připsat
creditor • *n* věřitel *(m)*
creed • *n* vyznání *(n)*, krédo *(n)*
creek • *n* potok *(m)*
cremation • *n* kremace *(f)*
crematorium • *n* krematorium *(n)*
crepitate • *v* praskat
crescendo • *n* crescendo *(n)*
crescent • *n* půlměsíc *(m)*
cretin • *n* kretén *(m)*
cretinism • *n* kretenismus *(m)*
cretinous • *adj* kreténský
crew • *n* obsluha *(f)*, posádka *(f)*, pracovní, skupina *(f)*, kulisáci, technici, člen *(m)*, banda *(f)*
crib • *n* tahák *(m)*
cricket • *n* cvrček *(m)*, kriket *(m)*
crime • *n* zločin *(m)*, trestný čin *(m)*, zločinnost *(f)*
criminal • *n* zločinec *(m)* • *adj* zločinný, trestný, zločinný *(m)*
criminology • *n* kriminologie *(f)*
crimson • *n* karmínový
cripple • *n* mrzák *(m)*
crisis • *n* rozhodující, okamžik *(m)*, krize *(f)*
criterion • *n* kritérium *(n)*, kriterium *(n)*
critic • *n* kritik *(m)*
critical • *adj* kritický *(m)*
criticise • *v* kritizovat
criticism • *n* kritika *(f)*
critique • *n* kritika *(f)*
critter • *n* tvor *(m)*, stvoření *(n)*
crochet • *v* háčkovat • *n* háčkování *(n)*
crockery • *n* nádobí *(n)*
crocodile • *n* krokodýl *(m)*
crocus • *n* krokus *(m)*, šafrán *(m)*

crone • *n* bába *(f)*, babizna *(f)*
crooked • *adj* zkroucený *(m)*, křivý *(m)*, zdeformovaný *(m)*, pokřivený *(m)*, zdeformovaný, nečestný *(m)*
crop • *n* ořez *(m)* • *v* ořezat
cross • *v* přecházet, přejet • *n* kříž *(m)*, kříženec *(m)*
crossbar • *n* břevno *(n)*, štangle *(f)*
crossbow • *n* kuše *(f)*
crossfire • *n* křížová palba *(f)*
crossing • *n* křížení *(n)*
crossroads • *n* rozcestí *(n)*, křižovatka *(f)*
crosswise • *adv* křížem, napříč
crotchety • *adj* vrtošivý
crow • *n* vrána *(f)*, páčidlo *(n)*, sochor *(m)*, kokrhání *(n)*, zakokrhání *(n)*
crowbar • *n* páčidlo *(n)*
crowd • *n* dav *(m)*
crowded • *adj* přecpaný, nabitý, přeplněný
crown • *v* korunovat • *n* koruna *(f)*, temeno *(n)*, korunka *(f)*
crucial • *adj* rozhodující, kritický
cruciferous • *adj* košťálový *(m)*
crucifix • *n* krucifix, kříž *(m)*
crucifixion • *n* ukřižování *(n)*
crucify • *v* ukřižovat
crude • *adj* surový *(m)*, syrový *(m)*, prostý, zřejmý, evidentní, jasný, neomalený *(m)*, nedozrálý *(m)*, nezralý *(m)*
cruel • *adj* krutý *(m)*
cruelty • *n* krutost *(f)*
cruise • *n* plavba *(f)*, výlet lodí *(m)*
cruiser • *n* křižník *(m)*
crumb • *n* drobek *(m)*
crumble • *v* drobit, drolit
crumple • *v* mačkat, muchlat, krčit, hroutit
crunch • *v* chroustat
crusade • *n* křížová výprava *(f)*, kruciáta *(f)*
crush • *v* drtit, rozdrtit, rozbít
crushed • *adj* drcený *(m)*, rozdrcený *(m)*, zdrcený *(m)*
crust • *n* kůra *(f)*, kůrka *(f)*
crustacean • *n* korýš *(m)*
crutch • *n* berle *(f)*
cry • *v* plakat, brečet • *n* pláč *(m)*, brečení *(n)*
cryptography • *n* kryptografie *(f)*
crystal • *n* krystal *(m)*, křišťál *(m)*
crystallization • *n* krystalizace *(f)*
crystallize • *v* krystalizovat
crystallography • *n* krystalografie *(f)*
cub • *n* mládě *(n)*
cube • *n* krychle *(f)*, kostka *(f)*, třetí mocnina *(f)*
cubicle • *n* kóje *(f)*, kabina *(f)*
cubism • *n* kubismus *(m)*
cubit • *n* loket *(m)*
cuboid • *n* kvádr *(m)*
cuckold • *n* paroháč *(m)*
cuckoo • *n* kukačka *(f)*
cucumber • *n* okurka *(f)*
cuddle • *v* mazlit se
cudgel • *n* kyj *(m)*
cue • *n* kvé, podnět *(m)*, signál *(m)*, narážka *(f)*, tágo *(n)*
cuff • *n* manžeta *(f)*
cufflink • *n* manžetový knoflík
cuirass • *n* kyrys
culinary • *adj* kuchařský *(m)*, kulinářský *(m)*, kuchyňský *(m)*
cult • *n* kult *(m)*
cultivate • *v* obdělávat
cultural • *adj* kulturní
culture • *v* kultivovat • *n* kultura *(f)*
cum • *v* stříkat, udělat se • *n* mrdka *(f)*
cumin • *n* římský kmín *(m)*
cumulative • *adj* kumulativní
cunt • *n* píča *(f)*, kunda *(f)*, pizda *(f)*
cup • *n* šálek *(m)*, hrnek *(m)*, pohár *(m)*, košíček *(m)*
cupboard • *n* skříň
cupidity • *n* chamtivost *(f)*
cupola • *n* kopule *(f)*
curable • *adj* vyléčitelný
curator • *n* kurátor *(m)*
curb • *n* uzda *(f)*
cure • *n* léčba *(f)*, lék *(m)*
curfew • *n* zákaz vycházení *(m)*
curiosity • *n* zvědavost *(f)*, kuriozita *(f)*
curious • *adj* zvědavý *(m)*, zvláštní, podivný
curiously • *adv* zvědavě, zvláštně, podivně
curium • *n* curium *(n)*
curl • *n* kudrna *(f)*
curly • *adj* kudrnatý, vlnitý
curmudgeon • *n* bručoun *(m)*, mrzout *(m)*
currant • *n* rybíz *(m)*
currency • *n* měna *(f)*, valuta *(f)*
current • *n* proud *(m)* • *adj* současný *(m)*, aktuální
currently • *adv* momentálně
curriculum • *n* studijní program *(m)*
curry • *n* kari *(n)*, karí *(n)*
curse • *v* proklít, proklínat, klít, nadávat • *n* kletba *(f)*, prokletí *(n)*, nadávka *(f)*
cursory • *adj* zběžný
curtail • *v* zkrátit, omezit

curtain • *n* závěs *(m)*, opona *(f)*
curve • *n* ohyb, křivka *(f)*
cushion • *v* vypoltářovat, ztlumit, zmírnit • *n* polštářek *(m)*, poduška *(f)*, polštář *(m)*, nárazník *(m)*, mantinel *(m)*
custard • *n* pudink *(m)*
custom • *n* obyčej *(m)*, zvyk *(m)*, clo *(n)*
customer • *n* zákazník *(m)*
cut • *v* řezat, tít, oddělit, rozdělit • *n* řez, říznutí, snímání
cutaneous • *adj* kožní
cute • *adj* roztomilý *(m)*
cutlery • *n* příbor *(m)*
cutlet • *n* řízek *(m)*, kotleta *(f)*
cutter • *n* kutr *(m)*
cutting • *n* zářez *(m)*
cuttlefish • *n* sépie *(f)*
cyanide • *n* kyanid *(m)*
cyanosis • *n* cyanóza *(f)*
cybernetic • *adj* kybernetický *(m)*
cybernetics • *n* kybernetika *(f)*
cyborg • *n* kyborg *(m)*
cyclamen • *n* brambořík *(m)*

cycle • *n* cyklus *(m)*
cycling • *n* cyklistika *(f)*
cyclist • *n* cyklista *(m)*
cycloid • *n* cykloida *(f)*
cyclone • *n* cyklóna *(f)*
cyclops • *n* kyklop *(m)*
cyclothymia • *n* cyklotymie *(f)*
cylinder • *n* válcová plocha *(f)*, válec *(m)*
cylindrical • *adj* válcový, válcovitý
cymbal • *n* činel *(m)*
cynic • *n* cynik *(m)*
cynical • *adj* cynický *(m)*
cynicism • *n* cynismus *(m)*
cypress • *n* cypřiš *(m)*
cyst • *n* cysta *(f)*
cysteine • *n* cystein *(m)*
cystitis • *n* cystitida *(f)*
cytology • *n* cytologie *(f)*
cytoplasm • *n* cytoplazma *(f)*
cytosine • *n* cytosin *(m)*

D

dacha • *n* dača *(f)*
dachshund • *n* jezevčík *(m)*
dad • *n* tatínek *(m)*
daddy • *n* tatínek *(m)*
daffodil • *n* narcis *(m)*
dagger • *n* dýka *(f)*
dahlia • *n* jiřina *(f)*
daikon • *n* ředkev setá bílá, daikon
daily • *adj* denní • *adv* denně
dairy • *n* mlékárna *(f)* • *adj* mléčný *(m)*
dais • *n* pódium *(m)*, stupínek *(m)*
daisy • *n* sedmikráska chudobka *(f)*
dam • *n* hráz *(f)*, přehrada *(f)*
damage • *v* poškodit • *n* poškození *(n)*, škoda *(f)*, cena *(f)*
damn • *v* zatratit • *n* sakra
damned • *adj* proklatý, zatracený
damp • *adj* vlhký
dance • *v* tančit, tancovat • *n* tanec *(m)*
dancer • *n* tanečník *(m)*, tanečnice *(f)*
dandelion • *n* pampeliška *(f)*
dandruff • *n* lupy
danger • *n* nebezpečí *(n)*
dangerous • *adj* nebezpečný *(m)*
dapper • *adj* úhledný
dare • *v* odvážit, troufat, vyzvat, riskovat, odvažovat se
dark • *n* temnota *(f)*, tma *(f)* • *adj* tmavý *(m)*, temný *(m)*, temný

darkness • *n* tma *(f)*, temnota *(f)*
darkroom • *n* temná komora *(f)*
darling • *n* milý, miláček, poklad
darn • *v* štupovat
dash • *v* sprintovat • *n* pomlčka *(f)*, sprint *(m)*
dashboard • *n* palubní deska *(f)*
data • *n* data, údaje
database • *n* databáze *(f)*
date • *n* datle *(f)*, datum *(n)*, doba *(f)*, termín *(m)*, trvání *(n)*, schůzka *(f)*, partner *(m)*, partnerka *(f)*, rande *(n)* • *v* datovat, chodit, stárnout
dated • *adj* zastaralý
dative • *adj* dativní
datum • *n* údaj *(m)*
daub • *v* naplácat • *n* mazanice *(f)*
daughter • *n* dcera *(f)*
daughter-in-law • *n* snacha *(f)*
daunting • *adj* skličující, znepokojující, znepokojivý *(m)*, odrazující, ohromující
dauntless • *adj* neohrožený, nebojácný
dawn • *n* východ *(m)*, úsvit *(m)*, svítání *(n)*, zora *(f)*
day • *n* den *(m)*
daybreak • *n* úsvit *(m)*, svítání *(n)*
dazzle • *v* oslnit
deacon • *n* jáhen *(m)*, diákon *(m)*
dead • *n* mrtví • *adj* mrtvý

deadline • *n* uzávěrka (f), termín (m)
deadlock • *n* deadlock (m), uváznutí (n)
deadly • *adj* smrtelný, smrtící, smrtonosný
deaf • *adj* hluchý (m)
deafening • *adj* ohlušující
deafness • *n* hluchota (f)
deal • *v* rozdělit, rozdat, obchodovat, prodávat, pojednávat, jednat • *n* obchod (m)
dealer • *n* prodejce (m), obchodník (m), zprostředkovatel (m), dealer (m), rozdávající (m), krupiér (m), bankéř (m)
dear • *adj* drahý (m), milý (m)
dearth • *n* nedostatek (m)
death • *n* smrt (f), smrtka (f), smrt
debacle • *n* debakl (m)
debate • *v* debatovat
debauchery • *n* zhýralost (f), hýření (n)
debenture • *n* dlužní úpis (m), obligace (f), dluhopis (m)
debris • *n* sutiny (f), trosky (f)
debt • *n* dluh (m)
debtor • *n* dlužník (m)
debugger • *n* debugger (m)
debut • *v* debutovat
decade • *n* desetiletí, desítka
decathlon • *n* desetiboj (m)
decay • *v* rozkládat se, hnít • *n* rozklad (m), hniloba (f)
deceased • *n* nebožtík (m), zesnulý (m), mrtvý (m), zemřelý • *adj* zesnulý (m)
deceive • *v* klamat, oklamat
decency • *n* slušnost (f)
decent • *adj* slušný (m)
deception • *n* podvod (m), klam (m)
deceptive • *adj* klamný, zavádějící, ošidný, matoucí
decibel • *n* decibel (m)
decide • *v* rozhodovat, rozhodnout
deciduous • *adj* opadavý
decimal • *n* desítková soustava (f), dekadická soustava (f), číslo v desítkové soustavě
decipher • *v* rozluštit
decision • *n* rozhodnutí (n), rozhodnost (f), skóre (n)
decisive • *adj* rozhodující, směrodatný, rozhodný
deck • *n* paluba (f)
declaration • *n* prohlášení (n), vyhlášení (n)
declare • *v* deklarovat
declension • *n* deklinace (f), skloňování (n)
declination • *n* deklinace (f)
decline • *v* klesat, odmítnout, skloňovat • *n* pokles (m)
decompose • *v* rozložit
decorate • *v* zdobit
decoration • *n* výzdoba (f)
decorative • *adj* ozdobný, zdobný
decoy • *n* návnada (f)
decrease • *v* snížit
dedicated • *adj* zasvěcený (m)
dedication • *n* věnování (n)
deduce • *v* vyvodit
deduction • *n* dedukce (f)
deed • *n* skutek (m), čin (m)
deep • *adj* hluboký (m)
deer • *n* jelen (m), laň (f)
defamation • *n* pomluva (f)
defame • *v* pomluvit
default • *n* selhání (n)
defeat • *v* porazit • *n* porážka (f)
defeatism • *n* poraženectví (f)
defeatist • *adj* poraženecký
defecate • *v* vyprázdnit, kálet, vykálet
defecation • *n* vyprázdnění (n)
defect • *n* závada (f), porucha (f)
defective • *adj* vadný (m)
defend • *v* bránit
defendant • *n* obžalovaný (m), obviněný (m), žalovaný (m)
defender • *n* obránce (m), obhájce (m)
defense • *n* obrana (f)
defenseless • *adj* bezbranný
defensive • *adj* obranný (m)
defer • *v* odkládat
deferred • *adj* odložený
defiance • *n* vzdor (m)
deficiency • *n* nedostatek (m)
deficit • *n* deficit (m)
definable • *adj* definovatelný (m)
define • *v* definovat
defined • *adj* definovaný (m)
definition • *n* definice (f)
deflation • *n* deflace (f)
deflower • *v* odpanit
deformation • *n* deformace (f)
deftly • *adv* obratně
defy • *v* vzdát se, zřeknout se, vyzývat, vyzvat, vzdorovat, vzepřít se
degrade • *v* degradovat, znehodnotit
degree • *n* stupeň (m)
dehydrated • *adj* dehydrovaný
dehydration • *n* dehydratace (f)
deism • *n* deismus (m)
deity • *n* božství (n), božstvo (n)
delay • *n* zpoždění (n)
delegate • *v* delegovat • *n* delegát (m)
delegation • *n* delegace (f)
deletion • *n* smazání (n), vymazání (n)
deliberate • *v* zvažovat • *adj* úmyslný

(m), záměrný (m), rozvážný (m), váhavý (m), promyšlený (m), neuspěchaný (m)
delicate • adj choulostivý, jemný, rozklepaný
delicious • adj lahodný, chutný
delirium • n delirium (n)
deliver • v osvobodit, odvázat, porodit, doručit
delivery • n doručení (n), zásilka (f), porod (m), podání (n)
delta • n delta, delta (f)
delusion • n blud (m)
delve • v rýt, kopat, rýt se, hrabat se, zkoumat, pátrat
demagogic • adj demagogický (m)
demagogue • n demagog (m)
demagogy • n demagogie (f)
demand • n poptávka (f)
demarcation • n vymezení (n)
demeanor • n chování
demented • adj dementní
dementia • n demence (f)
demigod • n polobůh (m)
demijohn • n demižon (m)
democracy • n demokracie (f)
democrat • n demokrat (m)
democratic • adj demokratický (m)
demographer • n demograf (m)
demographic • adj demografický (m)
demography • n demografie (f)
demolish • v bourat
demon • n démon
demonstrable • adj prokazatelný
demonstrate • v demonstrovat
demonstration • n demonstrace (f)
demonstrator • n demonstrant (m)
demoralization • n demoralizace (f)
demoralize • v demoralizovat
demotic • adj démotický
demure • adj ostýchavý (m)
den • n doupě (n), nora (f)
denigrate • v pošpinit, znevažovat
denizen • n obyvatel (m), stálý host (m), štamgast (m)
denomination • n denominace (f)
denominator • n jmenovatel (m)
denounce • v označit, nařknout, vyhlásit, vypovědět
dense • adj hustý
density • n hustota (f)
dental • adj zubní, zubařský, stomatologický, dentála (f), zubnice (f)
dentate • adj zubatý
dentist • n zubař (m)
dentistry • n zubní lékařství (n)
deny • v popřít, zapřít
deodorant • n deodorant (m)

depart • v vyrazit, odcestovat, odejít, odjet, odletět
departure • n odchod (m), odjezd (m), odlet (m)
depend • v záviset
dependable • adj spolehlivý (m)
dependence • n závislost (f)
dependency • n závislost (f)
dependent • adj závislý, spoléhající
deploy • v nasadit
deployment • n nasazení (n)
depopulate • v vylidnit
deportation • n deportace (f)
deposit • v vložit • n vklad (m)
deprecate • v neschvalovat, zavrhovat
depress • v deprimovat
depressed • adj deprimovaný
depression • n prohlubeň (f), proláklina (f), deprese (f)
depth • n hloubka (f)
derail • v vykolejit
derailment • n vykolejení (n)
deregulation • n deregulace (f)
derelict • n vrak (m)
derision • n posměch (m), výsměch (m), zesměšnění (n)
derivation • n odvození (n), derivace (f)
derivative • n derivát (m), odvozenina (f), derivace (f)
derive • v získat, odvodit
derived • adj odvozený (m)
dermatitis • n dermatitida (f)
dermatologist • n dermatolog (m)
dermatology • n dermatologie (f)
dermis • n kůže
derogate • v odejmout
derogatory • adj hanlivý (m), pohrdavý (m), ponižující
dervish • n derviš (m)
descend • v sestoupit
descendant • n potomek (m)
descent • n sestup (m), spád (m), původ (m), pád (m)
describable • adj popsatelný (m)
describe • v popisovat, popsat
description • n popis (m)
descriptive • adj popisný (m)
descry • v rozeznat
desert • n poušť (f) • v opustit, dezertovat
deserve • v zasloužit
design • n návrh (m)
designate • v označit, vymezit, ustanovit, jmenovat
designer • n návrhář (m)
desirable • adj žádoucí (m)
desire • v toužit, přát • n přání (n),

touha *(f)*
desk • *n* psací stůl *(m)*
desktop • *n* plocha *(f)*
despair • *v* zoufat • *n* zoufalství *(n)*
desperate • *adj* zoufalý *(m)*
despise • *v* pohrdat, opovrhovat
despite • *prep* přes, vzdor, navzdory
despondent • *adj* sklíčený
despot • *n* despota *(m)*
despotic • *adj* despotický
despotism • *n* despotismus *(m)*, despocie *(f)*
dessert • *n* zákusek *(m)*, dezert *(m)*
destination • *n* destinace *(f)*
destiny • *n* osud *(m)*, úděl *(m)*
destroy • *v* zničit
destroyer • *n* ničitel *(m)*, torpédoborec *(m)*
destructible • *adj* zničitelný
destruction • *n* destrukce, zničení
destructive • *adj* ničivý, destruktivní
desultory • *adj* roztěkaný, nesouvislý
detach • *v* odpojit
detail • *n* podrobnost *(f)*, detail *(m)*
detailed • *adj* podrobný *(m)*
detain • *v* zadržet
detect • *v* odhalit, objevit, najít, detekovat
detective • *n* detektiv *(m)*
detector • *n* detektor *(m)*
deter • *v* odvrátit, odradit, odstrašit
detergent • *n* saponát *(m)*, detergent *(m)*
deteriorate • *v* zhoršit
determination • *n* určení *(n)*
determine • *v* určit
determined • *adj* odhodlaný *(m)*
determinism • *n* determinismus *(m)*
detest • *v* ošklivit, hnusit
detonator • *n* rozbuška *(f)*, detonátor *(m)*
detour • *n* zajížďka *(f)*
detox • *n* detoxifikace *(f)*, detox *(m)*, detoxifikační oddělení *(n)*
detoxification • *n* detoxifikace *(f)*
detractor • *n* odpůrce *(m)*
deuce • *n* dvojka *(f)*
deuterium • *n* těžký vodík *(m)*, deuterium *(n)*
develop • *v* vyvíjet, vyvolat
developer • *n* developer *(m)*, vývojář *(m)*
developing • *adj* rozvojový *(m)*
development • *n* vývoj *(m)*
device • *n* zařízení *(n)*
devil • *n* ďábel *(m)*, čert *(m)*, satan *(m)*
devise • *v* navrhnout

devote • *v* zasvětit
devoted • *adj* oddaný *(m)*
devour • *v* hltat, zhltnout, pohltit, zhltat
dew • *n* rosa *(f)*
dexterity • *n* zručnost *(f)*
dexterous • *adj* zručný *(m)*
dharma • *n* dharma *(f)*
diabetes • *n* cukrovka *(f)*
diabetic • *n* diabetik *(m)*
diabolic • *adj* ďábelský
diachronic • *adj* diachronní
diacritical • *adj* diakritický *(m)*
diagnostic • *adj* diagnostický
diagonal • *n* uhlopříčka *(f)*, diagonála *(f)*
diagram • *n* diagram *(m)*
dial • *n* ciferník *(m)*, sluneční hodiny, rotační číselnice *(f)*
dialect • *n* nářečí *(n)*, dialekt *(m)*
dialectal • *adj* nářeční, hovorový
dialogue • *n* dialog *(m)*, konverzace *(f)*, rozhovor *(m)*
diameter • *n* průměr *(m)*
diametric • *adj* diametrální
diametrically • *adv* diametrálně
diamond • *n* diamant *(m)*, káry, kule • *adj* diamantový
diaper • *n* plena *(f)*, plenka *(f)*
diaphragm • *n* bránice *(f)*
diarrhea • *n* průjem *(m)*
diary • *n* deník *(m)*
diathermy • *n* diatermie *(f)*
diatom • *n* rozsivka *(f)*
diatribe • *n* jízlivost *(f)*, výpad *(m)*, diatriba *(f)*
dichotomy • *n* dichotomie *(f)*
dick • *n* péro *(m)*, čurák *(m)*, kokot *(m)*, ocas *(m)*, šulin *(m)*, kláda *(m)*, pták *(m)*, chuj *(m)*
dictate • *v* diktovat
dictator • *n* diktátor *(m)*
dictatorship • *n* diktatura *(f)*
dictionary • *n* slovník *(m)*
die • *v* umřít • *n* kostka *(f)*
diencephalon • *n* mezimozek *(m)*
diet • *n* strava *(f)*, dieta *(f)*
differ • *v* lišit
difference • *n* rozdíl *(m)*
different • *adj* odlišný, jiný
differentiable • *adj* diferencovatelný *(m)*
differential • *adj* diferenciální
differently • *adv* odlišně
difficult • *adj* obtížný *(m)*, těžký
difficulty • *n* obtížnost *(f)*, obtíž *(f)*, potíž *(f)*
diffraction • *n* difrakce *(f)*, ohyb *(m)*

dig • *v* kopat, rýt, žrát, brát
digest • *v* trávit
digestible • *adj* stravitelný
digestion • *n* trávení *(n)*
digestive • *adj* trávicí *(m)*
digit • *n* prst *(m)*, číslice *(f)*
digital • *adj* číslicový *(m)*, digitální *(m)*, diskrétní *(m)*, počítačový *(m)*
digitalization • *n* digitalizace *(f)*
dignified • *adj* důstojný *(m)*
dignity • *n* důstojnost *(f)*
digress • *v* odbíhat
digression • *n* odbočka *(f)*
dike • *n* hráz *(f)*
dilapidate • *v* chátrat, ruinovat
dildo • *n* robertek
dilemma • *n* dilema *(n)*
diligence • *n* píle *(f)*
diligent • *adj* pilný *(m)*
dill • *n* kopr *(m)*
dilute • *v* ředit, zředit
diluted • *adj* zředěný
dilution • *n* ředění *(n)*
dim • *adj* tmavý, mdlý
dimension • *n* rozměr *(m)*, dimenze *(f)*
diminish • *v* zmenšit
diminution • *n* snížení *(n)*
diminutive • *n* zdrobnělina *(f)*, deminutivum *(n)* • *adj* drobný
dimple • *n* důlek *(m)*, dolík *(m)*
dingo • *n* dingo *(m)*
dinner • *n* oběd *(m)*, večeře *(f)*, žrádlo *(n)*, krmení *(n)*, šlichta *(f)*
dinosaur • *n* dinosaurus *(m)*
diocesan • *adj* diecézní
diocese • *n* diecéze *(f)*
diode • *n* dioda *(f)*
diphtheria • *n* záškrt *(m)*
diphthong • *n* dvojhláska *(f)*
diploid • *adj* diploidní
diploma • *n* diplom *(m)*
diplomacy • *n* diplomacie *(f)*
diplomat • *n* diplomat *(m)*
diplomatic • *adj* diplomatický *(m)*
dipole • *n* dipól *(m)*
direct • *adj* přímý
direction • *n* směr *(m)*, režie *(f)*
directly • *adv* přímo
director • *n* ředitel *(m)*, režisér *(m)*
directorate • *n* ředitelství *(n)*
directory • *n* adresář *(m)*
dirt • *n* špína *(f)*
dirty • *adj* špinavý *(m)*, sprostý, špinavý • *adv* špinavě
disabled • *adj* postižený *(m)*
disadvantage • *n* nevýhoda *(f)*
disadvantageous • *adj* nevýhodný *(m)*

disagree • *v* nesouhlasit, neodpovídat
disappear • *v* zmizet
disappearance • *n* zmizení *(n)*
disappointed • *adj* rozčarovaný, zklamaný
disappointment • *n* zklamání *(n)*
disarm • *v* odzbrojit
disaster • *n* pohroma *(f)*, katastrofa *(f)*, neštěstí *(n)*
disbelief • *n* nevíra *(f)*, ustrnutí *(n)*, úžas *(m)*
disburse • *v* vyplatit, vydat (z fondu)
discard • *v* odhodit
discharge • *n* průtok
disciple • *n* následovník *(m)*, žák *(m)*, stoupenec *(m)*, učedník *(m)*
disciplinary • *adj* kázeňský
discipline • *n* kázeň *(f)*, disciplína *(f)*, disciplína, obor
disco • *n* diskotéka *(f)*, diskotéka *(f)*
disconnect • *v* odpojit
disconsolate • *adj* sklíčený, zdrcený, zoufalý, neutěšitelný
discontinue • *v* zastavit, zrušit
discontinuous • *adj* nespojitý
discount • *n* sleva *(f)*
discourage • *v* zastrašit, vzít odvahu, odradit
discourse • *v* rozmlouvat, pojednávat • *n* řeč *(f)*, projev *(m)*, přednáška *(f)*, rozprava *(f)*
discover • *v* objevit, odkrýt
discovery • *n* objev *(m)*
discrepancy • *n* rozpor *(m)*, nesrovnalost *(f)*
discretion • *n* diskrétnost *(f)*, ohleduplnost *(f)*, uvážlivost *(f)*, soudnost *(f)*, možnost uvážení *(f)*, možnost se rozhodnout *(f)*
discretionary • *adj* ke zvážení
discrimination • *n* rozlišování *(n)*, diskriminace *(f)*
discus • *n* disk *(m)*
discuss • *v* diskutovat
discussion • *n* diskuse *(f)*, diskuze *(f)*
disdain • *n* pohrdání *(n)*, opovržení *(n)*, despekt *(m)*
disease • *n* nemoc *(f)*, choroba *(f)*
disembark • *v* vylodit, vystoupit
disenchantment • *n* rozčarování *(n)*, vystřízlivění *(n)*
disequilibrium • *n* nerovnováha *(f)*
disgrace • *v* ponižovat, ostouzet, zostudit • *n* ostuda *(f)*, ponížení, ponižování *(n)*, ostouzení *(n)*
disgraceful • *adj* ostudný *(m)*
disguise • *n* převlek *(m)*

disgust • *v* zhnusit, znechutit • *n* hnus (*m*), odpor (*m*)
disgusting • *adj* nechutný (*m*)
dish • *n* mísa (*f*), talíř (*m*), miska (*f*), pokrm (*m*), nádobí (*n*)
dishonesty • *n* nepoctivost (*f*)
dishwasher • *n* myčka (*f*)
disillusioned • *adj* rozčarovaný
disinfectant • *n* dezinfekční prostředek (*m*)
disinfection • *n* dezinfekce (*f*)
disinherit • *v* vydědit
disinheritance • *n* vydědění (*n*)
disjoint • *adj* disjunktní (*m*)
disjunction • *n* disjunkce (*f*)
disk • *n* disk (*m*), ploténka (*f*)
diskette • *n* disketa (*f*)
dislike • *v* nemít rád
dislocate • *v* vykloubit
dislocation • *n* přemístění (*n*), vykloubení (*n*)
dismal • *adj* neradostný (*m*), neuspokojivý (*m*), chmurný, deprimující, depresivní, chmurný (*m*)
dismay • *n* zděšení (*n*)
dismiss • *v* propustit
disobedience • *n* neposlušnost (*f*), vzdor (*m*)
disobedient • *adj* neposlušný (*m*)
disorder • *n* nepořádek (*m*), porucha (*f*)
disown • *v* zavrhnout, zříci se
dispel • *v* rozptýlit
dispensable • *adj* postradatelný, nadbytečný
disperse • *v* rozptýlit, rozehnat
dispersion • *n* disperze (*f*)
dispirit • *v* srazit
disposal • *n* dispozice (*f*)
disposition • *n* náchylnost (*f*)
disprove • *v* vyvrátit
dispute • *n* spor (*m*)
disqualification • *n* diskvalifikace (*f*)
disqualify • *v* diskvalifikovat
disregard • *v* přehlížet
disrespect • *n* neúcta (*f*)
disrespectful • *adj* neuctivý (*m*)
dissatisfied • *adj* nespokojený (*m*), nespokojený
dissect • *v* pitvat
dissection • *n* pitva (*f*)
dissertation • *n* disertační práce (*f*), disertace (*f*)
disservice • *n* medvědí služba (*f*)
dissident • *n* disident (*m*)
dissipate • *v* rozptýlit
dissipated • *adj* prostopášný, zhýralý
dissolution • *n* rozpuštění (*n*)
dissolve • *v* rozpustit
dissonance • *n* nesouzvuk (*m*), disonance (*f*), neshoda (*f*), nesoulad (*m*)
dissuade • *v* rozmluvit
distal • *adj* distální
distance • *n* vzdálenost (*f*)
distant • *adj* vzdálený (*m*), daleký
distillation • *n* destilace (*f*)
distillery • *n* lihovar (*m*)
distinct • *adj* zřetelný (*m*)
distinction • *n* rozdíl (*m*), vyznamenání (*n*)
distinguish • *v* rozlišit, rozeznat
distinguishing • *adj* rozlišující
distortion • *n* zkreslení (*n*)
distribute • *v* distribuovat
distribution • *n* distribuce (*f*), rozdělení (*n*)
distributive • *adj* distributivní (*m*)
district • *n* čtvrť (*f*), okres (*m*), kraj (*m*), oblast (*f*)
distrust • *v* nedůvěřovat • *n* nedůvěra (*f*)
distrustful • *adj* nedůvěřivý (*m*)
disturb • *v* rušit
disturbance • *n* rušení (*n*), výtržník (*m*), narušení (*n*), vyrušení (*n*), duševní porucha (*f*)
disturbed • *adj* narušený
disyllabic • *adj* dvouslabičný
ditto • *n* detto
diurnal • *adj* denní
divan • *n* divan (*m*)
diver • *n* potápěč (*m*), potáplice (*f*)
divergence • *n* divergence (*f*), rozbíhavost (*f*), rozbíhání (*n*)
divergent • *adj* divergentní, rozbíhavý (*m*)
diverse • *adj* rozmanitý (*m*)
diversion • *n* zábava (*f*), rozptýlení (*n*)
diversity • *n* rozmanitost (*f*)
diverticulitis • *n* divertikulitida (*f*)
diverticulosis • *n* divertikulóza (*f*)
divide • *v* dělit
dividend • *n* dělenec (*m*), dividenda (*f*)
divination • *n* věštba (*f*), věštění (*n*)
divine • *adj* božský
divinity • *n* božství (*n*)
divisible • *adj* dělitelný
division • *n* dělení (*n*), díl (*m*), divize (*f*), oddělení (*f*)
divisor • *n* dělitel (*m*)
divorce • *v* rozvést • *n* rozvod (*m*)
dizziness • *n* závrať (*f*)
do • *v* dělat, udělat, jít, stačit
dobra • *n* dobra
docile • *adj* poslušný (*m*), poddajný (*m*)

dock • *n* šťovík *(m)*, lopuch *(m)*, dok *(m)*, lavice obžalovaných *(f)* • *v* srazit, přistát
doctor • *v* falzifikovat • *n* doktor *(m)*, lékař *(m)*
doctrine • *n* doktrína *(f)*
document • *v* dokumentovat • *n* dokument
documentary • *n* dokumentární film *(m)*
documentation • *n* dokumentace *(f)*
dodecagon • *n* dvanáctiúhelník *(m)*
dodecahedron • *n* dvanáctistěn *(m)*, dodekaedr *(m)*
dodge • *v* uhnout, vyhnout se, vyhýbat se
dodo • *n* dronte mauricijský *(m)*, blboun nejapný *(m)*, dodo *(m)*
doe • *n* laň *(f)*, srna *(f)*
dog • *n* pes *(m)*, fena *(f)*
dog-ear • *n* oslí ucho *(n)*
doge • *n* dóže
dogma • *n* dogma
dogmatic • *adj* dogmatický *(m)*
dogmatism • *n* dogmatismus *(m)*, dogmatizmus *(m)*
dole • *n* podpora *(f)*, podpora v nezaměstnanosti *(f)*
doll • *n* panenka *(f)*, panna *(f)*
dollar • *n* dolar *(m)*
dolmen • *n* dolmen *(m)*
dolphin • *n* plískavice *(f)*, delfín *(m)*
domain • *n* doména *(f)*, definiční obor *(m)*
dome • *n* kupole *(f)*
domestic • *adj* domácí, tuzemský
dominance • *n* dominance *(f)*
dominant • *n* dominanta *(f)* • *adj* převládající *(m)*, dominantní *(m)*
dominate • *v* dominovat
domination • *n* nadvláda *(f)*
domino • *n* dominový kámen *(n)*, dominová kostka *(f)*, škraboška *(f)*
dominoes • *n* domino *(n)*
donation • *n* dar *(m)*
donkey • *n* osel *(m)*
donor • *n* dárce *(m)*
doodle • *n* ňouma *(m)*, truhlík *(m)*, nekňuba *(m)*, čmáranice *(f)*, lulan *(m)*, pinďour *(m)*, pindík *(m)*
doom • *v* odsoudit • *n* osud *(m)*
doomsday • *n* soudný den *(m)*
door • *n* dveře
door-to-door • *adj* podomní prodej *(m)*
doorkeeper • *n* portýr *(m)*, dveřník
doorknob • *n* klika *(f)*
doormat • *n* rohožka *(f)*

dopamine • *n* dopamin *(m)*
dormitory • *n* noclehárna *(f)*
dormouse • *n* plch
dose • *n* dávka *(f)*
dot • *n* tečka, bod, desetinná čárka
double • *v* zdvojnásobit • *n* dvojník *(m)* • *adj* dvojitý
doubt • *v* pochybovat • *n* pochybnost *(f)*, pochyba *(f)*
doubtful • *adj* pochybný *(m)*
doubtless • *adj* nepochybný
douche • *n* sprcha *(f)*, stříkačka *(f)*
dough • *n* těsto *(n)*
doughnut • *n* kobliha *(f)*
dove • *n* holub *(m)*
down • *adv* dolů, dole, ven • *n* chmýří *(n)*
downpour • *n* liják *(m)*
dowry • *n* věno *(n)*
doxology • *n* doxologie *(f)*
doxycycline • *n* doxycyklin *(m)*
doze • *v* dřímat
dozen • *n* tucet *(m)*
drachma • *n* drachma *(f)*
draconian • *adj* drakonický
draft • *v* povolat • *n* koncept *(m)*, návrh *(m)*, náčrt *(m)*, skica *(f)*, průvan *(m)*, hlt *(m)*, odvod *(m)*
draftee • *n* branec *(m)*
drag • *v* táhnout, vléct, vléct se
dragoman • *n* dragoman *(m)*
dragon • *n* drak *(m)*, saň *(f)*
dragonfly • *n* vážka *(f)*
dragoon • *n* dragoun *(m)*
drainage • *n* odvodnění *(n)*, drenáž *(f)*
drake • *n* kačer *(m)*
drama • *n* drama *(n)*
dramatic • *adj* dramatický *(m)*
dramaturgy • *n* dramaturgie *(f)*
drastic • *adj* drastický
draught • *n* průvan *(m)*, ponor *(m)*, lok *(m)*, kámen *(m)*
draughts • *n* dáma *(f)*
draw • *v* kreslit, nakreslit, táhnout, vytahovat, vytáhnout, tasit, přitahovat, přitáhnout, vyvozovat, vyvodit, využívat, využít, natahovat, natáhnout, napínat, napnout, zatahovat, zatáhnout, vyluhovávat, vyluhovat, louhovat, remizovat, spotřebovávat, spotřebovat, losovat, vylosovat, snímat, sejmout • *n* remíza *(f)*
drawback • *n* nevýhoda *(f)*, zápor *(m)*
drawbridge • *n* padací most *(m)*
drawer • *n* zásuvka *(f)*, šuplík *(m)*, kreslíř *(m)*, kreslířka *(f)*
drawing • *n* kresba *(f)*, nákres *(m)*

dray • *n* valník *(m)*
dread • *v* hrozit se, zhrozit se, děsit se, mít hrůzu, obávat se • *n* hrůza *(f)*
dream • *v* snít, zdát se, mít sny, přát, doufat, vysnít si • *n* sen *(m)*
dreamer • *n* snící *(m)*, snílek *(m)*
dreg • *n* sedlina *(f)*
dregs • *n* sedlina *(f)*, vyvrhel *(m)*
dress • *v* obléknout, obléknout se • *n* šaty, oblečení *(n)*
dresser • *n* prádelník
dressing • *n* dresink *(m)*
dribble • *v* slintat, kapat, driblovat, odkapávat, nechat kapat
drift • *n* závěj *(f)*
drill • *v* vrtat • *n* vrtačka *(f)*
drink • *v* pít • *n* pití *(n)*, nápoj *(m)*, drink *(m)*
drinkable • *adj* pitný
drip • *v* kapat • *n* nekňuba *(m)*, mamlas *(m)*
drive • *v* hnát, řídit • *n* tah na bránu *(m)*, tažení *(n)*, náhon *(m)*, projížďka *(f)*, příjezdový, cesta *(f)*, pud *(m)*, mechanika *(f)*
drivel • *v* blábolat, žvanit
driver • *n* řidič *(m)*, řidička *(f)*, šofér *(m)*, ovladač *(m)*
driving • *adj* hybný
drizzle • *v* mrholit • *n* mrholení *(n)*, mžení *(n)*
dromedary • *n* dromedár *(m)*
drone • *n* trubec *(m)*, bezpilotní letoun *(m)*
drool • *v* slintat, žvanit
droop • *v* zplihnout, sklánět se, ohýbat se, svěšovat se, sklesnout, klesat na duchu • *n* pokleslost *(n)*, sklestost *(n)*, zplihlost *(n)*
drop • *n* kapka *(f)*
droplet • *n* kapička *(f)*
dropsy • *n* vodnatelnost *(f)*
drought • *n* sucho *(n)*
drown • *v* utopit se, utopit, topit, potopit, přehlušit
drudgery • *n* dřina *(f)*, lopota *(f)*
drug • *n* droga *(f)*
drum • *v* bubnovat • *n* buben *(m)*, barel
drummer • *n* bubeník *(m)*
drunk • *adj* opilý *(m)*
drunkard • *n* opilec *(m)*
drunken • *adj* opilý
drunkenness • *n* opilost *(f)*
dry • *adj* suchý *(m)*
dryer • *n* sušička *(f)*
dual • *n* duál *(m)*, dvojné číslo *(n)*
dualism • *n* dualismus *(m)*

dub • *v* dabovat
ducat • *n* dukát *(m)*
duchess • *n* vévodkyně *(f)*
duchy • *n* vévodství *(n)*
duck • *v* sehnout, ponořit, vyhnout • *n* kachna *(f)*, kačena *(f)*, kačka *(f)*, kachní, dvojka *(f)*
duckling • *n* káčátko *(n)*
ductility • *n* tažnost *(f)*
due • *adj* splatný *(m)*
duel • *n* duel *(m)*, souboj *(m)*
duke • *n* vévoda *(m)*, velkovévoda *(m)*
dulcimer • *n* cimbál *(m)*
dull • *adj* tupý *(m)*, fádní
duma • *n* duma *(f)*
dumb • *adj* debilní, blbý
dumbbell • *n* činka *(f)*
dumbfounded • *adj* zaražený, ohromený
dummy • *n* hlupák *(m)*, figurína *(f)*, panák *(m)*, dudlík *(m)*, atrapa *(f)*
dump • *n* smetiště *(n)*
dumpling • *n* knedlík *(m)*
dun • *adj* šedohnědý, plavý
dune • *n* duna *(f)*
dung • *n* hnůj *(m)*, mrva *(f)*, trus *(m)*
duodenum • *n* dvanáctník *(m)*
dupe • *v* oklamat, napálit • *n* napálený *(m)*, oklamaný *(m)*, podvedený *(m)*
duplicate • *v* zdvojit • *n* duplikát *(m)*, kopie *(f)*
durability • *n* životnost *(f)*, trvanlivost *(f)*, výdrž *(f)*
duralumin • *n* dural *(m)*
duration • *n* trvání *(n)*
dure • *v* trvat
durian • *n* durian *(m)*
during • *prep* po dobu, během
dusk • *n* soumrak *(m)*
dust • *n* prach *(m)*
duster • *n* prachovka *(f)*, hadr *(m)*, metař *(m)*
dustpan • *n* lopatka *(f)*
dusty • *adj* zaprášený
duteous • *adj* poslušný, uctivý, oddaný
duty • *n* povinnost *(f)*, služba *(f)*, clo *(n)*
duty-free • *adj* bezcelní
dwarf • *n* trpaslík *(m)*, skřítek *(m)*, pidimužík *(m)*, permoník *(m)* • *adj* trpaslík
dwell • *v* bydlet
dwelling • *n* obydlí *(n)*
dwindle • *v* ubývat, zmenšovat
dye • *v* barvit • *n* barva *(f)*, barvivo *(n)*
dying • *n* umírající, umírání
dynamic • *adj* dynamický
dynamite • *n* dynamit *(n)*

dynamometer • *n* siloměr *(m)*
dynasty • *n* dynastie *(f)*
dysentery • *n* úplavice *(f)*
dysfunction • *n* dysfunkce *(f)*
dyskinesia • *n* dyskineze *(f)*
dyslexia • *n* dyslexie *(f)*

dysphoria • *n* dysforie *(f)*
dysplasia • *n* dysplasie *(f)*
dyspnea • *n* dušnost *(f)*
dysprosium • *n* dysprosium *(n)*

E

eager • *adj* dychtivý
eagle • *n* orel *(m)*
ear • *n* ucho *(n)*, klas
eardrum • *n* bubínek *(m)*
earl • *n* hrabě *(m)*
early • *adj* raný, časný • *adv* brzy, časně
earn • *v* vydělat, vydělávat
earnest • *adj* vážný
earnings • *n* výdělek *(m)*
earring • *n* náušnice *(f)*
earth • *v* uzemnit, pochovat • *n* země *(f)*, hlína *(f)*, uzemnění *(n)*
earthen • *adj* hliněný
earthquake • *n* zemětřesení *(n)*
earthworm • *n* žížala *(f)*, dešťovka *(f)*
earwig • *n* škvor *(m)*
ease • *n* pohoda *(f)*
easel • *n* podstavec *(m)*
easily • *adv* lehce, snadno, jednoduše
east • *n* východ *(m)* • *adj* východní • *adv* východně, na, východ, k, východní, směr
eastern • *adj* východní
easy • *adj* snadný, jednoduchý, lehký, ochotný
eat • *v* jíst, sníst
eating • *n* jídlo *(n)*, jezení *(n)*
eavesdropper • *n* odposlouchávající
ebb • *n* odliv *(m)*
ebony • *n* ebenové dřevo *(n)*
eccentric • *adj* výstřední *(m)*
eccentricity • *n* výstřednost *(f)*
ecchymosis • *n* ekchymóza *(f)*
ecclesiastic • *adj* církevní
ecclesiastical • *adj* církevní
ecclesiology • *n* ekleziologie, eklesiologie
echidna • *n* ježura *(f)*
echinoderm • *n* ostnokožec *(m)*
echo • *n* ozvěna *(f)*
eclectic • *adj* eklektický
eclipse • *n* zatmění *(n)*
ecliptic • *n* ekliptika *(f)*
ecological • *adj* ekologický
ecologist • *n* ekolog *(m)*
ecology • *n* ekologie *(f)*

econometrician • *n* ekonometr *(m)*
econometrics • *n* ekonometrie *(f)*
economic • *adj* hospodářský *(m)*, ekonomický *(m)*
economical • *adj* hospodárný *(m)*, ekonomický *(m)*
economics • *n* ekonomie *(f)*
economist • *n* ekonom *(m)*
economy • *n* úspornost *(f)*, ekonomika *(f)*, hospodářství *(n)*
ecosystem • *n* ekosystém *(m)*
ecstasy • *n* extáze *(f)*
ecumenical • *adj* ekumenický, univerzální
eczema • *n* ekzém *(m)*
edema • *n* edém *(m)*, otok *(m)*
edge • *n* hrana *(f)*, ostří, hrana
edible • *adj* jedlý *(m)*
edict • *n* výnos *(m)*, edikt *(m)*
edification • *n* osvěta *(f)*
edit • *v* editovat
edition • *n* vydání *(n)*
editor • *n* redaktor *(m)*, editor *(m)*, střihač *(m)*
educate • *v* vzdělat
educated • *adj* vzdělaný *(m)*
education • *n* vzdělávání *(n)*, vzdělání *(n)*
educational • *adj* vzdělávací, výchovný
eel • *n* úhoř *(m)*
effect • *n* účinek *(m)*, efekt *(m)*
effectively • *adv* efektivně
effeminate • *adj* zženštilý
effendi • *n* efendi
efficacy • *n* efektivnost *(f)*, účinnost *(f)*
efficiency • *n* efektivita *(f)*, účinnost *(f)*
efficient • *adj* efektivní, účinný *(m)*
effort • *n* úsilí *(n)*, snaha *(f)*
egalitarian • *adj* rovnostářský
egalitarianism • *n* rovnostářství *(n)*
egg • *n* vejce *(n)*, vajíčko *(n)*
eggplant • *n* lilek *(m)*, baklažán *(m)*
eggshell • *n* skořápka *(f)*
ego • *n* ego *(n)*, já *(n)*
egoism • *n* sobectví *(n)*, egoismus *(m)*
egotism • *n* sobectví *(n)*, ješitnost *(f)*

egotist • n ješita (m)
egret • n volavka (f)
eighteenth • adj osmnáctý
eighth • adj osmý (m)
eightieth • adj osmdesátý
einsteinium • n einsteinium
either • conj buď
ejaculate • v vysemenit se, ejakulovat
ejaculation • n ejakulace (f)
eject • v vyhodit, vymrštit, vysunout
elaborate • v rozvést, rozpracovat
elastic • adj pružný (m)
elasticity • n pružnost (f)
elbow • n loket (m)
elder • n stařešina, bezinka (f) • adj starší
elderberry • n bezinka (f)
elect • v volit
election • n volba (f)
elector • n volič (m), volitel (m)
electorate • n elektorát (m)
electric • adj elektrický (m)
electrical • adj elektrický (m)
electrician • n elektrikář (m)
electricity • n elektřina (f)
electrification • n elektrifikace (f), elektrifikovanost (f), elektrizace (f), elektrizovanost
electrode • n elektroda (f)
electroencephalogram • n elektroencefalogram (m)
electrolysis • n elektrolýza (f)
electrolytic • adj elektrolytický
electromagnet • n elektromagnet (m)
electromagnetic • adj elektromagnetický (m)
electromagnetism • n elektřina a magnetismus (m)
electromechanical • adj elektromechanický (m)
electromyogram • n elektromyogram (m)
electromyography • n elektromyografie (f)
electron • n elektron (m)
electronic • adj elektronový, elektronický, internetový
electronics • n elektronika (f)
elegance • n elegance (f)
elegant • adj elegantní
elegy • n žalozpěv (m), elegie (f)
element • n prvek (m), element (m), živel (m)
elements • n základy
elephant • n slon (m), slonice (f)
elephantine • adj sloní
eliminate • v odstranit, eliminovat

elimination • n odstranění (n), eliminace (f)
elite • n elita (f)
elitism • n elitářství (n)
elitist • n elitář (m) • adj elitářský (m)
ell • n loket (m), přístavek (m)
ellipse • n elipsa (f)
ellipsis • n trojtečka (f), výpustka (f)
elm • n jilm
else • adj jiný, ostatní
elsewhere • adv jinde, jinam
elucidate • v ozřejmit
emancipation • n osvobození (n), emancipace (f)
embalm • v balzamovat
embankment • n násep (m)
embark • v nalodit
embarrass • v ponížit
embarrassing • adj trapný (m)
embassy • n velvyslanectví (n), ambasáda (f)
embed • v zapustit
embezzlement • n zpronevěra (f), defraudace (f)
embodiment • n ztělesnění (n)
embody • v ztělesňovat, zahrnout
embolism • n embolie
embolus • n embolus
embrace • v obejmout • n objetí (n)
embroider • v vyšívat
embroil • v zatáhnout
embryo • n zárodek (m), embryo (n)
embryonic • adj zárodečný (m)
emerald • n smaragd (m)
emergence • n emergence (f)
emergency • n nouzová situace, nouze, pohotovost (f)
emery • n smirek (m)
emigrant • n emigrant (m)
emigrate • v emigrovat
emigration • n emigrace (f)
eminent • adj znamenitý (m)
emir • n emír (m)
emirate • n emirát (m)
emission • n emise (f)
emotion • n emoce (f)
emotional • adj emoční (m), citový (m)
emperor • n císař (m)
emphasis • n důraz (m)
emphasize • v zdůraznit
emphatic • adj důrazný (m)
emphysema • n emfyzém (m)
empire • n říše (f), impérium (n), císařství (n)
empirical • adj empirický (m)
empiricism • n empirismus (m)
employ • v zaměstnat, využít

employee • *n* zaměstnanec *(m)*
employer • *n* zaměstnavatel *(m)*
employment • *n* zaměstnání *(n)*, zaměstnanost *(f)*
empower • *v* zmocnit
empress • *n* císařovna *(f)*
emptiness • *n* prázdnota *(f)*
empty • *v* vyprázdnit • *adj* prázdný *(m)*
empyreal • *adj* nebeský
emu • *n* emu *(m)*
enable • *v* umožnit, aktivovat
enamel • *n* smalt *(m)*, sklovina *(f)*
encephalitis • *n* encefalitida *(f)*
enchanting • *adj* okouzlující, čarovný
enclose • *v* uzavřít
enclosed • *adj* přiložený, obklíčený
encomium • *n* chvalořečení *(n)*, chvalozpěv *(m)*
encompass • *v* zahrnovat
encore • *n* přídavek *(m)*
encounter • *v* potkat, objevit, narazit • *n* setkání *(n)*
encourage • *v* povzbudit
encouragement • *n* povzbuzení *(n)*
encroach • *v* zasahovat
encyclopedia • *n* encyklopedie *(f)*
encyclopedic • *adj* encyklopedický
encyclopedist • *n* encyklopedista *(m)*
end • *v* končit, dokončovat, dokončit • *n* konec *(m)*, smrt *(f)*
endanger • *v* ohrozit
endangered • *adj* ohrožený *(m)*
endeavor • *v* usilovat o, snažit se o, namáhat se za, přičinit se za • *n* úsilí *(n)*, snaha *(f)*
endless • *adj* nekonečný
endocarditis • *n* endokarditida *(f)*
endocrine • *adj* endokrinní
endocrinology • *n* endokrinologie *(f)*
endogamous • *adj* endogamní
endogamy • *n* endogamie *(f)*
endorphin • *n* endorfin *(m)*
endoscope • *n* endoskop *(m)*
endoscopy • *n* endoskopie *(f)*
endow • *v* obdařit, věnovat, propůjčit
endowment • *n* dar *(m)*, dárek *(m)*, dotace *(f)*, dar
endurance • *n* vytrvalost *(f)*
endure • *v* vytrvat, snášet
enema • *n* klystýr *(m)*
enemy • *n* nepřítel *(m)*
energy • *n* energie *(f)*
enforce • *v* prosazovat, vynucovat
enforceable • *adj* vymahatelný
engage • *v* napadnout
engaged • *adj* zasnoubený *(m)*
engagement • *n* zasnoubení *(n)*

engine • *n* motor *(m)*, lokomotiva *(f)*
engineer • *n* inženýr *(m)*
engineering • *n* inženýrství *(n)*
engobe • *n* engoba *(f)*
engraving • *n* rytina *(f)*
engrossed • *adj* ponořený, pohlcený
enigma • *n* záhada *(f)*
enjoy • *v* bavit, těšit se
enlarge • *v* zvětšit
enlighten • *v* osvítit
enlightenment • *n* osvícení *(n)*
enlist • *v* narukovat, nabrat
enliven • *v* oživit
enologist • *n* enolog
enology • *n* enologie *(f)*
enormous • *adj* obrovský *(m)*
enough • *adv* dost • *interj* dost, a dost • *pron* dost
enrage • *v* rozzuřit, naštvat, nasrat
enrichment • *n* obohacení *(n)*
enrollment • *n* zápis *(m)*, přihlášení *(n)*, zapsaní, přihlášení, počet zapsaných, registrace *(f)*
enslavement • *n* zotročení *(n)*
ensnare • *v* chytit do pasti
ensue • *v* následovat
ensure • *v* zajistit
entangle • *v* zaplést, zapříst
entanglement • *n* spleť *(f)*, pletka *(f)*, intrika *(f)*
enter • *v* vstupovat, vstoupit, zadat
enteritis • *n* enteritida *(f)*
enterprise • *n* podnik *(m)*
entertain • *v* bavit
entertainer • *n* bavič *(m)*
entertainment • *n* zábava *(f)*
enthusiasm • *n* nadšení *(n)*, entuziasmus *(m)*
enthusiast • *n* nadšenec *(m)*
enthusiastic • *adj* nadšený *(m)*
entire • *adj* celý *(m)*
entirely • *adv* zcela
entitlement • *n* nárok *(m)*, oprávnění *(n)*
entomological • *adj* entomologický
entomologist • *n* entomolog *(m)*
entomology • *n* entomologie *(f)*
entrance • *n* vchod *(m)*
entrepreneur • *n* podnikatel *(m)*, podnikavec *(m)*
entropy • *n* entropie *(f)*
entry • *n* vstup *(m)*, heslo *(n)*, položka *(f)*
entwine • *v* obtočit (se)
envelope • *n* obálka *(f)*
enviable • *adj* záviděníhodný
envious • *adj* závistivý *(m)*

environment • *n* prostředí *(n)*, okolí *(n)*, životní prostředí *(n)*
environmentalist • *n* environmentalista *(m)*
envy • *v* závidět • *n* závist *(f)*
enzyme • *n* enzym *(m)*
eon • *n* věčnost *(f)*, eon *(m)*, věk *(m)*, celá věčnost
eosinophil • *n* eosinofil *(m)*
epic • *n* epos *(m)*
epicycle • *n* epicykl *(m)*
epicycloid • *n* epicykloida *(f)*
epidemic • *n* epidemie *(f)* • *adj* epidemický
epidemiologist • *n* epidemiolog *(m)*
epidemiology • *n* epidemiologie *(f)*
epidermis • *n* pokožka *(f)*
epididymis • *n* nadvarle *(n)*
epiglottis • *n* hrtanová příklopka *(f)*
epigram • *n* epigram *(m)*
epigraph • *n* motto *(n)*
epigraphy • *n* epigrafika *(f)*
epilepsy • *n* epilepsie *(f)*
epileptic • *n* epileptik *(m)* • *adj* epileptický *(m)*
epiphany • *n* zjevení *(n)*
episcopal • *adj* episkopální, biskupský *(m)*
episode • *n* epizoda *(f)*
epistemology • *n* epistemologie *(f)*
epistle • *n* epištola *(f)*
epitaph • *n* epitaf *(m)*, náhrobní, nápis *(m)*
epithelium • *n* výstelka *(f)*, epitel *(m)*, epitelová tkáň
epitome • *n* ztělesnění
epoch • *n* epocha *(f)*
eponym • *n* eponymum *(n)*
epopee • *n* epopej
epsilon • *n* epsilon *(n)*
equal • *adj* stejný *(m)*
equality • *n* rovnocennost *(f)*, rovnost *(f)*
equalizer • *n* vyrovnávač *(m)*, kompenzátor *(m)*, ekvalizér *(m)*
equation • *n* rovnice *(f)*
equator • *n* rovník *(m)*
equatorial • *adj* rovníkový *(m)*
equilateral • *adj* rovnostranný *(m)*
equilibrium • *n* rovnováha *(f)*, ekvilibrium *(n)*
equinox • *n* rovnodennost *(f)*
equip • *v* vybavit, vystrojit
equipment • *n* vybavení *(n)*, výstroj *(f)*
equity • *n* spravedlnost *(f)*
equivalence • *n* ekvivalence *(f)*
equivalent • *n* ekvivalent *(m)* • *adj* ekvivalentní
era • *n* éra *(f)*, epocha *(f)*, období *(n)*
erase • *v* smazat, vymazat
eraser • *n* guma *(f)*, zmizík *(m)*
erbium • *n* erbium
erect • *v* vztyčit
erection • *n* ztopoření *(n)*, postavení *(n)*, erekce *(f)*
ergonomic • *adj* ergonomický
ermine • *n* hranostaj *(m)*
erosion • *n* eroze *(f)*
erotic • *adj* erotický
err • *v* chybovat, mýlit
erroneous • *adj* chybný *(m)*
error • *n* chyba *(f)*, omyl *(m)*, pochybení *(n)*
erysipelas • *n* růže *(f)*
escalator • *n* eskalátor *(m)*, pohyblivé schodiště *(n)*, pohyblivé schody, jezdicí schody
escape • *v* uniknout • *n* útěk *(m)*, únik *(m)*
eschatology • *n* eschatologie *(f)*
eschew • *v* vyhnout, vyvarovat
escritoire • *n* sekretář *(m)*
esophageal • *adj* jícnový *(m)*
esoteric • *adj* esoterický, akademický, tajný
especially • *adv* obzvlášť
espionage • *n* špionáž *(f)*
espresso • *n* espresso *(n)*
essay • *n* esej *(m)*, zkouška *(f)*, pokus *(m)*
essayist • *n* esejista *(m)*
essence • *n* esence *(f)*, esence
essential • *n* nezbytnost *(f)*, podstata *(f)*, jádro *(n)*, esence *(f)* • *adj* nepostradatelný *(m)*, esenciální, nezbytný *(m)*, nevyhnutelný *(m)*, zásadní, nejpodstatnější, nejdůležitější, hlavní
establishment • *n* etablissement *(m)*
estate • *n* majetek, pozemek
esteem • *v* uznávat, uctívat, respektovat, ctít, oceňovat, vážit si • *n* úcta *(f)*
estimate • *v* odhadnout • *n* odhad *(m)*
estrange • *v* odcizit
estrogen • *n* estrogen *(m)*
estuary • *n* ústí *(n)*
eta • *n* éta *(n)*
eternal • *adj* věčný *(m)*
eternity • *n* věčnost *(f)*
ethane • *n* etan *(m)*
ethical • *adj* etický *(m)*
ethics • *n* etika *(f)*
ethnic • *adj* etnický
ethnocentrism • *n* etnocentrismus *(m)*
ethnographer • *n* etnograf *(m)*

ethnography • *n* etnografie *(f)*
ethnology • *n* etnologie *(f)*
ethologist • *n* etolog *(m)*
ethology • *n* etologie *(f)*
etiquette • *n* etiketa *(f)*
etymological • *adj* etymologický
etymologist • *n* etymolog *(m)*
etymology • *n* etymologie *(f)*
eucalyptus • *n* blahovičník *(m)*, eukalyptus *(m)*
eugenics • *n* eugenika *(f)*
eukaryote • *n* eukaryota
eunuch • *n* eunuch *(m)*, kastrát *(m)*
euphemism • *n* eufemismus *(n)*
euphonic • *adj* libozvučný
euphoria • *n* euforie *(f)*
euphoric • *adj* euforický
eureka • *interj* heuréka
europium • *n* europium *(n)*
euthanasia • *n* eutanazie *(f)*
evacuate • *v* evakuovat
evacuation • *n* vyprázdnění *(n)*, evakuace
evaporate • *v* vypařit
eve • *n* předvečer *(m)*
even • *v* vyrovnat • *adj* rovný *(m)*, rovnoměrný, vyrovnaný, rovný, sudý • *adv* dokonce, ještě, vůbec, i • *n* večer *(m)*
evening • *n* večer *(m)*, soumrak
evenly • *adv* rovnoměrně, spravedlivě
event • *n* událost *(f)*, jev *(m)*
eventually • *adv* konečně, nakonec
ever • *adv* někdy
evergreen • *adj* stálezelený *(m)*
everybody • *pron* všichni, každý
everyone • *pron* všichni *(m)*, každý *(m)*
everything • *pron* všechno *(n)*, všechen *(m)*
everywhere • *adv* všude
evidence • *n* důkaz *(m)*
evident • *adj* zjevný, evidentní
evil • *n* zlo *(n)* • *adj* zlý *(m)*
evoke • *v* vyvolat, vyvolávat, evokovat
evolution • *n* evoluce, vývoj, evoluce *(f)*
evolutionary • *adj* evoluční *(m)*
evolve • *v* vyvíjet se, vyvinout
ewe • *n* ovce *(f)*
exactly • *adv* přesně • *interj* přesně
exaggerate • *v* přehánět
exaggerated • *adj* přehnaný *(m)*, zveličený *(m)*
exaggeration • *n* přehánění *(n)*
examination • *n* vyšetření *(n)*, zkouška *(f)*
examine • *v* vyšetřit, zkoušet

examiner • *n* zkoušející *(m)*
example • *n* příklad *(m)*
excavator • *n* bagr *(m)*, exkavátor *(m)*
exceed • *v* převýšit, přesáhnout, překročit
excel • *v* překonat, vynikat
excellence • *n* výtečnost *(f)*
excellent • *adj* výtečný *(m)*, vynikající
excellently • *adv* výborně
except • *v* vyloučit, namítat • *conj* kromě • *prep* kromě, mimo, vyjma
exception • *n* výjimka *(f)*
exceptional • *adj* výjimečný *(m)*
exceptionally • *adv* výjimečně
excerpt • *n* výňatek *(m)*
excess • *n* spoluúčast *(f)*
excessive • *adj* nadměrný *(m)*
excessively • *adv* nadměrně
exchange • *n* výměna *(f)*, burza *(f)* • *v* vyměnit
excise • *v* vyříznout, (vy)preparovat
excite • *v* vzrušit, podnítit, excitovat
excited • *adj* vzrušený *(m)*, excitovaný *(m)*, nabuzený *(m)*
excitement • *n* vzrušení *(n)*
exciting • *adj* vzrušující
exclaim • *v* zvolat
exclamation • *n* zvolání *(n)*
excluding • *prep* vyjma
excommunication • *n* exkomunikace
excoriate • *v* sedřít, stáhnout, strhat
excrement • *n* výkal *(m)*, stolice *(f)*
excrete • *v* vyloučit
excretion • *n* vylučování *(n)*
excursion • *n* výlet *(m)*
excusable • *adj* omluvitelný *(m)*
excuse • *v* omluvit • *n* omluva *(f)*, výmluva *(f)*, záminka *(f)*
execute • *v* popravit
execution • *n* provedení *(n)*, poprava *(f)*, vykonání *(n)*
executioner • *n* kat *(m)*, popravčí *(m)*
executive • *n* výkonný ředitel *(m)*, exekutiva *(f)*, moc výkonná *(f)* • *adj* výkonný *(m)*
exemplary • *adj* příkladný *(m)*
exempt • *adj* oproštěný *(m)*, osvobozený *(m)*
exercise • *v* cvičit • *n* cvičení *(n)*
exhaust • *v* vyčerpat
exhausted • *adj* vyčerpaný *(m)*
exhaustible • *adj* vyčerpatelný
exhaustion • *n* vyčerpání *(n)*
exhibition • *n* výstava *(f)*
exhibitionism • *n* exhibicionismus *(m)*, exhibicionizmus *(m)*
exhibitionist • *n* exhibicionista *(m)*

exile • *n* vyhnanství *(n)*, exil *(m)*
exist • *v* být, existovat
existence • *n* existence *(f)*, bytí *(n)*
existentialism • *n* existencialismus *(m)*
existentialist • *n* existencialista *(m)*
existing • *adj* existující
exit • *n* východ *(m)*, odbočka *(f)*, výjezd *(m)*, výstup *(m)*, odchod *(m)*, odjezd *(m)*
exogamous • *adj* exogamní
exogamy • *n* exogamie
exonerate • *v* ospravedlnit
exophthalmos • *n* exoftalmus *(m)*
exorbitant • *adj* přemrštěný *(m)*
exorcism • *n* exorcismus
exotic • *adj* exotický *(m)*, cizokrajný *(m)*
expect • *v* očekávat
expectable • *adj* očekávatelný *(m)*
expectation • *n* očekávání *(n)*
expected • *adj* očekávaný *(m)*
expectorant • *n* expektorancium *(n)*
expedition • *n* expedice *(f)*
expel • *v* vypudit, vyloučit, vyhostit
expendable • *adj* postradatelný, obětovatelný
expense • *n* útrata *(f)*, vydání *(n)*, výdaj *(m)*
expensive • *adj* drahý *(m)*, nákladný *(m)*
expensively • *adv* draze
experience • *v* pociťovat, pocítit • *n* zkušenost *(f)*, zážitek *(m)*
experienced • *adj* zkušený *(m)*
experiential • *adj* zkušenostní
experiment • *v* experimentovat • *n* pokus *(m)*, experiment *(m)*
experimental • *adj* pokusný, experimentální
experimenter • *n* experimentátor *(m)*
expert • *n* odborník *(m)*, expert *(m)*, znalec *(m)* • *adj* zkušený *(m)*, odborný *(m)*
expiration • *n* expirace *(f)*, výdech *(m)*
explain • *v* vysvětlit
explanation • *n* vysvětlení *(n)*
explicable • *adj* vysvětlitelný *(m)*
explicit • *adj* výslovný *(m)*
explode • *v* vybuchnout
exploit • *v* využít
exploitation • *n* využití *(n)*
exploration • *n* průzkum *(m)*, zkoumání *(n)*
explorer • *n* průzkumník *(m)*
explosion • *n* výbuch *(m)*
explosive • *n* výbušnina *(f)* • *adj* výbušný *(m)*, výbušný
exponentially • *adv* exponenciálně
exponentiation • *n* mocnění *(n)*, umocňování *(n)*, umocnění *(n)*
export • *v* vyvézt • *n* vývoz *(m)*, export *(m)*
exporter • *n* vývozce *(m)*
expose • *v* vystavit, odhalit, exponovat
exposition • *n* výstava *(f)*, výklad *(m)*
exposure • *n* vystavení *(n)*, expozice *(f)*
express • *adj* výslovný *(m)* • *v* vyjadřovat, vyjádřit
expressible • *adj* vyjádřitelný
expression • *n* výraz *(m)*, vyjádření *(n)*
expressive • *adj* expresivní *(m)*
expressively • *adv* expresivně
expropriate • *v* vyvlastnit
expropriation • *n* vyvlastnění *(n)*, zabavení *(n)*, konfiskace *(f)*
expurgate • *v* cenzurovat
extant • *adj* dochovalý, dochovaný, existující
extend • *v* rozšířit
extended • *adj* rozšířený *(m)*
extensibility • *n* rozšiřitelnost *(f)*
extension • *n* extenze *(f)*
extensive • *adj* rozsáhlý *(m)*
extent • *n* rozsah *(m)*, rozměr
exterminate • *v* vyhladit, vyhubit
external • *adj* externí, vnější
extinct • *adj* vyhynulý *(m)*, vymřelý *(m)*, vyhaslý *(m)*
extinction • *n* zánik *(m)*, vymření *(n)*
extra • *adj* navíc, extra
extract • *v* vytáhnout, extrahovat • *n* extrakt *(m)*, výtažek *(m)*
extraction • *n* původ *(m)*, trhání *(n)*
extradition • *n* extradice *(f)*, vydání *(n)*
extraordinary • *adj* neobyčejný, mimořádný
extrapolation • *n* extrapolace *(f)*
extrasensory • *adj* mimosmyslový
extraterrestrial • *n* mimozemšťan *(m)* • *adj* mimozemský
extravagant • *adj* výstřední *(m)*
extreme • *n* extrém *(m)* • *adj* extrémní *(m)*, krajní, extrémní
extremely • *adv* extrémně
extremism • *n* extremismus *(m)*
extremity • *n* kraj *(m)*, konec *(m)*, okraj *(m)*, krajnost *(f)*, končetina *(f)*
extricate • *v* vymanit
extroversion • *n* extroverze *(f)*
extrusive • *adj* extruzivní
eye • *n* oko *(n)*, ucho *(n)*, ouško *(n)*, očko *(n)*
eyeball • *n* oční bulva *(f)*
eyebrow • *n* obočí *(n)*
eyelash • *n* řasa *(f)*
eyelid • *n* oční víčko *(n)*, víčko *(n)*

eyesight • *n* zrak *(m)*, vidění *(n)*
eyespot • *n* oční skvrna *(f)*, oko *(n)*

eyewitness • *n* očitý svědek *(m)*

F

fable • *n* bajka *(f)*
face • *v* čelit • *n* tvář *(f)*, obličej *(m)*, strana *(f)*
facial • *adj* obličejový *(m)*
facilitate • *v* usnadnit, ulehčit
fact • *n* fakt *(m)*, skutečnost *(f)*
faction • *n* frakce *(f)*, křídlo *(n)*, rozkol *(m)*, rozpor *(m)*
factor • *n* faktor
factory • *n* továrna *(f)*, fabrika *(f)*
factotum • *n* děvče pro všechno *(n)*
factual • *adj* faktický
faculty • *n* fakulta *(f)*
fag • *n* teplouš *(m)*
faggot • *n* špalek *(m)*
faience • *n* fajáns
fail • *v* propadnout, selhat, selhávat, přestat, fungovat, nechat
failure • *n* nezdar *(m)*, neúspěch *(m)*, selhání *(n)*, porucha *(f)*
faint • *v* omdlít
fainting • *n* mdloba *(f)*, omdlení *(n)*
fair • *adj* fér
fairly • *adv* spravedlivě, poctivě, příznivě, čestně, správně
fairy • *n* víla *(f)*, teplouš
faith • *n* víra *(f)*
faithful • *adj* věrný *(m)*
faithfulness • *n* věrnost *(f)*
fake • *adj* falešný *(m)*
fakir • *n* fakír *(m)*
falcon • *n* sokol *(m)*
falconry • *n* sokolnictví *(n)*
fall • *v* padat, padnout • *n* pád *(m)*
fallacy • *n* klam *(m)*, logický klam *(m)*
fallible • *adj* omylný *(m)*
fallout • *n* spad *(m)*
fallow • *n* úhor *(m)*, lada, lado *(n)*
false • *adj* nepravdivý *(m)*, falešný, imitovaný, nepravý, umělý
falsifier • *n* falzifikátor *(m)*, falšovatel *(m)*
falsity • *n* nepravda *(f)*, nepravdivost *(f)*
fame • *n* sláva *(f)*, věhlas *(m)*, proslulost *(f)*
familiar • *adj* známý
family • *n* rodina *(f)*, rodina, čeleď *(f)*, rodinný
famine • *n* hladomor *(m)*, hlad *(m)*

famous • *adj* slavný *(m)*, proslulý, věhlasný
fan • *n* vějíř *(m)*, větrák *(m)*
fanatic • *n* fanatik *(m)*
fanatical • *adj* fanatický *(m)*
fanaticism • *n* fanatismus *(m)*
fancy • *v* mít chuť
fanfare • *n* fanfára *(f)*
fang • *n* tesák *(m)*
fantastic • *adj* fantastický *(m)*, fantastický
fantasy • *n* fantasy *(f)*
far • *adj* daleký • *adv* daleko
farce • *n* fraška *(f)*
fare • *n* jízdné *(n)*, cestující *(m)*
farewell • *n* sbohem *(n)* • *interj* sbohem
farm • *n* farma *(f)*, statek *(m)*
farmer • *n* rolník *(m)*, sedlák *(m)*, zemědělec *(m)*, farmář *(m)*
farrier • *n* podkovář *(m)*
farrow • *v* vrh podsvinčat
fart • *v* prdět, prdnout si, pšoukat, pšouknout, pouštět větry, bzdít • *n* prd *(m)*
farther • *adv* dále
fascinate • *v* fascinovat, okouzlit
fascinating • *adj* okouzlující, fascinující
fascination • *n* okouzlení *(n)*, fascinace *(f)*, kouzlo *(n)*
fascism • *n* fašismus *(m)*
fashion • *n* móda *(f)*
fast • *adj* hluboký, rychlý • *adv* rychle • *v* postit
fasten • *v* připoutat, připevnit
fat • *n* tuk *(m)*, tuk • *adj* tlustý
fatal • *adj* osudový *(m)*, osudný *(m)*
fate • *n* osud *(m)*, úděl *(m)*
father • *n* otec, táta, tatínek, taťka, fotr *(m)*
father-in-law • *n* tchán *(m)*, svekr *(m)*
fatherhood • *n* otcovství *(n)*
fatherland • *n* otčina *(f)*, vlast *(f)*
fathom • *v* proniknout, porozumět do hloubky • *n* sáh *(m)*
fatigue • *n* únava *(f)*
fatso • *n* tlusťoch *(m)*
fatty • *n* tlouštík *(m)*, tlusťoch *(m)* • *adj* tučný *(m)*
fault • *n* chyba *(f)*, zlom *(m)*
faulty • *adj* vadný

fauna • *n* zvířena *(f)*, fauna *(f)*
favor • *v* upřednostňovat, dávat přednost, favorizovat, zvýhodňovat • *n* laskavost, pomoc, přízeň *(f)*, pozornost *(f)*
favorite • *adj* oblíbený
fawn • *n* kolouch *(m)* • *v* podlézat, lísat se
fax • *v* faxovat • *n* fax *(m)*
fear • *n* strach *(m)*
fearless • *adj* nebojácný *(m)*
fearlessness • *n* nebojácnost *(f)*
feasibility • *n* proveditelnost *(f)*, uskutečnitelnost *(f)*
feasible • *adj* uskutečnitelný *(m)*, proveditelný *(m)*, možný *(m)*
feast • *n* hostina *(f)*
feat • *n* čin *(m)*, výkon *(m)*, kousek *(m)*
feather • *n* péro *(n)*
feature • *n* funkce
febrile • *adj* horečnatý
feces • *n* stolice *(f)*, výkal *(m)*
federation • *n* federace *(f)*
fedora • *n* plsťák *(m)*
fee • *n* poplatek *(m)*, honorář *(m)*
feeble • *adj* slabý
feed • *v* krmit • *n* krmivo *(n)*, zdroj *(m)*
feedback • *n* zpětná vazba *(f)*
feel • *v* cítit
feeler • *n* tykadlo *(n)*
feeling • *n* pocit *(m)*, cit *(m)*, city *(m)*, pocit
feldspar • *n* živec *(m)*
fellatio • *n* felace *(f)*
felon • *n* zločinec *(m)*
felony • *n* trestný čin *(m)*, závažný trestný čin *(m)*
felt • *n* plsť *(f)*, filc *(m)*, plsťák *(m)*, plstěný klobouk *(m)*
female • *adj* samičí, ženský
feminine • *n* ženský rod *(m)* • *adj* ženský, ženský *(m)*
feminism • *n* feminismus *(m)*
fence • *v* oplotit, šermovat • *n* plot *(m)*, ohrada *(f)*, oplocení *(n)*
fencer • *n* šermíř *(m)*
fencing • *n* šerm *(m)*
fender • *n* blatník *(m)*
fennel • *n* fenykl *(m)*
ferment • *v* kvasit
fermentation • *n* kvašení *(n)*
fermion • *n* fermion *(m)*
fermium • *n* fermium
fern • *n* kapradina *(f)*, kapraď *(f)*
ferret • *n* fretka *(f)*
ferromagnetism • *n* feromagnetismus *(m)*

ferry • *n* trajekt *(m)*
fertile • *adj* úrodný *(m)*, plodný *(m)*
fertility • *n* plodnost *(f)*
fertilization • *n* oplodnění *(n)*
fertilize • *v* hnojit, oplodnit
fertilizer • *n* hnojivo *(n)*
fester • *v* hnisat
festival • *n* festival
festive • *adj* slavnostní
fetal • *adj* plodový *(m)*
fetish • *n* fetiš
fetishism • *n* fetišismus *(m)*
fetter • *n* pouto *(n)*
fettered • *adj* spoutaný *(m)*
fetus • *n* plod *(m)*
feud • *n* svár *(m)*, léno *(n)*
feudal • *adj* feudální
feudalism • *n* feudalismus *(m)*
fever • *n* horečka *(f)*
feverish • *adj* horečnatý *(m)*, horečný *(m)*
fiasco • *n* fiasko *(n)*
fiction • *n* beletrie *(f)*, fikce *(f)*
fictitious • *adj* smyšlený *(m)*
ficus • *n* fíkus *(m)*
fiddle • *v* marnit, šumařit
fiddler • *n* houslista *(m)*
fief • *n* léno *(n)*
field • *n* pole *(n)*, pastvina *(f)*, pole, hřiště *(n)*
fierce • *adj* krutý *(m)*, nelítostný *(m)*, zlý *(m)*, urputný *(m)*, naprostý *(m)*, ohrožující, divoký *(m)*
fiery • *adj* ohnivý *(m)*, vznětlivý *(m)*
fifteenth • *adj* patnáctý
fifth • *n* pětina *(f)* • *adj* pátý *(m)*
fiftieth • *n* padesátina *(f)* • *adj* padesátý *(m)*
fig • *n* fík *(m)*, fíkovník *(m)*
fight • *v* bojovat, zápasit, bít • *n* boj *(m)*, rvačka *(f)*, bitka *(f)*, bitva *(f)*, zápas, bojovnost *(f)*
fighter • *n* bojovník *(m)*, válečník *(m)*, stíhačka *(f)*, stíhací letoun *(m)*
figurative • *adj* přenesený, metaforický, obrazný
figuratively • *adv* obrazně
figure • *v* vyřešit • *n* obrázek *(m)*, ilustrace *(f)*, postava *(f)*
filament • *n* nitka *(f)*, drátek *(m)*, vlákno *(n)*
file • *v* podat, založit, archivovat, uložit, požádat, pilovat • *n* pořadač *(m)*, archiv *(m)*, složka *(f)*, šanon *(m)*, soubor *(m)*, zástup *(m)*, sloupec *(m)*, pilník *(m)*
fill • *v* vyplnit
fillet • *n* filé *(n)*

filling • *n* výplň *(f)*
filly • *n* kobylka *(f)*
film • *n* film *(m)*
filter • *n* filtr *(m)*
filth • *n* špína *(f)*
fin • *n* ploutev *(f)*
final • *n* finále *(n)* • *adj* poslední, konečný
finalist • *n* finalista *(m)*, finalistka *(f)*
finally • *adv* konečně, nakonec
finance • *v* financovat
financial • *adj* finanční *(m)*
financier • *n* finančník *(m)*
finch • *n* pěňkava *(f)*
find • *v* nalézat, nalézt, nacházet, najít, objevit, pokládat za
finding • *n* zjištění *(n)*
fine • *n* pokuta *(f)*
finely • *adv* najemno, jemně, nadrobno
finger • *v* prstit • *n* prst *(m)*
fingerboard • *n* hmatník *(m)*
fingering • *n* prstoklad *(m)*, prstění *(n)*
fingernail • *n* nehet *(m)*
fingerprint • *n* otisk prstu *(m)*, otisk *(m)*, miniatura *(f)*
finish • *v* dokončit, skončit • *n* konec *(m)*
finished • *adj* dokončený *(m)*
finite • *adj* konečný *(m)*
finiteness • *n* konečnost *(f)*
fir • *n* jedle *(f)*
fire • *v* vypálit, vyhodit, střílet, vystřelit • *n* oheň *(m)*, hoření *(n)*, požár *(m)*, kamna, palba *(f)*
firearm • *n* střelná zbraň *(f)*
firefly • *n* světluška *(f)*
fireplace • *n* krb *(m)*
firewall • *n* firewall *(m)*
firewater • *n* ohnivá voda
firewood • *n* palivové dříví *(n)*
firework • *n* ohňostroj *(m)*
fireworks • *n* ohňostroje
firm • *n* firma *(f)* • *v* upevnit, ztvrdnout • *adj* nepoddajný, tvrdý, pevný
firmly • *adv* tvrdě, pevně
first • *n* první • *adj* první • *adv* zaprvé, prvně
firstborn • *n* prvorozený *(m)* • *adj* prvorozený *(m)*
fish • *n* ryba *(f)* • *v* rybařit
fisherman • *n* rybář *(m)*
fishhook • *n* háček *(m)*
fishing • *n* rybolov *(m)*
fishpond • *n* rybník *(m)*
fishy • *n* rybka *(f)*
fissile • *adj* štěpný *(m)*
fission • *n* štěpení *(n)*

fist • *n* pěst *(f)*
fistula • *n* píštěl *(f)*
fit • *adj* vhodný *(m)* • *v* sedět, padnout
fitness • *n* vhodnost *(f)*
fitting • *n* kování
fix • *v* opravit, spravit
fjord • *n* fjord *(m)*
flabbergast • *v* ohromit
flag • *v* označit, mávnout, ochabovat, dláždit • *n* vlajka *(f)*, prapor *(m)*, praporek *(m)*, kosatec *(m)*, dlaždice *(f)*
flagship • *n* vlajková loď *(f)*
flail • *n* cep *(m)*, řemdih *(m)*
flake • *n* vločka *(f)*
flame • *n* plamen *(m)*, milenec *(m)*, milenka *(f)*
flamenco • *n* flamenco *(n)*
flamethrower • *n* plamenomet *(m)*
flamingo • *n* plameňák *(m)*
flannel • *n* flanel *(m)*
flash • *v* prozvonit • *n* záblesk *(m)*
flashlight • *n* baterka *(f)*
flask • *n* baňka *(f)*
flat • *adj* plochý, rovný, prasklý
flatly • *adv* jednoznačně, rozhodně, kategoricky, nevzrušeně, chladně, bez zájmu, jednotvárně
flatten • *v* zploštit, zplacatit, splácnout, uzemnit, srazit k zemi, rozdrtit, zploštit se, zplacatit se, splácnout se
flatter • *v* lichotit, pochlebovat
flatterer • *n* lichotník *(m)*
flattery • *n* lichocení *(n)*, pochlebování *(n)*, lichotka *(f)*
flatulence • *n* plynatost *(f)*
flatus • *n* prd *(m)*, vítr *(m)*
flautist • *n* flétnista *(f)*
flaw • *n* vada
flawless • *adj* bezchybný *(m)*
flax • *n* len *(m)*
flay • *v* stáhnout kůže
flea • *n* blecha *(f)*
fleck • *n* skvrna *(f)*
fledgling • *n* ptáče *(n)*, ptáčátko *(n)* • *adj* nezkušený
flee • *v* utéct, utéci, utíkat, zmizet, vypařit se, zdrhnout
fleece • *n* rouno *(n)*, vlna *(f)*, flís *(m)*
fleet • *n* flota *(f)*, loďstvo *(n)*
fleeting • *adj* prchavý *(m)*
flesh • *n* maso *(n)*, dužina *(f)*
fletcher • *n* šípař *(m)*, lukař *(m)*
fleur-de-lis • *n* lilie *(f)*
flexibility • *n* ohebnost *(f)*
flexible • *adj* ohebný *(m)*
flight • *n* let *(m)*, hejno *(n)*, rameno *(n)*, patro *(n)*

flightless • *adj* nelétavý
fling • *v* mrštit, hodit
flint • *n* pazourek *(m)*
flip-flop • *n* žabky
flipper • *n* ploutev *(f)*
flirt • *v* flirtovat
float • *v* plavat, plout
flock • *n* hejno *(n)*, stádo *(n)*
floe • *n* kra *(f)*
flood • *v* zaplavit • *n* povodeň *(f)*, záplava *(f)*, potopa *(f)*
floor • *n* podlaha *(f)*, dolní celá část
flop • *v* zhroutit, propadnout
flora • *n* květena *(f)*, flóra *(f)*
floret • *n* kvítek *(m)*
florist • *n* květinář *(m)*
flotilla • *n* flotila *(f)*
flounder • *n* platýs bradavičnatý *(m)*, flundra obecná, platýs *(m)*, kambala *(f)*
flour • *n* mouka *(f)*
flow • *v* téct, proudit • *n* tok *(m)*, proudění *(n)*, stroming *(f)*, příliv *(m)*
flower • *v* kvést • *n* květ *(m)*, květina *(f)*
flowerbed • *n* záhon *(m)*
flowery • *adj* květnatý
flu • *n* chřipka *(f)*
fluctuate • *v* kolísat
fluctuation • *n* fluktuace
fluent • *adj* plynulý *(m)*, plynný *(m)*
fluently • *adv* plynule, plynně
flugelhorn • *n* křídlovka *(f)*
fluid • *n* kapalina *(f)*, tekutina *(f)* • *adj* tekutý, fluidní, proměnlivý, plynulý
fluke • *n* šťastná náhoda *(f)*
fluorine • *n* fluor *(m)*
fluoxetine • *n* fluoxetin *(m)*
flush • *n* fleš
flute • *n* flétna *(f)*
flutter • *v* třepetat
flux • *n* tok
fly • *n* moucha *(f)*
flyer • *n* leták *(m)*
flywheel • *n* setrvačník *(m)*
foal • *n* hříbě *(n)*
foam • *n* pěna *(f)*
focus • *n* ohnisko *(n)*
fodder • *n* krmivo *(n)*
fog • *n* mlha *(f)*, zamlžení *(n)*
foil • *n* fólie *(f)*, fleret *(m)*
fold • *v* přeložit, foldovat • *n* vrása *(f)*
folder • *n* složka *(f)*
foliage • *n* listí *(n)*
follow • *v* sledovat, dodržet, plynout
following • *adj* následující
fond • *v* mít náklonnost, mít slabost pro, mít rád • *adj* milující
fondle • *v* laskat

fondness • *n* záliba *(f)*, láska *(f)*, slabost *(f)*
font • *n* písmo *(n)*
fontanelle • *n* fontanela *(f)*
food • *n* potrava *(f)*, jídlo *(n)*
foodstuff • *n* potravina *(f)*
fool • *v* obelhávat, klamat • *n* hlupák *(m)*, blázen *(m)*, šašek, pošetilec *(m)*, blbec *(m)*, blb *(m)*, blboun *(m)*, pitomec *(m)*, šašek *(m)*, klaun *(m)*, blázen
foolish • *adj* pošetilý *(m)*, hloupý *(m)*
foolishness • *n* pošetilost *(f)*
foot • *v* kopnout, zatáhnout • *n* noha *(f)*, spodek *(m)*, stopa *(f)*
football • *n* fotbal *(m)*, kopaná *(f)*, australský fotbal *(m)*, fotbalový míč *(m)*, míč *(m)*
footer • *n* zápatí *(n)*
footnote • *n* poznámka pod čarou *(f)*
footpath • *n* pěšina *(f)*
footprint • *n* stopa *(f)*
footwear • *n* obuv *(f)*
for • *conj* neboť • *prep* k, pro, za
forage • *n* pícnina *(f)*, píce *(f)*
forbear • *v* zdržet se, vyhnout se, vzdát
forbearance • *n* zdrženlivost *(f)*, shovívavost *(f)*
forbid • *v* zakazovat, zakázat
forbidden • *adj* zakázaný
force • *v* nutit, přinutit • *n* síla
forced • *adj* násilný, vynucený, přinucený
ford • *v* brodit, přebrodit • *n* brod *(m)*
forearm • *n* předloktí *(n)*
foreboding • *n* zlá předtucha *(f)*
forebrain • *n* přední mozek *(m)*
forecast • *n* předpověď *(f)*
forefather • *n* předek *(m)*
forefinger • *n* ukazovák *(m)*, ukazováček *(m)*
forefront • *n* popředí *(n)*
foreground • *n* popředí *(n)*
forehead • *n* čelo *(n)*
foreign • *adj* cizí, zahraniční
foreigner • *n* cizinec *(m)*, cizinka *(f)*
foreignness • *n* cizost *(f)*
foreman • *n* předák *(m)*
forenoon • *n* dopoledne *(n)*
foreplay • *n* předehra *(f)*
forerunner • *n* předchůdce *(m)*
foresee • *v* předvídat
forest • *n* les *(m)*
forester • *n* lesník *(m)*
forestry • *n* lesnictví *(n)*
forever • *adv* navždy, na věky
forfeit • *v* prohrát kontumačně
forger • *n* padělatel *(m)*

forgery • *n* padělání *(n)*, padělek *(m)*, podvrh *(m)*
forget • *v* zapomínat, zapomenout
forget-me-not • *n* pomněnka *(f)*
forgetful • *adj* zapomnětlivý *(m)*
forgetfulness • *n* zapomnětlivost *(f)*
forgive • *v* odpouštět, odpustit
forgiveness • *n* odpuštění *(n)*
forint • *n* forint *(m)*
fork • *n* vidlička *(f)*, rozcestí *(n)*, odnož *(f)*
form • *n* formulář *(m)*
formal • *adj* formální
formaldehyde • *n* formaldehyd *(m)*
formally • *adv* formálně
format • *v* formátovat, naformátovat • *n* formát *(m)*, formát
formerly • *adv* dříve, kdysi
formidable • *adj* hrozný, ohromný *(m)*, ohromující, úžasný, nepřekonatelný *(m)*
formula • *n* formule *(f)*, vzorec *(m)*
formulate • *v* formulovat
formulation • *n* formulace *(f)*
forsooth • *adv* věru, vskutku, namouduši
fort • *n* pevnost *(f)*
fortieth • *n* čtyřicátý *(m)*, čtyřicátá *(f)*, čtyřicetina *(f)* • *adj* čtyřicátý, 40.
fortification • *n* pevnost *(f)*, opevnění *(n)*
fortress • *n* pevnost *(f)*
fortuitous • *adj* náhodný *(m)*
fortunately • *adv* naštěstí
fortune • *n* osud *(m)*, štěstí *(n)*, bohatství *(n)*
forum • *n* fórum *(n)*
forward • *v* přeposlat • *n* útočník *(m)* • *adj* přední • *adv* dopředu, vpřed
foul • *n* faul *(m)*
foundation • *n* založení *(n)*, základy, nadace *(f)*
founder • *n* zakladatel *(m)*
foundling • *n* nalezenec *(m)*
foundry • *n* slévárna *(f)*
fountain • *n* fontána *(f)*, kašna *(f)*
fourfold • *adj* čtyřnásobný • *adv* čtyřnásobně
fourteenth • *adj* čtrnáctý
fourth • *adj* čtvrtý
fox • *n* liška *(f)*, lišák *(m)*, kočka *(f)*
foxglove • *n* náprstník *(m)*
fracas • *n* rvačka *(f)*, hádka *(f)*
fractal • *n* fraktál *(m)* • *adj* fraktální
fraction • *n* zlomek *(m)*
fracture • *n* zlomenina *(f)*
fragile • *adj* křehký *(m)*

fragility • *n* křehkost *(f)*
fragment • *n* úlomek *(m)*, fragment *(m)*, zlomek *(m)*, střep *(m)*
fragrance • *n* vůně *(f)*
frailty • *n* křehkost *(f)*, slabost *(f)*
frame • *n* rám *(m)*
framework • *n* kostra *(f)*, konstrukce *(f)*, soustava, systém, aplikační rámec *(m)*
franc • *n* frank *(m)*
francium • *n* francium *(n)*
frank • *adj* upřímný *(m)*
frankincense • *n* kadidlo *(n)*
frankness • *n* upřímnost *(f)*
fraternal • *adj* bratrský
fraternity • *n* spolek *(m)*
fraud • *n* podvod *(m)*
fraudulent • *adj* podvodný *(m)*
fray • *v* třepit se, drásat
freak • *n* rozmar *(m)*, kapric *(m)*, podivín *(m)*, magor *(m)*, blázen *(m)*, nadšenec *(m)*, fanda *(m)*, machr *(m)*, ujetej *(m)*
freckle • *n* piha *(f)*
free • *v* osvobodit • *adj* svobodný, volný, volný *(m)*, prostý • *adv* zadarmo
freedom • *n* svoboda *(f)*
freeware • *n* freeware *(m)*
freeway • *n* dálnice *(f)*
freeze • *v* zmrznout, zmrazit, mrznout • *n* mráz *(m)*
frequency • *n* četnost *(n)*, frekvence *(f)*, častost *(n)*, kmitočet *(m)*
frequent • *adj* častý *(m)*
fresco • *n* freska *(f)*
fresh • *adj* svěží, čerstvý *(m)*, osvěžující
freshness • *n* čerstvost *(f)*, svěžest *(f)*
freshwater • *adj* sladkovodní
fret • *n* pražec *(m)*
friar • *n* fráter *(m)*
fricative • *n* frikativa *(f)*
friction • *n* tření *(n)*
friend • *n* přítel *(m)*, kamarád *(m)*, přítelkyně *(f)*, kamarádka *(f)*, kluk *(m)*, holka *(f)*, známý *(m)*, známá *(f)*, opora *(f)*, příznivec *(m)*, příznivkyně *(f)*, kámo *(m)*, milej zlatej *(m)*
friendly • *adj* přátelský *(m)*, přátelský
friendship • *n* přátelství *(n)*
frigate • *n* fregata *(f)*
frighten • *v* vystrašit
frightened • *adj* vyděšený, vystrašený
frigid • *adj* frigidní, ledový
fringe • *n* ofina *(f)* • *adj* okrajový
fritillary • *n* řebčík *(m)*
frog • *n* žába *(f)*
from • *prep* z, ze, od, proti, před
front • *n* předek *(m)*, fronta *(f)*, front *(f)*

• *adj* přední
frontal • *adj* čelní *(m)*
frontier • *n* pohraničí *(n)*, pomezí *(n)*
frost • *n* jinovatka *(f)*, mráz *(m)*
frostily • *adv* mrazivě
frosting • *n* námraza *(f)*
frosty • *adj* mrazivý
froth • *n* pěna *(f)*
frothy • *adj* pěnivý
frown • *v* mračit se
frozen • *adj* zmrzlý, zamrzlý
fructose • *n* fruktóza *(f)*
frugal • *adj* skromný *(m)*, spořivý *(m)*
frugality • *n* skromnost *(f)*, spořivost *(f)*
fruit • *n* ovoce *(n)*, plod *(m)*, plody
fruiterer • *n* ovocnář *(m)*
frump • *n* hastroš *(m)*, cuchta *(f)*, hadry
fry • *v* smažit, smažit se, péci se • *n* čipsy, plůdek *(m)*
fuck • *v* mrdat, prcat, šukat, šoustat, jebat • *n* mrd *(m)* • *interj* kurva!, do prdele!, do piče!
fucking • *adj* kurva *(f)*, zasraný
fuel • *n* palivo *(n)*
fugitive • *n* uprchlík
fugue • *n* fuga *(f)*
fulcrum • *n* opěrný bod *(m)*
fulfill • *v* splnit
full • *adj* plný, úplný, kompletní, celý, sytý, nasycený, zasycený

fun • *n* zábava *(f)*, legrace *(f)*
function • *n* funkce *(f)*, účel *(m)*
functional • *adj* funkční, funkcionální
fund • *n* fond *(m)*
fundamental • *n* zásadní
fundamentalism • *n* fundamentalismus *(m)*
fundamentalist • *n* fundamentalista *(m)*
funeral • *n* pohřeb *(m)* • *adj* pohřební
fungible • *adj* zaměnitelný, směnitelný
fungicidal • *adj* fungicidní
fungus • *n* houba *(f)*
funnel • *n* trychtýř *(m)*
funny • *adj* legrační, zábavný
fur • *n* srst *(f)*, kožešina *(f)*
furlough • *n* dovolenka *(f)*, propustka *(f)*, nucená dovolená *(f)*
furnace • *n* pec *(f)*
furnished • *adj* zařízený *(m)*
furnishings • *n* galanterie *(f)*
furniture • *n* nábytek *(m)*
furrow • *n* brázda *(f)*
fuse • *n* doutnák *(m)*, pojistka *(f)*
fusion • *n* fúze *(f)*
futile • *adj* jalový
futility • *n* marnost *(f)*, zbytečnost *(f)*
future • *n* budoucnost *(f)* • *adj* budoucí
futurism • *n* futurismus *(m)*

G

gadolinium • *n* gadolinium
gaffe • *n* blbost *(f)*, kravina *(f)*, bota *(f)*
gaffer • *n* strejc *(m)*
gaga • *adj* pobláznění
gain • *n* zisk *(m)*
gait • *n* chůze *(f)*
galactic • *adj* galaktický *(m)*
galactose • *n* galaktosa *(f)*
galaxy • *n* galaxie *(f)*
gallant • *adj* odvážný *(m)*, odhodlaný *(m)*, úctyhodný *(m)*, galantní
gallantry • *n* galantnost *(f)*
galleon • *n* galeona *(f)*
gallery • *n* galerie *(f)*
galley • *n* galéra *(f)*
gallium • *n* gallium *(n)*
gallivant • *v* toulat, flirtovat
gallon • *n* galon *(m)*
gallop • *v* běžet tryskem, letět tryskem, jet tryskem, přinutit k trysku, pobídnout k trysku • *n* trysk *(m)*
gallows • *n* šibenice *(f)*

galoot • *n* neotesanec *(m)*, hrubián *(m)*
galosh • *n* galoše *(f)*
galvanic • *adj* galvanický *(m)*
galvanize • *v* galvanizovat
galvanometer • *n* galvanometr *(m)*
gamble • *v* riskovat
game • *n* hra *(f)*, zvěř *(f)*
gamekeeper • *n* hajný *(m)*
gamete • *n* gameta *(f)*
gamma • *n* gama *(f)*
gander • *n* houser *(m)*
gangrene • *n* gangréna *(f)*
gangster • *n* zločinec *(m)*, gangster *(m)*
gannet • *n* terej *(m)*
gap • *n* otvor *(m)*
garage • *n* garáž *(f)*, servis *(m)*, autoservis *(m)*, opravna *(f)*, autoopravna *(f)*
garbage • *n* odpad *(m)*, odpadky
garden • *n* zahrada *(f)*
gardener • *n* zahradník *(m)*, zahradnice *(f)*

gargle • *v* kloktat • *n* kloktadlo *(n)*
gargoyle • *n* chrlič *(m)*
garlic • *n* česnek *(m)*
garment • *n* oděv *(m)*
garnet • *n* granát *(m)*
garret • *n* podkroví *(n)*
gas • *n* plyn *(m)*, benzín *(m)*
gasoline • *n* benzín *(m)*
gasp • *v* zajíknout, lapat po dechu, těžce dýchat
gastric • *adj* žaludeční
gastritis • *n* gastritida *(f)*
gastroenteritis • *n* gastroenteritida
gastrointestinal • *adj* gastrointestinální
gastronomy • *n* gastronomie *(f)*
gastropod • *n* plž *(m)*
gastroscopy • *n* gastroskopie *(f)*
gate • *n* brána *(f)*, vrata, závora *(f)*
gateau • *n* dort *(m)*
gather • *v* sbírat, sebrat, shromažďovat, shromáždit
gatherer • *n* sběrač *(m)*
gaudy • *adj* nevkusný
gauge • *n* rozchod *(m)*
gaur • *n* gaur *(m)*
gauze • *n* gáza *(f)*
gawk • *v* čučet, čumět
gay • *n* homosexuál *(m)*, gay *(m)* • *adj* veselý
gazelle • *n* gazela *(f)*
gear • *n* vybavení *(n)*, ozubené kolo *(n)*, převod *(m)*, soukolí *(n)*
gearbox • *n* převodovka *(f)*
geisha • *n* gejša *(f)*
gel • *n* gel *(m)*
gelding • *n* valach *(m)*
gelid • *adj* ledový *(m)*, krahová *(f)*
gelignite • *n* gelignit *(m)*
gem • *n* klenot *(m)*, drahokam *(m)*
gender • *n* rod *(m)*, pohlaví *(n)*
genealogy • *n* genealogie *(f)*
general • *n* generál *(m)* • *adj* všeobecný, obecný, obecný *(m)*
generalissimo • *n* generalissimus *(m)*
generalize • *v* zobecnit
generalized • *adj* zobecněný
generation • *n* generování *(n)*, produkce *(f)*, generace *(f)*, pokolení *(n)*
generosity • *n* štědrost *(f)*
generous • *adj* štědrý *(m)*
genetic • *adj* genetický *(m)*
geneticist • *n* genetik *(m)*
genetics • *n* genetika *(f)*
genie • *n* džin *(m)*
genitalia • *n* přirození *(n)*, genitálie
genitive • *n* genitiv *(m)*, druhý pád *(m)* • *adj* genitivní

genius • *n* génius *(m)*
genocide • *n* genocida *(f)*
genome • *n* genom *(m)*
genomics • *n* genomika *(f)*
genotype • *n* genotyp *(m)*
genre • *n* žánr *(m)*
gentleman • *n* pan *(m)*, pán *(m)*
genuine • *adj* pravý
genuineness • *n* pravost *(f)*, originalita *(f)*
genus • *n* rod *(m)*
geodesy • *n* geodézie *(f)*
geographer • *n* geograf *(m)*, zeměpisec *(m)*
geographic • *adj* geografický, zeměpisný
geography • *n* zeměpis *(m)*, geografie *(f)*
geologist • *n* geolog *(m)*
geology • *n* geologie *(f)*
geometer • *n* geometr *(m)*
geometric • *adj* geometrický
geometry • *n* geometrie *(f)*
geophysics • *n* geofyzika *(f)*
germanium • *n* germanium
germination • *n* klíčení *(n)*
gerund • *n* gerundium *(n)*
gestation • *n* březost *(f)*
gesture • *n* gesto *(n)*
get • *v* dostat, dostávat
geyser • *n* gejzír *(m)*
ghetto • *n* ghetto *(n)*
ghoul • *n* ghůl *(m)*
giant • *n* obr *(m)*, gigant *(m)* • *adj* obří, obrovský
gibberish • *n* páté přes deváté, hatmatilka *(f)*, galimatyáš *(m)*, ptydepe *(n)*
gibbon • *n* gibon *(m)*
gift • *v* darovat • *n* dar *(m)*, dárek *(m)*
gig • *n* štace *(f)*
gigantic • *adj* obrovský *(m)*, obří
gigolo • *n* gigolo *(m)*, prostitut *(m)*
gill • *n* žábry
gimlet • *n* nebozez *(m)*
ginger • *n* zázvor *(m)* • *adj* zrzavý, zázvorový
gingerbread • *n* perník *(m)*
gingivitis • *n* gingivitida *(f)*
giraffe • *n* žirafa *(f)*
girder • *n* nosník, trám
girdle • *v* opásat, obklíčit, obkroužit • *n* opasek *(m)*
girl • *n* holka *(f)*, děvče *(n)*, dívka *(f)*
girlfriend • *n* přítelkyně *(f)*, holka *(f)*
girth • *n* obvod *(m)*
give • *v* dávat, dát, darovat
given • *n* fakt *(m)*, axiom *(m)*, postulát

(m) • *adj* daný *(m)*
gizzard • *n* vole *(n)*, volátko *(n)*
glacial • *adj* glaciální
glacier • *n* ledovec *(m)*
glad • *adj* rád
glade • *n* paseka *(f)*
gladiator • *n* gladiátor *(m)*
gladiolus • *n* mečík *(m)*
glance • *n* letmý, pohled *(m)*
gland • *n* žláza *(f)*
glanders • *n* vozhřivka *(f)*
glans • *n* žalud *(m)*
glass • *n* sklo *(n)*, sklenice *(f)*
glassworks • *n* sklárna *(f)*
glaucoma • *n* glaukom *(m)*, zelený zákal *(m)*
glaze • *n* glazura *(f)*, lazura *(f)*, ledovka *(f)*
glen • *n* perina
glider • *n* kluzák *(m)*, větroň *(m)*
glimpse • *v* zahlédnout
glint • *n* záblesk *(m)*, odlesk *(m)*
glioma • *n* gliom *(m)*
glitter • *n* blesk *(m)*
gloat • *v* mít škodolibou radost • *n* škodolibá radost *(f)*
global • *adj* kulovitý *(m)*
globe • *n* zeměkoule *(f)*, glóbus *(m)*
globeflower • *n* upolín *(m)*
gloomy • *adj* pochmurný *(m)*, temný *(m)*, sklíčený *(m)*
glorious • *adj* slavný *(m)*
glory • *n* sláva *(f)*
gloss • *n* lesk *(m)*, pozlátko *(n)*
glossary • *n* slovník pojmů *(m)*, slovníček pojmů *(m)*, glosář *(m)*
glossy • *adj* lesklý *(m)*
glottal • *adj* glotální
glove • *n* rukavice *(f)*
glow • *v* vypadat nadšeně, být nadšený, hřát, vyzařovat, zářit
glucose • *n* glukóza *(f)*
glue • *v* přilepit • *n* lepidlo *(n)*
gluon • *n* gluon *(m)*
glutamine • *n* glutamin *(m)*
gluten • *n* lepek
glutton • *n* žrout *(m)*, nenasyta *(f)*
gluttonous • *adj* nenasytný
gluttony • *n* obžerství *(n)*
glycogen • *n* glykogen *(m)*
gnaw • *v* hlodat, hryzat
gneiss • *n* rula *(f)*
gnome • *n* skřítek *(m)*, trpaslík *(m)*
gnu • *n* pakůň hřivnatý
go • *v* chodit, jet, jezdit, fungovat, šlapat, odejít, rozbít se, dělat • *n* tah *(m)*, souhlas *(m)*, go *(n)*

goal • *n* cíl *(m)*, brána *(f)*, branka *(f)*, gól *(m)*
goalkeeper • *n* brankář *(m)*
goat • *n* koza *(f)*, kozel *(m)*
goatee • *n* bradka *(f)*
gob • *n* huba *(f)*
goblin • *n* šotek *(m)*, skřítek *(m)*, skřet *(m)*
god • *n* bůh *(m)*
goddess • *n* bohyně *(f)*
godfather • *n* kmotr *(m)*
godless • *adj* bezbožný
godlike • *adj* božský
godmother • *n* kmotra *(f)*
godsend • *n* dar z nebes *(m)*
gold • *n* zlato *(n)*, zlaťák *(m)*, zlatá *(f)*, střed *(m)* • *adj* zlatý *(m)*
golden • *adj* zlatý
goldfinch • *n* stehlík *(m)*
goldfish • *n* zlatá rybka *(f)*
goldilocks • *n* zlatovláska *(f)*, hvězdnice zlatovlásek *(f)*
goldsmith • *n* zlatník *(m)*
golf • *n* golf
gondola • *n* gondola *(f)*
gonorrhea • *n* kapavka *(f)*
good • *adj* dobrý • *n* dobro *(n)*
good-for-nothing • *n* budižkničemu *(m)*
good-natured • *adj* dobrácký
goodbye • *n* rozloučení *(n)*, sbohem *(n)* • *interj* na shledanou, sbohem
goodness • *n* dobrota *(f)*
goods • *n* zboží *(n)*
gook • *n* rákosník
goosander • *n* morčák velký *(m)*
goose • *n* husa *(f)*
gooseberry • *n* angrešt *(m)*
gopher • *n* sysel *(m)*
gore • *n* krev *(f)* • *v* nabodnout, nabrat
gorge • *v* hltat, žrát • *n* rokle *(f)*, soutěska *(f)*
gorilla • *n* gorila *(f)*
gory • *adj* krvavý, zkrvavený
goshawk • *n* jestřáb
gosling • *n* house *(n)*
gospel • *n* evangelium *(n)*
gossamer • *n* babí léto *(n)*
goth • *n* gotické hnutí *(n)*, gothic rock *(m)*, gotický rock *(m)*, goth *(m)*
goulash • *n* guláš *(m)*
gourmet • *n* labužník *(m)*
gout • *n* dna *(f)*, pakostnice *(f)*
govern • *v* ovládat, řídit, vládnout
government • *n* vláda *(f)*
governor • *n* guvernér *(m)*, regulátor *(m)*

gown • n šaty, talár (m)
goy • n Gój (m)
grab • v chytit, uchopit
graceful • adj elegantní
gracefully • adv elegantně
grade • n známka (f)
gradient • n sklon (m), svah (m)
gradual • adj postupný (m), stupňovitý (m)
gradually • adv postupně
graduate • v promovat • n absolvent (m)
graduation • n promoce (f)
graft • n roub (m)
grain • n zrno (n), zrní (n), zrnko (n), obilí (n), zrnitost, grán (m)
gram • n gram (m)
grammar • n mluvnice (f), gramatika (f)
grammarian • n gramatik (m)
grammatical • adj gramatický
granary • n sýpka (f)
grandchild • n vnouče (n)
granddaughter • n vnučka (f)
grandfather • n děda (m), děd (m)
grandiloquent • adj velkohubý (m)
grandmother • n babička (f)
grandparent • n prarodič
grandson • n vnuk (m)
grandstand • n hlediště (n), bariéry
granite • n žula (f)
granny • n babička (f), bábinka (f), babča (f), stařena (f)
grant • v poskytnout, udělit, připustit, uznat, schválit • n grant (m)
granulocyte • n granulocyt (m)
granulomatous • adj granulomatózní
grape • n hrozen (m)
grapefruit • n grapefruit (m)
grapeshot • n kartáč (m)
grapevine • n vinná réva (f)
graph • n graf (m)
graphics • n grafika (f)
graphite • n grafit (m), tuha (f)
grappa • n grappa
grasp • v stisknout, uchopit, pochopit • n uchopení, sevření, porozumění
grass • n tráva (f), trávník (m)
grasshopper • n kobylka (f)
grateful • adj vděčný (m)
grater • n struhadlo (n)
gratis • adv zdarma, bezplatně
gratitude • n vděčnost (f), vděk (m)
grave • n hrob (m) • adj vážný, závažný
gravel • n štěrk (m)
gravestone • n náhrobek (m), náhrobní kámen (m)
gravitation • n přitažlivost (f), gravitace (f)
gravitational • adj gravitační
gravity • n gravitace (f)
gravure • n hlubotisk (m)
gravy • n šťáva z masa (f)
gray • n šedá • adj šedý (m)
graze • v pást
greasy • adj mastný
great • adj veliký (m), skvělý (m)
great-aunt • n prateta (f)
great-uncle • n prastrýc (m)
grebe • n potápka (f)
greed • n chamtivost (f)
greedy • adj chtivý (m), chamtivý (m)
green • n zelená (f), zelený (f) • adj zelený
greengrocer • n zelinář (m)
greenhorn • n zelenáč (m)
greenhouse • n skleník (m)
greenish • adj zelenavý
greet • v zdravit
greeting • n pozdrav (m)
gregarious • adj družný, společenský, stádní
grenade • n granát (m)
greyhound • n anglický chrt (m)
grid • n mřížka (f), rozvodná síť elektrické energie (f)
grief • n žal (m)
griffin • n gryf (m)
grill • v grilovat • n gril (m)
grim • adj chmurný, krušný, depresivní
grimace • v šklebit se
grimoire • n grimoár
grind • v mlít, drtit, vrtět, brousit
grip • n sevření (n), stisk (m), uchopení (n), rukojeť (f), držadlo (n)
grit • n odhodlanost (f), vytrvalost (f)
groan • v sténat
grocer • n hokynář (m)
groceries • n koloniály, hokynářství
grocery • n koloniál (m), hokynářství (n)
groin • n rozkrok (m)
groove • n rýha (f), žlábek (m), zářez (m), drážka (f), rutina (f), vyjetá kolej (f)
grope • v tápat, osahávat
groschen • n groš (m)
gross • n veletucet (m)
grosz • n groš (m)
grotto • n jeskyňka (f), grotta (f)
ground • v uzemnit, dát domácí vězení • n země (f), dno, základ (m)
groundhog • n svišť lesní
group • v seskupit • n skupina (f), grupa (f), kapela (f)
grouse • n tetřev (m)

grout • *v* spárovat • *n* zálivková malta (*f*)
grove • *n* háj (*m*), lesík (*m*)
grow • *v* růst, pěstovat
growl • *n* vrčení (*n*), kručení (*n*)
growth • *n* růst (*m*), vzrůst (*m*), nárůst (*m*), porost (*m*), bujení (*n*)
grumble • *n* kručení (*n*)
guanaco • *n* guanako
guanine • *n* guanin (*m*)
guano • *n* guáno (*n*)
guarantee • *v* ručit, garantovat, zajistit • *n* záruka (*f*), garance (*f*), ručitel (*m*)
guarantor • *n* ručitel (*m*)
guard • *v* střežit • *n* stráž (*f*)
guardian • *n* strážce, poručník, kvardián
guava • *n* guava
guenon • *n* kočkodan (*m*)
guerdon • *n* odměna (*f*)
guerrilla • *n* partyzán (*m*)
guess • *v* hádat, uhádnout, předpokládat • *n* odhad (*m*)
guest • *n* host (*m*)
guffaw • *v* řehtat • *n* řehot (*m*)
guide • *v* provést • *n* průvodce (*m*)
guideline • *n* směrnice
guild • *n* cech (*m*)
guillotine • *n* gilotina (*f*)
guilt • *n* vina (*f*)
guilty • *adj* vinen (*m*), vinný (*m*)
guitar • *n* kytara (*f*)

guitarist • *n* kytarista (*m*)
gulf • *n* záliv (*m*)
gull • *n* racek
gullet • *n* jícen (*m*)
gullible • *adj* důvěřivý, naivní
gum • *n* dáseň (*f*)
gun • *n* pistole (*f*), puška (*f*), dělo (*n*)
gunboat • *n* dělový člun (*m*)
gunpowder • *n* střelný prach (*m*)
gurgle • *v* bublat • *n* bublání (*n*)
guru • *n* guru (*m*)
gusto • *n* verva (*f*), elán (*m*)
gut • *v* vykuchat
gutsy • *adj* kurážný
gutter • *n* okap (*m*)
guy • *n* chlap, chlápek (*m*), chlapík (*m*), maník (*m*), borec (*m*), typ (*m*), lidi, děcka
gym • *n* posilovna (*f*)
gymnasium • *n* tělocvična (*f*), gymnázium (*n*)
gymnast • *n* gymnasta (*m*), gymnastka (*f*)
gymnastic • *adj* gymnastický (*m*)
gymnastics • *n* gymnastika (*f*)
gynecology • *n* gynekologie (*f*)
gypsum • *n* sádrovec (*m*)
gypsy • *n* cikán (*m*)
gyrfalcon • *n* raroh lovecký (*m*)
gyrus • *n* závit (*m*)

H

haberdashery • *n* galanterie (*f*), galantérie (*f*)
habit • *n* návyk (*m*), zvyk (*m*)
habitable • *adj* obyvatelný
habituation • *n* habituace (*f*)
hackberry • *n* břestovec (*m*)
hacker • *n* hacker (*m*)
haddock • *n* treska skvrnitá (*f*)
hadron • *n* hadron (*m*)
hafnium • *n* hafnium
hag • *n* babizna (*f*)
haggle • *v* smlouvat, hadrkovat se
hail • *v* padat kroupy, provolat slávu, oslavovat, zavolat • *n* kroupy, krupobití (*n*)
hailstone • *n* kroupa (*f*)
hair • *n* vlasy, vlas (*m*), srst (*f*), ochlupení (*n*), chlup (*n*)
hairbrush • *n* kartáč na vlasy (*m*)
hairdresser • *n* kadeřník (*m*)

hajj • *n* hadždž (*m*)
halberd • *n* halapartna (*f*)
half • *n* polovina (*f*) • *adj* půl
halftone • *n* půltón (*m*)
halibut • *n* platýz (*m*)
halitosis • *n* halitóza (*f*)
hallelujah • *interj* aleluja, halejuja
hallmark • *n* charakteristika (*f*), specifikum (*n*), charakteristický znak (*m*), punc (*m*)
hallucination • *n* halucinace (*f*)
hallucinogen • *n* halucinogen (*m*)
hallucinogenic • *adj* halucinogenní
halo • *n* halo (*n*), svatozář (*f*)
halogen • *n* halogen (*m*)
halve • *v* půlit, rozpůlit
ham • *n* kýta (*f*), šunka (*f*), radioamatér (*m*), radioamatérka (*f*)
hamburger • *n* hamburger (*m*)
hamlet • *n* osada (*f*), víska (*f*), dědinka

(f), kolonie *(f)*, vesnička *(f)*, dědina *(f)*
hammer • *n* kladivo *(n)*, kladívko *(n)*
hammock • *n* houpací síť *(f)*
hamster • *n* křeček *(m)*
hand • *v* podat • *n* ruka *(f)*, ručička *(f)*, ruka
handball • *n* házená *(f)*
handbook • *n* příručka *(f)*
handcuff • *n* pouta
handcuffs • *n* pouta, želízka
handful • *n* hrst *(f)*
handicraft • *n* řemeslo *(n)*
handkerchief • *n* kapesník *(m)*
handle • *n* rukojeť *(f)*, držadlo *(n)*
handless • *adj* bezruký
handover • *n* předání *(n)*
handsaw • *n* viděl *(f)*, ruční pila *(f)*
handset • *n* sluchátko *(n)*
handshake • *n* podání ruky *(n)*
handsome • *adj* pohledný *(m)*
handy • *adj* praktický, užitečný, po ruce, šikovný
handyman • *n* údržbář *(m)*
hang • *v* viset, svěsit, pověsit, oběsit
hangar • *n* hangár *(m)*
hanger • *n* ramínko
hangover • *n* kocovina *(f)*
haphazard • *adj* náhodný *(m)*
hapless • *adj* nešťastný
haploid • *adj* haploidní
happiness • *n* štěstí *(n)*
happy • *adj* šťastný, spokojený
haptic • *adj* hmatový
hard • *adj* tvrdý *(m)*, těžký *(m)*, obtížný *(m)*, krušný *(m)*
harden • *v* tvrdnout, ztuhnout, vytvrdit, tvrdit, zatvrdit se
hardheaded • *adj* tvrdohlavý
hardly • *adv* sotva, stěží
hardness • *n* tvrdost *(f)*
hardware • *n* hardware *(m)*, zbraň *(f)*
hardworking • *adj* pilný *(m)*
hare • *n* zajíc *(m)*, zaječice *(f)*
harem • *n* harém *(m)*
harm • *n* poškození *(n)*
harmful • *adj* škodlivý *(m)*
harmless • *adj* neškodný *(m)*
harmonic • *adj* harmonický *(m)*
harmonica • *n* harmonika *(f)*
harmony • *n* soulad *(m)*, harmonie *(f)*
harness • *n* postroj *(m)*
harp • *n* harfa *(f)*
harpist • *n* harfenista *(m)*, harfista *(m)*
harpoon • *n* harpuna *(f)*
harpsichord • *n* cembalo *(n)*
harpsichordist • *n* cembalista *(m)*
harpy • *n* harpyje *(f)*

harrow • *n* brány
harsh • *adj* hrubý *(m)*
harvest • *v* sklízet • *n* sklizeň *(f)*
harvestman • *n* sekáči
has-been • *n* vyřízený člověk *(m)*
hashish • *n* hašiš *(m)*
haste • *n* spěch *(m)*
hasty • *adj* unáhlený *(m)*
hat • *n* klobouk *(m)*
hatch • *v* vyklubat, vylíhnout, vysedět, zosnovat
hatchery • *n* líheň *(f)*
hate • *v* nenávidět
hatred • *n* nenávist *(f)*, zášť *(f)*
hatter • *n* kloboučník *(m)*
haughty • *adj* pyšný *(m)*, povýšený *(m)*
haunt • *v* strašit, obcházet, pronásledovat
have • *v* mít
hawk • *n* jestřáb *(m)*
hawthorn • *n* hloh *(m)*
hay • *n* seno *(n)*
haystack • *n* kupka sena *(f)*, stoh *(m)*
hazard • *n* nebezpečí, riziko, překážka *(f)*
hazel • *n* líska *(f)*
hazelnut • *n* lískový ořech *(m)*
he • *pron* on
head • *n* hlava *(f)*
headache • *n* bolest hlavy *(f)*
headband • *n* čelenka *(f)*, čelenka, kapitálek *(m)*
header • *n* záhlaví *(n)*, vazák *(m)*, hlavička *(f)*
headgear • *n* pokrývka hlavy *(f)*
heading • *n* nadpis *(m)*
headland • *n* mys *(m)*, ostroh *(m)*
headless • *adj* bezhlavý *(m)*
headlight • *n* světlomet *(m)*
headquarters • *n* velitelství *(n)*, štáb *(m)*, centrála *(f)*
headscarf • *n* šátek *(m)*
heal • *v* léčit, vyléčit
healing • *n* hojení *(n)*
health • *n* zdraví *(n)*
healthful • *adj* zdravý *(m)*
healthy • *adj* zdravý *(m)*
heap • *n* halda *(f)*
hear • *v* slyšet
hearing • *n* sluch *(m)*, slyšení *(n)*
hearse • *n* pohřební vůz
heart • *n* srdce *(n)*, srdce
heartburn • *n* pálení žáhy *(n)*
heat • *n* teplo *(n)*, vedro *(n)*, ostrý, pálivý, pikantní, říje *(f)*, horko *(n)*, žár *(m)*
heating • *n* topení *(n)*

heaven • *n* nebe *(n)*, obloha *(f)*, ráj *(m)*
heavens • *n* nebesa
heavily • *adv* ztěžka, těžce
heavy • *adj* těžký
hebetude • *n* tupost *(f)*, otupení *(n)*, nečinnost *(f)*, letargie *(f)*
hectare • *n* hektar *(m)*
hectic • *adj* hektický *(m)*
hedge • *n* živý plot *(m)*
hedgehog • *n* ježek *(m)*
hedonism • *n* hédonismus *(m)*, hedonismus *(m)*
hedonist • *n* hédonista *(m)*
heed • *v* dbát, věnovat pozornost • *n* pozornost *(f)*
heel • *n* pata *(f)*, podpatek *(m)*, patka *(f)*
hegemony • *n* nadvláda *(f)*, hegemonie *(f)*
heifer • *n* jalovice *(f)*
height • *n* výška *(f)*
heinous • *adj* ohavný, odporný
heir • *n* dědic *(m)*, nástupce *(m)*
helicopter • *n* vrtulník *(m)*, helikoptéra *(f)*
helium • *n* helium *(n)*
helix • *n* šroubovice *(f)*
hell • *n* peklo *(n)*
hellebore • *n* čemeřice *(f)*
helleborine • *n* kruštík *(m)*
hello • *interj* ahoj, nazdar, haló
helmet • *n* helma *(f)*, helmice *(f)*, přilba *(f)*, přilbice *(f)*
helmsman • *n* kormidelník *(m)*
help • *n* pomoc *(f)*, pomocník *(m)*, pomocnice *(f)*, nápověda *(f)* • *v* pomáhat, pomoct, pomoci • *interj* pomoc
helper • *n* pomocník *(m)*
helpful • *adj* nápomocný *(m)*
helplessness • *n* bezmocnost *(f)*
hem • *v* lemovat • *n* lem *(m)*, obruba *(f)*
hemangioma • *n* hemangiom *(m)*
hematoma • *n* hematom *(m)*
hematuria • *n* hematurie *(f)*
hemiplegia • *n* hemiplegie *(f)*
hemisphere • *n* polokoule *(f)*
hemlock • *n* jedlovec *(m)*, bolehlav *(m)*
hemoglobin • *n* hemoglobin *(m)*
hemolysis • *n* hemolýza *(f)*
hemorrhagic • *adj* hemoragický *(m)*
hemorrhoid • *n* hemoroid *(m)*
hemp • *n* konopí *(n)*
hen • *n* slepice *(f)*
hence • *adv* odtud, tudíž
hendiadys • *n* hendiadys
hepatitis • *n* hepatitida *(f)*
heptagon • *n* sedmiúhelník *(m)*
heptane • *n* heptan *(m)*

her • *pron* ní, jí, ji
heraldry • *n* heraldika *(f)*
herb • *n* bylina *(f)*
herbaceous • *adj* nedřevnatý
herbal • *adj* bylinný
herbarium • *n* herbář *(m)*
herbicide • *n* herbicid *(m)*
herbivore • *n* býložravec *(m)*
herbivorous • *adj* býložravý *(m)*
herd • *n* stádo *(n)*
herdsman • *n* pastýř *(m)*, pastevec *(m)*, pasák *(m)*
here • *adv* tady, zde, tu, sem
hereby • *adv* tímto
hereditary • *adj* dědičný *(m)*
heresy • *n* kacířství *(n)*
heretic • *n* kacíř *(m)* • *adj* kacířský *(m)*
heretical • *adj* kacířský *(m)*
heretofore • *adv* dosud
heritage • *n* dědictví *(n)*
hermaphrodite • *n* hermafrodit *(m)*
hermeneutics • *n* hermeneutika *(f)*
hermit • *n* poustevník *(m)*
hermitage • *n* poustevna *(f)*
hernia • *n* kýla *(f)*
hero • *n* hrdina *(m)*, hrdinka *(f)*, vzor *(m)*, vzory, hrdinka, hrdinové
heroic • *adj* hrdinský *(m)*
heroin • *n* heroin *(m)*
heroine • *n* hrdinka *(f)*
heroism • *n* hrdinství *(n)*
heron • *n* volavka *(f)*
herpes • *n* opar *(m)*
herpetologist • *n* herpetolog *(m)*
herpetology • *n* herpetologie *(f)*
herring • *n* sleď *(m)*
hers • *pron* její
herself • *pron* jí
hertz • *n* hertz *(m)*
hesitant • *adj* váhavý
hesitate • *v* váhat, zaváhat
hesitation • *n* váhání *(n)*, zaváhání *(n)*
heterocyclic • *adj* heterocyklický
heterogeneity • *n* různorodost *(f)*
heterogeneous • *adj* heterogenní, různorodý
heterologous • *adj* heterologní
heterosexual • *n* heterosexuál *(m)* • *adj* heterosexuální
heterosexuality • *n* heterosexualita *(f)*
hetman • *n* hejtman *(m)*
heuristic • *n* heuristika *(f)* • *adj* heuristický *(m)*
hexadecimal • *n* hexadecimální soustava *(f)*, šestnáctková soustava *(f)* • *adj* šestnáctkový, hexadecimální
hexagon • *n* šestiúhelník *(m)*

hexane • *n* hexan *(m)*
hey • *interj* hele, hej
hi • *interj* ahoj
hiatus • *n* hiát *(m)*
hibernate • *v* přezimovat
hibernation • *n* zimní spánek
hibiscus • *n* ibišek *(m)*
hiccup • *v* škytat, škytnout • *n* škytnutí *(n)*
hick • *n* balík *(m)*
hidden • *adj* skrytý *(m)*
hide • *v* schovat, skrýt, ukrýt
hiding • *n* výprask *(m)*
hierarchical • *adj* hierarchický
hieroglyph • *n* hieroglyf *(m)*
high • *adj* vysoký, sjetý • *adv* vysoko
high-level • *adj* vysokoúrovňový *(m)*
highland • *n* vysočina *(f)* • *adj* horský *(m)*
highlander • *n* horal *(m)*
highlight • *v* zvýraznit
highly • *adv* vysoko
hight • *v* jmenovat
highway • *n* dálnice
highwayman • *n* zbojník *(m)*
hill • *n* kopec *(m)*, vrch *(m)*, pahorek *(m)*
hilt • *n* jílec *(m)*
him • *pron* mu, jemu, ho, jeho
hind • *adj* zadní • *n* laň *(f)*
hindbrain • *n* zadní mozek *(m)*
hinder • *v* překážet, bránit, zdržovat, ztěžovat, komplikovat
hindrance • *n* překážka *(f)*
hinge • *n* pant *(m)*
hinny • *n* mezek *(m)*
hint • *n* vodítko *(n)*, klíč *(m)*, nápověda *(f)*, narážka *(f)*, náznak *(m)*
hip • *n* kyčel *(f)*, šípek *(m)*
hippie • *n* hippie *(m)*
hippocampus • *n* hipokampus *(m)*
hippopotamus • *n* hroch *(m)*
hire • *v* najmout, zaměstnat
hirsute • *adj* chlupatý
his • *pron* jeho
hiss • *v* syčet • *n* syčení *(n)*, sykot *(m)*
histamine • *n* histamin *(m)*
histidine • *n* histidin *(m)*
histogram • *n* histogram *(m)*
histology • *n* histologie *(f)*
historian • *n* historik *(m)*
historical • *adj* historický
historically • *adv* historicky
history • *n* dějiny, historie *(f)*, dějepis *(m)*, zdravotní karta *(f)*
hit • *v* praštit, uhodit, udeřit, trefit • *n* úder *(m)*, rána *(f)*, hit *(m)*

hitch • *n* smyčka *(f)*, uzel *(m)*, háček *(m)*, nesnáz *(m)*
hitchhiker • *n* stopař *(m)*, stopařka *(f)*
hither • *adv* sem
hitherto • *adv* doposud, až dosud
hoard • *n* depot *(m)*
hoarse • *adj* chraptivý *(m)*
hoarseness • *n* chrapot *(m)*
hoax • *v* podvést, napálit • *n* podvod *(m)*, mystifikace *(f)*, žert *(m)*, kachna *(f)*
hobby • *n* koníček *(m)*, hobby *(n)*
hockey • *n* hokej *(m)*
hoe • *n* motyka *(f)*
hog • *n* vepř *(m)*, svině *(f)*
hold • *v* držet, zdržet, zadržet • *n* podpalubí *(n)*
hole • *n* díra *(f)*, kaz *(m)*, slabina *(f)*, jamka *(f)*
holiday • *n* svátek *(m)*, dovolená *(f)*, prázdniny
holistic • *adj* holistický
hollow • *adj* dutý *(m)*, bezobsažný *(m)*, nesmyslný *(m)*, prázdný *(m)* • *n* dutina *(f)*, prohlubeň *(f)*, prázdnota *(f)*
holly • *n* cesmína *(f)*
hollyhock • *n* topolovka *(f)*
holmium • *n* holmium
holocaust • *n* holocaust *(m)*
holy • *adj* svatý, svatý *(m)*, posvátný *(m)*
holystone • *v* drhnout, paluba *(f)* • *n* pemza *(f)*
home • *n* domov *(m)* • *adv* doma, domů
homeless • *adj* nebydlící, bez přístřeší, bez domova, bezprizorný
homemade • *adj* domácí
homeopath • *n* homeopat *(m)*
homeopathic • *adj* homeopatický
homeopathy • *n* homeopatie *(f)*
homesickness • *n* nostalgie *(f)*, stesk po domově *(m)*
hometown • *n* rodné město *(n)*
homeward • *adv* domů
homework • *n* domácí úkol *(m)*, domácí úkoly
hominid • *n* hominid *(m)*
homogeneous • *adj* stejnorodý, homogenní
homograph • *n* homograf *(m)*
homologous • *adj* homologní
homonym • *n* homonymum *(n)*
homonymy • *n* homonymie *(f)*
homophobia • *n* homofobie *(f)*
homophone • *n* homofon *(m)*, homofonum *(n)*
homosexual • *n* homosexuál *(m)* • *adj* homosexuální

homosexuality • *n* homosexualita *(f)*
hone • *v* ostřit, naostřit, brousit, nabrousit, pilovat, vybrousit • *n* brousek *(m)*, brus *(m)*, bruska *(f)*
honest • *adj* poctivý *(m)*
honestly • *adv* čestně, upřímně
honesty • *n* poctivost *(n)*
honey • *n* med *(m)*
honeycomb • *n* plástev *(f)*
honeymoon • *n* líbánky, svatební cesta *(f)*
honeysuckle • *n* zimolez *(m)*
honor • *v* ctít, uznávat • *n* čest *(f)*
honorary • *adj* čestný *(m)*
hood • *n* kapuce *(f)*
hoof • *n* kopyto *(n)*
hook • *v* zaháknout, připojit, hákovat • *n* hák *(m)*, háček *(m)*, klička *(f)*
hooker • *n* kurva *(f)*, mlynář *(m)*
hooligan • *n* chuligán *(m)*
hoop • *n* obruč *(f)*
hoopoe • *n* dudek *(m)*
hop • *n* chmel *(m)*
hope • *n* naděje *(f)* • *v* doufat
hopeful • *adj* nadějný
hopeless • *adj* beznadějný *(m)*
hopelessness • *n* beznaděj *(f)*
horde • *n* horda *(f)*
horizon • *n* obzor *(m)*, horizont *(m)*
horizontal • *adj* vodorovný *(m)*
horizontally • *adv* vodorovně
hormonal • *adj* hormonální
hormone • *n* hormon *(m)*
horn • *n* roh *(m)*, rohovina *(f)*, klakson *(m)*
hornbeam • *n* habr *(m)*
horned • *adj* rohatý *(m)*
hornet • *n* sršeň *(m)*
hornless • *adj* bezrohý *(m)*
horny • *adj* rohovitý *(m)*, rohatý *(m)*, nadržený
horology • *n* horologie
horoscope • *n* horoskop *(m)*
horribly • *adv* hrozně
horrify • *v* děsit
horse • *n* kůň, kůň *(m)*, jezdec *(m)*
horsefly • *n* ovád *(m)*
horsehair • *n* žíně *(f)*
horsepower • *n* koňská síla *(f)*
horseradish • *n* křen *(m)*
horseshoe • *v* podkovat, okovat • *n* podkova *(f)*
horsetail • *n* přeslička *(f)*
horticulture • *n* zahradnictví *(n)*
hosanna • *interj* hosana
hose • *n* hadice *(f)*
hospitable • *adj* pohostinný *(m)*

hospital • *n* nemocnice *(f)*, špitál *(m)*
hospitality • *n* pohoštění *(n)*, pohostinnost *(f)*, pohostinství *(n)*
hospitalization • *n* hospitalizace *(f)*
host • *v* hostit • *n* hostitel *(m)*, pořadatel *(m)*
hostage • *n* rukojmí *(n)*
hostel • *n* hostel *(m)*
hostess • *n* hostitelka *(f)*, letuška *(f)*
hostile • *adj* nepřátelský *(m)*
hot • *adj* horký *(m)*, ostrý *(m)*
hotbed • *n* semeniště *(n)*
hotel • *n* hotel *(m)*
hound • *n* chrt *(m)*
hour • *n* hodina *(f)*
hourglass • *n* přesýpací hodiny
house • *n* dům *(m)*
houseboat • *n* hausbót *(m)*
housefly • *n* moucha domácí *(f)*
household • *n* domácnost *(f)*
housekeeper • *n* hospodyně *(f)*
housewarming • *n* kolaudace *(f)*
hovel • *n* salaš *(f)*
hover • *v* najet kurzorem na hyperodkaz
hovercraft • *n* vznášedlo *(n)*
how • *adv* jak • *conj* jak
howbeit • *adv* nicméně • *conj* ačkoli
however • *adv* nicméně, však, jakkoli
howitzer • *n* houfnice *(f)*
howl • *v* výt, skučet, kvílet • *n* vytí *(n)*, zavytí
hub • *n* rozbočovač *(m)*, hub *(m)*
hug • *v* obejmout, objetí • *n* objetí *(n)*
huge • *adj* ohromný
hulk • *n* hulk *(m)*
hum • *v* broukat si, bzučet
human • *n* člověk *(m)* • *adj* lidský *(m)*
humaneness • *n* lidskost *(f)*
humanism • *n* humanismus *(m)*, humanizmus *(m)*
humanist • *n* humanista *(m)*
humanistic • *adj* humanistický
humanitarian • *adj* humanitární
humanity • *n* lidstvo *(n)*
humble • *v* pokořit • *adj* pokorný *(m)*
humdrum • *adj* jednotvárný
humerus • *n* kost pažní *(f)*
humid • *adj* vlhký *(m)*
humidity • *n* vlhkost *(f)*
humiliate • *v* ponížit
humiliation • *n* ponížení *(n)*
humility • *n* pokora *(f)*
hummingbird • *n* kolibřík *(m)*
humorous • *adj* vtipný
hump • *n* hrb *(m)*
hundredth • *adj* stý

hunger • *n* hlad *(m)* • *v* hladovět
hungrily • *adv* hladově
hungry • *adj* hladový *(m)*
hunt • *v* lovit, hledat • *n* lov *(m)*, hon *(m)*, lovecký, spolek *(m)*
hunter • *n* lovec *(m)*
hunting • *n* lov *(m)*
hurl • *v* mrštit
hurricane • *n* hurikán *(m)*, uragán *(m)*, orkán
hurry • *v* spěchat • *n* spěch *(m)*
hurt • *v* bolet, ranit, poranit
husband • *n* manžel *(m)*, muž *(m)*
husbandry • *n* rolnictví *(n)*
husk • *n* slupka *(f)*, skořápka *(f)*
hustle • *v* pospíchat, spěchat
hut • *n* kůlna *(f)*, chata
hutch • *n* kotec *(m)*
hyacinth • *n* hyacint *(m)*
hybrid • *n* křženec *(m)*, hybrid *(m)*
hybridization • *n* křížení *(n)*
hydrate • *n* hydrát *(m)*
hydraulic • *adj* hydraulický *(m)*
hydraulics • *n* hydraulika
hydrocarbon • *n* uhlovodík *(m)*
hydrocephalus • *n* hydrocefalus *(m)*
hydrogen • *n* vodík *(m)*
hydrology • *n* hydrologie *(f)*
hydrosphere • *n* hydrosféra *(f)*
hydroxide • *n* hydroxid *(m)*
hyena • *n* hyena *(f)*
hygiene • *n* hygiena *(f)*
hygienic • *adj* hygienický *(m)*
hygrometer • *n* vlhkoměr
hygroscopic • *adj* hygroskopický *(m)*
hymen • *n* panenská blána *(f)*
hymn • *n* chvalozpěv *(m)*, chorál *(m)*
hyperactivity • *n* hyperaktivita *(f)*
hyperbola • *n* hyperbola *(f)*
hyperbole • *n* nadsázka *(f)*

hyperbolic • *adj* hyperbolický *(m)*
hypercapnia • *n* hyperkapnie *(f)*
hyperglycemia • *n* hyperglykémie *(f)*, hyperglykemie
hypernym • *n* hyperonymum *(n)*
hypersensitivity • *n* přecitlivělost *(f)*
hypertext • *n* hypertext *(m)*
hyperthermia • *n* přehřátí *(n)*
hyperthyroidism • *n* hypertyreóza *(f)*
hypertonic • *adj* hypertonický *(m)*
hyphen • *n* spojovník *(m)*
hyphenation • *n* dělení slov *(n)*
hypnosis • *n* hypnóza *(f)*
hypocapnia • *n* hypokapnie *(f)*
hypochondriac • *n* hypochondr *(m)* • *adj* hypochondrický *(m)*
hypochondriasis • *n* hypochondrie *(f)*
hypocrisy • *n* pokrytectví *(n)*, přetvářka *(f)*, lícoměrnost *(f)*
hypocrite • *n* pokrytec *(m)*
hypocritical • *adj* pokrytecký *(m)*
hypoglycemia • *n* hypoglykémie *(f)*
hyponym • *n* hyponymum *(n)*
hypotension • *n* hypotenze *(f)*
hypotenuse • *n* přepona *(f)*
hypothalamus • *n* hypothalamus *(m)*
hypothermia • *n* podchlazení *(n)*
hypothesis • *n* hypotéza *(f)*, domněnka *(f)*
hypothetical • *adj* hypotetický
hypothyroidism • *n* hypotyreóza *(f)*
hypotonic • *adj* hypotonický *(m)*
hypoxia • *n* hypoxie
hyrax • *n* daman *(m)*
hyssop • *n* yzop
hysterectomy • *n* hysterektomie *(f)*
hysteria • *n* hysterie *(f)*
hysterical • *adj* hysterický *(m)*
hysterics • *n* hysterický záchvat *(m)*

I

ibex • *n* kozorožec
ibuprofen • *n* ibuprofen *(m)*
ice • *n* led *(m)*, zmrzlina *(f)*
iceberg • *n* kra *(f)*
icebreaker • *n* ledoborec *(m)*
ichthyology • *n* ichtyologie *(f)*
icicle • *n* rampouch *(m)*, střechýl *(m)*
icon • *n* ikona *(f)*
iconic • *adj* ikonický
iconoclasm • *n* ikonoklasmus *(m)*, obrazoborectví *(n)*
iconoclastic • *adj* ikonoklastický

iconoscope • *n* ikonoskop
icosahedron • *n* dvacetistěn *(m)*
icy • *adj* ledový, mrazivý, zledovatělý
ide • *n* jelec jesen *(m)*
idea • *n* nápad *(m)*, myšlenka *(f)*
ideal • *n* ideál *(m)* • *adj* ideální
idealism • *n* idealismus *(m)*
idealist • *n* idealista *(m)*
ideality • *n* ideálnost *(f)*
idealize • *v* idealizovat
identical • *adj* identický, shodný, totožný

identifiable • *adj* identifikovatelný
identification • *n* identifikace *(f)*, průkaz totožnosti *(m)*, ztotožnění *(n)*
identify • *v* identifikovat
identity • *n* totožnost *(f)*, identita *(f)*
ideological • *adj* ideologický
ideology • *n* ideologie *(f)*
idiocy • *n* idiocie *(f)*
idiolect • *n* idiolekt *(m)*
idiom • *n* idiom *(m)*
idiomatic • *adj* idiomatický *(m)*
idiot • *n* idiot *(m)*
idiotic • *adj* idiotský
idle • *v* mrhat, zahálet • *adj* volný, nečinný, líný, nepotřebný, neužitečný
idleness • *n* zahálka *(f)*
idol • *n* idol *(m)*, modla *(f)*
idolatry • *n* modlářství, modloslužebnictví *(n)*
idyll • *n* idyla *(f)*, selanka *(f)*
idyllic • *adj* idylický
if • *conj* jestliže, pokud, zda
igloo • *n* iglú *(n)*
ignition • *n* vzplanutí *(n)*, vznícení *(n)*, zapalování *(n)*
ignominious • *adj* potupný *(m)*, ostudný, ponižující, hanebný *(m)*
ignoramus • *n* ignorant *(m)*
ignorance • *n* neznalost *(f)*, nevědomost *(f)*
ignore • *v* ignorovat
ileum • *n* ileum *(n)*
ill • *adj* nemocný
illegal • *adj* ilegální
illegality • *n* ilegalita *(f)*
illegible • *adj* nečitelný *(m)*
illiteracy • *n* negramotnost *(f)*
illiterate • *adj* negramotný *(m)*
illness • *n* nemoc *(f)*
illuminate • *v* osvětlit, osvětlovat
illusion • *n* iluze *(f)*
illusory • *adj* iluzorní
illustrate • *v* ilustrovat
illustration • *n* ilustrace *(f)*
illustrator • *n* ilustrátor *(m)*
ilmenite • *n* ilmenit
image • *n* obraz *(m)*, představa *(f)*, image
imaginary • *adj* pomyslný *(m)*, imaginární *(m)*
imagination • *n* představivost *(f)*
imagine • *v* představit si
imam • *n* imám *(m)*
imbalance • *n* nerovnováha *(f)*
imbibe • *v* nasávat, nasát, vstřebat
imitate • *v* napodobit
imitation • *n* napodobení *(n)*, imitace *(f)*, napodobenina *(f)*
immaculate • *adj* neposkvrněný *(m)*
immanent • *adj* imanentní, bytostně vlastní
immaterial • *adj* nehmotný
immature • *adj* nedospělý, nezralý
immeasurable • *adj* nezměrný *(m)*
immediate • *adj* okamžitý *(m)*, bezprostřední
immediately • *adv* ihned, hned, okamžitě
immense • *adj* ohromný
immersion • *n* ponoření *(n)*, potopení *(n)*, ponor *(m)*
immigrant • *n* přistěhovalec *(m)*, imigrant *(m)*
immigration • *n* imigrace *(f)*, přistěhovalectví *(n)*
imminent • *adj* bezprostřední
immoral • *adj* nemorální
immorality • *n* nemorálnost *(f)*
immortal • *adj* nesmrtelný *(m)*
immortality • *n* nesmrtelnost *(f)*
immune • *adj* imunní, imunitní
immunity • *n* odolnost *(f)*, imunita *(f)*
immunoglobulin • *n* imunoglobulin *(m)*
immunologist • *n* imunolog *(m)*
immunology • *n* imunologie *(f)*
immutable • *adj* nezměnitelný *(m)*
impact • *n* dopad *(m)*
impala • *n* impala *(f)*
impartial • *adj* nestranný *(m)*
impatience • *n* netrpělivost *(f)*
impatient • *adj* netrpělivý *(m)*
impecunious • *adj* nemající peníze, jsoucí bez peněz, jsoucí bez prostředků, nezámožný, chudý
impediment • *n* překážka *(f)*, vada *(f)*
impending • *adj* blížící
impenetrable • *adj* neproniknutelný *(m)*
imperative • *adj* rozkazovací *(n)*
imperfect • *adj* nedokonalý *(m)*
imperfection • *n* nedokonalost *(f)*
imperfective • *n* nedokonavý • *adj* nedokonavý
imperial • *adj* říšský, imperiální
imperialism • *n* imperialismus *(m)*
impersonal • *adj* neosobní *(m)*
impertinent • *adj* nestydatý *(m)*, drzý *(m)*, nemístný *(m)*
impertinently • *adv* nestydatě, drze
impetuous • *adj* unáhlený *(m)*, zbrklý *(m)*
impetus • *n* podnět *(m)*, impuls *(m)*, stimul *(m)*

impious • *adj* bezbožný
implant • *v* implantovat • *n* implantát *(m)*
implement • *v* uskutečnit
implementation • *n* implementace *(f)*
implication • *n* implikace *(f)*
implicit • *adj* implicitní, bezvýhradný
imply • *v* implikovat, naznačit
impolite • *adj* nezdvořilý *(m)*
import • *v* dovézt • *n* dovoz *(m)*, import *(m)*
importance • *n* důležitost *(f)*
important • *adj* důležitý *(m)*
importer • *n* dovozce *(m)*
imposing • *adj* impozantní
impossible • *adj* nemožný *(m)*
impractical • *adj* nepraktický *(m)*
impracticality • *n* nepraktičnost *(f)*
imprecise • *adj* nepřesný *(m)*
impregnate • *v* zbouchnout
impression • *n* dojem *(m)*
impressive • *adj* působivý, vnímavý
impressiveness • *n* působivost *(f)*
imprison • *v* uvěznit
imprisonment • *n* uvěznění *(n)*
improbable • *adj* nepravděpodobný *(m)*
improve • *v* zlepšit, vylepšit, zlepšit se
improvement • *n* zlepšení *(n)*
improvisation • *n* improvizace *(f)*
improvise • *v* improvizovat
impudence • *n* drzost *(f)*, nestydatost *(f)*
impudent • *adj* drzý *(m)*, nestydatý *(m)*, nestoudný *(m)*
impulse • *n* impuls síly *(m)*
impulsive • *adj* impulsivní, impulzivní
imputation • *n* imputace *(f)*
imputative • *adj* imputativní
in • *prep* v, ve, z, ze, za, do • *adj* v, móda • *adv* uvnitř, vevnitř, doma, přítomen, dovnitř, ve, hra
inaccessible • *adj* nedostupný, nepřístupný, nedosažitelný
inaccuracy • *n* nepřesnost *(f)*
inaccurate • *adj* nepřesný *(m)*
inactive • *adj* nečinný *(m)*
inactivity • *n* nečinnost *(f)*
inadmissible • *adj* nepřípustný
inadvertently • *adv* nechtěně
inalienable • *adj* nezcizitelný
inanimate • *adj* neživotný *(m)*
inattentive • *adj* nepozorný *(m)*
inauguration • *n* inaugurace *(f)*
incarcerate • *v* věznit
incarceration • *n* věznění, zauzlení
incarnation • *n* vtělení *(n)*

incendiary • *adj* zápalný, žhářský, buričský, ohnivý
incense • *n* kadidlo *(n)*
incentive • *n* pobídka *(f)*
incessant • *adj* neustálý
incest • *n* incest *(m)*, krvesmilství *(n)*, krvesmilstvo *(n)*
incestuous • *adj* krvesmilný
inch • *n* palec *(m)*, coul *(m)*, kousek *(m)*, kousíček *(m)*
incident • *n* událost
incineration • *n* incinerace *(f)*
incisor • *n* řezák *(m)*
inclination • *n* sklon *(m)*, naklonění *(n)*, náklon *(m)*, náklonnost *(f)*, inklinace *(f)*
incline • *v* sklopit, ohnout, naklonit, tíhnout, přiklánět • *n* sráz *(m)*, svah *(m)*
including • *prep* včetně
incoherent • *adj* nesoudržný *(m)*, nesouvislý *(m)*
incombustibility • *n* nehořlavost *(f)*
incombustible • *adj* nehořlavý
income • *n* příjem *(m)*
incoming • *adj* příchozí
incommensurability • *n* nesouměřitelnost *(f)*
incommensurable • *adj* nesoudělný *(m)*, nesouměřitelný *(m)*
incomparable • *adj* nesrovnatelný *(m)*
incompatible • *adj* neslučitelný *(m)*
incomplete • *adj* neúplný *(m)*
incompleteness • *n* neúplnost *(f)*
inconceivable • *adj* nepředstavitelný *(m)*
inconspicuous • *adj* nenápadný *(m)*
incorrect • *adj* nesprávný *(m)*
incorrectly • *adv* nesprávně
increase • *v* stoupat, zvýšit, zvětšit • *n* zvýšení
incredible • *adj* neuvěřitelný *(m)*
incredibly • *adv* neuvěřitelně
incredulous • *adj* nevěřící, neuvěřitelný
incubator • *n* inkubátor *(m)*
incubus • *n* incubus *(m)*
inculcate • *v* vštípit
incurability • *n* nevyléčitelnost *(f)*
incurable • *adj* nevyléčitelný
incus • *n* kovadlinka *(f)*
indecent • *adj* neslušný *(m)*
indecision • *n* nerozhodnost *(f)*
indecisive • *adj* nerozhodný, váhavý
indeclinable • *adj* nesklonný
indeed • *adv* vskutku
indefatigable • *adj* neúnavný *(m)*
indefatigableness • *n* neúnavnost *(f)*
indefatigably • *adv* neúnavně
indefinable • *adj* nedefinovatelný

indefinite • *adj* neurčitý
indent • *v* odsadit
indentation • *n* odsazení *(n)*, prohlubeň *(f)*, odsazeni *(n)*
independence • *n* nezávislost *(f)*, samostatnost *(f)*
independent • *adj* nezávislý
independently • *adv* nezávisle
indescribable • *adj* nepopsatelný *(m)*
indestructible • *adj* nezničitelný
index • *v* indexovat • *n* rejstřík *(m)*, index *(m)*
indicative • *n* indikativ *(m)*
indicator • *n* ukazatel *(m)*
indifference • *n* lhostejnost *(f)*
indifferent • *adj* lhostejný *(m)*
indigestible • *adj* nestravitelný
indignant • *adj* rozhořčený *(m)*, pobouřený
indirect • *adj* nepřímý
indirectly • *adv* nepřímo
indiscreet • *adj* indiskrétní
indispensable • *adj* nepostradatelný *(m)*
indistinct • *adj* nezřetelný *(m)*
indistinguishable • *adj* nerozlišitelný
indium • *n* indium
individual • *n* jedinec *(m)*, jednotlivec *(m)* • *adj* jednotlivý, individuální
individualism • *n* individualismus *(m)*
indoctrination • *n* poučování
indolent • *adj* lhostejný *(m)*, líný *(m)*, indolentní *(m)*, nebolestivý *(m)*
indomethacin • *n* indometacin *(m)*
induction • *n* indukce *(f)*
inductor • *n* cívka *(f)*
indulgence • *n* odpustek *(m)*
industrial • *adj* průmyslový *(m)*
industrialist • *n* průmyslník *(m)*
industrious • *adj* pilný *(m)*
industry • *n* píle *(f)*, pracovitost *(f)*, přičinlivost *(f)*, branže *(f)*, průmysl *(m)*
inedible • *adj* nejedlý
ineffable • *adj* nevýslovný *(m)*
inefficient • *adj* neefektivní, neschopný
inelegant • *adj* neelegantní
inelegantly • *adv* neelegantně
ineluctable • *adj* nevyhnutelný *(m)*
inequality • *n* nerovnost *(f)*, nerovnice *(f)*
inertia • *n* setrvačnost *(f)*
inevitable • *adj* nevyhnutelný *(m)*
inevitably • *adv* nevyhnutelně, neodvratně
inexcusable • *adj* neomluvitelný *(m)*
inexhaustible • *adj* nevyčerpatelný
inexpensive • *adj* laciný, levný

inexperience • *n* nezkušenost *(f)*
inexperienced • *adj* nezkušený *(m)*
inexplicable • *adj* nevysvětlitelný *(m)*
infallible • *adj* neomylný
infamous • *adj* nechvalně známý *(m)*
infant • *n* kojenec *(m)*
infanticide • *n* infanticida *(f)*
infantry • *n* pěchota *(f)*
infantryman • *n* pěšák *(m)*
infarct • *n* infarkt *(m)*
infeasible • *adj* neuskutečnitelný, nerealizovatelný
infect • *v* nakazit, infikovat
infection • *n* infekce *(f)*, nákaza *(f)*
infectious • *adj* nakažlivý, infekční
infer • *v* vyvodit, usoudit, odvodit, dopadnout
inference • *n* usuzování *(n)*, inference *(f)*, odvození *(n)*, závěr *(m)*, dedukce *(f)*
inferior • *n* podřízený • *adj* podřadný, méněcenný
infertility • *n* neplodnost *(f)*
infidel • *n* nevěřící *(m)*
infidelity • *n* nevěra *(f)*, nevíra *(f)*
infiltrate • *v* proniknout
infiltration • *n* infiltrace
infinite • *adj* nekonečný *(m)*
infiniteness • *n* nekonečnost *(f)*
infinitesimal • *adj* nepatrný
infinitive • *n* infinitiv *(m)*, neurčitek *(m)*
infinity • *n* nekonečno *(n)*
inflame • *v* zanít
inflamed • *adj* zanícený *(m)*
inflammable • *adj* vznětlivý, zápalný, hořlavý
inflammation • *n* zánět *(m)*
inflammatory • *adj* zánětlivý
inflation • *n* inflace *(f)*
inflected • *adj* ohebný
inflection • *n* flexe *(f)*, ohýbání *(n)*
inflorescence • *n* květenství *(n)*
influence • *v* ovlivnit • *n* vliv *(m)*
influential • *adj* vlivný *(m)*
influenza • *n* chřipka *(f)*
inform • *v* informovat
informal • *adj* neformální
informant • *n* informátor *(m)*
information • *n* informace *(f)*
informer • *n* informátor *(m)*, udavač *(m)*
infrared • *n* infračervený • *adj* infračervený
infrastructure • *n* infrastruktura *(f)*
infrequent • *adj* vzácný *(m)*, neobvyklý *(m)*, řídký *(m)*
infuriate • *v* rozzuřit

ingenious • *adj* geniální
ingest • *v* strávit
ingot • *n* ingot *(m)*
ingratitude • *n* nevděk *(m)*, nevděčnost *(f)*
ingredient • *n* přísada *(f)*, ingredience *(f)*
inhabit • *v* obývat
inhabitant • *n* obyvatel *(m)*
inhaler • *n* inhalátor *(m)*
inherent • *adj* inherentní
inherit • *v* zdědit
inheritable • *adj* dědičný *(m)*
inheritance • *n* dědičnost *(f)*
inherited • *adj* zděděný, poděděný
inhibit • *v* potlačit
inhibitor • *n* inhibitor *(m)*, zpomalovač *(m)*
inhuman • *adj* nelidský *(m)*
inhumane • *adj* nelidský, nehumánní
initial • *adj* počáteční, výchozí
initiate • *v* iniciovat • *n* zasvěcenec
initiative • *n* iniciativa *(f)*
injection • *n* injekce *(f)*
injure • *v* zranit
injury • *n* urážka *(f)*, zranění *(n)*, úraz *(m)*
injustice • *n* nespravedlnost *(f)*
ink • *n* inkoust *(m)*
inkwell • *n* kalamář *(m)*
inn • *n* hostinec *(m)*, ubytovna *(f)*
innate • *adj* vrozený *(m)*
inner • *adj* vnitřní *(m)*
innermost • *adj* nejvnitřnější
innkeeper • *n* hostinský *(m)*, hospodský *(m)*
innocence • *n* nevina *(f)*
innovation • *n* inovace *(f)*
innuendo • *n* narážka *(f)*
inordinate • *adj* nezřízený *(m)*
inorganic • *adj* anorganický
inquisitor • *n* inkvizitor *(m)*
insane • *adj* šílený
insanity • *n* šílenství
insatiable • *adj* neukojitelný
inscribe • *v* vepsat
inscription • *n* nápis *(m)*, věnování *(n)*
insect • *n* hmyz *(m)*
insecticide • *n* insekticid *(m)*
insectivore • *n* hmyzožravec *(m)*
insectivorous • *adj* hmyzožravý *(m)*
insecure • *adj* nejistý *(m)*
inside • *n* vnitřek *(m)* • *adj* uvnitř • *adv* uvnitř, dovnitř
insignificant • *adj* nevýznamný *(m)*
insincere • *adj* neupřímný *(m)*
insincerity • *n* neupřímnost *(f)*

insinuate • *v* naznačit
insipid • *adj* mdlý
insipidity • *n* mdlost *(f)*
insipidly • *adv* mdle
insist • *v* trvat
insoluble • *adj* nerozpustný *(m)*, neřešitelný
insolvency • *n* insolvence *(f)*, platební neschopnost *(f)*
insolvent • *adj* insolventní
insomnia • *n* nespavost *(f)*
insouciant • *adj* bezstarostný *(m)*
inspection • *n* prohlídka *(f)*, kontrola *(f)*, inspekce *(f)*
inspector • *n* inspektor *(m)*
inspiration • *n* nádech *(m)*, inspirace *(f)*
inspire • *v* inspirovat
inspiring • *adj* inspirující
install • *v* instalovat
installation • *n* instalace *(f)*
installment • *n* splátka *(f)*
instance • *n* instance
instant • *n* okamžik *(m)*, moment *(m)* • *adj* instantní
instead • *adv* namísto, místo toho
instep • *n* nárt *(m)*
instill • *v* vštípit, nakapat, vkapat
institute • *n* ústav *(m)*
institution • *n* instituce *(f)*
instruction • *n* instrukce *(f)*
instructive • *n* instruktiv *(m)*
instructor • *n* instruktor *(m)*
instrument • *n* nástroj *(m)*, přístroj *(m)*
instrumental • *n* instrumentálka *(f)*
insufferable • *adj* nesnesitelný *(m)*
insufficient • *adj* nedostatečný *(m)*
insulator • *n* izolátor *(m)*
insulin • *n* inzulin, inzulín *(m)*
insult • *v* urazit
insurance • *n* pojištění *(n)*, pojišťovna *(f)*
insure • *v* pojistit
insurgent • *n* povstalec *(m)*
insurmountable • *adj* nepřekonatelný *(m)*
intaglio • *n* tisk zdola *(m)*
integer • *n* celé číslo *(n)*
integral • *n* integrál *(m)* • *adj* nedílný, celočíselný
integrate • *v* začlenit, integrovat
integrated • *adj* integrovaný *(m)*
integration • *n* integrace *(f)*
integrity • *n* integrita *(f)*, zásadovost *(f)*, celistvost *(f)*
intelligence • *n* inteligence *(f)*, zpravodajská služba *(f)*, rozvědka *(f)*
intelligent • *adj* inteligentní

intelligentsia • *n* inteligence *(f)*
intelligibility • *n* srozumitelnost *(f)*
intelligible • *adj* srozumitelný
intend • *v* zamýšlet
intense • *adj* intenzivní, silný, vášnivý
intensity • *n* intenzita *(f)*
intention • *n* úmysl *(m)*, záměr *(m)*
intentional • *adj* záměrný *(m)*, úmyslný *(m)*
intentionally • *adv* záměrně
inter • *v* pohřbít
interaction • *n* interakce *(f)*
intercede • *v* přimluvit
interchange • *n* mimoúrovňová křižovatka *(f)*
intercourse • *n* styk *(m)*
interdisciplinary • *adj* interdisciplinární, mezioborový *(m)*
interest • *v* zajímat • *n* úrok *(m)*, zájem *(m)*
interested • *adj* zainteresovaný
interesting • *adj* zajímavý *(m)*
interference • *n* nedovolené bránění *(n)*
interferon • *n* interferon *(m)*
intergalactic • *adj* mezigalaktický *(m)*
interim • *adj* přechodný, dočasný, prozatímní
interior • *adj* vnitřní
interject • *v* vložit
interjection • *n* citoslovce *(n)*
interlace • *n* prokládání *(n)*
intermediary • *n* prostředník *(m)*
intermediate • *n* meziprodukt *(m)*
intermission • *n* přestávka *(f)*
intermittent • *adj* přerušovaný
internal • *adj* vnitřní, domácí
international • *adj* mezinárodní *(m)*
interpersonal • *adj* mezilidský
interplanetary • *adj* meziplanetární
interpolate • *v* interpolovat
interpret • *v* vyložit, interpretovat, tlumočit
interpreter • *n* tlumočník *(m)*, tlumač *(m)*, interpret *(m)*
interrogate • *v* vyslýchat
interrogation • *n* výslech *(m)*
interrogative • *adj* tázací *(m)*
interrupt • *v* přerušit • *n* přerušení *(n)*
intersection • *n* křižovatka *(f)*, průsečík *(m)*, průnik *(m)*
intersperse • *v* promíchat
interstellar • *adj* mezihvězdný
interval • *n* interval *(m)*
intervene • *v* zasáhnout
intervertebral • *adj* meziobratlový *(m)*
interview • *n* interview *(m)*, přijímací pohovor *(m)*

intestinal • *adj* střevní
intestine • *n* střevo *(n)*
intimacy • *n* důvěrnost *(f)*
intimate • *adj* důvěrný *(m)*
intimidate • *v* zastrašovat
intimidation • *n* zastrašování *(n)*
into • *prep* do, v
intolerance • *n* nesnášenlivost *(f)*
intonation • *n* intonace *(f)*
intoxicated • *adj* opilý
intoxication • *n* otrava *(f)*
intracellular • *adj* nitrobuněčný *(m)*
intracranial • *adj* nitrolební
intractable • *adj* nezvladatelný *(m)*
intramuscular • *adj* intramuskulární, nitrosvalový
intransitive • *adj* nepřechodný
intrauterine • *adj* nitroděložní
intravenous • *adj* nitrožilní
intravenously • *adv* nitrožilně
introduce • *v* představit, zavést
introduction • *n* úvod *(m)*
introspection • *n* introspekce *(f)*
introspective • *adj* introspektivní
introversion • *n* introverze *(f)*
intuition • *n* intuice *(f)*
intuitive • *adj* intuitivní
inundate • *v* zaplavit
invader • *n* uchvatitel *(m)*, nájezdník *(m)*
invalid • *adj* neplatný
invariant • *n* invariant *(m)* • *adj* neměnný, konstantní, invariantní
invasion • *n* invaze *(f)*, vpád *(m)*
inveigle • *v* svést, vymámit
invent • *v* vynalézt
invention • *n* vynález *(m)*
inventive • *adj* vynalézavý
inventiveness • *n* vynalézavost *(f)*
inventor • *n* vynálezce *(m)*
inventory • *n* inventář *(m)*, inventura *(f)*
invertebrate • *n* bezobratlý *(m)*
invest • *v* investovat
investigate • *v* zkoumat, pátrat, vyšetřovat
investigation • *n* vyšetřování *(n)*
investigator • *n* vyšetřovatel *(m)*
investment • *n* investice *(f)*
investor • *n* investor *(m)*
inveterate • *adj* zakořeněný, vžitý, notorický, nenapravitelný
invincible • *adj* neporazitelný *(m)*
invisibility • *n* neviditelnost *(f)*
invisible • *adj* neviditelný *(m)*
invitation • *n* pozvání *(n)*
invite • *v* zvát, pozvat

invoice • *v* fakturovat • *n* faktura *(f)*
involve • *v* zavinout, svinout, zabalit, zkomplikovat, zamotat, zapojit, zahrnout, zamíchat, zaplést se, zamotat se do, umocnit
iodine • *n* jód *(m)*
ion • *n* iont *(m)*
ionization • *n* ionizace *(f)*
ionosphere • *n* ionosféra *(f)*
iota • *n* jota *(f)*, iota *(f)*, ióta *(f)*
iridium • *n* iridium
iris • *n* kosatec *(m)*, duhovka *(f)*
iron • *v* žehlit • *n* železo *(n)*, žehlička *(f)*
ironic • *adj* ironický
irony • *n* ironie *(f)*
irrational • *adj* iracionální
irredentism • *n* iredentismus *(m)*
irredentist • *n* iredentista • *adj* iredentistický
irrefutable • *adj* nevyvratitelný *(m)*
irregular • *adj* nepravidelný *(m)*
irregularity • *n* nepravidelnost *(f)*
irregularly • *adv* nepravidelně, neuspořádaně
irrelevant • *adj* irelevantní
irreplaceable • *adj* nenahraditelný *(m)*
irresistible • *adj* neodolatelný *(m)*
irresponsibility • *n* neodpovědnost *(f)*
irresponsible • *adj* nezodpovědný, neodpovědný
irreverent • *adj* neuctivý *(m)*
irreversible • *adj* nevratný *(m)*

irrigate • *v* zavlažovat
irrigation • *n* zavlažování *(n)*
irritate • *v* dráždit
is • *v* je
island • *n* ostrov *(m)*
islander • *n* ostrovan *(m)*
isobar • *n* izobar *(m)*
isolationism • *n* izolacionismus *(m)*, izolacionizmus *(m)*
isomer • *n* izomer *(m)*
isomerism • *n* izomerie *(f)*, isomerie *(f)*
isomorphism • *n* izomorfismus *(m)*
isosceles • *adj* rovnoramenný *(m)*
isotherm • *n* izoterma *(f)*
isotonic • *adj* izotonický *(m)*, isotonický *(m)*
isotope • *n* izotop *(m)*
issuer • *n* emitent *(m)*
isthmus • *n* převlaka *(f)*, šíje
it • *pron* to, toho, tomu
itch • *v* svědět
item • *n* předmět, položka, bod *(m)*
iteration • *n* iterace *(f)*
its • *pron* jeho
itself • *pron* sám, se, sebe, sám sebe, samotný, o sobě, sám o sobě, jako takový
ivory • *n* slonovina *(f)* • *adj* slonovinový *(m)*
ivy • *n* břečťan *(m)*

J

jack • *n* kluk *(m)*, spodek *(m)*, prasátko *(n)*, košonek *(m)*
jackal • *n* šakal *(m)*
jackass • *n* osel *(m)*
jackdaw • *n* kavka *(f)*
jacket • *n* bunda *(f)*
jackpot • *n* jackpot *(m)*
jade • *n* jadeit *(m)*
jaguar • *n* jaguár *(m)*
jailer • *n* věznitel *(m)*, žalářník *(m)*
jam • *n* džem *(m)*, marmeláda *(f)*, zácpa
janissary • *n* janičář *(m)*
janitor • *n* domovmík *(m)*, domácí *(f)*, domovnice *(f)*, vrátný *(m)*, vrátná *(f)*
jar • *n* sklenice *(f)*, nádoba *(f)*, nádobka *(f)*
jargon • *n* žargon *(m)*
jasmine • *n* jasmín *(m)*
jasper • *n* jaspis *(m)*
jaundice • *n* žloutenka *(f)*

javelin • *n* oštěp *(m)*
jaw • *n* čelist *(f)*
jay • *n* sojka *(f)*
jazz • *n* džez *(m)*, jazz *(m)*
jealous • *adj* žárlivý *(m)*
jealousy • *n* žárlivost *(f)*
jeep • *n* džíp *(m)*
jeer • *v* posmívat • *n* posměšek *(m)*
jelly • *n* želé *(n)*
jellyfish • *n* medúza *(f)*
jerk • *n* blb *(m)*, blbec *(m)*, debil *(m)*, idiot *(m)*, kretén *(m)*, pitomec *(m)*, ryv
jerky • *adj* trhavý *(m)*
jewel • *n* drahokam, šperk *(m)*, klenot *(m)*
jeweler • *n* klenotník *(m)*
jewellery • *n* klenoty
jib • *n* kosatka *(f)*
jihad • *n* džihád *(m)*
jingle • *n* cinkání *(n)*, cinkot *(m)*, znělka

(f)
jinn • *n* džin *(m)*
jinx • *v* uhranout
job • *n* práce *(f)*
join • *v* spojit, vstoupit, připojit se, stát se členem
joiner • *n* truhlář
joint • *n* kloub *(m)* • *adj* společný *(m)*
joke • *v* žertovat • *n* vtip *(m)*, vtip, vtípek, žert, žertík, šašek, klaun
joker • *n* žolík *(m)*
jostle • *v* strkat, tlačit, tahat
joule • *n* joule
journal • *n* deník *(m)*
journalism • *n* novinářství *(n)*, žurnalistika *(f)*
journalist • *n* novinář *(m)*, novinářka *(f)*, žurnalista *(m)*
journey • *n* cesta *(f)*
journeyman • *n* tovaryš *(m)*
jowl • *n* tvář *(f)*, podbradek *(m)*, čelist *(f)*, lalok *(m)*, sanice *(f)*
joy • *n* radost *(f)*
joyous • *adj* radostný *(m)*
joystick • *n* joystick *(m)*
jubilee • *n* padesátiny, jubileum *(m)*
judge • *v* soudit, posuzovat, usuzovat • *n* soudce *(m)*, soudce, sudí *(m)*, znalec *(m)*
judgment • *n* souzení *(n)*, soudnost *(f)*, úsudek *(m)*, rozsudek *(m)*
judicial • *adj* soudní
judicious • *adj* rozvážný *(m)*, uvážlivý *(m)*

judo • *n* judo *(n)*
jug • *n* džbán *(m)*, džbánek *(m)*, basa *(f)*, loch *(m)*
juggle • *v* žonglovat
juggler • *n* žonglér *(m)*
juggling • *n* žonglování *(n)*
jugular • *adj* jugulární
juice • *n* šťáva *(f)*, džus *(m)*
jujitsu • *n* džiu-džitsu *(n)*
jukebox • *n* jukebox *(m)*, hudební automat *(m)*
jump • *v* skočit, skákat • *n* skok *(m)*, skok
jumper • *n* skokan *(m)*
junction • *n* křižovatka *(f)*
jungle • *n* džungle *(f)*
junior • *adj* mladší
juniper • *n* jalovec *(m)*
junk • *n* džunka *(f)*
jurist • *n* právník *(m)*
juror • *n* porotce *(m)*
jury • *n* porota *(f)*
just • *adj* správný, spravedlivý • *adv* pouze, právě, těsně, přesně
justice • *n* spravedlnost *(f)*
justifiable • *adj* ospravedlnitelný *(m)*
justification • *n* ospravedlnění *(n)*, zdůvodnění *(n)*, odůvodnění *(n)*, zarovnání *(n)*
justify • *v* obhájit, ospravedlnit, zarovnat
justly • *adv* spravedlivě

K

kale • *n* kadeřávek *(m)*
kaleidoscope • *n* kaleidoskop *(m)*, krasohled *(m)*
kangaroo • *n* klokan *(m)*
kaolinite • *n* kaolinit *(m)*
kappa • *n* kapa *(n)*, kappa *(n)*
karate • *n* karate *(n)*
kasha • *n* kaše *(f)*
kayak • *n* kajak *(m)*
keel • *n* kýl *(m)*
keep • *v* nechat si, pokračovat
kelp • *n* kelpa *(f)*
keratitis • *n* keratitida *(f)*
kerchief • *n* šátek *(m)*
kernel • *n* pecka *(f)*, jádro *(n)*
kerosene • *n* petrolej *(m)*
kestrel • *n* poštolka *(f)*, poštolka obecná *(f)*

ketoacidosis • *n* ketoacidóza *(f)*
key • *n* klíč *(m)*, klávesa *(f)*, tónina *(f)* • *adj* klíčový *(m)*
keyboard • *n* klávesnice *(f)*, klaviatura *(f)*, klávesy
keyhole • *v* klíčová dírka *(f)*
khaki • *n* khaki
khan • *n* chán *(m)*
kibitz • *v* kibicovat
kick • *v* kopnout • *n* kop *(m)*
kid • *n* kůzle *(n)*
kidnap • *v* unést • *n* únos *(m)*
kidnapper • *n* únosce *(m)*
kidnapping • *n* únos *(m)*
kidney • *n* ledvina *(f)*, ledvinky
kill • *n* zabití *(n)*
killer • *n* vrah *(m)*
kiln • *n* vypalovací pec *(f)*

kilogram • *n* kilogram *(m)*
kimono • *n* kimono *(n)*
kind • *adj* laskavý *(m)*
kindergarten • *n* mateřská škola *(f)*, školka *(f)*
kindhearted • *adj* dobrosrdečný
kindly • *adj* laskavý *(m)*, dobrosrdečný *(m)* • *adv* laskavě, mile, srdečně, vlídně
kindness • *n* laskavost *(f)*
kinesthetic • *adj* kinestetický
kinetic • *adj* kinetický
king • *n* král *(m)*, dáma *(f)*
kingdom • *n* království *(n)*, říše *(f)*
kingfisher • *n* ledňáček *(m)*
kink • *n* zádrhel *(m)*
kinship • *n* příbuznost *(f)*
kiosk • *n* stánek *(m)*, kiosek *(m)*, automat *(m)*
kismet • *n* osud *(m)*
kiss • *v* líbat, políbit, dát pusu • *n* polibek *(m)*, pusa *(f)*
kitchen • *n* kuchyně *(f)*
kite • *v* pouštět draka • *n* luňák *(m)*, drak *(m)*
kitsch • *n* kýč *(m)* • *adj* kýčovitý *(m)*
kitten • *n* kotě *(n)*
kiwi • *n* kivi *(n)*
kleptomania • *n* kleptomanie *(f)*
kleptomaniac • *n* kleptoman *(m)*
knee • *n* koleno *(n)*
kneel • *v* kleknout, pokleknout, klečet
knell • *v* zvonit • *n* umíráček *(m)*
knife • *n* nůž *(m)*, nůž
knight • *n* rytíř *(m)*, vítěz, jezdec *(m)* • *v* pasovat
knit • *v* plést
knitting • *n* pletení *(n)*, pletenina *(f)*
knock • *v* klepat, uhodit
knot • *v* zauzlovat, svraštit • *n* uzel *(m)*, chomáč *(m)*, potíž *(f)*, suk *(m)*, boule *(f)*, jespák *(m)*
knout • *n* bič *(m)*, knuta *(f)*
know • *v* vědět, znát, poznat
know-it-all • *n* vševed *(m)*
knowledge • *n* znalost *(f)*, vědění *(n)*, vědomí *(n)*, znalost
known • *adj* známý *(m)*
koala • *n* koala, medvídek koala *(m)*
kohlrabi • *n* kedluben *(m)*
kolkhoz • *n* kolchoz *(m)*
kopek • *n* kopejka *(f)*, kopějka *(f)*
koruna • *n* koruna *(f)*
kosher • *adj* košer
koumiss • *n* kumys *(m)*
krypton • *n* krypton
kumquat • *n* kumquat *(m)*, kumkvat *(m)*
kvass • *n* kvas *(m)*

L

label • *v* označit • *n* štítek *(m)*, nálepka *(f)*
laboratory • *n* laboratoř *(f)*
laborer • *n* dělník *(m)*
laborious • *adj* pracný *(m)*
laboriously • *adv* pracně
laboriousness • *n* pracnost
labyrinth • *n* labyrint *(m)*, bludiště *(n)*
lace • *n* krajka *(f)*, tkanička *(f)*
laceration • *n* lacerace *(f)*
lack • *v* postrádat • *n* nedostatek *(m)*
lackey • *n* lokaj *(m)*
laconic • *adj* lakonický
lacquer • *n* lak *(m)*
lacrosse • *n* lakros *(m)*
lactation • *n* laktace *(f)*
lactose • *n* laktóza *(f)*
lad • *n* chlapec *(m)*
ladder • *n* žebřík *(m)*
ladle • *n* naběračka *(f)*
lady • *n* dáma *(f)*
lager • *n* ležák *(m)*
lagoon • *n* laguna *(f)*
lair • *n* doupě *(n)*
lake • *n* jezero *(n)*
lama • *n* láma
lamb • *n* jehně *(n)*, beránek *(m)*, jehněčí *(n)*
lambda • *n* lambda
lame • *adj* chromý *(m)*, chabý *(m)*
lamia • *n* lamia
lamp • *n* lampa *(f)*
lampoon • *n* pamflet *(m)*, hanopis *(m)*
lamprey • *n* mihule *(f)*
lampshade • *n* stínítko *(n)*
lance • *n* dlouhé kopí *(n)*
land • *v* přistávat, přistát • *n* země *(f)*
landfall • *n* přistání *(n)*
landfill • *v* skládka *(f)* • *n* skládka *(f)*, odpad *(m)*
landgrave • *n* lankrabě *(m)*
landing • *n* chodba *(f)*, koridor *(m)*, přistání *(n)*, podesta *(f)*, přístaviště *(n)*
landlocked • *adj* vnitrozemský

landlord • *n* pronajímatel *(m)*, hospodský *(m)*
landscape • *n* krajina *(f)*
lane • *n* pruh *(m)*, dráha *(f)*
language • *n* jazyk *(m)*, řeč *(f)*
languish • *v* zeslábnout, živořit
lantern • *n* lucerna *(f)*
lanthanum • *n* lanthan
lapidation • *n* kamenování
lapwing • *n* čejka *(f)*
larch • *n* modřín *(m)*
lard • *n* sádlo *(n)*
large • *adj* velký
largess • *n* štědrost *(f)*, dar *(m)*
lark • *n* skřivan *(m)*
larva • *n* larva *(f)*
laryngeal • *n* laryngála *(f)* • *adj* hrtanový, laryngální
laryngitis • *n* laryngitida *(f)*
larynx • *n* hrtan *(m)*
lascivious • *adj* lascivní
laser • *n* laser *(m)*
lass • *n* dívka *(f)*, děvenka *(f)*, děvče *(n)*
lasso • *v* zalasovat • *n* laso *(n)*
last • *adj* poslední, minulý • *adv* nakonec • *v* trvat, vydržet
late • *adj* pozdní, pozdní *(m)* • *adv* pozdě
latency • *n* latence *(f)*, zpoždění *(n)*
latent • *adj* latentní
lathe • *v* soustružit • *n* soustruh *(m)*
latitude • *n* šířka *(f)*
latrine • *n* latrína *(f)*, záchod
lattice • *n* mřížka *(f)*, svaz *(m)*
laudanum • *n* laudanum *(n)*
laugh • *v* smát, posmívat
laughable • *adj* směšný
laughter • *n* smích *(m)*
launch • *v* hodit
laundry • *n* praní *(n)*, prádelna *(f)*, prádlo *(n)*
laurel • *n* vavřín *(m)*
lava • *n* láva *(f)*
lavatory • *n* záchod *(m)*, WC
lavender • *n* levandule *(f)*
law • *n* zákon *(m)*, zákoník *(m)*, právo *(n)*, zákon
lawn • *n* trávník *(m)*
lawrencium • *n* lawrencium
lawsuit • *n* soudní proces *(m)*
lawyer • *n* právník *(m)*, advokát *(m)*
lax • *adj* uvolněný, laxní, volný
laxative • *n* projímadlo *(n)*
lay • *adj* laický
layer • *n* vrstva *(f)*
layman • *n* laik *(m)*
layout • *n* rozvržení, struktura, plán, návrh, nákres, rozložení, rozprostření
lazy • *adj* líný *(m)*
lazybones • *n* lenoch *(m)*
lead • *v* odsadit, vodit, vést • *n* olovo *(n)*
leaden • *adj* olověný *(m)*
leader • *n* vedoucí, velitel
leadership • *n* vůdcovství *(n)*
leaf • *n* list *(m)*
leaflet • *n* leták *(m)*
league • *n* liga *(f)*
leak • *n* díra *(f)*, průsak *(m)*, únik *(m)*
lean • *v* opřít
leap • *v* přeskočit • *n* skok *(m)*
learn • *v* učit se, poučit se, zlepšovat se, zdokonalovat se, studovat, zjistit, dovědět se, dozvědět se
learned • *adj* učený *(m)*, naučený *(m)*
leash • *n* vodítko *(n)*
leather • *n* kůže *(f)* • *adj* kožený
leatherette • *n* koženka *(f)*
lecture • *v* přednášet • *n* přednáška *(f)*
lecturer • *n* přednášející
ledger • *n* účetní kniha *(f)*, hlavní kniha *(f)*
leech • *n* pijavice *(f)*, pijavka *(f)*
leek • *n* pórek *(m)*, pór zahradní
left • *n* levice *(f)* • *adj* levý *(m)*, levá *(f)*, levé *(n)*, levicový *(m)* • *adv* na levé, vlevo • *v* zbývající *(m)*
left-hander • *n* levák *(m)*, levačka *(f)*
leg • *n* noha *(f)*
legacy • *n* dědictví *(n)*
legal • *adj* právní, legální, zákonný
legend • *n* pověst *(f)*, legenda *(f)*
legibility • *n* čitelnost *(f)*
legible • *adj* čitelný
legion • *n* legie *(f)*
legionary • *n* legionář *(m)*
legionnaire • *n* legionář *(m)*
legislation • *n* zákonodárství *(n)*
legislative • *adj* zákonodárný *(m)*, legislativní
legislator • *n* zákonodárce *(m)*
legislature • *n* zákonodárný sbor *(m)*, legislativa *(f)*
legless • *adj* beznohý
legume • *n* luštěnina *(f)*
leisure • *n* volnost *(f)*, volno *(n)*, volný čas *(m)*
lemon • *n* citrón *(m)*, citron, citroník *(m)*
lemonade • *n* limonáda *(f)*
lemur • *n* lemur *(m)*
lend • *v* půjčovat, půjčit
length • *n* délka *(f)*
lengthen • *v* prodloužit
lengthy • *adj* zdlouhavý *(m)*

lenient • *adj* shovívavý *(m)*
lens • *n* čočka *(f)*
lentil • *n* čočka jedlá *(f)*, čočka *(f)*
leonine • *adj* lví
leopard • *n* levhart *(m)*, leopard *(m)*
leprosy • *n* malomocenství *(n)*, lepra *(f)*
leprous • *adj* leprozní
lesbian • *n* lesbička *(f)* • *adj* lesbický *(m)*, lesbický
lesion • *n* léze *(f)*
less • *adv* méně
lesson • *n* lekce, vyučovací hodina, ponaučení
lest • *conj* ze strachu, že..., v případě, že..., aby ... ne
let • *v* nechat
lethal • *adj* smrtící, smrtelný, smrtonosný
lethargy • *n* letargie *(f)*
letter • *n* písmeno *(n)*, dopis *(m)*
letterpress • *n* knihtisk *(m)*
lettuce • *n* hlávkový salát *(m)*
leukemia • *n* leukemie *(f)*, leukémie *(f)*
lev • *n* lev *(m)*
level • *v* urovnat, srovnat, postoupit, zamířit • *n* vodováha *(f)*, libela *(f)*, úroveň *(f)*, level, podlaží *(n)* • *adj* vodorovný, vyrovnaný
lever • *n* páka *(f)*
leveret • *n* mladý zajíc *(m)*
levitation • *n* levitace *(f)*, vznášení se *(n)*, vznášení *(n)*
levity • *n* lehkomyslnost *(f)*, lehkost *(f)*, lehkovážnost *(f)*, frivolnost *(f)*
lexeme • *n* lexém *(m)*
lexical • *adj* lexikální
lexicographer • *n* lexikograf *(m)*, slovníkář *(m)*
lexicography • *n* lexikografie *(f)*
lexicology • *n* lexikologie *(f)*
liability • *n* pasivum *(n)*
liar • *n* lhář *(m)*
libation • *n* úlitba *(f)*
libel • *v* pomluvit • *n* hanopis *(m)*, pomluva *(f)*
liberalism • *n* liberalizmus *(m)*
liberate • *v* osvobozovat, osvobodit
liberated • *v* osvobodit • *adj* osvobozený, svobodný
liberation • *n* osvobození *(n)*
liberator • *n* osvoboditel *(m)*
libertarianism • *n* libertarianismus *(m)*
liberty • *n* svoboda *(f)*
libidinous • *adj* libidózní
librarian • *n* knihovník *(m)*, knihovnice *(f)*
librarianship • *n* knihovnictví *(n)*

library • *n* knihovna *(f)*, fonotéka *(f)*
librettist • *n* libretista *(m)*
libretto • *n* libreto *(n)*
license • *n* licence *(f)*
lichen • *n* lišejník *(m)*
lick • *v* lízat
licorice • *n* lékořice *(f)*
lid • *n* víko *(n)*
lido • *n* koupaliště *(n)*
lie • *v* ležet, lhát • *n* lež *(f)*
lien • *n* zástavní právo *(n)*
life • *n* život *(m)*, doživotí *(n)*, životnost *(f)*
lifeboat • *n* záchranný člun *(m)*
lifeguard • *n* plavčík *(m)*
lifelong • *adj* celoživotní
lift • *v* zvednout, zdvihnout • *n* výtah *(m)*
ligament • *n* vaz *(m)*
ligature • *n* slitek *(m)*, ligatura *(f)*
light • *n* světlo *(n)* • *v* zapálit, osvětlit, osvítit • *adj* světlý, světlý *(m)*, lehký, dietní
lighter • *n* zapalovač *(m)*
lighthouse • *n* maják *(m)*
lightly • *adv* lehce
lightning • *n* blesk *(m)*
lignin • *n* lignin *(m)*
like • *v* mít rád, líbit se • *adv* jako • *prep* jako, jak
likewise • *adv* podobně
lilac • *n* šeřík *(m)*
lily • *n* lilie *(f)*
limb • *n* končetina *(f)*, větev *(f)*
lime • *v* vápnit
limekiln • *n* vápenka *(f)*
limelight • *n* svitlo rampy *(n)*
limestone • *n* vápenec *(m)*
limit • *n* mez *(f)*, limit *(m)*, limita *(f)* • *v* omezit
limited • *adj* omezený *(m)*
limnology • *n* limnologie *(f)*
limousine • *n* limuzína *(f)*
limp • *v* kulhat
limpet • *n* přílipka *(f)*
limpid • *adj* čirý
linchpin • *n* zákolník
linden • *n* lípa *(f)*
line • *n* čára *(f)*, lajna *(f)*, přímka *(f)*, úsečka *(f)*, řádek *(m)*
lineage • *n* rod *(m)*
linear • *adj* lineární *(m)*
linen • *n* plátno *(n)*
ling • *n* mník *(m)*, vřes *(m)*
lingerie • *n* prádélko *(n)*
linguist • *n* jazykovědec *(m)*, lingvista *(m)*

linguistics • *n* jazykověda *(f)*, jazykozpyt *(m)*, lingvistika *(f)*
lining • *n* podšívka *(f)*, výstelka *(f)*
link • *v* odkazovat • *n* spojení *(n)*, propojení *(n)*, článek *(m)*, odkaz *(m)*
linseed • *n* lněné semeno *(n)*
lintel • *n* překlad *(m)*
lion • *n* lev *(m)*
lioness • *n* lvice *(f)*
lip • *n* ret *(m)*, okraj *(m)*
lipase • *n* lipáza *(f)*
lipoma • *n* lipom *(m)*
lipstick • *n* rtěnka *(f)*
liqueur • *n* likér *(m)*
liquid • *n* kapalina *(f)*, tekutina *(f)* • *adj* tekutý *(m)*, kapalný *(m)*, likvidní
liquidity • *n* tekutost *(f)*, likvidita *(f)*
lira • *n* lira *(f)*
lisp • *v* šišlat • *n* šišlání *(n)*
list • *n* seznam *(m)*
listen • *v* poslouchat, poslechnout, naslouchat, slyšet
listener • *n* posluchač *(m)*
literacy • *n* gramotnost *(f)*
literal • *adj* doslovný *(m)*, doslovný
literally • *adv* doslova
literary • *adj* literární
literate • *adj* gramotný *(m)*
literature • *n* literatura *(f)*
lithium • *n* lithium *(m)*
lithographic • *adj* litografický
lithography • *n* litografie *(f)*, kamenotisk *(m)*
lithosphere • *n* litosféra *(f)*
litmus • *n* lakmus *(m)*
litter • *n* nosítka, mrť *(f)*
little • *adj* malý, mladý • *adv* málo
liturgical • *adj* liturgický
liturgy • *n* liturgie *(f)*
live • *v* žít, bydlet • *adj* živý • *adv* živě, v přímém přenose
livelihood • *n* obživa *(f)*, živobytí *(n)*
liver • *n* játra, játra *(n)*
livery • *n* livrej *(f)*
livestock • *n* dobytek *(m)*
lizard • *n* ještěrka *(f)*
llama • *n* lama *(f)*
loach • *n* mřenka *(f)*
load • *v* naložit
loaf • *n* bochník *(m)*, pecen *(m)* • *v* zahálet
loan • *v* půjčit • *n* půjčka *(f)*
loanword • *n* přejaté slovo *(n)*
loathe • *v* ošklivit, hnusit
lobbyist • *n* lobbista *(m)*
lobe • *n* lalok *(m)*
lobster • *n* humr *(m)*

local • *adj* místní
locality • *n* lokalita *(f)*
locally • *adv* lokálně
location • *n* poloha *(f)*, umístění, místo
lock • *v* zamknout • *n* zámek *(m)*, zdymadlo *(n)*, plavební komora *(f)*, lokna *(f)*
lockjaw • *n* lockjaw *(m)*
locomotive • *n* lokomotiva *(f)*
locus • *n* místo *(n)*
locust • *n* saranče *(n)*
lode • *n* rudná žíla *(f)*
lodge • *n* lóže *(f)*
lodging • *n* ubytování *(n)*, nocleh *(m)*
loess • *n* spraš *(m)*
loft • *n* půda *(f)*
log • *n* kmen *(m)*
logarithm • *n* logaritmus *(m)*
loge • *n* lože *(f)*
logic • *n* logika *(f)*
logical • *adj* logický
logically • *adv* logicky
logician • *n* logik *(m)*
logistics • *n* logistika *(f)*
logo • *n* logo *(n)*
logotype • *n* slitek *(m)*, ligatura *(f)*
loiter • *v* lelkovat
lollipop • *n* lízátko *(n)*
loneliness • *n* osamělost *(f)*
lonely • *adj* osamělý *(m)*
loner • *n* samotář *(m)*
long • *adj* dlouhý *(m)* • *adv* daleko, dlouho • *v* toužit, dychtit, přát
long-winded • *adj* rozvláčný
longevity • *n* dlouhověkost *(f)*
longing • *n* touha *(f)*
longitude • *n* délka *(f)*
look • *v* dívat, podívat, vypadat • *n* pohled, vzhled *(m)*, pohled *(m)*
lookout • *n* pozorovatelna *(f)*, vyhlídka *(f)*, rozhledna *(f)*, hlídka *(f)*, pozorovatel *(m)*
loom • *n* tkalcovský stav *(m)*, tkací stroj *(m)*
loon • *n* potáplice *(f)*
loop • *n* smyčka *(f)*, cyklus *(m)*
loose • *adj* volný *(m)*, sypký *(m)*, uvolněný *(m)*
loosely • *adv* volně
loosen • *v* uvolnit
lope • *v* klusat
lopsided • *adj* nesouměrný
loquacious • *adj* povídavý
lord • *n* pán *(m)*, aristokrat *(m)*
lordosis • *n* hyperlordóza *(f)*
lose • *v* ztrácet, ztratit, shodit, zhubnout, prohrát

loss • *n* prohra *(f)*, ztráta *(f)*
lottery • *n* loterie *(f)*
lotus • *n* lotos *(m)*
loud • *adj* hlasitý, hlučný, křiklavý
loudly • *adv* hlasitě
loudness • *n* hlasitost *(f)*
loudspeaker • *n* reproduktor *(m)*
louse • *n* veš *(f)*
lousy • *adj* zavšivený
lovage • *n* libeček *(m)*
love • *n* láska *(f)*, lásko *(f)*
lover • *n* milenec *(m)*, milenka *(f)*, milovník *(m)*, milovnice *(f)*
loving • *adj* milující
low • *adj* nízký, nízký *(m)*
lower • *v* spustit, snížit
lowland • *n* nížina *(f)*
loyal • *adj* věrný, loajální
lubricant • *n* mazivo *(n)*
lubricate • *v* mazat
lucidity • *n* osvícenost *(f)*
luck • *n* štěstí *(n)*
lucky • *adj* mít štěstí, mít kliku, být klikař, šťastný
lucrative • *adj* výnosný *(m)*, lukrativní
luggage • *n* zavazadlo *(n)*, zavazadla
lukewarm • *adj* vlažný
lull • *v* ukolébat

lullaby • *n* ukolébavka *(f)*
lumbago • *n* houser *(m)*
lumbar • *adj* bederní *(m)*
lumber • *n* řezivo *(n)*
luminescent • *adj* luminescenční
lump • *n* škraloup *(m)*
lunar • *adj* lunární, měsíční
lunatic • *n* šílenec *(m)*, blázen *(m)*
lunch • *v* obědvat • *n* oběd *(m)*
lunette • *n* luneta
lung • *n* plíce *(f)*
lurid • *adj* melodramatický *(m)*
lush • *adj* bujný
lust • *n* chtíč *(m)*
lute • *n* loutna *(f)*
lutetium • *n* lutecium
lye • *n* louh *(m)*
lymph • *n* míza *(f)*
lymphatic • *adj* mízní, lymfatický *(m)*
lymphocyte • *n* lymfocyt *(m)*
lymphoma • *n* lymfom *(m)*
lynch • *v* lynčovat
lynx • *n* rys *(m)*
lyonnaise • *adj* lyonský
lyre • *n* lyra *(f)*
lysine • *n* lysin

M

macadam • *n* makadam *(m)*
macaque • *n* makak *(m)*
macaroni • *n* makaróny
mace • *n* palcát *(m)*, žezlo *(n)*, muškátový květ *(m)*
machete • *n* mačeta *(f)*
machine • *n* stroj *(m)*, mašina *(f)*
machinist • *n* mechanik *(m)*, strojník *(m)*
mackerel • *n* makrela *(f)*
macro • *n* makro *(n)*
macromolecule • *n* makromolekula *(f)*
macrophage • *n* makrofág *(m)*
macroscopic • *adj* makroskopický
macula • *n* žlutá skvrna *(f)*
mad • *adj* šílený *(m)*
madam • *n* paní *(f)*
madness • *n* šílenství *(n)*
mafia • *n* mafie *(f)*
magazine • *n* časopis *(m)*, časák *(m)*, muniční sklad *(m)*, zásobník *(m)*
mage • *n* mág *(m)*, čaroděj *(m)*, kouzelník *(m)*
maggot • *n* larva *(f)*, červ *(m)*

magic • *n* kouzla *(n)*, magie *(f)*, čarování *(n)* • *adj* kouzelný *(m)*
magical • *adj* magický *(m)*
magician • *n* kouzelník *(m)*
magma • *n* magma *(f)*
magnanimous • *adj* velkodušný *(m)*
magnesium • *n* hořčík *(m)*
magnet • *n* magnet *(m)*
magnetic • *adj* magnetický *(m)*, magnetický
magnetism • *n* magnetismus *(m)*
magnetosphere • *n* magnetosféra *(f)*
magnify • *v* zvětšit
magnolia • *n* magnólie *(f)*
magpie • *n* straka *(f)*
maharaja • *n* mahárádža *(m)*
maid • *n* služka *(f)*
maiden • *n* panna *(f)*, slečna *(f)*, děvče *(n)*
mailbox • *n* poštovní schránka *(f)*
mailman • *n* pošťák *(m)*, listonoš *(m)*
maim • *v* zmrzačit, zohavit
main • *adj* hlavní *(m)*
maintain • *v* udržovat

maintenance • *n* údržba *(f)*
majestic • *adj* majestátní
majesty • *n* majestátnost *(f)*
major • *n* major *(m)*
majordomo • *n* majordomus *(m)*
majority • *n* většina *(f)*
make • *v* stavět, vyrábět, dělat, tvořit, vytvářet, udělat, činit, přimět, donutit, přinutit, ustlat, stlát • *n* značka *(f)*
malachite • *n* malachit *(m)*
malaise • *n* malátnost *(f)*
malaria • *n* malárie *(f)*
male • *n* muž *(m)*, samec *(m)* • *adj* mužský, samčí
malfeasance • *n* zločin *(m)*, trestný čin *(m)*, přestoupení *(n)*, zákon, sabotáž *(f)*
malice • *n* zlomyslnost *(f)*
malicious • *adj* záludný, škodolibý, zlomyslný
malignant • *adj* zhoubný *(m)*, maligní
mallard • *n* kachna divoká
malleable • *adj* kujný
mallet • *n* palice *(f)*
malleus • *n* kladívko *(n)*
mallow • *n* sléz *(m)*
malnutrition • *n* podvýživa *(f)*
malpractice • *n* nedbalost *(f)*, zneužití úřední moci *(n)*
malt • *n* slad *(m)*
maltreatment • *n* týrání *(n)*
mamba • *n* mamba *(f)*
mammal • *n* savec *(m)*
mammography • *n* mamografie *(f)*
mammoth • *n* mamut *(m)*
man • *n* člověk *(m)*, muž *(m)*, pán *(m)*
manage • *v* spravovat, řídit, zvládnout
manageable • *adj* zvládnutelný
management • *n* řízení *(n)*, management *(m)*
manager • *n* manažer, správce
mandarin • *n* mandarín *(m)*
mandible • *n* kusadlo *(n)*
mandola • *n* mandola
mandolin • *n* mandolína *(f)*
mandrake • *n* pokřín, pekřín
mane • *n* hříva *(f)*
maneuver • *v* manévrovat • *n* manévr *(m)*, manévry
manganese • *n* mangan
manger • *n* koryto *(n)*, žlab *(m)*
mangle • *n* mandl *(m)*
mango • *n* mangovník *(m)*, mango *(n)*
mangosteen • *n* mangostana lahodná *(f)*, mangostan *(m)*
manhood • *n* lidství, mužství, mužnost
maniac • *n* maniak, maniak *(m)*
manic-depressive • *adj* maniodepresivní
manicure • *n* manikúra *(f)*
manifestation • *n* projev *(m)*
manifesto • *n* manifest *(m)*
manifold • *n* varieta *(f)* • *v* rozmnožit
mankind • *n* lidstvo *(n)*
manly • *adj* mužný
manner • *n* způsob *(m)*, styl *(m)*
mannitol • *n* manitol *(m)*
manometer • *n* manometr *(m)*
mantilla • *n* mantila *(f)*
mantis • *n* kudlanka *(f)*
mantissa • *n* mantisa *(f)*
manual • *n* příručka *(f)*, manuál *(m)* • *adj* ruční, manuální
manufacture • *v* vyrobit, vyrábět • *n* manufaktura *(f)*
manufacturer • *n* výrobce *(m)*
manul • *n* kočka stepní
manure • *n* hnůj *(m)*
manuscript • *n* rukopis *(m)*
map • *n* mapa *(f)*, zobrazení *(n)*, babočka síťkovaná *(f)*
maple • *n* javor *(m)*
marabou • *n* marabu *(m)*
marathon • *n* maraton *(m)*
marauder • *n* nájezdník *(m)*
marble • *n* mramor *(m)*, kulička *(f)*, kuličky
march • *v* pochodovat • *n* pochod *(m)*, pomezí *(n)*, marka *(f)*
mare • *n* klisna *(f)*, kobyla *(f)*
margarine • *n* margarín
margin • *n* okraj *(m)*, marže *(f)*
margrave • *n* markrabě *(m)*
marigold • *n* měsíček *(m)*, afrikán *(m)*
marijuana • *n* marihuana *(f)*, konopí *(n)*
marine • *adj* mořský
marionette • *n* marioneta *(f)*
marital • *adj* manželský
maritime • *adj* přímořský
marjoram • *n* majoránka *(f)*
mark • *v* označit • *n* značka, známka, marka
market • *v* uvést na trh, nabízet • *n* tržnice *(f)*, trh *(m)*, tržní
marksman • *n* střelec *(m)*
markup • *n* značkování *(n)*
marmalade • *n* marmeláda *(f)*
marmoset • *n* kosman *(m)*
marmot • *n* svišť *(m)*
marquess • *n* markýz *(m)*
marriage • *n* sňatek *(m)*, manželství *(n)*, svatba *(f)*, vztah *(m)*
married • *adj* ženatý *(m)*, vdaná *(f)*
marrow • *n* morek *(m)*
marshal • *n* maršál *(m)*

marshmallow • *n* proskurník lékařský *(m)*
marsupial • *n* vačnatec *(m)*
marten • *n* kuna *(f)*
martial • *adj* bojový *(m)*
martingale • *n* martingal *(m)*
martyr • *n* mučedník *(m)*
martyrdom • *n* mučednictví *(n)*, mučení *(n)*
marvelous • *adj* úžasný *(m)*, udivující, obdivuhodný *(m)*
marzipan • *n* marcipán *(m)*
mascara • *n* řasenka *(f)*
mascot • *n* maskot *(m)*
masculine • *n* mužský rod *(m)* • *adj* mužský, mužný, mužský *(m)*
mask • *n* maska *(f)*
masochism • *n* masochismus *(m)*
masochist • *n* masochista *(m)*
masochistic • *adj* masochistický
mason • *n* zedník *(m)*
masonry • *n* zednictví *(n)*
masquerade • *n* maškaráda *(f)*
mass • *n* hmota *(f)*, spousta *(f)*, většina *(f)*, hmotnost *(f)*, mše *(f)*
massacre • *v* masakrovat • *n* masakr *(m)*
massage • *n* masáž *(f)*
masseur • *n* masér *(m)*
massive • *adj* masivní
mast • *n* stěžeň *(m)*
master • *n* pán *(m)*, mistr *(m)*
mastitis • *n* mastitida *(f)*
masturbation • *n* masturbace *(f)*, onanie *(f)*
mat • *n* rohožka *(f)*
matador • *n* matador *(m)*
match • *v* odpovídat • *n* zápas *(m)*, zápalka *(f)*, sirka *(f)*
matchmaker • *n* dohazovač *(m)*, dohazovačka *(f)*
matchstick • *n* zápalka *(f)*, sirka *(f)*
material • *n* materiál *(m)* • *adj* materiálový, hmotný, materiální
materialism • *n* materialismus *(m)*
materialize • *v* zhmotnit, zhmotnit se
maternal • *adj* mateřský
maternity • *n* porodnické oddělení *(n)*
math • *n* matika *(f)*
mathematical • *adj* matematický *(m)*
mathematically • *adv* matematicky
mathematician • *n* matematik *(m)*
mathematics • *n* matematika *(f)*
matinee • *n* matiné *(n)*
matriarchy • *n* matriarchát *(m)*
matriculation • *n* imatrikulace *(f)*
matrix • *n* matice *(f)*, matice

matter • *v* záležet • *n* hmota *(f)*, látka *(f)*, důvod *(m)*
mattock • *n* motyka *(f)*
mattress • *n* matrace *(f)*
mature • *adj* dospělý, zralý
maul • *v* hrubě, zacházet, potrhat, ztrhat
mausoleum • *n* mauzoleum *(n)*
maverick • *n* neoznačkovaný dobytek *(m)*, nonkonformista, nepřizpůsobivý *(m)*, podivín *(m)*, volnomyšlenkář *(m)* • *adj* podivínský *(m)*, nezapadající, nepřizpůsobivý *(m)*, nekonformní, individualistický *(m)*
maxillofacial • *adj* maxilofaciální
maxim • *n* maxim *(m)*, poučka *(f)*
maximal • *adj* maximální
maximization • *n* maximalizace *(f)*
maximum • *n* maximum *(n)*
may • *v* smět
maybe • *adv* asi, možná
mayfly • *n* jepice *(f)*
mayhem • *n* zmatek *(m)*
mayonnaise • *n* majonéza *(f)*
mayor • *n* starosta *(m)*
maze • *n* bludiště *(n)*
me • *pron* mě, mne, se, mnou, mně, mi, si, já, můj
mead • *n* medovina *(f)*
meadow • *n* louka *(f)*
meadowlark • *n* vlhovec *(m)*
meal • *n* jídlo *(n)*, šrot *(m)*
mean • *v* chtít, plánovat, znamenat • *n* prostředek *(m)*, aritmetický průměr *(m)*
meaning • *n* význam *(m)*, smysl *(m)*
meaningful • *adj* smysluplný
meaningfulness • *n* smysluplnost *(f)*
meaningless • *adj* bezvýznamný
meanwhile • *adv* mezitím
measles • *n* spalničky
measurable • *adj* měřitelný
measure • *v* měřit • *n* míra *(f)*, takt *(m)*, opatření *(n)*
measurement • *n* měření *(n)*
meat • *n* maso *(n)*
meaty • *adj* masový, pořádný, výživný
mechanic • *n* mechanik *(m)*
mechanical • *adj* mechanický *(m)*
mechanics • *n* mechanika *(f)*
mechanism • *n* mechanismus
medal • *n* medaile *(f)*
media • *n* média
medially • *adv* středně
median • *n* medián *(m)*
mediator • *n* zprostředkovatel *(m)*, mediátor *(m)*
medical • *adj* lékařský

medication • *n* léky
medicine • *n* lék *(m)*, léčba *(f)*, lékařství *(n)*
medieval • *adj* středověký *(m)*
mediocre • *adj* průměrný *(m)*
mediocrity • *n* průměrnost *(n)*
meditation • *n* rozjímání *(n)*, meditace *(f)*
medium • *n* médium *(n)*
meek • *adj* skromný *(m)*, mírný *(m)*, pokorný *(m)*, poddajný *(m)*, pokorný, tichý *(m)*
meerkat • *n* surikata *(f)*
meet • *v* potkat, splnit
meeting • *n* schůze *(n)*, shromáždění *(n)*, zasedání *(n)*, účastník *(m)*, setkání *(n)*
megalomania • *n* velikášství *(n)*
meiosis • *n* meióza *(f)*
melancholic • *adj* melancholický, melancholik
melancholy • *n* melancholie *(f)* • *adj* melancholický
melange • *n* směs *(f)*
melanoma • *n* melanom *(m)*
melodrama • *n* melodram *(m)*
melody • *n* melodie *(f)*
melon • *n* meloun *(m)*
melt • *v* tavit, tát, roztávat, roztát
meltdown • *n* roztavení reaktoru *(n)*
melting • *n* tání *(n)*
member • *n* člen *(m)*, končetina *(f)*
membership • *n* členství *(n)*
membrane • *n* membrána *(f)*, blána *(f)*
meme • *n* mem *(m)*
memorize • *v* memorovat
memory • *n* paměť *(f)*, vzpomínka *(f)*
men • *n* lidé
mend • *v* opravit, spravit
mendacious • *adj* prolhaný
mendelevium • *n* mendelevium
meningeal • *adj* meningeální
meningioma • *n* meningiom *(m)*
meningitis • *n* meningitida *(f)*, zánět mozkových blan *(m)*
meninx • *n* mozková blána *(f)*
meniscus • *n* meniskus *(m)*
menopause • *n* menopauza *(f)*
menstrual • *adj* menstruační
menstruation • *n* menstruace *(f)*
mental • *adj* duševní
menthol • *n* mentol *(m)*
mention • *v* zmínit • *n* zmínka *(f)*
menu • *n* jídelní lístek *(m)*, nabídka *(f)*, menu *(n)*
meow • *v* mňoukat • *interj* mňau
mercenary • *n* žoldák *(m)*, žoldnéř *(m)*

merchandise • *n* zboží *(n)*
merchant • *n* kupec *(m)*, obchodník *(m)*
merciless • *adj* nemilosrdný *(m)*
mercilessly • *adv* nemilosrdně
mercury • *n* rtuť *(f)*
mercy • *n* milost
merely • *adv* pouze
merge • *v* sloučit
meridian • *n* poledník *(m)*
merit • *n* zásluha *(f)*
meritocracy • *n* meritokracie *(f)*
merlin • *n* dřemlík tundrový *(m)*
mermaid • *n* mořská panna *(f)*
merry • *adj* veselý
mesmerize • *v* uchvátit, okouzlit, fascinovat
mesothelioma • *n* mezoteliom *(m)*
mess • *n* nepořádek *(m)*
message • *n* zpráva *(f)*
messenger • *n* posel *(m)*, kurýr *(m)*
messiah • *n* mesiáš *(m)*
messianic • *adj* mesiášský
metabolism • *n* metabolismus *(m)*, metabolizmus *(m)*
metal • *n* kov *(m)*
metalanguage • *n* metajazyk *(m)*
metallic • *adj* kovový, kovový *(m)*
metallurgist • *n* metalurg *(m)*
metallurgy • *n* hutnictví *(n)*, metalurgie *(f)*
metamorphosis • *n* proměna *(f)*
metaphor • *n* metafora *(f)*
metaphysics • *n* metafyzika *(f)*
metastasis • *n* metastáza *(f)*
metastatic • *adj* metastatický
meteor • *n* meteor *(m)*, povětroň *(m)*, létavice *(f)*
meteorite • *n* meteorit *(m)*
meteorological • *adj* meteorologický
meteorologist • *n* meteorolog *(m)*
meteorology • *n* meteorologie *(f)*
meter • *n* metr *(m)*
methane • *n* metan *(m)*
methionine • *n* methionin *(m)*
method • *n* metoda *(f)*
methodological • *adj* metodologický
methodology • *n* metodologie *(f)*, metodika *(f)*
methyl • *n* metyl *(m)*
meticulous • *adj* pečlivý, puntíčkářský *(m)*, akurátní
metonymy • *n* metonymie *(f)*
metric • *n* metrika *(f)* • *adj* metrický *(m)*
metro • *n* metro *(m)*, metro
metrology • *n* metrologie *(f)*, měrný systém *(m)*
metropolis • *n* velkoměsto *(n)*

metropolitan • *adj* metropolitní
mica • *n* slída *(f)*
micelle • *n* micela *(f)*
microbe • *n* mikrob *(m)*
microbiology • *n* mikrobiologie *(f)*
micrometer • *n* mikrometr *(m)*
micron • *n* mikron *(m)*
microorganism • *n* mikroorganismus *(m)*
microphone • *n* mikrofon *(m)*
microprocessor • *n* mikroprocesor *(m)*
microscope • *n* mikroskop *(m)*
microscopic • *adj* mikroskopický
microwave • *n* mikrovlna *(f)*
micturition • *n* močení *(n)*
midbrain • *n* střední mozek *(m)*
middle • *n* střed *(m)* • *adj* prostřední
midnight • *n* půlnoc *(f)*
midshipman • *n* poručík *(m)*
midsummer • *n* letní slunovrat
midwife • *n* porodní bába *(f)*
midwifery • *n* porodnictví *(n)*
might • *n* moc *(f)*, síla *(f)*, zdatnost *(f)*
mighty • *adj* mocný
migraine • *n* migréna *(f)*
migratory • *adj* stěhovavý *(m)*
mild • *adj* mírný *(m)*
mildew • *v* zplesnivět, plesnivět • *n* plíseň *(f)*
mile • *n* míle *(f)*
milestone • *n* milník *(m)*, mezník *(m)*
militarism • *n* militarismus *(m)*
military • *n* vojsko *(n)* • *adj* vojenský *(m)*, válečný, válečný *(m)*, armádní
militia • *n* milice *(f)*
milkman • *n* mlékař *(m)*
milkshake • *n* koktejl *(m)*
milksop • *n* bačkora
milky • *adj* mléčný
mill • *n* mlýn *(m)*, mlýn, továrna *(f)*
millennium • *n* tisíciletí *(n)*, milénium *(n)*
miller • *n* mlynář *(m)*
millet • *n* proso *(n)*
milligram • *n* miligram *(m)*
millionaire • *n* milionář *(m)*
millipede • *n* stonožka *(f)*
millisecond • *n* milisekunda *(f)*
millstone • *n* mlýnský kámen *(m)*
milt • *n* mlíčí *(n)*
mime • *n* pantomima *(f)*, mim *(m)*
minaret • *n* minaret *(m)*
mince • *n* sekaná *(f)*
mind • *n* mysl *(f)*, rozum
mine • *pron* můj *(m)* • *v* dolovat, zaminovat, podminovat • *n* důl *(m)*, mina *(f)*

minefield • *n* minové pole *(n)*
minelayer • *n* minonoska *(f)*
miner • *n* havíř *(m)*, horník *(m)*, minér *(m)*
mineral • *n* minerál *(m)*, nerost *(m)*, minerální voda
mineralogy • *n* mineralogie *(f)*
mineshaft • *n* šachta *(f)*
minesweeper • *n* minolovka *(f)*, hledání min *(n)*
minimal • *adj* minimální
minimization • *n* minimalizace *(f)*
minimize • *v* minimalizovat
minimum • *n* minimum *(n)*
mining • *n* hornictví *(n)*, těžba *(f)*
minion • *n* oblíbenec
minister • *n* ministr *(m)*
ministry • *n* ministerstvo *(n)*
minium • *n* suřík
mink • *n* norek *(m)*
minnow • *n* střevle *(f)*
minor • *adj* vedlejší *(m)*
minority • *n* menšina *(f)*
minstrel • *n* minstrel *(m)*
mint • *v* razit *(m)* • *n* mincovna *(f)*, máta *(f)*
minuend • *n* menšenec *(m)*
minuet • *n* menuet *(m)*
minus • *n* mínus *(n)*
minuscule • *n* miniskule *(f)*
minute • *v* zapisovat • *n* minuta *(f)*, minutka *(f)*, vteřina *(f)*, chvilka *(f)*, zápis *(m)* • *adj* drobný, nepatrný, podrobný
miracle • *n* zázrak *(m)*, div *(m)*
miraculous • *adj* zázračný
mirage • *n* fata morgána *(f)*, přelud *(m)*
mire • *n* močál *(m)*
mirror • *n* zrcadlo *(n)*, zrcátko *(n)*
misanthropy • *n* misantropie *(f)*
miscarriage • *n* potrat *(m)*
miscarry • *v* potratit
miscellaneous • *adj* rozmanitý, různorodý, smíšený
mischief • *n* darebáctví *(n)*, rošťárna *(f)*, škoda *(f)*, spoušť *(f)*, darebák *(m)*, rošťák *(m)*, vandal *(m)*
miscreant • *n* ničema *(m)*, kacíř *(m)*, nevěrec *(m)* • *adj* ničemný, kacířský
misdemeanor • *n* přečin, přestupek *(m)*
miser • *n* lakomec *(m)*
miserable • *adj* nešťastný, bědný, mizerný *(m)*
miserliness • *n* lakota *(f)*
miserly • *adj* lakomý *(m)*
misery • *n* neštěstí *(n)*, bída *(f)*
misfire • *v* střílet
mishmash • *n* mišmaš *(m)*, všehochuť

(f)
mislead • *v* svést, klamat
misleading • *adj* zavádějící
misogyny • *n* misogynství *(n)*, nenávist k ženám *(f)*
miss • *v* minout, netrefit, postrádat, vyhnout, chybět, zmeškat • *n* slečna *(f)*
missile • *n* střela *(f)*
mission • *n* poslání *(n)*, mise *(f)*
missionary • *n* misionář *(m)*
mist • *n* mlha *(f)*
mistake • *v* zaměnit • *n* chyba *(f)*
mister • *n* pán *(m)*
mistletoe • *n* jmelí *(n)*
misunderstand • *v* neporozumět, špatně pochopit
misunderstanding • *n* nedorozumění *(n)*
misuse • *n* zneužití *(n)* • *v* zneužít
mite • *n* roztoč *(m)*
mitigate • *v* zmírnit, snížit
mitochondrion • *n* mitochondrie *(f)*
mitosis • *n* mitóza *(f)*
mitten • *n* palcová rukavice *(f)*, palčák *(m)*
mix • *v* míchat
mixed • *adj* smíšený *(m)*
mixer • *n* mixér *(m)*
mixture • *n* směs *(f)*
mizzenmast • *n* zadní stěžeň *(m)*
mnemonic • *adj* mnemonický, mnemotechnický
mnemonics • *n* mnemotechnika *(f)*
moa • *n* moa
moan • *v* sténat • *n* nářek *(m)*
moat • *n* vodní příkop *(m)*
mob • *n* dav *(m)*, stádo *(n)*, chátra *(f)*
mobile • *adj* mobilní, pohyblivý
mobility • *n* pohyblivost *(f)*, mobilita *(f)*
mobilization • *n* mobilizace *(f)*
mockery • *n* výsměch *(m)*, zesměšnění *(n)*, posměch *(m)*
mockingbird • *n* drozd mnohohlasý *(m)*
mode • *n* modus *(m)*, režim *(m)*, mód *(m)*
model • *n* model *(m)*, modelka *(f)*, manekýn *(m)*, manekýna *(f)*, manekýnka *(f)*, model, vzor *(m)*
modem • *n* modem *(m)*
moderate • *v* moderovat • *adj* mírný
moderately • *adv* mírně, středně
moderation • *n* umírněnost *(f)*
moderator • *n* moderátor *(m)*, moderátorka *(f)*
modern • *adj* moderní

modernization • *n* modernizace *(f)*
modest • *adj* skromný *(m)*
modesty • *n* skromnost *(f)*
modification • *n* úprava *(f)*
modular • *adj* modulární
module • *n* modul *(m)*
mohair • *n* mohér
moiety • *n* skupina *(f)*
moist • *adj* vlhký
moisten • *v* navlhčit
moisture • *n* vlhkost *(f)*
molar • *adj* molární
molasses • *n* melasa *(f)*
mold • *n* forma *(f)*, plíseň *(f)*
mole • *n* mateřské znaménko *(n)*, krt *(m)*, krtek *(m)*, mol *(m)*
molecular • *adj* molekulární
molecule • *n* molekula *(f)*
molehill • *n* krtina *(f)*
mollycoddle • *v* rozmazlovat • *n* mazánek *(m)*
molybdenum • *n* molybden *(m)*
moment • *n* okamžik *(m)*, moment *(m)*, moment síly *(m)*
momentary • *adj* chvilkový *(m)*
momentous • *adj* důležitý *(m)*, významný *(m)*, závažný *(m)*
momentum • *n* hybnost *(f)*
monarch • *n* panovník *(m)*, monarcha *(m)*
monarchism • *n* monarchismus *(m)*
monarchist • *n* monarchista *(m)*
monarchy • *n* monarchie *(f)*
monastery • *n* klášter *(m)*
monastic • *adj* mnišský
monasticism • *n* mnišství *(n)*
monetary • *adj* peněžní
money • *n* peníze
mongoose • *n* mangusta *(f)*, promyka *(f)*, surikata *(f)*
monism • *n* monismus *(m)*
monitor • *n* monitor *(m)*
monk • *n* mnich *(m)*
monkey • *n* opičák *(m)*, opice *(f)*
monocle • *n* monokl *(m)*
monocyte • *n* monocyt *(m)*
monograph • *n* monografie *(f)*
monolingual • *adj* jednojazyčný
monolith • *n* monolit *(m)*
monomer • *n* monomer *(m)*
mononucleosis • *n* mononukleóza *(f)*
monopoly • *n* monopol *(m)*, monopolní postavení *(f)*
monosemy • *n* monosémie *(f)*
monosyllabic • *adj* jednoslabičný *(m)*
monotheism • *n* monoteismus *(m)*
monotheistic • *adj* monoteistický

monotone • *adj* jednotvárnost jeho hlasu
monotonous • *adj* monotónní
monsoon • *n* monzun *(m)*
monster • *n* nestvůra *(f)*, příšera *(f)*, potvora *(f)*
monstrance • *n* monstrance *(f)*
month • *n* měsíc *(m)*
monthly • *n* měsíčník *(m)*, měsíčky
monument • *n* památník *(m)*, monument *(m)*, pomník *(m)*
moo • *v* bučet • *n* bučení *(n)* • *interj* bú
mood • *n* nálada *(f)*
moody • *adj* náladový
moon • *n* měsíc, měsíc *(m)*
moonstone • *n* měsíček
moor • *n* vřesoviště *(n)*
moose • *n* los *(m)*
moped • *n* moped *(m)*
moraine • *n* moréna *(f)*
moral • *adj* morální
morale • *n* morálka *(f)*
more • *adv* víc, více
morel • *n* smrž *(m)*
moreover • *adv* nadto
mores • *n* mravy, mrav *(m)*
morgue • *n* márnice *(f)*
morion • *n* morion
morning • *n* ráno *(n)*, dopoledne *(n)*
morpheme • *n* morfém *(m)*
morphine • *n* morfin *(m)*, morfium *(n)*
morphology • *n* morfologie *(f)*, tvarosloví *(n)*
morrow • *n* ráno *(n)*
mortal • *n* smrtelník *(m)* • *adj* smrtelný *(m)*
mortality • *n* smrtelnost *(f)*
mortar • *n* malta *(f)*, minomet *(m)*, hmoždíř *(m)*, moždíř *(m)*
mortgage • *n* hypotéka *(f)*
mortification • *n* odumírání *(n)*, ponížení *(n)*
mortmain • *n* nezcizitelný, pozemek *(m)*
mosaic • *n* mozaika *(f)*, koláž *(f)*
mosque • *n* mešita *(f)*
mosquito • *n* komár *(m)*
moss • *n* mech *(m)*
most • *adv* nejvíce
mote • *n* smítko *(n)*
motel • *n* motel *(m)*
moth • *n* můra *(f)*
mother • *n* matka *(f)*
mother-in-law • *n* tchýně *(f)*, tchyně *(f)*
motherhood • *n* mateřství *(n)*
motif • *n* motiv *(m)*
motion • *n* pohyb *(m)*

motionless • *adj* nehybný
motivation • *n* motivace *(f)*
motive • *n* motiv *(m)*, pohnutka *(f)* • *adj* hybný
motor • *n* motor *(m)* • *adj* motorický
motorcycle • *n* motocykl *(m)*
mottled • *adj* strakatý
motto • *n* motto *(n)*
mouflon • *n* muflon
mount • *v* připojit
mountain • *n* hora *(f)*, kopa *(f)*
mountaineer • *n* horolezec *(m)*
mountainous • *adj* hornatý *(m)*, ohromný *(m)*, obrovský *(m)*
mourn • *v* truchlit
mouse • *n* myš *(f)*, myšák *(m)*, myška *(f)*
mousetrap • *n* past na myši *(f)*, pastička *(f)*
moustache • *n* knír *(m)*
mouth • *n* ústa, pusa *(f)*, tlama *(f)*, ústí *(n)*
move • *v* pohnout, hýbat se, stěhovat, hýbat, dojmout, dojímat, podat • *n* pohyb *(m)*, tah *(m)*, stěhování *(m)*
movement • *n* pohyb *(m)*, hnutí *(n)*, věta *(f)*
movie • *n* film *(m)*
moving • *adj* dojemný *(m)*, dojemná *(f)*, dojemné *(n)*
mow • *v* kosit, sekat, žnout
mu • *n* mí
much • *adv* moc, mnohem
mucus • *n* sliz *(m)*
mud • *n* bláto
muddy • *adj* blátivý
mudguard • *n* blatník *(m)*
mudra • *n* mudra *(f)*
muesli • *n* müsli *(n)*
muezzin • *n* muezzin *(m)*
muff • *n* rukávník *(m)*
mug • *n* hrnek *(m)*, ksicht *(m)*
mugwort • *n* černobýl *(m)*, pelyněk černobýl *(m)*
mulberry • *n* moruše *(f)*
mule • *n* mula *(f)*
mullein • *n* divizna *(f)*
mullet • *n* parmice *(f)*, deka *(n)*
multicellular • *adj* mnohobuněčný
multicultural • *adj* multikulturní
multilateral • *adj* multilaterální *(m)*, vícestranný *(m)*
multilingual • *adj* vícejazyčný *(m)*
multiple • *n* násobek *(m)*
multiplication • *n* násobení *(n)*
multiplier • *n* multiplikátor *(m)*
multiply • *v* násobit, vynásobit, znásobit

mum • *n* máma *(f)*, maminka *(f)*
mumble • *v* mumlat • *n* mumlání *(n)*
mummer • *n* mim *(m)*
mummy • *n* mumie *(f)*, máma *(f)*, maminka *(f)*
mumps • *n* příušnice
munch • *v* přežvykovat, žmoulat
mundane • *adj* pozemský *(m)*
municipal • *adj* městský *(m)*
municipality • *n* obec *(f)*
munificence • *n* štědrost *(f)*
muntjac • *n* muntžak *(m)*
murder • *v* zavraždit, zničit, zabít, sprovodit ze světa • *n* vražda *(f)*, porod *(m)*, hejno *(n)*
murderer • *n* vrah *(m)*
murderess • *n* vražedkyně *(f)*
muscle • *n* sval *(m)*
muscleman • *n* svalovec *(m)*
muscular • *adj* svalový *(m)*, svalnatý *(m)*
muse • *n* múza *(f)* • *v* dumat
museum • *n* muzeum *(n)*
mushroom • *n* houba *(f)*, hřib *(m)*
music • *n* hudba *(f)*, muzika *(f)*, notace *(f)*, partitura *(f)*
musical • *n* muzikál *(m)*
musician • *n* hudebník *(m)*, muzikant *(m)*
musing • *n* dumání *(n)*
musk • *n* pižmo *(n)*
musket • *n* mušketa *(f)*
musketeer • *n* mušketýr *(m)*
muskrat • *n* ondatra
must • *v* musit • *n* mošt *(m)*
mustard • *n* hořčice *(f)*
muster • *v* svolat, shromáždit, sebrat •

N

nacre • *n* perleť *(f)*
nail • *n* nehet *(m)*, hřebík *(m)* • *v* přibít
naive • *adj* naivní
naively • *adv* naivně
naked • *adj* nahý *(m)*
name • *v* pojmenovat, jmenovat, vyjmenovat, označit • *n* jméno *(n)*, název *(m)*
named • *adj* pojmenovaný *(m)*
nameless • *adj* nepojmenovaný *(m)*
namely • *adv* totiž, jmenovitě
nanny • *n* chůva *(f)*
nap • *v* dát si šlofíka, zdřímnout si, schrupnout si
nape • *n* zátylek *(m)*, šíje *(m)*, týl *(m)*

n nástup *(m)*
mutant • *n* mutant *(m)*
mutation • *n* mutace *(f)*
mute • *n* němý *(m)* • *adj* němý *(m)*
muteness • *n* němota
mutiny • *n* vzpoura *(f)*
mutt • *n* vořech
mutton • *n* skopové *(n)*
mutual • *adj* vzájemný *(m)*
mutually • *adv* vzájemně
muzzle • *n* čenich *(m)*, čumák *(m)*, ústí *(n)*, náhubek *(m)*
mycologist • *n* mykolog *(m)*
mycology • *n* mykologie *(f)*
myelin • *n* myelin *(m)*
myeloma • *n* myelom *(m)*
myocardium • *n* myokard *(m)*
myopia • *n* krátkozrakost *(n)*
myopic • *adj* krátkozraký *(m)*
myriad • *n* myriáda *(f)*
myrrh • *n* myrha *(f)*
myrtle • *n* myrta *(f)*
myself • *n* já sám • *pron* se, sebe
mysterious • *adj* tajemný *(m)*, záhadný *(m)*, tajuplný
mysteriously • *adv* tajemně, záhadně, tajuplně
mystery • *n* záhada *(f)*
mystic • *n* mystik *(m)*
myth • *n* mýtus *(m)*
mythological • *adj* mytologický
mythology • *n* mytologie, mytologie *(f)*, mythologie *(f)*
myxedema • *n* myxedém *(m)*
myxomatosis • *n* myxomatóza *(f)*

naphthalene • *n* naftalín *(m)*, naftalen *(m)*
napkin • *n* ubrousek *(m)*, servítek *(m)*
narcissist • *n* narcista *(m)*
narcissus • *n* narcis *(m)*
narcolepsy • *n* narkolepsie
narrate • *v* vyprávět
narrative • *n* vyprávění *(n)*, narace *(f)* • *adj* narativní, vyprávěcí
narrator • *n* vypravěč *(m)*
narrow • *adj* úzký *(m)*
narrow-minded • *adj* úzkoprsý *(m)*
narrowly • *adv* úzko
narwhal • *n* narval *(m)*
nasal • *adj* nosní *(m)*

nasopharynx • *n* nosohltan *(m)*
nasturtium • *n* řeřicha
nasty • *adj* špinavý, odporný, protivný, sprostý *(m)*
nation • *n* národ *(m)*, stát *(m)*
national • *adj* národní
nationalism • *n* nacionalismus *(m)*
nationalist • *n* nacionalista *(m)* • *adj* nacionalistický, národovecký
nationality • *n* národnost *(f)*, občanství *(n)*, národní, charakter *(m)*, občané, obyvatelé
native • *n* domorodec *(m)*, rodák *(m)* • *adj* rodný *(m)*
natty • *adj* fešácký
natural • *adj* přírodní *(m)*, přirozený *(m)*
naturalism • *n* naturalismus *(m)*
naturally • *adv* přirozeně
nature • *n* povaha *(f)*, příroda *(f)*
naught • *n* nula *(f)*, nicota *(f)*
nausea • *n* nevolnost *(f)*, mdlo *(f)*
nave • *n* loď *(f)*
navel • *n* pupek *(m)*
navigation • *n* navigace *(f)*
navvy • *n* kopáč *(m)*
navy • *n* námořnictvo *(n)*
neanderthal • *n* neandrtálec *(m)*
near • *v* blížit • *adj* blízký *(m)* • *prep* u
nearby • *adv* blízko
nearly • *adv* málem, skoro, téměř
neat • *adj* čistý
nebula • *n* mlhovina *(f)*
necessary • *adj* nutný *(m)*
necessity • *n* nutnost *(f)*, nouze *(f)*
neck • *n* krk *(m)*, šíje *(f)*, hrdlo *(n)*
necklace • *n* náhrdelník *(m)*
necktie • *n* vázanka *(f)*, kravata *(f)*
necrobiosis • *n* nekrobióza *(f)*
necromancer • *n* nekromant
necromancy • *n* nekromancie *(f)*
necrophilia • *n* nekrofilie *(f)*
necrosis • *n* nekróza
nectar • *n* nektar *(m)*
nectarine • *n* nektarinka *(f)*
nee • *adj* rozený *(f)*
need • *n* potřeba *(f)* • *v* potřebovat
needle • *n* jehla *(f)*, jehlice *(f)*
negation • *n* negace *(f)*
negative • *n* negativ *(m)* • *adj* negativní, záporný *(m)*, záporný
negatively • *adv* záporně
neglect • *v* zanedbat • *n* zanedbání *(n)*
negligence • *n* nedbalost *(f)*
negligent • *adj* nedbalý *(m)*
negligible • *adj* zanedbatelný *(m)*
negotiate • *v* vyjednávat, vyjednat
negotiation • *n* vyjednávání *(n)*

negress • *n* černoška *(f)*
neigh • *v* ržát • *n* ržání *(n)*, řehtání *(n)*, zařehtání *(n)*
neighborhood • *n* sousedství *(n)*, sousedstvo *(n)*
neighboring • *adj* sousední
neither • *conj* ani X ani Y • *pron* žádný *(n)*
nematode • *n* hlístice *(f)*
nemesis • *n* odplata *(f)*
neodymium • *n* neodym *(m)*
neoliberalism • *n* neoliberalizmus *(m)*
neologism • *n* novotvar *(m)*
neon • *n* neon *(m)*
neoprene • *n* neoprén *(m)*
nephew • *n* synovec *(m)*
nephritic • *adj* ledvinový *(m)*, nefritický *(m)*, renální *(m)*
nephritis • *n* nefritida
nepotism • *n* nepotismus *(m)*, nepotizmus *(m)*
neptunium • *n* neptunium *(n)*
nerve • *n* nerv *(m)*
nervous • *adj* nervózní, nervový *(m)*
nervousness • *n* nervozita *(f)*
nest • *v* hnízdit • *n* hnízdo *(n)*, hnízdečko *(n)*, útočiště *(n)*
nestling • *n* ptáče *(n)*
net • *n* síť *(f)*, síť
nettle • *n* kopřiva *(f)*
network • *n* síť *(f)*, síť
neuralgia • *n* neuralgie *(f)*
neurasthenia • *n* neurastenie *(f)*
neuritis • *n* neuritida *(f)*
neurological • *adj* neurologický *(m)*
neurologist • *n* neurolog *(m)*
neurology • *n* neurologie *(f)*, neurověda *(f)*
neuromuscular • *adj* nervosvalový
neurophysiology • *n* neurofyziologie *(f)*
neuroscience • *n* neurověda *(f)*
neurosis • *n* neuróza *(f)*
neurosurgeon • *n* neurochirurg *(m)*
neurotransmitter • *n* neurotransmiter *(m)*
neuter • *v* kastrovat • *n* střední rod *(m)* • *adj* střední
neutral • *adj* neutrální
neutrino • *n* neutrino *(n)*
neutron • *n* neutron *(m)*
never • *adv* nikdy
nevertheless • *adv* nicméně
new • *adj* nový *(m)*, nový
newborn • *n* novorozenec *(m)*
newcomer • *n* příchozí *(m)*, nováček *(m)*

news • *n* noviny
newspaper • *n* noviny, novinový papír *(m)*
newt • *n* mlok *(m)*, čolek *(m)*
newton • *n* newton *(m)*
next • *adj* příští, další, následující • *prep* vedle
nexus • *n* souvislost *(f)*, spojení *(n)*, nexus *(m)*
nibble • *v* okusovat, ohlodávat, hlodat
nice • *adj* hezký, příjemný, milý, hezký *(m)*, pěkný *(m)*, krásný *(m)* • *interj* hezky, pěkně
nicely • *adv* pěkně, hezky
niche • *n* výklenek *(m)*, nika *(f)*
nick • *n* zářez *(m)*, vrub *(m)*
nickel • *n* nikl *(m)*
nickname • *v* přezdívat • *n* přezdívka *(f)*
nicotine • *n* nikotin *(m)*
niece • *n* neteř *(f)*
nigger • *n* negr *(m)*
night • *n* noc *(f)*, večer *(m)*
nightfall • *n* soumrak *(m)*
nightgown • *n* noční košile *(f)*
nightingale • *n* slavík *(m)*
nightmare • *n* noční můra *(f)*
nightshade • *n* lilek *(m)*
nihilism • *n* nihilismus *(m)*, nihilizmus *(m)*
nihilist • *n* nihilista *(m)*
nihilistic • *adj* nihilistický
nimbleness • *n* hbitost *(f)*
nineteenth • *adj* devatenáctý
ninetieth • *adj* devadesátý
ninth • *n* devátý *(m)*, devítina *(f)* • *adj* devátý
niobium • *n* niob *(m)*
nipple • *n* bradavka *(f)*, prsní bradavka *(f)*
nirvana • *n* nirvána *(f)*
nit • *n* hnida *(f)*
nitrogen • *n* dusík *(m)*
nix • *n* nic
no • *n* ne, proti
nobelium • *n* nobelium *(n)*
nobility • *n* šlechta *(f)*, vznešenost *(f)*
noble • *n* šlechtic *(m)* • *adj* vznešený *(m)*, velkomyslný *(m)*, ušlechtilý *(m)*
nobleness • *n* vznešenost *(f)*
nocturnal • *adj* noční
nod • *v* přikývnout, klímat
node • *n* uzel *(m)*
noise • *n* hluk *(m)*, šum *(m)*
noisy • *adj* hlučný *(m)*
nomad • *n* nomád *(m)*
nomadic • *adj* nomádský, kočovný

nomenclature • *n* nomenklatura *(f)*
nominal • *adj* jmenovitý, nominální
nominalism • *n* nominalismus *(m)*
nominate • *v* nominovat
nomination • *n* nominace *(f)*
nonagenarian • *n* devadesátník *(m)*, devadesátnice *(f)*
nonalcoholic • *adj* nealkoholický *(m)*
noncarbonated • *adj* neperlivý
nonce • *n* jednorázová příležitost *(f)*, jediná příležitost *(f)*, okazionalizmus *(m)*, hapax *(m)*
nonchalance • *n* nonšalance *(f)*
nonchalant • *adj* nonšalantní, nenucený, lhostejný
nonconformist • *n* nonkonformista *(m)*
none • *pron* žádný *(m)*
nonexistent • *adj* neexistující
nonfiction • *n* literatura faktu *(f)*
nonplus • *v* zaskočit
nonprofit • *adj* neziskový *(m)*
nonsense • *n* nesmysl *(m)*, nonsens *(m)*
nonsensical • *adj* nesmyslný *(m)*
nonsteroidal • *adj* nesteroidní *(m)*
noodle • *n* nudle *(f)*
noon • *n* poledne *(n)*
noose • *n* oprátka *(f)*
nor • *conj* ani
noradrenaline • *n* noradrenalin *(m)*
norm • *n* norma *(f)*
normal • *adj* normální
normalcy • *n* normálnost *(f)*, normalita *(f)*
normative • *adj* normativní *(m)*
north • *n* sever *(m)*, půlnoc *(f)* • *adj* severní *(m)*
northeast • *n* severovýchod *(m)* • *adj* severovýchodní
northern • *adj* severní
northwest • *n* severozápad *(m)* • *adj* severozápadní
nose • *n* nos *(m)*
nosology • *n* nosologie *(f)*
nostalgia • *n* nostalgie *(f)*
nostril • *n* nozdra *(f)*, nosní dírka *(f)*
nosy • *adj* vlezlý
not • *adv* ne • *conj* ne, nikoliv
notary • *n* notář *(m)*
notation • *n* zápis *(m)*, notace *(f)*
notch • *n* zářez, vrub
note • *v* poznamenat, všimnout si, zaznamenat • *n* poznámka *(f)*, zápis *(m)*, zápisek *(m)*, zprávička *(f)*, nóta *(f)*, nota *(f)*
notebook • *n* zápisník *(m)*, blok *(m)*, notes *(m)*, sešit *(m)*, notebook *(m)*
nothing • *pron* nic

notice • *n* oznámení *(n)*, výpověď *(f)*
notification • *n* upozornění *(n)*
notify • *v* upozornit
notion • *n* pojem *(m)*, představa *(f)*
notorious • *adj* nechvalně známý *(m)*
notwithstanding • *prep* přes, vzdor, navzdory
noun • *n* podstatné jméno *(n)*, substantivum *(n)*
nourish • *v* živit, vyživovat
novel • *adj* originální, neotřelý • *n* román *(m)*
novelist • *n* romanopisec *(m)*
novelty • *n* novost *(f)*
novice • *n* nováček *(m)*, začátečník *(m)*, novic *(m)*
now • *adv* teď, nyní
nowhere • *adv* nikde, nikam
nozzle • *n* trubka, tryska *(f)*
nu • *n* ný *(n)*
nuclear • *adj* jaderný *(m)*
nucleolus • *n* jadérko *(n)*
nucleon • *n* nukleon *(m)*
nucleus • *n* jádro *(n)*, střed *(m)*
nude • *adj* nahý
nudism • *n* nudismus *(m)*
nudity • *n* nahota *(f)*
numb • *adj* necitlivý
number • *v* číslovat, počítat • *n* číslo *(n)*, číslice *(f)*, množství *(n)*
numbness • *n* znecitlivění *(n)*
numeral • *n* číslice *(f)*

numerator • *n* čitatel *(m)*
numerical • *adj* číselný *(m)*, numerický *(m)*
numerous • *adj* četný *(m)*, početný *(m)*
numismatics • *n* numismatika *(f)*, numizmatika *(f)*
numismatist • *n* numismatik
nun • *n* jeptiška *(f)*, řeholnice *(f)*, mniška *(f)*
nurse • *v* kojit, ošetřovat • *n* chůva *(f)*, kojná *(f)*, sestra *(f)*, zdravotní sestra *(f)*, ošetřovatel *(m)*, ošetřovatelka *(f)*
nurture • *n* výchova *(f)*, výživa *(f)*
nut • *n* ořech *(m)*, matka *(f)*, matice *(f)*, koule *(f)*
nutcracker • *n* louskáček *(m)*
nuthatch • *n* brhlík *(m)*
nutmeg • *n* muškátovník *(m)*, maciżeň pravá *(f)*, muškát *(m)*, muškátový ořech *(m)*, jesle, housle, gajdy
nutrition • *n* výživa *(f)*
nutty • *adj* ořechový
nylon • *n* nylon *(m)*, nylonky *(f)*, nylonové punčochy *(f)*
nymph • *n* nymfa *(f)*
nymphet • *n* nymfička *(f)*, lolita *(f)*, lolitka *(f)*
nymphomania • *n* nymfomanie *(f)*
nymphomaniac • *n* nymfomanka *(f)*
nystagmus • *n* nystagmus *(m)*

O

oak • *n* dub *(m)*
oar • *n* veslo *(n)*
oarsman • *n* veslař *(m)*
oasis • *n* oáza *(f)*
oat • *n* oves *(m)*
oath • *n* přísaha *(f)*, slib *(m)*
obedience • *n* poslušnost *(f)*
obedient • *adj* poslušný *(m)*
obelisk • *n* obelisk *(m)*
obese • *adj* obézní
obesity • *n* obezita *(f)*, otylost *(f)*
obey • *v* poslouchat, podřídit se, řídit se (čím), být v souladu
obituary • *n* nekrolog *(m)*
object • *v* namítnout • *n* předmět *(m)*, objekt *(m)*
objection • *n* námitka *(f)*, námitka
objective • *n* záměr *(m)*, cíl *(m)*, objektiv *(m)* • *adj* objektivní
obligation • *n* závazek *(m)*

oblivious • *adj* nevšímavý *(m)*, nevědomý *(m)*, nesoustředěný *(m)*, neuvědomující si
oboe • *n* hoboj
oboist • *n* hobojista *(m)*
obscene • *adj* sprostý
obscenity • *n* oplzlost *(f)*
obscurantism • *n* obskurantismus *(m)*
obscure • *adj* temný *(m)*, nezřetelný *(m)*
obsequious • *adj* podlézavý
observance • *n* dodržování *(n)*
observation • *n* pozorování *(n)*
observatory • *n* hvězdárna *(f)*, observatoř *(f)*
observe • *v* pozorovat, dodržovat, podotknout, poznamenat
observer • *n* pozorovatel *(m)*
obsessed • *adj* posedlý
obsession • *n* posedlost *(n)*, obsese *(f)*
obsidian • *n* obsidián *(m)*

obstacle • *n* překážka *(f)*
obstetrics • *n* porodnictví *(n)*
obstinate • *adj* tvrdohlavý
obtain • *v* získat
obverse • *n* líc *(m)*
obvious • *adj* zřejmý *(m)*, samozřejmý
obviously • *adv* zjevně
ocarina • *n* okarína *(f)*
occasion • *v* zapříčinit • *n* příležitost *(f)*
occasional • *adj* příležitostný, občasný
occasionally • *adv* občas, příležitostně
occipital • *adj* týlní, okcipitální
occiput • *n* týl *(m)*
occupant • *n* okupant *(m)*, cestující *(f)*
occupation • *n* zaměstnání *(n)*, obsazení *(n)*, okupace *(f)*
occupied • *adj* obsazený, okupovaný
occupier • *n* okupant *(m)*
occupy • *v* obsadit
occur • *v* nastat, udát se, stát se, odehrát se, dít se, se, napadnout
occurrence • *n* výskyt *(m)*
ocean • *n* oceán *(m)*
oceanographer • *n* oceánograf *(m)*
oceanography • *n* oceánografie *(f)*
ocelot • *n* ocelot *(m)*
octagon • *n* osmiúhelník *(m)*
octahedron • *n* osmistěn *(m)*, oktaedr *(m)*
octameter • *n* oktametr
octogenarian • *n* osmdesátník *(m)*
octopus • *n* chobotnice *(f)*
odd • *adj* lichý *(m)*
odds • *n* šance *(f)*, kurs *(m)*
ode • *n* óda *(f)*
of • *prep* z, ze
off • *adv* pryč
offend • *v* urazit
offensive • *n* ofenzíva *(f)*, útok *(m)* • *adj* urážlivý *(m)*
offer • *n* nabídka *(f)* • *v* nabídnout
office • *n* kancelář *(f)*, úřad *(m)*, funkce *(f)*
officer • *n* funkcionář, důstojník *(m)*
official • *n* funkcionář *(m)* • *adj* oficiální
officially • *adv* oficiálně
offset • *n* ofset *(m)*
offside • *n* ofsajd *(m)*, postavení mimo hru *(n)* • *adj* ofsajdový *(m)*
offspring • *n* potomstvo *(n)*
often • *adv* často
ogre • *n* obr lidožrout *(m)*, zlobr *(m)*
oh • *interj* ach
ohm • *n* ohm *(m)*
oil • *v* naolejovat • *n* olej *(m)*, nafta *(m)*
oilskin • *n* voskované plátno *(n)*
oily • *adj* olejový, olejnatý, podlézavý

ointment • *n* mast *(f)*
okapi • *n* okapi
old • *adj* starý
old-fashioned • *adj* staromódní *(m)*
oleander • *n* oleandr *(m)*
olfactory • *adj* čichový *(m)*
oligarchy • *n* oligarchie *(f)*
olive • *n* oliva *(f)*, oliva
ombudsman • *n* ombudsman *(m)*
omega • *n* omega *(f)*
omen • *n* znamebí *(n)*
omicron • *n* omikron
ominous • *adj* zlověstný
omit • *v* vynechat
omnibus • *n* autobus
omnipotence • *n* všemohoucnost *(f)*
omnipotent • *adj* všemohoucí, všemocný
omnipresent • *adj* všudypřítomný *(m)*
omniscience • *n* vševědoucnost *(f)*
omniscient • *adj* vševědoucí
omnivore • *n* všežravec *(m)*
omnivorous • *adj* všežravý *(m)*
on • *adj* zapnuto • *prep* na, dne, o
once • *adv* jednou, kdysi
oncogene • *n* onkogen *(m)*
oncologist • *n* onkolog *(m)*
oncology • *n* onkologie *(f)*
one • *n* jednička *(f)*, jednodolarovka *(f)*
one-eyed • *adj* jednooký
one-sided • *adj* jednostranný
one-way • *adj* jednosměrný
oneirology • *n* oneirologie *(f)*
oneness • *n* jednota *(f)*
onion • *n* cibule *(f)*
only • *adj* jediný, jedináček *(m)* • *adv* jen, jenom, pouze, jedině, až, teprve • *conj* jenže
onomastics • *n* onomastika *(f)*
onomatopoeia • *n* onomatopoie *(f)*, zvukomalba *(f)*, onomatopoion *(n)*
ontogeny • *n* ontogeneze *(f)*
ontological • *adj* ontologický *(m)*
ontology • *n* ontologie *(f)*
onyx • *n* onyx *(m)*
ooze • *v* vytékat, mokvat
opacity • *n* neprůhlednost *(f)*
opal • *n* opál *(m)*
opaque • *adj* neprůhledný *(m)*
opening • *n* otvor *(m)*
openness • *n* otevřenost *(f)*
opera • *n* opera *(f)*
operation • *n* provoz *(m)*, postup, operace *(f)*
operculum • *n* skřele, žaberní víčko
operetta • *n* opereta *(f)*
ophthalmologist • *n* oftalmolog *(m)*,

oční lékař *(m)*
ophthalmology • *n* oftalmologie *(f)*
ophthalmoscope • *n* oftalmoskop *(m)*
opiate • *n* opiát *(m)*
opinion • *n* názor *(m)*, stanovisko *(n)*
opium • *n* opium *(n)*
opossum • *n* vačice *(f)*
opponent • *n* protivník *(m)*, protihráč *(m)*, oponent *(n)*
opportunism • *n* oportunizmus *(m)*
opportunist • *n* oportunista *(m)*
opportunity • *n* příležitost *(f)*, šance *(f)*
opposite • *n* protiklad *(m)*, opak *(m)*, opak, protiklad • *adj* druhý *(m)*, opačný *(m)*, protilehlý • *prep* naproti, proti
opposition • *n* opozice *(f)*
oppress • *v* utiskovat
oppression • *n* útlak *(m)*
opprobrium • *n* potupa *(f)*
optic • *adj* optický
optician • *n* optik *(m)*
optics • *n* optika *(f)*
optimism • *n* optimismus *(m)*
optimist • *n* optimista *(m)*
optimistic • *adj* optimistický
option • *n* možnost *(f)*, opce *(f)*
optional • *adj* volitelný *(m)*
optometrist • *n* optometrista *(m)*
optometry • *n* optometrie *(f)*
or • *conj* nebo
oral • *adj* ústní, orální
orange • *n* pomerančovník *(m)*, pomeranč *(m)*, oranžový • *adj* oranžový
orangeade • *n* oranžáda *(f)*, pomerančová limonáda *(f)*
orangutan • *n* orangutan *(m)*
orator • *n* řečník *(m)*
orbit • *v* obíhat, vyslat • *n* oběžná dráha *(f)*, orbita *(f)*, orbital *(m)*
orc • *n* orc *(m)*, skřet *(m)*
orchard • *n* sad *(m)*
orchestra • *n* orchestr *(m)*
orchid • *n* orchidea *(f)*, orchidej *(f)*
order • *v* uspořádat, rozkázat, objednat • *n* pořadí *(n)*, uspořádání *(n)*, řád *(m)*, pořádek *(m)*, rozkaz *(m)*, povel *(m)*, objednávka *(f)*, uspořádaná množina *(f)*
ordinal • *adj* řadový *(m)*, pořadový *(m)*
ordinary • *adj* obyčejný *(m)*
ore • *n* ruda *(f)*
oregano • *n* dobromysl obecná *(f)*, oregano *(n)*
organ • *n* orgán *(m)*, varhany
organelle • *n* organela *(f)*
organic • *adj* organický
organism • *n* organismus *(m)*
organist • *n* varhaník *(m)*

organization • *n* uspořádání *(n)*, organizace *(f)*
organize • *v* uspořádat, zorganizovat, srovnat, zatřídit, utřídit, roztřídit, organizovat, organizovat se
organizer • *n* pořadatel *(m)*, organizátor *(m)*, organizér *(m)*
orgasm • *n* orgasmus *(m)*
orgy • *n* orgie *(f)*
orient • *v* orientovat
origin • *n* vznik *(m)*, počátek *(m)*, pramen *(m)*, původ *(m)*
original • *adj* původní
originally • *adv* původně
originator • *n* původce *(m)*
ornament • *n* ornament, ozdoba
ornithological • *adj* ornitologický
ornithologist • *n* ornitolog *(m)*
ornithology • *n* ornitologie *(f)*
orphan • *n* sirotek *(m)*, sirota *(f)*
orphanage • *n* sirotčinec *(m)*, dětský dům *(m)*
orthoclase • *n* ortoklas *(m)*
orthodontics • *n* ortodoncie *(f)*
orthodox • *adj* ortodoxní, pravověrný
orthodoxy • *n* ortodoxie *(f)*
orthography • *n* pravopis *(m)*
orthopedics • *n* ortopedie *(f)*
oscillate • *v* kmitat, oscilovat
oscillation • *n* kmitání *(n)*, oscilace *(f)*
oscillator • *n* oscilátor *(m)*
oscilloscope • *n* osciloskop *(m)*
osmium • *n* osmium *(n)*
osmosis • *n* osmóza *(f)*
osmotic • *adj* osmotický *(m)*
osprey • *n* orlovec říční *(m)*
ossicle • *n* kůstka *(f)*, sluchová kůstka *(f)*
ossuary • *n* kostnice *(f)*
ostentation • *n* okázalost *(f)*
ostentatious • *adj* okázalý *(m)*, ostentativní, provokativní
osteoarthritis • *n* osteoartróza *(f)*
osteomyelitis • *n* osteomyelitida *(f)*
osteoporosis • *n* osteoporóza *(f)*
ostrich • *n* pštros
other • *adj* druhý *(m)*, jiný *(m)*, ostatní • *adv* jinak
otherness • *n* jinakost *(f)*
others • *n* ostatní
otherwise • *adv* jinak
otoscope • *n* otoskop *(m)*
otter • *n* vydra *(f)*
ouch • *interj* au
ounce • *n* unce *(f)*
ours • *pron* náš *(m)*
out • *adj* vyautovaný, otevřený • *adv*

venku
outage • *n* prostoj *(m)*, výpadek *(m)*, porucha *(f)*
outcast • *n* vyvrhel *(m)*, vyděděnec *(m)*
outcome • *n* výsledek *(m)*
outdo • *v* překonat
outdoor • *adj* venkovní, outdoorový
outer • *adj* vnější *(m)*
outgoing • *adj* odchozí
outhouse • *n* kadibudka *(f)*
outlet • *n* zásuvka *(f)*
outline • *n* obrys *(m)*
outlook • *n* vyhlídka *(f)*, výhled *(m)*
outpouring • *n* odtok
output • *n* výstup *(m)*, produkce *(f)*
outside • *n* vnějšek *(m)* • *adv* venku, ven, zvenku • *prep* vně
outvote • *v* přehlasovat
oval • *n* ovál *(m)*
ovary • *n* vaječník *(m)*, semeník *(m)*
oven • *n* trouba *(f)*, pec *(f)*
over • *prep* přes
overall • *adj* celkový *(m)*
overalls • *n* kombinéza *(f)*, montérky
overcome • *v* překonat, přemoci, zvládnout, zvládat
overdo • *v* přehnat
overdose • *v* předávkovat
overestimate • *v* přecenit
overhaul • *v* provést generální opravu

• *n* renovace *(f)*, předělání *(n)*, přepracování *(n)*, pročištění *(n)*
overkill • *n* kanón na vrabce
overload • *v* přetížit • *n* přetížení *(n)*
overlook • *v* přehlédnout
overpopulation • *n* přelidnění *(n)*
overripe • *adj* přezrálý
overseer • *n* dozorce *(m)*
overshadow • *v* zastínit
oversight • *n* přehlédnutí *(n)*
oversleep • *v* zaspat
overstate • *v* přehánět
overtime • *n* přesčas *(m)* • *adv* přesčas
overture • *n* předehra *(f)*
overvalue • *v* nadhodnotit, přecenit
ovum • *n* vajíčko *(n)*
owe • *v* dlužit
owl • *n* sova *(f)*
own • *v* vlastnit, mít • *adj* vlastní
owner • *n* majitel *(m)*, vlastník *(m)*
ownership • *n* vlastnictví *(n)*
ox • *n* vůl *(m)*
oxidation • *n* oxidace *(f)*
oxide • *n* oxid *(m)*, kysličník *(m)*
oxlip • *n* prvosenka vyšší *(f)*
oxygen • *n* kyslík *(m)*
oxymoron • *n* oxymóron *(m)*
oystercatcher • *n* ústřičník *(m)*
ozone • *n* ozón *(m)*, ozon *(m)*

P

pace • *n* krok
pacemaker • *n* kardiostimulátor *(m)*
pacifism • *n* pacifismus *(m)*
pack • *v* balit • *n* balíček *(m)*, smečka *(f)*
package • *n* balík *(m)*, balíček *(m)*
packed • *adj* nacpaný
packet • *n* balíček *(m)*
paddle • *n* pádlo *(n)*
paddy • *n* rýžové pole *(m)*
padlock • *n* visací zámek *(m)*
pagan • *n* pohan *(m)*
paganism • *n* pohanství *(n)*
page • *v* číslovat, stránkovat, vyvolat • *n* strana *(f)*, stránka *(f)*, páže *(n)*
pagination • *n* stránkování *(n)*
paging • *n* stránkování *(n)*
pagoda • *n* pagoda *(f)*
pain • *n* bolest *(f)*, otrava *(f)*, trest *(m)*
painkiller • *n* analgetikum *(n)*
painless • *adj* bezbolestný
paint • *v* malovat • *n* barva *(f)*
paintbrush • *n* malířský štětec *(m)*

painter • *n* malíř *(m)*
painting • *n* obraz *(m)*, malba *(f)*
pair • *n* pár *(m)*, dvojice *(f)*
pajamas • *n* pyžamo *(n)*
palace • *n* palác *(m)*
paladin • *n* paladin *(m)*
palatable • *adj* dobrý *(m)*, přijatelný *(m)*
palate • *n* patro *(n)*
palatine • *n* palatin *(m)*, palatýn *(m)*
pale • *adj* bledý *(m)* • *n* kůl
paleface • *n* bledá tvář
paleness • *n* bledost *(n)*
paleontological • *adj* paleontologický
paleontologist • *n* paleontolog *(m)*
paleontology • *n* paleontologie *(f)*
palette • *n* paleta, barevná paleta
palimpsest • *n* palimpsest *(m)*
palindrome • *n* palindrom *(m)*
palladium • *n* palladium
pallet • *n* paleta *(f)*
palliative • *adj* paliativní
palm • *n* dlaň *(f)*

palpable • *adj* zřejmý
palpably • *adv* zřejmě, očividně
palpitation • *n* palpitace *(f)*
palsy • *n* obrna *(f)*
panacea • *n* všelék *(m)*
pancake • *n* palačinka *(f)*
pancreas • *n* slinivka břišní *(f)*, pankreas *(m)*
pancreatitis • *n* zánět slinivky břišní *(m)*, pankreatitida *(f)*
pandemic • *n* pandemie *(f)* • *adj* pandemický
pander • *n* kuplíř *(m)*
panel • *n* panel *(m)*
panhandle • *n* výběžek *(m)*
panic • *v* panikařit • *n* panika *(f)*
pansy • *n* maceška *(f)*
pantaloons • *n* dlouhé kalhoty, hatě
pantheist • *n* panteista *(m)*
panther • *n* panter *(m)*
pantograph • *n* pantograf *(m)*
pantomime • *n* pantomima *(f)*
pantry • *n* spíž *(f)*
pants • *n* kalhoty, gatě, kaťata, kalhotky, spodky, spoďáry
pantyhose • *n* punčocháče *(f)*
papal • *adj* papežský *(m)*
papaya • *n* papája *(f)*
paper • *n* papír *(m)*, článek *(m)* • *adj* papírový
paperboard • *n* čtvrtka *(f)*
paperweight • *n* těžítko *(n)*
papilloma • *n* papilom *(m)*
paprika • *n* paprika *(f)*
papyrus • *n* šáchor papírodárný *(m)*, papyrus *(m)*
parable • *n* podobenství *(n)*
parabola • *n* parabola
parachute • *n* padák *(m)*
parachutist • *n* parašutista *(m)*, výsadkář *(m)*
parade • *n* přehlídka *(f)*
paradigm • *n* paradigma *(n)*, vzor *(m)*, pojetí *(n)*, předsudek *(m)*
paradise • *n* ráj *(m)*, nebesa
paradisiacal • *adj* rajský *(m)*
paradox • *n* paradox *(m)*
paradoxically • *adv* paradoxně
paragraph • *n* odstavec *(m)*
paralanguage • *n* parajazyk *(m)*
parallax • *n* paralaxa
parallel • *n* rovnoběžka *(f)* • *adj* rovnoběžný *(m)*, paralélní, rovnoběžný
parallelepiped • *n* rovnoběžnostěn *(m)*
parallelism • *n* rovnoběžnost *(f)*
parallelogram • *n* rovnoběžník *(m)*
paralysis • *n* ochrnutí *(n)*

parameter • *n* parametr *(m)*
paranoia • *n* paranoia *(f)*
paranoid • *n* paranoik *(m)* • *adj* paranoidní
paraplegia • *n* paraplegie *(f)*
paraplegic • *n* paraplegik *(m)*
parasite • *n* parazit *(m)*, cizopasník *(m)*
parasitic • *adj* parazitní, cizopasný
parasitism • *n* cizopasnictví *(n)*, parazitismus *(m)*
paratrooper • *n* výsadkář *(m)*
parcel • *n* balík *(m)*, parcela *(f)*
parchment • *n* pergamen *(m)*
pardon • *n* milost *(f)*
parenchyma • *n* parenchym *(m)*
parent • *n* rodič *(m)*, zdroj *(m)*
parenthesis • *n* vsuvka *(f)*, závorka *(f)*
parenthood • *n* rodičovství *(n)*
paresis • *n* paréza *(f)*
paresthesia • *n* parestézie *(f)*
parish • *n* farnost *(f)*
parishioner • *n* farník *(m)*
parity • *n* parita *(f)*, parita
park • *v* zaparkovat • *n* park *(m)*
parking • *n* parkoviště *(n)*
parliament • *n* parlament *(m)*
parliamentary • *adj* parlamentní
parochial • *adj* farní, provinční, omezený, lokální
parody • *v* parodovat • *n* parodie *(f)*
parole • *n* podmínečné propuštění *(n)*
parotitis • *n* parotitida *(f)*
paroxysmal • *adj* paroxysmální
parquet • *n* parketa *(f)*
parrot • *v* papouškovat • *n* papoušek *(m)*
parsimonious • *adj* spořivý *(m)*, lakomý *(m)*
parsimony • *n* lakota *(f)*
parsley • *n* petržel *(f)*, petrželka *(f)*
parsnip • *n* pastinák *(m)*, pastinák setý *(m)*
part • *v* rozejít se, rozdělit • *n* část *(f)*, role *(f)*, pěšinka *(f)*
partake • *v* účastnit
partial • *adj* částečný *(m)*
partially • *adv* částečně
participant • *n* účastník *(m)*
participate • *v* účastnit, zúčastnit
participation • *n* účast *(f)*
participle • *n* příčestí *(n)*
particle • *n* částice *(f)*
partisan • *n* stoupenec *(m)* • *adj* stranický, partyzánský
partition • *n* diskový oddíl *(m)*, rozklad *(m)*
partly • *adv* částečně

partner • *n* partner
partnership • *n* partnerství *(n)*
partridge • *n* koroptev *(f)*
parturition • *n* porod *(m)*
party • *n* strana *(f)*, večírek *(m)*, párty *(f)*, oslava *(f)*, mejdan *(m)*, mecheche *(n)*, kalba *(f)*
pasha • *n* paša *(m)*
pass • *v* podávat, podat, jít kolem, minout
passenger • *n* cestující *(m)*
passion • *n* vášeň *(f)*, pašije
passionate • *adj* vášnivý *(m)*
passport • *n* pas *(m)*, cestovní pas *(m)*
password • *n* heslo *(n)*
past • *n* minulost *(f)* • *adj* minulý
pasta • *n* těstoviny
paste • *v* lepit, vložit • *n* kaše *(f)*, pasta *(f)*, těsto *(n)*, pomazánka *(f)*, paštika *(f)*, lepidlo *(n)*
pastime • *n* zábava *(f)*, kratochvíle *(f)*
pastry • *n* pečivo *(n)*
pasture • *n* pastvina *(f)*
patch • *n* záplata *(f)*, náplast *(f)*
patent • *n* patent *(m)*
paternal • *adj* otcovský *(m)*
paternoster • *n* páternoster *(m)*, oběžný výtah *(m)*
path • *n* stezka, pěšina, cesta *(f)*
pathetic • *adj* dojemný *(m)*
pathological • *adj* patologický *(m)*
pathologically • *adv* patologicky
pathology • *n* patologie *(f)*
patience • *n* trpělivost *(f)*, pasiáns *(m)*
patient • *n* pacient *(m)* • *adj* trpělivý *(m)*
patriarch • *n* praotec *(m)*
patriot • *n* vlastenec *(m)*
patriotic • *adj* vlastenecký *(m)*
patron • *n* příznivec *(m)*, zákazník *(m)*, vlastník *(m)*, mecenáš *(m)*
pattern • *n* vzor, vzor *(m)*
paucity • *n* nedostatek *(m)*
pause • *n* přestávka *(f)*, pauza *(f)*
pavement • *n* chodník *(m)*, vozovka *(f)*
pavilion • *n* pavilon *(m)*
paw • *n* packa *(f)*
pawn • *n* pěšec *(m)*
pawnshop • *n* zastavárna *(f)*
pay • *v* platit, vyplatit
payee • *n* příjemce *(m)*, adresát *(m)*
payment • *n* platba *(f)*
payslip • *n* výplatní páska *(f)*
pea • *n* hrách *(m)*, hrášek *(m)*
peace • *n* pokoj *(m)*, klid *(m)*, pokoj, mír *(m)*
peaceable • *adj* mírumilovný *(m)*
peaceful • *adj* mírumilovný, klidný

peacefully • *adv* mírumilovně
peach • *n* broskvoň *(f)*, broskev *(f)*
peacock • *n* páv *(m)*
peafowl • *n* páv *(m)*
peahen • *n* pávice *(f)*
peak • *n* vrchol, vrcholek
peanut • *n* arašíd *(m)*, burský oříšek *(m)*
pear • *n* hruška *(f)*, hrušeň *(f)*
pearl • *n* perla *(f)*
peasant • *n* rolník *(m)*, sedlák *(m)*
peat • *n* rašelina *(f)*
pebble • *n* oblázek *(m)*
peck • *v* zobat, klovat
pectin • *n* pektin *(m)*
peculiar • *adj* zvláštní, neobvyklý, podivný
pecuniary • *adj* pekuniární, peněžní
pedagogical • *adj* pedagogický
pedal • *n* pedál *(m)*
pedant • *n* pedant *(m)*
pedantic • *adj* pedantský *(f)*, pedantický *(m)*, slovíčkářský *(m)*
pederast • *n* pederast *(m)*
pederasty • *n* pederastie *(f)*
pedestal • *n* podstavec *(m)*, piedestal *(m)*
pedestrian • *n* chodec *(m)* • *adj* pěší *(m)*, přízemní
pediatric • *adj* pediatrický
pediatrics • *n* pediatrie *(f)*
pedigree • *n* rodokmen *(m)*
pedometer • *n* krokoměr *(m)*, pedometr *(m)*
peel • *v* loupat
peeler • *n* škrabka *(f)*
peep • *v* pípnout, nakouknout • *n* pípnutí *(n)*, nakouknutí *(n)*
peer • *v* hledět, zírat, civět
pejoratively • *adv* pejorativně
pelican • *n* pelikán *(m)*
pelvic • *adj* pánevní
pelvis • *n* pánev *(f)*
pemphigus • *n* pemfigus *(m)*
pen • *n* pero *(n)*
penchant • *n* vášeň *(f)*
pencil • *n* tužka *(f)*, olůvko *(n)*
pendant • *n* přívěsek *(m)*
pendulum • *n* kyvadlo *(n)*
penetrable • *adj* proniknutelný *(m)*
penetrate • *v* proniknout
penguin • *n* tučňák *(m)*
penicillin • *n* penicilín *(m)*
penile • *adj* penilní
peninsula • *n* poloostrov *(m)*
penis • *n* pyj *(m)*, penis *(m)*, úd *(m)*
penny • *n* cent, penny
pension • *n* důchod *(m)*, penze *(f)*, pen-

zion *(m)*
pensioner • *n* důchodce *(m)*
pensive • *adj* zadumaný
pentagon • *n* pětiúhelník *(m)*
pentathlon • *n* moderní pětiboj
penultimate • *adj* předposlední
peony • *n* pivoňka *(f)*
people • *n* lid *(m)*, lidé, národ *(m)*
pepper • *n* pepř *(m)*
peppermint • *n* máta peprná *(f)*
pepsin • *n* pepsin *(m)*
peptide • *n* peptid *(m)*
per • *prep* na, za
perceive • *v* vnímat
percentage • *n* procento *(n)*
perception • *n* vnímání *(n)*, vjem *(m)*
perceptive • *adj* vnímavý *(m)*
perch • *n* okoun *(m)*
perennial • *n* trvalka *(f)*
perfect • *adj* dokonalý, dokonalý *(m)*
perfection • *n* dokonalost *(f)*
perfective • *adj* dokonavý
perfidy • *n* proradnost *(f)*, zrada *(f)*
performance • *n* výkonnost *(f)*
perfume • *v* navonět, naparfémovat • *n* vůně *(f)*, parfém *(m)*, voňavka *(f)*
perfumery • *n* voňavkářství *(n)*
perfunctory • *adj* formální, ledabylý, povrchní, letmý, zběžný
perhaps • *adv* možná, snad
pericarditis • *n* perikarditida *(f)*, zánět osrdečníku *(m)*
pericardium • *n* osrdečník *(m)*, osrdečnice *(f)*, perikard *(m)*
pericarp • *n* oplodí *(n)*
peril • *n* nebezpečí, ohrožení
perimeter • *n* obvod *(m)*
perineum • *n* hráz *(f)*
period • *n* období *(n)*, tečka *(f)*, perioda • *interj* a tečka
periodic • *adj* periodický *(m)*
periodical • *n* periodikum *(n)*
periodicity • *n* periodicita *(f)*
periodontics • *n* parodontologie *(f)*
periphery • *n* okraj *(m)*
periscope • *n* periskop *(m)*
peritoneum • *n* pobřišnice *(f)*
peritonitis • *n* peritonitida *(f)*
periwinkle • *n* barvínek *(m)*, brčál *(m)*
perjurer • *n* křivopřísežník *(m)*
perjury • *n* křivé svědectví *(n)*
permanent • *adj* trvalý
permeability • *n* permeabilita *(f)*
permission • *n* povolení *(n)*
permit • *v* povolit • *n* povolení *(n)*
permutation • *n* permutace *(f)*
peroxide • *n* peroxid *(m)*

perpendicular • *n* kolmice *(f)* • *adj* kolmý *(m)*
perpendicularly • *adv* kolmo
perpetrate • *v* páchat
perpetually • *adv* neustále
perplex • *v* zaskočit
perry • *n* hruškový mošt *(m)*
perseverance • *n* vytrvalost *(f)*, úpornost *(f)*
persimmon • *n* tomel *(m)*
persistence • *n* perzistence *(f)*, vytrvalost *(f)*
person • *n* osoba *(f)*, člověk *(m)*
personal • *adj* osobní
personality • *n* osobnost *(f)*
personification • *n* personifikace *(f)*, zosobnění *(n)*
perspective • *n* perspektiva *(f)*
perspicacious • *adj* bystrý
perspiration • *n* pocení *(n)*
persuade • *v* přesvědčit
persuasiveness • *n* přesvědčivost *(n)*
pertain • *v* náležet
pertinent • *adj* odpovídající, relevantní, vztahující se, příslušný, patřičný *(m)*, vhodný *(m)*
peruse • *v* prostudovat, prozkoumat, přečíst, pročíst, prohlédnout, přelétnout
pervade • *v* procházet skrz
perverse • *adj* perverzní
pessimism • *n* pesimismus *(m)*
pessimist • *n* pesimista *(m)*
pessimistic • *adj* pesimistický
pesticide • *n* pesticid *(m)*
pestilence • *n* mor *(m)*
pet • *n* domácí mazlíček
petal • *n* okvětní lístek *(m)*
peter • *n* pták *(m)*, čurák *(m)*
petition • *n* žádost *(f)*, suplika *(f)*, petice *(f)*, návrh *(m)*
petticoat • *n* spodnička *(f)*
petty • *adj* malicherný *(m)*, drobný *(m)*
petulant • *adj* popudlivý *(m)*
phagocyte • *n* fagocyt *(m)*
phalanx • *n* článek prstu *(m)*
phallic • *adj* falický
phantom • *n* přízrak *(m)*
pharaoh • *n* faraon *(m)*, farao *(m)*
pharmaceutical • *adj* farmaceutický
pharmacist • *n* lékárník *(m)*, farmaceut *(m)*
pharmacological • *adj* farmakologický
pharmacologist • *n* farmakolog *(m)*
pharmacology • *n* farmakologie *(f)*
pharmacopoeia • *n* lékopis *(m)*, farmakopea *(f)*

pharmacy • *n* lékárna *(f)*, farmacie *(f)*
phase • *n* fáze *(f)*
pheasant • *n* bažant *(m)*
phenol • *n* fenol *(m)*
phenomenon • *n* úkaz *(m)*, jev *(m)*, fenomén *(m)*
phenotype • *n* fenotyp *(m)*
phenylalanine • *n* fenylalanin *(m)*
phew • *interj* uf
phi • *n* fí *(n)*
philanthropic • *adj* filantropický *(m)*
philanthropist • *n* lidumil *(m)*, filantrop *(m)*
philanthropy • *n* filantropie *(f)*
philately • *n* filatelie *(f)*
philippic • *n* filipika *(f)*
philistine • *adj* barbarský
philologist • *n* filolog *(m)*
philology • *n* filologie *(f)*
philosopher • *n* filozof *(m)*, mudrc *(m)*
philosophical • *adj* filozofický *(m)*, rozumový *(m)*
philosophy • *n* filozofie *(f)*, filosofie *(f)*
phlebitis • *n* flebitida *(f)*
phlegm • *n* hlen *(m)*, sopel *(m)*
phlegmatic • *adj* flegmatický
phloem • *n* lýko *(n)*
phlogiston • *n* flogiston *(m)*
phobia • *n* fobie *(f)*
phone • *v* telefonovat, volat • *n* telefon *(m)*, hláska *(f)*
phoneme • *n* foném *(m)*
phonetic • *adj* fonetický
phonetics • *n* fonetika *(f)*
phonological • *adj* fonologický
phonology • *n* fonologie *(f)*
phosphate • *n* fosforečnan *(m)*, fosfát *(m)*
phospholipid • *n* fosfolipid *(m)*
phosphorescent • *adj* fosforeskující
phosphorus • *n* fosfor *(m)*
photo • *n* fotka *(f)*
photocopier • *n* kopírka *(f)*
photocopy • *v* kopírovat • *n* kopie
photogenic • *adj* světélkující, fotogenický
photograph • *v* fotografovat, vyfotografovat • *n* fotografie *(f)*
photographer • *n* fotograf
photographic • *adj* fotografický *(m)*
photography • *n* fotografie, fotografování *(n)*
photon • *n* foton *(m)*
photosynthesis • *n* fotosyntéza *(f)*
phrase • *n* fráze *(f)*, slovní spojení *(n)*, sousloví *(n)*
phraseology • *n* frazeologie *(f)*, dikce *(f)*, výrazivo *(n)*, výrazové prostředky
phylogeny • *n* fylogeneze *(f)*
phylum • *n* kmen *(m)*
physical • *adj* tělesný *(m)*, fyzikální
physician • *n* lékař *(m)*, doktor *(m)*
physicist • *n* fyzik *(m)*
physiognomy • *n* fyziognomie *(f)*
physiological • *adj* fyziologický *(m)*
physiologist • *n* fyziolog *(m)*
physiology • *n* fyziologie *(f)*
physiotherapeutic • *adj* fyzioterapeutický
phytohormone • *n* fytohormon
pi • *n* pí
pianist • *n* klavírista, pianista *(m)*
piano • *n* klavír *(m)*, piáno *(n)*, břinkotruhla *(f)*
pianoforte • *n* břinkotruhla *(f)*, klapkobřinkostroj *(m)*
picador • *n* pikador *(m)*
piccolo • *n* pikola *(f)*
pick • *n* krumpáč *(m)*
pickle • *n* okurka nakládačka *(f)*, kyselá okurka *(f)*, ohrožení *(n)*, nebezpečí *(n)*
pickpocket • *n* kapsář *(m)*
picnic • *n* piknik *(m)*
picture • *v* představovat • *n* obraz *(m)*, fotografie *(f)*, snímek *(m)*, fotka *(f)*, kino *(n)*
picturesque • *adj* malebný, pitoreskní
pie • *n* koláč *(m)*
piece • *n* kus *(m)*, figura *(f)*, kámen *(m)*
pier • *n* molo *(n)*, pilíř *(m)*
pietism • *n* pietismus *(m)*
piety • *n* zbožnost *(f)*
piezoelectricity • *n* piezoelektřina *(f)*
pig • *n* prase *(n)*, vepř *(m)*, svině *(f)*, čuně *(n)*, fízl *(m)*
pigeon • *n* holub *(m)*
piglet • *n* sele *(n)*
pigsty • *n* chlívek *(m)*, vepřín *(m)*
pike • *n* píka *(f)*, štika *(f)*
pile • *n* hromada *(f)*
pilfer • *v* ukrádat
pilgrim • *n* poutník
pilgrimage • *n* pouť *(f)*
pill • *n* pilulka *(f)*, tableta *(f)*
pillage • *v* drancovat, plenit • *n* plenění *(n)*, drancování *(n)*
pillager • *n* plenitel *(m)*
pillar • *n* pilíř *(m)*
pillory • *n* pranýř *(m)*
pillow • *n* polštář *(m)*
pilot • *n* pilot *(m)*
pimp • *n* pasák *(m)*
pimple • *n* uher *(m)*, pupínek *(m)*
pin • *n* špendlík *(m)*, kuželka *(f)*

pincers • *n* kleště, klepeta
pinch • *v* štípnout • *n* špetka *(f)*
pine • *n* borovice *(f)*, sosna *(f)* • *v* tesknit
pineapple • *n* ananasovník *(m)*, ananas *(m)*
pink • *n* karafiát, růžový • *adj* růžový
pinkie • *n* malík *(m)*, malíček *(m)*
pinna • *n* boltec *(m)*
pinnacle • *n* vrchol, vrcholek *(m)*, špice *(f)*, špička *(f)*, (absolutní) špička *(f)*
pinpoint • *v* vymezit
pint • *n* pinta *(f)*
pinwheel • *n* větrník *(m)*
pion • *n* pion *(m)*
pioneer • *n* průkopník *(m)*, pionýr *(m)*
pious • *adj* zbožný
pipe • *n* píšťala *(f)*, varhanní píšťala *(f)*, trubka *(f)*, roura *(f)*, svislítko *(n)*, pipa *(f)*
pipette • *n* pipeta *(f)*
pipit • *n* linduška *(f)*
piracy • *n* pirátství *(n)*
piranha • *n* piraňa *(f)*
pirate • *n* pirát *(m)*
piss • *v* čurat • *n* chcanky
pistachio • *n* pistácie *(f)*
piste • *n* sjezdovka *(f)*, planš *(f)*
pistil • *n* pestík *(m)*
pistol • *n* pistole *(f)*
piston • *n* píst *(m)*
pit • *n* jáma *(f)*, box *(m)*, depo *(n)*, pecka *(f)* • *v* vypeckovat
pita • *n* pita chléb *(m)*
pitch • *n* smůla *(f)*, smola *(f)*, nadhoz, hřiště, rozteč *(f)*
pitchfork • *n* vidle
pity • *n* soucit *(m)*, škoda *(f)*
pixel • *n* pixel *(m)*
pizza • *n* pizza *(f)*
pizzeria • *n* pizzerie *(f)*
place • *v* umístit, zařadit • *n* místo *(n)*
placenta • *n* placenta *(f)*
placental • *adj* placentární, placentální
plagiarism • *n* plagiátorství *(n)*
plagiarist • *n* plagiátor *(m)*
plague • *n* mor *(m)*
plain • *adj* prostý, obyčejný • *n* planina *(f)*, pláň *(f)*
plaintiff • *n* žalobce *(m)*
plait • *v* plést • *n* cop *(m)*, pletenec *(m)*
plan • *v* plánovat • *n* plán *(m)*, půdorys *(m)*
plane • *n* rovina *(f)*, plocha *(f)*, hoblík *(m)*, letadlo *(n)*, letoun *(m)*, platan *(m)* • *adj* plochý, rovinný • *v* hoblovat, plachtit
planet • *n* planeta *(f)*

planetarium • *n* planetárium
planetary • *adj* planetární
plankton • *n* plankton *(m)*
planned • *adj* plánovaný *(m)*
planner • *n* plánovač *(m)*, diář *(m)*
planning • *n* plánování *(n)*
plant • *n* rostlina *(f)*
plantain • *n* jitrocel *(m)*
plantation • *n* plantáž *(f)*
plaque • *n* plak *(m)*
plash • *v* šplouchat
plasma • *n* plazma *(f)*
plaster • *n* sádra *(f)*
plastic • *n* umělá hmota *(f)*, plast *(m)* • *adj* tvárný *(m)*, plastový
plasticine • *n* plastelína *(f)*
plasticity • *n* tvárnost *(f)*
plate • *v* pokrýt, naložit • *n* talíř *(m)*, chod *(m)*, štítek *(m)*, štoček *(m)*
plateau • *n* náhorní plošina *(f)*
platelet • *n* krevní destička *(f)*
platform • *n* platforma *(f)*, nástupiště *(n)*, perón *(m)*
platinum • *n* platina *(f)* • *adj* platinový
platitude • *n* klišé *(n)*, banalita *(f)*
platonic • *adj* platonický *(m)*
platoon • *n* četa *(f)*
platter • *n* tác *(m)*
platypus • *n* ptakopysk *(m)*
plausible • *adj* přijatelný *(m)*, věrohodný *(m)*, uvěřitelný *(m)*, hodnověrný *(m)*, ocenitelný
play • *v* hrát • *n* hra *(f)*
playboy • *n* playboy *(m)*, světák *(m)*, flamendr *(m)*
player • *n* hráč *(m)*, herec *(m)*, přehrávač *(m)*
playful • *adj* hravý
playfulness • *n* hravost *(f)*
playground • *n* hřiště *(n)*
plaything • *n* hračka *(f)*
playwright • *n* dramatik *(m)*
plaza • *n* náměstí *(n)*
pleasant • *adj* příjemný *(m)*
please • *v* potěšit, udělat radost, uspokojit, vyhovět, pokládat za vhodné • *adv* prosím
pleasure • *n* potěšení *(m)*, rozkoš *(f)*, slast *(f)*
plebiscite • *n* plebiscit *(m)*
pledge • *v* zastavit
plenary • *adj* valný, plenární
plenipotentiary • *n* zplnomocněnec *(m)*
plenty • *n* množství, dost
pleonasm • *n* pleonasmus *(m)*
plethora • *n* spousta, přemíra *(f)*, nadbytek *(m)*

pleura • *n* pohrudnice *(f)*
plexus • *n* pleteň *(f)*
pliers • *n* kleště
plosive • *n* exploziva *(f)*, okluziva *(f)*
plot • *n* obsah *(m)*, děj *(m)*, parcela *(f)*, nákres *(m)*, výkres *(m)*
plough • *v* orat • *n* pluh *(m)*
plowshare • *n* radlice *(f)*
pluck • *v* škubat
plug • *n* zástrčka *(f)*
plum • *n* švestka *(f)*, slíva *(f)*
plumage • *n* peří *(n)*
plummet • *n* olovnice *(f)*
plunder • *v* vyplenit, loupit • *n* lup *(m)*, kořist *(f)*
plunderer • *n* plenitel *(m)*
plunger • *n* zvon *(m)*
plural • *n* množné číslo *(n)*
plus • *conj* plus
plush • *n* plyš *(m)*
plutocracy • *n* plutokracie *(f)*
plutocrat • *n* plutokrat *(m)*
plutocratic • *adj* plutokratický
plutonium • *n* plutonium *(n)*
plywood • *n* překližka *(f)*
pneumoconiosis • *n* pneumokonióza *(f)*
pneumonia • *n* zápal plic *(m)*, pneumonie *(m)*
pneumonitis • *n* pneumonitida *(f)*
poach • *v* pytlačit
poacher • *n* pytlák *(m)*
poaching • *n* pytláctví *(n)*
pocket • *n* kapsa *(f)* • *adj* kapesní
pocketknife • *n* kapesní nůž *(m)*
pod • *n* lusk *(m)*
poem • *n* báseň *(f)*
poet • *n* básník *(m)*, básnířka *(f)*, poeta *(m)*, poetka *(f)*
poetess • *n* básnířka *(f)*, poetka *(f)*
poetry • *n* poezie *(f)*
point • *v* ukazovat, ukázat, nasměrovat • *n* okamžik *(m)*, místo *(n)*, bod *(m)*, čárka, špička *(f)*, výběžek *(m)*
pointer • *n* ukazatel *(m)*
points • *n* výhybka *(f)*
poison • *v* otrávit, trávit • *n* jed *(m)*
poisoning • *n* otrava *(f)*
poisonous • *adj* jedovatý *(m)*
poke • *v* prohrábnout
poker • *n* pohrabáč *(m)*, přikládač *(m)*, poker *(m)*
polar • *adj* polární
polarization • *n* polarizace *(f)*
polder • *n* polder *(m)*
pole • *n* pól *(m)*
polecat • *n* tchoř *(m)*

polemic • *n* polemika *(f)*
police • *n* policie *(f)*
policeman • *n* policista *(m)*
policy • *n* politika *(f)*, pojistka *(f)*
poliomyelitis • *n* dětská obrna *(f)*, poliomyelitida *(f)*
polish • *v* leštit • *n* leštidlo *(n)*
politburo • *n* politbyro *(n)*
polite • *adj* zdvořilý, slušný
political • *adj* politický *(m)*
politician • *n* politik *(m)*, politička *(f)*
politics • *n* politika *(f)*
poll • *n* anketa *(f)*
pollen • *n* pyl *(m)*
pollinator • *n* opylovač *(m)*
pollution • *n* znečištění
polo-neck • *n* rolák *(m)*
polonaise • *n* polonéza
polonium • *n* polonium *(n)*
poltergeist • *n* poltergeist *(m)*
polyandry • *n* mnohomužství *(n)*
polyester • *n* polyester *(m)*
polyethylene • *n* polyetylen *(m)*, polyetylén *(m)*, polyethylen *(m)*
polygamy • *n* polygamie *(f)*, mnohoženství *(f)*
polyglot • *n* polyglot *(m)*, polyglota *(f)*
polygon • *n* mnohoúhelník *(m)*, polygon
polygonal • *adj* mnohoúhelníkový
polygynous • *adj* polygynní
polyhedral • *adj* mnohostěnný
polyhedron • *n* mnohostěn *(m)*
polymer • *n* polymer *(m)*
polymerization • *n* polymerizace *(f)*
polymorphism • *n* polymorfizmus *(m)*, mnohotvarost *(f)*, polymorfismus *(m)*
polynomial • *n* polynom *(m)*
polyp • *n* polyp *(m)*
polypropylene • *n* polypropylen *(m)*
polyptoton • *n* polyptoton *(n)*
polysemy • *n* polysémie *(f)*
polysyllabic • *adj* mnohoslabičný *(m)*
polytheism • *n* polyteismus *(m)*
polytheistic • *adj* polyteistický
pomade • *n* pomáda *(f)*
pomegranate • *n* granátové jablko *(n)*
pomelo • *n* pomelo *(n)*
pompous • *adj* pompézní
pond • *n* rybník *(m)*, Velká louže *(f)*, Atlantský oceán *(m)*
pons • *n* most *(m)*
pontificate • *n* pontifikát *(m)*
pony • *n* poník *(m)*
poodle • *n* pudl *(m)*
pool • *n* tůň *(f)*, kaluž *(f)*, louže *(f)*
poor • *adj* chudý *(m)*, nebohý, nevalný

popcorn • *n* popcorn *(m)*, popkorn *(m)*, pražená kukuřice *(f)*, kukuřičné pukance
pope • *n* papež *(m)*, pop *(m)*
poplar • *n* topol *(m)*
poppy • *n* mák *(m)*
popular • *adj* oblíbený *(m)*, populární *(m)*
popularity • *n* oblíbenost *(f)*
population • *n* obyvatelstvo *(n)*, populace *(f)*
porcelain • *n* porcelán *(m)*
porcupine • *n* dikobraz *(m)*
pore • *n* pór
pork • *n* vepřové *(n)*
pornographer • *n* pornograf *(m)*
pornographic • *adj* pornografický
pornography • *n* pornografie *(f)*
porosity • *n* pórovitost *(f)*
porphyria • *n* porfyrie *(f)*
porpoise • *n* sviňucha *(f)*
porridge • *n* kaše *(f)*
port • *n* přístav *(m)*, portské *(n)*
portability • *n* přenosnost *(f)*
portable • *adj* přenosný *(m)*
portal • *n* portál *(m)*
portcullis • *n* padací mříž *(f)*
portend • *v* hlásat, věstit, být předzvěstí
portmanteau • *n* kontaminace
portrait • *n* portrét *(m)*, podobizna *(f)*
posh • *adj* nóbl
position • *n* pozice, umístění, postavení *(n)*, stanovisko *(n)*
positive • *n* pozitiv *(m)* • *adj* pozitivní, kladný *(m)*
positively • *adv* kladně, pozitivně
positivism • *n* pozitivismus *(m)*, pozitivizmus *(m)*
positivist • *n* pozitivista *(m)*
positron • *n* pozitron *(m)*
possess • *v* vlastnit, posednout
possessive • *adj* přivlastňovací *(m)*
possibility • *n* možnost *(f)*
possible • *adj* možný *(m)*
post • *n* sloup *(m)*
postage • *n* poštovné *(n)*
postal • *adj* poštovní
postcard • *n* pohlednice *(f)*, pohled *(m)*
poster • *n* plakát *(m)*
posterity • *n* potomstvo *(n)*
posthumous • *adj* posmrtný *(m)*
posthumously • *adv* posmrtně
postmodernism • *n* postmoderna *(f)*
postnatal • *adj* poporodní
postpone • *v* odložit, odročit
posture • *n* postoj *(m)*
pot • *n* hrnec *(m)*

potable • *adj* pitný
potash • *n* potaš *(f)*
potassium • *n* draslík
potato • *n* brambor *(m)*, brambora *(f)*
potentate • *n* potentát *(m)*
potential • *n* potenciál *(m)* • *adj* potenciální *(m)*, potencionální *(m)*
pothole • *n* výmol *(m)*, výtluk *(m)*
potter • *n* hrnčíř *(m)*
pottery • *n* hrnčířství *(n)*
pouch • *n* vak *(m)*, váček *(m)*
poultry • *n* drůbež *(f)*
pound • *n* libra *(f)*, útulek *(m)* • *v* bušit
pour • *v* lít, sypat
poverty • *n* chudoba *(f)*
powder • *n* prach, prášek
power • *n* moc *(f)*, mocnost *(f)*, síla *(f)*, výkon *(m)*, mohutnost *(f)*, mocnina *(f)*
powerful • *adj* mocný, účinný
powerhouse • *n* zdroj *(m)*, generátor *(m)*, motor *(m)*
powerless • *adj* bezmocný *(m)*
powerlessness • *n* bezmocnost *(f)*
practical • *adj* praktický, praktický *(m)*
practicality • *n* praktičnost *(f)*
practice • *v* cvičit • *n* cvičení, procvičování, praxe, praxe *(f)*
pragmatic • *adj* pragmatický
pragmatics • *n* pragmatika *(f)*
prairie • *n* prérie *(f)*
praise • *v* chválit • *n* chvála *(f)*
praiseworthy • *adj* chvályhodný *(m)*
prank • *n* kanadský žert *(m)*, šprým *(m)*, špás *(m)*
praseodymium • *n* praseodym
prawn • *n* kreveta *(f)*
pray • *v* modlit, pěkně prosit
prayer • *n* modlitba *(f)*, modlení *(n)*, prosba *(f)*
preach • *v* kázat
preacher • *n* kazatel *(m)*
precept • *n* zásada *(f)*
precious • *adj* drahocenný, vzácný, drahý
precipitate • *n* sraženina *(f)*
precipitation • *n* srážení *(n)*, srážky
precise • *adj* přesný *(m)*
precision • *n* přesnost *(f)*
preclude • *v* vyloučit
precursor • *n* předchůdce *(m)*
predator • *n* dravec *(m)*
predecessor • *n* předchůdce *(m)*
predestination • *n* předurčení *(n)*
predestine • *v* předurčit
predicate • *n* přísudek *(m)*, predikát *(m)*
predict • *v* předpovídat, předpovědět, předvídat

predictable • *adj* předvídatelný *(m)*
prediction • *n* předpověď *(f)*
predisposition • *n* predispozice *(f)*
prednisone • *n* prednison *(m)*, prednizon *(m)*
predominant • *adj* převažující
predominantly • *adv* převážně
preeclampsia • *n* preeklampsie *(f)*
preface • *n* předmluva *(f)*, úvod *(m)*
prefer • *v* upřednostňovat, dát přednost, preferovat
prefix • *n* předpona *(f)*, prefix *(m)*
pregnancy • *n* těhotenství *(n)*
pregnant • *adj* těhotná *(f)*
prehistoric • *adj* pravěký *(m)*
prehistory • *n* pravěk *(m)*
prejudice • *n* předsudek *(m)*
prelate • *n* prelát *(m)*
preliminary • *adj* předběžný *(m)*
prelude • *n* předehra *(f)*
premature • *adj* předčasný
prematureness • *n* předčasnost *(f)*
premier • *adj* přední
premiere • *n* premiéra *(f)*
premise • *n* předpoklad *(m)*, premisa *(f)*
premolar • *n* třenový zub *(m)*, třenák *(m)*
premonition • *n* předtucha *(f)*
preparation • *n* příprava *(f)*
prepare • *v* připravit, chystat
preparedness • *n* připravenost *(f)*
preponderance • *n* převaha *(f)*, přesila *(f)*
preposition • *n* předložka *(f)*
prepuce • *n* předkožka *(f)*
presbyopia • *n* presbyopie *(f)*
preschool • *adj* předškolní
prescribe • *v* předepsat
prescription • *n* předpis *(m)*
presence • *n* přítomnost *(f)*
present • *n* přítomnost *(f)* • *adj* přítomný *(m)*, současný *(m)* • *v* uvést
presentation • *n* prezentace
presently • *adv* teď, nyní
preservative • *n* konzervant *(m)*
preserve • *v* chránit, uchovat, uchovávat
presidency • *n* prezidentství *(n)*, prezidentování
president • *n* prezident *(m)*
presidential • *adj* prezidentský
press • *n* lis *(m)*, tisk *(m)* • *v* tisknout, stisknout
pressure • *n* tlak *(m)*
prestige • *n* prestiž *(f)*
prestigious • *adj* prestižní

presumptuous • *adj* domýšlivý *(m)*, troufalý *(m)*, drzý *(m)*
pretend • *v* předstírat
pretense • *n* předstírání *(n)*
pretext • *n* záminka *(f)*
pretty • *adj* hezký
pretzel • *v* preclík *(m)*
prevail • *v* převládat
prevalent • *adj* převládající *(m)*
prevent • *v* bránit, zabránit
preventive • *adj* preventivní
previous • *adj* předchozí *(m)*
previously • *adv* dříve, předtím
prey • *n* kořist *(f)*
price • *v* ocenit • *n* cena *(f)*
prick • *n* lofas *(m)*, čurák
prickle • *n* trn *(m)*, osten *(m)*, bodlina *(f)*, brnění *(n)*, svrbění *(n)*
pride • *n* hrdost, hrdost *(f)*, smečka *(f)*
priest • *n* kněz *(m)*
priestess • *n* kněžka *(f)*
prig • *n* puntičkář *(m)*, zloděj • *v* hadrkovat se
primary • *adj* primární
primeval • *adj* pravěký *(m)*
priming • *n* priming *(m)*
primitive • *adj* primitivní
primrose • *n* prvosenka *(f)*, petrklíč
prince • *n* kníže *(m)*, princ *(m)*
princess • *n* princezna *(f)*
principal • *adj* hlavní
principality • *n* knížectví *(n)*
principle • *n* zásada *(f)*, princip *(m)*
print • *v* tisknout
printer • *n* tiskař *(m)*, tiskárna *(f)*
prior • *n* převor *(m)*
priority • *n* priorita *(f)*
prism • *n* hranol *(m)*
prison • *n* vězení *(n)*, žalář *(m)*, věznění *(n)*
prisoner • *n* vězeň *(m)*
prissy • *adj* cimprlich
privacy • *n* soukromí *(n)*
private • *n* vojín *(m)* • *adj* soukromý *(m)*
privilege • *n* výsada *(f)*, privilegium *(n)*
prize • *n* cena, ocenění
pro • *n* pro *(n)*, klad *(m)*
probability • *n* pravděpodobnost *(f)*
probable • *adj* pravděpodobný *(m)*
probably • *adv* pravděpodobně, asi, spíš, spíše
probation • *n* zkušební doba *(f)*, podmíněný trest *(m)*, podmínka *(f)*
probe • *n* prošetření *(n)*, průzkum *(m)*, sonda *(f)*
problem • *n* problém *(m)*
proboscis • *n* sosák *(m)*

procedure • *n* postup *(m)*, úkony, procedura *(f)*
proceeds • *n* výdělek *(m)*, výnos *(m)*, výtěžek *(m)*
process • *v* zpracovat • *n* proces *(m)*, děj *(m)*
processing • *n* zpracování *(n)*
processor • *n* procesor *(m)*
procrastinate • *v* odkládat
procrastination • *n* odkládání *(n)*
proctitis • *n* proktitida *(f)*
produce • *v* produkovat, vyrábět
producer • *n* výrobce *(m)*
product • *n* výrobek *(m)*, zboží *(n)*, součin *(m)*
production • *n* výroba *(f)*, produkce *(f)*, produkce
productive • *adj* produktivní
productivity • *n* produktivita *(f)*
profession • *n* povolání *(n)*, profese *(f)*
professional • *adj* profesionální, profesionální *(m)*
professor • *n* profesor *(m)*
profile • *n* profil *(m)*
profit • *n* zisk *(m)*, prospěch *(m)*
profitable • *adj* ziskový *(m)*
profound • *adj* hluboký *(m)*, oduševnělý
progenitor • *n* předek *(m)*, praotec *(m)*, předchůdce *(m)*, zakladatel *(m)*
progeny • *n* potomstvo *(n)*
progesterone • *n* progesteron *(m)*
prognosis • *n* prognóza *(f)*
program • *v* programovat • *n* program *(m)*
programmer • *n* programátor *(m)*
programming • *n* programování *(n)*
progress • *n* pokrok *(m)*
progression • *n* posloupnost *(f)*
progressive • *adj* pokrokový *(m)*
prohibit • *v* zakazovat, zakázat
prohibition • *n* zákaz *(m)*, prohibice *(f)*
project • *n* projekt *(m)*
projectile • *n* střela *(f)*, projektil *(m)*
projection • *n* výčnělek *(m)*, výstupek *(m)*, promítání *(n)*, prognóza *(f)*
projector • *n* projektor *(m)*
proletarian • *adj* proletářský *(m)*
proletariat • *n* proletariát *(m)*
proline • *n* prolin *(m)*
prolix • *adj* zdlouhavý
prologue • *n* prolog *(m)*
promethium • *n* promethium *(n)*
prominent • *adj* vyčnívající, prominentní, vynikající, nápadný
promise • *v* slíbit • *n* slib *(m)*
promising • *adj* slibný, nadějný

promisingly • *adv* nadějně
promontory • *n* mys *(m)*, ostroh *(m)*
promote • *v* povýšit, propagovat
promotion • *n* povýšení *(n)*, propagace *(f)*
promotional • *adj* propagační
prompt • *v* napovědět
prompter • *n* nápověda *(f)*, suflér *(m)*
prong • *n* hrot *(m)*
pronghorn • *n* vidloroh *(m)*
pronominal • *adj* zájmenný
pronoun • *n* zájmeno *(n)*
pronounce • *v* prohlásit, vyslovovat, vyslovit, vyhlásit
pronunciation • *n* výslovnost *(f)*
proof • *n* důkaz *(m)*
prop • *n* podpěra *(f)*, vzpěra *(f)*, rekvizita *(f)*, vrtule *(f)*
propaedeutic • *n* propedeutika *(f)*
propaganda • *n* propaganda *(f)*
propane • *n* propan *(m)*
propel • *v* hnát, pohánět
propeller • *n* vrtule *(f)*
proper • *adj* správný, pravý, slušný, vlastní, pořádný *(m)*, pořádný
property • *n* majetek *(m)*, vlastnictví *(n)*, nemovitost *(f)*, vlastnost *(f)*, vlastnost
prophecy • *n* proroctví *(n)*
prophet • *n* prorok *(m)*, prorokyně *(f)*, věštec *(m)*, věštkyně *(f)*
prophetess • *n* věštkyně *(f)*, prorokyně *(f)*
prophylactic • *adj* profylaxní *(n)*, profylakční *(n)*, profylaktický *(m)*, profylaktivní *(n)*
proportion • *n* poměr
proposal • *n* návrh *(m)*
propose • *v* navrhnout
proposition • *n* navrhování *(n)*, návrh *(m)*, nabídka *(f)*, věta *(f)*
proprietor • *n* majitel *(m)*, vlastník *(m)*
prosaic • *adj* prozaický, střízlivý, všední, jednotvárný
prose • *n* próza *(f)*
prospect • *n* vyhlídka *(f)*
prospective • *adj* nastávající
prostaglandin • *n* prostaglandin *(m)*
prostate • *n* předstojná žláza *(f)*, prostata *(f)*
prostatitis • *n* prostatitida *(f)*
prosthesis • *n* protéza *(f)*
prostitute • *n* prostitutka *(f)*, kurva *(f)*
prostitution • *n* prostituce *(f)*
protactinium • *n* protaktinium
protean • *adj* protéovský
protect • *v* chránit
protected • *adj* chráněný *(m)*

protection • *n* ochrana *(f)*, protekce *(f)*
protective • *adj* ochranný
protector • *n* ochránce *(m)*
protectorate • *n* protektorát
protein • *n* bílkovina *(f)*, protein *(m)*
protest • *v* protestovat • *n* protest *(m)*
protist • *n* protista
proton • *n* proton *(m)*
protoplasm • *n* protoplazma *(f)*
prototype • *n* prototyp *(m)*
protozoan • *n* prvok *(m)*
protuberance • *n* výčnělek *(m)*
proud • *adj* hrdý *(m)*, slavný *(m)*, pyšný *(m)*
prove • *v* dokázat, prokázat, ukázat
proverb • *n* přísloví *(n)*
proverbial • *adj* příslovečný *(m)*
provider • *n* poskytovatel *(m)*
province • *n* provincie *(f)*
provisional • *adj* provizorní *(m)*, prozatímní
provocative • *adj* provokativní
provoke • *v* dráždit
prowess • *n* zručnost *(f)*, obratnost *(f)*, dovednost *(f)*, zdatnost *(f)*, šikovnost *(f)*, hrdinství *(n)*, neohroženost *(f)*, odvaha *(f)*
proximity • *n* blízkost *(f)*
proxy • *n* zástupce *(m)*, prostředník *(m)*, zmocněnec *(m)*, mandatář *(m)*, plná moc *(f)*, zplnomocnění *(n)*, mandát *(m)*, zmocnění *(n)*
prune • *n* sušená švestka *(f)* • *v* prořezat
pruning • *n* prořezávání *(n)*
psalm • *n* žalm *(m)*
pseudoephedrine • *n* pseudoefedrin *(m)*
pseudoscience • *n* pavěda *(f)*, pseudověda *(f)*
pseudoscientific • *adj* pavědecký *(m)*, pseudovědecký *(m)*
psi • *n* psí *(n)*
psittacosis • *n* psitakóza *(f)*, ornitóza *(f)*, papouščí nemoc *(f)*
psoriasis • *n* psoriáza *(f)*, lupénka *(f)*
psychedelic • *adj* psychedelický
psychiatric • *adj* psychiatrický
psychiatrist • *n* psychiatr *(m)*
psychiatry • *n* psychiatrie *(f)*
psychic • *n* médium *(m)*
psychoanalysis • *n* psychoanalýza *(f)*
psychogenic • *adj* psychogenní
psychological • *adj* psychologický *(m)*
psychologist • *n* psycholog *(m)*, psycholožka *(f)*
psychology • *n* psychologie *(f)*
psychometry • *n* psychometrie *(f)*

psychopharmacological • *adj* psychofarmakologický
psychopharmacology • *n* psychofarmakologie *(f)*
psychosis • *n* psychóza *(f)*
psychosomatic • *adj* psychosomatický *(m)*
psychotherapeutic • *adj* psychoterapeutický
psychotherapist • *n* psychoterapeut *(m)*
psychotherapy • *n* psychoterapie *(f)*
ptarmigan • *n* bělokur *(m)*
pub • *n* hospoda *(f)*, krčma *(f)*, hostinec *(m)*
puberty • *n* puberta *(f)*
pubis • *n* stydká kost *(f)*
public • *n* veřejnost *(f)* • *adj* veřejný
publication • *n* publikování *(n)*, publikace *(f)*, titul *(m)*, oznámení *(n)*
publicly • *adv* veřejně
publish • *v* vydat, publikovat
publishable • *adj* publikovatelný
publisher • *n* vydavatel *(m)*
puck • *n* puk *(m)*, kotouč *(m)*, touš *(m)*
puddle • *n* louže *(f)*, kaluž *(f)*, hníst *(m)*
puffin • *n* papuchalk *(m)*
pugilist • *n* pěstní zápasník *(m)*
puke • *v* blít • *n* zvratky
pull • *v* táhnout, tahat, vytahovat • *n* tah *(m)*
pulley • *n* kladka *(f)*
pullover • *n* pulover *(m)*
pulmonary • *adj* plicní
pulp • *n* dřeň *(f)*
pulpit • *n* kazatelna *(f)*
pulsar • *n* pulzar *(m)*, pulsar *(m)*
pulsate • *v* pulzovat, oscilovat
pulse • *n* tep *(m)*, puls *(m)*
puma • *n* puma *(f)*
pumice • *n* pemza *(f)*
pump • *n* čerpadlo *(n)*, pumpa *(f)*
pumpkin • *n* dýně *(f)*
pun • *n* slovní hříčka *(f)*
punch • *n* důlčík *(m)*, děrovačka *(f)*
punctual • *adj* dochvilný, přesný
punctuation • *n* interpunkce *(f)*
pundit • *n* učenec *(m)*, vzdělanec *(m)*, odborník *(m)*
pungency • *n* smrad *(m)*
punish • *v* trestat, potrestat
punishable • *adj* trestný
punishment • *n* trest *(m)*
punitive • *adj* trestný
punk • *n* mladistvý delikvent *(m)*, grázl *(m)*, syčák *(m)*, punk, hnutí punk *(n)*, pankáč *(m)*, punker *(m)*

punt • *n* prám *(m)*
punter • *n* zákazník *(m)*
pupil • *n* žák *(m)*, zornice *(f)*
puppet • *n* loutka *(f)*
puppeteer • *n* loutkoherec *(m)*, loutkář *(m)*
puppy • *n* štěně *(n)*
purchase • *v* koupit, sehnat, získat • *n* nákup *(m)*, koupě *(f)*
pure • *adj* čistý, ryzí *(m)*
purgatory • *n* očistec *(m)*
purge • *n* čistka *(f)*
purity • *n* čistota *(f)*, ryzost *(f)*
purple • *adj* nachový, purpurový
purpose • *n* účel *(m)*, cíl *(m)*, úmysl *(m)*
purposive • *adj* účelový *(m)*
purr • *v* příst
purse • *n* peněženka *(f)*, kabelka *(f)*
pursue • *v* pronásledovat

pursuit • *n* snažení *(n)*, snaha *(f)*, úsilí *(n)*, honba (za čím) *(f)*, záliba *(f)*, zájmy
pus • *n* hnis *(m)*
push • *v* tlačit, pohánět, prosazovat
pushover • *n* slaboch *(m)*
pusillanimous • *adj* malomyslný *(m)*
pussy • *n* kočička *(f)*, micka *(f)*, čičinka *(f)*, piča, kunda, pizda *(f)*
put • *v* dát, umístit, postavit, vrhnout
putative • *adj* domnělý *(m)*, putativní
puzzle • *n* záhada *(f)*, hlavolam *(m)*, hádanka *(f)*
pylon • *n* stožár
pylorus • *n* vrátník *(m)*
pyramid • *n* pyramida *(f)*, jehlan *(m)*
pyre • *n* hranice *(f)*
pyrosis • *n* pyróza *(f)*, pálení žáhy *(n)*
python • *n* krajta *(f)*

Q

quadrant • *n* kvadrant *(m)*
quadrilateral • *n* čtyřúhelník *(m)*
quadriplegia • *n* kvadruplegie *(f)*
quadriplegic • *n* kvadruplegik *(m)*
quagmire • *n* bažina *(f)*, močál *(m)*, třasovisko *(n)*
quail • *n* křepelka *(f)*
qualification • *n* kvalifikace *(f)*
qualified • *adj* kvalifikovaný
qualify • *v* kvalifikovat
qualitative • *adj* kvalitativní
quality • *n* kvalita *(f)*, jakost *(f)*, vlastnost *(f)* • *adj* kvalitní
quandary • *n* bezradnost *(f)*, rozpaky, dilema *(n)*
quantifier • *n* kvantifikátor *(m)*
quantity • *n* množství *(n)*
quantization • *n* kvantování *(n)*, kvantizace *(f)*
quarantine • *v* dát do karanténa • *n* karanténa *(f)*
quark • *n* kvark *(m)*, tvaroh *(m)*
quarrel • *n* hádka *(f)*, spor *(m)*
quarrelsome • *adj* hádavý *(m)*
quarry • *n* kamenolom *(m)*
quart • *n* kvart *(m)*
quarter • *v* čtvrtit, rozčtvrtit • *n* čtvrt, čtvrťák *(m)*, čtvrtletí *(n)*, kvartál *(m)*, čtvrť *(f)*
quarter-century • *n* čtvrtstoletí *(n)*
quarterfinal • *n* čtvrtfinále *(n)*
quartermaster • *n* proviantní důstojník *(m)*

quartet • *n* kvartet *(m)*, kvarteto *(n)*
quartile • *n* kvartil *(m)*
quartz • *n* křemen *(m)*
quasar • *n* kvazar *(m)*, kvasar *(m)*
quatrain • *n* čtyřverší *(n)*
quaver • *n* osminka *(f)*
quay • *n* nábřeží *(n)*
queen • *n* královna *(f)*, dáma *(f)*
quell • *n* přemoci, potlačit, zkrotit
querulous • *adj* fňukavý *(m)*, hašteřivý *(m)*
query • *n* dotaz *(m)*
quest • *n* výprava *(f)*
question • *v* zpochybnit • *n* otázka *(f)*, otázka, téma
questionnaire • *n* dotazník *(m)*
queue • *n* fronta *(f)*, zásobník *(m)*
quibble • *v* hašteřit • *n* slovíčkaření *(n)*, hašteření *(n)*
quick • *adj* rychlý
quickly • *adv* rychle, honem, valem
quicksand • *n* tekutý písek *(m)*
quiet • *n* ticho *(n)* • *adj* tichý, klidný
quietly • *adv* tiše
quill • *n* pero *(f)*
quince • *n* kdoule *(f)*, kdouloň *(f)*
quinine • *n* chinin *(m)*
quintet • *n* kvintet *(m)*, kvinteto *(n)*
quip • *v* vtípkovat • *n* vtípek *(m)*
quirk • *n* výstřednost, potrhlost
quit • *v* opustit, přestat, skončit
quite • *adv* dost, zcela, naprosto, úplně, docela

quiver • *n* toulec *(m)*
quiz • *n* kvíz *(m)*
quod • *n* vězení *(n)*, basa *(f)*, lapák *(m)*
quotation • *n* citát *(m)*, kótace *(f)*

quote • *v* citovat, kótovat, kotovat • *n* citát *(m)*, uvozovka *(f)*
quotient • *n* podíl *(m)*

R

rabbi • *n* rabín *(m)*
rabbinate • *n* rabinát *(m)*
rabbit • *n* králík *(m)* • *v* žvanit
rabies • *n* vzteklina *(f)*
raccoon • *n* mýval *(m)*
race • *n* závod *(m)*, rasa *(f)*
racehorse • *n* závodní kůň *(m)*
racer • *n* závodník *(m)*
rachitis • *n* rachitida *(f)*
racial • *adj* rasový
racism • *n* rasismus *(m)*, rasizmus *(m)*
racist • *n* rasista *(m)* • *adj* rasistický
rack • *n* skřipec *(m)*
racket • *n* raketa *(f)*
raconteur • *n* vypravěč *(m)*
radar • *n* radar *(m)*
radiator • *n* radiátor *(m)*
radical • *n* radikál *(m)* • *adj* radikální
radicalism • *n* radikalismus *(m)*
radio • *n* rádio *(n)*, rozhlas *(m)*
radioactive • *adj* radioaktivní
radioactivity • *n* radioaktivita *(f)*
radiographic • *adj* radiografický
radiography • *n* radiografie *(f)*
radioisotope • *n* radioizotop *(m)*
radiologist • *n* radiolog *(m)*
radiology • *n* radiologie *(f)*
radiotherapy • *n* radioterapie *(f)*
radish • *n* ředkvička, řetkvička *(f)*
radium • *n* radium *(n)*, rádium *(n)*
radius • *n* poloměr *(m)*
radon • *n* radon *(m)*
raft • *n* vor *(m)*, raft *(m)*
rag • *n* hadr *(m)*, hadry *(m)*, otrhanec *(m)*
rage • *n* zuřivost *(f)*, běs *(m)*, běsnění *(n)*, hit *(m)*, móda *(f)*, výkřik *(m)*
ragged • *adj* potrhaný, členitý, otrhaný
ragout • *n* ragú *(n)*
ragweed • *n* ambrózie *(f)*
raider • *n* nájezdník *(m)*
rail • *n* zábradlí *(n)*, kolejnice *(f)*, kolej *(f)*, koleje, železnice *(f)*
railing • *n* zábradlí *(n)*
railway • *n* kolej *(f)*, železnice *(f)*, trať *(f)*
rain • *v* pršet, dštít • *n* déšť *(m)*, déšť
rainbow • *n* duha *(f)*
raincoat • *n* pláštěnka *(f)*

rainy • *adj* deštivý
raisin • *n* rozinka *(f)*, hrozinka *(f)*
rajah • *n* rádža *(m)*
rake • *v* hrabat • *n* hrábě
rally • *n* rallye *(f)*, rally *(f)*
ram • *n* beran *(m)*
ramification • *n* rozvětvení *(n)*
rampion • *n* zvonečník *(m)*
ranch • *n* ranč *(m)*
rancid • *adj* žluklý, ztuchlý
random • *adj* náhodný *(m)*, průměrný *(m)*, nesouvisející *(m)*
randomness • *n* náhodnost *(f)*, nahodilost *(f)*, libovolnost *(f)*
range • *n* střelnice, obor hodnot *(m)*
rank • *n* hodnost *(f)*
ransom • *v* vykoupit • *n* výkupné *(n)*
rape • *v* znásilňovat, znásilnit • *n* znásilnění *(n)*
rapeseed • *n* řepka *(f)*
rapid • *n* peřej *(m)* • *adj* rychlý
rapier • *n* rapír *(m)*
rapt • *adj* uchvácen *(m)*, pohroužen
rare • *adj* krvavý, vzácný *(m)*, řídký
rarefied • *adj* ředěný, zředěný
rarely • *adv* zřídka
rareness • *n* vzácnost *(f)*
rarity • *n* vzácnost *(f)*
rascal • *n* rošťák *(m)*, uličník *(m)*, drzoun *(m)*, parchant *(m)*
rash • *n* vyrážka *(f)* • *adj* zbrklý *(m)*
rashness • *n* unáhlenost *(f)*, zbrklost *(f)*
rasp • *v* rašplovat • *n* rašple *(f)*
raspberry • *n* malina *(f)*
rather • *adv* raději, spíš, spíše
ratification • *n* ratifikace *(f)*
ratify • *v* ratifikovat
rating • *n* hodnocení *(n)*, ohodnocení *(n)*
ratio • *n* poměr *(m)*
ration • *n* příděl *(m)*
rational • *adj* racionální
rationalism • *n* racionalismus *(m)*
rationalist • *n* racionalista *(m)*
rationalization • *n* racionalizace *(f)*
rattlesnake • *n* chřestýš *(m)*
raven • *n* krkavec *(m)*
ravenous • *adj* vyhladovělý *(m)*

ravine • *n* rokle *(f)*, strž *(f)*
raw • *adj* syrový *(m)*, surový *(m)*
ray • *n* paprsek *(m)*, polopřímka *(f)*
razor • *n* břitva *(f)*
reach • *v* sáhnout, dorazit, dojet
reaction • *n* reakce *(f)*
reactor • *n* reaktor *(m)*
read • *v* číst, předčítat, být gramotný
readability • *n* čitelnost *(f)*, čtivost *(f)*
readable • *adj* čtivý
reader • *n* čtenář *(m)*
readiness • *n* připravenost *(f)*
ready • *adj* připravený *(m)*
real • *adj* skutečný *(m)*, reálný *(m)*
realism • *n* realismus *(m)*
realistic • *adj* realistický *(m)*
reality • *n* skutečnost *(f)*
realizable • *adj* uskutečnitelný *(m)*
realize • *v* uskutečnit
really • *adv* skutečně • *interj* opravdu, skutečně
realm • *n* říše *(f)*
reap • *v* žnout, žít, kosit
rear • *v* vychovat • *adj* zadní
reason • *n* rozum *(m)*
reasonable • *adj* rozumný
reasonableness • *n* rozumnost *(f)*
reasonably • *adv* rozumně
reasoning • *n* uvažování *(n)*
rebarbative • *adj* odpudivý, odporný
rebel • *n* povstalec *(m)*, rebel *(m)*, buřič *(m)*, vzbouřenec *(m)*
rebellion • *n* povstání *(n)*, vzpoura *(f)*, rebelie *(f)*
rebirth • *n* znovuzrození *(n)*
rebuke • *v* vyčítat • *n* výčitka *(f)*
rebus • *n* rébus *(m)*
recant • *v* odvolat
recapitulation • *n* rekapitulace *(f)*
recede • *v* ustoupit
receipt • *n* stvrzenka *(f)*, účtenka *(f)*
receive • *v* obdržet, přijmout, dostat
receiver • *n* příjemce *(m)*, přijímač *(m)*
recension • *n* recenze *(f)*
recent • *adj* nedávný *(m)*
recently • *adv* nedávno
receptacle • *n* nádoba *(f)*, schránka *(f)*, lůžko *(n)*, zásuvka *(f)*
reception • *n* obdržení *(n)*, přijetí *(n)*, příjem *(m)*, recepce *(f)*
recession • *n* recese *(f)*
recessive • *adj* recesivní
recidivist • *n* recidivista *(m)*
recidivous • *adj* náchylný, k, recidiva *(f)*, recidivní
recipe • *n* recept *(m)*
recipient • *n* příjemce *(m)*

recognition • *n* rozpoznání *(n)*, uznání *(n)*
recognizable • *adj* rozeznatelný, rozpoznatelný
recognize • *v* poznat, uznat
recommend • *v* doporučit
recommendation • *n* doporučení *(n)*
reconcile • *v* smířit se, smířit, sladit, srovnat, vyrovnat, urovnat
reconciliation • *n* usmíření *(n)*, svátost smíření *(f)*, zpověď *(f)*
reconstruction • *n* přestavba *(f)*, rekonstrukce *(f)*
record • *n* záznam *(m)*, deska *(f)*, rekord *(m)*
recorder • *n* zobcová flétna *(f)*
recording • *n* záznam *(m)*, nahrávka *(f)*
recover • *v* zotavit
recovery • *n* zotavení *(n)*
recruit • *v* rekrutovat • *n* branec *(m)*, rekrut *(m)*
rectangle • *n* obdélník *(m)*
rectangular • *adj* obdélníkový
recto • *n* líc
rector • *n* rektor *(m)*
rectum • *n* konečník *(m)*
recursive • *adj* rekurzivní
recycling • *n* recyklace *(f)*
red • *n* červeň • *adj* červený *(m)*, rusý *(m)*, ryšavý *(m)*, rudý *(m)*
redden • *v* červenat, rudnout
reddish • *adj* červenavý
redeem • *v* vykoupit, vyplatit, proplatit
redefinition • *n* redefinice *(f)*
redemption • *n* vykoupení *(n)*
redhead • *n* zrzek *(m)*, zrzka *(f)*
redistribution • *n* přerozdělení *(n)*
reduction • *n* snížení *(n)*, redukce *(f)*
reductionism • *n* redukcionismus *(m)*
redundant • *adj* nadbytečný
redwood • *n* sekvoj *(f)*
reed • *n* rákosí *(n)*, sítí *(n)*, paprsek *(n)*
reef • *n* útes *(m)*
reek • *n* zápach *(m)*, smrad *(m)* • *v* páchnout
reel • *v* vrávorat
refer • *v* odkázat
referee • *n* rozhodčí *(m)*
referendum • *n* referendum *(n)*
refine • *v* čistit, vyčistit, pročistit, rafinovat, kultivovat, vylepšovat
refinement • *n* rafinace *(f)*
refinery • *n* rafinérie *(f)*
reflation • *n* reflace *(f)*
reflect • *v* odrážet, zrcadlit, odrazit
reflection • *n* odraz *(m)*, úvaha *(f)*, reflexe *(f)*

reflex • *n* reflex *(m)*
reflexive • *adj* zvratný *(m)*, reflexivní *(m)*
reform • *n* reforma *(f)*
reformer • *n* reformátor *(m)*
refraction • *n* lom *(m)*, refrakce *(f)*
refrain • *n* refrén *(m)*
refresh • *v* občerstvit, osvěžit
refrigerator • *n* lednice *(f)*, chladnička *(f)*
refuge • *n* útočiště *(n)*
refugee • *n* uprchlík *(m)*
refuse • *n* odpad *(m)* • *v* odmítnout
refutable • *adj* vyvratitelný *(m)*
refutation • *n* vyvrácení *(n)*
refute • *v* vyvrátit, zavrhnout
regard • *n* ohled *(m)*
regardless • *prep* bez ohledu na
regatta • *n* regata *(f)*
regime • *n* režim *(m)*
regiment • *n* pluk *(m)*
region • *n* kraj *(m)*
regional • *adj* regionální, oblastní
register • *v* pasovat, napasovat • *n* registrace *(f)*, rejstřík *(m)*, záznam *(m)*, zapisovač *(m)*, soutisk *(m)*, pasování *(n)*
registration • *n* pasování *(n)*
regressive • *adj* regresivní
regret • *v* litovat, fr • *n* lítost *(f)*
regrettable • *adj* politováníhodný
regular • *adj* pravidelný *(m)*, normální, obyčejný
regularity • *n* pravidelnost *(f)*
regularly • *adv* pravidelně
regulate • *v* regulovat
regulation • *n* nařízení *(n)*
regulator • *n* regulátor *(m)*
regurgitate • *v* papouškovat
rehearsal • *n* zkouška *(f)*
rehearse • *v* zkoušet
reign • *v* vládnout • *n* vláda
rein • *n* otěž *(f)*, uzda *(f)*
reincarnation • *n* převtělení *(n)*
reindeer • *n* sob *(m)*
reinvigorate • *v* oživit
reject • *v* odmítnout, zamítnout
rejection • *n* odmítnutí *(n)*
rejoice • *v* radovat
rejuvenate • *v* omladit
relapse • *n* recidiva, ataka *(f)*, relaps *(m)*
related • *adj* související, příbuzný
relation • *n* vztah *(m)*, relace *(f)*, příbuzný *(m)*
relationship • *n* vztah, příbuznost, příbuzenství
relative • *n* příbuzný *(m)* • *adj* relativní, vztažný *(m)*

relatively • *adv* poměrně, relativně
relax • *v* uvolnit
relaxation • *n* uvolnění *(n)*
relaxed • *adj* uvolněný *(m)*
relay • *v* předat • *n* relé *(n)*, štafeta *(f)*
release • *v* uvolnit • *n* vydání *(n)*
relent • *v* smilovat se, obměkčit se, slitovat se, ochabnout, změknout, povolit
relevant • *adj* relevantní
reliability • *n* spolehlivost *(n)*
reliable • *adj* spolehlivý
relic • *n* relikvie *(f)*
relief • *n* úleva *(f)*, zástup *(m)*, (humanitární) pomoc *(f)*, reliéf *(m)*
relieve • *v* ulevit
relieved • *adj* uklidněný, ulevený
religion • *n* náboženství *(n)*
religious • *adj* náboženský *(m)*, religiózní
reliquary • *n* relikviář *(m)*
relish • *n* požitek *(m)*, potěšení *(n)*
reluctance • *n* váhavost *(f)*
reluctant • *adj* neochotný, zdráhající
reluctantly • *adv* váhavě
rely • *v* spoléhat
remain • *v* zůstat, zbýt
remainder • *n* zbytek *(m)*
remaining • *adj* zbývající
remake • *n* remake *(m)*
remark • *v* poznamenat • *n* poznámka *(f)*
remarkable • *adj* pozoruhodný
remember • *v* pamatovat, zapamatovat
remind • *v* připomenout
reminder • *n* připomínač *(m)*, připomínka *(f)*, upomínka *(f)*
remission • *n* remise *(f)*
remnant • *n* pozůstatek *(m)*
remorse • *n* lítost *(f)*
remote • *n* dálkový ovladač *(m)* • *adj* daleký, vzdálený, nepřístupný
remotely • *adv* vzdáleně
removal • *n* odstranění *(n)*
remove • *v* odebrat, odstranit
remuneration • *n* mzda *(f)*
rendezvous • *n* rande *(n)*
renegade • *n* renegát *(m)*
renewable • *adj* obnovitelný *(m)*
renewal • *n* obnovení *(n)*, obnova *(f)*
rennet • *n* syřidlo *(n)*
renounce • *v* vzdát se
renown • *n* renomé *(n)*
rent • *v* pronajmout • *n* nájemné *(n)*, nájem *(m)*
rentier • *n* rentiér *(m)*
reorganize • *v* reorganizovat
repair • *v* spravit, opravit • *n* oprava *(f)*

repairman • *n* opravář *(m)*
repeat • *v* opakovat
repeatedly • *adv* opakovaně
repel • *v* odpuzovat
repellent • *n* repelent *(m)*
repentance • *n* pokání *(n)*, lítost *(f)*
repertoire • *n* repertoár, repertoár *(m)*
repetition • *n* opakování *(n)*
replace • *v* nahradit
replaceable • *adj* nahraditelný *(m)*
replacement • *n* náhrada *(f)*
replica • *n* replika *(f)*
reply • *v* odpovědět, odepsat • *n* odpověď *(f)*
report • *v* zodpovídat se • *n* zpráva *(f)*, hlášení *(n)*, výbuch *(m)*, výstřel *(m)*
reporter • *n* zpravodaj *(m)*
repose • *n* odpočinek *(m)*, spánek *(m)*, klid *(m)*
represent • *v* reprezentovat, zastupovat
representable • *adj* reprezentovatelný
representation • *n* reprezentace *(f)*, vyobrazení *(n)*, představení *(n)*
representative • *n* zástupce *(m)*, poslanec *(m)*
reproach • *v* vyčítat, kárat • *n* výtka *(f)*, výčitka *(f)*, hanba *(f)*
reproduce • *v* rozmnožit
reproducible • *adj* reprodukovatelný
reproduction • *n* rozmnožování *(n)*, reprodukce *(f)*
reptile • *n* plaz *(m)*
republic • *n* republika *(f)*, republika
republicanism • *n* republikánství *(n)*
repulsive • *adj* odpudivý *(m)*
reputation • *n* pověst *(f)*
repute • *n* reputace *(f)*
request • *v* žádat, požádat • *n* prosba *(f)*, žádost *(f)*
require • *v* žádat, požadovat, vyžadovat
requirement • *n* podmínka *(f)*, požadavek *(m)*
rescue • *v* zachránit
research • *n* výzkum *(m)*
resection • *n* resekce *(f)*, vyříznutí *(n)*
resemble • *v* připomínat, podobat
reservation • *n* výhrada *(f)*
reserved • *adj* odměřený
reservist • *n* záložník *(m)*
reservoir • *n* nádrž *(f)*, nádrž
reset • *v* resetovat
reside • *v* bydlet
residence • *n* sídlo *(n)*
resident • *n* obyvatel
resign • *v* odstoupit, rezignovat

resin • *n* pryskyřice *(f)*
resist • *v* odolat
resistance • *n* odpor *(m)*
resistant • *adj* odolný *(m)*
resistible • *adj* odolatelný
resistor • *n* odpor *(m)*
resolute • *adj* odhodlaný *(m)*
resoluteness • *n* odhodlanost *(f)*
resolution • *n* rozlišení *(n)*, rezoluce *(f)*
resolve • *v* vyřešit
resource • *n* zdroj *(m)*
respect • *v* respektovat, mít úctu, brát ohled, uznávat • *n* respekt *(m)*, úcta *(f)*, vyjádření úcty *(n)*, ohled *(m)*
respectable • *adj* vážený *(m)*, úctyhodný *(m)*
respectively • *adv* v daném pořadí
respiration • *n* dýchání *(n)*
respirator • *n* respirátor *(m)*
resplendence • *n* zář, třpyt, jas
resplendent • *adj* zářivý, oslnivý, třpytivý, skvoucí
response • *n* odpověď *(f)*, reakce *(f)*, odezva *(f)*, odpovídání *(n)*, reagování *(n)*
responsibility • *n* odpovědnost *(f)*, odpovědnost, zodpovědnost
responsible • *adj* odpovědný *(m)*
rest • *n* odpočinek *(m)*, oddech *(m)*, klid *(m)*, pauza *(f)*, podpěra *(f)*, zbytek *(m)* • *v* odpočívat, zůstat, spočívat
restaurant • *n* restaurace *(f)*
restless • *adj* neklidný *(m)*
restore • *v* opravit, obnovit
restrain • *v* mít pod kontrolou, zbavit svobody, omezit, oklešťovat, restringovat, provést restrikci
restraint • *n* připoutání *(n)*, spoutání *(n)*, pouta
restrict • *v* omezit
restricted • *adj* omezený, limitovaný
restrictive • *adj* omezující, restriktivní
result • *n* výsledek *(m)*, závěr *(m)*, důsledek *(m)*
resultant • *adj* výsledný
resulting • *adj* výsledný
resurrection • *n* vzkříšení *(n)*
retail • *n* maloobchod *(m)*
retailer • *n* maloobchodník *(m)*
retain • *v* ponechat
reticulate • *adj* síťkovaný *(m)*
reticulum • *n* čepec *(m)*
retina • *n* sítnice *(f)*
retirement • *n* výslužba
retort • *n* křivule *(f)*
retract • *v* vtáhnout, zatáhnout, vzít zpět, odvolat

retreat • *v* ustoupit • *n* ústup *(m)*, útočiště *(n)*
retroactive • *adj* retroaktivní
retrogression • *n* zánik *(m)*
return • *v* vrátit • *n* návrat *(m)*, návratnost *(f)*
returns • *n* remitenda *(f)*
reveal • *v* odhalit
revel • *v* oddávat se, vychutnávat si, hýřit
revelation • *n* odhalení *(n)*, zjevení *(n)*
revenge • *n* pomsta *(f)*
revenue • *n* výnos *(m)*
reverent • *adj* uctivý *(m)*
reverse • *n* rub *(m)*
reversible • *adj* vratný *(m)*
review • *n* recenze *(f)*, přezkoumání *(n)*, revue *(f)*, přehlídka *(f)*
reviewer • *n* recenzent *(m)*
revise • *v* revidovat
revision • *n* revize *(f)*
revival • *n* obrození *(n)*
revolt • *n* vzpoura *(f)*
revolution • *n* revoluce *(f)*
revolutionary • *n* revolucionář *(m)* • *adj* revoluční *(m)*
revolver • *n* revolver *(m)*
reward • *n* odměna *(f)* • *v* odměnit
reynard • *n* lišák *(m)*
rhenium • *n* rhenium
rhetoric • *n* řečnictví *(n)*, rétorika *(f)*, floskule *(f)*
rhetorical • *adj* řečnický *(m)*
rhetorically • *adv* rétoricky
rhinitis • *n* rinitida *(f)*
rhinoceros • *n* nosorožec *(m)*
rhizome • *n* oddenek *(m)*
rhodium • *n* rhodium *(n)*
rhododendron • *n* rododendron *(m)*
rhombus • *n* kosočtverec *(m)*
rhubarb • *n* rebarbora *(f)*
rhyme • *v* rýmovat • *n* říkanka *(f)*, rýmovačka *(f)*, rým *(m)*
rhyolite • *n* ryolit *(m)*
rhythm • *n* rytmus *(m)*, takt *(m)*, tempo *(n)*
rib • *n* žebro *(n)*
ribbon • *n* stuha *(f)*, páska *(f)*
ribosome • *n* ribozom *(m)*
rice • *n* rýže *(f)*
rich • *adj* bohatý *(m)*
rickets • *n* křivice *(f)*
riddle • *v* prosít, proděravět
ride • *v* jet • *n* jízda *(f)*
rider • *n* jezdec *(m)*
ridge • *n* hřeben *(m)*, oceánský hřbet *(m)*

ridicule • *n* výsměch *(m)*
ridiculous • *adj* směšný *(m)*
ridiculously • *adv* směšně, absurdně
rifle • *n* puška *(f)*, ručnice *(f)*
rigging • *n* takeláž *(f)*
right • *n* právo *(n)*, na pravo, pravice *(f)* • *adj* přímý *(m)*, pravý, kolmý, správný, správný *(m)*, zdravý *(m)*, pravý *(m)*, pravicový *(m)* • *adv* napravo, vpravo, do prava, přesně, dobře, velmi, úplně, zcela, správně, hodně • *interj* v pořádku, správně, souhlasím, tak jo, že, viďte, viď, že ano, dobrá • *v* napravit, napřímit
right-hander • *n* pravák *(m)*, pravačka *(f)*
righteous • *adj* nevinný *(m)*, ctnostný *(m)*, počestný *(m)*, spravedlivý
rightful • *adj* právoplatný
rigid • *adj* tuhý
rind • *n* kůra *(f)*
ring • *n* kroužek *(m)*, prsten *(m)*, ring *(m)*, prstenec *(m)*, okruh *(m)* • *v* zvonit, zavolat, brnknout
rinse • *v* opláchnout, oprat • *n* opláchnutí *(n)*
riot • *n* nepokoj *(m)*, neklid *(m)*, bitka *(f)*, vřava *(f)*
rip • *v* roztrhnout, kopírovat z disku, okrást
ripe • *adj* zralý *(m)*
ripen • *v* zrát, dozrát
ripeness • *n* zralost *(f)*
ripening • *n* zrání *(n)*
rise • *v* stoupat, zvedat se, vyjít • *n* stoupání *(n)*
risk • *n* riziko *(n)*
risotto • *n* rizoto *(n)*
rite • *n* obřad *(m)*, rituál *(m)*
ritual • *n* rituál *(m)*, obřad *(m)* • *adj* rituální
rival • *n* soupeř *(m)*, sok *(m)*, rival *(m)*
rivalry • *n* soupeření *(n)*, rivalita *(f)*
rive • *v* rozštěpit
river • *n* řeka *(f)*, potok *(m)*
riverboat • *n* říční loď *(f)*
rivet • *n* nýt *(m)*
roach • *n* plotice *(f)*
road • *n* cesta *(f)*, silnice *(f)*
roadrunner • *n* kukačka kohoutí *(f)*
roadstead • *n* rejda *(f)*
roan • *n* tisák *(m)*
roar • *v* řvát • *n* řev *(m)*
roast • *v* péct, pražit
robber • *n* zloděj *(m)*, lupič *(m)*
robin • *n* červenka *(f)*, drozd stěhovavý *(m)*

robotics • *n* robotika
rock • *n* skála *(f)*, kámen *(m)*, útes *(m)*, rock *(m)*
rocket • *n* raketa *(f)*
rocky • *adj* skalnatý *(m)*
rococo • *n* rokoko *(n)*
rod • *n* tyč *(f)*, prut *(m)*, tyčinka *(f)*
rodent • *n* hlodavec *(m)*
rodeo • *n* rodeo *(n)*
roe • *n* jikra *(f)*, jikry
roebuck • *n* srnec *(m)*
rogation • *n* litanie *(f)*
roger • *interj* souhlas
role • *n* role *(f)*
roll • *v* válet • *n* svitek *(m)*
roof • *n* střecha *(f)*
rook • *n* havran *(m)*, věž *(f)*
room • *n* prostor *(m)*, pokoj *(m)*, místnost *(f)*
roommate • *n* spolubydlící *(m)*
roost • *n* kurník *(m)*
rooster • *n* kohout *(m)*
root • *n* kořen *(m)*, kořen, kořínek, odmocnina *(f)*
rope • *n* lano *(n)*
rosary • *n* růženec *(m)*
rose • *n* růže *(f)*
rosemary • *n* rozmarýn *(m)*, rozmarýna lékařská *(f)*
rosette • *n* rozeta *(f)*, růžice *(f)*
rostrum • *n* stupínek *(m)*, pódium *(n)*, kazatelna *(f)*, řečniště *(n)*
rot • *v* hnít
rotate • *v* otočit
rotten • *adj* shnilý
rough • *n* raf • *adj* hrubý *(m)*, bouřlivý *(m)*, nepříjemný *(m)*, surový *(m)*, neomalený *(m)*
roughly • *adv* hrubě
roughness • *n* hrubost *(f)*
roulette • *n* ruleta *(f)*
round • *v* zaokrouhlit, zakončit, zahnout, vrhnout • *n* obchůzka *(f)*, kánon, runda *(f)*, kolo *(n)* • *adj* kulatý *(m)*
roundabout • *n* kruhový objezd *(m)*, okružní křižovatka • *adj* nepřímý
rout • *n* raut *(m)*
route • *v* směrovat • *n* trasa *(f)*, cesta *(f)*
routine • *n* běžná praxe *(f)*, rutina *(f)* • *adj* rutinní, běžný, všední
roux • *n* jíška *(f)*, zápražka *(f)*
roving • *adj* toulavý *(m)*, toulající se
row • *n* řada *(f)*, řádek *(m)* • *v* veslovat
rowan • *n* jeřáb ptačí *(m)*, jeřáb *(m)*
rowing • *n* veslování *(n)*
royal • *adj* královský
rub • *v* třít, mnout

rubber • *n* guma *(f)*, pryž *(f)*
rubbish • *n* nesmysl *(m)*
rubble • *n* suť *(f)*
rubidium • *n* rubidium
ruble • *n* rubl *(m)*
rubric • *n* rubrika *(f)*
ruby • *n* rubín *(m)*
ruction • *n* povyk *(m)*
rudd • *n* perlín *(m)*
rudder • *n* kormidlo *(n)*
ruddy • *adj* ruměný *(m)*, brunátný *(m)*, zrudlý, červený *(m)*, rudý *(m)*, narudlý *(m)*, červeňoučký *(m)*
rude • *adj* sprostý *(m)*, drzý *(m)*, sprostý
rudimentary • *adj* základní *(m)*
rug • *n* kobereček *(m)*
ruin • *v* zruinovat • *n* zřícenina *(f)*, ruina *(f)*
rule • *v* vládnout • *n* pravidlo *(n)*
ruler • *n* pravítko *(n)*, vládce *(m)*
rum • *n* rum *(m)*
rumble • *v* rachotit, lomozit, burácet, dunět, hřmět, rvát se, servat se • *n* rachot *(m)*, lomoz *(m)*, burácení *(n)*, dunění *(n)*, pouliční rvačka *(f)*, pouliční bitka *(f)*
rumen • *n* bachor *(m)*
ruminant • *n* přežvýkavec *(m)*
ruminate • *v* přežvykovat, přemítat
rumor • *n* zvěst *(f)*, drby
run • *v* běhat, běžet, prohánět, prohnat, řídit, téct, téci, trvat, zabírat, fungovat, kandidovat, párat se, utíkat, prchat • *n* běh *(m)*
rung • *n* příčka *(f)*
runner • *n* běhoun *(m)*
runoff • *n* odtok
runway • *n* vzletová a přistávací dráha *(f)*, molo *(n)*
rupture • *v* prasknout
rural • *adj* venkovský
ruse • *n* úskok *(m)*, lest *(f)*, úskočnost *(f)*
rush • *n* spěch *(m)*
rusk • *n* suchar *(m)*
rust • *v* rezavět • *n* rez *(f)*
rusticate • *v* vyloučit ze studií
rustle • *v* šustit • *n* šustot *(m)*
rusty • *adj* rezavý *(m)*
rut • *v* říjet • *n* říje *(f)*
rutabaga • *n* tuřín *(m)*
ruthenium • *n* ruthenium *(n)*
rutherfordium • *n* rutherfordium *(n)*
ruthless • *adj* bezohledný *(m)*
rutile • *n* rutil
rye • *n* žito *(n)*

S

sable • *n* sobol *(m)*
sabotage • *v* sabotovat • *n* sabotáž *(f)*
saboteur • *n* sabotér *(m)*
sack • *n* pytel *(m)*
sacral • *adj* křížový *(m)*
sacrament • *n* svátost *(f)*
sacred • *adj* svatý *(m)*, posvátný *(m)*
sacrifice • *v* obětovat • *n* oběť *(f)*
sacrilege • *n* svatokrádež *(m)*
sad • *adj* smutný
saddle • *n* sedlo *(n)* • *v* osedlat
sadism • *n* sadismus *(m)*
sadist • *n* sadista *(m)*
sadistic • *adj* sadistický
sadness • *n* smutek *(m)*
safe • *n* trezor *(m)*, sejf *(m)* • *adj* bezpečný *(m)*
safely • *adv* bezpečně
safety • *n* bezpečí *(n)*, bezpečnost *(f)*, pojistka *(f)*
safflower • *n* světlice *(f)*
saffron • *n* šafrán *(m)*
saga • *n* sága *(f)*
sagacity • *n* moudrost *(f)*
sage • *n* mudrc *(m)*, šalvěj *(f)* • *adj* moudrý, rozumný
sago • *n* ságo *(n)*, ságovník *(m)*
saiga • *n* sajka *(f)*, sajga *(f)*
sail • *n* plachta *(f)*, plavba *(f)*, lopatka *(f)*, věž *(f)* • *v* plavit, plout, plachtit
sailboat • *n* plachetnice *(f)*
sailing • *n* plachtění *(n)*
sailor • *n* námořník *(m)*
saint • *n* svatý *(m)*, světec *(m)*
salad • *n* salát *(m)*
salamander • *n* salamandr *(m)*
salami • *n* salám *(m)*
salary • *n* plat *(m)*
sale • *n* prodej *(m)*, výprodej *(m)*
salesperson • *n* prodavač *(m)*
saline • *n* solný roztok *(m)*
saliva • *n* slina *(f)*
salivation • *n* slinění *(n)*
sallow • *adj* zažloutlý
salmon • *n* losos *(m)*
salmonellosis • *n* salmonelóza *(f)*
salt • *v* solit, osolit • *n* sůl *(f)* • *adj* slaný, solný *(m)*
saltiness • *n* slanost *(f)*
salty • *adj* slaný
salutation • *n* pozdrav *(m)*
salvation • *n* spása
samarium • *n* samarium *(n)*
same • *adj* tentýž *(m)*, stejný *(m)* • *pron* tentýž *(m)*, stejný *(m)*
sameness • *n* stejnost *(f)*
samovar • *n* samovar *(m)*
sample • *v* vzorkovat • *n* vzorek *(m)*
sampling • *n* vzorkování *(n)*
samurai • *n* samuraj *(m)*
sanatorium • *n* sanatorium *(n)*, ozdravovna *(f)*
sanctuary • *n* svatyně *(f)*
sand • *n* písek *(m)*, pláž *(f)*, kuráž *(f)*
sandal • *n* sandál *(m)*
sandalwood • *n* santal *(m)*
sandbox • *n* pískoviště *(n)*, pískoviště
sandpiper • *n* jespák *(m)*
sandpit • *n* pískoviště *(n)*
sandstone • *n* pískovec *(m)*
sandwich • *n* sendvič *(m)*
sanguinary • *adj* krvavý, krvelačný, krvežíznivý
sanguine • *adj* krvavě rudý, rudý, sangvinický, živý, vznětlivý, horkokrevný, optimistický
sans • *prep* bez, beze
sap • *n* míza *(f)*
sapper • *n* ženista *(m)*
sapphire • *n* safír *(m)*
sarcastic • *adj* sarkastický
sarcoma • *n* sarkom *(m)*
sarcophagus • *n* sarkofág *(m)*
sardine • *n* sardinka *(f)*
sashimi • *n* sašimi
satchel • *n* aktovka *(f)*, brašna *(f)*
satellite • *n* družice *(f)*, satelit *(m)*
satire • *n* satira *(f)*
satirical • *adj* satirický
satisfaction • *n* uspokojení *(n)*
satisfactory • *adj* uspokojivý
satisfied • *adj* spokojený *(m)*
satisfy • *v* uspokojit, vyhovět
sauce • *n* omáčka *(f)*
saucepan • *n* kastrol *(m)*
saucer • *n* podšálek *(m)*
saucy • *adj* oprsklý, šťavnatý
sauerkraut • *n* kysané zelí *(n)*
sauna • *n* sauna *(f)*
sausage • *n* klobása *(f)*, párek *(m)*, vuřt *(m)*
savage • *n* divoch *(m)*
savanna • *n* savana *(f)*
save • *v* zachránit, uložit, spořit
saving • *n* úspory
savior • *n* zachránce *(m)*
savvy • *adj* vnímavý *(m)*, důvtipný *(m)*, řídící se zdravým rozumem

saw • *n* pila *(f)*
sawdust • *n* piliny
saxophonist • *n* saxofonista *(m)*, saxofonistka *(f)*
say • *v* říct, povědět
saying • *n* rčení *(n)*, přísloví *(n)*
scab • *n* strup *(m)*, strupovitost *(f)*
scabbard • *n* pochva *(f)*
scabies • *n* svrab *(m)*
scaffold • *n* lešení *(n)*, šibenice *(f)*
scaffolding • *n* lešení *(n)*
scalar • *n* skalár *(m)* • *adj* skalární *(m)*
scale • *n* stupnice *(f)*, měřítko *(n)*, šupina *(f)*, okuj *(f)*, váha *(f)*
scales • *n* váhy
scalp • *v* skalpovat
scam • *n* podvod *(m)*
scan • *v* skenovat
scandal • *n* skandál *(m)*, hamba *(f)*
scandium • *n* skandium
scanner • *n* skener *(m)*
scant • *adj* pramalý *(m)*
scape • *n* stvol *(m)*
scapegoat • *n* obětní beránek *(m)*
scar • *v* zjizvit • *n* jizva *(f)*
scarce • *adj* vzácný *(m)*
scarcity • *n* nedostatek *(m)*
scare • *v* polekat, postrašit, vyděsit, vylekat
scarecrow • *n* strašák *(m)*
scarf • *n* šála *(f)*
scathing • *adj* kousavý *(m)*
scatterbrain • *n* popleta *(m)*
scatterbrained • *adj* lehkomyslný
scattered • *adj* roztroušený *(m)*
scattering • *n* rozptyl *(m)*
scavenger • *n* mrchožrout *(m)*
scene • *n* scéna *(f)*
scenery • *n* scenérie *(f)*, kulisy
scent • *n* vůně *(f)*
schedule • *n* rozvrh *(m)*, harmonogram *(m)*
scheduling • *n* rozvrhování *(n)*
schema • *n* schéma *(n)*
scheme • *n* plán *(m)*, schéma *(n)*
schemer • *n* pletichář *(m)*
schilling • *n* šilink *(m)*
schistosomiasis • *n* schistosomóza
schizogony • *n* schizogonie *(f)*
schizophrenia • *n* schizofrenie *(f)*
schizophrenic • *n* schizofrenik *(m)* • *adj* schizofrenní
schnitzel • *n* řízek *(m)*, šnycl *(m)*
scholar • *n* učenec *(m)*
scholarship • *n* stipendium *(n)*
school • *n* hejno *(n)*, škola *(f)*
schoolgirl • *n* školačka *(f)*, žákyně *(f)*, žačka *(f)*
schoolmate • *n* spolužák *(m)*
schooner • *n* škuner
schwa • *n* šva *(f)*
sciatica • *n* ischias *(m)*
science • *n* věda *(f)*
scientific • *adj* vědecký *(m)*
scientist • *n* vědec *(m)*
scimitar • *n* turecká šavle *(m)*, šavle *(m)*, šimitar *(m)*, šamšír *(m)*
scion • *n* potomek *(m)*, roub *(m)*, následník *(m)*
scissors • *n* nůžky
scoliosis • *n* skolióza *(f)*
scooter • *n* koloběžka *(f)*, skútr
scope • *v* prohlédnout, shlédnout • *n* rozsah *(m)*
score • *v* skórovat, bodovat • *n* skóre *(n)*, partitura *(f)*
scorn • *v* opovrhovat, pohrdat • *n* opovržení *(n)*
scornful • *adj* pohrdavý *(f)*
scorpion • *n* štír
scoundrel • *n* gauner *(m)*
scourge • *n* bič *(m)*, důtky, karabáč *(m)*
scouting • *n* skauting *(m)*
scowl • *v* kabonit se, zamračit se • *n* zakabonění se
scramble • *v* lézt
scrap • *n* útržek *(m)*, zbytky *(m)*, šrot *(m)*
scrape • *v* škrábat
scraper • *n* škrabka *(f)*
scratch • *v* škrábat • *n* škrábanec *(m)*
scream • *v* vykřiknout, křičet, ječet • *n* výkřik *(m)*
screen • *n* zástěna *(f)*, obrazovka *(f)*, síto *(n)*
screenwriter • *n* scénárista *(m)*
screw • *v* šroubovat, šoustat • *n* šroub *(m)*, vrut *(m)*
screwdriver • *n* šroubovák *(m)*
scribe • *n* pisař *(m)*
script • *n* scénář *(m)*, skript *(m)*
scripture • *n* posvátná kniha *(f)*
scroll • *v* skrolovat • *n* svitek *(m)*
scrotum • *n* šourek *(m)*
scrum • *n* mlýn *(m)*
scrupulous • *adj* skrupulózní
scrutinize • *v* prohlédnout
scud • *n* poryv *(m)*
scuffle • *n* rvačka *(f)*
sculptor • *n* sochař *(m)*
sculpture • *n* sochařství *(n)*, socha *(f)*
scumble • *n* lazura *(f)*
scurf • *n* lupy
scurvy • *n* kurděje *(f)*

scythe • *v* kosit • *n* kosa *(f)*
sea • *n* moře *(n)*
seafarer • *n* mořeplavec *(m)*
seal • *n* lachtan *(m)*, tuleň *(m)*, pečeť *(f)*
seaman • *n* námořník *(m)*
seaplane • *n* hydroplán *(m)*
search • *v* hledat • *n* hledání *(n)*
seashell • *n* schránka *(f)*
seasickness • *n* mořská nemoc *(f)*
seaside • *adj* přímořský
season • *v* okořenit • *n* roční období *(n)*, období *(n)*, sezóna *(f)*
seat • *n* místo
seaweed • *n* chaluha *(f)*
secant • *n* sečna *(f)*, sekans *(m)*
secede • *v* vystoupit
secession • *n* secese *(f)*
secluded • *adj* odloučený
second • *n* druhá jakost *(f)*, druhák *(m)*, vteřina *(f)*, sekunda *(f)*, vteřina, úhlová vteřina *(f)*, okamžik *(m)*, chvilka *(f)*, sekundant *(m)* • *adj* druhý, druhý *(m)*
secrecy • *n* utajení *(n)*
secret • *n* tajemství *(n)* • *adj* tajný *(m)*
secretary • *n* sekretář *(m)*, sekretářka *(f)*, ministr *(m)*, tajemník *(m)*
secrete • *v* vylučovat
secretion • *n* vylučování *(n)*, sekrece *(f)*
secretive • *adj* tajnůstkářský *(m)*, sekreční
secretly • *adv* tajně
sect • *n* sekta *(f)*
sectarian • *adj* sektářský
section • *n* řez *(m)*, oddíl *(m)*, paragraf *(m)*
sector • *n* výseč *(f)*, sektor *(m)*
secular • *adj* světský
secure • *v* jistit, zajistit
security • *n* bezpečí *(n)*, bezpečnost *(f)*, jistota *(f)*, zajištění *(n)*, ostraha *(f)*, cenný papír *(m)*, zástava *(f)*, záruka *(f)*
sedentary • *adj* sedavý *(m)*
sediment • *n* usazenina *(f)*
seduce • *v* svést
seducer • *n* svůdce *(m)*
seduction • *n* svádění *(n)*
seductive • *adj* svůdný *(m)*
see • *v* vidět
seed • *n* semeno *(n)*
seek • *v* hledat
seeming • *adj* zdánlivý *(m)*
seepage • *n* průsak
seer • *n* jasnovidec, prorok
seesaw • *n* houpačka *(f)*
seismology • *n* seismologie *(f)*, seizmologie *(f)*
seize • *v* popadnout, uchvátit, lapit, chopit se, zabavit, zkonfiskovat, mít záchvat, dostat záchvat
seizure • *n* záchvat *(m)*
seldom • *adv* zřídka
select • *v* vybrat
selection • *n* výběr *(m)*
selective • *adj* vybíravý *(m)*
selenium • *n* selen *(m)*
self-control • *n* sebeovládání *(n)*
self-criticism • *n* sebekritika *(f)*
self-deception • *n* sebeklam *(m)*
self-defense • *n* sebeobrana *(f)*
self-denial • *n* sebezapření *(n)*
self-destructive • *adj* sebezničující
self-determination • *n* sebeurčení *(n)*
self-esteem • *n* sebeúcta *(f)*, hrdost *(f)*
self-knowledge • *n* sebereflexe *(f)*
self-love • *n* sebeláska *(f)*
self-pity • *n* sebelítost *(m)*, bolestínství *(m)*
self-preservation • *n* sebezáchova *(f)*
self-service • *n* samoobsluha *(f)*
self-sufficient • *adj* soběstačný *(m)*
selfish • *adj* sobecký
selfishness • *n* sobeckost *(f)*
sell • *v* prodávat, prodat, prodávat se, prodat se
semantic • *adj* sémantický
semanticist • *n* sémantik *(m)*
semantics • *n* sémantika *(f)*
semaphore • *n* semafor *(m)*
semen • *n* semeno *(n)*, ejakulát *(m)*, sperma *(n)*
semester • *n* semestr *(m)*
semicolon • *n* středník *(m)*
semiconductor • *n* polovodič *(m)*
semifinal • *n* semifinále *(n)*
seminar • *n* seminář *(m)*
seminary • *n* seminář *(m)*
semiotics • *n* sémiotika *(f)*
semitone • *n* půltón *(m)*
semivowel • *n* polosamohláska *(f)*
semolina • *n* krupice *(f)*
senate • *n* senát *(m)*
senator • *n* senátor *(m)*
send • *v* poslat
sender • *n* odesílatel *(m)*
senile • *adj* senilní
sensation • *n* senzace *(f)*
sensationalist • *adj* senzacechtivý *(m)*
sense • *n* smysl *(m)*, význam *(m)*
sensitive • *adj* citlivý *(m)*, senzitivní *(m)*
sensitivity • *n* citlivost
sensitization • *n* senzibilizace *(f)*
sensorimotor • *adj* senzomotorický
sensory • *adj* smyslový *(m)*
sensual • *adj* smyslný *(m)*

sensualism • *n* senzualismus *(m)*
sensuality • *n* smyslnost *(f)*
sentence • *v* odsoudit • *n* rozsudek *(m)*, odsouzení *(n)*, trest *(m)*, věta *(f)*, sentence *(f)*
sentinel • *n* hlídka *(f)*
separate • *v* oddělit • *adj* samostatný, separátní, oddělený
separation • *n* separace *(f)*
sepsis • *n* sepse *(f)*
septuagenarian • *n* sedmdesátník *(m)*
septum • *n* přepážka *(f)*
sequence • *n* řada *(f)*, sled *(m)*, sekvence *(f)*, posloupnost *(f)*
sequester • *v* oddělit
sequoia • *n* sekvoj *(f)*
seraph • *n* seraf *(m)*, serafín *(m)*
serenade • *n* serenáda *(f)*
serf • *n* nevolník *(m)*
serfdom • *n* nevolnictví *(n)*
sergeant • *n* četař *(m)*
serial • *adj* sériový
series • *n* řada *(f)*, seriál *(m)*
serine • *n* serin *(m)*
serious • *adj* vážný *(m)*, vážný
seriously • *adv* vážně
seriousness • *n* vážnost *(f)*
sermon • *n* kázání *(n)*
serology • *n* sérologie *(f)*
serotonin • *n* serotonin *(m)*
serpent • *n* had *(m)*
serrate • *adj* zubatý
serrated • *adj* zubatý
serum • *n* sérum *(n)*
servant • *n* sluha *(m)*, služebný *(m)*, služebník *(m)*
serve • *v* sloužit, podávat, servírovat, podat
service • *n* práce *(f)*, služba *(f)*, podání *(n)*, bohoslužba *(f)*
serving • *n* porce *(f)*
session • *n* sezení *(n)*, zasedání *(n)*
set • *v* nastavit, zapadnout • *n* sada *(f)*, skupina *(f)*, sada, série, množina *(f)*
setting • *n* lůžko *(n)*, nastavení *(n)*
settle • *v* urovnat, usadit se
settlement • *n* osada *(f)*
settler • *n* osadník *(m)*
settling • *n* sedlina *(f)*
seventh • *n* septima *(f)* • *adj* sedmý
seventieth • *adj* sedmdesátý
severity • *n* závažnost *(f)*
sew • *v* šít
sewer • *n* kanalizace *(f)*
sewerage • *n* kanalizace *(f)*
sex • *n* soulož *(f)*, styk *(m)*, pohlavní styk *(m)*, sex *(m)*, pohlaví *(n)*

sexagenarian • *n* šedesátník *(m)*
sexism • *n* sexismus *(m)*
sextant • *n* sextant *(m)*
sextet • *n* sextet *(m)*, sexteto *(n)*
sexual • *adj* pohlavní, sexuální
shade • *n* stín *(m)*, odstín *(m)*
shadow • *v* stínit, sledovat • *n* stín *(m)*
shaft • *n* násada *(f)*, dřík *(m)*, paprsek *(m)*, hřídel *(f)*, šachta *(f)*
shaggy • *adj* huňatý
shah • *n* šach *(m)*, šáh *(m)*
shake • *v* třást, potřást si rukama
shallot • *n* šalotka *(f)*
shallow • *n* mělčina *(f)* • *adj* mělký, povrchní
shaman • *n* šaman *(m)*
shamanism • *n* šamanismus *(m)*
shame • *n* stud *(m)*, ostuda *(f)* • *v* stydět se
shameful • *adj* hanebný, ostudný
shampoo • *n* šampón *(m)*
shamrock • *n* trojlístek *(m)*
shank • *n* bérec *(m)*
shape • *v* utvářet, formovat, tvarovat • *n* stav *(m)*, forma *(f)*, tvar *(m)*
shapely • *adj* úhledný
shard • *n* střep *(m)*
share • *v* sdílet • *n* podíl *(m)*, poměrná část *(f)*, akcie *(f)*
shared • *adj* sdílený
shareholder • *n* akcionář *(m)*
shark • *n* žralok *(m)*
sharp • *n* křížek, -is • *adj* ostrý, bystrý, s křížkem, -is, přesný • *adv* přesně
sharpen • *v* ostřit
sharply • *adv* ostře
shave • *v* holit, oholit
shaven • *adj* oholený *(m)*
shaver • *n* holicí strojek *(m)*
shawl • *n* šál *(f)*
she • *pron* ona
sheaf • *n* snop *(m)*
shear • *v* stříhat, ostříhat, ustřihnout
sheath • *n* pochva *(f)*
sheet • *n* list *(m)*, arch *(m)*, plát *(m)*, tabule *(f)*
shegetz • *n* šejgec *(m)*, škocim *(m)*
shelf • *n* police *(f)*
shell • *n* ulita *(f)*, krunýř *(m)*, skořápka *(f)*, krovka *(f)*, lusk *(m)*, slupka *(f)*, nábojnice *(f)*, šrapnel *(m)*, patrona *(f)*, kostra *(f)*, rezonátor *(m)*, hlubotiskový, válec *(m)*, opláštění *(n)*, stín *(m)*
shelter • *n* útočiště
shepherd • *n* pastýř *(m)*, pasák *(m)*
sheriff • *n* šerif *(m)*
sherry • *n* šery, sherry

shibboleth • *n* šibolet *(m)*
shield • *n* štít *(m)*, kryt • *v* chránit
shift • *n* směna *(f)*, posun *(m)*, posuv *(m)*
shiksa • *n* šiksa *(f)*
shin • *n* holeň *(f)*
shine • *v* svítit
shingle • *n* šindel *(m)*, oblázky
ship • *n* loď *(f)*
shipbuilder • *n* loďař *(m)*
shipbuilding • *n* loďařství *(n)*
shipment • *n* zásilka *(f)*
shipper • *n* přepravce
shipping • *n* přeprava *(f)*
shipwreck • *v* ztroskotat • *n* vrak *(m)*, ztroskotání *(n)*
shipyard • *n* loděnice
shire • *n* hrabství *(n)*
shirt • *n* košile *(f)*
shit • *n* hovno *(n)*, sračka *(f)*, kravina *(f)*, pičovina *(f)*, sráč *(m)* • *v* srát • *interj* kurva, do prdele
shoal • *n* mělčina *(f)*, hejno *(n)*
shock • *n* náraz, šok, šok *(m)*
shoe • *n* bota *(f)*
shoehorn • *n* lžíce na boty *(f)*
shoelace • *n* tkanička *(f)*
shoemaker • *n* švec *(m)*
shogi • *n* šógi
shogun • *n* šógun *(m)*
shoot • *v* střílet, střelit, zastřelit • *n* výhonek *(m)*
shooting • *n* střelba *(f)*
shop • *v* nakupovat • *n* obchod *(m)*, prodejna *(f)*
shopping • *n* nakupování *(n)*, nákup *(m)*
shore • *n* břeh *(m)*
short • *v* zkratovat • *n* zkrat *(m)* • *adj* krátký, zkrácený, malý
shortcut • *n* zkratka *(f)*
shorten • *v* zkracovat, zkrátit
shorthand • *n* těsnopis *(m)*
shortly • *adv* zanedlouho
shorts • *n* šortky
shot • *n* výstřel *(m)*, koule *(f)*
shotgun • *n* brokovnice *(f)*
should • *v* měl by
shoulder • *n* rameno *(n)*
shout • *v* křičet • *n* křik, výkřik, volání, pokřik
shovel • *n* lopata *(f)*
show • *v* ukazovat, ukázat • *n* podívaná *(f)*, přehlídka *(f)*, výstava *(f)*, ukázka *(f)*, předvedení *(n)*, pořad *(m)*
shower • *v* sprchovat • *n* přeháňka *(f)*, sprcha *(f)*, sprcha, sprchování, os-
prchování
showjumping • *n* parkur *(m)*
shred • *v* trhat • *n* útržek, cár, kus
shrew • *n* rejsek *(m)*, rachomejtle
shrewd • *adj* bystrý *(m)*, chytrý *(m)*, mazaný *(m)*, vychytralý *(m)*
shrike • *n* ťuhýk *(m)*
shrimp • *n* kreveta *(f)*
shrine • *n* svatyně *(f)*
shrivel • *v* scvrknout se, zhroutit se, svraštit se
shrub • *n* keř *(m)*
shrug • *v* pokrčit rameny
shudder • *v* třást • *n* třesot *(m)*, zachvění *(n)*
shuffle • *v* míchat, zamíchat
shut • *v* zavřít
shutter • *n* závěrka *(f)*
shy • *v* uskočit, hodit sebou, mrštit sebou, praštit sebou • *adj* plachý *(m)*, odměřený *(m)*, opatrný *(m)*, těsně před
shyness • *n* plachost *(f)*, stydlivost *(f)*
sibilant • *n* sykavka *(f)* • *adj* sykavý
sibling • *n* sourozenec *(m)*
sickle • *n* srp *(m)*
sickness • *n* nemoc *(f)*
side • *n* strana
sideline • *n* pomezní čára *(f)*
sidewalk • *n* chodník *(m)*
siege • *v* obléhat • *n* obležení *(n)*
sieve • *v* prosít • *n* síto *(n)*, řešeto *(n)*
sigh • *v* vzdychat • *n* vzdech *(m)*
sight • *v* spatřit, zahlédnout • *n* pohled *(m)*, pamětihodnost *(f)*, podívaná *(f)*
sigma • *n* sigma *(n)*
sign • *n* znamení *(n)*, cedule *(f)*, značka *(f)*, znamení, pokyn, znaménko *(n)*, znak *(m)* • *v* podepsat
signal • *n* znamení *(n)*, signál *(m)*
signature • *n* podpis *(m)*
signed • *adj* se znaménkem, podepsaný
significance • *n* význam *(m)*
significant • *adj* významný *(m)*
significantly • *adv* významně
signified • *n* signifikát *(m)*
signpost • *n* rozcestník *(m)*, směrová tabule *(f)*
silence • *v* utišit, umlčet • *n* ticho *(n)*, mlčení *(n)*
silencer • *n* tlumič *(m)*
silent • *adj* tichý, mlčet
silently • *adv* tiše, neslyšně
silhouette • *n* silueta *(f)*
silicon • *n* křemík *(m)*
silicone • *n* silikon *(m)*
silicosis • *n* silikóza *(f)*
silk • *n* hedvábí *(n)*

silken • *adj* hedvábný *(m)*
silkworm • *n* bourec morušový *(m)*
silly • *adj* hloupý, pošetilý, bláhový, pitomý, omráčený, praštěný
silo • *n* silo *(n)*
silver • *n* stříbro *(n)*, stříbrná • *adj* stříbrný *(m)*, stříbrný, stříbřitý
silverfish • *n* rybenka *(f)*
silversmith • *n* stříbrník *(m)*, stříbrnice *(f)*, stříbrotepec *(m)*
silverware • *n* příbor *(m)*
silverweed • *n* mochna husí *(f)*
silvery • *adj* stříbrný, stříbřitý
similar • *adj* podobný *(m)*, podobný
similarity • *n* podobnost *(f)*
similarly • *adv* podobně
simile • *n* přirovnání *(n)*
simony • *n* svatokupectví
simple • *adj* jednoduchý *(m)*, prostý, lehký
simpleton • *n* prosťáček *(m)*
simplicity • *n* jednoduchost *(f)*
simplification • *n* zjednodušení *(n)*
simplify • *v* zjednodušit
simulate • *v* simulovat
simulation • *n* simulace *(f)*
simulator • *n* trenažér *(m)*, simulátor *(m)*
simultaneous • *adj* současný
simultaneously • *adv* zároveň
sin • *v* hřešit, zhřešit • *n* hřích *(m)*
since • *conj* od té doby, protože • *prep* od, od té doby
sincere • *adj* upřímný *(m)*
sincerity • *n* upřímnost *(f)*
sine • *n* sinus *(m)*
sinful • *adj* hříšný
sing • *v* zpívat
singer • *n* zpěvák *(m)*, zpěvačka *(f)*
singing • *n* zpěv *(m)*
single • *adj* samotný, jednotlivý, svobodný
singlet • *n* tílko *(n)*
singular • *n* jednotné číslo *(n)*
singularity • *n* singularita *(f)*
sinister • *adj* zlověstný *(m)*, zlý, hrozivý, levý
sink • *v* potopit • *n* dřez *(m)*
sinless • *adj* bezhříšný
sinner • *n* hříšník *(m)*, hříšnice *(f)*
sinusitis • *n* zánět dutin *(m)*, sinusitida *(f)*
sir • *n* pan *(m)*, pán *(m)*
siren • *n* siréna *(f)*
siskin • *n* čížek *(m)*
sister • *n* sestra *(f)*
sister-in-law • *n* švagrová *(f)*

sit • *v* sedět, sednout
sitar • *n* sitár *(m)*
situation • *n* situace *(f)*, poloha *(f)*, místo *(n)*, situace
six-pack • *n* pekáč buchet
sixth • *adj* šestý *(m)*
sixtieth • *adj* šedesátý
size • *n* velikost *(f)*, rozměr *(m)*
skate • *v* bruslit • *n* brusle *(f)*, bruslení *(n)*, rejnok
skateboard • *n* skateboard *(m)*
skater • *n* bruslař *(m)*, bruslařka *(f)*
skating • *n* bruslení *(n)*
skein • *n* přadeno *(n)*
skeletal • *adj* kosterní *(m)*
skeleton • *n* kostra *(f)*, kostlivec *(m)*
skeptic • *n* skeptik *(m)*
skeptical • *adj* skeptický
skepticism • *n* skepticismus *(m)*, skepse *(f)*
sketch • *v* načrtnout • *n* náčrt *(m)*, skica *(f)*
skew • *v* zkreslit • *adj* šikmý *(m)*
skewer • *n* špíz *(m)*
ski • *v* lyžovat • *n* lyže
skid • *v* dostat smyk, smýkat • *n* smyk *(m)*, lyžina *(f)*
skier • *n* lyžař *(m)*
skill • *n* schopnost *(f)*
skillful • *adj* dovedný, obratný, zručný, šikovný
skillfulness • *n* zručnost *(f)*, dovednost *(f)*, šikovnost *(f)*
skim • *v* hodit žabku, listovat
skimp • *v* odbýt, odfláknout, šetřit, omezovat, škudlit
skin • *n* kůže *(f)*
skinny • *adj* hubený *(m)*
skip • *v* poskakovat, hopsat, přeskočit, vynechat, vypustit, zasklít
skirmish • *n* půtka *(f)*
skirt • *n* sukně *(f)*, sukně, ženská *(f)*
skittish • *adj* bojácný *(m)*, bázlivý *(m)*, lekavý *(m)*
skua • *n* chaluha *(f)*
skulk • *v* potulovat se
skull • *n* lebka *(f)*
skullcap • *n* kipa *(f)*
skunk • *n* skunk *(m)*
sky • *n* nebe *(n)*, obloha *(f)*, nebesa
skylark • *n* skřivan polní *(m)*
skyrocket • *v* vyletět nahoru
skyscraper • *n* mrakodrap *(m)*
slag • *n* struska *(f)*, škvára *(f)*
slander • *v* pomluvit • *n* pomluva *(f)*
slang • *n* slang *(m)*, hantýrka *(f)*
slap • *n* facka *(f)*

slash • *v* říznout • *n* řez *(m)*, lomítko *(n)*, seknutí *(n)*, sekera *(f)*
slate • *n* břidlice *(f)*, břidlicová tabulka *(f)*
slave • *v* otročit • *n* otrok *(m)*, otrokyně *(f)*, nevolník *(m)*, nevolníce *(f)*
slavery • *n* otrokářství *(n)*, otroctví *(n)*
slavish • *adj* otrocký *(m)*
slavishly • *adv* otrocky
sledge • *n* sáně
sleep • *v* spát • *n* spánek *(m)*, ospalky
sleeper • *n* pražec *(m)*
sleepy • *adj* ospalý *(m)*
sleet • *n* plískanice *(f)*
sleeve • *n* rukáv *(m)*
slender • *adj* štíhlý *(m)*, útlý *(m)*
slenderness • *n* štíhlost *(f)*, útlost *(f)*
slice • *n* krajíc *(m)*, plátek *(m)*
slide • *v* klouzat • *n* skluzavka *(f)*, sesuv *(m)*, diák *(m)*
slight • *adj* nepatrný
slim • *adj* štíhlý *(m)*
slime • *n* sliz *(m)*
sling • *n* prak *(m)*
slip • *v* uklouznout, zhoršit • *n* prokluz *(m)*, relaps
slipper • *n* pantofel *(m)*, trepka *(f)*, papuče *(f)*, pantofle *(f)*, bačkora *(f)*
slippery • *adj* kluzký *(m)*
slit • *n* škvíra *(f)*, skulina *(f)*, štěrbina *(f)*
slither • *v* šoupnout
slivovitz • *n* slivovice *(f)*
slobber • *v* slintat
slogan • *n* slogan *(m)*
sloop • *n* šalupa *(f)*
slope • *n* svah *(m)*, stoupání *(n)*, sklon *(m)*
sloth • *n* lenost *(f)*, lenochod *(m)*
slough • *v* svléci kůži
sloven • *n* lajdák *(m)*, špindíra *(f)*
slow • *adj* pomalý *(m)*
slowly • *adv* pomalu
slowness • *n* pomalost *(f)*
slug • *n* slimák *(m)*, panák *(m)*
sluggard • *n* lenoch *(m)*
sluice • *n* propust *(f)*, šlajsna *(f)*
slurp • *v* srkat
slush • *n* plískanice *(f)*
sly • *adj* prohnaný *(m)*
small • *adj* malý *(m)*, mladý *(m)*
smallpox • *n* neštovice
smart • *adj* bystrý, chytrý, inteligentní
smash • *n* smeč
smell • *v* cítit, čichat, vonět, být cítit, páchnout • *n* vůně *(f)*, čich *(m)*
smile • *v* usmívat, usmát • *n* úsměv *(m)*
smith • *n* kovář *(m)*

smog • *n* smog
smoke • *v* kouřit, dýmat, udit • *n* dým *(m)*, kouř *(m)*, cígo *(n)*
smoked • *adj* uzený
smoker • *n* kuřák *(m)*, kuřačka *(f)*
smoking • *n* kouření *(n)* • *adj* kouřící
smolder • *v* doutnat
smooth • *adj* hladký *(m)*, spojitá *(f)*
smoothly • *adv* plynule
smudge • *v* zamazat
smug • *adj* nafoukaný
smuggle • *v* pašovat
smuggler • *n* pašerák *(m)*
snack • *n* svačina *(f)*
snail • *n* hlemýžď *(m)*, šnek *(m)*
snake • *n* had *(m)*
snare • *n* virbl
sneeze • *v* kýchat, kýchnout • *n* kýchnutí *(n)*
snipe • *n* bekasina *(f)*
sniper • *n* odstřelovač *(m)*
snitch • *n* udavač *(m)*
snob • *n* snob *(m)*
snooker • *n* kulečník *(m)*
snore • *v* chrápat
snoring • *n* chrápání *(n)*
snot • *n* sopel *(m)*
snout • *n* čumák *(m)*, rypák *(m)*
snow • *v* sněžit • *n* sníh *(m)*, sněhobílý *(m)*, sněhobílá *(f)*, sněhobílé *(n)*
snowball • *n* sněhová koule *(f)*
snowdrift • *n* sněhová vichřice *(f)*, sněhová závěj *(f)*
snowflake • *n* sněhová vločka *(f)*, bledule *(f)*, bledule jarní *(f)*
snowman • *n* sněhulák *(m)*
snowmobile • *n* sněžný skútr *(m)*
snowy • *adj* sněžný, zasněžený
snuffbox • *n* tabatěrka *(f)*
so • *adj* tak • *adv* tak, takto, takhle • *conj* aby
soap • *v* namydlit, mydlit • *n* mýdlo *(n)*
sober • *v* vystřízlivět • *adj* střízlivý *(m)*, tupý *(m)*, hloupý *(m)*
sobriety • *n* střízlivost *(f)*
sobriquet • *n* přezdívka *(f)*
soccer • *n* fotbal *(m)*, kopaná *(f)*
social • *adj* společenský, společenský *(m)*, sociální
socialism • *n* socialismus *(m)*, socializmus *(m)*
socialist • *n* socialista *(f)* • *adj* socialistický *(m)*
sociality • *n* společenskost *(f)*
socialization • *n* socializace *(f)*
society • *n* společnost *(f)*
sociological • *adj* sociologický

sociologist • *n* sociolog *(m)*
sociology • *n* sociologie *(f)*
sociopath • *n* sociopat *(m)*
sock • *n* ponožka
socket • *n* patice *(f)*, zdířka *(f)*, soket *(m)*
soda • *n* sodová voda *(f)*, sodovka *(f)*
sodium • *n* sodík *(m)*
sodomite • *n* sodomita *(m)*
sofa • *n* pohovka *(f)*, gauč *(m)*, sofa *(f)*, divan *(m)*
soft • *adj* měkký *(m)*, měkký
softness • *n* měkkost *(f)*
software • *n* software *(m)*
soil • *n* půda *(f)*, země *(f)*
soiled • *adj* ušpiněný
sojourn • *n* pobyt *(m)*, přechodný pobyt *(m)*, dočasný pobyt *(m)*
solace • *v* utěšit, utišit, ztišit • *n* útěcha *(f)*
solder • *v* pájet, letovat • *n* pájka *(f)*
soldier • *n* voják *(m)*
sole • *adj* jediný *(m)* • *n* chodidlo *(n)*, podrážka *(f)*
solenoid • *n* solenoid *(m)*
solid • *adj* tuhý *(m)*, pevný, stabilní, solidní
solidarity • *n* solidarita *(f)*
solidify • *v* tuhnout
solipsism • *n* solipsismus *(m)*
solitary • *n* samotář *(m)*
solitude • *n* samota *(f)*
soloist • *n* sólista *(m)*
solstice • *n* slunovrat *(m)*
solubility • *n* rozpustnost *(f)*
soluble • *adj* rozpustný *(m)*
solution • *n* roztok *(m)*, řešení *(n)*
solvable • *adj* řešitelný *(m)*
solve • *v* vyřešit
solvency • *n* solvence *(f)*, platební schopnost *(f)*
solvent • *adj* solventní
somatic • *adj* somatický *(m)*
some • *pron* nějaký
somebody • *pron* někdo *(m)*
somehow • *adv* nějak
somersault • *n* kotrmelec *(m)*
something • *pron* něco
sometimes • *adv* někdy
somewhat • *adv* poněkud
somewhere • *adv* někde, někam
somnambulism • *n* náměsíčnost *(f)*
son • *n* syn *(m)*
son-in-law • *n* zeť *(m)*
sonata • *n* sonáta *(f)*
song • *n* píseň *(f)*, písnička *(f)*
songster • *n* pěvec *(m)*, zpěvák *(m)*
songstress • *n* zpěvačka *(f)*, pěvkyně *(f)*

sonnet • *n* sonet
sonography • *n* sonografie *(f)*
soon • *adv* brzy, zanedlouho
soot • *n* saze
soothe • *v* konejšit
sophist • *n* sofista *(m)*
soporific • *n* uspávadlo
soprano • *n* soprán *(m)*
sorbet • *n* sorbet
sorcerer • *n* čaroděj *(m)*
sorceress • *n* čarodějka *(f)*, kouzelnice *(f)*
sorghum • *n* čirok *(m)*
sororal • *adj* sesterský
sorrel • *n* šťovík *(m)*
sorrow • *n* smutek *(m)*
sorry • *adj* zarmoucený *(m)*, žalostný *(m)* • *interj* promiň, promiňte, pardon, prosím
sort • *v* třídit, seřadit, řadit
sorting • *n* třídění *(n)*, kategorizace *(f)*
soul • *n* duše *(f)*
sound • *adj* zdravý, solidní • *v* znít, rozeznít, rozezvučet, vyslovovat • *n* zvuk *(m)*
sour • *adj* kyselý, zkysaný, zkyslý, zahořklý, mrzutý
source • *n* zdroj *(m)*
south • *n* jih *(m)*, poledne *(n)* • *adj* jižní
southeast • *n* jihovýchod *(m)* • *adj* jihovýchodní
southern • *adj* jižní
southernmost • *adj* nejjižnější
southwest • *n* jihozápad *(m)* • *adj* jihozápadní
souvenir • *n* suvenýr *(m)*
sovereign • *n* vládce *(m)*, panovník *(m)* • *adj* svrchovaný
sovereignty • *n* svrchovanost *(f)*
soviet • *n* sovět *(m)* • *adj* sovětský *(m)*
sow • *n* svině *(f)*, prasnice, kráva • *v* sít
space • *n* vesmír *(m)*, místo *(n)*, mezera *(f)*, prostor *(m)*
spacecraft • *n* kosmická loď *(f)*
spaceship • *n* kosmická loď *(f)*
spacetime • *n* časoprostor *(m)*
spade • *n* rýč *(m)*, pik *(m)*, piky
spadix • *n* palice *(f)*
spaghetti • *n* špagety, špageta *(f)*, bužírka *(f)*
spam • *v* spamovat • *n* spam *(m)*
spaniel • *n* španěl *(m)*
spanking • *n* výprask *(m)*, nářez *(m)*
spare • *adj* nadbytečný, náhradní
spark • *n* jiskra *(f)*
sparkler • *n* prskavka *(f)*
sparkling • *adj* třpytivý *(m)*, perlivý *(m)*,

šumivý *(m)*
sparse • *adj* řídký *(m)*, řídký
sparsely • *adv* řídce
sparseness • *n* řídkost *(f)*
spasm • *n* křeč *(f)*
spatiotemporal • *adj* časoprostorový *(m)*
spatula • *n* špátle *(f)*
speak • *v* mluvit, hovořit
speaker • *n* mluvčí *(m)*, reproduktor *(m)*, řečník *(m)*
spear • *n* kopí *(n)*
spearmint • *n* máta klasnatá *(f)*
special • *n* sleva • *adj* zvláštní, speciální, jedinečný, druhový
specialist • *n* specialista *(m)*
specialty • *n* specialita *(f)*
species • *n* druh, druh *(m)*
specific • *adj* konkrétní, specifický, relativní
specification • *n* specifikace *(f)*
specify • *v* určit, specifikovat, upřesnit, zpřesnit
specimen • *n* ukázka *(f)*, exemplář *(m)*, vzorek *(m)*
specious • *adj* zdánlivý *(m)*
speck • *n* smítko *(n)*
spectacle • *n* podívaná *(f)*
spectacles • *n* brýle
spectator • *n* divák *(m)*
specter • *n* strašidlo *(n)*
spectral • *adj* spektrální
spectroscopy • *n* spektroskopie *(f)*
spectrum • *n* spektrum *(n)*
speculate • *v* spekulovat
speculative • *adj* spekulativní
speculator • *n* spekulant *(m)*
speech • *n* řeč *(f)*, projev *(m)*
speed • *n* rychlost *(f)*
speleology • *n* speleologie *(f)*
spell • *n* kouzlo, zaříkadlo *(n)*, zaklínadlo *(n)* • *v* hláskovat, tvořit
spelling • *v* hláskování *(n)* • *n* pravopis *(m)*, hláskování *(n)*
spelt • *n* špalda *(f)*
spend • *v* trávit
spendthrift • *n* hýřil *(m)*, rozmařilec *(m)*, marnotratník *(m)* • *adj* utrácivý, rozmařilý, hojný, opulentní
sperm • *n* spermie *(f)*, semeno *(n)*, sperma *(n)*
sphere • *n* kulová plocha *(f)*, sféra *(f)*, koule *(f)*
spherical • *adj* kulovitý *(m)*
sphincter • *n* svěrač *(m)*
sphinx • *n* sfinx, sfinga *(f)*
sphygmomanometer • *n* sfygmomanometr *(m)*
spice • *n* koření *(n)*
spicy • *adj* ostrý
spider • *n* pavouk *(m)*
spike • *n* smeč *(f)*
spin • *v* příst
spinach • *n* špenát *(m)*
spinal • *adj* páteřní
spindle • *n* vřeteno *(n)*
spine • *n* páteř *(f)*, hřbet *(m)*
spinet • *n* spinet *(m)*
spinster • *n* stará panna *(f)*
spiral • *n* spirála *(f)*
spire • *n* špička *(f)*
spirit • *n* duch *(m)*
spirits • *n* destilát *(m)*, lihovina *(f)*
spiritual • *n* spirituál *(m)* • *adj* duchovní
spirochete • *n* spirocheta *(f)*
spirometer • *n* spirometr *(m)*
spit • *n* špíz *(m)*, slina *(f)*, plivnutí *(n)* • *v* plivnout, plivat
spite • *n* zlomyslnost *(f)*
spittoon • *n* plivátko *(n)*
spitz • *n* špic *(m)*, špicl *(m)*
splash • *v* stříkat, postříkat
splatter • *v* vyšplíchnout, cákat, stříkat, pocákat
splay • *v* roztahovat, roztáhnout, rozevřít, vykloubit, vykastrovat, zkosit, zešikmit, sklonit • *n* zkřížení *(n)*
spleen • *n* slezina *(f)*, splín *(m)*
splenomegaly • *n* splenomegalie *(f)*
splinter • *v* štěpit, štípat, odštěpit • *n* tříska *(f)*
split • *v* rozdělit
spoil • *v* rozmazlit, zkazit • *n* lup *(m)*, kořist *(f)*
spoiler • *n* spoiler *(m)*
spoke • *n* paprsek *(m)*
spokesman • *n* mluvčí
spondylitis • *n* spondylitida *(f)*
sponge • *n* houba *(f)*, mořská houba *(f)*, houbovec *(m)*
sponsor • *v* sponzorovat • *n* sponzor *(m)*
spontaneity • *n* spontánnost *(f)*
spontaneous • *adj* spontánní, impulzivní
spool • *n* naviják *(f)*
spoon • *n* lžíce *(f)*
spoonful • *n* lžíce *(f)*, lžička *(f)*
sporadic • *adj* ojedinělý, sporadický
spore • *n* spora *(f)*
sport • *v* předvádět, ukazovat • *n* sport *(m)*
sportsman • *n* sportovec *(m)*
spot • *v* uvidět • *n* skvrna *(f)*

spouse • *n* choť *(m)*, choť *(f)*
spout • *n* hubička *(f)*
sprain • *v* vyvrtnout si
sprat • *n* šprot *(m)*
spread • *v* namazat, šířit
spreadsheet • *n* tabulkový procesor *(m)*
spring • *v* skočit • *n* jaro *(n)*, pramen *(m)*, pružina *(f)*
springboard • *n* odrazový můstek *(m)*
sprinkle • *v* postříkat, pokropit
sprint • *n* sprint *(m)*
sprinter • *n* sprinter *(m)*
sprout • *n* klíček *(m)*, výhonek *(m)*
spruce • *n* smrk *(m)*
spur • *n* ostruha *(f)*
sputnik • *n* sputnik *(m)*
spy • *v* špehovat, slídit • *n* vyzvědač *(m)*, špión *(m)*
squabble • *v* škorpit se, haštěřit, poškorpit se • *n* půtka *(f)*, rozmíška *(f)*, haštěření *(n)*, poškorpení *(n)*, šarvátka *(f)*
squadron • *n* eskadrona *(f)*, švadrona *(f)*, eskadra *(f)*, peruť *(f)*
square • *n* čtverec *(m)*, úhelník *(m)*, náměstí *(n)*, buňka *(f)*, pole *(n)*, druhá mocnina *(f)*, kvadrát *(m)*, křížek *(m)* • *adj* čtvercový, kolmý *(m)*, čtvereční, čestný *(m)*, férový *(m)*, poctivý *(m)*, nudný *(m)*, výživný *(m)*, vydatný *(m)*
squat • *v* dřepnout • *n* dřep *(m)*
squeegee • *n* stěrka *(f)*, těrka, rakle
squeeze • *v* zmáčknout, vmáčknout se
squelch • *v* čvachtat, čvachtat se, rochnit se
squid • *n* krakatice *(f)*
squill • *n* ladoňka *(f)*
squint • *v* mhouřit, mžourat, šilhat
squirrel • *n* veverka *(f)*
st • *n* ul. *(f)*
stab • *v* pobodat
stability • *n* stabilita *(f)*
stabilization • *n* stabilizace *(f)*
stabilizer • *n* stabilizátor *(m)*
stable • *n* stáj *(f)*, konírna *(f)*, maštal *(f)* • *adj* stabilní *(m)*
stack • *n* stoh *(m)*, štos *(m)*
stadium • *n* stadión *(m)*
staff • *n* hůl *(f)*, osnova *(f)*, personál *(m)*
stag • *n* jelen
stage • *n* stádium *(m)*, jeviště *(n)*
stagflation • *n* stagflace *(f)*
stagger • *v* potácet se, kymácet se, vrávorat, zaváhat, váhat, být na vážkách • *n* vrávorání *(n)*, potácení se, motolice *(f)*
stain • *n* skvrna *(f)*

stair • *n* schody, schodiště
staircase • *n* schodiště *(n)*, schody *(m)*
stairs • *n* schodiště *(n)*, schody
stairway • *n* schodiště *(n)*
stake • *n* kůl *(m)*, tyčka *(f)*, kolík *(m)*
stalemate • *n* pat *(m)*
stalk • *n* stonek *(m)* • *v* sledovat, stopovat, pronásledovat, šmírovat, vykračovat si
stalker • *n* stopař *(m)*
stallion • *n* hřebec *(m)*
stalwart • *adj* statný
stamina • *n* výdrž *(f)*
stammer • *v* koktat
stammering • *n* koktání *(n)*
stamp • *n* razítko
stampede • *n* úprk *(m)*
stance • *n* postoj *(m)*, pohled *(m)*, názor *(m)*
stand • *v* stát, postavit, přestát, vystát • *n* pozice *(f)*, stojan *(m)*, stánek *(m)*, zastávka *(f)*
stand-alone • *adj* samostatný *(m)*, soběstačný *(m)*
standard • *n* standard
standardization • *n* standardizace *(f)*
standardized • *adj* standardizovaný
stanza • *n* sloka *(f)*
stapes • *n* třmínek *(m)*
stapler • *n* svorkovač, sešívačka *(f)*
star • *n* hvězda *(f)*, hvězda, hvězdička *(f)*
starboard • *n* pravobok *(m)*
starch • *n* škrob *(m)*
stare • *v* zírat
starfish • *n* hvězdice *(f)*
stark • *adj* tvrdý *(m)*, zatvrzelý *(m)*, krutý *(m)*, nepříznivý *(m)*, bouřlivý *(m)*, mocný *(m)*, silný *(m)*, pustý *(m)*, tuhý *(m)*, naprostý *(m)* • *adv* úplně, naprosto, dočista
starling • *n* špaček
start • *n* začátek, start *(m)* • *v* začínat, začít
starter • *n* předkrm, startér
startle • *v* leknout se, vylekat se • *n* leknutí *(n)*
startling • *adj* překvapivý *(m)*
starve • *v* hladovět
state • *n* stát *(m)*, stav *(m)*
statement • *n* výrok *(m)*, výpis *(m)*
statesman • *n* státník *(m)*
station • *n* nádraží *(n)*
stationery • *n* papírnictví *(n)*
statistical • *adj* statistický
statistician • *n* statistik *(m)*
statistics • *n* statistika *(f)*

statue • *n* socha *(f)*
statuette • *n* soška *(f)*
status • *n* postavení, životní úroveň, stav
statutory • *adj* zákonný
stave • *n* dužina *(f)*, tyčka *(f)*, tyč *(f)*, hůl *(f)*, klacek *(m)*, notová osnova *(f)*
stay • *v* zůstat, pobýt, odložit • *n* odložení *(n)*, odklad *(m)*, odročení *(n)*, pobyt *(m)*
steady • *adj* plynulý *(m)*, klidný *(m)*
steak • *n* biftek *(m)*, steak *(m)*
steal • *v* krást, ukrást
steam • *v* dusit • *n* pára
steamboat • *n* parník *(m)*
steamed • *adj* dušený *(m)*
steamer • *n* pařák *(m)*, parník *(m)*, lokomobila *(f)*
steaming • *n* dušení *(n)*
steamroller • *n* parní válec
steamship • *n* parník *(m)*
steel • *n* ocel *(f)*, ocílka *(f)*
steeply • *adv* prudce, příkře
steer • *v* kastrovat, vykastrovat, řídit, směrovat, nahánět, hnát, nasměrovat, směřovat • *n* vůl *(m)*
steering • *n* řídící *(m)*
steersman • *n* kormidelník *(m)*
stele • *n* stéla *(f)*
stem • *v* pocházet • *n* kmen *(m)*
stench • *n* zápach *(m)*, smrad *(m)*
stenosis • *n* stenóza *(f)*
step • *v* kráčet, pokládat • *n* krok *(m)*, schod *(m)*, příčka *(f)*
stepbrother • *n* nevlastní bratr *(m)*
stepdaughter • *n* nevlastní dcera *(f)*
stepfather • *n* nevlastní otec *(m)*, otčím *(m)*
stepmother • *n* macecha *(f)*, nevlastní matka, macocha *(f)*
steppe • *n* step *(f)*
stepson • *n* nevlastní syn *(m)*
stereotype • *n* stereotyp *(m)*
sterile • *adj* neplodný *(m)*, sterilní
sterility • *n* neplodnost *(f)*
sterilization • *n* sterilizace *(f)*
sterilize • *v* sterilizovat
sterling • *n* libra
stern • *n* záď *(f)*
steroidal • *adj* steroidní *(m)*
stertorous • *adj* chroptivý, chroptící
stertorously • *adv* chroptivě
stethoscope • *n* stetoskop *(m)*
steward • *n* správce *(m)*
stewardship • *n* správcovství *(n)*
stick • *n* klacek *(m)*, hůl *(f)* • *v* lepit, lepit se

stickler • *n* hnidopich *(m)*
stiff • *adj* ztuhlý *(m)*
stiffness • *n* ztuhlost *(f)*
stifle • *v* potlačit, dusit, udusit, udusit se
stigma • *n* blizna *(f)*
still • *adj* stálý • *adv* stále, ještě, i tak
stillborn • *adj* mrtvorozený *(m)*
stimulate • *v* podnítit
stimulus • *n* podnět *(m)*
sting • *n* bodnutí, píchnutí, zátah, léčka • *v* bodnout, kousnout, píchnout
stinger • *n* žihadlo *(n)*
stingray • *n* rejnok
stingy • *adj* lakomý *(m)*
stink • *v* smrdět, páchnout • *n* smrad *(m)*
stir • *v* míchat
stirrup • *n* třmen *(m)*
stitch • *n* steh, steh *(m)*
stochastic • *adj* stochastický
stock • *n* zásoba *(f)*, akcie *(f)*, pažba *(f)*
stocking • *n* punčocha *(f)*
stockpile • *v* zásobit, zásobit se • *n* zásoba *(f)*
stoic • *adj* stoický
stoke • *v* topit
stoker • *n* topič *(m)*
stolid • *adj* netečný
stomach • *n* žaludek *(m)*, břicho *(n)*
stomatitis • *n* stomatitida *(f)*
stomp • *v* dupat
stone • *v* kamenovat, vypeckovat • *n* kámen *(m)*, drahokam *(m)*, pecka *(f)* • *adj* kamenný
stool • *n* stolička *(f)*, stolice *(f)*
stop • *v* zastavit, skončit, ukončit, zůstat, pobývat • *n* zastávka *(f)*
stopgap • *adj* provizorní
stopwatch • *n* stopky
storage • *n* úložné *(n)*, úložiště *(n)*
store • *n* sklad *(m)*
stork • *n* čáp *(m)*
storm • *n* bouře *(f)*, bouřka *(f)*
story • *n* příběh *(m)*
storyteller • *n* vypravěč *(m)*
stove • *n* kamna, pec *(f)*
stowaway • *n* černý pasažér *(m)*
strabismus • *n* šilhavost *(f)*
straight • *n* rovinka *(f)*, postupka *(f)* • *adj* přímý *(m)*, čistý *(m)* • *adv* přímo
straightforward • *adj* přímočarý *(m)*, přímý *(m)* • *adv* nepokrytě, otevřeně
strain • *n* kmen *(m)*
strait • *n* průliv *(m)*
straitjacket • *n* svěrací kazajka *(f)*
strand • *n* pláž *(f)*

stranded • *adj* stočený *(m)*
strange • *adj* zvláštní *(m)*, divný *(m)*, podivný *(m)*, cizí *(m)*, neznámý
stranger • *n* neznámý *(m)*, cizinec *(m)*
strangle • *v* uškrtit, dávit, potlačit
strap • *n* pásek, obtahovací řemen *(m)*, ramínko *(n)*
strappado • *n* estrapáda
strategic • *adj* strategický *(m)*
strategist • *n* stratég *(m)*
strategy • *n* strategie *(f)*
stratosphere • *n* stratosféra *(f)*
straw • *n* sláma *(f)* • *adj* slaměný
strawberry • *n* jahoda *(f)*, jahodník *(m)* • *adj* jahodový
stray • *v* bloudit
stream • *n* potok *(m)*, proud, tok
street • *n* ulice *(f)*
streetlight • *n* veřejné osvětlení, pouliční lampa *(f)*
strength • *n* síla *(f)*
strengthen • *v* posílit
stress • *v* zdůraznit
stretch • *v* natáhnout
stretcher • *n* běhoun *(m)*
stretching • *n* strečink *(m)*
strew • *v* rozházet, roztrousit, rozptýlit
strict • *adj* přísný *(m)*
strife • *n* svár *(m)*
strike • *v* připadnout • *n* stávka *(f)*
striking • *adj* výrazný, nápadný
strikingly • *adv* nápadně
string • *n* provázek *(m)*, šňůra *(f)*, řetězec *(m)*
stringed • *adj* strunný, strunový
stringency • *n* přísnost *(f)*
strip • *n* pruh *(m)*, třída *(f)*, bulvár *(m)*, striptýz *(m)*
stripe • *n* pruh *(m)*
striped • *adj* proužkovaný
stripper • *n* striptér *(m)*, striptérka *(f)*
striptease • *n* striptýz *(m)*
strive • *v* usilovat, snažit se, čelit
stroboscope • *n* stroboskop *(m)*
stroke • *n* pohlazení *(n)*, úder *(m)*, tah *(m)*, bití *(n)*, mrtvice *(f)*, mozková mrtvice *(f)* • *v* hladit
strong • *adj* silný *(m)*
strontium • *n* stroncium
strop • *n* obtahovací řemen *(m)*
structure • *n* struktura
structured • *adj* strukturovaný *(m)*
struggle • *v* zápasit • *n* zápas *(m)*, boj *(m)*, bitva *(f)*
stubble • *n* strniště *(n)*
stubborn • *adj* tvrdohlavý *(m)*, neústupný *(m)*
stubbornly • *adv* tvrdohlavě
stubbornness • *n* tvrdohlavost *(f)*
stud • *n* hřebec *(m)*, cvoček *(m)*
student • *n* student *(m)*, studentka *(f)*
studio • *n* studio *(n)*
study • *v* studovat, učit • *n* studium *(n)*, studovna *(f)*, pracovna *(f)*, studie *(f)*
stumble • *v* zakopnout
stump • *n* pařez *(m)*, pahýl *(m)*, těrka *(f)*
stun • *v* omráčit, ochromit, zaskočit
stunning • *adj* ohromující, omračující, ochromující, okouzlující, nádherný
stunt • *n* kaskadérství *(n)*
stupid • *adj* hloupý *(m)*
stupidity • *n* hloupost *(f)*
sturgeon • *n* jeseter *(m)*
stutter • *v* koktat • *n* koktání *(n)*
stygian • *adj* temný, styžský, podsvětní
style • *n* styl *(m)*, sloh *(m)*, čnělka *(f)*
stylish • *adj* stylový, elegantní
stylus • *n* stylus *(m)*
sub • *n* ponorka *(f)*
subatomic • *adj* subatomový
subclass • *n* podtřída *(f)*
subcommittee • *n* podvýbor *(m)*
subconscious • *n* podvědomí *(n)* • *adj* podvědomý *(m)*
subconsciously • *adv* podvědomě
subcutaneous • *adj* podkožní
subgroup • *n* podskupina *(f)*, podgrupa *(f)*
subheading • *n* podnadpis *(m)*
subject • *n* podmět *(m)*, předmět *(m)*, poddaný *(m)*
subjective • *adj* subjektivní
subjugation • *n* podrobení *(n)*, poroba *(f)*
sublimate • *v* sublimovat
sublimation • *n* sublimace *(f)*
sublime • *adj* vznešený
submarine • *n* ponorka *(f)* • *adj* podmořský *(m)*
submissive • *adj* pokorný
subordinate • *v* podřídit • *adj* podřízený *(m)*
subscribe • *v* předplatit si, zapsat se, podepsat
subscript • *n* dolní index *(m)*
subsequent • *adj* následující
subsequently • *adv* následně
subset • *n* podmnožina *(f)*
subside • *v* upokojit se, zklidnit se
subsidiary • *n* dceřiná společnost *(f)*
subsidy • *n* subvence *(f)*, podpora *(f)*
subsistence • *n* obživa *(f)*
subsonic • *adj* podzvukový
subspecies • *n* poddruh *(m)*

substance • *n* látka *(f)*
substantial • *adj* hmotný, opravdový, bytelný, podstatný
substitute • *v* nahradit • *n* náhrada *(f)*, náhradník *(m)*
subterranean • *adj* podzemní
subtitle • *v* otitulkovat • *n* podtitul *(m)*, titulky
subtract • *v* odečíst
subtraction • *n* odčítání *(n)*
subtrahend • *n* menšitel *(m)*
suburb • *n* předměstí *(n)*
suburban • *n* předměstský *(m)*
subway • *n* metro *(n)*, podzemní dráha *(f)*
succeed • *v* uspět
success • *n* úspěch *(m)*, zdar *(m)*, výnosnost *(f)*
successful • *adj* úspěšný
successfully • *adv* úspěšně
succession • *n* posloupnost *(f)*, následnictví *(n)*
successor • *n* následník *(m)*, nástupce *(m)*
succinct • *adj* stručný *(m)*, zhuštěný *(m)*
succumb • *v* podlehnout
suck • *v* sát, nasávat
suckle • *v* kojit
suckling • *n* kojenec *(m)*
sucrose • *n* sacharóza *(f)*
suction • *n* sání *(n)*
sudden • *adj* náhlý *(m)*
suddenly • *adv* náhle
suddenness • *n* náhlost *(f)*
sue • *v* žalovat
suet • *n* lůj *(m)*
suffer • *v* trpět
suffering • *n* utrpení *(n)* • *adj* trpící
sufficient • *adj* dostatečný, dostačující, postačující
sufficiently • *adv* dostatečně
suffix • *n* přípona *(f)*
suffocate • *v* dusit se, udusit se, dusit
sugar • *n* cukr *(m)*
suggest • *v* navrhnout
suggestion • *n* návrh *(m)*
suicidal • *adj* sebevražedný *(m)*
suicide • *n* sebevražda *(f)*, sebevrah *(m)*
suit • *v* vyhovovat • *n* oblek *(m)*, kombinéza *(f)*, bílý límeček *(m)*, výzbroj *(f)*, proces *(m)*, soudní pře *(f)*, námluvy, dvoření *(n)*, oplachtění *(n)*, barva *(f)*, pořadí *(n)*, následnictví *(n)*
suitability • *n* vhodnost *(f)*
suitable • *adj* vhodný *(m)*, vyhovující *(m)*
suite • *n* apartmá *(n)*

sulfate • *n* síran *(m)*
sulfide • *n* sulfid *(m)*
sulfur • *n* síra *(f)*
sulk • *v* trucovat
sulky • *adj* mrzutý *(m)*
sultan • *n* sultán *(m)*
sultanate • *n* sultanát *(m)*
sum • *n* součet *(m)*, suma, částka
summary • *n* souhrn *(m)*, shrnutí *(n)* • *adj* stručný
summer • *n* léto *(n)*
summit • *n* vrchol *(m)*, vrcholek *(m)*, summit *(m)*
summon • *v* svolat, přivolat, předvolat
summons • *n* předvolání *(n)*
sun • *v* slunit • *n* slunce *(n)*
sunbeam • *n* sluneční paprsek *(m)*
sundial • *n* sluneční hodiny
sunfish • *n* okounek *(m)*, měsíčník *(m)*
sunflower • *n* slunečnice *(f)*
sunglasses • *n* sluneční brýle
sunny • *adj* sluneční
sunrise • *n* východ slunce *(m)*
sunscreen • *n* opalovací krém *(m)*, krém na opalování *(m)*
sunset • *n* západ *(m)*, západ slunce *(m)*
sunshade • *n* slunečník *(m)*, sluneční clona *(f)*
sunspot • *n* sluneční skvrna *(f)*, skvrna na slunci *(f)*
sunstroke • *n* úpal *(m)*, úžeh *(m)*
superb • *adj* znamenitý, vynikající, jedinečný
superclass • *n* nadtřída *(f)*
superego • *n* superego *(n)*, nadjá *(n)*, nad-já *(n)*
superficial • *adj* povrchní
superfluity • *n* zbytečnost *(f)*
superfluous • *adj* zbytečný *(m)*, nadbytečný *(m)*
superfluously • *adv* nadbytečně
superhuman • *adj* nadlidský
superior • *adj* vyšší
superlative • *n* superlativ, superlativ *(m)*
superman • *n* nadčlověk *(m)*
supermarket • *n* supermarket *(m)*, obchodní řetězec *(m)*
supernatural • *adj* nadpřirozený
supernova • *n* supernova *(f)*
superordinate • *n* nadřízený *(m)* • *adj* nadřazený
superscript • *n* horní index *(m)*
supersonic • *adj* nadzvukový
superstition • *n* pověra *(f)*
superstitious • *adj* pověrčivý *(m)*
superstitiously • *adv* pověrčivě

supervision • *n* dohled *(m)*
supine • *n* supinum *(n)*
supper • *n* večeře *(f)*
supplement • *n* dodatek *(m)*, doplněk *(m)*
supplementary • *adj* dodatečný
supplier • *n* dodavatel *(m)*
supply • *v* poskytnout • *n* nabídka *(f)*, zásoba *(f)*
support • *v* podpírat, podporovat • *n* podpěra *(f)*, podpora *(f)*
supported • *adj* podporovaný
supporter • *n* štítonoš *(m)*
suppose • *v* předpokládat, domnívat se
supposition • *n* předpoklad *(m)*
suppository • *n* čípek *(m)*
sure • *adj* jistý
surface • *n* povrch *(m)*
surface-to-air • *adj* země-vzduch
surge • *n* příval *(m)*, nápor *(m)*, poryv *(m)*, špička *(f)*, náraz *(m)*, vzedmutí *(n)*
surgeon • *n* chirurg *(m)*
surgery • *n* operace *(f)*, lékařský, zákrok *(m)*, chirurgický, chirurgie *(f)*
surgical • *adj* chirurgický
surmount • *v* překonat
surname • *n* příjmení *(n)*
surplus • *n* přebytek *(m)*, nadbytek *(m)*
surprise • *v* překvapit • *n* překvapení *(n)*
surprised • *adj* překvapený *(m)*
surrealism • *n* surrealismus
surround • *v* obklopit, obehnat, obklíčit
surroundings • *n* okolí *(n)*
surveying • *n* zeměměřičství *(n)*, zaměřování *(n)*
surveyor • *n* zeměměřič *(m)*
survival • *n* přežití *(n)*
survive • *v* přežívat, přežít
susceptibility • *n* náchylnost *(n)*
susceptible • *adj* náchylný *(m)*
sushi • *n* suši
suslik • *n* sysel *(m)*
suspect • *v* podezřívat, podezírat • *n* podezřelý *(m)* • *adj* podezřelý *(m)*
suspend • *v* pozastavit
suspicion • *n* podezření *(n)*
suspicious • *adj* podezřelý *(m)*, podezřívavý *(m)*, podezíravý *(m)*
sustain • *v* udržovat
sustainable • *adj* udržitelný *(m)*
sutler • *n* markytán *(m)*, markytánka *(f)*
swallow • *v* polknout, spolknout, polykat • *n* hlt *(m)*, lok *(m)*, vlaštovka *(f)*
swamp • *n* bažina *(f)*, bahno *(n)*
swan • *n* labuť *(f)*
swap • *v* vyměnit, prohodit
swarm • *n* roj *(m)*
swastika • *n* svastika *(f)*
swear • *v* přísahat, klít
sweat • *n* pot *(m)* • *v* potit
sweater • *n* pulovr, svetr
sweatshirt • *n* mikina *(f)*
swede • *n* tuřín *(m)*
sweep • *v* zametat, zamést
sweepstake • *n* loterie *(f)*
sweet • *n* sladkost *(f)* • *adj* sladký, sladký *(m)*, slazený, voňavý, čerstvý, melodický, milý, příjemný, ochotný
sweeten • *v* sladit
sweetheart • *n* miláček *(m)*
sweetly • *adv* sladce
sweetness • *n* sladkost *(f)*
swell • *v* otéct, otéci, zduřet, opuchnout, napuchnout, naběhnout
swelling • *n* otok *(m)*
swift • *n* rorýs *(m)* • *adj* hbitý, rychlý, svižný
swill • *n* pomeje
swim • *v* plavat, plout • *n* plavání *(n)*
swimmer • *n* plavec *(m)*
swimming • *n* plavání *(n)*
swimsuit • *n* plavky
swindle • *n* švindl *(m)*
swine • *n* svině *(f)*
swing • *v* houpat se • *n* houpačka *(f)*
swinging • *n* grupensex *(m)*
switch • *v* vyměnit, zhasnout, rozsvítit, rožnout • *n* vypínač *(m)*, výhybka *(f)*, přepínač *(m)*
swoon • *v* omdlít
sword • *n* meč *(m)*
swordfish • *n* mečoun
sycamore • *n* platan *(m)*
syllable • *n* slabika *(f)*
syllogism • *n* sylogismus *(m)*
symbiosis • *n* symbióza *(f)*
symbiotic • *adj* symbiotický *(m)*
symbol • *n* symbol *(m)*
symbolic • *adj* symbolický
symbolically • *adv* symbolicky
symmetrical • *adj* souměrný *(m)*, symetrický *(m)*
symmetry • *n* souměrnost *(f)*, symetrie *(f)*
sympathize • *v* soucítit
sympathy • *n* soustrast *(f)*, soucit *(m)*
symphony • *n* symfonie *(f)*
symptom • *n* příznak *(m)*
synagogue • *n* synagoga *(f)*
synapse • *n* synapse *(f)*
synaptic • *adj* synaptický
synchronic • *adj* synchronní

synchronize • *v* synchronizovat
synchronous • *adj* synchronní
syncope • *n* mdloba *(f)*, synkopa *(f)*
syndrome • *n* syndrom *(m)*
synecdoche • *n* synekdocha *(f)*
synod • *n* synod *(m)*, synoda *(f)*
synonym • *n* synonymum *(n)*, slovo souznačné *(n)*
synonymy • *n* synonymie *(f)*, synonymita *(f)*
synopsis • *n* přehled *(m)*, synopse *(f)*
synovitis • *n* synovitida *(f)*
syntax • *n* syntax *(f)*, syntaxe *(f)*

synthesis • *n* syntéza *(f)*
synthesizer • *n* syntezátor *(m)*
syphilis • *n* syfilis *(f)*, příjice *(f)*
syphilitic • *adj* syfilitický
syringe • *n* injekční stříkačka *(f)*
syrup • *n* sirup *(m)*
system • *n* systém *(m)*, soustava *(f)*
systematic • *adj* systémový, systematický, taxonomický
systematization • *n* systematizace *(f)*
systematize • *v* systematizovat
systemic • *adj* systémový

T

tab • *n* karta *(f)*, záložka *(f)*, panel *(m)*
table • *n* stůl *(m)*, tabulka *(f)*
tablecloth • *n* ubrus *(m)*
tablespoon • *n* lžíce *(f)*, polévková lžíce *(f)*
taboo • *v* tabuizovat • *n* tabu *(n)*
tabular • *adj* tabulkový *(m)*
tachycardia • *n* tachykardie *(f)*
taciturn • *adj* mlčenlivý
taciturnity • *n* mlčenlivost *(f)*
tack • *n* křižování *(n)*
tact • *n* takt *(m)*
tactful • *adj* taktní
tactical • *adj* taktický *(m)*
tactics • *n* taktika *(f)*
tactless • *adj* netaktní
tadpole • *n* pulec *(m)*
tag • *v* označit, označkovat, tagovat • *n* visačka *(f)*, etiketa *(f)*, cedulka *(f)*, štítek *(m)*, honěná *(f)*, hra na babu *(f)*, značka *(f)*
taiga • *n* tajga *(f)*
tail • *v* sledovat • *n* ocas *(m)*, chvost *(m)*, ohon *(m)*, chvost, ocásek, rub *(m)*
tailback • *n* kolona *(f)*
tailor • *n* krejčí *(m)*
tailpiece • *n* struník *(m)*
taipan • *n* taipan
take • *v* brát, vzít, dobýt, unést, vydržet, vystát • *n* vzetí *(n)*, vzaný *(m)*, zisk *(m)*, názor *(m)*
taken • *adj* zaujatý, zadaný *(m)*, zadaná *(f)*
takeover • *n* převzetí *(n)*
talc • *n* mastek *(m)*, klouzek *(m)*, talek *(m)*
talent • *n* talent *(m)*, talent
talisman • *n* talisman *(m)*, amulet *(m)*
talkative • *adj* upovídaný *(m)*, povídavý
tall • *adj* vysoký
tallow • *n* lůj *(m)*
talon • *n* dráp *(m)*
talus • *n* osyp *(m)*
tame • *v* krotit • *adj* krotký *(m)*
tamer • *n* krotitel *(m)*
tamp • *v* udusat
tamper • *n* dusátko *(n)*
tampon • *n* tampón *(m)*
tan • *v* zhnědnout, opálit se, činit, vyčinit, vydělávat, vydělat • *n* opálení *(n)*
tandem • *n* tandem *(m)*
tangent • *n* tečna *(f)*, tangens *(m)*
tangential • *adj* tečnový
tangle • *v* být zatažen do, zamotat se do, zaplést se, zamotat, splést, zaplést, polapit
tango • *n* tango *(n)*
tank • *n* nádrž *(f)*, tank *(m)*
tanker • *n* tankista *(m)*
tanned • *adj* opálený, vydělaný, vyčiněný
tanner • *n* koželuh *(m)*
tannin • *n* tanin *(m)*
tansy • *n* vratič *(f)*
tantalum • *n* tantal
tape • *n* páska *(f)*
tapeworm • *n* tasemnice *(f)*
tapioca • *n* tapioka *(f)*
tapir • *n* tapír
taproot • *n* hlavní kořen *(m)*
tar • *n* dehet *(m)*
target • *n* terč *(m)*
tarot • *n* taroky
tarragon • *n* pelyněk kozalec *(m)*, estragon *(m)*
tarsier • *n* nártoun

task • *n* úkol *(m)*, úloha *(f)*
tassel • *n* střapec *(m)*
taste • *v* ochutnat, chutnat • *n* chuť *(f)*, vkus *(m)*
tastelessness • *n* mdlost *(f)*
tasting • *n* degustace *(f)*
tatter • *n* hadr *(m)*
tatters • *n* hadry
tattoo • *v* tetovat • *n* tetování *(n)*
tau • *n* tau *(n)*
taut • *adj* napjatý, napínavý
tautology • *n* tautologie *(f)*
tavern • *n* hostinec *(m)*, krčma *(f)*
tax • *v* danit • *n* daň *(f)*
taxable • *adj* zdanitelný
taxi • *n* taxík *(m)*, taxi *(n)*
taxidermy • *n* preparace *(f)*
taxonomy • *n* taxonomie *(f)*
taxpayer • *n* daňový poplatník *(m)*
tea • *n* čaj *(m)*
teach • *v* učit
teachable • *adj* učenlivý *(m)*
teacher • *n* učitel *(m)*
teaching • *n* učení *(n)*
teak • *n* teka obrovská, teak, týk
teakettle • *n* konvice *(f)*
team • *n* tým *(m)*
teapot • *n* čajová konvice *(f)*, čajník *(m)*
tear • *v* roztrhnout, utrhnout, odtrhnout, strhnout, roztrhnout se • *n* trhlina *(f)*, prasklina *(f)*, slza *(f)*
teardrop • *n* slza *(f)*
tease • *v* škádlit
teasel • *n* štětka *(f)*
teaspoon • *n* čajová lžička *(f)*
teat • *n* bradavka *(f)*
technetium • *n* technecium
technical • *adj* technický *(m)*
technician • *n* technik *(m)*
technique • *n* technika *(f)*
technobabble • *n* technoblábol *(n)*
technology • *n* technologie *(f)*, technika *(f)*
tectonic • *adj* tektonický
tee • *n* té *(n)*
tektite • *n* tektit
telegram • *n* telegram *(m)*
telegraph • *n* telegraf *(m)*
telegraphic • *adj* telegrafní
teleology • *n* teleologie *(f)*
telepathic • *adj* telepatický
telepathy • *n* telepatie *(f)*
telephone • *v* telefonovat, volat • *n* telefon
telescope • *n* dalekohled *(m)*
television • *n* televize *(f)*, televizor *(m)*, televizní přijímač *(m)*

tell • *v* říci
teller • *n* vypravěč
tellurium • *n* tellur
temerity • *n* drzost *(f)*
temperance • *n* umění, umírněnost
temperature • *n* teplota *(f)*
tempest • *n* bouře *(f)*
template • *n* šablona *(f)*
temple • *n* chrám *(m)*, spánek *(m)*
temporal • *adj* časový *(m)*, světský, spánkový *(m)*
temporarily • *adv* dočasně, přechodně, provizorně
temporary • *adj* dočasný *(m)*
temptation • *n* pokoušení *(n)*, pokušení *(n)*
ten • *n* pětka *(f)*
tenant • *n* nájemce *(m)*, vlastník *(m)*
tench • *n* lín *(m)*
tendency • *n* sklon *(m)*, tendence *(f)*
tender • *adj* něžný *(m)*
tenderizer • *n* palička na maso *(f)*
tendon • *n* šlacha *(f)*
tennis • *n* tenis *(m)*
tenosynovitis • *n* tenosynovitida *(f)*
tense • *n* čas *(m)*, slovesný čas *(m)* • *v* napnout • *adj* napjatý *(m)*
tension • *n* napětí *(n)*
tensor • *n* tenzor *(m)*
tent • *n* stan *(m)*
tentacle • *n* chapadlo *(n)*
tentacular • *adj* chapadlový
tentative • *adj* pokusný, zkušební, předběžný, nejistý, provizorní
tenth • *n* desátý *(m)*, desetina *(f)* • *adj* desátý
tepid • *adj* vlažný
terbium • *n* terbium
term • *n* podmínka *(f)*, termín *(m)*
terminal • *n* terminál *(m)*
terminological • *adj* terminologický *(m)*
terminology • *n* názvosloví *(n)*, terminologie *(f)*
termite • *n* termit *(m)*
tern • *n* rybák *(m)*
terrace • *n* terasa *(f)*
terrain • *n* terén *(m)*
terrapin • *n* želva *(f)*
terrestrial • *adj* suchozemský *(m)*
terrible • *adj* hrozný, strašný, hrozivý
terrier • *n* teriér *(m)*
territorial • *adj* územní
territory • *n* území *(n)*, teritorium *(n)*
terrorism • *n* terorismus *(m)*
terrorist • *n* terorista *(m)* • *adj* teroristický
terse • *adj* strohý

test • *v* testovat • *n* test *(m)*, zkouška *(f)*
testament • *n* závěť *(f)*, poslední vůle *(f)*, zákon *(m)*, testament *(m)*
testify • *v* svědčit
testimony • *n* svědectví *(n)*
testosterone • *n* testosteron *(m)*
tetanus • *n* tetanus *(m)*
tether • *n* úvaz *(m)*, provaz *(m)*, řetěz *(m)*
tetrahedron • *n* čtyřstěn *(m)*
text • *v* písnout • *n* text *(m)*, SMS *(f)*, esemeska *(f)*, textovka *(f)*
textbook • *n* učebnice *(f)* • *adj* učebnicový
thalamus • *n* thalamus *(m)*, talamus *(m)*
thallium • *n* thallium
than • *prep* než
thank • *v* děkovat, poděkovat
thankful • *adj* vděčný
thanks • *n* díky • *interj* díky
that • *conj* že, aby • *pron* to, jenž, který
thatch • *n* došek *(m)*
the • *adv* čím + comp., tím + comp.
theater • *n* divadlo *(n)*
theatrical • *adj* divadelní
theft • *n* krádež *(f)*
theirs • *pron* jejich
theism • *n* teismus *(m)*
them • *pron* jich, nich, jim, nim, je, ně, jimi, nimi
thematic • *adj* tematický
theme • *n* téma *(f)*
themselves • *pron* sami, samy, sama
then • *adv* tehdy, pak, potom
thence • *adv* odtud
theocracy • *n* teokracie *(f)*
theologian • *n* teolog *(m)*
theological • *adj* teologický *(m)*
theology • *n* teologie *(f)*
theorem • *n* věta *(f)*, teorém *(m)*, teoréma *(f)*
theoretical • *adj* teoretický *(m)*
theoretically • *adv* teoreticky
theorist • *n* teoretik *(m)*
theory • *n* teorie *(f)*
theosophy • *n* teosofie
therapeutic • *adj* léčebný *(m)*, terapeutický
therapist • *n* terapeut *(m)*
therapy • *n* léčba *(f)*, terapie *(f)*
there • *adv* tam
thereafter • *adv* poté, potom, nato
therefore • *adv* proto, tudíž
thermistor • *n* termistor *(m)*
thermodynamics • *n* termodynamika *(f)*
thermometer • *n* teploměr *(m)*

thermos • *n* termoska *(f)*, termoláhev *(f)*
thermosphere • *n* termosféra *(f)*
thermostat • *n* termostat *(m)*
thesaurus • *n* tezaurus *(m)*
these • *pron* tito
thesis • *n* teze *(f)*, diplomová práce *(f)*
they • *pron* oni, ony
thick • *adj* tlustý *(m)*, hustý *(m)*
thickness • *n* tloušťka *(f)*
thief • *n* zloděj *(m)*, zlodějka *(f)*
thigh • *n* stehno *(n)*
thimble • *n* náprstek *(m)*
thin • *adj* tenký, řídký *(m)*
thine • *pron* tvůj
thing • *n* věc *(f)*
think • *v* přemýšlet, myslet, mít za, považovat za
thinkable • *adj* myslitelný, představitelný
thinker • *n* myslitel *(m)*
third • *v* třetit, roztřetit • *n* třetí osoba *(f)*, třetina *(f)*, tercie *(f)* • *adj* třetí
thirst • *n* žízeň *(f)*
thirsty • *adj* žíznivý *(m)*
thirteenth • *n* třináctý *(m)*, třináctina *(f)*
thirtieth • *n* třicetina *(f)* • *adj* třicátý *(m)*
this • *pron* toto *(n)*
thistle • *n* bodlák *(m)*
thistledown • *n* chmýří *(n)*
thither • *adv* tam
thong • *n* žabky
thorax • *n* hruď *(f)*, hrudník *(m)*
thorium • *n* thorium
thorn • *n* trn *(m)*, osten
thorough • *adj* důkladný *(m)*
thoroughly • *adv* důkladně
thoroughness • *n* důkladnost *(f)*
thou • *pron* ty
though • *adv* nicméně • *conj* ačkoli
thought • *n* myšlenka *(f)*, myšlení *(n)*
thoughtless • *adj* lehkomyslný, neohleduplný, bezmyšlenkovitý
thoughtlessness • *n* bezohlednost *(f)*, lehkomyslnost *(f)*
thousandth • *adj* tisící
thread • *n* nit *(f)*, vlákno *(n)*
threat • *n* hrozba *(f)*, výhrůžka *(f)*, ohrožení *(n)*, hrozba
threaten • *v* hrozit, vyhrožovat
threatened • *adj* ohrožený *(m)*
three-decker • *n* trojpalubník *(m)*
threefold • *adj* trojnásobný • *adv* trojnásobně
threonine • *n* threonin *(m)*
threshold • *n* práh *(m)*
thrice • *adv* třikrát
thrift • *n* spořivost *(f)*

thrive • *v* prospívat, prosperovat, vzkvétat
throat • *n* hrdlo *(n)*, hrdlo, krk
thrombocytopenia • *n* trombocytopenie *(f)*
thrombosis • *n* trombóza *(f)*
thrombus • *n* trombus *(m)*, krevní sraženina *(f)*
throne • *n* trůn *(m)*
throttle • *n* ventil *(m)* • *v* brzdit, škrtit
through • *prep* skrz
throughput • *n* propustnost *(f)*
throw • *v* vrhat, vrhnout
throw-in • *n* vhazování *(n)*
thrush • *n* drozd *(m)*
thulium • *n* thulium
thumb • *n* palec *(m)*
thumbnail • *n* nehet na palci *(m)*, náhled *(m)*
thumbtack • *n* připínáček *(m)*
thunder • *v* hřmít, hromovat • *n* hrom *(m)*, zahřmění *(n)*, hromová rána *(f)*, hřmění *(n)*, dunění *(n)*
thunderstorm • *n* bouřka *(f)*
thus • *adv* tak
thwart • *v* zmařit, zkřížit
thylacine • *n* vakovlk *(m)*
thyme • *n* tymián *(m)*
thymine • *n* thymin *(m)*
thymus • *n* brzlík *(m)*
tick • *n* klíště *(n)*, tikot *(m)*, fajfka *(n)* • *v* tikat
ticket • *n* lístek *(m)*, vstupenka *(f)*
tickle • *v* lechtat
ticklish • *adj* lechtivý
tide • *n* příliv *(m)*, odliv *(m)*
tidy • *adj* uklizený
tie • *n* remíza *(f)* • *v* přivázat, zavázat
tiger • *n* tygr *(m)*
tight • *adj* těsný *(m)*
tighten • *v* dotáhnout, utáhnout
tightly • *adv* těsně
tights • *n* punčocháče *(f)*
tigress • *n* tygřice *(f)*
tilde • *n* vlnovka *(f)*
tile • *n* dlaždice *(f)*, kachle *(f)*, obkladačka *(f)*, taška *(f)*
till • *prep* do • *n* kasa *(f)*
timbre • *n* barva zvuku *(m)*
time • *v* načasovat, časovat • *n* čas *(m)*, krát, časy
timer • *n* minutka *(f)*, časovač *(m)*
times • *prep* krát
timid • *adj* bojácný *(m)*, nesmělý *(m)*
timing • *n* načasování *(n)*
timocracy • *n* timokracie
tin • *n* cín *(m)*, plechovka, konzerva

tincture • *n* tinktura *(f)*
tinder • *n* troud *(m)*
tinderbox • *n* křesadlo *(n)*
tinfoil • *n* staniol *(m)*
tingling • *n* brnění *(n)*
tinnitus • *n* tinnitus *(m)*, tinitus *(m)*
tiny • *adj* maličký, malinký
tip • *n* spropitné *(n)*
tirade • *n* tiráda *(f)*
tire • *v* unavit se, unavit
tired • *adj* unavený *(m)*
tiredness • *n* únava *(f)*
tissue • *n* tkáň *(f)*
tit • *n* bradavka *(f)*, cecek *(m)*, prs *(m)*, prso *(n)*, koník *(m)*
titanium • *n* titan *(m)*
titer • *n* titr *(m)*
tithe • *n* desetina
title • *n* titul *(m)*, název *(m)*
tittle • *n* troška *(f)*, tečka *(f)*
to • *prep* k, ke, ku, do
toad • *n* ropucha *(f)*
toady • *n* vlezdoprdelka *(m)*
toast • *n* toust *(m)*, topinka *(f)*, přípitek *(m)*
toaster • *n* toustovač *(m)*
tobacco • *n* tabák *(m)*
toccata • *n* tokáta *(f)*
today • *n* dnešek *(m)* • *adv* dnes, v dnešní době
toddler • *n* batole *(n)*
toe • *n* prst *(m)*, prst u noha *(m)*
together • *adv* společně, spolu, dohromady
toggle • *v* přepnout • *n* kloub *(m)*
toil • *v* dřít • *n* dřina *(f)*
toilet • *n* toaleta *(f)*, záchod *(m)*, záchod, záchodová mísa *(f)*, toaleta
token • *n* žeton *(m)*
tolerable • *adj* snesitelný *(m)*
tolerance • *n* snášenlivost *(f)*, tolerance *(f)*
tolerate • *v* tolerovat
toll • *n* mýtné *(n)*, mýto *(n)* • *v* zvonit
tollgate • *n* mýtná brána *(f)*
toluene • *n* toluen *(m)*
tom • *n* kocour *(m)*
tomahawk • *n* tomahavk
tomato • *n* rajče *(n)*, rajské jablíčko *(n)*
tomb • *n* hrobka *(f)*
tomorrow • *n* zítřek *(m)* • *adv* zítra
ton • *n* tuna *(f)*
tone • *n* tón *(m)*, tonus *(m)*
toner • *n* toner *(m)*
tongs • *n* kleště
tongue • *n* jazyk *(m)*
tonight • *n* dnes večer • *adv* dnes večer,

dnes v noci
tonsil • *n* krční mandle *(f)*, mandle *(f)*
tonsillitis • *n* angína *(f)*
too • *adv* také, též, příliš
tool • *v* obrábět • *n* nástroj *(m)*, nádobíčko *(n)*
toolbox • *n* nástrojová sada *(f)*
tooth • *n* zub *(m)*
toothache • *n* bolest zubů *(f)*
toothbrush • *n* zubní kartáček *(m)*
toothless • *adj* bezzubý *(m)*
toothpaste • *n* zubní pasta *(f)*
toothpick • *n* párátko *(n)*
top • *n* vršek *(m)*, káča *(f)*
topaz • *n* topaz *(m)*
topic • *n* téma *(n)*, předmět *(m)*
topless • *adj* nahoře bez
topmost • *adj* nejvyšší
topology • *n* topologie *(f)*
topple • *v* překotit, převrhnout, svalit, svrhnout, kácet se, překotit se, převrhnout se
torch • *n* pochodeň *(f)*, baterka *(f)*
torment • *v* trýznit, soužit • *n* utrpení, mučení *(n)*, muka, soužení *(n)*, trýzeň *(f)*
tornado • *n* tornádo *(n)*
torpedo • *n* torpédo *(n)*
torque • *n* točivý moment *(m)*
torso • *n* trup *(m)*, torzo *(n)*
torte • *n* dort *(m)*
tortoise • *n* želva
tortoiseshell • *n* želvovina *(f)* • *adj* želvovinový *(m)*
torture • *v* mučit • *n* mučení *(n)*, muka *(n)*
torturer • *n* mučitel *(m)*
total • *n* úhrn *(m)*, součet *(m)* • *adj* celý *(m)*, naprostý *(m)*, totální
totalitarian • *adj* totalitní
totem • *n* totem *(m)*
totter • *v* vrávorat, zakolísat, klopýtat, kymácet se, potácet se
toucan • *n* tukan *(m)*
touch • *v* dotýkat, dotknout • *n* dotyk *(m)*, dotek *(m)*, hmat *(m)*
touchy • *adj* netýkavý
tourism • *n* turistika *(f)*, turismus *(m)*
tourist • *n* turista *(m)*
tourmaline • *n* turmalín *(m)*
tournament • *n* turnaj *(m)*
tourniquet • *n* zaškrcovadlo *(n)*, škrtidlo *(n)*
tow • *v* vléci, táhnout • *n* vlečení *(n)*, tažení *(n)*, odtažení *(n)*, tahač *(m)*, remorkér *(m)*, vlečné lano *(n)*
toward • *prep* k, směrem k, vůči, na,

poblíž, blízko
towel • *n* ručník *(m)*
tower • *n* věž *(f)*
town • *n* město *(n)*
township • *n* obec *(f)*
toxic • *adj* otravný, toxický
toxicity • *n* toxicita *(f)*, jedovatost *(f)*
toxicology • *n* toxikologie *(f)*
toxin • *n* toxin *(m)*
toy • *v* hrát si, zvažovat, pohrávat si s myšlenkou • *n* hračka *(f)*
trace • *n* stopa *(f)*
trachea • *n* průdušnice *(f)*
tracheitis • *n* tracheitida *(f)*
track • *v* sledovat, vystopovat, najít, objevit, vypátrat, stopovat • *n* stopa *(f)*, cesta *(f)*, dráha *(f)*, kolej
tract • *n* ústrojí *(n)*
tractor • *n* traktor *(m)*
trade • *n* obchod *(m)*
trademark • *n* ochranná známka *(f)*
trader • *n* obchodník *(m)*, kupec *(m)*
tradition • *n* tradice *(f)*
traditional • *adj* tradiční
traditionally • *adv* tradičně
traffic • *n* doprava *(f)*
tragedy • *n* tragédie *(f)*
tragic • *adj* tragický
tragicomedy • *n* tragikomedie *(f)*
trailer • *n* přívěs *(m)*, karavan *(m)*
train • *v* trénovat, cvičit • *n* vlak *(m)*
trainer • *n* trenér *(m)*
training • *n* vzdělávání, výcvik, školení
traitor • *n* zrádce *(m)*
trajectory • *n* dráha *(f)*, trajektorie *(f)*
tram • *n* tramvaj *(f)*
trampoline • *n* trampolína *(f)*
transaction • *n* transakce *(f)*
transcend • *v* překonat
transcription • *n* transkripce *(f)*
transfer • *v* přenést, převézt, přepsat • *n* přenos *(m)*, převod *(m)*
transform • *v* proměnit
transformation • *n* proměna *(f)*
transformer • *n* transformátor *(m)*
transgress • *v* přestoupit
transgression • *n* přestupek *(m)*
transgressive • *n* přechodník *(m)*
transistor • *n* tranzistor *(m)*
transition • *n* přechod *(m)*
transitional • *adj* přechodný
transitive • *adj* přechodný, tranzitivní
translatable • *adj* přeložitelný
translate • *v* přeložit
translation • *n* překládání *(n)*, překlad *(m)*, translace *(f)*
translator • *n* překladatel *(m)*

transliteration • *n* transliterace *(f)*
translucent • *adj* průsvitný
transmission • *n* přenos *(m)*, vysílání *(n)*, převodovka *(f)*
transmit • *v* přenést, šířit, vysílat
transmitter • *n* vysílač, vysílač *(m)*
transparence • *n* průhlednost *(f)*
transparency • *n* průhlednost *(f)*
transparent • *adj* průhledný *(m)*, zřejmý, zřetelný
transport • *v* dopravit • *n* doprava *(f)*
transportation • *n* přepravení
transpose • *n* transponovat
transposition • *n* transpozice *(f)*
transverse • *adj* příčný
transvestite • *n* transvestita *(m)*
trap • *n* past *(f)*, léčka *(f)*
trapezoid • *n* lichoběžník *(m)*
trauma • *n* trauma *(n)*, úraz *(m)*
traumatic • *adj* traumatický
travel • *v* cestovat, jezdit, procestovat • *n* cestování *(n)*
traveling • *n* kroky
travelogue • *n* cestopis *(m)*
travesty • *n* travestie *(f)*
trawler • *n* trawler *(m)*
tray • *n* tácek *(m)*
treacherous • *adj* zrádný *(m)*
treadmill • *n* běžecký pás *(m)*
treason • *n* velezrada *(f)*, vlastizrada *(f)*, zrada *(f)*
treasure • *n* poklad *(m)*
treasurer • *n* pokladník *(m)*, pokladní *(f)*, ministr *(m)*, finance
treasury • *n* pokladna *(f)*
treat • *v* vyjednávat, pojednat, zacházet, léčit, pohostit
treatise • *n* pojednání *(n)*
treatment • *n* zacházení *(n)*, léčba *(f)*
treaty • *n* mezinárodní smlouva *(f)*
tree • *n* strom *(m)*
trefoil • *n* trojlístek *(m)*, trojlist *(m)*
tremble • *v* třást se, chvět se
tremendous • *adj* obdivuhodný
tremor • *n* třes *(m)*, otřes *(m)*
trench • *n* příkop *(m)*, výkop *(m)*, zákop *(m)*, rýha *(f)*, brázda *(f)*
trial • *n* zkouška *(f)*, přelíčení *(n)* • *adj* zkušební, trojí
triangle • *n* trojúhelník *(m)*, triangl *(m)*
tribe • *n* kmen *(m)*, rod *(m)*
tribesman • *n* soukmenovec *(m)*
tribunal • *n* tribunál *(m)*
tributary • *n* přítok *(m)*
trichomoniasis • *n* trichomoniáza *(f)*
trick • *n* trik, kouzlo
tricycle • *n* trojkolka *(f)*

trident • *n* trojzubec *(m)*
trifle • *n* maličkost *(f)*
trigger • *n* spoušť *(f)*, spouštěč *(m)*
trigonometry • *n* trigonometrie *(f)*
trilingual • *adj* trojjazyčný
trim • *v* zkrátit, zastřihnout
trimester • *n* trimestr
trinity • *n* trojice *(f)*
trio • *n* trio *(n)*
trip • *v* zakopnout • *n* výlet *(m)*, klopýtnutí *(n)*, faux pas, trapas *(m)*, kiks *(m)*
tripe • *n* dršťky
triple • *v* ztrojnásobit • *n* trojice *(f)* • *adj* trojitý
triplet • *n* triola *(f)*
tripod • *n* stativ *(m)*, trojnožka *(f)*
trisect • *v* roztrojit
trite • *adj* vyčpělý *(m)*, banální
triumphant • *adj* vítězoslavný *(m)*
trivial • *adj* bezvýznamný, triviální, druhový
trochee • *n* trochej
troika • *n* trojka *(f)*
troll • *n* skřítek *(m)*, trol *(m)*, troll *(m)* • *v* provokovat
trolley • *n* vozík *(m)*, rudl *(m)*, trolej *(f)*, tramvaj *(f)*
trombone • *n* trombón *(m)*, pozoun *(m)*
troop • *n* skupina *(f)*, oddíl *(m)*
trophy • *n* trofej *(f)*
tropic • *n* obratník *(m)*
tropical • *adj* tropický
troposphere • *n* troposféra *(f)*
troubadour • *n* trubadúr *(m)*
troublemaker • *n* potížista *(m)*
trough • *n* koryto *(n)*, žlab *(m)*
trout • *n* pstruh *(m)*
truce • *n* příměří *(n)*
truck • *n* kamión *(m)*, kamion *(m)*, dodávka, nákladní auto, náklaďák *(m)*
true • *adj* pravdivý *(m)*, pravdivý, pravý *(m)*
truffle • *n* lanýž
truism • *n* samozřejmost *(f)*, truismus *(m)*, banalita *(f)*, klišé *(n)*, otřepaná pravda *(f)*
truly • *adv* pravdivě, opravdu, doopravdy, vážně
trump • *n* trumfy, trumf *(m)*
trumpet • *v* troubit • *n* trubka *(f)*, trumpeta *(f)*, trumpetista *(m)*, troubení *(n)*
trunk • *n* kufr *(m)*, chobot *(m)*
truss • *v* svázat, podepřít • *n* kýlní pás *(m)*, příhradový nosník *(m)*
trust • *v* důvěřovat • *n* důvěra *(f)*
trustworthy • *adj* důvěryhodný *(m)*
truth • *n* pravda *(f)*, věrnost *(f)*,

skutečnost
truthful • *adj* pravdomluvný *(m)*, pravdivý
truthfulness • *n* pravdomluvnost *(f)*
try • *v* zkoušet, zkusit, pokoušet se, pokusit se
tryptophan • *n* tryptofan *(m)*
tryst • *n* dostaveníčko *(n)*, rande *(n)*
tsar • *n* car *(m)*
tuba • *n* tuba *(f)*
tube • *n* roura *(f)*, trubka *(f)*
tuber • *n* bulva *(f)*, hlíza *(f)*
tuberculosis • *n* tuberkulóza *(f)*
tugboat • *n* remorkér *(m)*
tulip • *n* tulipán *(m)*
tumescence • *n* topoření *(n)*
tumor • *n* nádor *(m)*
tumult • *n* nepokoj *(m)*
tumulus • *n* mohyla *(f)*
tuna • *n* tuňák *(m)*
tundra • *n* tundra *(f)*
tune • *v* ladit
tuner • *n* ladič *(m)*, ladička *(f)*
tungsten • *n* wolfram *(m)*
tunic • *n* tunika *(f)*
tuning • *n* ladění *(n)*
tunnel • *n* tunel *(m)*
turban • *n* turban *(m)*
turbidity • *n* zákal *(m)*
turbine • *n* turbína *(f)*
turd • *n* hovno *(n)*
turf • *n* trávník *(m)*, rašelina *(f)*
turkey • *n* krocan *(m)*, krůta *(f)*
turmeric • *n* kurkuma *(f)*, japonský šafrán *(m)*
turn • *v* točit, otočit, zahnout • *n* obrat *(m)*
turner • *n* soustružník *(m)*
turnip • *n* vodnice *(f)*
turnstile • *n* turniket *(m)*
turquoise • *n* tyrkys *(m)*, tyrkysový *(m)*, tyrkysová *(f)* • *adj* tyrkysový *(m)*
turtle • *n* želva *(f)*
turtleneck • *n* rolák *(m)*
tusk • *n* kel *(m)*
tuxedo • *n* smokink *(m)*
tweed • *n* tvíd *(m)*
twelfth • *adj* dvanáctý
twentieth • *adj* dvacátý
twenty • *n* dvacka *(f)*
twenty-fifth • *adj* dvacátýpátý, pětadvacátý
twice • *adv* dvakrát
twig • *n* větvička *(f)*
twilight • *n* soumrak *(m)*
twin • *n* dvojče *(n)*
twine • *n* provázání *(n)*, provázek *(m)*, motouz *(m)*
twist • *v* kroutit, překroutit • *n* twist *(m)*
twisted • *adj* kroucený *(m)*
two • *n* dvojka *(f)*
two-way • *adj* obousměrný
twofold • *adv* dvojnásobně
type • *v* psát na stroji • *n* typ, typ *(m)*
typewriter • *n* psací stroj *(m)*
typhoon • *n* tajfun *(m)*
typhus • *n* tyfus *(m)*
typical • *adj* typický
typographical • *adj* typografický *(m)*
typography • *n* typografie *(f)*
tyranny • *n* tyranie *(f)*
tyre • *n* pneumatika *(f)*
tyrosine • *n* tyrosin *(m)*, tyrozin *(m)*

U

ubiquitous • *adj* všudypřítomný *(m)*, všudypřítomný
udder • *n* vemeno *(n)*
ugliness • *n* ošklivost *(f)*
ugly • *adj* ošklivý, škaredý
ulcer • *n* vřed *(m)*
ultimately • *adv* nakonec
ultimatum • *n* ultimátum *(n)*
ultraviolet • *adj* ultrafialový
umbel • *n* okolík *(m)*
umbrella • *n* deštník *(m)*, slunečník *(m)*
umlaut • *n* přehláska *(f)*
unable • *adj* neschopný
unacceptable • *adj* nepřijatelný *(m)*
unachievable • *adj* nedosažitelný *(m)*
unadvised • *adj* ukvapený
unambiguous • *adj* jednoznačný *(m)*
unambiguously • *adv* jednoznačně
unanimous • *adj* jednohlasný *(m)*, jednomyslný *(m)*
unanimously • *adv* jednomyslně
unarmed • *adj* neozbrojený
unary • *adj* unární
unattainable • *adj* nedosažitelný *(m)*, nedostupný
unauthorized • *adj* neoprávněný *(m)*
unavailable • *adj* nedostupný
unavoidable • *adj* nevyhnutelný *(m)*

unbearable • *adj* nesnesitelný *(m)*
uncanny • *adj* podivný *(m)*, záhadný *(m)*, zvláštní *(m)*, zlověstný *(m)*, tajemný *(m)*, tajuplný *(m)*
uncertain • *adj* nejistý *(m)*
uncertainty • *n* nejistota *(f)*
unchanging • *adj* neměnný *(m)*
uncle • *n* strýc *(m)*, strýček *(m)*
unclear • *adj* nejasný *(m)*
uncomfortable • *adj* nepohodlný
uncompromising • *adj* nekompromisní
unconditional • *adj* bezpodmínečný
unconscious • *adj* nevědomý *(m)*
unconstitutional • *adj* protiústavní, neústavní
uncountably • *adv* nespočetně
uncover • *v* odkrýt
undecagon • *n* jedenáctiúhelník *(m)*
undefinable • *adj* nedefinovatelný
undefined • *adj* nedefinovaný
undeniable • *adj* nepopiratelný *(m)*
under • *prep* pod
underbrush • *n* podrost *(m)*
underestimate • *v* podcenit
undergo • *v* podstoupit
underline • *v* podtrhnout • *n* podtržení *(n)*, podtrhnutí *(n)*, podtržítko *(n)*
underlying • *adj* základní
underpants • *n* spodky, kalhotky, slipy
underscore • *v* podtrhnout • *n* podtržítko *(n)*
understand • *v* rozumět, chápat, porozumět, pochopit
understanding • *n* dohoda *(f)*, pochopení *(n)*, porozumění *(n)*
understatement • *n* zmírnění *(n)*
undertaker • *n* pohřebník *(m)*, funebrák *(m)*
undervalue • *v* podhodnotit, podcenit
underwear • *n* spodní prádlo *(n)*
underworld • *n* podsvětí *(n)*
undesirable • *adj* nežádoucí *(m)*
undo • *v* odčinit, navrátit
unearth • *v* odkrýt
unearthly • *adj* nepozemský, nadpozemský, nadpřirozený, nezemský, tajemný, ulítlý
unemployed • *adj* nezaměstnaný
unemployment • *n* nezaměstnanost *(f)*
unenviable • *adj* nezáviděníhodný
unequal • *adj* nerovný *(m)*
unethical • *adj* neetický *(m)*
uneven • *adj* nerovný *(m)*, nerovnoměrný
unexcelled • *adj* nepřekonaný
unexpected • *adj* nečekaný *(m)*
unfairness • *n* nespravedlnost *(f)*

unfathomable • *adj* neproniknutelný *(m)*, neproniknutelná *(f)*, neproniknutelné *(n)*
unfavorable • *adj* nepříznivý *(m)*
unfettered • *adj* nespoutaný *(m)*
unfinished • *adj* nedokončený *(m)*
unflattering • *adj* nelichotivý
unfold • *v* rozprostřít (se), vyvinout se
unforeseen • *adj* nepředvídaný *(m)*
unforgettable • *adj* nezapomenutelný
unfortunately • *adv* bohužel
unfounded • *adj* nepodložený *(m)*
ungrateful • *adj* nevděčný *(m)*
unhappiness • *n* neštěstí *(n)*
unhappy • *adj* nešťastný
unhealthy • *adj* nezdravý *(m)*
unicellular • *adj* jednobuněčný
unicorn • *n* jednorožec *(m)*
unicycle • *n* monocykl *(m)*, jednokolka *(f)*
unification • *n* sjednocení *(n)*
uniform • *n* uniforma *(f)*, stejnokroj *(m)* • *adj* uniformní, jednotvárný
unilaterally • *adv* jednostranně
unimaginable • *adj* nepředstavitelný *(m)*
unimportant • *adj* nedůležitý *(m)*
uninflected • *adj* neohebný
uninhabitable • *adj* neobyvatelný
uninitiated • *adj* nezasvěcený *(m)*
unintelligible • *adj* nesrozumitelný
unintended • *adj* nezamýšlený *(m)*
unintentional • *adj* neúmyslný *(m)*
uninteresting • *adj* nezajímavý *(m)*
union • *n* unie *(f)*, svaz *(m)*, sjednocení *(n)*
unique • *adj* jedinečný *(m)*, unikátní
unisexual • *adj* nedokonalý *(m)*
unit • *n* jednotka *(f)*
unitary • *adj* jednotkový
unite • *v* sjednotit, spojit
united • *adj* spojený *(m)*
unity • *n* jednota *(f)*
universal • *adj* všestranný *(m)*, univerzální *(m)*
universe • *n* vesmír *(m)*
university • *n* univerzita *(f)*
unjust • *adj* nespravedlivý
unjustifiable • *adj* neospravedlnitelný *(m)*
unknown • *adj* neznámý *(m)*
unleaded • *adj* bezolovnatý
unless • *conj* dokud ne
unlike • *adj* na rozdíl od
unlimited • *adj* neomezený *(m)*
unlock • *v* odemknout
unmarried • *adj* svobodný *(m)*, neže-

natý *(m)*, svobodná *(f)*, nevdaná *(f)*
unmediated • *adj* nezprostředkovaný, bezprostřední
unmistakable • *adj* nezaměnitelný *(m)*
unnamed • *adj* nepojmenovaný *(m)*
unnatural • *adj* nepřirozený
unnecessary • *adj* nepotřebný
unnumbered • *adj* nečíslovaný *(m)*
unobtainable • *adj* nedostupný
unofficial • *adj* neoficiální
unordered • *adj* neuspořádaný *(m)*
unpack • *v* vybalit, rozbalit
unpalatable • *adj* nedobrý *(m)*
unplanned • *adj* neplánovaný *(m)*
unpleasant • *adj* nepříjemný *(m)*
unpopular • *adj* neoblíbený *(m)*, nepopulární *(m)*
unpopularity • *n* neoblíbenost *(f)*
unprecedented • *adj* bezpříkladný *(m)*
unprepared • *adj* nepřipravený
unprocessed • *adj* nezpracovaný
unprofessional • *adj* neprofesionální
unprotected • *adj* nechráněný *(m)*
unravel • *v* párat
unreal • *adj* neskutečný *(m)*
unreliable • *adj* nespolehlivý *(m)*
unreported • *adj* nenahlášený
unripe • *adj* nezralý
unscrupulous • *adj* bezskrupulózní, bezohledný, bezcharakterní
unselfish • *adj* nesobecký *(m)*
unsold • *adj* neprodaný
unsolicited • *adj* nevyžádaný, nežádaný
unspeakable • *adj* nevýslovný *(m)*
unspoken • *adj* nevyřčený *(m)*, nepsaný *(m)*
unsuccessful • *adj* neúspěšný, nezdařilý
unsuccessfully • *adv* neúspěšně
unsuitable • *adj* nevhodný *(m)*
unsung • *adj* neopěvovaný
unsupported • *adj* nepodporovaný
untenable • *adj* neudržitelný
untested • *adj* netestovaný, neotestovaný
untie • *v* rozvázat, odvázat
until • *prep* do
untimely • *adj* předčasný *(m)*
untouched • *adj* nedotčený
untranslatable • *adj* nepřeložitelný
untreated • *adj* neléčený
untrustworthy • *adj* nedůvěryhodný *(m)*
unusual • *adj* neobvyklý *(m)*
unwanted • *adj* nechtěný
unwilling • *adj* neochotný *(m)*
unwillingness • *n* neochota *(f)*
unwise • *adj* nemoudrý *(m)*
unwittingly • *adv* nevědomky
unworthy • *adj* nehodný *(m)*
unwritten • *adj* nepsaný *(m)*
unyielding • *adj* mezlomný *(m)*
up • *v* zvýšit, povýšit • *adj* vzhůru, nahoře • *adv* nahoru, vzhůru, nahoře
up-to-date • *adj* aktuální
upbringing • *n* výchova *(f)*
update • *v* aktualizovat • *n* aktualizace *(f)*
uphill • *adj* vyvýšený, stoupající, stoupavý, obtížný, namáhavý, únavný • *adv* nahoru, do kopce
uplift • *v* povznést
uplifting • *adj* povznášející
upon • *prep* na
upright • *adj* vzpřímený
uprising • *n* povstání *(n)*
upset • *adj* rozrušený
upside • *n* výhoda, klad
upsilon • *n* ypsilon *(n)*
upstart • *n* povýšenec *(m)*
uracil • *n* uracil *(m)*
uranium • *n* uran *(m)*
urban • *adj* městský
urbane • *adj* jemný *(m)*, zdvořilý *(m)*, uhlazený *(m)*
urbanity • *n* zdvořilost *(f)*, městský, charakter *(m)*
urbanization • *n* urbanizace *(f)*
urea • *n* urea *(f)*, močovina *(f)*, karbamid *(m)*
ureter • *n* močovod *(m)*
urethra • *n* močová trubice *(f)*
urethral • *adj* uretrální
urethritis • *n* uretritida *(f)*
urgency • *n* naléhavost *(f)*
urgent • *adj* naléhavý *(m)*
urinal • *n* pisoár *(m)*
urinary • *adj* močový
urine • *n* moč *(f)*
urn • *n* urna *(f)*
urologist • *n* urolog *(m)*
urology • *n* urologie *(f)*
us • *pron* nás, nám
use • *n* použití *(n)* • *v* použít, používat
used • *adj* použitý
useful • *adj* užitečný *(m)*
usefully • *adv* užitečně
usefulness • *n* užitečnost *(f)*
useless • *adj* zbytečný *(m)*, k ničemu
user • *n* spotřebitel *(m)*, uživatel *(m)*
usher • *n* uváděč *(m)*, biletář *(m)*, soudní zřízenec *(m)*
usual • *adj* obvyklý *(m)*

usually • *adv* obvykle
usucaption • *n* vydržení
usurer • *n* lichvář *(m)*
usury • *n* lichva *(f)*
utilitarianism • *n* utilitarismus *(m)*, utilitarizmus *(m)*
utility • *n* užitečnost *(f)*, užitek *(m)*
utopia • *n* utopie *(f)*
utopian • *adj* utopický *(m)*
utter • *v* vyřknout, pronést, vydat (zvuk), blekotat, dát do oběhu peníze
utterance • *n* prohlášení *(n)*, vyjádření *(n)*, vyřčení *(n)*, výrok *(n)*
uveitis • *n* uveitida *(f)*
uvula • *n* čípek *(m)*

V

vacancy • *n* volné místo *(n)*
vacation • *n* prázdniny, dovolená *(f)*
vaccination • *n* očkování *(n)*, vakcinace *(f)*
vaccine • *n* očkovací látka *(f)*, vakcína *(f)*
vaccinee • *n* očkovanec *(m)*
vacillate • *v* kolísat, váhat
vacuum • *v* vysát, vyluxovat • *n* vakuum *(n)*
vagabond • *n* vagabund *(m)*
vagina • *n* pochva *(f)*, vagína *(f)*
vaginal • *adj* poševní
vaginitis • *n* vaginitida *(f)*
vague • *adj* vágní
vagueness • *n* vágnost *(f)*
vain • *adj* marný *(m)*
vainglorious • *adj* zpupný *(m)*, chvástavý *(m)*
valerian • *n* kozlík lékařský *(m)*, baldrián *(m)*
valid • *adj* platný
validation • *n* validace *(f)*
valine • *n* valin *(m)*
valkyrie • *n* valkýra *(f)*
valley • *n* údolí *(n)*, dolina *(f)*
valuable • *adj* hodnotný *(m)*
value • *v* ocenit, považovat, vážit si, cenit si • *n* hodnota *(f)*, jas *(m)*
valve • *n* ventil *(m)*, chlopeň *(f)*
vampire • *n* upír *(m)*, vampýr *(m)*, vampýr
van • *n* dodávka *(f)*, dodávkový vůz *(m)*
vanadium • *n* vanad
vandal • *n* vandal *(m)*
vandalism • *n* vandalismus *(m)*, vandalství *(n)*
vanguard • *n* předvoj *(m)*, avantgarda *(f)*
vanilla • *n* vanilka *(f)*
vanillin • *n* vanilin *(m)*
vanish • *v* zmizet, nulovat se
vanity • *n* marnivost *(f)*, ješitnost *(f)*, domýšlivost *(f)*, jalovost *(f)*
vapor • *n* pára *(f)*
vaporization • *n* odpaření, odpařování, vypaření, vypařování
variable • *n* proměnná *(f)*, faktor *(m)* • *adj* proměnlivý, variabilní, proměnný
variance • *n* rozptyl *(m)*
variant • *n* varianta *(f)* • *adj* různý, rozdílný
variation • *n* variace *(f)*
variegated • *adj* pestrý
variety • *n* odrůda *(f)*, varieta *(f)*
various • *adj* rozdílný
vascular • *adj* cévní
vasculitis • *n* vaskulitida *(f)*
vase • *n* váza *(f)*
vasodilator • *n* vazodilátátor *(m)*
vassal • *n* vazal *(m)*
vast • *adj* rozlehlý *(m)*
vault • *n* klenba *(f)*, sklepení *(f)*, přeskok *(m)* • *v* přeskočit
veal • *n* telecí *(n)*
vector • *n* vektor *(m)*, přenašeč *(m)*
vegan • *n* vegan *(m)*, veganka *(f)* • *adj* veganský
vegetable • *n* zelenina
vegetarian • *n* vegetarián *(m)*, vegetariánka *(f)*, býložravec *(m)*
vegetarianism • *n* vegetariánství *(n)*
vegetation • *n* porost *(m)*
vehicle • *n* vozidlo *(n)*
veil • *v* nosit roušku, halit, zahalit • *n* rouška *(f)*, závoj *(m)*
vein • *n* žíla *(f)*
velocity • *n* rychlost *(f)*
velvet • *n* samet *(m)*
vendetta • *n* vendeta *(f)*
vendor • *n* prodejce *(m)*
veneer • *n* dýha *(f)*
vengeance • *n* pomsta *(f)*
venography • *n* venografie *(f)*
venom • *n* jed *(m)*
venomous • *adj* jedovatý *(m)*, jedovatý
venous • *adj* žilní
vent • *n* průduch *(m)*, jícen *(m)*, výlev

(m)
ventilate • *v* větrat
ventricle • *n* komora *(f)*
ventriloquism • *n* břichomluva *(f)*
ventriloquist • *n* břichomluvec *(m)*
veracity • *n* pravdomluvnost *(f)*
veranda • *n* veranda *(f)*
verb • *n* sloveso *(n)*
verbal • *adj* slovní *(m)*
verbatim • *adj* doslovný *(m)* • *adv* doslovně, slovo od slova
verifiable • *adj* ověřitelný *(m)*, verifikovatelný *(m)*
verification • *n* ověření *(n)*
verify • *v* ověřit
vermin • *n* havěť *(f)*
vermouth • *n* vermut *(m)*
verse • *n* verš *(m)*
versed • *adj* zběhlý *(m)*
version • *n* provedení *(n)*, verze *(f)*, varianta *(f)*
verst • *n* versta *(f)*
vertebra • *n* obratel *(m)*
vertebrate • *n* obratlovec *(m)*
vertex • *n* vrchol *(m)*, temeno *(n)*
vertical • *adj* svislý *(m)*
vertigo • *n* závrať *(f)*
very • *adj* týž, tentýž • *adv* velmi, skutečně
vessel • *n* loď *(f)*, nádoba *(f)*, céva *(f)*
vest • *n* vesta *(f)*, tílko *(n)*
vestige • *n* pozůstatek *(m)*
vetch • *n* vikev
veteran • *n* veterán
veterinarian • *n* veterinář *(m)*, zvěrolékař *(m)*
veto • *n* veto *(n)*
vex • *v* otravovat, trápit
vexation • *n* otravování *(n)*, otrava *(f)*
via • *prep* přes, pomocí
viability • *n* životaschopnost *(f)*
viable • *adj* životaschopný *(m)*
viaduct • *n* viadukt
vial • *n* lahvička *(f)*
vibraphone • *n* vibrafon
vibrator • *n* vibrátor *(m)*
viburnum • *n* kalina *(f)*
vicar • *n* vikář *(m)*
vicarious • *adj* zástupný
vice • *n* zlozvyk *(m)*, neřest *(f)*, nešvar *(m)*
viceroy • *n* místokrál *(m)*
vicious • *adj* neřestný
victim • *n* oběť *(f)*
victory • *n* vítězství *(n)*
video • *n* pořad, video
videocassette • *n* videokazeta *(f)*

view • *v* dívat se na, prohlížet si, zobrazit • *n* dohled *(m)*, vize *(f)*, pohled *(m)*, názor *(m)*
vigesimal • *adj* dvacítková soustava *(f)*
vigilance • *n* bdělost
vile • *adj* hnusný, odporný
villa • *n* vila *(f)*
village • *n* vesnice *(f)*, ves *(f)*, dědina *(f)*
villain • *n* padouch *(m)*, záporný hrdina *(m)*
vindictive • *adj* mstivý *(m)*, pomstychtivý *(m)*
vine • *n* víno *(n)*, vinná réva *(f)*
vinegar • *n* ocet
vineyard • *n* vinohrad *(m)*, vinice *(f)*
viola • *n* viola *(f)*, violka *(f)*
violate • *v* porušit
violation • *n* porušení *(n)*
violence • *n* násilí *(n)*
violent • *adj* prudký, násilný, výrazný
violet • *n* fialový, fialka *(f)*
violin • *n* housle
violinist • *n* houslista *(m)*
viper • *n* zmije *(f)*
viral • *adj* virový
virgin • *n* panna *(f)*, panic *(m)*
virginity • *n* panenství *(n)*
virile • *adj* mužský
virion • *n* virion
virology • *n* virologie
virtually • *adv* v podstatě
virtue • *n* ctnost *(f)*
virus • *n* virus *(m)*, počítačový virus *(m)*
visa • *n* vízum *(n)*
viscera • *n* vnitřnosti
viscount • *n* vikomt *(m)*
viscous • *adj* vazký, viskózní, hustý
vise • *n* svěrák *(m)*
visibility • *n* viditelnost *(f)*
visible • *adj* viditelný *(m)*
vision • *n* zrak *(m)*, vidění *(n)*, vidina *(f)*, vize *(f)*
visionary • *n* vizionář *(m)*
visit • *v* navštěvovat, navštívit • *n* návštěva *(f)*
visitor • *n* návštěvník *(m)*
visor • *n* ochranný štítek *(m)*, kšilt *(m)*
visual • *adj* zrakový *(m)*
vital • *adj* životně důležitý
vitamin • *n* vitamín *(m)*
vitrine • *n* vitrína *(f)*
vivacious • *adj* čilý, čiperný, vytrvalý
vivid • *adj* živý *(m)*
vixen • *n* liška *(f)*, semetrika *(f)*, čůza *(f)*, xantipa *(f)*, megera *(f)*
vizier • *n* vezír *(m)*
vocabulary • *n* slovník *(m)*, slovní zá-

soba *(f)*
vocalist • *n* vokalista *(m)*, vokalistka *(f)*
vocation • *n* povolání *(n)*
vocative • *adj* vokativní
vociferous • *adj* hlučný *(m)*
vodka • *n* vodka *(f)*
voice • *v* vyjádřit • *n* hlas *(m)*, znělost *(f)*, rod *(m)*
voiceless • *adj* neznělý
void • *n* prázdnota *(f)*
voivode • *n* vévoda *(m)*, vejvoda *(m)*
volatile • *adj* prchavý *(m)*
volatility • *n* prchavost *(f)*
volcanic • *adj* sopečný
volcano • *n* sopka *(f)*, vulkán
volcanology • *n* vulkanologie *(f)*
vole • *n* hraboš, hrabošík, norník, lumík, slepuška, pestruška
volleyball • *n* volejbal *(m)*, odbíjená *(f)*
volt • *n* volt *(m)*
voltage • *n* napětí *(n)*
voluble • *adj* výřečný, popínavý
volume • *n* objem *(m)*, hlasitost *(f)*, svazek *(m)*

voluminous • *adj* objemný *(m)*
voluntarily • *adv* dobrovolně
voluntary • *adj* dobrovolný *(m)*
volunteer • *n* dobrovolník *(m)*
vomit • *v* zvracet • *n* zvratky
voodoo • *n* vúdú *(n)*
voracious • *adj* žravý, hltavý, nenasytný, neukojitelný, dychtivý
vortex • *n* vír *(m)*, víření *(n)*
vote • *v* hlasovat • *n* hlas *(m)*
voter • *n* volič *(m)*
voting • *n* hlasování *(n)*
vowel • *n* samohláska *(f)*
voyage • *n* plavba *(f)*
vulcanization • *n* vulkanizace *(f)*
vulgarian • *n* plebejec
vulgarism • *n* vulgarismus *(m)*
vulnerable • *adj* zranitelný *(m)*
vulnerably • *adv* zranitelně
vulnerary • *adj* hojivý
vulture • *n* sup
vulva • *n* vulva *(f)*

W

waddle • *v* kolébat
wadi • *n* vádí *(n)*
wafer • *n* oplatka *(f)*, hostie *(f)*
waffle • *n* vafle *(f)*
wag • *n* šibal *(m)*
wage • *n* mzda *(f)*
wager • *v* vsadit • *n* sázka *(f)*
wagon • *n* vůz *(m)*
wagtail • *n* konipas
waist • *n* pas *(m)*
waistcoat • *n* vesta *(f)*
wait • *v* čekat, obsluhovat
waiter • *n* číšník *(m)*
waitress • *n* číšnice *(f)*
wake • *v* vzbudit se, probudit se, vzbudit, probudit
walk • *v* jít, chodit • *n* procházka *(f)*
walkie-talkie • *n* vysílačka *(f)*
walking • *n* chůze *(f)*, chození *(n)*
wall • *n* hradba *(f)*, stěna *(f)*, zeď *(f)*, bariéra *(f)*
wallaby • *n* klokan wallaby *(m)*
wallet • *n* peněženka *(f)*
wallpaper • *n* tapeta *(f)*
walnut • *n* ořešák *(m)*, vlašský ořech *(m)*
walrus • *n* mrož *(m)*
waltz • *n* valčík *(m)*

wander • *n* toulka *(f)*
wanderer • *n* tulák *(m)*
waning • *adj* mizející, vytrácející se, ubývající
want • *v* chtít
war • *n* válka *(f)*, vojna *(f)*, boj *(m)*
ward • *n* sbor, oddělení *(n)*, svěřenec *(m)*
wardrobe • *n* šatník *(m)*, šatní skříň *(f)*, skříň *(f)*, šatna *(f)*
warehouse • *n* sklad *(m)*
warhead • *n* bojová hlavice *(f)*
warlock • *n* černokněžník *(m)*, čaroděj *(m)*
warm • *adj* teplý, vřelý *(m)* • *v* ohřát, zahřát
warm-up • *n* rozcvička *(f)*
warmth • *n* teplo
warn • *v* varovat
warning • *n* varování *(n)*
warp • *n* osnova *(f)*
warpath • *n* válečná stezka *(f)*
warrant • *v* ručit
warranty • *n* garance *(f)*
warrior • *n* bojovník *(m)*, válečník *(m)*
warship • *n* válečná loď *(f)*
wart • *n* bradavice *(f)*
wash • *v* mýt, prát

washable • *adj* omyvatelný
washbasin • *n* umyvadlo *(n)*
washboard • *n* valcha *(f)*
washcloth • *n* žínka *(f)*
washer • *n* pradlena *(f)*, podložka *(f)*
wasp • *n* vosa *(f)*
waste • *n* odpad *(m)*
wastepaper • *n* makulatura *(f)*
watch • *n* hodinky, hlídka *(f)* • *v* dívat se, hlídat, sledovat, dávat pozor
watchmaker • *n* hodinář *(m)*
watchman • *n* hlídač *(m)*
water • *n* voda *(f)*
watercress • *n* potočnice *(f)*, řeřicha *(f)*, potočnice lékařská
waterfall • *n* vodopád *(m)*
waterline • *n* čára ponoru *(f)*
watermelon • *n* vodní meloun *(m)*
waterproof • *adj* vodotěsný
watertight • *adj* vodotěsný *(m)*
waterworks • *n* vodovod *(m)*
watt • *n* watt
wavelength • *n* vlnová délka *(f)*
wax • *v* voskovat • *n* vosk *(m)*
waxwing • *n* brkoslav *(m)*
way • *n* cesta *(f)*, způsob *(m)*
wayfarer • *n* poutník *(m)*
we • *pron* my
weak • *adj* slabý *(m)*
weaken • *v* oslabit
weakling • *n* slaboch *(m)*
weakness • *n* slabost *(f)*
wealth • *n* bohatství *(n)*
wean • *v* odstavit
weapon • *n* zbraň *(f)*
wear • *v* mít na sobě, mít, nosit, opotřebit se • *n* opotřebení
weariness • *n* vyčerpanost *(f)*, otupělost *(f)*
weasel • *n* lasice *(f)*
weather • *v* nechat zvětrat, zvětrat, přečkat, přestát • *n* počasí *(n)*
weave • *v* tkát
weaver • *n* tkadlec *(m)*
weaving • *n* tkaní *(n)*
wedding • *n* svatba *(f)*
wedge • *n* klín *(m)*
wedgie • *n* zářez *(m)*
wee • *adj* malý • *v* čůrat, chcát • *n* moč *(f)*, čuránky, chcanky, čůrání *(n)*
weed • *n* plevel *(m)*, tráva *(f)* • *v* plít
week • *n* týden *(m)*
weekend • *n* konec týdne *(m)*, víkend *(m)*
weekly • *n* týdeník *(m)* • *adv* týdně
weep • *v* plakat, brečet
weigh • *v* vážit, zvážit, navážit, uvážit, vytáhnout kotvu, zvednout kotvu
weight • *n* váha *(f)*, závaží *(n)*
weightlifter • *n* vzpěrač *(m)*
weightlifting • *n* vzpírání *(n)*
weir • *n* jez *(m)*
weird • *adj* divný, zvláštní
welcome • *v* vítat • *adj* vítaný • *interj* vítáme tě, vítej, vítáme vás, vítejte
weld • *v* svářet
welfare • *n* blaho *(n)*
well • *adj* zdravý *(m)* • *adv* dobře • *interj* no • *n* studna *(f)*, vrt *(m)*, studánka *(f)* • *v* prýštit
well-balanced • *adj* vyvážený, rovnovážný, vybalancovaný, vyrovnaný
werewolf • *n* vlkodlak *(m)*
west • *n* západ *(m)* • *adj* západní
western • *adj* západní
wet • *adj* mokrý, vlhký, vlhká *(f)*
wether • *n* skopec *(m)*
wetland • *n* mokřad *(m)*
whale • *v* velrybařit • *n* velryba *(f)*
wharf • *n* přístaviště *(n)*
what • *adv* jaký • *interj* cože? • *pron* co
whatchamacallit • *n* tentononc *(m)*
wheat • *n* pšenice *(f)*
wheedle • *v* vymámit
wheel • *n* kolo *(n)*
wheelbarrow • *n* kolečko *(n)*
wheelchair • *n* invalidní vozík *(m)*
wheeze • *v* sípat, pískat • *n* sípání *(n)*, pískot *(m)*
when • *n* kdy • *adv* kdy • *conj* kdy, když, až • *pron* kdy
whence • *adv* odkud
whenever • *adv* kdykoliv
where • *n* kde • *adv* kde, kam, odkud • *conj* kde, odkud, kam • *pron* kde
whereas • *conj* zatímco, kdežto, přičemž, poněvadž, ježto, vzhledem k tomu, že
whereby • *adv* čím, čímž, jímž
wherefore • *conj* pročež
whether • *conj* zda, zdali, ať
whey • *n* syrovátka *(f)*
which • *pron* který
while • *n* chvíle *(f)* • *conj* zatímco, byť
whim • *n* rozmar *(m)*
whine • *v* kňourat
whip • *v* bičovat, šlehat • *n* bič *(m)*
whirlpool • *n* vír *(m)*
whirlwind • *n* vichřice *(f)*
whisk • *v* smést, šlehat • *n* mrsknutí *(n)*, metla *(f)*, věchet *(f)*
whisker • *n* vous *(m)*, fous *(m)*
whiskey • *n* whisky *(f)*

whisper • *v* šeptat • *n* šepot *(m)*
whist • *n* whist *(m)*
whistle • *v* pískat • *n* píšťala *(f)*, píšťalka *(f)*
white • *n* bílá, běloch *(m)*, běloška *(f)*, bílek *(m)*, bělmo, bělásek, sníh • *adj* bílý *(m)*, bílý, bělošský
whither • *adv* kam
who • *pron* kdo, který *(m)*, kteří
whole • *n* celek *(m)* • *adj* celý *(m)*, úplný
wholesale • *n* velkoobchod *(m)*
whom • *pron* koho, kterého, komu, kterému, jemuž, jehož
whopper • *n* nehorázná lež
whore • *n* děvka *(f)*, kurva *(f)*, běhna *(f)*, nevěstka *(f)*, šlapka *(f)*
whoremonger • *n* kurevník *(m)*
whose • *pron* čí, jehož *(n)*, jejíž *(f)*, jejichž
why • *adv* proč
wick • *n* knot
wicked • *adj* podlý, hustý • *adv* děsně
wide • *adj* široký • *adv* široko
widely • *adv* široce, široko, daleko
widen • *v* rozšířit
widow • *n* vdova, slaměná vdova *(f)*
widower • *n* vdovec *(m)*
width • *n* šířka *(f)*
wife • *n* manželka *(f)*, žena *(f)*
wig • *n* paruka *(f)*
wild • *adj* divoký *(m)*
wildcat • *n* kočka divoká *(f)*
wilderness • *n* divočina *(f)*
will • *v* odkázat • *n* vůle *(f)*, závěť *(f)*, poslední vůle *(f)*
willing • *adj* ochotný *(m)*
willingness • *n* ochota *(f)*
willow • *n* vrba *(f)*
willy-nilly • *adv* chtě nechtě, volky nevolky, nahodile
wily • *adj* prohnaný
win • *n* výhra *(f)*
wind • *n* vítr *(m)*
windmill • *n* větrný mlýn *(m)*
window • *n* okno *(n)*
windowpane • *n* okenní tabule *(f)*
windowsill • *n* okenní parapet *(m)*
windpipe • *n* průdušnice *(f)*
windshield • *n* přední sklo *(n)*
windy • *adj* větrný *(m)*
wine • *n* víno *(n)*, víno
wing • *n* křídlo *(n)*, blatník *(m)*
wink • *v* mrkat, blikat
winner • *n* vítěz *(m)*
winnow • *v* rozvívat • *n* fukar *(m)*, čistící stroj *(m)*
winter • *n* zima *(f)*
wintry • *adj* mrazivý, ledový

wipe • *v* utírat, utřít
wire • *n* drát *(m)*
wireless • *adj* bezdrátový
wiretap • *n* štěnice *(f)*
wisdom • *n* moudrost *(f)*
wise • *adj* moudrý *(m)*
wisely • *adv* moudře
wisent • *n* zubr *(m)*
wish • *v* přát • *n* přání *(n)*
wit • *n* rozum *(m)*, vtip *(m)*, důvtip *(m)*, humor *(m)*
witch • *n* čarodějnice *(f)*
witchcraft • *n* čarodějnictví *(n)*
with • *prep* s, se, proti, na
withdraw • *v* stáhnout
withe • *n* houžev *(f)*
wither • *v* vadnout, uvadat, usychat, zhroutit se, sesypat se, vyschnout, scvrknout se, ochromit
withers • *n* kohoutek *(m)*
withhold • *v* ponechat si, neposkytnout, utajit, ututlat, podržet si, odepřít, odmítnout
within • *prep* v, uvnitř, do, během, pod
without • *prep* bez, beze
withy • *n* houžev *(f)*
witness • *n* svědectví *(n)*, svědek *(m)*
wittiness • *n* duchaplnost *(f)*
witty • *adj* vtipný *(m)*
wizard • *n* čaroděj *(m)*, kouzelník *(m)*, mág *(m)*, průvodce *(m)*
wobble • *v* klátit se, potácet se, třást se, chvět se, kolísat, rozkolísat
wok • *n* pánev wok *(f)*
wolf • *n* vlk *(m)*
wolverine • *n* rosomák *(m)*
woman • *n* žena *(f)*
womanizer • *n* sukničkář *(m)*
womanly • *adj* ženský
womb • *n* děloha *(f)*, lůno *(n)*, kolébka *(f)*
wombat • *n* vombat *(n)*
wonder • *v* podivovat se, uvažovat • *n* div *(m)*, zázrak *(m)*, podivení *(n)*
wonderful • *adj* skvělý, báječný
woo • *v* dvořit se
woodcarver • *n* řezbář *(m)*
woodcut • *n* dřevoryt *(m)*
wooden • *adj* dřevěný *(m)*
woodlouse • *n* svinka *(f)*
woodpecker • *n* datel *(m)*, strakapoud *(m)*
woody • *adj* dřevnatý
woof • *n* haf
wool • *n* vlna, příze *(f)*
word • *n* slovo *(n)*, slib *(m)*, slovo boží
work • *n* práce *(f)*, zaměstnání *(n)*, dílo

(n) • *v* pracovat, opracovat, fungovat
workbook • *n* cvičebnice *(f)*
worker • *n* dělník *(m)*, dělnice *(f)*
workpiece • *n* obrobek *(m)*
workplace • *n* pracoviště *(n)*
workshop • *n* dílna *(f)*
workstation • *n* pracovní stanice *(f)*
workweek • *n* pracovní týden *(m)*
world • *n* svět *(m)*
worldwide • *adj* světový
worm • *n* červ *(m)*, závit *(m)*
wormhole • *n* červí díra *(f)*
wormwood • *n* pelyněk *(m)*, pelyněk pravý *(m)*
worried • *adj* znepokojený *(m)*
worry • *v* znepokojovat, dělat starosti • *n* starost *(f)*
worse • *adj* horší
worship • *v* uctívat • *n* uctívání *(n)*, bohoslužba *(f)*
worst • *adj* nejhorší
worth • *n* cena
worthless • *adj* bezcenný *(m)*
wound • *v* zranit, poranit, ranit • *n* rána *(f)*

wrap • *n* přehoz *(m)*, plášť *(m)*
wrath • *n* hněv *(m)*
wreath • *n* věnec
wreck • *n* vrak *(m)*
wren • *n* střízlík *(m)*
wrench • *n* klíč *(m)*
wrestle • *v* zápasit
wrestler • *n* zápasník *(m)*
wrestling • *n* zápas *(m)*
wring • *v* ždímat
wrinkle • *n* vráska *(f)*
wrist • *n* zápěstí *(n)*
wristwatch • *n* náramkové hodinky
writ • *n* písemný příkaz *(m)*, pověření *(n)*, mandát *(m)*
write • *v* psát, napsat, zapisovat
writer • *n* spisovatel *(m)*
writing • *n* písmo *(n)*, spis *(m)*, psaní *(n)*
written • *adj* psaný
wrong • *v* křivdit • *adj* chybný, nesprávný, špatný • *adv* špatně
wry • *adj* pokřivený *(m)*, křivý *(m)*, jízlivý *(m)*, sarkastický *(m)*

X

xenon • *n* xenon *(m)*
xenophobia • *n* xenofobie *(f)*
xylograph • *n* dřevoryt *(m)*
xylography • *n* dřevoryt *(m)*

xylophagous • *adj* dřevožravý, xylofágní
xylophone • *n* xylofon *(m)*

Y

yacht • *n* jachta *(f)*
yachting • *n* jachting *(m)*
yak • *n* jak *(m)*, žvást *(m)*
yam • *n* jam *(m)*
yard • *n* dvůr *(m)*, dvorek *(m)*, yard *(m)*
yarmulke • *n* kipa *(f)*, jarmulka *(f)*
yarn • *n* příze *(f)*
yarrow • *n* řebříček
yashmak • *n* niqáb *(m)*
yawn • *v* zívat, zívnout • *n* zívnutí *(n)*, zívání *(n)*
yay • *interj* hurá
yeah • *adv* jo, no
year • *n* rok *(m)*, ročník *(m)*
year-round • *adv* celoročně
yearbook • *n* ročenka *(f)*
yearning • *n* stesk *(m)*, tesknění *(n)*, stýskání *(n)*

yeast • *n* kvasinka *(f)*, droždí *(n)*, kvasnice
yell • *v* řvát, ječet
yellow • *n* žlutá *(f)* • *adj* žlutý
yellowhammer • *n* strnad
yelp • *v* vyjeknout
yep • *n* jo
yesterday • *n* včerejšek *(m)* • *adv* včera
yesteryear • *n* loni
yew • *n* tis *(m)*
yield • *v* dát přednost, podřídit se, vynést, přinést výsledky • *n* výnos *(m)*, úroda *(f)*
yodel • *v* jódlovat • *n* jódlovačka *(f)*
yoga • *n* jóga *(f)*
yogi • *n* jogín *(m)*
yogurt • *n* jogurt *(m)*
yoke • *n* jařmo *(n)*

yolk • *n* žloutek *(m)*
yonder • *adv* tam
you • *pron* vás, vám, vámi, tebe, tobě, tě, tebou, vy, ty, člověk *(m)*
young • *adj* mladý *(m)*
younger • *adj* mladší
yourself • *pron* se, sebe, sám, samotný
youth • *n* mládí *(n)*, mladistvý, mladík *(m)*, mládež *(f)*

youthful • *adj* mladický
ytterbium • *n* ytterbium
yttrium • *n* yttrium
yuan • *n* jüan
yuck • *interj* fuj
yum • *adj* mňam
yurt • *n* jurta *(f)*

Z

zany • *adj* bláznivý *(m)*
zeal • *n* horlivost *(f)*
zealous • *adj* horlivý
zebra • *n* zebra *(f)*
zebu • *n* zebu
zee • *n* zet
zenith • *n* nadhlavník *(m)*, zenit *(m)*
zero • *v* vynulovat • *n* nula *(f)*, nic
zeta • *n* zéta
zetetic • *n* skeptik *(m)*
zeugma • *n* zeugma *(n)*

zinc • *n* zinek *(m)*
zirconium • *n* zirkonium
zither • *n* citera *(f)*
zloty • *n* zlotý *(m)*
zodiac • *n* zvěrokruh *(m)*, zvířetník *(m)*
zombie • *n* zombie *(f)*
zoo • *n* zoo *(f)*, zoologická zahrada *(f)*
zoologist • *n* zoolog *(m)*
zoology • *n* zoologie *(f)*
zoospore • *n* zoospora *(f)*

CZECH-ENGLISH

A

a • *conj* and
abatyše • *n* abbess
abdikace • *n* abdication
abdikovat • *v* abdicate
abdukce • *n* abduction
abeceda • *n* alphabet
abecedně • *adv* alphabetically
abecední • *adj* alphabetic, alphabetical
• *adv* alphabetically
aberující • *adj* aberrant
abnormální • *adj* abnormal
abortivní • *adj* abortifacient
abrakadabra • *interj* abracadabra
absces • *n* abscess
abscisa • *n* abscissa
absence • *n* absence
absint • *n* absinthe
absinth • *n* absinthe
absolutní • *adj* absolute
absolvent • *n* alumnus, graduate
absorbovat • *v* absorb
absorpce • *n* absorption
absurdita • *n* absurdity
absurdně • *adv* ridiculously
absurdní • *adj* absurd
absurdnost • *n* absurdity
abulie • *n* abulia
aby • *conj* so, that
ač • *conj* although
acetamid • *n* acetamide
acetát • *n* acetate
aceton • *n* acetone
acetylcholin • *n* acetylcholine
acetylen • *n* acetylene
acetylén • *n* acetylene
ach • *interj* oh
achát • *n* agate
acidóza • *n* acidosis
ačkoli • *conj* howbeit, though
ačkoliv • *conj* although
adaptace • *n* adaptation
adaptér • *n* adapter
adaptovat • *v* adapt
adekvátní • *adj* adequate
adenin • *n* adenine
adenokarcinom • *n* adenocarcinoma
adenom • *n* adenoma
adenozin • *n* adenosine
adheze • *n* adhesion
adjektivní • *adj* adjectival
administrátor • *n* administrator
admirál • *n* admiral
adopce • *n* adoption
adoptovat • *v* adopt
adrenalin • *n* adrenaline
adrenergní • *adj* adrenergic
adresa • *n* address
adresář • *n* directory
adresát • *n* addressee, consignee, payee
advokacie • *n* bar
advokát • *n* advocate, attorney, lawyer
aerodynamika • *n* aerodynamics
aerolinie • *n* airline
aerolinka • *n* airline
aerologie • *n* aerology
afázie • *n* aphasia
afekt • *n* affection
afektovaný • *adj* camp
afélium • *n* aphelion
aforismus • *n* aphorism
aforista • *n* aphorist
aforistický • *adj* aphoristic
aforizmus • *n* aphorism
afrikán • *n* marigold
afrodiziakum • *n* aphrodisiac
agar • *n* agar
agáve • *n* agave
ageneze • *n* agenesis
agent • *n* agent
agentura • *n* agency
aglomerace • *n* agglomeration
agnosticismus • *n* agnosticism
agnostik • *n* agnostic
agonista • *n* agonist
agorafobie • *n* agoraphobia
agranulocytóza • *n* agranulocytosis
agrese • *n* aggression
agresivita • *n* aggressiveness
agresivně • *adv* aggressively
agresivní • *adj* aggressive
ahoj • *interj* hello, hi
aikido • *n* aikido
akademický • *adj* academic, esoteric
akademie • *n* academy
akce • *n* action
akcelerace • *n* acceleration
akceptovat • *v* accept
akcie • *n* share, stock
akcionář • *n* shareholder
aklimatizace • *n* acclimatization
aklimatizovat • *v* acclimatize
akné • *n* acne
akomodace • *n* accommodation
akord • *n* chord
akordeon • *n* accordion
akreditace • *n* accreditation
akrobacie • *n* acrobatics
akrobat • *n* acrobat

akrobatika • *n* acrobatics
akromegalie • *n* acromegaly
akronym • *n* acronym
akropole • *n* acropolis
akropolis • *n* acropolis
aktinium • *n* actinium
aktiva • *n* assets
aktivismus • *n* activism
aktivista • *n* activist
aktivita • *n* activity
aktivně • *adv* actively
aktivovat • *v* enable
aktivum • *n* asset
aktovka • *n* briefcase, satchel
aktualizace • *n* update
aktualizovat • *v* update
aktuální • *adj* current, up-to-date
akupunktura • *n* acupuncture
akurátní • *adj* meticulous
akustický • *adj* acoustic
akustika • *n* acoustics
akutní • *adj* acute
akuzativ • *n* accusative
akvárium • *n* aquarium
alanin • *n* alanine
albatros • *n* albatross
albinismus • *n* albinism
album • *n* album, book
alchymie • *n* alchemy
alchymista • *n* alchemist
ale • *conj* but
alegorický • *adj* allegorical
alegoricky • *adv* allegorically
alegorie • *n* allegory
alej • *n* alley
alela • *n* allele
aleluja • *interj* hallelujah
alembik • *n* alembic
alergen • *n* allergen
alergický • *adj* allergic
alergie • *n* allergy
alergolog • *n* allergist
alergologie • *n* allergology
alfa • *n* alpha
algebra • *n* algebra
algebraický • *adj* algebraic
algoritmický • *adj* algorithmic
algoritmus • *n* algorithm
alibi • *n* alibi
aligátor • *n* alligator
alimenty • *n* alimony
alkálie • *n* base
alkaloid • *n* alkaloid
alkalóza • *n* alkalosis
alkohol • *n* alcohol
alkoholický • *adj* alcoholic
alkoholik • *n* alcoholic

alkoholismus • *n* alcoholism
alkoholizmus • *n* alcoholism
almanach • *n* almanac
almužna • *n* alms
alpaka • *n* alpaca
alt • *n* alto
alternativa • *n* alternative
alternativní • *adj* alternate, alternative
altruismus • *n* altruism
altruistický • *adj* altruistic
aluviální • *adj* alluvial
amalgám • *n* amalgam
amatér • *n* amateur
ambasáda • *n* embassy
ambice • *n* ambition
ambivalentní • *adj* ambivalent
ambra • *n* ambergris
ambrózie • *n* ragweed
ambulantní • *adj* ambulatory
amen • *adv* amen
americium • *n* americium
ametyst • *n* amethyst
amfetamin • *n* amphetamine
amin • *n* amine
amnestie • *n* amnesty
amnestovat • *v* amnesty
amnézie • *n* amnesia
amok • *adv* amok
amoniak • *n* ammonia
amonium • *n* ammonium
amorfní • *adj* amorphous
amoxicilin • *n* amoxicillin
ampér • *n* ampere
ampersand • *n* ampersand
ampicilin • *n* ampicillin
amplituda • *n* amplitude
amputace • *n* amputation
amputovat • *v* amputate
amulet • *n* amulet, talisman
amygdala • *n* amygdala
amyláza • *n* amylase
anabioze • *n* anabiosis
anabolismus • *n* anabolism
anachronismus • *n* anachronism
anafylaktický • *adj* anaphylactic
anafylaxe • *n* anaphylaxis
anagram • *n* anagram
anakonda • *n* anaconda
analgetický • *adj* analgesic
analgetikum • *n* analgesic, painkiller
anální • *adj* anal
analogicky • *adv* analogously
analogický • *adj* analogous
analogie • *n* analogy
analogový • *adj* analog
analytický • *adj* analytic
analytik • *n* analyst

analýza • *n* analysis, assay
analyzovat • *v* analyze, assay
ananas • *n* pineapple
ananasovník • *n* pineapple
anapest • *n* anapest
anarchie • *n* anarchy
anarchismus • *n* anarchism
anarchista • *n* anarchist
anatom • *n* anatomist
anatomický • *adj* anatomical
anatomie • *n* anatomy
ančovička • *n* anchovy
anděl • *n* angel
andělský • *adj* angelic
andílek • *n* cherub
androgen • *n* androgen
android • *n* android
andulka • *n* budgerigar
anestetický • *adj* anesthetic
anestetikum • *n* anesthetic
anestezie • *n* anesthesia
anesteziolog • *n* anesthesiologist
aneurysma • *n* aneurysm
anexe • *n* annexation
angína • *n* tonsillitis
angiografie • *n* angiography
anglicismus • *n* anglicism
angrešt • *n* gooseberry
anhedonie • *n* anhedonia
ani • *conj* nor
anihilace • *n* annihilation
anilin • *n* aniline
anime • *n* anime
animování • *n* animation
animozita • *n* animosity
anketa • *n* poll
ankylóza • *n* ankylosis
anoda • *n* anode
anomie • *n* anomie
anonymita • *n* anonymity
anonymní • *adj* anonymous
anorexie • *n* anorexia
anorganický • *adj* inorganic
anorgasmie • *n* anorgasmia
anotace • *n* annotation
antacidum • *n* antacid
antedatovat • *v* antedate
anténa • *n* aerial
anthrax • *n* anthrax
antibiotický • *adj* antibiotic
antibiotikum • *n* antibiotic
antičástice • *n* antiparticle
anticholinergní • *adj* anticholinergic
antidepresivum • *n* antidepressant
antiemetikum • *n* antiemetic
antiflogistikum • *n* anti-inflammatory
antigen • *n* antigen

antihistaminikum • *n* antihistamine
antihypertenzivum • *n* antihypertensive
antika • *n* antiquity
antikoagulant • *n* anticoagulant
antikoncepce • *n* contraception, contraceptive
antikvark • *n* antiquark
antilopa • *n* antelope
antimon • *n* antimony
antipatie • *n* antipathy
antipsychotikum • *n* antipsychotic
antipyretikum • *n* antipyretic
antiteze • *n* antithesis
antologie • *n* anthology
antonymum • *n* antonym
antropolog • *n* anthropologist
antropologie • *n* anthropology
antropomorfismus • *n* anthropomorphism
anxiolytikum • *n* anxiolytic
anýz • *n* anise
aorta • *n* aorta
aparát • *n* apparatus
apartheid • *n* apartheid
apartmá • *n* suite
apatie • *n* apathy
apatit • *n* apatite
apelovat • *v* appeal
apendektomie • *n* appendectomy
apendicitida • *n* appendicitis
aplaus • *n* applause
aplikace • *n* application
aplikovatelný • *adj* applicable
apnoe • *n* apnea
apolitický • *adj* apolitical
apologeta • *n* apologist
apologetika • *n* apologetics
apostrof • *n* apostrophe
apraxie • *n* apraxia
ar • *n* are
arašíd • *n* peanut
arboretum • *n* arboretum
arch • *n* sheet
archa • *n* ark
archaický • *adj* archaic
archanděl • *n* archangel
archeolog • *n* archaeologist
archeologie • *n* archaeology
architekt • *n* architect
architektka • *n* architect
architektura • *n* architecture
archiv • *n* archive, file
archivovat • *v* archive, file
arcibiskup • *n* archbishop
arcidiecéze • *n* archdiocese
arcivévoda • *n* archduke

arcivévodkyně • *n* archduchess
arcivévodství • *n* archduchy
areál • *n* campus
areola • *n* areola
arginin • *n* arginine
argon • *n* argon
argument • *n* argument
argumentovat • *v* argue
árie • *n* aria
aristokracie • *n* aristocracy
aristokrat • *n* lord
aritmetický • *adj* arithmetic
aritmetika • *n* arithmetic
arkáda • *n* arcade
armáda • *n* army
armádní • *adj* military
arogance • *n* arrogance
arogantní • *adj* arrogant
árón • *n* arum
artefakt • *n* artifact
arterioskleróza • *n* arteriosclerosis
arteritida • *n* arteritis
artikulovat • *v* articulate
artilerie • *n* artillery
artritida • *n* arthritis
artroskopie • *n* arthroscopy
artyčok • *n* artichoke
arytmie • *n* arrhythmia
arzen • *n* arsenic
arzenál • *n* arsenal
ásana • *n* asana
asasín • *n* assassin
asertivita • *n* assertiveness
asertivní • *adj* assertive
asexualita • *n* asexuality
asfalt • *n* asphalt
asférický • *adj* aspheric
asi • *adv* about, maybe, probably
asistence • *n* assistance
asistent • *n* assistant
asistentka • *n* assistant
asistovat • *v* aid, assist
asketa • *n* ascetic
asketický • *adj* ascetic
asketismus • *n* asceticism
asketizmus • *n* asceticism
askeze • *n* asceticism
asociace • *n* association
asociativní • *adj* associative
asociovat • *v* associate
asparagin • *n* asparagine
aspik • *n* aspic
aspirin • *n* aspirin
assembler • *n* assembler
astat • *n* astatine
asteroid • *n* asteroid
astigmatismus • *n* astigmatism

astma • *n* asthma
astmatický • *adj* asthmatic
astmatik • *n* asthmatic
astra • *n* aster
astrofyzika • *n* astrophysics
astroláb • *n* astrolabe
astrolog • *n* astrologer
astrologie • *n* astrology
astronom • *n* astronomer
astronomie • *n* astronomy
asymptomatický • *adj* asymptomatic
asymptota • *n* asymptote
asymptotický • *adj* asymptotic
asymptoticky • *adv* asymptotically
asynchronní • *adj* asynchronous
asyriologie • *n* assyriology
ať • *conj* whether
ataka • *n* relapse
atavismus • *n* atavism
ataxie • *n* ataxia
ateismus • *n* atheism
ateista • *n* atheist
ateistka • *n* atheist
ateliér • *n* atelier
atentát • *n* assassination
atentátník • *n* assassin
aterom • *n* atheroma
ateroskleróza • *n* atherosclerosis
atetóza • *n* athetosis
atlas • *n* atlas
atlet • *n* athlete
atletika • *n* athletics
atletka • *n* athlete
atmosféra • *n* atmosphere
atmosférický • *adj* atmospheric
atol • *n* atoll
atom • *n* atom
atomový • *adj* atomic
atraktivita • *n* attractivity
atraktivní • *adj* attractive
atrapa • *n* dummy
atrofický • *adj* atrophic
au • *interj* ouch
audiovizuální • *adj* audiovisual
audit • *n* audit
augment • *n* augment
augur • *n* augur
aukce • *n* auction
aura • *n* aura
aureola • *n* aureola
autentický • *adj* authentic
autentizace • *n* authentication
autismus • *n* autism
autista • *n* autistic
autistický • *adj* autistic
auto • *n* automobile, car
autobiografie • *n* autobiography

autobus • *n* bus, omnibus
autogram • *n* autograph
autoimunita • *n* autoimmunity
autoimunitní • *adj* autoimmune
autokláv • *n* autoclave
automat • *n* automaton, kiosk
automatický • *adj* automatic
automaticky • *adv* automatically
automatizace • *n* automation
automobil • *n* automobile, car
automobilový • *adj* automotive
autonomie • *n* autonomy
autonomní • *adj* autonomous
autoopravna • *n* garage
autor • *n* author
autorita • *n* authority
autoritářský • *adj* authoritarian, authoritative
autoritativně • *adv* authoritatively
autoritativní • *adj* authoritative

autorství • *n* authorship
autoservis • *n* garage
auxin • *n* auxin
avantgarda • *n* avant-garde, vanguard
avatar • *n* avatar
averze • *n* aversion
avokádo • *n* avocado
axiom • *n* axiom, given
axiomatický • *adj* axiomatic
axis • *n* axis
axon • *n* axon
až • *adv* only • *conj* when
azalka • *n* azalea
azbest • *n* asbestos
azbestóza • *n* asbestosis
azimut • *n* azimuth
azurový • *adj* azure
azyl • *n* asylum

B

bába • *n* crone
babča • *n* granny
babička • *n* grandmother, granny
bábinka • *n* granny
babizna • *n* crone, hag
bachor • *n* rumen
bacil • *n* bacillus
bacilonosič • *n* carrier
bačkora • *n* milksop, slipper
baculatý • *adj* buxom
badminton • *n* badminton
baf • *interj* boo
bagatelizovat • *v* belittle
bagr • *n* excavator
bahno • *n* swamp
báječný • *adj* wonderful
bajka • *n* apologue, fable
bajonet • *n* bayonet
bakalář • *n* bachelor
bakalářka • *n* bachelor
baklava • *n* baklava
baklažán • *n* eggplant
bakteriální • *adj* bacterial
baktericidní • *adj* bactericidal
bakterie • *n* bacteria
bakteriofág • *n* bacteriophage
bakteriolog • *n* bacteriologist
bakteriologický • *adj* bacteriological
bakteriologie • *n* bacteriology
bál • *n* ball
balada • *n* ballad
balalajka • *n* balalaika

baldachýn • *n* canopy
baldrián • *n* valerian
balerína • *n* ballerina
balet • *n* ballet
baletka • *n* ballerina
balíček • *n* pack, package, packet
balík • *n* bundle, hick, package, parcel
balista • *n* ballista
balistika • *n* ballistics
balit • *v* pack
balkón • *n* balcony
balón • *n* balloon
balustráda • *n* balustrade
balzám • *n* balsam
balzamovat • *v* embalm
bambus • *n* bamboo
bambusový • *adj* bamboo
banalita • *n* platitude, truism
banální • *adj* banal, trite
banán • *n* banana
banánovník • *n* banana
banánový • *n* banana
banda • *n* crew
bandita • *n* bandit
banjo • *n* banjo
baňka • *n* flask
banka • *n* bank
bankéř • *n* banker, dealer
bankrot • *n* bankruptcy
banyán • *n* banyan
baobab • *n* baobab
bar • *n* bar

barák • *n* barrack
baráž • *n* barrage
barbakán • *n* barbican
barbar • *n* barbarian
barbarský • *adj* barbarian, barbaric, philistine
barbiturát • *n* barbiturate
barel • *n* barrel, drum
baret • *n* beret
barevný • *adj* colorful
bariéra • *n* barrier, wall
bariéry • *n* grandstand
bárin • *n* boyar
bark • *n* barque
bárka • *n* barque
barman • *n* bartender
barmanka • *n* barmaid
barometr • *n* barometer
baron • *n* baron
baronka • *n* baroness
baršč • *n* borscht
barva • *n* color, dye, paint, suit
barvínek • *n* periwinkle
barvit • *v* dye
barvivo • *n* dye
baryum • *n* barium
basa • *n* bass, jug, quod
baseball • *n* baseball
báseň • *n* poem
basketbal • *n* basketball
básník • *n* poet
básnířka • *n* poet, poetess
baštit • *v* buy
baterie • *n* battery
baterka • *n* battery, flashlight, torch
batist • *n* batiste
batoh • *n* backpack
batole • *n* toddler
batyskaf • *n* bathyscaphe
bauxit • *n* bauxite
bavič • *n* entertainer
bavit • *v* enjoy, entertain
bavlna • *n* cotton
bavlněný • *adj* cotton
bazalka • *n* basil
bazální • *adj* basal
bažant • *n* pheasant
báze • *n* base
bazilika • *n* basilica
bazilišek • *n* basilisk
bažina • *n* quagmire, swamp
bázlivý • *adj* afraid, skittish
bazofil • *n* basophil
bazofilní • *adj* basophilic
bdělost • *n* vigilance
bdící • *adj* awake
bé • *interj* baa

bečení • *n* baa
bečet • *v* baa
bečka • *n* barrel
běda • *interj* alas
beďar • *n* boil
bederní • *adj* lumbar
bedna • *n* box, case, crate
bědný • *adj* miserable
begonie • *n* begonia
begónie • *n* begonia
běh • *n* run
běhat • *v* run
behaviorismus • *n* behaviorism
během • *prep* during, within
behemot • *n* behemoth
běhna • *n* bitch, whore
běhoun • *n* runner, stretcher
bek • *n* back
bekasina • *n* snipe
bělásek • *n* white
beletrie • *n* belles-lettres, fiction
bělidlo • *n* bleach
bělit • *v* bleach
bělmo • *n* white
běloch • *n* white
bělokur • *n* ptarmigan
běloška • *n* white
bělošský • *adj* white
bendžo • *n* banjo
benevolentně • *adv* benevolently
benigní • *adj* benign
benzen • *n* benzene
benzín • *n* gas, gasoline
beran • *n* buck, ram
beránek • *n* lamb
bérec • *n* shank
berkelium • *n* berkelium
berle • *n* crutch
beryl • *n* beryl
beryllium • *n* beryllium
běs • *n* rage
běsnění • *n* rage
bestie • *n* beast
beta • *n* beta
beton • *n* concrete
betonový • *adj* concrete
bez • *prep* sans, without
bezant • *n* bezant
bezbolestný • *adj* painless
bezbožný • *adj* godless, impious
bezbranný • *adj* defenseless
bezcelní • *adj* duty-free
bezcenný • *adj* worthless
bezcharakterní • *adj* unscrupulous
bezchybný • *adj* flawless
bezcílně • *adv* aimlessly
bezcílnost • *n* aimlessness

145

bezcílný • *adj* aimless
bezdětný • *adj* childless
bezdrátový • *adj* wireless
beze • *prep* sans, without
bezedný • *adj* bottomless
bezejmenný • *adj* anonymous
bezesporný • *adj* consistent
běžet • *v* run
bezhlavý • *adj* headless
bezhříšný • *adj* sinless
bezinka • *n* elder, elderberry
bezmocnost • *n* helplessness, powerlessness
bezmocný • *adj* powerless
bezmyšlenkovitý • *adj* thoughtless
beznaděj • *n* hopelessness
beznadějný • *adj* hopeless
běžně • *adv* commonly
beznohý • *adj* legless
běžný • *adj* common, routine
bezobratlý • *n* invertebrate
bezobsažný • *adj* hollow
bezohlednost • *n* thoughtlessness
bezohledný • *adj* ruthless, unscrupulous
bezolovnatý • *adj* unleaded
bezostyšný • *adj* audacious, blatant
béžový • *n* beige • *adj* beige
bezpečí • *n* safety, security
bezpečně • *adv* safely
bezpečnost • *n* safety, security
bezpečný • *adj* safe
bezplatně • *adv* gratis
bezpodmínečný • *adj* unconditional
bezpředsudkovost • *n* candor
bezpříkladný • *adj* unprecedented
bezprizorný • *adj* homeless
bezprostřední • *adj* immediate, imminent, unmediated
bezradnost • *n* quandary
bezrohý • *adj* hornless
bezruký • *adj* armless, handless
bezskrupulózní • *adj* unscrupulous
bezstarostný • *adj* carefree, insouciant
beztvarý • *adj* amorphous
bezvědomí • *n* coma
bezvládí • *n* anarchy
bezvýhradný • *adj* implicit
bezvýznamný • *adj* meaningless, trivial
bezzubý • *adj* toothless
bible • *n* bible
biblický • *adj* biblical
bibliofil • *n* bibliophile
bibliografický • *adj* bibliographic
bič • *n* knout, scourge, whip
biceps • *n* biceps
bičovat • *v* whip

bicykl • *n* bicycle
bída • *n* misery
bidet • *n* bidet
biftek • *n* beefsteak, steak
bígl • *n* beagle
bikamerální • *adj* bicameral
bikiny • *n* bikini
bílá • *n* white
bílek • *n* albumen, white
biletář • *n* usher
bilineární • *adj* bilinear
bílkovina • *n* protein
bílý • *adj* white
binárka • *n* binary
binární • *adj* binary
bingo • *n* bingo
biochemický • *adj* biochemical
biochemie • *n* biochemistry
biolog • *n* biologist
biologický • *adj* biological
biologie • *n* biology
biomasa • *n* biomass
biopsie • *n* biopsy
biotit • *n* biotite
biplán • *n* biplane
biřmování • *n* confirmation
bisexuál • *n* bisexual
bisexuální • *adj* bisexual
biskup • *n* bishop
biskupský • *adj* episcopal
bismut • *n* bismuth
bít • *v* beat, fight
bit • *n* bit
bití • *n* stroke
bitka • *n* fight, riot
bitva • *n* battle, fight, struggle
bitý • *adj* battered
bizarní • *adj* bizarre
bizon • *n* bison, buffalo
blábolat • *v* drivel
blafovat • *v* bluff
blaho • *n* welfare
blahopřání • *n* congratulation
blahopřát • *v* congratulate
blahosklonně • *adv* condescendingly
blahosklonný • *adj* condescending
blahovičník • *n* eucalyptus
bláhový • *adj* silly
blána • *n* membrane
blátivý • *adj* muddy
blatník • *n* fender, mudguard, wing
bláto • *n* mud
blázen • *n* fool, freak, lunatic
blaženost • *n* bliss
bláznivý • *adj* crazy, zany
blb • *n* fool, jerk
blbec • *n* asshole, fool, jerk

blbost • *n* gaffe
blboun • *n* fool
blbý • *adj* dumb
blecha • *n* flea
bledost • *n* paleness
bledule • *n* snowflake
bledý • *adj* ashen, pale
blekotat • *v* utter
blesk • *n* glitter, lightning
blikat • *v* blink, wink
bliknout • *v* blink
bliny • *n* blini
blít • *v* barf, puke
blížící • *adj* impending
blížit • *v* near
blízko • *adv* nearby • *prep* toward
blízkost • *n* proximity
blízký • *adj* close, near
blizna • *n* stigma
blok • *n* block, cake, notebook
blokáda • *n* blockade
blonďák • *n* blond
blondýna • *n* blond
bloudit • *v* stray
blud • *n* delusion
bludiště • *n* labyrinth, maze
blůza • *n* blouse
bobr • *n* beaver
bobule • *n* berry
bochník • *n* loaf
bod • *n* dot, item, point
bodák • *n* bayonet
bodlák • *n* thistle
bodlina • *n* prickle
bodnout • *v* sting
bodnutí • *n* sting
bodovat • *v* score
body • *n* body
bodyguard • *n* bodyguard
bohatství • *n* fortune, wealth
bohatý • *adj* rich
bohém • *n* bohemian
bohoslužba • *n* church, service, worship
bohužel • *adv* unfortunately
bohyně • *n* goddess
boj • *n* battle, combat, fight, struggle, war
bojácný • *adj* afraid, skittish, timid
bojar • *n* boyar
bóje • *n* buoy
bojiště • *n* battlefield
bojkot • *n* boycott
bojkotovat • *v* boycott
bojovat • *v* battle, combat, fight
bojovník • *n* fighter, warrior
bojovnost • *n* fight

bojový • *adj* martial
bolehlav • *n* hemlock
bolest • *n* ache, pain
bolestínství • *n* self-pity
bolet • *v* ache, hurt
bolid • *n* bolide
boltec • *n* pinna
bomba • *n* bomb
bombarda • *n* bombard
bombardér • *n* bomber
bombardování • *n* bombing
bombardovat • *v* bomb, bombard
bondáž • *n* bondage
bór • *n* boron
bor • *n* boron
bordel • *n* brothel
borec • *n* guy
borovice • *n* pine
boršč • *n* borscht
borůvka • *n* bilberry, blueberry
bota • *n* boot, gaffe, shoe
botanický • *adj* botanical
botanik • *n* botanist
botanika • *n* botany
botanizovat • *v* botanize
botulismus • *n* botulism
boule • *n* bulge, bump, knot
bourat • *v* demolish
bouře • *n* storm, tempest
bouřit • *v* bluster
bouřka • *n* storm, thunderstorm
bouřlivý • *adj* rough, stark
box • *n* box, boxing, pit
boxer • *n* boxer
boxovat • *v* box
božský • *adj* divine, godlike
božství • *n* deity, divinity
božstvo • *n* deity
brada • *n* beard, chin
bradatý • *adj* bearded
bradavice • *n* wart
bradavka • *n* nipple, teat, tit
bradka • *n* goatee
bradykardie • *n* bradycardia
bradýř • *n* barber
brambor • *n* potato
brambora • *n* potato
bramboříK • *n* cyclamen
brána • *n* gate, goal
branec • *n* conscript, draftee, recruit
bránice • *n* diaphragm
bránit • *v* defend, hinder, prevent
branka • *n* goal
brankář • *n* goalkeeper
brány • *n* harrow
branže • *n* industry
brašna • *n* satchel

brát • *v* dig, take
bratr • *n* brother
bratranec • *n* cousin
bratrský • *adj* fraternal
bratrství • *n* brotherhood
brázda • *n* furrow, trench
brčál • *n* periwinkle
brečení • *n* cry
brečet • *v* cry, weep
břečťan • *n* ivy
břeh • *n* bank, coast, shore
břemeno • *n* burden
břestovec • *n* hackberry
breviář • *n* breviary
břevno • *n* beam, crossbar
březost • *n* gestation
brhlík • *n* nuthatch
břicho • *n* abdomen, belly, bump, stomach
břichomluva • *n* ventriloquism
břichomluvec • *n* ventriloquist
bricknout • *v* brick
břidlice • *n* slate
bridž • *n* bridge
briga • *n* brig
brigáda • *n* brigade
brigádník • *n* casual
brigandýna • *n* brigandine
brigantina • *n* brigandine, brigantine
břímě • *n* burden
břinkotruhla • *n* piano, pianoforte
bříško • *n* bump
břišní • *adj* abdominal
břitva • *n* razor
bříza • *n* birch
brkoslav • *n* waxwing
brnění • *n* armor, prickle, tingling
brnknout • *v* ring
brod • *n* ford
brodit • *v* ford
brokát • *n* brocade
brokolice • *n* broccoli
brokovnice • *n* shotgun
brom • *n* bromine
bróm • *n* bromide
bromid • *n* bromide
bronchitida • *n* bronchitis
bronchodilatancium • *n* bronchodilator
bronchodilátor • *n* bronchodilator
bronchoskop • *n* bronchoscope
bronchospasmus • *n* bronchospasm
bronz • *n* bronze
bronzová • *n* bronze
bronzový • *adj* bronze
broskev • *n* peach
broskvoň • *n* peach

brouk • *n* beetle, bug
brousek • *n* hone
brousit • *v* grind, hone
brouzdat • *v* browse
brož • *n* brooch
brožura • *n* booklet, brochure
brucelóza • *n* brucellosis
bručoun • *n* curmudgeon
brunátný • *adj* ruddy
brus • *n* hone
brusinka • *n* cranberry
bruska • *n* hone
bruslař • *n* skater
bruslařka • *n* skater
brusle • *n* skate
bruslení • *n* skate, skating
bruslit • *v* skate
brutalita • *n* brutality
brva • *n* cilium
brýle • *n* spectacles
bryndák • *n* bib
bryskní • *adj* brusque
brzda • *n* brake
brzdit • *v* brake, throttle
brzlík • *n* thymus
brzy • *adv* early, soon
bú • *interj* moo
bubák • *n* bogeyman
buben • *n* bump, drum
bubeník • *n* drummer
bubínek • *n* bump, eardrum
bublání • *n* gurgle
bublat • *v* gurgle
bublina • *n* bubble
bubnovat • *v* drum
bučení • *n* bellow, moo
bučet • *v* moo
buď • *conj* either
budižkničemu • *n* good-for-nothing
budoucí • *adj* future
budoucnost • *n* future
budova • *n* building
budování • *n* building
budovat • *v* build
budovatel • *n* builder
bufet • *n* cafeteria
bůh • *n* god
bujení • *n* growth
bujný • *adj* lush
buk • *n* beech
bukač • *n* bittern
bukanýr • *n* buccaneer
buket • *n* bouquet
bukvice • *n* beechnut
bula • *n* bull
buldok • *n* bulldog
buldozer • *n* bulldozer

bulva • *n* bulb, tuber
bulvár • *n* strip
bum • *n* bump
bumerang • *n* boomerang
bunda • *n* jacket
buněčný • *adj* cellular
bungalov • *n* bungalow
buňka • *n* cell, square
bunkr • *n* bunker
burácení • *n* rumble
burácet • *v* rumble
buřič • *n* rebel
buřičský • *adj* incendiary
burza • *n* exchange
buržoazie • *n* bourgeoisie
bušit • *v* beat, pound
busta • *n* bust
butan • *n* butane
buvol • *n* buffalo
bužírka • *n* spaghetti
buzola • *n* compass
bydlet • *v* dwell, live, reside
býk • *n* bull
bylina • *n* herb
bylinný • *adj* herbal

býložravec • *n* herbivore, vegetarian
býložravý • *adj* herbivorous
bypass • *n* bypass
byrokracie • *n* bureaucracy
byrokrat • *n* bureaucrat
byrokratický • *adj* bureaucratic
bysta • *n* bust
bystrost • *n* acumen
bystrý • *adj* bright, brisk, perspicacious, sharp, shrewd, smart
byt • *n* apartment
byť • *conj* while
být • *v* be, boggle, compare, exist
byte • *n* byte
bytelný • *adj* substantial
bytí • *n* being, existence
bytost • *n* being
byznys • *n* business
byznysmanka • *n* businesswoman
byznysmenka • *n* businesswoman
bzdít • *v* fart
bzučet • *v* buzz, hum
bzukot • *n* buzz

C

cachexie • *n* cachexia
čaj • *n* tea
čajník • *n* teapot
cákat • *v* splatter
čáp • *n* stork
car • *n* tsar
cár • *n* shred
čára • *n* line
čárka • *n* comma, point
čaroděj • *n* mage, sorcerer, warlock, wizard
čarodějka • *n* sorceress
čarodějnice • *n* witch
čarodějnictví • *n* witchcraft
čarování • *n* magic
čarovný • *adj* bewitching, enchanting
čas • *n* tense, time
časák • *n* magazine
časně • *adv* early
časný • *adj* early
časopis • *n* magazine
časoprostor • *n* spacetime
časoprostorový • *adj* spatiotemporal
časovač • *n* timer
časování • *n* conjugation
časovat • *v* conjugate, time
časový • *adj* temporal

část • *n* back, part
částečka • *n* corpuscle
částečně • *adv* partially, partly
částečný • *adj* partial
částice • *n* corpuscle, particle
částka • *n* sum
často • *adv* often
častost • *n* frequency
častý • *adj* frequent
časy • *n* time
čatní • *n* chutney
cecek • *n* boob, tit
cech • *n* guild
čedič • *n* basalt
cedilla • *n* cedilla
cedník • *n* colander
cedr • *n* cedar
cedule • *n* sign
cedulka • *n* tag
cefalea • *n* cephalalgia
cefalgie • *n* cephalalgia
ceftriaxon • *n* ceftriaxone
cefuroxim • *n* cefuroxime
cejch • *n* brand
čejka • *n* lapwing
cejn • *n* bream
čekanka • *n* chicory

čekat • *v* await, wait
cela • *n* cell
čeleď • *n* family
celek • *n* whole
čelen • *n* bowsprit
čelenka • *n* headband
celer • *n* celery
celibát • *n* celibacy
celibátní • *adj* celibate
čelist • *n* jaw, jowl
celistvost • *n* integrity
čelit • *v* face, strive
celkový • *adj* overall
čelní • *adj* frontal
čelo • *n* forehead
celočíselný • *adj* integral
celofán • *n* cellophane
celoročně • *adv* year-round
celoživotní • *adj* lifelong
celulóza • *n* cellulose
celý • *adj* entire, full, total, whole
cembalista • *n* harpsichordist
cembalo • *n* harpsichord
cement • *n* cement
čemeřice • *n* hellebore
cena • *n* cost, damage, price, prize, worth
čenich • *n* muzzle
cenit • *v* appreciate
censor • *n* censor
cent • *n* cent, penny
centrála • *n* headquarters
centrální • *adj* central
centrum • *n* center
centurio • *n* centurion
cenzor • *n* censor
cenzurovat • *v* censor, expurgate
cep • *n* flail
čepec • *n* reticulum
čepel • *n* blade
čepice • *n* cap
čepovec • *n* axis
cér • *n* cerium
cer • *n* cerium
cerebrální • *adj* cerebral
cerkev • *n* church
čerň • *n* black
černobílý • *adj* black-and-white
černobýl • *n* mugwort
černoch • *n* black
černokněžník • *n* warlock
černoška • *n* black, negress
černošský • *adj* black
černý • *adj* black
čerpadlo • *n* pump
čerstvost • *n* freshness
čerstvý • *adj* fresh, sweet

čert • *n* devil
certifikát • *n* certificate
červ • *n* maggot, worm
červeň • *n* red
červenat • *v* redden
červenavý • *adj* reddish
červenka • *n* robin
červeňoučký • *adj* ruddy
červený • *adj* red, ruddy
cervicitida • *n* cervicitis
česat • *v* comb
česlo • *n* cardia
cesmína • *n* holly
česnek • *n* garlic
čest • *n* honor
cesta • *n* drive, journey, path, road, route, track, way
čestně • *adv* fairly, honestly
čestný • *adj* honorary, square
cestopis • *n* travelogue
cestování • *n* travel
cestovat • *v* travel
cestující • *n* fare, occupant, passenger
četa • *n* platoon
četař • *n* sergeant
četnost • *n* frequency
četný • *adj* numerous
céva • *n* vessel
cévka • *n* catheter
cévní • *adj* vascular
chabý • *adj* lame
chalcedon • *n* chalcedony
chalífa • *n* caliph
chalífát • *n* caliphate
chaluha • *n* seaweed, skua
chameleón • *n* chameleon
chameleon • *n* chameleon
chamtivost • *n* avarice, cupidity, greed
chamtivý • *adj* avaricious, greedy
chán • *n* khan
chaotický • *adj* chaotic
chapadlo • *n* tentacle
chapadlový • *adj* tentacular
chápání • *n* comprehension
chápat • *v* apprehend, conceive, understand
charakter • *n* nationality, urbanity
charakteristický • *adj* characteristic
charakteristika • *n* characteristic, hallmark
charakterizovat • *v* characterize
charismatický • *adj* charismatic
charita • *n* charity
chat • *n* chat
chata • *n* chalet, hut
chátra • *n* mob
chátrat • *v* dilapidate

chcanky • *n* piss, wee
chcát • *v* wee
chechtáky • *n* cheese
chelicera • *n* chelicera
chemický • *adj* chemical
chemie • *n* chemistry
chemik • *n* chemist
chemikálie • *n* chemical
chemoterapeutický • *adj* chemotherapeutic
chemoterapie • *n* chemotherapy
cherubín • *n* cherub
chí • *n* chi
chiméra • *n* chimera
Chiméra • *n* chimera
chinin • *n* quinine
chip • *n* chip
chiropraktik • *n* chiropractor
chirurg • *n* surgeon
chirurgický • *n* surgery • *adj* surgical
chirurgie • *n* surgery
chitin • *n* chitin
chlad • *n* cold
chladně • *adv* flatly
chladnička • *n* refrigerator
chladný • *adj* cold, cool
chlap • *n* guy
chlapec • *n* boy, lad
chlápek • *n* guy
chlapík • *n* guy
chlast • *n* booze
chlazení • *n* cooling
chléb • *n* bread
chleba • *n* bread
chlívek • *n* pigsty
chlopeň • *n* valve
chlór • *n* chlorine
chlorace • *n* chlorination
chloroform • *n* chloroform
chlorofyl • *n* chlorophyll
chlubit • *v* boast
chlup • *n* hair
chlupatý • *adj* hirsute
chmel • *n* hop
chmurný • *adj* dismal, grim
chmýří • *n* down, thistledown
chobot • *n* trunk
chobotnice • *n* octopus
chod • *n* course, plate
chodba • *n* corridor, landing
chodec • *n* pedestrian
chodidlo • *n* sole
chodit • *v* date, go, walk
chodník • *n* pavement, sidewalk
cholera • *n* cholera
cholesterol • *n* cholesterol
cholin • *n* choline

chomáč • *n* knot
chondrosarkom • *n* chondrosarcoma
chór • *n* choir
chorál • *n* chorale, hymn
choreograf • *n* choreographer
choreografie • *n* choreography
choroba • *n* disease
choť • *n* spouse
choulostivý • *adj* delicate
choutky • *n* craving
chování • *n* behavior, conduct, demeanor
chození • *n* walking
chrabrý • *adj* audacious
chrám • *n* church, temple
chráněný • *adj* protected
chránit • *v* preserve, protect, shield
chrápání • *n* snoring
chrápat • *v* snore
chrapot • *n* hoarseness
chraptivý • *adj* hoarse
chřest • *n* asparagus
chřestýš • *n* rattlesnake
chřipka • *n* flu, influenza
chrlič • *n* gargoyle
chrom • *n* chromium
chromatický • *adj* chromatic
chromatida • *n* chromatid
chromozom • *n* chromosome
chromý • *adj* lame
chronický • *adj* chronic
chronologický • *adj* chronological
chroptící • *adj* stertorous
chroptivě • *adv* stertorously
chroptivý • *adj* stertorous
chroust • *n* cockchafer
chroustat • *v* champ, crunch
chrpa • *n* cornflower
chrt • *n* hound
chrupavčitý • *adj* cartilaginous
chrupavka • *n* cartilage
chryzantéma • *n* chrysanthemum
chtíč • *n* lust
chtít • *v* mean, want
chtivý • *adj* greedy
chudoba • *n* poverty
chudokrevnost • *n* anemia
chudý • *adj* impecunious, poor
chuj • *n* dick
chuligán • *n* hooligan
chuť • *n* appetite, taste
chutnat • *v* taste
chutný • *adj* delicious
chůva • *n* nanny, nurse
chůze • *n* gait, walking
chvála • *n* praise
chválit • *v* praise

chvalořečení • *n* encomium
chvalozpěv • *n* encomium, hymn
chvályhodný • *adj* praiseworthy
chvástání • *n* bluster
chvástat • *v* brag
chvástavý • *adj* vainglorious
chvastoun • *n* braggart
chvíle • *n* while
chvilka • *n* bit, minute, second
chvilkový • *adj* momentary
chvost • *n* tail
chyba • *n* bug, error, fault, mistake
chybět • *v* miss
chybný • *adj* erroneous, wrong
chybovat • *v* err
chybový • *adj* buggy
chystat • *v* prepare
chytit • *v* apprehend, catch, grab
chytlavý • *adj* catchy
chytnout • *v* catch
chytrost • *n* cleverness
chytrý • *adj* clever, shrewd, smart
čí • *pron* whose
cibetka • *n* civet
cibule • *n* onion
čich • *n* smell
čichat • *v* smell
čichový • *adj* olfactory
čičinka • *n* pussy
ciferník • *n* dial
cifra • *n* cipher
cigareta • *n* cigarette
cígo • *n* smoke
cihelna • *n* brickyard
cihla • *n* brick
cihlový • *adj* brick
cikáda • *n* cicada
cikán • *n* gypsy
cíl • *n* goal, objective, purpose
čilost • *n* activity, alacrity
čilý • *adj* brisk, vivacious
čím • *adv* whereby
cimbál • *n* dulcimer
cimbuří • *n* battlement
cimprlich • *adj* prissy
čímž • *adv* whereby
cín • *n* tin
čin • *n* act, action, deed, feat
činčila • *n* chinchilla
činel • *n* cymbal
činit • *v* make, tan
činka • *n* dumbbell
cinkání • *n* jingle
cinkot • *n* jingle
činnost • *n* activity
činný • *adj* active
čip • *n* chip

čípek • *n* cone, suppository, uvula
čiperný • *adj* chipper, vivacious
čipsy • *n* fry
cirhóza • *n* cirrhosis
cirka • *prep* circa
církev • *n* church
církevní • *adj* ecclesiastic, ecclesiastical
cirkus • *n* circus
čirok • *n* sorghum
čirý • *adj* clear, limpid
císař • *n* emperor
císařovna • *n* empress
císařství • *n* empire
číselný • *adj* numerical
číslice • *n* cipher, digit, number, numeral
číslicový • *adj* digital
číslo • *n* number
číslovat • *v* number, page
číšnice • *n* waitress
číšník • *n* waiter
číst • *v* read
čistit • *v* clean, refine
čistka • *n* purge
čistost • *n* cleanliness
čistota • *n* cleanliness, purity
čistotný • *adj* cleanly
čistý • *adj* absolute, clean, clear, neat, pure, straight
cit • *n* feeling
citadela • *n* citadel
citát • *n* quotation, quote
čitatel • *n* numerator
čitelnost • *n* legibility, readability
čitelný • *adj* legible
citera • *n* zither
cítit • *v* feel, smell
citlivost • *n* sensitivity
citlivý • *adj* brittle, sensitive
citoslovce • *n* interjection
citovat • *v* quote
citový • *adj* emotional
citrón • *n* lemon
citron • *n* lemon
citroník • *n* lemon
city • *n* feeling
civět • *v* peer
civilizace • *n* civilization
civilizovaný • *adj* civilized
cívka • *n* coil, inductor
čížek • *n* siskin
cizí • *adj* foreign, strange
cizinec • *n* alien, foreigner, stranger
cizinka • *n* foreigner
cizokrajný • *adj* exotic
cizoložnice • *n* adulteress
cizoložník • *n* adulterer

cizoložství • *n* adultery
cizopasnictví • *n* parasitism
cizopasník • *n* parasite
cizopasný • *adj* parasitic
cizost • *n* foreignness
cizrna • *n* chickpea
článek • *n* article, cell, link, paper
člen • *n* adherent, article, crew, member
členitý • *adj* ragged
členovec • *n* arthropod
členství • *n* membership
clo • *n* custom, duty
clona • *n* aperture
člověk • *n* human, man, person • *pron* you
člun • *n* barge, boat
čmáranice • *n* doodle
čmelák • *n* bumblebee
čnělka • *n* style
co • *pron* what
čočka • *n* contact, lens, lentil
čokoláda • *n* chocolate
čokoládový • *adj* chocolate
cokoliv • *pron* anything
čolek • *n* newt
cop • *n* braid, plait
copyright • *n* copyright
copywriter • *n* copywriter
cordierit • *n* cordierite
coul • *n* inch
coulomb • *n* coulomb
couvat • *v* back
cože? • *interj* what
čpavek • *n* ammonia
crescendo • *n* crescendo
čtenář • *n* reader
ctít • *v* esteem, honor
čtivost • *n* readability
čtivý • *adj* readable
ctižádost • *n* ambition
ctižádostivý • *adj* ambitious
ctnost • *n* virtue
ctnostný • *adj* righteous
čtrnáctý • *adj* fourteenth
čtvercový • *adj* square
čtverec • *n* square
čtvereční • *adj* square
čtvrť • *n* district, quarter
čtvrt • *n* quarter
čtvrťák • *n* quarter
čtvrtfinále • *n* quarterfinal
čtvrtit • *v* quarter
čtvrtka • *n* paperboard
čtvrtletí • *n* quarter

čtvrtstoletí • *n* quarter-century
čtvrtý • *adj* fourth
čtyřicátá • *n* fortieth
čtyřicátý • *n* fortieth • *adj* fortieth
čtyřicetina • *n* fortieth
čtyřnásobně • *adv* fourfold
čtyřnásobný • *adj* fourfold
čtyřstěn • *n* tetrahedron
čtyřúhelník • *n* quadrilateral
čtyřverší • *n* quatrain
čučet • *v* gawk
cuchta • *n* frump
cudně • *adv* chastely
cudnost • *n* chastity
cudný • *adj* chaste
cukr • *n* sugar
cukrovka • *n* diabetes
čumák • *n* muzzle, snout
čumět • *v* gawk
čuně • *n* pig
čurák • *n* dick, peter, prick
čůrání • *n* wee
čuránky • *n* wee
čůrat • *v* wee
čurat • *v* piss
curium • *n* curium
čůza • *n* vixen
čvachtat • *v* squelch
cvaknout • *v* click
cvičebnice • *n* workbook
cvičení • *n* exercise, practice
cvičit • *v* exercise, practice, train
cvikla • *n* beetroot
cvoček • *n* stud
cvrček • *n* cricket
cyanóza • *n* cyanosis
cyklista • *n* cyclist
cyklistika • *n* cycling
cykloida • *n* cycloid
cyklóna • *n* cyclone
cyklotymie • *n* cyclothymia
cyklus • *n* cycle, loop
cylindr • *n* chimney
cynický • *adj* cynical
cynik • *n* cynic
cynismus • *n* cynicism
cypřiš • *n* cypress
cysta • *n* cyst
cystein • *n* cysteine
cystitida • *n* cystitis
cytologie • *n* cytology
cytoplazma • *n* cytoplasm
cytosin • *n* cytosine

D

ďábel • *n* devil
ďábelský • *adj* diabolic
dabovat • *v* dub
dača • *n* dacha
daikon • *n* daikon
dále • *adv* farther
daleko • *adv* far, long, widely
dalekohled • *n* binoculars, telescope
daleký • *adj* distant, far, remote
dálnice • *n* freeway, highway
další • *adj* next
dáma • *n* draughts, king, lady, queen
daman • *n* hyrax
daň • *n* tax
danit • *v* tax
daný • *adj* given
dar • *n* boon, donation, endowment, gift, largess
dárce • *n* donor
darebáctví • *n* mischief
darebák • *n* mischief
dárek • *n* endowment, gift
darovat • *v* gift, give
dáseň • *n* gum
dát • *v* give, put
data • *n* data
databáze • *n* database
datel • *n* woodpecker
dativní • *adj* dative
datle • *n* date
datovat • *v* date
datum • *n* date
dav • *n* crowd, mob
dávat • *v* give
dávit • *v* strangle
dávka • *n* dose
dávný • *adj* bygone
dbát • *v* heed
dcera • *n* child, daughter
deadlock • *n* deadlock
dealer • *n* dealer
debakl • *n* debacle
debatovat • *v* argue, debate
debil • *n* ass, jerk
debilní • *adj* dumb
debugger • *n* debugger
debutovat • *v* debut
dech • *n* breath
decibel • *n* decibel
děcka • *n* guy
děd • *n* grandfather
děda • *n* grandfather
dědic • *n* heir
dědičnost • *n* inheritance

dědičný • *adj* hereditary, inheritable
dědictví • *n* heritage, legacy
dědina • *n* hamlet, village
dědinka • *n* hamlet
dedukce • *n* deduction, inference
deficit • *n* deficit
definice • *n* definition
definovaný • *adj* defined
definovat • *v* define
definovatelný • *adj* definable
deflace • *n* deflation
deformace • *n* deformation
defraudace • *n* embezzlement
degradovat • *v* degrade
degustace • *n* tasting
dehet • *n* tar
dehydratace • *n* dehydration
dehydrovaný • *adj* dehydrated
deismus • *n* deism
děj • *n* conduct, plot, process
dějepis • *n* history
dějiny • *n* history
dějství • *n* act
deka • *n* blanket, mullet
deklarovat • *v* declare
deklinace • *n* declension, declination
děkovat • *v* thank
dělat • *v* do, go, make
delegace • *n* delegation
delegát • *n* delegate
delegovat • *v* delegate
dělenec • *n* dividend
dělení • *n* division
delfín • *n* dolphin
delirium • *n* delirium
dělit • *v* divide
dělitel • *n* divisor
dělitelný • *adj* divisible
délka • *n* length, longitude
dělnice • *n* worker
dělník • *n* laborer, worker
dělo • *n* cannon, gun
děloha • *n* womb
dělostřelectvo • *n* artillery
delta • *n* delta
demagog • *n* demagogue
demagogický • *adj* demagogic
demagogie • *n* demagogy
demence • *n* dementia
dementní • *adj* demented
deminutivum • *n* diminutive
demižon • *n* demijohn
demograf • *n* demographer
demografický • *adj* demographic

demografie • *n* demography
demokracie • *n* democracy
demokrat • *n* democrat
demokratický • *adj* democratic
démon • *n* demon
demonstrace • *n* demonstration
demonstrant • *n* demonstrator
demonstrovat • *v* demonstrate
demoralizace • *n* demoralization
demoralizovat • *v* demoralize
démotický • *adj* demotic
den • *n* day
deník • *n* diary, journal
denně • *adv* daily
denní • *adj* daily, diurnal
denominace • *n* denomination
dentála • *adj* dental
denunciant • *n* betrayer
deodorant • *n* deodorant
depo • *n* pit
deportace • *n* deportation
depot • *n* hoard
deprese • *n* depression
depresivní • *adj* dismal, grim
deprimovaný • *adj* depressed
deprimovat • *v* depress
deprimující • *adj* dismal
deregulace • *n* deregulation
derivace • *n* derivation, derivative
derivát • *n* derivative
dermatitida • *n* dermatitis
dermatolog • *n* dermatologist
dermatologie • *n* dermatology
děrovačka • *n* punch
derviš • *n* dervish
desátník • *n* corporal
desátý • *n* tenth • *adj* tenth
desetiboj • *n* decathlon
desetiletí • *n* decade
desetina • *n* tenth, tithe
děsit • *v* horrify
desítka • *n* decade
deska • *n* board, cake, record
děsně • *adv* wicked
despekt • *n* contempt, disdain
despocie • *n* despotism
despota • *n* despot
despotický • *adj* despotic
despotismus • *n* despotism
déšť • *n* rain
destilace • *n* distillation
destilát • *n* spirits
destinace • *n* destination
deštivý • *adj* rainy
deštník • *n* umbrella
dešťovka • *n* earthworm
destrukce • *n* destruction

destruktivní • *adj* destructive
detail • *n* detail
děťátko • *n* baby
detekovat • *v* detect
detektiv • *n* detective
detektor • *n* detector
detergent • *n* detergent
determinismus • *n* determinism
dětinský • *adj* childish
detonátor • *n* detonator
detox • *n* detox
detoxifikace • *n* detox, detoxification
dětství • *n* childhood
detto • *n* ditto
deuterium • *n* deuterium
devadesátnice • *n* nonagenarian
devadesátník • *n* nonagenarian
devadesátý • *adj* ninetieth
devatenáctý • *adj* nineteenth
devátý • *n* ninth • *adj* ninth
děvče • *n* girl, lass, maiden
developer • *n* developer
děvenka • *n* lass
devítina • *n* ninth
děvka • *n* bitch, whore
dezert • *n* dessert
dezertovat • *v* desert
dezinfekce • *n* disinfection
dezorientovat • *v* bewilder
dharma • *n* dharma
diabetik • *n* diabetic
diachronní • *adj* diachronic
diagnostický • *adj* diagnostic
diagonála • *n* diagonal
diagram • *n* diagram
diák • *n* slide
diákon • *n* deacon
diakritický • *adj* diacritical
dialekt • *n* dialect
dialog • *n* dialogue
diamant • *n* diamond
diamantový • *adj* diamond
diametrálně • *adv* diametrically
diametrální • *adj* diametric
diář • *n* planner
diatermie • *n* diathermy
diatriba • *n* diatribe
dichotomie • *n* dichotomy
diecéze • *n* diocese
diecézní • *adj* diocesan
dieta • *n* diet
dietní • *adj* light
diferenciální • *adj* differential
diferencovatelný • *adj* differentiable
difrakce • *n* diffraction
digitalizace • *n* digitalization
digitální • *adj* digital

dikce • *n* phraseology
dikobraz • *n* porcupine
diktátor • *n* dictator
diktatura • *n* dictatorship
diktovat • *v* dictate
díky • *n* thanks • *interj* thanks
díl • *n* division
dílek • *n* bit
dilema • *n* dilemma, quandary
dílna • *n* workshop
dílo • *n* artwork, work
dimenze • *n* dimension
dingo • *n* dingo
dinosaurus • *n* dinosaur
dioda • *n* diode
diploidní • *adj* diploid
diplom • *n* diploma
diplomacie • *n* diplomacy
diplomat • *n* diplomat
diplomatický • *adj* diplomatic
diplomatka • *n* briefcase
dipól • *n* dipole
díra • *n* hole, leak
dirigent • *n* conductor
dirigovat • *v* conduct
disciplína • *n* discipline
disertace • *n* dissertation
disident • *n* dissident
disjunkce • *n* disjunction
disjunktní • *adj* disjoint
disk • *n* discus, disk
disketa • *n* diskette
diskotéka • *n* disco
diskrétní • *adj* digital
diskrétnost • *n* discretion
diskriminace • *n* discrimination
diskuse • *n* discussion
diskutovat • *v* argue, discuss
diskuze • *n* discussion
diskvalifikace • *n* disqualification
diskvalifikovat • *v* disqualify
disonance • *n* dissonance
disperze • *n* dispersion
dispozice • *n* disposal
disputace • *n* colloquy
distální • *adj* distal
distribuce • *n* distribution
distribuovat • *v* distribute
distributivní • *adj* distributive
dítě • *n* child
div • *n* miracle, wonder
divadelní • *adj* theatrical
divadlo • *n* theater
divák • *n* spectator
divan • *n* divan, sofa
dívat • *v* look
divergence • *n* divergence

divergentní • *adj* divergent
divertikulitida • *n* diverticulitis
divertikulóza • *n* diverticulosis
dividenda • *n* dividend
divize • *n* division
divizna • *n* mullein
dívka • *n* girl, lass
divný • *adj* strange, weird
divoch • *n* savage
divočina • *n* wilderness
divoký • *adj* fierce, wild
dlaň • *n* palm
dláto • *n* chisel
dlaždice • *n* flag, tile
dláždit • *v* cobble, flag
dlouho • *adv* long
dlouhověkost • *n* longevity
dlouhý • *adj* long
dluh • *n* debt
dluhopis • *n* bond, debenture
dlužit • *v* owe
dlužník • *n* debtor
dna • *n* gout
dne • *prep* on
dnes • *adv* today
dnešek • *n* today
dno • *n* bed, bottom, ground
do • *prep* at, by, in, into, till, to, until, within
doba • *n* age, date
doběhnout • *v* bamboozle
dobra • *n* dobra
dobrá • *interj* right
dobrácký • *adj* good-natured
dobře • *adv* right, well
dobro • *n* good
dobročinnost • *n* charity
dobročinný • *adj* charitable
dobrodinec • *n* benefactor
dobrodiní • *n* benefaction, boon
dobrodruh • *n* adventurer
dobrodružný • *adj* adventurous
dobrodružství • *n* adventure
dobrosrdečný • *adj* kindhearted, kindly
dobrota • *n* goodness
dobrovolně • *adv* voluntarily
dobrovolník • *n* volunteer
dobrovolný • *adj* voluntary
dobrý • *adj* good, palatable
dobýt • *v* conquer, take
dobytek • *n* cattle, livestock
dobytí • *n* conquest
dobyvatel • *n* conqueror
dočasně • *adv* temporarily
dočasný • *adj* interim, temporary
docela • *adv* quite
docházet • *v* arrive

docházka • *n* attendance
dochovalý • *adj* extant
dochovaný • *adj* extant
dochvilný • *adj* punctual
dočista • *adv* stark
dodatečný • *adj* additional, supplementary
dodatek • *n* amendment, appendix, supplement
dodavatel • *n* supplier
dodávka • *n* truck, van
dodekaedr • *n* dodecahedron
dodo • *n* dodo
dodržet • *v* follow
dodržování • *n* observance
dodržovat • *v* observe
dogma • *n* dogma
dogmatický • *adj* dogmatic
dogmatismus • *n* dogmatism
dogmatizmus • *n* dogmatism
dohad • *n* conjecture
dohazovač • *n* matchmaker
dohazovačka • *n* matchmaker
dohled • *n* supervision, view
dohoda • *n* agreement, covenant, understanding
dohodnout • *v* agree
dohromady • *adv* together
dojem • *n* impression
dojemná • *adj* moving
dojemné • *adj* moving
dojemný • *adj* moving, pathetic
dojet • *v* arrive, reach
dojímat • *v* move
dojít • *v* arrive, click
dojíždět • *v* arrive
dojmout • *v* move
dok • *n* dock
dokázat • *v* prove
dokonalost • *n* perfection
dokonalý • *adj* perfect
dokonavý • *adj* perfective
dokonce • *adv* even
dokončený • *adj* finished
dokončit • *v* complete, end, finish
dokončovat • *v* end
doktor • *n* doctor, physician
doktrína • *n* doctrine
dokument • *n* document
dokumentace • *n* documentation
dokumentovat • *v* document
dolar • *n* dollar
dole • *adv* down
dolétat • *v* arrive
doletět • *v* arrive
doletovat • *v* arrive
dolík • *n* dimple

dolina • *n* valley
dolmen • *n* dolmen
dolovat • *v* mine
dolů • *adv* down
doma • *adv* home, in
domácí • *adj* domestic, homemade, internal • *n* janitor
domácnost • *n* household
doména • *n* domain
dominance • *n* dominance
dominanta • *n* dominant
dominantní • *adj* dominant
domino • *n* dominoes
dominovat • *v* dominate
domluva • *n* agreement
domnělý • *adj* putative
domněnka • *n* hypothesis
domorodec • *n* aborigine, native
domov • *n* home
domovmík • *n* janitor
domovnice • *n* janitor
domů • *adv* home, homeward
domýšlivost • *n* arrogance, vanity
domýšlivý • *adj* arrogant, presumptuous
donucení • *n* coercion
donutit • *v* coerce, make
doopravdy • *adv* truly
dopad • *n* impact
dopadnout • *v* apprehend, infer
dopamin • *n* dopamine
dopis • *n* letter
doplněk • *n* accessory, complement, supplement
doplnit • *v* complement
dopoledne • *n* forenoon, morning
doporučení • *n* recommendation
doporučit • *v* recommend
doposud • *adv* hitherto
doprava • *n* traffic, transport
dopravce • *n* carrier
dopravit • *v* convey, transport
dopředu • *adv* forward
doprovod • *n* accompaniment
doprovodit • *v* accompany
doprovodný • *adj* concomitant
dorážet • *v* arrive
dorazit • *v* arrive, reach
dorozumívání • *n* communication
dort • *n* cake, gateau, torte
doručení • *n* delivery
doručit • *v* deliver
dosáhnout • *v* achieve
dosahovat • *v* achieve
dosažitelný • *adj* achievable
došek • *n* thatch
doslova • *adv* literally

doslovně • *adv* verbatim
doslovný • *adj* literal, verbatim
dospělost • *n* adulthood
dospělý • *n* adult • *adj* adult, mature
dospívající • *n* adolescent
dospívání • *n* adolescence
dost • *adv* enough, quite • *interj* enough • *pron* enough • *n* plenty
dostačující • *adj* sufficient
dostat • *v* get, receive
dostatečně • *adv* sufficiently
dostatečný • *adj* sufficient
dostávat • *v* get
dostaveníčko • *n* tryst
dostředivý • *adj* afferent, centripetal
dostupný • *adj* available
dosud • *adv* heretofore
dotace • *n* endowment
dotáhnout • *v* tighten
dotaz • *n* query
dotazník • *n* questionnaire
dotek • *n* contact, touch
dotknout • *v* touch
dotyk • *n* touch
dotýkat • *v* touch
doufat • *v* dream, hope
doupě • *n* den, lair
doutnák • *n* fuse
doutnat • *v* smolder
doutník • *n* cigar
dovednost • *n* prowess, skillfulness
dovedný • *adj* skillful
dovézt • *v* import
dovnitř • *adv* in, inside
dovolená • *n* holiday, vacation
dovolenka • *n* furlough
dovolit • *v* afford, allow
dovolovat • *v* afford
dovoz • *n* import
dovozce • *n* importer
doxologie • *n* doxology
doxycyklin • *n* doxycycline
dozadu • *adv* backward
dóže • *n* doge
doživotí • *n* life
dozorce • *n* overseer
dozrát • *v* ripen
dráb • *n* beadle
drachma • *n* drachma
dragoman • *n* dragoman
dragoun • *n* dragoon
dráha • *n* lane, track, trajectory
drahocenný • *adj* precious
drahokam • *n* gem, jewel, stone
drahý • *adj* dear, expensive, precious
drak • *n* dragon, kite
drakonický • *adj* draconian

drama • *n* drama
dramatický • *adj* dramatic
dramatik • *n* playwright
dramaturgie • *n* dramaturgy
drancování • *n* pillage
drancovat • *v* pillage
dráp • *n* claw, talon
drápat • *v* claw
drapnout • *v* claw
drásat • *v* fray
draslík • *n* potassium
drastický • *adj* drastic
drát • *n* wire
drátek • *n* filament
dravec • *n* predator
dražba • *n* auction
dráždit • *v* irritate, provoke
draze • *adv* expensively
drážka • *n* groove
drby • *n* rumor
drcený • *adj* crushed
dřeň • *n* pulp
drenáž • *n* drainage
dřep • *n* squat
dřepnout • *v* squat
dresink • *n* dressing
dřevák • *n* clog
dřevěný • *adj* wooden
dřevnatý • *adj* woody
dřevo • *n* ash
dřevoryt • *n* woodcut, xylograph, xylography
dřevožravý • *adj* xylophagous
dřez • *n* sink
drhnout • *v* holystone
driblovat • *v* dribble
dřík • *n* shaft
dřímat • *v* doze
dřina • *n* drudgery, toil
drink • *n* drink
dřít • *v* toil
dříve • *adv* formerly, previously
drobek • *n* crumb
drobit • *v* crumble
drobné • *n* change
drobný • *adj* diminutive, minute, petty
droga • *n* drug
drolit • *v* crumble
dromedár • *n* dromedary
drop • *n* bustard
drozd • *n* thrush
droždí • *n* yeast
dršťky • *n* tripe
drtit • *v* crush, grind
drůbež • *n* poultry
druh • *n* species
druhák • *n* second

druhový • *adj* special, trivial
druhý • *adj* opposite, other, second
družice • *n* satellite
družička • *n* bridesmaid
družný • *adj* gregarious
družstvo • *n* cooperative
držadlo • *n* grip, handle
drze • *adv* impertinently
držet • *v* hold
drzost • *n* impudence, temerity
drzoun • *n* rascal
drzý • *adj* audacious, impertinent, impudent, presumptuous, rude
dštít • *v* rain
duál • *n* dual
dualismus • *n* dualism
duální • *adj* binary
dub • *n* oak
duch • *n* spirit
duchaplnost • *n* wittiness
důchod • *n* pension
důchodce • *n* pensioner
duchovenstvo • *n* clergy
duchovní • *n* clergyman • *adj* spiritual
dudek • *n* hoopoe
dudlík • *n* dummy
dudy • *n* bagpipes
duel • *n* duel
duha • *n* rainbow
duhovka • *n* iris
dukát • *n* ducat
důkaz • *n* evidence, proof
důkladně • *adv* thoroughly
důkladnost • *n* thoroughness
důkladný • *adj* thorough
důl • *n* colliery, mine
důlčík • *n* punch
důlek • *n* dimple
důležitost • *n* importance
důležitý • *adj* important, momentous
dům • *n* building, house
duma • *n* duma
dumání • *n* musing
dumat • *v* muse
duna • *n* dune
dunění • *n* rumble, thunder
dunět • *v* rumble
dupat • *v* stomp
duplikát • *n* duplicate
dural • *n* duralumin
důraz • *n* emphasis
důrazný • *adj* emphatic
durian • *n* durian
dusátko • *n* tamper
duše • *n* soul
dušení • *n* choking, steaming
dušený • *adj* steamed
duševní • *adj* mental
dusík • *n* nitrogen
dusit • *v* choke, steam, stifle, suffocate
důsledek • *n* consequence, corollary, result
dušnost • *n* dyspnea
důstojník • *n* officer
důstojnost • *n* dignity
důstojný • *adj* dignified
dutina • *n* cavity, hollow
důtky • *n* cat-o'-nine-tails, scourge
dutý • *adj* hollow
důvěra • *n* confidence, trust
důvěřivý • *adj* gullible
důvěrnost • *n* confidence, intimacy
důvěrný • *adj* confidential, intimate
důvěřovat • *v* trust
důvěryhodnost • *n* credibility
důvěryhodný • *adj* trustworthy
důvod • *n* matter
důvtip • *n* wit
důvtipný • *adj* savvy
dužina • *n* flesh, stave
dvacátý • *adj* twentieth
dvacátýpátý • *adj* twenty-fifth
dvacetistěn • *n* icosahedron
dvacka • *n* twenty
dvakrát • *adv* twice
dvanáctistěn • *n* dodecahedron
dvanáctiúhelník • *n* dodecagon
dvanáctník • *n* duodenum
dvanáctý • *adj* twelfth
dveře • *n* door
dveřník • *n* doorkeeper
dvojče • *n* twin
dvojhláska • *n* diphthong
dvojice • *n* pair
dvojitý • *adj* double
dvojjazyčný • *adj* bilingual
dvojka • *n* deuce, duck, two
dvojkový • *adj* binary
dvojnásobně • *adv* twofold
dvojník • *n* double
dvojný • *adj* binary
dvojsmysl • *n* ambiguity
dvojtečka • *n* colon
dvorec • *n* areola, court
dvorek • *n* yard
dvoření • *n* courtship, suit
dvoukomorový • *adj* bicameral
dvouplošník • *n* biplane
dvouslabičný • *adj* disyllabic
dvousměrný • *adj* bidirectional
dvůr • *n* court, yard
dýchání • *n* respiration
dýchat • *v* breathe
dychtit • *v* long

dychtivý • *adj* avid, eager, voracious
dýha • *n* veneer
dýka • *n* dagger
dým • *n* smoke
dýmat • *v* smoke
dynamický • *adj* dynamic
dynamit • *n* dynamite
dynastie • *n* dynasty
dýně • *n* pumpkin
dysforie • *n* dysphoria
dysfunkce • *n* dysfunction
dyskineze • *n* dyskinesia
dyslexie • *n* dyslexia
dysplasie • *n* dysplasia

dysprosium • *n* dysprosium
džbán • *n* jug
džbánek • *n* jug
džem • *n* jam
džez • *n* jazz
džihád • *n* jihad
džin • *n* genie, jinn
džíp • *n* jeep
džiu-džitsu • *n* jujitsu
džungle • *n* jungle
džunka • *n* junk
džus • *n* juice

E

edém • *n* edema
edikt • *n* edict
editor • *n* editor
editovat • *v* edit
efekt • *n* effect
efektivita • *n* efficiency
efektivně • *adv* effectively
efektivní • *adj* efficient
efektivnost • *n* efficacy
efendi • *n* effendi
ego • *n* ego
egoismus • *n* egoism
einsteinium • *n* einsteinium
ejakulace • *n* ejaculation
ejakulát • *n* semen
ejakulovat • *v* ejaculate
ekchymóza • *n* ecchymosis
eklektický • *adj* eclectic
eklesiologie • *n* ecclesiology
ekleziologie • *n* ecclesiology
ekliptika • *n* ecliptic
ekolog • *n* ecologist
ekologický • *adj* ecological
ekologie • *n* ecology
ekonom • *n* economist
ekonometr • *n* econometrician
ekonometrie • *n* econometrics
ekonomický • *adj* economic, economical
ekonomie • *n* economics
ekonomika • *n* economy
ekosystém • *n* ecosystem
ekumenický • *adj* ecumenical
ekvalizér • *n* equalizer
ekvilibrium • *n* equilibrium
ekvivalence • *n* equivalence
ekvivalent • *n* equivalent
ekvivalentní • *adj* equivalent

ekzém • *n* eczema
elán • *n* gusto
elegance • *n* elegance
elegantně • *adv* gracefully
elegantní • *adj* elegant, graceful, stylish
elegie • *n* elegy
elektorát • *n* electorate
elektrický • *adj* electric, electrical
elektrifikace • *n* electrification
elektrifikovanost • *n* electrification
elektrikář • *n* electrician
elektřina • *n* electricity
elektrizace • *n* electrification
elektrizovanost • *n* electrification
elektroda • *n* electrode
elektroencefalogram • *n* electroencephalogram
elektrolytický • *adj* electrolytic
elektrolýza • *n* electrolysis
elektromagnet • *n* electromagnet
elektromagnetický • *adj* electromagnetic
elektromechanický • *adj* electromechanical
elektromyografie • *n* electromyography
elektromyogram • *n* electromyogram
elektron • *n* electron
elektronický • *adj* electronic
elektronika • *n* electronics
elektronový • *adj* electronic
element • *n* element
elementární • *adj* basic
eliminace • *n* elimination
eliminovat • *v* eliminate
elipsa • *n* ellipse
elita • *n* elite
elitář • *n* elitist

elitářský • *adj* elitist
elitářství • *n* elitism
emancipace • *n* emancipation
embolie • *n* embolism
embolus • *n* embolus
embryo • *n* embryo
emergence • *n* emergence
emfyzém • *n* emphysema
emigrace • *n* emigration
emigrant • *n* emigrant
emigrovat • *v* emigrate
emír • *n* emir
emirát • *n* emirate
emise • *n* emission
emitent • *n* issuer
emoce • *n* affection, emotion
emoční • *adj* emotional
empirický • *adj* empirical
empirismus • *n* empiricism
emu • *n* emu
encefalitida • *n* encephalitis
encyklopedický • *adj* encyclopedic
encyklopedie • *n* encyclopedia
encyklopedista • *n* encyclopedist
endogamie • *n* endogamy
endogamní • *adj* endogamous
endokarditida • *n* endocarditis
endokrinní • *adj* endocrine
endokrinologie • *n* endocrinology
endorfin • *n* endorphin
endoskop • *n* endoscope
endoskopie • *n* endoscopy
energetický • *adj* brisk
energie • *n* energy
engoba • *n* engobe
enolog • *n* enologist
enologie • *n* enology
enteritida • *n* enteritis
entomolog • *n* entomologist
entomologický • *adj* entomological
entomologie • *n* entomology
entropie • *n* entropy
entuziasmus • *n* enthusiasm
environmentalista • *n* environmentalist
enzym • *n* enzyme
eon • *n* eon
eosinofil • *n* eosinophil
epicykl • *n* epicycle
epicykloida • *n* epicycloid
epidemický • *adj* epidemic
epidemie • *n* epidemic
epidemiolog • *n* epidemiologist
epidemiologie • *n* epidemiology
epigrafika • *n* epigraphy
epigram • *n* epigram
epilepsie • *n* epilepsy
epileptický • *adj* epileptic
epileptik • *n* epileptic
episkopální • *adj* episcopal
epistemologie • *n* epistemology
epištola • *n* epistle
epitaf • *n* epitaph
epitel • *n* epithelium
epizoda • *n* episode
epocha • *n* epoch, era
eponymum • *n* eponym
epopej • *n* epopee
epos • *n* epic
epsilon • *n* epsilon
éra • *n* era
erbium • *n* erbium
erekce • *n* erection
ergonomický • *adj* ergonomic
erotický • *adj* erotic
eroze • *n* erosion
eschatologie • *n* eschatology
esej • *n* essay
esejista • *n* essayist
esemeska • *n* text
esence • *n* essence, essential
esenciální • *adj* essential
eskadra • *n* squadron
eskadrona • *n* squadron
eskalátor • *n* escalator
eso • *n* ace
esoterický • *adj* esoteric
espresso • *n* espresso
estetický • *adj* aesthetic
estetika • *n* aesthetics
estragon • *n* tarragon
estrapáda • *n* strappado
estrogen • *n* estrogen
éta • *n* eta
etablissement • *n* establishment
etan • *n* ethane
etický • *adj* ethical
etika • *n* ethics
etiketa • *n* etiquette, tag
etiologie • *n* aetiology
etnický • *adj* ethnic
etnocentrismus • *n* ethnocentrism
etnograf • *n* ethnographer
etnografie • *n* ethnography
etnologie • *n* ethnology
etolog • *n* ethologist
etologie • *n* ethology
etymolog • *n* etymologist
etymologický • *adj* etymological
etymologie • *n* etymology
eufemismus • *n* euphemism
euforický • *adj* euphoric
euforie • *n* euphoria
eugenika • *n* eugenics

eukalyptus • n eucalyptus
eukaryota • n eukaryote
eunuch • n eunuch
europium • n europium
eutanazie • n euthanasia
evakuace • n evacuation
evakuovat • v evacuate
evangelium • n gospel
evidentní • adj crude, evident
evokovat • v evoke
evoluce • n evolution
evoluční • adj evolutionary
excitovaný • adj excited
excitovat • v excite
exekutiva • n executive
exemplář • n specimen
exhibicionismus • n exhibitionism
exhibicionista • n exhibitionist
exhibicionizmus • n exhibitionism
exil • n exile
existence • n being, existence
existencialismus • n existentialism
existencialista • n existentialist
existovat • v exist
existující • adj existing, extant
exkavátor • n excavator
exkomunikace • n excommunication
exoftalmus • n exophthalmos
exogamie • n exogamy
exogamní • adj exogamous
exorcismus • n exorcism

exotický • adj exotic
expedice • n expedition
expektorancium • n expectorant
experiment • n experiment
experimentální • adj experimental
experimentátor • n experimenter
experimentovat • v experiment
expert • n expert
expirace • n expiration
exploziva • n plosive
exponenciálně • adv exponentially
exponovat • v expose
export • n export
expozice • n exposure
expresivně • adv expressively
expresivní • adj expressive
extáze • n ecstasy
extenze • n extension
externí • adj external
extra • adj extra
extradice • n extradition
extrahovat • v extract
extrakt • n extract
extrapolace • n extrapolation
extrém • n extreme
extremismus • n extremism
extrémně • adv extremely
extrémní • adj extreme
extroverze • n extroversion
extruzivní • adj extrusive

F

fabrika • n factory
facka • n slap
fádní • adj dull
fagocyt • n phagocyte
fagot • n bassoon
fagotista • n bassoonist
fajáns • n faience
fajfka • n tick
fakír • n fakir
fakt • n fact, given
faktický • adj factual
faktor • n factor, variable
faktura • n invoice
fakturovat • v invoice
fakulta • n faculty
falešný • adj fake, false
falický • adj phallic
falšovatel • n falsifier
falzifikátor • n falsifier
falzifikovat • v doctor
fanatický • adj fanatical

fanatik • n addict, fanatic
fanatismus • n fanaticism
fanda • n freak
fanfára • n fanfare
fantastický • adj fantastic
fantasy • n fantasy
farao • n pharaoh
faraon • n pharaoh
farma • n farm
farmaceut • n pharmacist
farmaceutický • adj pharmaceutical
farmacie • n pharmacy
farmakolog • n pharmacologist
farmakologický • adj pharmacological
farmakologie • n pharmacology
farmakopea • n pharmacopoeia
farmář • n farmer
farní • adj parochial
farník • n parishioner
farnost • n parish
fascinace • n fascination

fascinovat • *v* fascinate, mesmerize
fascinující • *adj* fascinating
fašismus • *n* fascism
faul • *n* foul
fauna • *n* fauna
favorizovat • *v* favor
fax • *n* fax
faxovat • *v* fax
fáze • *n* phase
fazole • *n* bean
federace • *n* federation
felace • *n* fellatio
feminismus • *n* feminism
fena • *n* bitch, dog
fenol • *n* phenol
fenomén • *n* phenomenon
fenotyp • *n* phenotype
fenykl • *n* fennel
fenylalanin • *n* phenylalanine
fér • *adj* fair
fermion • *n* fermion
fermium • *n* fermium
feromagnetismus • *n* ferromagnetism
férový • *adj* square
fešácký • *adj* natty
festival • *n* festival
fetiš • *n* fetish
fetišismus • *n* fetishism
feudalismus • *n* feudalism
feudální • *adj* feudal
fí • *n* phi
fialka • *n* violet
fialový • *n* violet
fiasko • *n* fiasco
figura • *n* piece
figurína • *n* dummy
fík • *n* fig
fikce • *n* fiction
fíkovník • *n* fig
fíkus • *n* ficus
filantrop • *n* philanthropist
filantropický • *adj* philanthropic
filantropie • *n* philanthropy
filatelie • *n* philately
filc • *n* felt
filé • *n* fillet
filipika • *n* philippic
film • *n* film, movie
filolog • *n* philologist
filologie • *n* philology
filosofie • *n* philosophy
filozof • *n* philosopher
filozofický • *adj* philosophical
filozofie • *n* philosophy
filtr • *n* filter
finále • *n* final
finalista • *n* finalist

finalistka • *n* finalist
finance • *n* treasurer
finanční • *adj* financial
finančník • *n* financier
financovat • *v* finance
firewall • *n* firewall
firma • *n* firm
fízl • *n* pig
fjord • *n* fjord
flagrantní • *adj* blatant
flamenco • *n* flamenco
flamendr • *n* playboy
flanel • *n* flannel
flaška • *n* bottle
flastr • *n* bit
flebitida • *n* phlebitis
flegmatický • *adj* phlegmatic
fleret • *n* foil
fleš • *n* flush
flétna • *n* flute
flétnista • *n* flautist
flexe • *n* inflection
flirtovat • *v* flirt, gallivant
flís • *n* fleece
flogiston • *n* phlogiston
flóra • *n* flora
floskule • *n* rhetoric
flota • *n* fleet
flotila • *n* flotilla
fluidní • *adj* fluid
fluktuace • *n* fluctuation
fluor • *n* fluorine
fluoxetin • *n* fluoxetine
fňukavý • *adj* querulous
fobie • *n* phobia
foldovat • *v* fold
fólie • *n* foil
fond • *n* fund
foném • *n* phoneme
fonetický • *adj* phonetic
fonetika • *n* phonetics
fonologický • *adj* phonological
fonologie • *n* phonology
fonotéka • *n* library
fontána • *n* fountain
fontanela • *n* fontanelle
fórek • *n* crack
forint • *n* forint
forma • *n* mold, shape
formaldehyd • *n* formaldehyde
formálně • *adv* formally
formální • *adj* formal, perfunctory
formát • *n* format
formátovat • *v* format
formovat • *v* shape
formulace • *n* formulation
formulář • *n* form

formule • *n* formula
formulovat • *v* conceive, formulate
fórum • *n* forum
fosfát • *n* phosphate
fosfolipid • *n* phospholipid
fosfor • *n* phosphorus
fosforečnan • *n* phosphate
fosforeskující • *adj* phosphorescent
fotbal • *n* football, soccer
fotka • *n* photo, picture
fotoaparát • *n* camera
fotogenický • *adj* photogenic
fotograf • *n* photographer
fotografický • *adj* photographic
fotografie • *n* photograph, photography, picture
fotografování • *n* photography
fotografovat • *v* photograph
foton • *n* photon
fotosyntéza • *n* photosynthesis
fotr • *n* father
foukat • *v* blow
fous • *n* whisker
fr • *v* regret
fracek • *n* brat
fragment • *n* fragment
frakce • *n* faction
fraktál • *n* fractal
fraktální • *adj* fractal
francium • *n* francium
frank • *n* franc
fraška • *n* farce
fráter • *n* friar
fráze • *n* phrase
frazeologie • *n* phraseology
freeware • *n* freeware
fregata • *n* frigate

frekvence • *n* frequency
freska • *n* fresco
fretka • *n* ferret
fréza • *n* bit
frigidní • *adj* frigid
frikativa • *n* fricative
frivolnost • *n* levity
front • *n* front
fronta • *n* front, queue
fruktóza • *n* fructose
fuga • *n* fugue
fuj • *interj* yuck
fukar • *n* winnow
fundamentalismus • *n* fundamentalism
fundamentalista • *n* fundamentalist
funebrák • *n* undertaker
fungicidní • *adj* fungicidal
fungovat • *v* fail, go, run, work
funkce • *n* feature, function, office
funkcionální • *adj* functional
funkcionář • *n* officer, official
funkční • *adj* functional
futurismus • *n* futurism
fúze • *n* fusion
fylogeneze • *n* phylogeny
fytohormon • *n* phytohormone
fyzik • *n* physicist
fyzikální • *adj* physical
fyziognomie • *n* physiognomy
fyziolog • *n* physiologist
fyziologický • *adj* physiological
fyziologie • *n* physiology
fyzioterapeutický • *adj* physiotherapeutic

G

gadolinium • *n* gadolinium
gajdy • *n* nutmeg
galaktický • *adj* galactic
galaktosa • *n* galactose
galán • *n* beau
galantérie • *n* haberdashery
galanterie • *n* furnishings, haberdashery
galantní • *adj* gallant
galantnost • *n* chivalry, gallantry
galaxie • *n* galaxy
galeona • *n* galleon
galéra • *n* galley
galerie • *n* gallery
galimatyáš • *n* gibberish

gallium • *n* gallium
galon • *n* gallon
galoše • *n* galosh
galvanický • *adj* galvanic
galvanizovat • *v* galvanize
galvanometr • *n* galvanometer
gama • *n* gamma
gameta • *n* gamete
gangréna • *n* gangrene
gangster • *n* gangster
garance • *n* guarantee, warranty
garantovat • *v* guarantee
garáž • *n* garage
gastritida • *n* gastritis
gastroenteritida • *n* gastroenteritis

gastrointestinální • *adj* gastrointestinal
gastronomie • *n* gastronomy
gastroskopie • *n* gastroscopy
gatě • *n* pants
gauč • *n* couch, sofa
gauner • *n* scoundrel
gaur • *n* gaur
gay • *n* gay
gáza • *n* gauze
gazela • *n* gazelle
gejša • *n* geisha
gejzír • *n* geyser
gel • *n* gel
gelignit • *n* gelignite
genealogie • *n* genealogy
generace • *n* generation
generál • *n* general
generalissimus • *n* generalissimo
generátor • *n* powerhouse
generování • *n* generation
genetický • *adj* genetic
genetik • *n* geneticist
genetika • *n* genetics
genialita • *n* brilliance
geniální • *adj* ingenious
genitálie • *n* genitalia
genitiv • *n* genitive
genitivní • *adj* genitive
génius • *n* genius
genocida • *n* genocide
genom • *n* genome
genomika • *n* genomics
genotyp • *n* genotype
geodézie • *n* geodesy
geofyzika • *n* geophysics
geograf • *n* geographer
geografický • *adj* geographic
geografie • *n* geography
geolog • *n* geologist
geologie • *n* geology
geometr • *n* geometer
geometrický • *adj* geometric
geometrie • *n* geometry
gepard • *n* cheetah
germanium • *n* germanium
gerundium • *n* gerund
gesto • *n* gesture
ghetto • *n* ghetto
ghůl • *n* ghoul
gibon • *n* gibbon
gigant • *n* giant
gigolo • *n* gigolo
gilotina • *n* guillotine
gingivitida • *n* gingivitis
glaciální • *adj* glacial
gladiátor • *n* gladiator
glaukom • *n* glaucoma

glazura • *n* glaze
gliom • *n* glioma
glóbus • *n* globe
glosář • *n* glossary
glotální • *adj* glottal
glukóza • *n* glucose
gluon • *n* gluon
glutamin • *n* glutamine
glykogen • *n* glycogen
go • *n* go
Gój • *n* goy
gól • *n* goal
golf • *n* golf
gondola • *n* gondola
gorila • *n* gorilla
goth • *n* goth
graf • *n* chart, graph
grafika • *n* graphics
grafit • *n* graphite
gram • *n* gram
gramatický • *adj* grammatical
gramatik • *n* grammarian
gramatika • *n* grammar
gramotnost • *n* literacy
gramotný • *adj* literate
grán • *n* grain
granát • *n* garnet, grenade
grant • *n* grant
granulocyt • *n* granulocyte
granulomatózní • *adj* granulomatous
grapefruit • *n* grapefruit
grappa • *n* grappa
gratulace • *n* congratulation
gratulovat • *v* congratulate
gratuluji • *interj* congratulations
gravitace • *n* gravitation, gravity
gravitační • *adj* gravitational
grázl • *n* punk
gril • *n* barbecue, grill
grilovat • *v* barbecue, grill
grimoár • *n* grimoire
groš • *n* groschen, grosz
grotta • *n* grotto
grupa • *n* group
grupensex • *n* swinging
gryf • *n* griffin
guanako • *n* guanaco
guanin • *n* guanine
guáno • *n* guano
guava • *n* guava
guláš • *n* goulash
guma • *n* eraser, rubber
guru • *n* guru
guvernér • *n* governor
gymnasta • *n* gymnast
gymnastický • *adj* gymnastic
gymnastika • *n* gymnastics

gymnastka • *n* gymnast
gymnázium • *n* gymnasium

gynekologie • *n* gynecology

H

há • *n* aitch
habaděj • *n* cornucopia
habituace • *n* habituation
habr • *n* hornbeam
háček • *n* fishhook, hitch, hook
hacker • *n* hacker
háčkování • *n* crochet
háčkovat • *v* crochet
had • *n* serpent, snake
hádanka • *n* conundrum, puzzle
hádat • *v* guess
hádavý • *adj* argumentative, quarrelsome
hadice • *n* hose
hádka • *n* altercation, argument, fracas, quarrel
hadr • *n* duster, rag, tatter
hadron • *n* hadron
hadry • *n* frump, rag, tatters
hadždž • *n* hajj
haf • *n* woof
hafnium • *n* hafnium
háj • *n* grove
hajný • *n* gamekeeper
hák • *n* hook
hákovat • *v* hook
halapartna • *n* halberd
halda • *n* heap
halejuja • *interj* hallelujah
halit • *v* veil
halitóza • *n* halitosis
halo • *n* halo
haló • *interj* hello
halogen • *n* halogen
halucinace • *n* hallucination
halucinogen • *n* hallucinogen
halucinogenní • *adj* hallucinogenic
hamba • *n* scandal
hamburger • *n* hamburger
hanba • *n* reproach
hanebný • *adj* ignominious, shameful
hangár • *n* hangar
hanlivý • *adj* derogatory
hanopis • *n* lampoon, libel
hantýrka • *n* slang
hapax • *n* nonce
haploidní • *adj* haploid
hardware • *n* hardware
harém • *n* harem
harfa • *n* harp

harfenista • *n* harpist
harfista • *n* harpist
harmonický • *adj* harmonic
harmonie • *n* harmony
harmonika • *n* accordion, harmonica
harmonikář • *n* accordionist
harmonogram • *n* schedule
harpuna • *n* harpoon
harpyje • *n* harpy
hašašín • *n* assassin
hašiš • *n* hashish
haštěření • *n* quibble, squabble
haštěřit • *v* quibble, squabble
haštěřivý • *adj* cantankerous, querulous
hastroš • *n* frump
hatě • *n* pantaloons
hatmatilka • *n* gibberish
hausbót • *n* houseboat
havěť • *n* vermin
havíř • *n* miner
havran • *n* rook
házená • *n* handball
hbitost • *n* alacrity, nimbleness
hbitý • *adj* swift
hédonismus • *n* hedonism
hedonismus • *n* hedonism
hédonista • *n* hedonist
hedvábí • *n* silk
hedvábný • *adj* silken
hegemonie • *n* hegemony
hej • *interj* hey
hejno • *n* flight, flock, murder, school, shoal
hejtman • *n* hetman
hektar • *n* hectare
hektický • *adj* hectic
hele • *interj* hey
helikoptéra • *n* helicopter
helium • *n* helium
helma • *n* helmet
helmice • *n* helmet
hemangiom • *n* hemangioma
hematom • *n* hematoma
hematurie • *n* hematuria
hemiplegie • *n* hemiplegia
hemoglobin • *n* hemoglobin
hemolýza • *n* hemolysis
hemoragický • *adj* hemorrhagic
hemoroid • *n* hemorrhoid

hendiadys • *n* hendiadys
hepatitida • *n* hepatitis
heptan • *n* heptane
heraldika • *n* heraldry
herbář • *n* herbarium
herbicid • *n* herbicide
herec • *n* actor, player
herečka • *n* actor, actress
hermafrodit • *n* hermaphrodite
hermeneutika • *n* hermeneutics
heroin • *n* heroin
herpetolog • *n* herpetologist
herpetologie • *n* herpetology
hertz • *n* hertz
heslo • *n* entry, password
heterocyklický • *adj* heterocyclic
heterogenní • *adj* heterogeneous
heterologní • *adj* heterologous
heterosexuál • *n* heterosexual
heterosexualita • *n* heterosexuality
heterosexuální • *adj* heterosexual
heuréka • *interj* eureka
heuristický • *adj* heuristic
heuristika • *n* heuristic
hexadecimální • *adj* hexadecimal
hexan • *n* hexane
hezky • *interj* nice • *adv* nicely
hezký • *adj* nice, pretty
hiát • *n* hiatus
hierarchický • *adj* hierarchical
hieroglyf • *n* hieroglyph
hipokampus • *n* hippocampus
hippie • *n* hippie
histamin • *n* histamine
histidin • *n* histidine
histogram • *n* histogram
histologie • *n* histology
historicky • *adv* historically
historický • *adj* historical
historie • *n* history
historik • *n* historian
hit • *n* hit, rage
hlad • *n* famine, hunger
hladit • *v* stroke
hladký • *adj* smooth
hladomor • *n* famine
hladově • *adv* hungrily
hladovět • *v* hunger, starve
hladový • *adj* hungry
hlas • *n* voice, vote
hlásat • *v* portend
hlášení • *n* report
hlasitě • *adv* loudly
hlasitost • *n* loudness, volume
hlasitý • *adj* loud
hláska • *n* phone
hláskování • *v* spelling • *n* spelling
hláskovat • *v* spell
hlasování • *n* voting
hlasovat • *v* vote
hlava • *n* head
hlaveň • *n* barrel
hlavice • *n* capital
hlavička • *n* header
hlavně • *adv* chiefly
hlavní • *adj* chief, essential, main, principal
hlavolam • *n* puzzle
hlavonožec • *n* cephalopod
hledání • *n* search
hledat • *v* hunt, search, seek
hledět • *v* peer
hlediště • *n* auditorium, grandstand
hlemýžď • *n* cochlea, snail
hlen • *n* phlegm
hlídač • *n* watchman
hlídat • *v* watch
hlídka • *n* lookout, sentinel, watch
hlína • *n* earth
hliněný • *adj* earthen
hlístice • *n* nematode
hlíza • *n* bulb, corm, tuber
hlodat • *v* gnaw, nibble
hlodavec • *n* rodent
hloh • *n* hawthorn
hloubka • *n* depth
hloupost • *n* stupidity
hloupý • *adj* foolish, silly, sober, stupid
hlt • *n* draft, swallow
hltat • *v* devour, gorge
hltavý • *adj* voracious
hluboký • *adj* deep, fast, profound
hlubotisk • *n* gravure
hlubotiskový • *n* shell
hluchota • *n* deafness
hluchý • *adj* deaf
hlučný • *adj* loud, noisy, vociferous
hluk • *n* noise
hlupák • *n* dummy, fool
hmat • *n* touch
hmatník • *n* fingerboard
hmatový • *adj* haptic
hmota • *n* mass, matter
hmotnost • *n* mass
hmotný • *adj* material, substantial
hmoždíř • *n* mortar
hmyz • *n* insect
hmyzožravec • *n* insectivore
hmyzožravý • *adj* insectivorous
hnát • *v* chase, drive, propel, steer
hned • *adv* immediately
hnědák • *n* bay
hnědý • *n* brown • *adj* brown
hněv • *n* wrath

hnida • *n* nit
hnidopich • *n* stickler
hniloba • *n* decay
hnis • *n* pus
hnisat • *v* fester
hníst • *n* puddle
hnít • *v* decay, rot
hnízdečko • *n* nest
hnízdit • *v* nest
hnízdo • *n* beehive, nest
hnojit • *v* fertilize
hnojivo • *n* fertilizer
hnůj • *n* dung, manure
hnus • *n* disgust
hnusit • *v* detest, loathe
hnusný • *adj* vile
hnutí • *n* movement
ho • *pron* him
hobby • *n* hobby
hoblík • *n* plane
hoblovat • *v* plane
hoboj • *n* oboe
hobojista • *n* oboist
hoch • *n* boy
hodina • *n* hour
hodinář • *n* watchmaker
hodinky • *n* watch
hodiny • *n* clock
hodit • *v* fling, launch
hodně • *adv* right
hodnocení • *n* rating
hodnost • *n* rank
hodnota • *n* value
hodnotný • *adj* valuable
hodnověrný • *adj* authentic, plausible
hojení • *n* healing
hojivý • *adj* vulnerary
hojnost • *n* abundance
hojný • *adj* abundant, ample, spendthrift
hokej • *n* hockey
hokynář • *n* grocer
hokynářství • *n* groceries, grocery
holeň • *n* shin
holič • *n* barber
holičství • *n* barbershop
holistický • *adj* holistic
holit • *v* shave
holka • *n* friend, girl, girlfriend
holmium • *n* holmium
holocaust • *n* holocaust
holub • *n* dove, pigeon
homeopat • *n* homeopath
homeopatický • *adj* homeopathic
homeopatie • *n* homeopathy
hominid • *n* hominid
homofobie • *n* homophobia
homofon • *n* homophone
homofonum • *n* homophone
homogenní • *adj* homogeneous
homograf • *n* homograph
homologní • *adj* homologous
homonymie • *n* homonymy
homonymum • *n* homonym
homosexuál • *n* gay, homosexual
homosexualita • *n* homosexuality
homosexuální • *adj* homosexual
hon • *n* hunt
honba • *n* chase
honem • *adv* quickly
honěná • *n* tag
honit • *v* chase
honorář • *n* fee
hopsat • *v* skip
hora • *n* mountain
horal • *n* highlander
hořčice • *n* mustard
hořčík • *n* magnesium
horda • *n* horde
horečka • *n* fever
horečnatý • *adj* febrile, feverish
horečný • *adj* feverish
hoření • *n* fire
hořet • *v* burn
horizont • *n* horizon
horko • *n* heat
horkokrevný • *adj* sanguine
hořkost • *n* acerbity
horký • *adj* hot
hořký • *adj* bitter
hořlavost • *n* combustibility
hořlavý • *adj* combustible, inflammable
horlivost • *n* zeal
horlivý • *adj* zealous
hormon • *n* hormone
hormonální • *adj* hormonal
hornatý • *adj* mountainous
hornictví • *n* mining
horník • *n* miner
horolezec • *n* mountaineer
horologie • *n* horology
horoskop • *n* horoscope
horší • *adj* worse
horský • *adj* highland
hosana • *interj* hosanna
hospitalizace • *n* hospitalization
hospoda • *n* pub
hospodárný • *adj* economical
hospodářský • *adj* economic
hospodářství • *n* economy
hospodský • *n* innkeeper, landlord
hospodyně • *n* housekeeper
host • *n* guest
hostel • *n* hostel

hostie • *n* wafer
hostina • *n* feast
hostinec • *n* inn, pub, tavern
hostinský • *n* innkeeper
hostit • *v* host
hostitel • *n* host
hostitelka • *n* hostess
hotel • *n* hotel
hotovost • *n* cash
houba • *n* fungus, mushroom, sponge
houbovec • *n* sponge
houfnice • *n* howitzer
houpačka • *n* seesaw, swing
house • *n* gosling
housenka • *n* caterpillar
houser • *n* gander, lumbago
housle • *n* nutmeg, violin
houslista • *n* fiddler, violinist
houština • *n* coppice
houžev • *n* withe, withy
hovězí • *n* beef
hovno • *n* crap, shit, turd
hovor • *n* call
hovořit • *v* confer, converse, speak
hovorově • *adv* colloquially
hovorový • *adj* colloquial, dialectal
hra • *n* game, play • *adv* in
hrabáč • *n* aardvark
hrabat • *v* rake
hrábě • *n* rake
hrabě • *n* count, earl
hraběnka • *n* countess
hraboš • *n* vole
hrabošík • *n* vole
hrabství • *n* county, shire
hráč • *n* player
hrách • *n* pea
hračka • *n* cinch, plaything, toy
hrad • *n* castle
hradba • *n* wall
hrana • *n* brink, edge
hranice • *n* border, borderline, boundary, pyre
hraničit • *v* border
hraniční • *adj* borderline
hranol • *n* prism
hranostaj • *n* ermine
hrášek • *n* pea
hřát • *v* glow
hrát • *v* play
hravost • *n* playfulness
hravý • *adj* playful
hráz • *n* dam, dike, perineum
hrazení • *n* bulwark
hrb • *n* hump
hřbet • *n* bridge, spine
hrdina • *n* hero

hrdinka • *n* hero, heroine
hrdinové • *n* hero
hrdinský • *adj* heroic
hrdinství • *n* heroism, prowess
hrdlo • *n* neck, throat
hrdost • *n* pride, self-esteem
hrdý • *adj* proud
hřebec • *n* stallion, stud
hřeben • *n* ridge
hřebíček • *n* clove
hřebík • *n* nail
hřebínek • *n* cockscomb
hřešit • *v* sin
hřib • *n* boletus, mushroom
hříbě • *n* colt, foal
hřích • *n* sin
hřídel • *n* shaft
hříšnice • *n* sinner
hříšník • *n* sinner
hříšný • *adj* sinful
hřiště • *n* pitch
hřiště • *n* field, playground
hříva • *n* mane
hřmění • *n* thunder
hřmět • *v* rumble
hřmít • *v* thunder
hrnčíř • *n* potter
hrnčířství • *n* pottery
hrnec • *n* pot
hrnek • *n* cup, mug
hrob • *n* grave
hrobka • *n* tomb
hroch • *n* hippopotamus
hrom • *n* thunder
hromada • *n* pile
hromadění • *n* coalescence
hromovat • *v* thunder
hrot • *n* prong
hroutit • *v* crumple
hrozba • *n* threat
hrozen • *n* grape
hrozinka • *n* raisin
hrozit • *v* threaten
hrozivý • *adj* sinister, terrible
hrozně • *adv* horribly
hrozný • *adj* formidable, terrible
hroznýš • *n* boa
hrst • *n* handful
hrtan • *n* larynx
hrtanový • *adj* laryngeal
hrubě • *adv* coarsely, roughly • *v* maul
hrubián • *n* galoot
hrubost • *n* roughness
hrubý • *adj* harsh, rough
hruď • *n* breast, chest, thorax
hrudník • *n* thorax
hrušeň • *n* pear

hruška • *n* pear
hrůza • *n* dread
hryzat • *v* gnaw
hub • *n* hub
huba • *n* gob
hubený • *adj* skinny
hubička • *n* spout
hudba • *n* music
hudebník • *n* musician
hukot • *n* bluster
hůl • *n* club, staff, stave, stick
hulk • *n* hulk
humanismus • *n* humanism
humanista • *n* humanist
humanistický • *adj* humanistic
humanitární • *adj* humanitarian
humanizmus • *n* humanism
humor • *n* wit
humr • *n* lobster
huňatý • *adj* shaggy
hurá • *interj* yay
hurikán • *n* hurricane
husa • *n* goose
huspenina • *n* aspic
hustota • *n* density
hustý • *adj* dense, thick, viscous, wicked
hutnictví • *n* metallurgy
hvězda • *n* cartwheel, star
hvězdář • *n* astronomer
hvězdárna • *n* observatory
hvězdářství • *n* astronomy
hvězdice • *n* starfish
hvězdička • *n* asterisk, star
hvězdopravec • *n* astrologer
hvozdík • *n* carnation
hyacint • *n* hyacinth
hýbat • *v* move
hybnost • *n* momentum
hybný • *adj* driving, motive
hybrid • *n* hybrid
hydrát • *n* hydrate
hydraulický • *adj* hydraulic
hydraulika • *n* hydraulics

hydrocefalus • *n* hydrocephalus
hydrologie • *n* hydrology
hydroplán • *n* seaplane
hydrosféra • *n* hydrosphere
hydroxid • *n* hydroxide
hyena • *n* hyena
hygiena • *n* hygiene
hygienický • *adj* hygienic
hygroskopický • *adj* hygroscopic
hymna • *n* anthem
hyperaktivita • *n* hyperactivity
hyperbola • *n* hyperbola
hyperbolický • *adj* hyperbolic
hyperglykémie • *n* hyperglycemia
hyperglykemie • *n* hyperglycemia
hyperkapnie • *n* hypercapnia
hyperlordóza • *n* lordosis
hyperonymum • *n* hypernym
hypertext • *n* hypertext
hypertonický • *adj* hypertonic
hypertyreóza • *n* hyperthyroidism
hypnóza • *n* hypnosis
hypochondr • *n* hypochondriac
hypochondrický • *adj* hypochondriac
hypochondrie • *n* hypochondriasis
hypoglykémie • *n* hypoglycemia
hypokapnie • *n* hypocapnia
hyponymum • *n* hyponym
hypotéka • *n* mortgage
hypotenze • *n* hypotension
hypotetický • *adj* hypothetical
hypotéza • *n* hypothesis
hypothalamus • *n* hypothalamus
hypotonický • *adj* hypotonic
hypotyreóza • *n* hypothyroidism
hypoxie • *n* hypoxia
hýření • *n* debauchery
hýřil • *n* spendthrift
hýřit • *v* revel
hysterektomie • *n* hysterectomy
hysterický • *adj* hysterical
hysterie • *n* hysteria
hýždě • *n* butt, buttock

I

i • *adv* even
ibišek • *n* hibiscus
ibuprofen • *n* ibuprofen
ichtyologie • *n* ichthyology
ideál • *n* ideal
idealismus • *n* idealism
idealista • *n* idealist
idealizovat • *v* idealize

ideální • *adj* ideal
ideálnost • *n* ideality
identický • *adj* identical
identifikace • *n* identification
identifikovat • *v* identify
identifikovatelný • *adj* identifiable
identita • *n* identity
ideologický • *adj* ideological

ideologie • *n* ideology
idiocie • *n* idiocy
idiolekt • *n* idiolect
idiom • *n* idiom
idiomatický • *adj* idiomatic
idiot • *n* ass, idiot, jerk
idiotský • *adj* idiotic
idol • *n* idol
idyla • *n* idyll
idylický • *adj* idyllic
iglú • *n* igloo
ignorant • *n* ignoramus
ignorovat • *v* ignore
ihned • *adv* immediately
ikona • *n* icon
ikonický • *adj* iconic
ikonoklasmus • *n* iconoclasm
ikonoklastický • *adj* iconoclastic
ikonoskop • *n* iconoscope
ilegalita • *n* illegality
ilegální • *adj* illegal
ileum • *n* ileum
ilmenit • *n* ilmenite
ilustrace • *n* figure, illustration
ilustrátor • *n* illustrator
ilustrovat • *v* illustrate
iluze • *n* illusion
iluzorní • *adj* illusory
image • *n* image
imaginární • *adj* imaginary
imám • *n* imam
imanentní • *adj* immanent
imatrikulace • *n* matriculation
imigrace • *n* immigration
imigrant • *n* immigrant
imitace • *n* imitation
imitovaný • *adj* false
impala • *n* impala
imperialismus • *n* imperialism
imperiální • *adj* imperial
impérium • *n* empire
implantát • *n* implant
implantovat • *v* implant
implementace • *n* implementation
implicitní • *adj* implicit
implikace • *n* implication
implikovat • *v* imply
import • *n* import
impozantní • *adj* imposing
improvizace • *n* improvisation
improvizovat • *v* improvise
impuls • *n* impetus
impulsivní • *adj* impulsive
impulzivní • *adj* impulsive, spontaneous
imputace • *n* imputation
imputativní • *adj* imputative

imunita • *n* immunity
imunitní • *adj* immune
imunní • *adj* immune
imunoglobulin • *n* immunoglobulin
imunolog • *n* immunologist
imunologie • *n* immunology
inaugurace • *n* inauguration
incest • *n* incest
incinerace • *n* incineration
incubus • *n* incubus
index • *n* index
indexovat • *v* index
indikativ • *n* indicative
indiskrétní • *adj* indiscreet
indium • *n* indium
individualismus • *n* individualism
individualistický • *adj* maverick
individuální • *adj* individual
indolentní • *adj* indolent
indometacin • *n* indomethacin
indukce • *n* induction
infanticida • *n* infanticide
infarkt • *n* infarct
infekce • *n* infection
infekční • *adj* infectious
inference • *n* inference
infikovat • *v* infect
infiltrace • *n* infiltration
infinitiv • *n* infinitive
inflace • *n* inflation
informace • *n* information
informátor • *n* informant, informer
informovat • *v* advise, inform
infračervený • *n* infrared • *adj* infrared
infrastruktura • *n* infrastructure
ingot • *n* ingot
ingredience • *n* ingredient
inhalátor • *n* inhaler
inherentní • *adj* inherent
inhibitor • *n* inhibitor
iniciativa • *n* initiative
iniciovat • *v* initiate
injekce • *n* injection
inklinace • *n* inclination
inkoust • *n* ink
inkubátor • *n* incubator
inkvizitor • *n* inquisitor
inovace • *n* innovation
insekticid • *n* insecticide
insolvence • *n* insolvency
insolventní • *adj* insolvent
inspekce • *n* inspection
inspektor • *n* inspector
inspirace • *n* inspiration
inspirovat • *v* inspire
inspirující • *adj* inspiring
instalace • *n* installation

instalovat • *v* install
instance • *n* instance
instantní • *adj* instant
instituce • *n* institution
instrukce • *n* instruction
instruktiv • *n* instructive
instruktor • *n* instructor
instrumentálka • *n* instrumental
integrace • *n* integration
integrál • *n* integral
integrita • *n* integrity
integrovaný • *adj* integrated
integrovat • *v* integrate
inteligence • *n* intelligence, intelligentsia
inteligentní • *adj* intelligent, smart
intenzita • *n* intensity
intenzivní • *adj* intense
interakce • *n* interaction
interdisciplinární • *adj* interdisciplinary
interferon • *n* interferon
internetový • *adj* electronic
interpolovat • *v* interpolate
interpret • *n* interpreter
interpretovat • *v* interpret
interpunkce • *n* punctuation
interrupce • *n* abortion
interval • *n* interval
interview • *n* interview
intonace • *n* intonation
intramuskulární • *adj* intramuscular
intrika • *n* entanglement
introspekce • *n* introspection
introspektivní • *adj* introspective
introverze • *n* introversion
intuice • *n* intuition
intuitivní • *adj* intuitive
invariant • *n* invariant

invariantní • *adj* invariant
invaze • *n* invasion
inventář • *n* inventory
inventura • *n* inventory
investice • *n* investment
investor • *n* investor
investovat • *v* invest
inženýr • *n* engineer
inženýrství • *n* engineering
inzulin • *n* insulin
inzulín • *n* insulin
ionizace • *n* ionization
ionosféra • *n* ionosphere
iont • *n* ion
ióta • *n* iota
iota • *n* iota
iracionální • *adj* irrational
iredentismus • *n* irredentism
iredentista • *n* irredentist
iredentistický • *adj* irredentist
irelevantní • *adj* irrelevant
iridium • *n* iridium
ironický • *adj* ironic
ironie • *n* irony
ischias • *n* sciatica
isomerie • *n* isomerism
isotonický • *adj* isotonic
iterace • *n* iteration
izobar • *n* isobar
izolacionismus • *n* isolationism
izolacionizmus • *n* isolationism
izolátor • *n* insulator
izomer • *n* isomer
izomerie • *n* isomerism
izomorfismus • *n* isomorphism
izoterma • *n* isotherm
izotonický • *adj* isotonic
izotop • *n* isotope

J

já • *n* ego • *pron* me
jablko • *n* apple
jachta • *n* yacht
jachting • *n* yachting
jackpot • *n* jackpot
jadeit • *n* jade
jadérko • *n* nucleolus
jaderník • *n* core
jaderný • *adj* nuclear
jádro • *n* bowels, core, essential, kernel, nucleus
jaguár • *n* jaguar
jáhen • *n* deacon

jahoda • *n* strawberry
jahodník • *n* strawberry
jahodový • *adj* strawberry
jak • *conj* as, how • *adv* how • *prep* like • *n* yak
jakkoli • *adv* however
jako • *adv* like • *prep* like
jakost • *n* quality
jaký • *adv* what
jalovec • *n* juniper
jalovice • *n* heifer
jalovost • *n* vanity
jalový • *adj* futile

jam • *n* yam
jáma • *n* pit
jamka • *n* hole
janičář • *n* janissary
jantar • *n* amber
jařmo • *n* yoke
jarmulka • *n* yarmulke
jaro • *n* spring
jas • *n* resplendence, value
jasanový • *n* ash
jasmín • *n* jasmine
jasně • *adv* clearly
jasnost • *n* clarity
jasnovidec • *n* clairvoyant, seer
jasnovidecký • *adj* clairvoyant
jasnovidectví • *n* clairvoyance
jasnovidnost • *n* clairvoyance
jasnovidný • *adj* clairvoyant
jasnozřivý • *adj* clairvoyant
jasný • *adj* bright, clear, crude
jaspis • *n* jasper
jatky • *n* abattoir
játra • *n* liver
javor • *n* maple
jazyk • *n* language, tongue
jazykověda • *n* linguistics
jazykovědec • *n* linguist
jazykozpyt • *n* linguistics
jazz • *n* jazz
je • *v* is • *pron* them
jebat • *v* fuck
ječet • *v* scream, yell
ječmen • *n* barley
jed • *n* poison, venom
jedenáctiúhelník • *n* undecagon
jedináček • *adj* only
jedině • *adv* only
jedinec • *n* individual
jedinečný • *adj* special, superb, unique
jediný • *adj* only, sole
jedle • *n* fir
jedlovec • *n* hemlock
jedlý • *adj* comestible, edible
jednání • *n* behavior
jednat • *v* confer, deal
jednička • *n* one
jednobuněčný • *adj* unicellular
jednodolarovka • *n* one
jednoduchost • *n* simplicity
jednoduchý • *adj* basic, easy, simple
jednoduše • *adv* easily
jednohlasný • *adj* unanimous
jednojazyčný • *adj* monolingual
jednokolka • *n* unicycle
jednomyslně • *adv* unanimously
jednomyslný • *adj* unanimous
jednooký • *adj* one-eyed

jednorožec • *n* unicorn
jednoslabičný • *adj* monosyllabic
jednosměrný • *adj* one-way
jednostranně • *adv* unilaterally
jednostranný • *adj* one-sided
jednota • *n* oneness, unity
jednotka • *n* unit
jednotkový • *adj* unitary
jednotlivec • *n* individual
jednotlivý • *adj* individual, single
jednotvárně • *adv* flatly
jednotvárný • *adj* humdrum, prosaic, uniform
jednou • *adv* once
jednoznačně • *adv* flatly, unambiguously
jednoznačný • *adj* unambiguous
jedovatost • *n* toxicity
jedovatý • *adj* poisonous, venomous
jehla • *n* needle
jehlan • *n* pyramid
jehlice • *n* needle
jehličnan • *n* conifer
jehličnatý • *adj* coniferous
jehně • *n* lamb
jehněčí • *n* lamb
jehněda • *n* catkin
jeho • *pron* him, his, its
jehož • *pron* whom, whose
její • *pron* hers
jejich • *pron* theirs
jejichž • *pron* whose
jejíž • *pron* whose
jelen • *n* buck, deer, stag
jelikož • *conj* as
jemně • *adv* finely
jemný • *adj* delicate, urbane
jemu • *pron* him
jemuž • *pron* whom
jen • *adv* only
jenom • *adv* only
jenž • *pron* that
jenže • *conj* but, only
jepice • *n* mayfly
jeptiška • *n* nun
jeřáb • *n* crane, rowan
jeseter • *n* sturgeon
ješita • *n* egotist
ješitnost • *n* egotism, vanity
jeskyně • *n* cave
jeskyňka • *n* grotto
jesle • *n* nutmeg
jespák • *n* knot, sandpiper
ještě • *adv* even, still
ještěrka • *n* lizard
jestliže • *conj* if
jestřáb • *n* goshawk, hawk

jet • *v* go, ride
jetel • *n* clover
jev • *n* event, phenomenon
jeviště • *n* stage
jez • *n* weir
jezdec • *n* horse, knight, rider
jezdectvo • *n* cavalry
jezdit • *v* go, travel
ježek • *n* hedgehog
jezení • *n* eating
jezero • *n* lake
jezevčík • *n* dachshund
jezevec • *n* badger
ježto • *conj* whereas
ježura • *n* echidna
ji • *pron* her
jí • *pron* her, herself
jícen • *n* gullet, vent
jich • *pron* them
jícnový • *adj* esophageal
jídelna • *n* cafeteria, canteen
jídlo • *n* comestible, eating, food, meal
jih • *n* south
jihovýchod • *n* southeast
jihovýchodní • *adj* southeast
jihozápad • *n* southwest
jihozápadní • *adj* southwest
jikra • *n* roe
jikry • *n* roe
jíl • *n* clay
jílec • *n* hilt
jilm • *n* elm
jim • *pron* them
jimi • *pron* them
jímž • *adv* whereby
jinak • *adv* other, otherwise
jinakost • *n* otherness
jinam • *adv* elsewhere
jinde • *adv* elsewhere
jinotaj • *n* allegory
jinovatka • *n* frost
jiný • *adj* different, else, other
jiřina • *n* dahlia
jíška • *n* roux
jiskra • *n* spark

jíst • *v* eat
jistě • *adv* certainly
jistit • *v* secure
jistota • *n* certainty, confidence, security
jistý • *adj* absolute, certain, sure
jít • *v* do, walk
jitrocel • *n* plantain
již • *adv* already
jízda • *n* ride
jízdné • *n* fare
jízlivost • *n* acrimony, diatribe
jízlivý • *adj* wry
jižní • *adj* south, southern
jizva • *n* scar
jmelí • *n* mistletoe
jméno • *n* name
jmenování • *n* appointment
jmenovat • *v* appoint, designate, hight, name
jmenovatel • *n* denominator
jmenovitě • *adv* namely
jmenovitý • *adj* nominal
jo • *adv* yeah • *n* yep
jockovat • *v* bogart
jód • *n* iodine
jódlovačka • *n* yodel
jódlovat • *v* yodel
jóga • *n* yoga
jogín • *n* yogi
jogurt • *n* yogurt
jota • *n* iota
joule • *n* joule
joystick • *n* joystick
jsi • *v* are
jsme • *v* are
jsou • *v* are
jste • *v* are
jüan • *n* yuan
jubileum • *n* jubilee
judo • *n* judo
jugulární • *adj* jugular
jukebox • *n* jukebox
jurta • *n* yurt

K

k • *adv* east • *prep* for, to, toward • *adj* recidivous
kabaret • *n* cabaret
kabát • *n* coat
kabel • *n* cable
kabelka • *n* purse
kabelovka • *n* cable

kabina • *n* cab, car, cubicle
kabinet • *n* cabinet
kabriolet • *n* cabriolet
káča • *n* top
káčátko • *n* duckling
kačena • *n* duck
kačer • *n* drake

kachle • *n* tile
kachna • *n* canard, duck, hoax
kachní • *n* duck
kacíř • *n* heretic, miscreant
kacířský • *adj* heretic, heretical, miscreant
kacířství • *n* heresy
kačka • *n* duck
kadeřávek • *n* kale
kadeřník • *n* hairdresser
kadibudka • *n* outhouse
kadidelnice • *n* censer
kadidlo • *n* frankincense, incense
kadmium • *n* cadmium
kafr • *n* camphor
kajak • *n* kayak
kajuta • *n* cabin
kakadu • *n* cockatoo
kakao • *n* cocoa
kakaovník • *n* cacao
kaktus • *n* cactus
kalamář • *n* inkwell
kalamita • *n* calamity
kalba • *n* party
kalcifikace • *n* calcification
kalcinace • *n* calcination
kaleidoskop • *n* kaleidoscope
kalendář • *n* calendar
kálet • *v* defecate
kalhotky • *n* pants, underpants
kalhoty • *n* pants
kalibrace • *n* calibration
kalibrovat • *v* calibrate
kalich • *n* calyx
kalif • *n* caliph
kalifát • *n* caliphate
kalifornium • *n* californium
kaligrafie • *n* calligraphy
kalina • *n* viburnum
kalk • *n* calque
kalkulačka • *n* calculator
kalkulátor • *n* calculator
kalkulovat • *v* calculate
kalorie • *n* calorie
kaluž • *n* pool, puddle
kam • *adv* where, whither • *conj* where
kamarád • *n* boyfriend, comrade, friend
kamarádka • *n* friend
kambala • *n* flounder
kamélie • *n* camellia
kámen • *n* draught, piece, rock, stone
kamenný • *adj* stone
kamenolom • *n* quarry
kamenotisk • *n* lithography
kamenování • *n* lapidation
kamenovat • *v* stone

kamera • *n* camera
kameraman • *n* cameraman
kamion • *n* truck
kamión • *n* truck
kamna • *n* fire, stove
kámo • *n* friend
kampaň • *n* campaign
kampus • *n* campus
kamzík • *n* chamois
kanál • *n* canal, channel
kanálek • *n* canal
kanalizace • *n* sewer, sewerage
kanár • *n* canary
kanárek • *n* canary
kanasta • *n* canasta
kancelář • *n* agency, bureau, office
kancléř • *n* chancellor
kandidát • *n* candidate
kandidovat • *v* run
kandidóza • *n* candidiasis
káně • *n* buzzard
kanec • *n* boar
kanibal • *n* cannibal
kanibalismus • *n* cannibalism
kaňka • *n* blot
kánoe • *n* canoe
kaňon • *n* canyon
kánon • *n* canon, round
kanonický • *adj* canonical
kanton • *n* canton
kantýna • *n* cafeteria, canteen
kaolinit • *n* kaolinite
kapa • *n* kappa
kapalina • *n* fluid, liquid
kapalný • *adj* liquid
kapat • *v* dribble, drip
kapavka • *n* gonorrhea
kapela • *n* band, group
kapesní • *adj* pocket
kapesník • *n* handkerchief
kapička • *n* droplet
kapilára • *n* capillary
kapitál • *n* capital
kapitálek • *n* headband
kapitalismus • *n* capitalism
kapitalista • *n* capitalist
kapitalistický • *adj* capitalist
kapitalizmus • *n* capitalism
kapitán • *n* captain
kapitola • *n* chapter
kapka • *n* drop
kaplan • *n* chaplain
kaple • *n* chapel
kapoun • *n* capon
kappa • *n* kappa
kapr • *n* carp
kapraď • *n* fern

kapradina • n fern
kaprál • n corporal
kapric • n freak
kapsa • n pocket
kapsaicin • n capsaicin
kapsář • n pickpocket
kapsle • n capsule
kapuce • n hood
kapybara • n capybara
kar • n cirque
karabáč • n scourge
karabina • n carabiner, carbine
karafiát • n carnation, pink
karaka • n carrack
karakal • n caracal
karamel • n caramel
karanténa • n quarantine
kárat • v reproach
karát • n carat
karate • n karate
karavan • n caravan, trailer
karavana • n caravan
karavela • n caravel
karbamid • n urea
karbohydrát • n carbohydrate
karburátor • n carburetor
karcinogen • n carcinogen
karcinogenní • adj carcinogenic
karcinom • n carcinoma
kardie • n cardia
kardinál • n cardinal
kardiolog • n cardiologist
kardiologie • n cardiology
kardiomyopatie • n cardiomyopathy
kardiostimulátor • n pacemaker
karfiól • n cauliflower
kari • n curry
karí • n curry
kariéra • n career
kariérismus • n careerism
kariérista • n careerist
karikatura • n caricature, cartoon
karikaturista • n caricaturist
karikovat • v caricature
karmín • n carmine
karmínový • n crimson
karneval • n carnival
karta • n card, tab
kartáč • n brush, grapeshot
kartel • n cartel
kartografie • n cartography
karton • n cardboard
káry • n diamond
karyatida • n caryatid
kasa • n till
kasárny • n barrack
kaše • n kasha, paste, porridge

kasein • n casein
kašel • n cough
kasino • n casino
kaskadérství • n stunt
kašlat • v cough
kašna • n fountain
kasta • n caste
kaštan • n chestnut
kastaněty • n castanet
kastrace • n castration
kastrát • n eunuch
kastrol • n casserole, saucepan
kastrovat • v castrate, neuter, steer
kasuár • n cassowary
kat • n executioner
katabolismus • n catabolism
katafalk • n catafalque
kataklyzma • n cataclysm
katalepsie • n catalepsy
katalog • n catalogue
katalytický • adj catalytic
katalýza • n catalysis
katalyzátor • n catalyst
katamaran • n catamaran
katapult • n catapult
katapultovat • v catapult
katarakt • n cataract
katarakta • n cataract
katarze • n catharsis
katastr • n cadastre
katastrální • adj cadastral
katastrofa • n catastrophe, disaster
katastrofický • adj catastrophic
kaťata • n pants
katatonický • adj catatonic
katatonní • adj catatonic
katechismus • n catechism
katechizmus • n catechism
katedrála • n cathedral
kategorický • adj assertive, categorical
kategoricky • adv flatly
kategorie • n category
kategorizace • n categorization, sorting
kationt • n cation
katoda • n cathode
kauce • n bail
kaučuk • n caoutchouc
kausalgie • n causalgia
kauza • n case
kauzální • adj causal
káva • n coffee
kavalérie • n cavalry
kavče • n chough
kaviár • n caviar
kavka • n jackdaw
kávovník • n coffee
kaz • n caries, hole

kázání • *n* sermon
kázat • *v* preach
kazatel • *n* preacher
kazatelna • *n* pulpit, rostrum
každoroční • *adj* annual
každý • *pron* everybody, everyone
kázeň • *n* discipline
kázeňský • *adj* disciplinary
kazeta • *n* cartridge, cassette
kazuistika • *n* casuistry
kbelík • *n* bucket
kde • *n* where • *adv* where • *conj* where • *pron* where
kdekoliv • *adv* anywhere
kdežto • *conj* whereas
kdo • *pron* who
kdoule • *n* quince
kdouloň • *n* quince
kdy • *n* when • *adv* when • *conj* when • *pron* when
kdykoliv • *adv* whenever
kdysi • *adv* formerly, once
když • *conj* when
ke • *prep* to
kecy • *n* bullshit
kedluben • *n* kohlrabi
kel • *n* tusk
kelpa • *n* kelp
kenotaf • *n* cenotaph
Kentaur • *n* centaur
kentaur • *n* centaur
keř • *n* bush, shrub
keramický • *adj* ceramic
keramika • *n* ceramic
keratitida • *n* keratitis
ketoacidóza • *n* ketoacidosis
khaki • *n* khaki
kibicovat • *v* kibitz
kikirikí • *interj* cock-a-doodle-doo
kiks • *n* trip
kilogram • *n* kilogram
kimono • *n* kimono
kinestetický • *adj* kinesthetic
kinetický • *adj* kinetic
kino • *n* cinema, picture
kiosek • *n* kiosk
kipa • *n* skullcap, yarmulke
kivi • *n* kiwi
klacek • *n* club, stave, stick
klad • *n* clade, pro, upside
kláda • *n* dick
kladívko • *n* hammer, malleus
kladivo • *n* hammer
kladka • *n* pulley
kladně • *adv* positively
kladný • *adj* positive
klakson • *n* horn

klam • *n* deception, fallacy
klamat • *v* deceive, fool, mislead
klamný • *adj* deceptive
klan • *n* clan
klanět • *v* bow
klapka • *n* clapperboard
klapkobřinkostroj • *n* pianoforte
klarinet • *n* clarinet
klarinetista • *n* clarinetist
klas • *n* ear
klasicismus • *n* classicism
klasický • *adj* classic
klasifikace • *n* categorization, classification
klasifikovat • *v* classify
klášter • *n* cloister, monastery
klaun • *n* clown, fool, joke
klaustrofobie • *n* claustrophobia
klávesa • *n* key
klávesnice • *n* keyboard
klávesy • *n* keyboard
klaviatura • *n* keyboard
klavír • *n* piano
klavírista • *n* pianist
klec • *n* cage
klečet • *v* kneel
kleknout • *v* kneel
klenba • *n* arch, vault
klenot • *n* gem, jewel
klenotník • *n* jeweler
klenoty • *n* jewellery
klepat • *v* knock
klepeta • *n* pincers
klepítko • *n* chelicera
kleptoman • *n* kleptomaniac
kleptomanie • *n* kleptomania
klesat • *v* decline
kleště • *n* pincers, pliers, tongs
kletba • *n* curse
klíč • *n* clef, clue, hint, key, wrench
klíček • *n* sprout
klíčení • *n* germination
klička • *n* bow, hook
klíčový • *adj* key
klid • *n* calm, peace, repose, rest
klidně • *adv* calmly
klidný • *adj* calm, peaceful, quiet, steady
klient • *n* client
klientela • *n* clientele
klika • *n* clique, crank, doorknob
kliknout • *v* click
klima • *n* climate
klímat • *v* nod
klimatologie • *n* climatology
klín • *n* wedge
klinika • *n* clinic

klišé • *n* platitude, truism
klisna • *n* mare
klíště • *n* tick
klít • *v* curse, swear
klitoris • *n* clitoris
kloaka • *n* cloaca
klobása • *n* sausage
kloboučník • *n* hatter
klobouk • *n* hat
klokan • *n* kangaroo
kloktadlo • *n* gargle
kloktat • *v* gargle
klopýtat • *v* totter
klopýtnutí • *n* trip
kloub • *n* joint, toggle
klouzat • *v* slide
klouzek • *n* talc
klovat • *v* peck
klub • *n* club
klubko • *n* ball
klubovna • *n* clubhouse
kluk • *n* boy, boyfriend, friend, jack
klusat • *v* lope
kluzák • *n* glider
kluzký • *adj* slippery
klystýr • *n* enema
kmen • *n* log, phylum, stem, strain, tribe
kmenostup • *n* ablaut
kmín • *n* caraway
kmitání • *n* oscillation
kmitat • *v* oscillate
kmitočet • *n* frequency
kmotr • *n* godfather
kmotra • *n* godmother
knedlík • *n* dumpling
kněz • *n* priest
kněžka • *n* priestess
kněžský • *adj* clerical
kniha • *n* book
knihař • *n* bookbinder
knihkupec • *n* bookseller
knihkupectví • *n* bookshop
knihomol • *n* bookworm
knihovna • *n* bookcase, library
knihovnice • *n* librarian
knihovnictví • *n* librarianship
knihovník • *n* librarian
knihtisk • *n* letterpress
knír • *n* moustache
kníže • *n* prince
knížectví • *n* principality
knížka • *n* booklet
knoflík • *n* button
knot • *n* wick
kňourat • *v* whine
knuta • *n* knout

koala • *n* koala
koalice • *n* coalition
kobalt • *n* cobalt
koberec • *n* carpet
kobereček • *n* rug
kobliha • *n* doughnut
kobra • *n* cobra
kobyla • *n* mare
kobylka • *n* bridge, filly, grasshopper
kočár • *n* carriage, coach
kočí • *n* coachman
kočička • *n* pussy
kočka • *n* cat, chick, fox
kočkodan • *n* guenon
kocour • *n* cat, tom
Kocourkov • *n* cloud-cuckoo-land
kocovina • *n* hangover
kočovný • *adj* nomadic
kód • *n* code
kodex • *n* code
kodifikace • *n* codification
kodifikovat • *v* codify
koeficient • *n* coefficient
koenzym • *n* coenzyme
kofein • *n* caffeine
koga • *n* cog
kognitivní • *adj* cognitive
koherence • *n* coherence
koherentní • *adj* coherent
koho • *pron* whom
kohorta • *n* cohort
kohout • *n* cock, rooster
kohoutek • *n* cockerel, withers
koincidence • *n* coincidence
kóje • *n* cubicle
kojenec • *n* infant, suckling
kojit • *v* nurse, suckle
kojná • *n* nurse
kojot • *n* coyote
kokain • *n* cocaine
kokarda • *n* cockade
kokos • *n* coconut
kokot • *n* cock, dick
kokpit • *n* cockpit
kokrhání • *n* crow
koks • *n* coke
koktání • *n* stammering, stutter
koktat • *v* stammer, stutter
koktejl • *n* cocktail, milkshake
kola • *n* cola
kolaborace • *n* collaboration
koláč • *n* pie
kolagen • *n* collagen
kolaterál • *n* collateral
kolaudace • *n* housewarming
koláž • *n* collage, mosaic
kolchoz • *n* kolkhoz

kolébat • *v* waddle
kolébka • *n* cradle, womb
kolečko • *n* wheelbarrow
koleda • *n* carol
kolega • *n* colleague
kolegiální • *adj* collegial
kolej • *n* rail, railway, track
koleje • *n* rail
kolejní • *adj* collegial
kolejnice • *n* rail
kolekce • *n* assortment
kolektivista • *n* collectivist
kolektivistický • *adj* collectivist
kolektivizace • *n* collectivization
kolem • *prep* about, around
koleno • *n* knee
kolibřík • *n* hummingbird
kolík • *n* baton, stake
kolika • *n* colic
kolísat • *v* fluctuate, vacillate, wobble
kolitida • *n* colitis
kolmice • *n* perpendicular
kolmo • *adv* perpendicularly
kolmý • *adj* perpendicular, right, square
kolo • *n* bicycle, bike, round, wheel
koloběžka • *n* scooter
kolokace • *n* collocation
kolokvium • *n* colloquium
kolona • *n* tailback
koloniál • *n* grocery
kolonialismus • *n* colonialism
koloniály • *n* groceries
kolonie • *n* colony, hamlet
kolonizace • *n* colonization
kolorimetrie • *n* colorimetry
kolos • *n* colossus
kolostrum • *n* colostrum
kolouch • *n* fawn
koluze • *n* collusion
kóma • *n* coma
komandér • *n* commander
komár • *n* mosquito
kombinace • *n* combination
kombinát • *n* combine
kombinéza • *n* overalls, suit
kombinovat • *v* combine
komedie • *n* comedy
komentář • *n* annotation, comment
komentovat • *v* comment
komerčně • *adv* commercially
komerční • *adj* commercial
kometa • *n* comet
komín • *n* chimney
komisař • *n* commissioner
komise • *n* commission, committee
komodor • *n* commodore

komora • *n* chamber, ventricle
kompaktní • *adj* compact
komparativ • *n* comparative
kompas • *n* compass
kompatibilita • *n* compatibility
kompatibilní • *adj* compatible
kompenzátor • *n* equalizer
kompilovat • *v* compile
kompletní • *adj* full
komplex • *n* complex
komplexní • *adj* complex
komplic • *n* accomplice
komplikovaný • *adj* complicated
komplikovat • *v* complicate, hinder
kompliment • *n* compliment
kompost • *n* compost
kompostovat • *v* compost
kompot • *n* compote
kompres • *n* compress
kompromis • *n* compromise
komu • *pron* whom
komunikace • *n* communication
komunikovat • *v* communicate
komunismus • *n* communism
komunista • *n* communist
komunistický • *adj* communist
komunita • *n* community
komutativní • *adj* commutative
koňak • *n* cognac
koncentrace • *n* concentration
koncentrát • *n* concentrate
koncentrovaný • *adj* concentrated
koncentrovat • *v* concentrate
koncepčně • *adv* conceptually
koncept • *n* draft
koncert • *n* concert
koncertina • *n* concertina
končetina • *n* extremity, limb, member
koncipovat • *v* conceive
končit • *v* end
kondenzátor • *n* capacitor
kondice • *n* condition
kondom • *n* condom
kondor • *n* condor
konec • *n* end, extremity, finish
konečně • *adv* eventually, finally
konečník • *n* rectum
konečnost • *n* finiteness
konečný • *adj* final, finite
konejšit • *v* soothe
konev • *n* can
konfederace • *n* confederation
konference • *n* conference
konfident • *n* betrayer
konfigurace • *n* configuration
konfiskace • *n* confiscation, expropriation

konflikt • *n* conflict
konformista • *n* conformist
kongres • *n* congress
koníček • *n* hobby
koník • *n* tit
konipas • *n* wagtail
konírna • *n* stable
konjugace • *n* conjugation
konjunkce • *n* conjunction
konkatenace • *n* concatenation
konkávně • *adv* concavely
konkávní • *adj* concave
konkávnost • *n* concavity
konkrétní • *adj* concrete, specific
konkubína • *n* concubine
konkurence • *n* competition
konkurenční • *adj* competitive
konkurování • *n* competition
konkurovat • *v* compete
konopí • *n* cannabis, hemp, marijuana
konotace • *n* connotation
konšel • *n* alderman
konsolidace • *n* consolidation
konsolidovaný • *adj* consolidated
konstábl • *n* constable
konstanta • *n* constant
konstantní • *adj* invariant
konstelace • *n* constellation
konstrukce • *n* construction, framework
konstruovat • *v* construct
kontakt • *n* contact
kontaktovat • *v* contact
kontaminace • *n* contamination, portmanteau
kontaminovat • *v* contaminate
kontejner • *n* container
kontext • *n* context
kontextový • *adj* contextual
kontinent • *n* continent
kontinentální • *adj* continental
kontinuální • *adj* continuous
kontinuum • *n* continuum
konto • *n* account
kontraband • *n* contraband
kontradikce • *n* contradiction
kontrafagot • *n* contrabassoon
kontrahovat • *v* contract
kontraindikace • *n* contraindication
kontrakt • *n* contract
kontraproduktivní • *adj* counterproductive
kontrarevoluce • *n* counterrevolution
kontrarevolucionář • *n* counterrevolutionary
kontrastovat • *v* contrast
kontrola • *n* check, control, inspection

kontrolovat • *v* check
kontroverzní • *adj* controversial
konvence • *n* convention
konvergence • *n* convergence
konvergentní • *adj* convergent
konvergovat • *v* converge
konvergující • *adj* convergent
konvertor • *n* converter
konverzace • *n* conversation, dialogue
konverzovat • *v* converse
konvexně • *adv* convexly
konvexní • *adj* convex
konvice • *n* teakettle
konvoj • *n* convoy
konzerva • *n* can, tin
konzervace • *n* conservation
konzervant • *n* preservative
konzervatismus • *n* conservatism
konzervativní • *adj* conservative
konzervovat • *v* can
konzistentní • *adj* consistent
konzola • *n* bracket, cantilever
konzul • *n* consul
konzulární • *adj* consular
konzulát • *n* consulate
konzulský • *adj* consular
koordinace • *n* coordination
koordinovat • *v* coordinate
kop • *n* kick
kopa • *n* mountain
kopáč • *n* navvy
kopaná • *n* football, soccer
kopat • *v* delve, dig
kopec • *n* hill
kopejka • *n* kopek
kopějka • *n* kopek
kopí • *n* spear
kopie • *n* copy, duplicate, photocopy
kopírák • *n* carbon
kopírka • *n* photocopier
kopírovat • *v* copy, photocopy
kopnout • *v* foot, kick
kopr • *n* dill
kopra • *n* copra
kopřiva • *n* nettle
koprolálie • *n* coprolalia
kopule • *n* cupola
kopyto • *n* hoof
korál • *n* coral
korálová • *n* coral
korektní • *adj* correct
korelace • *n* correlation
kořen • *n* base, root
koření • *n* spice
koriandr • *n* coriander
koridor • *n* corridor, landing
kořínek • *n* root

180

kořist • *n* booty, plunder, prey, spoil
kormidelník • *n* helmsman, steersman
kormidlo • *n* rudder
kormorán • *n* cormorant
kornatění • *n* arteriosclerosis
korneální • *adj* corneal
kornet • *n* cornet
koroptev • *n* partridge
korpus • *n* corpus
korpuskule • *n* corpuscle
kortikosteroid • *n* corticosteroid
kortizon • *n* cortisone
koruna • *n* corolla, crown, koruna
korunka • *n* crown
korunovace • *n* coronation
korunovat • *v* crown
korupce • *n* corruption
korveta • *n* corvette
korýš • *n* crustacean
koryto • *n* channel, manger, trough
korzár • *n* corsair
korzet • *n* corset
koš • *n* basket
kos • *n* blackbird
kosa • *n* scythe
kosatec • *n* flag, iris
kosatka • *n* jib
kosekans • *n* cosecant
košer • *adj* kosher
košíček • *n* cup
košík • *n* basket
košile • *n* shirt
kosinus • *n* cosine
kosit • *v* mow, reap, scythe
kosman • *n* marmoset
kosmetický • *adj* cosmetic
kosmetika • *n* cosmetic, cosmetics
kosmetolog • *n* cosmetologist
kosmický • *adj* cosmic
kosmogonie • *n* cosmogony
kosmolog • *n* cosmologist
kosmologie • *n* cosmology
kosmonaut • *n* astronaut
kosmos • *n* cosmos
kosočtverec • *n* rhombus
košonek • *n* jack
kost • *n* bone
košťálový • *adj* cruciferous
koště • *n* broom
kostel • *n* church
kosterní • *adj* skeletal
kostka • *n* cube, die
kostlivec • *n* skeleton
kostnice • *n* ossuary
kostra • *n* framework, shell, skeleton
kostrč • *n* coccyx
kostým • *n* costume

kótace • *n* quotation
kotangens • *n* cotangent
kotě • *n* kitten
kotec • *n* hutch
kotel • *n* boiler
kotleta • *n* cutlet
kotník • *n* ankle
kotouč • *n* puck
kotovat • *v* quote
kótovat • *v* quote
kotrmelec • *n* somersault
kotva • *n* anchor
kotviště • *n* anchorage
kouč • *n* coach
koule • *n* ball, nut, shot, sphere
koupaliště • *n* lido
koupání • *n* bath
koupat • *v* bathe
koupátko • *n* birdbath
koupě • *n* purchase
koupel • *n* bath
koupelna • *n* bath, bathroom
koupit • *v* purchase
kouř • *n* smoke
kouření • *n* smoking
kouřící • *adj* smoking
kouřit • *v* smoke
kousat • *v* bite
kousavý • *adj* scathing
kousek • *n* bit, chunk, feat, inch
kousíček • *n* inch
kousnout • *v* sting
kouzelnice • *n* sorceress
kouzelník • *n* mage, magician, wizard
kouzelný • *adj* magic
kouzla • *n* magic
kouzlo • *n* fascination, spell, trick
kov • *n* metal
kovadlina • *n* anvil
kovadlinka • *n* incus
kování • *n* fitting
kovář • *n* blacksmith, smith
kovariance • *n* covariance
kovboj • *n* cowboy
kovový • *adj* metallic
koza • *n* goat
kozel • *n* buck, goat
koželuh • *n* tanner
koženka • *n* leatherette
kožený • *adj* leather
kožešina • *n* fur
kozlík • *n* box
kožní • *adj* cutaneous
kozorožec • *n* ibex
kra • *n* floe, iceberg
krab • *n* crab
krabice • *n* box

krácení • *n* abbreviation
kráčet • *v* step
krádež • *n* theft
krahová • *adj* gelid
kraj • *n* district, extremity, region
krajan • *n* compatriot, countryman
krajíc • *n* slice
krajina • *n* landscape
krajka • *n* lace
krajní • *adj* extreme
krajnost • *n* extremity
krajon • *n* crayon
krajta • *n* python
krakatice • *n* squid
krakorec • *n* cantilever
král • *n* king
králík • *n* rabbit
královna • *n* queen
královský • *adj* royal
království • *n* kingdom
krása • *n* beauty
krasavice • *n* beauty, belle
kráska • *n* beauty, belle
kráślit • *v* beautify
krásný • *adj* beautiful, nice
krasohled • *n* kaleidoscope
krást • *v* steal
krát • *n* time • *prep* times
krátit • *v* cancel
krátkost • *n* brevity
krátkozrakost • *n* myopia
krátkozraký • *adj* myopic
krátký • *adj* short
kratochvíle • *n* pastime
kráva • *n* cow, sow
kravál • *n* bluster
kravata • *n* necktie
kravina • *n* bullshit, gaffe, shit
krb • *n* fireplace
krčit • *v* crumple
krčma • *n* pub, tavern
kreacionismus • *n* creationism
křeč • *n* cramp, spasm
křeček • *n* hamster
krédo • *n* creed
křehkost • *n* fragility, frailty
křehký • *adj* brittle, fragile
krejčí • *n* tailor
krém • *n* cream
kremace • *n* cremation
krematorium • *n* crematorium
křemen • *n* quartz
křemík • *n* silicon
krémový • *adj* cream
křen • *n* horseradish
křepelka • *n* quail
křesadlo • *n* tinderbox
kresba • *n* drawing
kreslíř • *n* drawer
kreslířka • *n* drawer
kreslit • *v* draw
křeslo • *n* armchair
křest • *n* baptism
kretén • *n* cretin, jerk
kretenismus • *n* cretinism
kreténský • *adj* cretinous
krev • *n* blood, gore
kreveta • *n* prawn, shrimp
křičet • *v* call, scream, shout
křída • *n* chalk
křídlo • *n* faction, wing
křídlovka • *n* flugelhorn
křik • *n* call, shout
kriket • *n* cricket
křiklavý • *adj* loud
kriminologie • *n* criminology
křišťál • *n* crystal
kritérium • *n* criterion
kriterium • *n* criterion
kritický • *adj* critical, crucial
kritik • *n* critic
kritika • *n* criticism, critique
kritizovat • *v* criticise
křivdit • *v* wrong
křivice • *n* rickets
křivka • *n* curve
křivopřísežník • *n* perjurer
křivule • *n* retort
křivý • *adj* crooked, wry
kříž • *n* club, cross, crucifix
krize • *n* crisis
křížek • *n* check, sharp, square
křížem • *adv* crosswise
kříženec • *n* cross, hybrid
křížení • *n* crossing, hybridization
křižmo • *n* chrism
křižník • *n* cruiser
křižování • *n* tack
křižovatka • *n* crossroads, intersection, junction
křížový • *adj* sacral
krk • *n* neck, throat
krkavec • *n* raven
krknout • *v* belch, burp
krknutí • *n* burp
krmení • *n* dinner
krmit • *v* feed
krmivo • *n* feed, fodder
krocan • *n* turkey
krok • *n* pace, step
krokodýl • *n* crocodile
krokoměr • *n* pedometer
krokus • *n* crocus
kroky • *n* traveling

kromě • *prep* besides, except • *conj* but, except
kronika • *n* chronicle
krotit • *v* tame
krotitel • *n* tamer
krotký • *adj* tame
kroucený • *adj* twisted
kroupa • *n* hailstone
kroupy • *n* hail
kroutit • *v* twist
kroužek • *n* ring
kroužit • *v* circle
krovka • *n* shell
krt • *n* mole
krtek • *n* mole
krtina • *n* molehill
křtít • *v* baptize, christen
kručení • *n* growl, grumble
kruchta • *n* choir
kruciáta • *n* crusade
krucifix • *n* crucifix
kruh • *n* circle
krumpáč • *n* pick
krunýř • *n* armor, shell
krupice • *n* semolina
krupiér • *n* dealer
křupnutí • *n* crack
krupobití • *n* hail
krušný • *adj* grim, hard
kruštík • *n* helleborine
krůta • *n* turkey
krutost • *n* cruelty
krutý • *adj* cruel, fierce, stark
kružnice • *n* circle
krvácení • *n* bleeding
krvácet • *v* bleed
krvavý • *adj* bloody, gory, rare, sanguinary
krvelačný • *adj* bloodthirsty, sanguinary
krveprolití • *n* bloodshed, carnage
krvesmilný • *adj* incestuous
krvesmilství • *n* incest
krvesmilstvo • *n* incest
krvežíznivý • *adj* bloodthirsty, sanguinary
krychle • *n* cube
kryptografie • *n* cryptography
krypton • *n* krypton
krystal • *n* crystal
krystalizace • *n* crystallization
krystalizovat • *v* crystallize
krystalografie • *n* crystallography
kryt • *n* shield
krýt • *v* cover
ksicht • *n* mug
kšilt • *n* visor

kterého • *pron* whom
kterému • *pron* whom
kteří • *pron* who
který • *pron* that, which, who
ku • *prep* to
kubismus • *n* cubism
kuchař • *n* cook
kuchařka • *n* cook, cookbook
kuchařský • *adj* culinary
kuchařství • *n* cookery, cooking
kuchyně • *n* cooking, kitchen
kuchyňský • *adj* culinary
kudlanka • *n* mantis
kudrna • *n* curl
kudrnatý • *adj* curly
kufr • *n* trunk
kufřík • *n* briefcase
kujný • *adj* malleable
kukačka • *n* cuckoo
kukla • *n* balaclava, cocoon
kůl • *n* pale, stake
kulatý • *adj* round
kule • *n* diamond
kulečník • *n* billiards, snooker
kulhat • *v* limp
kuli • *n* coolie
kulička • *n* marble
kuličky • *n* marble
kulinářský • *adj* culinary
kulisáci • *n* crew
kulisy • *n* scenery
kulka • *n* bullet
kůlna • *n* hut
kulovitý • *adj* global, spherical
kult • *n* cult
kultivovat • *v* culture, refine
kultura • *n* culture
kulturista • *n* bodybuilder
kulturistika • *n* bodybuilding
kulturní • *adj* cultural
kumkvat • *n* kumquat
kumquat • *n* kumquat
kumulativní • *adj* cumulative
kumys • *n* koumiss
kůň • *n* horse
kuna • *n* marten
kunda • *n* cunt, pussy
kupa • *n* cluster
kupé • *n* compartment
kupec • *n* buyer, merchant, trader
kuplíř • *n* pander
kupole • *n* dome
kupón • *n* coupon
kupovat • *v* buy
kupující • *n* buyer
kur • *n* chicken
kůr • *n* choir

kůra • *n* bark, cortex, crust, rind
kuřačka • *n* smoker
kuřák • *n* smoker
kurátor • *n* curator
kuráž • *n* courage, sand
kurážný • *adj* gutsy
kuřbuřt • *n* cocksucker
kurděje • *n* scurvy
kuře • *n* chick, chicken
kurevník • *n* whoremonger
kuriozita • *n* curiosity
kůrka • *n* crust
kurkuma • *n* turmeric
kurník • *n* roost
kuropění • *n* cockcrow
kurs • *n* odds
kurt • *n* court
kurtizána • *n* courtesan
kurva • *n* bitch, hooker, prostitute, whore • *adj* fucking • *interj* shit
kurva! • *interj* fuck
kurýr • *n* messenger
kurz • *n* course
kus • *n* chunk, piece, shred
kusadlo • *n* mandible
kuše • *n* crossbow
kůstka • *n* ossicle
kutr • *n* cutter
kůže • *n* dermis, leather, skin
kužel • *n* cone
kuželka • *n* pin
kůzle • *n* kid
kvádr • *n* cuboid
kvadrant • *n* quadrant
kvadrát • *n* square
kvadruplegie • *n* quadriplegia
kvadruplegik • *n* quadriplegic
kvalifikace • *n* qualification
kvalifikovaný • *adj* qualified
kvalifikovat • *v* qualify
kvalita • *n* quality
kvalitativní • *adj* qualitative
kvalitní • *adj* quality
kvantifikátor • *n* quantifier
kvantizace • *n* quantization
kvantování • *n* quantization
kvardián • *n* guardian
kvark • *n* quark
kvart • *n* quart
kvartál • *n* quarter
kvartet • *n* quartet
kvarteto • *n* quartet

kvartil • *n* quartile
kvas • *n* kvass
kvasar • *n* quasar
kvašení • *n* fermentation
kvasinka • *n* yeast
kvasit • *v* ferment
kvasnice • *n* yeast
kvazar • *n* quasar
kvé • *n* cue
kvést • *v* flower
květ • *n* flower
květák • *n* cauliflower
květena • *n* flora
květenství • *n* inflorescence
květina • *n* flower
květinář • *n* florist
květnatý • *adj* flowery
kvetoucí • *adj* blooming
kvílet • *v* howl
kvintet • *n* quintet
kvinteto • *n* quintet
kvítek • *n* floret
kvíz • *n* quiz
kvůli • *adv* because
kyanid • *n* cyanide
kybernetický • *adj* cybernetic
kybernetika • *n* cybernetics
kýbl • *n* bucket
kyborg • *n* cyborg
kýč • *n* camp, kitsch
kyčel • *n* hip
kýchat • *v* sneeze
kýchnout • *v* sneeze
kýchnutí • *n* sneeze
kýčovitý • *adj* kitsch
kyj • *n* club, cudgel
kyklop • *n* cyclops
kýl • *n* keel
kýla • *n* hernia
kyrys • *n* breastplate, cuirass
kyselina • *n* acid
kyselost • *n* acerbity
kyselý • *adj* acid, sour
kysličník • *n* oxide
kyslík • *n* oxygen
kýta • *n* ham
kytara • *n* guitar
kytarista • *n* guitarist
kytice • *n* bouquet
kyvadlo • *n* pendulum

L

laboratoř • *n* laboratory
labuť • *n* swan
labužník • *n* gourmet
labyrint • *n* labyrinth
lacerace • *n* laceration
lachtan • *n* seal
laciný • *adj* inexpensive
lacl • *n* bib
lada • *n* fallow
ladění • *n* tuning
ladič • *n* tuner
ladička • *n* tuner
ladit • *v* tune
lado • *n* fallow
ladoňka • *n* squill
laguna • *n* lagoon
láhev • *n* bottle
lahodný • *adj* delicious
lahvička • *n* vial
laický • *adj* lay
laik • *n* layman
lajdák • *n* sloven
lajna • *n* line
lak • *n* lacquer
lák • *n* brine
lakmus • *n* litmus
lakomec • *n* miser
lakomství • *n* avarice
lakomý • *adj* miserly, parsimonious, stingy
lakonický • *adj* laconic
lakota • *n* miserliness, parsimony
lakros • *n* lacrosse
laktace • *n* lactation
laktóza • *n* lactose
lalok • *n* jowl, lobe
lalůček • *n* acinus
láma • *n* lama
lama • *n* llama
lámavý • *adj* brittle
lambda • *n* lambda
lamia • *n* lamia
lampa • *n* lamp
laň • *n* deer, doe, hind
lankrabě • *n* landgrave
lano • *n* cable, rope
lanthan • *n* lanthanum
lanýž • *n* truffle
lapák • *n* quod
lapit • *v* seize
larva • *n* larva, maggot
laryngála • *n* laryngeal
laryngální • *adj* laryngeal
laryngitida • *n* laryngitis
lascivní • *adj* lascivious
laser • *n* laser
lasice • *n* weasel

láska • *n* fondness, love
laskat • *v* caress, fondle
laskavě • *adv* benevolently, kindly
laskavost • *n* boon, favor, kindness
laskavý • *adj* kind, kindly
lásko • *n* love
laso • *n* lasso
lát • *v* bay
latence • *n* latency
latentní • *adj* latent
látka • *n* cloth, matter, substance
laťka • *n* bar
latrína • *n* latrine
laudanum • *n* laudanum
láva • *n* lava
lavice • *n* bench
lavička • *n* bench
lavina • *n* avalanche
lawrencium • *n* lawrencium
laxní • *adj* lax
lazebník • *n* barber
lázeň • *n* bathhouse
lazura • *n* glaze, scumble
lebeční • *adj* cranial
lebka • *n* skull
léčba • *n* cure, medicine, therapy, treatment
léčebný • *adj* therapeutic
lechtat • *v* tickle
lechtivý • *adj* ticklish
léčit • *v* heal, treat
léčka • *n* sting, trap
led • *n* ice
ledabylý • *adj* perfunctory
ledňáček • *n* kingfisher
lednice • *n* refrigerator
ledoborec • *n* icebreaker
ledovec • *n* glacier
ledovka • *n* glaze
ledový • *adj* frigid, gelid, icy, wintry
ledvina • *n* kidney
ledvinky • *n* kidney
ledvinový • *adj* nephritic
legální • *adj* legal
legenda • *n* legend
legie • *n* legion
legionář • *n* legionary, legionnaire
legislativa • *n* legislature
legislativní • *adj* legislative
legovat • *v* alloy
legrace • *n* fun
legrační • *adj* funny
lehce • *adv* easily, lightly
lehkomyslně • *adv* carelessly
lehkomyslnost • *n* carelessness, levity, thoughtlessness
lehkomyslný • *adj* careless, scatter-

brained, thoughtless
lehkost • *n* levity
lehkovážnost • *n* levity
lehký • *adj* easy, light, simple
lék • *n* cure, medicine
lékař • *n* doctor, physician
lékárna • *n* pharmacy
lékárník • *n* pharmacist
lékařský • *adj* medical • *n* surgery
lékařství • *n* medicine
lekavý • *adj* skittish
lekce • *n* lesson
leknutí • *n* startle
lékopis • *n* pharmacopoeia
lékořice • *n* licorice
léky • *n* medication
lelkovat • *v* loiter
lem • *n* border, hem
lemovat • *v* hem
lemur • *n* lemur
len • *n* flax
léno • *n* feud, fief
lenoch • *n* lazybones, sluggard
lenochod • *n* sloth
lenost • *n* sloth
leopard • *n* leopard
lepek • *n* gluten
lepidlo • *n* glue, paste
lepit • *v* paste, stick
lepra • *n* leprosy
leprozní • *adj* leprous
lepší • *adj* better
les • *n* forest
lesbička • *n* lesbian
lesbický • *adj* lesbian
lešení • *n* scaffold, scaffolding
lesík • *n* grove
lesk • *n* gloss
lesklý • *adj* glossy
lesnictví • *n* forestry
lesník • *n* forester
lest • *n* ruse
leštidlo • *n* polish
leštit • *v* polish
let • *n* flight
letadlo • *n* aircraft, airplane, plane
leták • *n* flyer, leaflet
letargie • *n* hebetude, lethargy
létavice • *n* meteor
letectví • *n* aviation
letiště • *n* airport
letmý • *n* glance • *adj* perfunctory
léto • *n* summer
letoun • *n* airplane, plane
letovat • *v* solder
letuška • *n* hostess
leukémie • *n* leukemia

leukemie • *n* leukemia
lev • *n* lev, lion
levá • *adj* left
levačka • *n* left-hander
levák • *n* left-hander
levandule • *n* lavender
levé • *adj* left
level • *n* level
levhart • *n* leopard
levice • *n* left
levicový • *adj* left
levitace • *n* levitation
levný • *adj* inexpensive
levoboček • *n* bastard
levý • *adj* left, sinister
lexém • *n* lexeme
lexikální • *adj* lexical
lexikograf • *n* lexicographer
lexikografie • *n* lexicography
lexikologie • *n* lexicology
lež • *n* lie
ležák • *n* lager
léze • *n* lesion
ležet • *v* lie
lézt • *v* climb, crawl, scramble
lhář • *n* liar
lhát • *v* lie
lhostejnost • *n* indifference
lhostejný • *adj* careless, indifferent, indolent, nonchalant
líbánky • *n* honeymoon
líbat • *v* kiss
libeček • *n* lovage
libela • *n* level
liberalizmus • *n* liberalism
libertarianismus • *n* libertarianism
libidózní • *adj* libidinous
libovolnost • *n* randomness
libovolný • *adj* arbitrary
libovůle • *n* arbitrariness
libozvučný • *adj* euphonic
libra • *n* pound, sterling
libretista • *n* librettist
libreto • *n* libretto
líc • *n* obverse, recto
licence • *n* license
lichoběžník • *n* trapezoid
lichocení • *n* flattery
lichotit • *v* flatter
lichotka • *n* flattery
lichotník • *n* flatterer
lichva • *n* usury
lichvář • *n* usurer
lichý • *adj* odd
líčko • *n* cheek
lícoměrnost • *n* hypocrisy
lid • *n* people

lidé • *n* men, people
lidi • *n* guy
lidojed • *n* cannibal
lidožrout • *n* cannibal
lidskost • *n* humaneness
lidský • *adj* human
lidství • *n* manhood
lidstvo • *n* humanity, mankind
lidumil • *n* philanthropist
liga • *n* league
ligatura • *n* ligature, logotype
lignin • *n* lignin
líheň • *n* hatchery
lihovar • *n* distillery
lihovina • *n* spirits
liják • *n* downpour
likér • *n* liqueur
likvidita • *n* liquidity
likvidní • *adj* liquid
lilek • *n* eggplant, nightshade
lilie • *n* fleur-de-lis, lily
límec • *n* collar
limit • *n* limit
limita • *n* limit
limitovaný • *adj* restricted
limnologie • *n* limnology
limonáda • *n* lemonade
limuzína • *n* limousine
lín • *n* tench
linduška • *n* pipit
lineární • *adj* linear
lingvista • *n* linguist
lingvistika • *n* linguistics
líný • *adj* idle, indolent, lazy
lípa • *n* linden
lipáza • *n* lipase
lipom • *n* lipoma
lira • *n* lira
lis • *n* press
lišák • *n* fox, reynard
lišejník • *n* lichen
lišit • *v* differ
liška • *n* fox, vixen
líska • *n* hazel
list • *n* leaf, sheet
lístek • *n* coupon, ticket
listí • *n* foliage
listonoš • *n* mailman
listovat • *v* skim
lít • *v* cast, pour
litanie • *n* rogation
literární • *adj* literary
literatura • *n* bibliography, literature
lithium • *n* lithium
litografický • *adj* lithographic
litografie • *n* lithography
litosféra • *n* lithosphere

lítost • *n* compunction, regret, remorse, repentance
litovat • *v* regret
liturgický • *adj* liturgical
liturgie • *n* liturgy
livrej • *n* livery
lízat • *v* lick
lízátko • *n* lollipop
loajální • *adj* loyal
lobbista • *n* lobbyist
loch • *n* jug
lockjaw • *n* lockjaw
loď • *n* boat, nave, ship, vessel
loďař • *n* shipbuilder
loďařství • *n* shipbuilding
lodě • *n* battleship
loděnice • *n* shipyard
loďstvo • *n* fleet
lofas • *n* prick
logaritmus • *n* logarithm
logický • *adj* logical
logicky • *adv* logically
logik • *n* logician
logika • *n* logic
logistika • *n* logistics
logo • *n* logo
lok • *n* draught, swallow
lokaj • *n* lackey
lokalita • *n* locality
lokálně • *adv* locally
lokální • *adj* parochial
loket • *n* cubit, elbow, ell
lokna • *n* lock
lokomobila • *n* steamer
lokomotiva • *n* engine, locomotive
lolita • *n* nymphet
lolitka • *n* nymphet
lom • *n* refraction
lomítko • *n* slash
lomoz • *n* rumble
lomozit • *v* rumble
loni • *n* yesteryear
lopata • *n* shovel
lopatka • *n* dustpan, sail
lopota • *n* drudgery
lopuch • *n* burdock, dock
los • *n* moose
losos • *n* salmon
losovat • *v* draw
loterie • *n* lottery, sweepstake
lotos • *n* lotus
louh • *n* lye
louhovat • *v* draw
louka • *n* meadow
loupat • *v* peel
loupit • *v* plunder
louskáček • *n* nutcracker

loutka • *n* puppet
loutkář • *n* puppeteer
loutkoherec • *n* puppeteer
loutna • *n* lute
louže • *n* pool, puddle
lov • *n* hunt, hunting
love • *n* cheese
lovec • *n* hunter
lovecký • *n* hunt
lovit • *v* hunt
lóže • *n* box, lodge
lože • *n* loge
ložisko • *n* bearing, bed
lozit • *v* climb
ložnice • *n* bedroom
lucerna • *n* lantern
lučištník • *n* archer
lůj • *n* suet, tallow
luk • *n* bow
lukař • *n* fletcher
lukostřelba • *n* archery
lukostřelec • *n* archer
lukrativní • *adj* lucrative
lulan • *n* doodle
lumík • *n* vole
luminescenční • *adj* luminescent
luňák • *n* kite
lunární • *adj* lunar
luneta • *n* lunette

lůno • *n* womb
lup • *n* plunder, spoil
lupénka • *n* psoriasis
lupič • *n* burglar, robber
lupy • *n* dandruff, scurf
lusk • *n* pod, shell
luštěnina • *n* legume
lustr • *n* chandelier
lutecium • *n* lutetium
lůžko • *n* bed, receptacle, setting
lví • *adj* leonine
lvice • *n* lioness
lýko • *n* bast, phloem
lymfatický • *adj* lymphatic
lymfocyt • *n* lymphocyte
lymfom • *n* lymphoma
lynčovat • *v* lynch
lyonský • *adj* lyonnaise
lyra • *n* lyre
lysin • *n* lysine
lyska • *n* coot
lýtko • *n* calf
lyžař • *n* skier
lyže • *n* ski
lyžina • *n* skid
lyžovat • *v* ski
lžíce • *n* spoon, spoonful, tablespoon
lžička • *n* spoonful

M

macecha • *n* stepmother
maceška • *n* pansy
mačeta • *n* machete
machr • *n* freak
mačkat • *v* crumple
macocha • *n* stepmother
mafie • *n* mafia
mág • *n* mage, wizard
magický • *adj* magical
magie • *n* magic
magma • *n* magma
magnet • *n* magnet
magnetický • *adj* magnetic
magnetismus • *n* magnetism
magnetosféra • *n* magnetosphere
magnólie • *n* magnolia
magor • *n* freak
mahárádža • *n* maharaja
maják • *n* lighthouse
majestátní • *adj* majestic
majestátnost • *n* majesty
majetek • *n* estate, property
majitel • *n* owner, proprietor

majonéza • *n* mayonnaise
major • *n* major
majoránka • *n* marjoram
majordomus • *n* butler, majordomo
majzlík • *n* chisel
mák • *n* poppy
makadam • *n* macadam
makak • *n* macaque
makaróny • *n* macaroni
makrela • *n* mackerel
makro • *n* macro
makrofág • *n* macrophage
makromolekula • *n* macromolecule
makroskopický • *adj* macroscopic
makulatura • *n* wastepaper
malachit • *n* malachite
malárie • *n* malaria
malátnost • *n* malaise
malba • *n* painting
malebný • *adj* picturesque
málem • *adv* nearly
malíček • *n* pinkie
malicherný • *adj* petty

maličkost • *n* trifle
maličký • *adj* tiny
maligní • *adj* malignant
malík • *n* pinkie
malina • *n* raspberry
malinký • *adj* tiny
malíř • *n* artist, painter
málo • *adv* little
malomocenství • *n* leprosy
malomyslný • *adj* pusillanimous
maloobchod • *n* retail
maloobchodník • *n* retailer
malovat • *v* paint
malta • *n* mortar
malý • *adj* little, short, small, wee
máma • *n* mum, mummy
mamba • *n* mamba
maminka • *n* mum, mummy
mamlas • *n* drip
mamografie • *n* mammography
mamut • *n* mammoth
management • *n* management
manažer • *n* manager
mandarín • *n* mandarin
mandát • *n* proxy, writ
mandatář • *n* proxy
mandl • *n* mangle
mandle • *n* almond, tonsil
mandloň • *n* almond
mandlový • *adj* almond
mandola • *n* mandola
mandolína • *n* mandolin
manekýn • *n* model
manekýna • *n* model
manekýnka • *n* model
manévr • *n* maneuver
manévrovat • *v* maneuver
manévry • *n* maneuver
mangan • *n* manganese
mango • *n* mango
mangostan • *n* mangosteen
mangovník • *n* mango
mangusta • *n* mongoose
maniak • *n* maniac
manifest • *n* manifesto
maník • *n* guy
manikúra • *n* manicure
maniodepresivní • *adj* manic-depressive
manitol • *n* mannitol
manometr • *n* manometer
manšestr • *n* corduroy
mantila • *n* mantilla
mantinel • *n* boards, cushion
mantisa • *n* mantissa
manuál • *n* manual
manuální • *adj* manual

manufaktura • *n* manufacture
manžel • *n* husband
manželka • *n* wife
manželský • *adj* marital
manželství • *n* marriage
manžeta • *n* cuff
mapa • *n* map
marabu • *n* marabou
maraton • *n* marathon
marcipán • *n* marzipan
margarín • *n* margarine
marihuana • *n* marijuana
marioneta • *n* marionette
marka • *n* march, mark
markrabě • *n* margrave
markytán • *n* sutler
markytánka • *n* sutler
markýz • *n* marquess
marmeláda • *n* jam, marmalade
márnice • *n* morgue
marnit • *v* fiddle
marnivost • *n* vanity
marnost • *n* futility
marnotratník • *n* spendthrift
marný • *adj* vain
maršál • *n* marshal
martingal • *n* martingale
marulka • *n* calamint
marže • *n* margin
masakr • *n* carnage, massacre
masakrovat • *v* massacre
masáž • *n* massage
masér • *n* masseur
mašina • *n* machine
masivní • *adj* massive
maska • *n* mask
maškaráda • *n* masquerade
maskot • *n* mascot
maskování • *n* concealment
máslo • *n* butter
maso • *n* flesh, meat
masochismus • *n* masochism
masochista • *n* masochist
masochistický • *adj* masochistic
masový • *adj* meaty
masožravec • *n* carnivore
masožravý • *adj* carnivorous
mast • *n* ointment
mást • *v* confound
maštal • *n* stable
mastek • *n* talc
mastitida • *n* mastitis
mastný • *adj* greasy
masturbace • *n* masturbation
mat • *n* checkmate • *interj* checkmate
máta • *n* mint
matador • *n* matador

matematický • *adj* mathematical
matematicky • *adv* mathematically
matematik • *n* mathematician
matematika • *n* mathematics
materiál • *n* material
materialismus • *n* materialism
materiální • *adj* material
materiálový • *adj* material
mateřský • *adj* maternal
mateřství • *n* motherhood
matice • *n* matrix, nut
matika • *n* math
matiné • *n* matinee
matka • *n* mother, nut
matoucí • *adj* confusing, deceptive
matovat • *v* checkmate
matrace • *n* mattress
matriarchát • *n* matriarchy
mauzoleum • *n* mausoleum
mávat • *v* brandish
mávnout • *v* flag
maxilofaciální • *adj* maxillofacial
maxim • *n* maxim
maximalizace • *n* maximization
maximální • *adj* maximal
maximum • *n* maximum
mazánek • *n* mollycoddle
mazanice • *n* daub
mazaný • *adj* shrewd
mazat • *v* lubricate
mazivo • *n* lubricant
mdle • *adv* insipidly
mdlo • *n* nausea
mdloba • *n* fainting, syncope
mdlost • *n* insipidity, tastelessness
mdlý • *adj* bland, dim, insipid
mě • *pron* me
meč • *n* sword
mecenáš • *n* patron
mečet • *v* baa
měch • *n* bellows
mech • *n* moss
mechanický • *adj* mechanical
mechanik • *n* machinist, mechanic
mechanika • *n* drive, mechanics
mechanismus • *n* mechanism
mecheche • *n* party
měchýř • *n* bladder
mečík • *n* gladiolus
mečoun • *n* swordfish
měď • *n* copper
med • *n* honey
medaile • *n* medal
měďák • *n* copper
měděná • *n* copper
měděný • *adj* copper
média • *n* media

medián • *n* median
mediátor • *n* mediator
mědikovec • *n* coppersmith
meditace • *n* contemplation, meditation
médium • *n* medium, psychic
medovina • *n* mead
medúza • *n* jellyfish
medvěd • *n* bear
megera • *n* vixen
meióza • *n* meiosis
mejdan • *n* party
měkkost • *n* softness
měkký • *adj* soft
melancholický • *adj* melancholic, melancholy
melancholie • *n* melancholy
melancholik • *adj* melancholic
melanom • *n* melanoma
melasa • *n* molasses
mělčina • *n* shallow, shoal
mělký • *adj* shallow
melodický • *adj* sweet
melodie • *n* melody
melodram • *n* melodrama
melodramatický • *adj* lurid
meloun • *n* melon
mem • *n* meme
membrána • *n* membrane
memorovat • *v* memorize
měna • *n* currency
mendelevium • *n* mendelevium
méně • *adv* less
méněcenný • *adj* inferior
meningeální • *adj* meningeal
meningiom • *n* meningioma
meningitida • *n* meningitis
meniskus • *n* meniscus
měnit • *v* change
menopauza • *n* menopause
menšenec • *n* minuend
menšina • *n* minority
menšitel • *n* subtrahend
menstruace • *n* menstruation
menstruační • *adj* menstrual
mentol • *n* menthol
menu • *n* menu
menuet • *n* minuet
menza • *n* cafeteria
měření • *n* measurement
měřit • *v* measure
měřitelný • *adj* measurable
měřítko • *n* scale
meritokracie • *n* meritocracy
meruňka • *n* apricot
meruňkový • *adj* apricot
mesiáš • *n* messiah

mesiášský • *adj* messianic
měsíc • *n* month, moon
měsíček • *n* calendula, marigold, moonstone
měsíčky • *n* monthly
měsíční • *adj* lunar
měsíčník • *n* monthly, sunfish
mešita • *n* mosque
měšťan • *n* burgher
město • *n* city, town
městský • *adj* civic, municipal, urban • *n* urbanity
meta • *n* base
metabolismus • *n* metabolism
metabolizmus • *n* metabolism
metafora • *n* metaphor
metaforický • *adj* figurative
metafyzika • *n* metaphysics
metajazyk • *n* metalanguage
metalurg • *n* metallurgist
metalurgie • *n* metallurgy
metan • *n* methane
metař • *n* duster
metastatický • *adj* metastatic
metastáza • *n* metastasis
meteor • *n* meteor
meteorit • *n* meteorite
meteorolog • *n* meteorologist
meteorologický • *adj* meteorological
meteorologie • *n* meteorology
methionin • *n* methionine
metla • *n* whisk
metoda • *n* method
metodika • *n* methodology
metodologický • *adj* methodological
metodologie • *n* methodology
metonymie • *n* metonymy
metr • *n* meter
metrický • *adj* metric
metrika • *n* metric
metro • *n* metro, subway
metrologie • *n* metrology
metropolitní • *adj* metropolitan
metyl • *n* methyl
mez • *n* limit
mezek • *n* hinny
mezera • *n* blank, space
mezi • *prep* among, between
mezigalaktický • *adj* intergalactic
mezihvězdný • *adj* interstellar
mezilidský • *adj* interpersonal
mezimozek • *n* diencephalon
mezinárodní • *adj* international
mezioborový • *adj* interdisciplinary
meziobratlový • *adj* intervertebral
mezipaměť • *n* cache
meziplanetární • *adj* interplanetary

meziprodukt • *n* intermediate
mezírka • *n* crack
mezitím • *adv* meanwhile
mezlomný • *adj* unyielding
mezník • *n* milestone
mezoteliom • *n* mesothelioma
mhouřit • *v* squint
mí • *n* mu
mi • *pron* me
míč • *n* ball, football
micela • *n* micelle
míchat • *v* mix, shuffle, stir
micka • *n* pussy
migréna • *n* migraine
mihule • *n* lamprey
mikina • *n* sweatshirt
mikrob • *n* microbe
mikrobiologie • *n* microbiology
mikrofon • *n* microphone
mikrometr • *n* micrometer
mikron • *n* micron
mikroorganismus • *n* microorganism
mikroprocesor • *n* microprocessor
mikroskop • *n* microscope
mikroskopický • *adj* microscopic
mikrovlna • *n* microwave
miláček • *n* darling, sweetheart
míle • *n* mile
mile • *adv* kindly
milenec • *n* boyfriend, flame, lover
milénium • *n* millennium
milenka • *n* flame, lover
milice • *n* militia
miligram • *n* milligram
milionář • *n* millionaire
milisekunda • *n* millisecond
militarismus • *n* militarism
milník • *n* milestone
milost • *n* mercy, pardon
milovaný • *adj* beloved
milovnice • *n* lover
milovník • *n* lover
milující • *adj* fond, loving
milý • *n* darling • *adj* dear, nice, sweet
mim • *n* mime, mummer
miminko • *n* baby
mimo • *adv* clear • *prep* except
mimořádný • *adj* extraordinary
mimosmyslový • *adj* extrasensory
mimozemský • *adj* extraterrestrial
mimozemšťan • *n* alien, extraterrestrial
mina • *n* mine
minaret • *n* minaret
mince • *n* coin
mincovna • *n* mint
minér • *n* miner
minerál • *n* mineral

mineralogie • *n* mineralogy
**miniatura • ** *n* fingerprint
**minimalizace • ** *n* minimization
**minimalizovat • ** *v* minimize
**minimální • ** *adj* minimal
**minimum • ** *n* minimum
**miniskule • ** *n* minuscule
**ministerstvo • ** *n* ministry
**ministr • ** *n* minister, secretary, treasurer
**minolovka • ** *n* minesweeper
**minomet • ** *n* mortar
**minonoska • ** *n* minelayer
**minout • ** *v* miss, pass
**minstrel • ** *n* minstrel
**minulost • ** *n* past
**minulý • ** *adj* bygone, last, past
**mínus • ** *n* minus
**minuta • ** *n* minute
**minutka • ** *n* minute, timer
**mír • ** *n* peace
**míra • ** *n* measure
**mírně • ** *adv* moderately
**mírný • ** *adj* meek, mild, moderate
**mírumilovně • ** *adv* peacefully
**mírumilovný • ** *adj* peaceable, peaceful
**mísa • ** *n* bowl, dish
**misantropie • ** *n* misanthropy
**mise • ** *n* mission
**misionář • ** *n* missionary
**miska • ** *n* bowl, dish
**mišmaš • ** *n* mishmash
**misogynství • ** *n* misogyny
**místní • ** *adj* local
**místnost • ** *n* room
**místo • ** *n* location, locus, place, point, seat, situation, space
**místokrál • ** *n* viceroy
**mistr • ** *n* champion, master
**mistrovství • ** *n* championship
**mít • ** *v* be, have, own, wear
**mitochondrie • ** *n* mitochondrion
**mitóza • ** *n* mitosis
**mixér • ** *n* blender, mixer
**míza • ** *n* lymph, sap
**mizející • ** *adj* waning
**mizerný • ** *adj* miserable
**mízní • ** *adj* lymphatic
**mládě • ** *n* cub
**mládež • ** *n* youth
**mládí • ** *n* youth
**mladický • ** *adj* youthful
**mladík • ** *n* youth
**mladistvý • ** *n* youth
**mladší • ** *adj* junior, younger
**mladý • ** *adj* little, small, young
**mlátit • ** *v* beat

**mlází • ** *n* coppice
**mlčení • ** *n* silence
**mlčenlivost • ** *n* taciturnity
**mlčenlivý • ** *adj* taciturn
**mlčet • ** *adj* silent
**mléčný • ** *adj* dairy, milky
**mlékař • ** *n* milkman
**mlékárna • ** *n* dairy
**mlezivo • ** *n* colostrum
**mlha • ** *n* fog, mist
**mlhovina • ** *n* nebula
**mlíčí • ** *n* milt
**mlít • ** *v* grind
**mlok • ** *n* newt
**mluvčí • ** *n* speaker, spokesman
**mluvit • ** *v* speak
**mluvnice • ** *n* grammar
**mlýn • ** *n* mill, scrum
**mlynář • ** *n* hooker, miller
**mlž • ** *n* bivalve
**mňam • ** *adj* yum
**mňau • ** *interj* meow
**mne • ** *pron* me
**mně • ** *pron* me
**mnemonický • ** *adj* mnemonic
**mnemotechnický • ** *adj* mnemonic
**mnemotechnika • ** *n* mnemonics
**mnich • ** *n* monk
**mník • ** *n* burbot, ling
**mniška • ** *n* nun
**mnišský • ** *adj* monastic
**mnišství • ** *n* monasticism
**mnohem • ** *adv* much
**mnohobuněčný • ** *adj* multicellular
**mnohomužství • ** *n* polyandry
**mnohoslabičný • ** *adj* polysyllabic
**mnohostěn • ** *n* polyhedron
**mnohostěnný • ** *adj* polyhedral
**mnohotvarost • ** *n* polymorphism
**mnohoúhelník • ** *n* polygon
**mnohoúhelníkový • ** *adj* polygonal
**mnohoženství • ** *n* polygamy
**mnohoznačnost • ** *n* ambiguity
**mnohoznačný • ** *adj* ambiguous
**mnou • ** *pron* me
**mňoukat • ** *v* meow
**mnout • ** *v* crease, rub
**množina • ** *n* set
**množství • ** *n* amount, number, plenty, quantity
**moa • ** *n* moa
**mobilita • ** *n* mobility
**mobilizace • ** *n* mobilization
**mobilní • ** *adj* mobile
**moč • ** *n* urine, wee
**moc • ** *n* might, power • *adv* much
**močál • ** *n* mire, quagmire

močení • *n* micturition
moci • *v* can
mocnění • *n* exponentiation
mocnina • *n* power
mocnost • *n* power
mocný • *adj* mighty, powerful, stark
močovina • *n* urea
močovod • *n* ureter
močový • *adj* urinary
mód • *n* mode
móda • *n* fashion, rage • *adj* in
model • *n* model
modelka • *n* model
modem • *n* modem
moderátor • *n* moderator
moderátorka • *n* moderator
moderní • *adj* modern
modernizace • *n* modernization
moderovat • *v* moderate
modla • *n* idol
modlářství • *n* idolatry
modlení • *n* prayer
modlit • *v* pray
modlitba • *n* boon, prayer
modloslužebnictví • *n* idolatry
modř • *n* blue
modravý • *adj* bluish
modřín • *n* larch
modřina • *n* bruise
modrooký • *adj* blue-eyed
modrý • *adj* blue
modul • *n* module
modulární • *adj* modular
modus • *n* mode
mohér • *n* mohair
mohutnost • *n* power
mohyla • *n* barrow, tumulus
mokřad • *n* wetland
mokrý • *adj* wet
mokvat • *v* ooze
mol • *n* mole
molární • *adj* molar
molekula • *n* molecule
molekulární • *adj* molecular
molo • *n* catwalk, pier, runway
molybden • *n* molybdenum
moment • *n* instant, moment
momentálně • *adv* currently
monarcha • *n* monarch
monarchie • *n* monarchy
monarchismus • *n* monarchism
monarchista • *n* monarchist
monismus • *n* monism
monitor • *n* monitor
monocykl • *n* unicycle
monocyt • *n* monocyte
monografie • *n* monograph

monokl • *n* monocle
monolit • *n* monolith
monomer • *n* monomer
mononukleóza • *n* mononucleosis
monopol • *n* monopoly
monopolní • *n* monopoly
monosémie • *n* monosemy
monoteismus • *n* monotheism
monoteistický • *adj* monotheistic
monotónní • *adj* monotonous
monstrance • *n* monstrance
montérky • *n* overalls
monument • *n* monument
monzun • *n* monsoon
moped • *n* moped
mor • *n* pestilence, plague
morálka • *n* morale
morální • *adj* moral
moře • *n* sea
morek • *n* marrow
moréna • *n* moraine
mořeplavec • *n* seafarer
morfém • *n* morpheme
morfin • *n* morphine
morfium • *n* morphine
morfologie • *n* morphology
morion • *n* morion
mořský • *adj* marine
moruše • *n* mulberry
mosaz • *n* brass
mosazný • *n* brass • *adj* brazen
mošt • *n* must
most • *n* bridge, pons
motel • *n* motel
motiv • *n* motif, motive
motivace • *n* motivation
motocykl • *n* motorcycle
motolice • *n* stagger
motor • *n* engine, motor, powerhouse
motorický • *adj* motor
motorka • *n* bike
motouz • *n* twine
motto • *n* epigraph, motto
motyka • *n* hoe, mattock
motýl • *n* butterfly
moucha • *n* fly
moudře • *adv* wisely
moudrost • *n* sagacity, wisdom
moudrý • *adj* sage, wise
mouka • *n* flour
mozaika • *n* mosaic
moždíř • *n* mortar
mozeček • *n* cerebellum
mozek • *n* brain
mozkomíšní • *adj* cerebrospinal
mozkovna • *n* cranium
mozkový • *adj* cerebral

možná • *adv* maybe, perhaps
možnost • *n* choice, option, possibility
možný • *adj* conceivable, feasible, possible
mozol • *n* callus
mozůlek • *n* bump
mrak • *n* cloud
mrakodrap • *n* skyscraper
Mrakoptakohrad • *n* cloud-cuckoo-land
mramor • *n* marble
mrav • *n* mores
mravenčík • *n* antbird
mravenec • *n* ant
mravenečník • *n* anteater
mraveniště • *n* anthill
mravy • *n* mores
mráz • *n* freeze, frost
mrazivě • *adv* frostily
mrazivý • *adj* frosty, icy, wintry
mrchožrout • *n* scavenger
mrd • *n* fuck
mrdat • *v* fuck
mrdka • *n* cum
mřenka • *n* loach
mrhat • *v* idle
mrholení • *n* drizzle
mrholit • *v* drizzle
mřížka • *n* grid, lattice
mrkat • *v* wink
mrkev • *n* carrot
mrknout • *v* blink
mrknutí • *n* blink
mrož • *n* walrus
mršina • *n* carrion
mrsknutí • *n* whisk
mrštit • *v* fling, hurl
mrť • *n* litter
mrtví • *n* dead
mrtvice • *n* stroke
mrtvola • *n* cadaver, carcass, corpse
mrtvorozený • *adj* stillborn
mrtvý • *n* corpse, deceased • *adj* dead
mrva • *n* dung
mrzák • *n* cripple
mrznout • *v* freeze
mrzout • *n* curmudgeon
mrzutý • *adj* sour, sulky
mše • *n* church, mass
mšice • *n* aphid
mstít • *v* avenge
mstitel • *n* avenger
mstivý • *adj* vindictive
mu • *pron* him
mučednictví • *n* martyrdom
mučedník • *n* martyr
mučení • *n* martyrdom, torment, torture
muchlat • *v* crumple
muchomůrka • *n* amanita
mučit • *v* torture
mučitel • *n* torturer
mudra • *n* mudra
mudrc • *n* philosopher, sage
muezzin • *n* muezzin
muflon • *n* mouflon
můj • *pron* me, mine
muka • *n* torment, torture
mukl • *n* convict
mula • *n* mule
multikulturní • *adj* multicultural
multilaterální • *adj* multilateral
multiplikátor • *n* multiplier
mumie • *n* mummy
mumlání • *n* mumble
mumlat • *v* mumble
munice • *n* ammunition
muntžak • *n* muntjac
můra • *n* moth
musit • *v* must
muškát • *n* nutmeg
muškátovník • *n* nutmeg
mušketa • *n* musket
mušketýr • *n* musketeer
müsli • *n* muesli
můstek • *n* bridge
mutace • *n* mutation
mutant • *n* mutant
muž • *n* husband, male, man
múza • *n* muse
muzeum • *n* museum
muzika • *n* music
muzikál • *n* musical
muzikant • *n* musician
mužnost • *n* manhood
mužný • *adj* manly, masculine
mužský • *adj* male, masculine, virile
mužství • *n* manhood
my • *pron* we
myčka • *n* dishwasher
mydlit • *v* soap
mýdlo • *n* soap
myelin • *n* myelin
myelom • *n* myeloma
mykolog • *n* mycologist
mykologie • *n* mycology
mýlit • *v* err
myokard • *n* myocardium
myrha • *n* myrrh
myriáda • *n* myriad
myrta • *n* myrtle
myš • *n* mouse
mys • *n* cape, headland, promontory
myšák • *n* mouse

myška • *n* mouse
mysl • *n* mind
myšlení • *n* thought
myšlenka • *n* idea, thought
myslet • *v* believe, think
myslitel • *n* thinker
myslitelnost • *n* conceivableness
myslitelný • *adj* conceivable, thinkable
mystifikace • *n* hoax
mystik • *n* mystic
mýt • *v* wash
mythologie • *n* mythology

mýtné • *n* toll
mýto • *n* toll
mytologický • *adj* mythological
mytologie • *n* mythology
mýtus • *n* myth
mýval • *n* raccoon
myxedém • *n* myxedema
myxomatóza • *n* myxomatosis
mzda • *n* remuneration, wage
mžení • *n* drizzle
mžourat • *v* squint

N

na • *prep* after, at, on, per, toward, upon, with • *adv* east
naaranžovat • *v* compose
naběhnout • *v* swell
naběračka • *n* ladle
nabídka • *n* menu, offer, proposition, supply
nabídnout • *v* offer
nabít • *v* charge
nabitý • *adj* crowded
nabízet • *v* market
nabodnout • *v* gore
náboj • *n* cartridge, charge
nábojnice • *n* shell
náboženský • *adj* religious
náboženství • *n* religion
nabrat • *v* assume, enlist, gore
nábřeží • *n* quay
nabrousit • *v* hone
nabuzený • *adj* excited
nabýt • *v* augment
nábytek • *n* furniture
načasování • *n* timing
načasovat • *v* time
náčelník • *n* chief
nacházet • *v* find
nachlazení • *n* cold
nachový • *adj* purple
náchylnost • *n* disposition, susceptibility
náchylný • *adj* recidivous, susceptible
nacionalismus • *n* nationalism
nacionalista • *n* nationalist
nacionalistický • *adj* nationalist
nacpaný • *adj* packed
náčrt • *n* draft, sketch
načrtnout • *v* sketch
nad • *prep* above
nad-já • *n* superego
nadace • *n* foundation

nadání • *n* aptitude
nadávat • *v* curse
nadávka • *n* curse
nadbytečně • *adv* superfluously
nadbytečný • *adj* dispensable, redundant, spare, superfluous
nadbytek • *n* plethora, surplus
nadčlověk • *n* superman
nádech • *n* breath, inspiration
naděje • *n* hope
nadějně • *adv* promisingly
nadějný • *adj* auspicious, hopeful, promising
nádherný • *adj* stunning
nadhlavník • *n* zenith
nadhodnotit • *v* overvalue
nadhoz • *n* pitch
nadjá • *n* superego
nadlidský • *adj* superhuman
nadměrně • *adv* excessively
nadměrný • *adj* excessive
nádoba • *n* jar, receptacle, vessel
nádobí • *n* crockery, dish
nádobíčko • *n* tool
nádobka • *n* jar
nádor • *n* tumor
nadpažek • *n* acromion
nadpis • *n* heading
nadpozemský • *adj* unearthly
nadpřirozený • *adj* supernatural, unearthly
nadřazený • *adj* superordinate
nádraží • *n* station
nadřízený • *n* superordinate
ňadro • *n* breast
nadrobno • *adv* finely
nádrž • *n* reservoir, tank
nadržený • *adj* horny
nadsázka • *n* hyperbole
nadšenec • *n* enthusiast, freak

nadšení • *n* enthusiasm
nadšený • *adj* avid, enthusiastic
nadto • *adv* moreover
nadtřída • *n* superclass
nadvarle • *n* epididymis
nadvláda • *n* ascendancy, control, domination, hegemony
nádvoří • *n* courtyard
nadzvukový • *adj* supersonic
naformátovat • *v* format
nafoukanost • *n* conceit
nafoukaný • *adj* arrogant, smug
nafta • *n* oil
naftalen • *n* naphthalene
naftalín • *n* naphthalene
naháněť • *v* steer
náhle • *adv* suddenly
náhled • *n* thumbnail
náhlost • *n* suddenness
náhlý • *adj* sudden
náhoda • *n* chance, coincidence
nahodile • *adv* willy-nilly
nahodilost • *n* randomness
nahodilý • *adj* accidental
náhodnost • *n* randomness
náhodný • *adj* accidental, casual, fortuitous, haphazard, random
náhon • *n* drive
nahoře • *adj* up • *adv* up
nahoru • *adv* up, uphill
nahota • *n* nudity
náhrada • *n* alternate, change, replacement, substitute
nahradit • *v* replace, substitute
nahraditelný • *adj* replaceable
náhradní • *adj* alternate, spare
náhradník • *n* substitute
nahrávka • *n* recording
náhrdelník • *n* necklace
náhrobek • *n* gravestone
náhrobní • *n* epitaph
nahromadění • *n* congestion
náhubek • *n* muzzle
nahý • *adj* naked, nude
naivně • *adv* naively
naivní • *adj* gullible, naive
nájem • *n* rent
nájemce • *n* tenant
nájemné • *n* rent
najemno • *adv* finely
nájezdník • *n* invader, marauder, raider
najít • *v* detect, find, track
najmout • *v* hire
nakapat • *v* instill
nákaza • *n* contagion, infection
nakazit • *v* infect

nakažlivý • *adj* contagious, infectious
náklad • *n* burden, cargo, cost
nákladák • *n* truck
nákladný • *adj* expensive
náklon • *n* inclination
naklonění • *n* inclination
naklonit • *v* incline
náklonnost • *n* inclination
nakonec • *adv* eventually, finally, last, ultimately
nakouknout • *v* peep
nakouknutí • *n* peep
nákres • *n* drawing, layout, plot
nakreslit • *v* draw
nákup • *n* purchase, shopping
nákupčí • *n* buyer
nakupování • *n* shopping
nakupovat • *v* shop
nálada • *n* mood
náladový • *adj* arbitrary, moody
naléhavost • *n* urgency
naléhavý • *adj* urgent
nálepka • *n* label
nalézat • *v* find
nalezenec • *n* foundling
náležet • *v* pertain
nalézt • *v* find
nalodit • *v* embark
naložit • *v* load, plate
nám • *pron* us
namáhavý • *adj* uphill
namazat • *v* spread
náměsíčnost • *n* somnambulism
náměstí • *n* plaza, square
namísto • *adv* instead
namítat • *v* except
námitka • *n* objection
namítnout • *v* object
námluvy • *n* courtship, suit
námořnictvo • *n* navy
námořník • *n* sailor, seaman
namouduši • *adv* forsooth
námraza • *n* frosting
namydlit • *v* soap
namyšlenost • *n* conceit
naolejovat • *v* oil
naostřit • *v* hone
nápad • *n* idea
nápadně • *adv* strikingly
napadnout • *v* engage, occur
nápadný • *adj* conspicuous, prominent, striking
napálený • *n* dupe
napálit • *v* bamboozle, dupe, hoax
naparfémovat • *v* perfume
napasovat • *v* register
napětí • *n* tension, voltage

napínat • *v* draw
napínavý • *adj* taut
nápis • *n* epitaph, inscription
napjatý • *adj* taut, tense
naplácat • *v* daub
náplast • *n* patch
naplavenina • *n* alluvial
náplavový • *adj* alluvial
napnout • *v* draw, tense
napodobení • *n* imitation
napodobenina • *n* imitation
napodobit • *v* imitate
nápoj • *n* beverage, drink
napomáhat • *v* aid
napomenutí • *n* admonition
nápomocný • *adj* helpful
nápor • *n* surge
nápověda • *n* clue, help, hint, prompter
napovědět • *v* prompt
náprava • *n* atonement
napravit • *v* amend, right
napravo • *adv* right
napravovat • *v* amend
napříč • *adv* crosswise
napřímit • *v* right
naprosto • *adv* absolutely, quite, stark
naprostý • *adj* fierce, stark, total
naproti • *prep* opposite
náprstek • *n* thimble
náprstník • *n* foxglove
napsat • *v* write
napuchnout • *v* swell
narace • *n* narrative
náramek • *n* bracelet
narativní • *adj* narrative
náraz • *n* bump, shock, surge
narážet • *v* allude
narazit • *v* chance, encounter
narážka • *n* cue, hint, innuendo
nárazník • *n* bumper, cushion
narcis • *n* daffodil, narcissus
narcista • *n* narcissist
nářečí • *n* dialect
nářeční • *adj* dialectal
nářek • *n* moan
nářez • *n* spanking
nařídit • *v* command
nařízení • *n* regulation
nařknout • *v* denounce
narkolepsie • *n* narcolepsy
národ • *n* nation, people
národní • *adj* national • *n* nationality
národnost • *n* nationality
národovecký • *adj* nationalist
nárok • *n* claim, entitlement
narození • *n* birth
narozeniny • *n* birthday

nárt • *n* instep
nártoun • *n* tarsier
narudlý • *adj* ruddy
narukovat • *v* enlist
narušení • *n* disturbance
narušený • *adj* disturbed
narušit • *v* corrupt
nárůst • *n* accretion, growth
nárůstek • *n* accretion
náruživý • *adj* avid
narval • *n* narwhal
náš • *pron* ours
nás • *pron* us
násada • *n* shaft
nasadit • *v* deploy
nasát • *v* blot, imbibe
nasávat • *v* imbibe, suck
nasazení • *n* deployment
násep • *n* causeway, embankment
nashle • *interj* bye
násilí • *n* violence
násilný • *adj* forced, violent
následek • *n* consequence
následně • *adv* consequently, subsequently
následnictví • *n* succession, suit
následník • *n* scion, successor
následovat • *v* ensue
následovník • *n* disciple
následující • *adj* following, next, subsequent
naslouchat • *v* listen
nasměrovat • *v* point, steer
násobek • *n* multiple
násobení • *n* multiplication
násobit • *v* multiply
nasrat • *v* enrage
nastat • *v* occur
nastávající • *adj* prospective
nastavení • *n* setting
nastavit • *v* set
nastavitelný • *adj* adjustable
naštěstí • *adv* fortunately
nástroj • *n* instrument, tool
nástup • *n* muster
nástupce • *n* heir, successor
nástupiště • *n* platform
naštvat • *v* enrage
nasycený • *adj* full
násyp • *n* causeway
natáhnout • *v* draw, stretch
natahovat • *v* draw
nátěr • *n* coat
nato • *adv* thereafter
naturalismus • *n* naturalism
naučený • *adj* learned
náušnice • *n* earring

navážit • *v* weigh
navíc • *adj* extra
navigace • *n* navigation
naviják • *n* spool
návlek • *n* bootee
navlhčit • *v* moisten
návnada • *n* bait, decoy
navonět • *v* perfume
návrat • *n* return
navrátit • *v* undo
návratnost • *n* return
návrh • *n* design, draft, layout, petition, proposal, proposition, suggestion
návrhář • *n* designer
navrhnout • *v* devise, propose, suggest
navrhování • *n* proposition
návštěva • *n* visit
návštěvník • *n* visitor
navštěvovat • *v* visit
navštívit • *v* call, visit
návyk • *n* habit
návykový • *adj* addictive
navzdory • *prep* despite, notwithstanding
navždy • *adv* forever
nazdar • *interj* hello
název • *n* name, title
nažka • *n* achene
naznačit • *v* imply, insinuate
náznak • *n* hint
názor • *n* opinion, stance, take, view
názvosloví • *n* terminology
ne • *n* no • *adv* not • *conj* not
ně • *pron* them
nealkoholický • *adj* nonalcoholic
neandrtálec • *n* neanderthal
neb • *conj* as
nebe • *n* heaven, sky
nebesa • *n* heavens, paradise, sky
nebeský • *adj* celestial, empyreal
nebezpečí • *n* danger, hazard, peril, pickle
nebezpečný • *adj* dangerous
nebo • *conj* or
nebohý • *adj* poor
nebojácnost • *n* fearlessness
nebojácný • *adj* dauntless, fearless
nebolestivý • *adj* indolent
neboť • *conj* as, for
nebozez • *n* gimlet
nebožtík • *n* deceased
nebydlící • *adj* homeless
nečekaný • *adj* unexpected
nečestný • *adj* crooked
nechat • *v* fail, let
nechráněný • *adj* unprotected
nechtěně • *adv* inadvertently

nechtěný • *adj* unwanted
nechutný • *adj* disgusting
nečinnost • *n* inactivity
nečinný • *adj* idle, inactive
nečíslovaný • *adj* unnumbered
nečitelný • *adj* illegible
necitlivý • *adj* numb
něco • *pron* something
nedávno • *adv* recently
nedávný • *adj* recent
nedbale • *adv* carelessly
nedbalost • *n* carelessness, malpractice, negligence
nedbalý • *adj* careless, negligent
nedefinovaný • *adj* undefined
nedefinovatelný • *adj* indefinable, undefinable
nedílný • *adj* integral
nedobrý • *adj* unpalatable
nedočkavost • *n* anxiety
nedokonalost • *n* imperfection
nedokonalý • *adj* imperfect, unisexual
nedokonavý • *adj* imperfective
nedokončený • *adj* unfinished
nedopalek • *n* butt
nedorozumění • *n* misunderstanding
nedosažitelný • *adj* inaccessible, unachievable, unattainable
nedospělý • *adj* immature
nedostatečný • *adj* insufficient
nedostatek • *n* dearth, deficiency, lack, paucity, scarcity
nedostupný • *adj* inaccessible, unattainable, unavailable, unobtainable
nedotčený • *adj* untouched
nedozrálý • *adj* crude
nedřevnatý • *adj* herbaceous
nedůležitý • *adj* unimportant
nedůvěra • *n* distrust
nedůvěřivý • *adj* distrustful
nedůvěřovat • *v* distrust
nedůvěryhodný • *adj* untrustworthy
neefektivní • *adj* inefficient
neelegantně • *adv* inelegantly
neelegantní • *adj* inelegant
neetický • *adj* unethical
neexistující • *adj* nonexistent
neformální • *adj* informal
nefritický • *adj* nephritic
nefritida • *n* nephritis
negace • *n* negation
negativ • *n* negative
negativní • *adj* negative
negr • *n* nigger
negramotnost • *n* illiteracy
negramotný • *adj* illiterate
nehet • *n* fingernail, nail

nehmotný • *adj* immaterial
nehoda • *n* accident
nehodný • *adj* unworthy
nehořlavost • *n* incombustibility
nehořlavý • *adj* incombustible
nehumánní • *adj* inhumane
nehybný • *adj* motionless
nějak • *adv* somehow
nějaký • *pron* some
nejasný • *adj* unclear
nejdůležitější • *adj* essential
nejedlý • *adj* inedible
nejhorší • *adj* worst
nejistota • *n* uncertainty
nejistý • *adj* insecure, tentative, uncertain
nejjižnější • *adj* southernmost
nejlépe • *adv* best
nejlepší • *adj* best
nejpodstatnější • *adj* essential
nejvíce • *adv* most
nejvnitřnější • *adj* innermost
nejvyšší • *adj* topmost
někam • *adv* somewhere
někde • *adv* somewhere
někdo • *pron* somebody
někdy • *adv* ever, sometimes
neklid • *n* riot
neklidný • *adj* restless
nekňuba • *n* doodle, drip
nekompromisní • *adj* uncompromising
nekonečno • *n* infinity
nekonečnost • *n* infiniteness
nekonečný • *adj* endless, infinite
nekonformní • *adj* maverick
nekrobióza • *n* necrobiosis
nekrofilie • *n* necrophilia
nekrolog • *n* obituary
nekromancie • *n* necromancy
nekromant • *n* necromancer
nekróza • *n* necrosis
nektar • *n* nectar
nektarinka • *n* nectarine
neléčený • *adj* untreated
nelétavý • *adj* flightless
nelichotivý • *adj* unflattering
nelidský • *adj* inhuman, inhumane
nelítostný • *adj* fierce
nemehlo • *n* butterfingers
neměnný • *adj* invariant, unchanging
nemilosrdně • *adv* mercilessly
nemilosrdný • *adj* merciless
nemístný • *adj* impertinent
nemoc • *n* complaint, disease, illness, sickness
nemocnice • *n* hospital
nemocný • *adj* ill

nemorální • *adj* immoral
nemorálnost • *n* immorality
němota • *n* muteness
nemotorný • *adj* clumsy
nemoudrý • *adj* unwise
nemovitost • *n* property
nemožný • *adj* impossible
němý • *n* mute • *adj* mute
nenahlášený • *adj* unreported
nenahraditelný • *adj* irreplaceable
nenápadný • *adj* inconspicuous
nenapravitelný • *adj* inveterate
nenasyta • *n* glutton
nenasytný • *adj* gluttonous, voracious
nenávidět • *v* hate
nenávist • *n* hatred
nenucený • *adj* nonchalant
neoblíbenost • *n* unpopularity
neoblíbený • *adj* unpopular
neoblomný • *adj* adamant
neobratný • *adj* awkward
neobvyklý • *adj* infrequent, peculiar, unusual
neobyčejný • *adj* extraordinary
neobyvatelný • *adj* uninhabitable
neochota • *n* unwillingness
neochotný • *adj* reluctant, unwilling
neochvějný • *adj* adamant
neodolatelný • *adj* irresistible
neodpovědnost • *n* irresponsibility
neodpovědný • *adj* irresponsible
neodpovídat • *v* disagree
neodvratně • *adv* inevitably
neodym • *n* neodymium
neoficiální • *adj* unofficial
neohebný • *adj* uninflected
neohleduplný • *adj* thoughtless
neohrabaný • *adj* clumsy
neohroženost • *n* prowess
neohrožený • *adj* audacious, dauntless
neoliberalizmus • *n* neoliberalism
neomalený • *adj* crude, rough
neomezený • *adj* unlimited
neomluvitelný • *adj* inexcusable
neomylný • *adj* infallible
neon • *n* neon
neopěvovaný • *adj* unsung
neoprávněný • *adj* unauthorized
neoprén • *n* neoprene
neosobní • *adj* impersonal
neospravedlnitelný • *adj* unjustifiable
neostrý • *adj* blurred
neotesanec • *n* galoot
neotestovaný • *adj* untested
neotřelý • *adj* novel
neozbrojený • *adj* unarmed
nepatrný • *adj* infinitesimal, minute,

slight
neperlivý • *adj* noncarbonated
neplánovaný • *adj* unplanned
neplatný • *adj* invalid
neplodnost • *n* infertility, sterility
neplodný • *adj* barren, sterile
nepochybně • *adv* certainly
nepochybný • *adj* doubtless
nepoctivost • *n* dishonesty
nepoddajný • *adj* firm
nepodložený • *adj* unfounded
nepodporovaný • *adj* unsupported
nepohodlný • *adj* uncomfortable
nepojmenovaný • *adj* nameless, unnamed
nepokoj • *n* riot, tumult
nepokrytě • *adv* straightforward
nepolitický • *adj* apolitical
nepopiratelný • *adj* undeniable
nepopsatelný • *adj* indescribable
nepopulární • *adj* unpopular
nepořádek • *n* disorder, mess
neporazitelný • *adj* invincible
neporozumět • *v* misunderstand
neposkvrněný • *adj* immaculate
neposkytnout • *v* withhold
neposlušnost • *n* disobedience
neposlušný • *adj* disobedient
nepostradatelný • *adj* essential, indispensable
nepotismus • *n* nepotism
nepotizmus • *n* nepotism
nepotřebný • *adj* idle, unnecessary
nepozemský • *adj* unearthly
nepozorný • *adj* inattentive
nepraktický • *adj* impractical
nepraktičnost • *n* impracticality
nepřátelský • *adj* cold, hostile
nepřátelství • *n* animosity
nepravda • *n* falsity
nepravděpodobný • *adj* improbable
nepravdivost • *n* falsity
nepravdivý • *adj* false
nepravidelně • *adv* irregularly
nepravidelnost • *n* irregularity
nepravidelný • *adj* irregular
nepravý • *adj* false
nepřechodný • *adj* intransitive
nepředstavitelný • *adj* inconceivable, unimaginable
nepředvídaný • *adj* unforeseen
nepřekonaný • *adj* unexcelled
nepřekonatelný • *adj* formidable, insurmountable
nepřeložitelný • *adj* untranslatable
nepřesnost • *n* inaccuracy
nepřesný • *adj* imprecise, inaccurate

nepřetržitý • *adj* continuous
nepřijatelný • *adj* unacceptable
nepříjemný • *adj* awkward, bad, rough, unpleasant
nepřímo • *adv* indirectly
nepřímý • *adj* indirect, roundabout
nepřipravený • *adj* unprepared
nepřípustný • *adj* inadmissible
nepřirozený • *adj* unnatural
nepřístupný • *adj* inaccessible, remote
nepřítel • *n* enemy
nepřítomnost • *n* absence
nepřítomný • *adj* absent
nepříznivý • *adj* stark, unfavorable
nepřizpůsobivý • *n* maverick • *adj* maverick
neprodaný • *adj* unsold
neprofesionální • *adj* unprofessional
neproniknutelná • *adj* unfathomable
neproniknutelné • *adj* unfathomable
neproniknutelný • *adj* impenetrable, unfathomable
neprůhlednost • *n* opacity
neprůhledný • *adj* opaque
neprůstřelný • *adj* bulletproof
nepsaný • *adj* unspoken, unwritten
neptunium • *n* neptunium
neradostný • *adj* dismal
nerealizovatelný • *adj* infeasible
neřešitelný • *adj* insoluble
neřest • *n* vice
neřestný • *adj* vicious
nerost • *n* mineral
nerovnice • *n* inequality
nerovnoměrný • *adj* uneven
nerovnost • *n* inequality
nerovnováha • *n* disequilibrium, imbalance
nerovný • *adj* unequal, uneven
nerozhodnost • *n* indecision
nerozhodný • *adj* indecisive
nerozlišitelný • *adj* indistinguishable
nerozpustný • *adj* insoluble
nerv • *n* nerve
nervosvalový • *adj* neuromuscular
nervový • *adj* nervous
nervozita • *n* nervousness
nervózní • *adj* nervous
nesčetný • *adj* countless
neschopný • *adj* inefficient, unable
neschvalovat • *v* deprecate
nesčíslný • *adj* countless
neshoda • *n* dissonance
nešikovný • *adj* awkward, clumsy
nesklonný • *adj* indeclinable
neškodný • *adj* harmless
neskutečný • *adj* unreal

neslučitelný • *adj* contradictory, incompatible
neslušný • *adj* indecent
neslyšně • *adv* silently
nesmělý • *adj* timid
nesmrtelnost • *n* immortality
nesmrtelný • *adj* immortal
nesmysl • *n* bullshit, nonsense, rubbish
nesmyslný • *adj* hollow, nonsensical
nesnášenlivost • *n* intolerance
nesnáz • *n* hitch
nesnesitelný • *adj* insufferable, unbearable
nesobecký • *adj* unselfish
nesoudělný • *adj* incommensurable
nesoudržný • *adj* incoherent
nesouhlasit • *v* disagree
nesoulad • *n* dissonance
nesouměřitelnost • *n* incommensurability
nesouměřitelný • *adj* incommensurable
nesouměrný • *adj* lopsided
nesouosý • *adj* abaxial
nesoustředěný • *adj* oblivious
nesouvisející • *adj* random
nesouvislý • *adj* desultory, incoherent
nesouzvuk • *n* dissonance
nespavost • *n* insomnia
nespočetně • *adv* uncountably
nespojitý • *adj* discontinuous
nespokojený • *adj* dissatisfied
nespolehlivý • *adj* unreliable
nespoutaný • *adj* unfettered
nespravedlivý • *adj* unjust
nespravedlnost • *n* injustice, unfairness
nesprávně • *adv* incorrectly
nesprávný • *adj* incorrect, wrong
nesrovnalost • *n* discrepancy
nesrovnatelný • *adj* incomparable
nesrozumitelný • *adj* unintelligible
nést • *v* bear, carry
nešťastný • *adj* hapless, miserable, unhappy
nesteroidní • *adj* nonsteroidal
neštěstí • *n* disaster, misery, unhappiness
nestoudný • *adj* audacious, impudent
neštovice • *n* smallpox
nestrannost • *n* candor
nestranný • *adj* candid, impartial
nestravitelný • *adj* indigestible
nestvůra • *n* monster
nestydatě • *adv* impertinently
nestydatost • *n* impudence
nestydatý • *adj* audacious, impertinent, impudent
nešvar • *n* vice
netaktní • *adj* tactless
netečnost • *n* hebetude
netečný • *adj* stolid
neteř • *n* niece
netestovaný • *adj* untested
netopýr • *n* bat
netrefit • *v* miss
netrpělivost • *n* impatience
netrpělivý • *adj* impatient
netýkavý • *adj* touchy
neúcta • *n* disrespect
neuctivý • *adj* disrespectful, irreverent
neudržitelný • *adj* untenable
neukojitelný • *adj* insatiable, voracious
neúmyslný • *adj* unintentional
neúnavně • *adv* indefatigably
neúnavnost • *n* indefatigableness
neúnavný • *adj* indefatigable
neúplnost • *n* incompleteness
neúplný • *adj* incomplete
neupřímnost • *n* insincerity
neupřímný • *adj* insincere
neuralgie • *n* neuralgia
neurastenie • *n* neurasthenia
neurčitek • *n* infinitive
neurčitý • *adj* indefinite
neuritida • *n* neuritis
neurochirurg • *n* neurosurgeon
neurofyziologie • *n* neurophysiology
neurolog • *n* neurologist
neurologický • *adj* neurological
neurologie • *n* neurology
neurotransmiter • *n* neurotransmitter
neurověda • *n* neuroscience
neurověda • *n* neurology
neuróza • *n* neurosis
neuskutečnitelný • *adj* infeasible
neúspěch • *n* failure
neuspěchaný • *adj* deliberate
neúspěšně • *adv* unsuccessfully
neúspěšný • *adj* unsuccessful
neuspokojivý • *adj* dismal
neuspořádaně • *adv* irregularly
neuspořádaný • *adj* unordered
neustále • *adv* perpetually
neustálý • *adj* incessant
neústavní • *adj* unconstitutional
neústupný • *adj* stubborn
neutěšitelný • *adj* disconsolate
neutrální • *adj* neutral
neutrino • *n* neutrino
neutron • *n* neutron
neuvěřitelně • *adv* incredibly
neuvěřitelný • *adj* incredible, incredulous
neužitečný • *adj* idle

nevalný • adj poor
nevdaná • adj celibate, unmarried
nevděčnost • n ingratitude
nevděčný • adj ungrateful
nevděk • n ingratitude
nevědomky • adv unwittingly
nevědomost • n ignorance
nevědomý • adj oblivious, unconscious
nevěra • n infidelity
nevěrec • n miscreant
nevěřící • adj incredulous • n infidel
nevěrný • adj adulterous
nevěsta • n bride
nevěstinec • n brothel
nevěstka • n whore
nevhodný • adj clumsy, unsuitable
neviditelnost • n invisibility
neviditelný • adj invisible
nevina • n innocence
nevinný • adj righteous
nevíra • n disbelief, infidelity
nevkus • n camp
nevkusný • adj camp, gaudy
nevolníce • n slave
nevolnictví • n serfdom
nevolník • n serf, slave
nevolnost • n nausea
nevratný • adj irreversible
nevrlý • adj cantankerous
nevšímavý • adj oblivious
nevyčerpatelný • adj inexhaustible
nevyhnutelně • adv inevitably
nevyhnutelný • adj essential, ineluctable, inevitable, unavoidable
nevýhoda • n disadvantage, drawback
nevýhodný • adj disadvantageous
nevyléčitelnost • n incurability
nevyléčitelný • adj incurable
nevyřčený • adj unspoken
nevýslovný • adj ineffable, unspeakable
nevysvětlitelný • adj inexplicable
nevyvratitelný • adj irrefutable
nevyžádaný • adj unsolicited
nevýznamný • adj insignificant
nevzrušeně • adv flatly
newton • n newton
nexus • n nexus
než • prep than
nežádaný • adj unsolicited
nežádoucí • adj undesirable
nezajímavý • adj uninteresting
nezaměnitelný • adj unmistakable
nezaměstnanost • n unemployment
nezaměstnaný • adj unemployed
nezámožný • adj impecunious
nezamýšlený • adj unintended

nezapadající • adj maverick
nezapomenutelný • adj unforgettable
nezasvěcený • adj uninitiated
nezáviděníhodný • adj unenviable
nezávisle • adv independently
nezávislost • n independence
nezávislý • adj independent
nezbytnost • n basic, essential
nezbytný • adj basic, essential
nezcizitelný • adj inalienable • n mortmain
nezdar • n failure
nezdařilý • adj unsuccessful
nezdravý • adj unhealthy
nezdvořilý • adj impolite
nezemský • adj unearthly
neženatý • adj celibate, unmarried
nezhoubný • adj benign
neziskový • adj nonprofit
nežit • n boil
neživotný • adj inanimate
nezkušenost • n inexperience
nezkušený • adj fledgling, inexperienced
nezměnitelný • adj immutable
nezměrný • adj immeasurable
neznalost • n ignorance
neznámý • adj strange, unknown • n stranger
neznělý • adj voiceless
nezničitelný • adj indestructible
něžný • adj tender
nezodpovědný • adj irresponsible
nezpracovaný • adj unprocessed
nezprostředkovaný • adj unmediated
nezralý • adj crude, immature, unripe
nezřetelný • adj indistinct, obscure
nezřízený • adj inordinate
nezvladatelný • adj intractable
ní • pron her
nic • n nix, zero • pron nothing
ničema • n miscreant
ničemný • adj miscreant
nich • pron them
ničitel • n destroyer
ničivý • adj destructive
nicméně • adv howbeit, however, nevertheless, though
nicota • n naught
nihilismus • n nihilism
nihilista • n nihilist
nihilistický • adj nihilistic
nihilizmus • n nihilism
nika • n niche
nikam • adv nowhere
nikde • adv nowhere
nikdy • adv never

nikl • *n* nickel
nikoliv • *conj* not
nikotin • *n* nicotine
nim • *pron* them
nimbus • *n* aureola
nimi • *pron* them
niob • *n* niobium
niqáb • *n* yashmak
nirvána • *n* nirvana
nit • *n* thread
nitka • *n* filament
nitro • *n* bowels
nitrobuněčný • *adj* intracellular
nitroděložní • *adj* intrauterine
nitrolební • *adj* intracranial
nitrosvalový • *adj* intramuscular
nitrožilně • *adv* intravenously
nitrožilní • *adj* intravenous
nížina • *n* lowland
nízký • *adj* low
no • *interj* well • *adv* yeah
nobelium • *n* nobelium
nóbl • *adj* posh
noc • *n* night
nocleh • *n* lodging
noclehárna • *n* dormitory
noční • *adj* nocturnal
noha • *n* foot, leg
nomád • *n* nomad
nomádský • *adj* nomadic
nomenklatura • *n* nomenclature
nominace • *n* nomination
nominalismus • *n* nominalism
nominální • *adj* nominal
nominovat • *v* nominate
nonkonformista • *n* maverick, nonconformist
nonšalance • *n* nonchalance
nonšalantní • *adj* nonchalant
nonsens • *n* nonsense
nora • *n* burrow, den
noradrenalin • *n* noradrenaline
norek • *n* mink
norma • *n* norm
normalita • *n* normalcy
normální • *adj* normal, regular
normálnost • *n* normalcy
normativní • *adj* normative
norník • *n* vole
nos • *n* nose
nosič • *n* bearer, carrier
nosit • *v* bear, carry, wear
nosítka • *n* litter
nosní • *adj* nasal

nosník • *n* girder
nosohltan • *n* nasopharynx
nosologie • *n* nosology
nosorožec • *n* rhinoceros
nostalgie • *n* homesickness, nostalgia
nóta • *n* note
nota • *n* note
notace • *n* music, notation
notář • *n* notary
notebook • *n* notebook
notes • *n* notebook
notorický • *adj* inveterate
ňouma • *n* doodle
nouze • *n* emergency, necessity
nováček • *n* newcomer, novice
novic • *n* novice
novinář • *n* journalist
novinářka • *n* journalist
novinářství • *n* journalism
noviny • *n* news, newspaper
novorozenec • *n* newborn
novost • *n* novelty
novotvar • *n* neologism
nový • *adj* new
nozdra • *n* nostril
nuda • *n* boredom
nudismus • *n* nudism
nudit • *v* bore
nudle • *n* noodle
nudný • *adj* boring, square
nukleon • *n* nucleon
nula • *n* naught, zero
numerický • *adj* numerical
numismatik • *n* numismatist
numismatika • *n* numismatics
numizmatika • *n* numismatics
nutit • *v* compel, force
nutkání • *n* compulsion
nutkavý • *adj* compulsive
nutnost • *n* necessity
nutný • *adj* necessary
nůž • *n* knife
nůžky • *n* scissors
ný • *n* nu
nylon • *n* nylon
nylonky • *n* nylon
nymfa • *n* nymph
nymfička • *n* nymphet
nymfomanie • *n* nymphomania
nymfomanka • *n* nymphomaniac
nyní • *adv* now, presently
nystagmus • *n* nystagmus
nýt • *n* rivet

O

o • *prep* about, against, by, on
oáza • *n* oasis
obalamutit • *v* bamboozle
obálka • *n* envelope
obarvit • *v* color
obava • *n* apprehension
občan • *n* citizen
občané • *n* nationality
občanka • *n* citizen
občanský • *adj* civic
občanství • *n* citizenship, nationality
občanstvo • *n* citizenry
občas • *adv* occasionally
občasný • *adj* casual, occasional
občerstvit • *v* refresh
obcházet • *v* haunt
obchod • *n* business, commerce, deal, shop, trade
obchodní • *adj* commercial
obchodnice • *n* businesswoman
obchodník • *n* businessman, dealer, merchant, trader
obchodovat • *v* deal
obchůzka • *n* round
obchvat • *n* bypass
obdařit • *v* endow
obdělávat • *v* cultivate
obdélník • *n* rectangle
obdélníkový • *adj* rectangular
obdiv • *n* admiration
obdivovat • *v* admire
obdivovatel • *n* admirer
obdivuhodný • *adj* admirable, marvelous, tremendous
období • *n* era, period, season
obdobný • *adj* analogous
obdržení • *n* reception
obdržet • *v* receive
obec • *n* municipality, township
obecenstvo • *n* audience
obecný • *adj* general
oběd • *n* dinner, lunch
obědvat • *v* lunch
obehnat • *v* surround
oběhový • *adj* circulatory
obejít • *v* circumnavigate
obejmout • *v* embrace, hug
obelhávat • *v* fool
obelisk • *n* obelisk
obeplout • *v* circumnavigate
oběsit • *v* hang
oběť • *n* casualty, sacrifice, victim
obětovat • *v* sacrifice
obětovatelný • *adj* expendable

obezita • *n* obesity
obézní • *adj* obese
obezřetnost • *n* circumspection
obezřetný • *adj* circumspect
obhájce • *n* advocate, defender
obhájit • *v* justify
obíhat • *v* circulate, orbit
obilí • *n* cereal, grain
obilnina • *n* cereal
objasnit • *v* clarify
objednat • *v* order
objednávka • *n* order
objekt • *n* object
objektiv • *n* objective
objektivní • *adj* objective
objem • *n* volume
objemný • *adj* voluminous
objetí • *n* embrace, hug • *v* hug
objev • *n* discovery
objevit • *v* appear, detect, discover, encounter, find, track
obkladačka • *n* tile
obklíčený • *adj* enclosed
obklíčit • *v* girdle, surround
obklopit • *v* surround
obklopující • *adj* ambient
obkroužit • *v* circumscribe, girdle
oblačný • *adj* cloudy
oblak • *n* cloud
oblast • *n* area, compass, district
oblastní • *adj* regional
oblázek • *n* pebble
oblázky • *n* shingle
oblečení • *n* clothes, clothing, dress
obléhat • *v* beleaguer, siege
oblehnout • *v* beleaguer
oblek • *n* suit
obléknout • *v* dress
obležení • *n* siege
oblíbenec • *n* minion
oblíbenost • *n* popularity
oblíbený • *adj* favorite, popular
obličej • *n* face
obličejový • *adj* facial
obligace • *n* debenture
obloha • *n* heaven, sky
obloudit • *v* cajole
oblouk • *n* arc, arch
obluda • *n* behemoth
obmalovat • *v* circumscribe
obměna • *n* alternate, contraposition
obnova • *n* renewal
obnovení • *n* renewal
obnovit • *v* restore

obnovitelný • *adj* renewable
obočí • *n* eyebrow
obohacení • *n* enrichment
obojek • *n* collar
obojživelník • *n* amphibian
obojživelný • *adj* amphibious
obor • *n* discipline
obousměrný • *adj* two-way
obr • *n* giant
obrábět • *v* tool
obřad • *n* ceremony, rite, ritual
obřadný • *adj* ceremonial
obrana • *n* defense
obránce • *n* back, defender
obranný • *adj* defensive
obrat • *n* turn
obratel • *n* vertebra
obratlovec • *n* vertebrate
obratně • *adv* deftly
obratník • *n* tropic
obratnost • *n* adroitness, prowess
obratný • *adj* skillful
obraz • *n* image, painting, picture
obrázek • *n* figure
obrazně • *adv* figuratively
obrazný • *adj* figurative
obrazoborectví • *n* iconoclasm
obrazovka • *n* screen
obřezat • *v* circumcise
obří • *adj* giant, gigantic
obřízka • *n* circumcision
obrna • *n* palsy
obrněný • *adj* armored
obrobek • *n* workpiece
obrousit • *v* abrade
obrovský • *adj* enormous, giant, gigantic, mountainous
obrození • *n* revival
obruba • *n* hem
obruč • *n* hoop
obrys • *n* outline
obsadit • *v* occupy
obsah • *n* content, contents, plot
obsáhlý • *adj* comprehensive
obsáhnout • *v* compose
obsahovat • *v* compose, comprise, contain
obsazení • *n* occupation
obsazený • *adj* occupied
observatoř • *n* observatory
obsese • *n* obsession
obsidián • *n* obsidian
obskurantismus • *n* obscurantism
obsluha • *n* crew
obsluhovat • *v* wait
obtěžovat • *v* annoy, beleaguer
obtíž • *n* difficulty

obtížnost • *n* difficulty
obtížný • *adj* difficult, hard, uphill
obušek • *n* bludgeon, club
obuv • *n* footwear
obvaz • *n* bandage
obvinění • *n* accusation
obviněný • *n* accused, defendant
obvinit • *v* accuse
obviňovat • *v* accuse
obviňující • *adj* accusatory
obvod • *n* circumference, girth, perimeter
obvykle • *adv* usually
obvyklý • *adj* common, usual
obyčej • *n* custom
obyčejný • *adj* common, ordinary, plain, regular
obydlí • *n* dwelling
obývat • *v* inhabit
obyvatel • *n* denizen, inhabitant, resident
obyvatelé • *n* nationality
obyvatelný • *adj* habitable
obyvatelstvo • *n* population
obžalovaný • *n* defendant
obžerství • *n* gluttony
obživa • *n* livelihood, subsistence
obzor • *n* horizon
obzvlášť • *adv* especially
očarovat • *v* bewitch
ocas • *n* dick, tail
ocásek • *n* tail
oceán • *n* ocean
oceánograf • *n* oceanographer
oceánografie • *n* oceanography
očekávání • *n* expectation
očekávaný • *adj* expected
očekávat • *v* await, expect
očekávatelný • *adj* expectable
ocel • *n* steel
ocelot • *n* ocelot
ocenění • *n* award, prize
ocenit • *v* assess, price, value
ocenitelný • *adj* plausible
oceňovat • *v* appreciate, esteem
ocet • *n* vinegar
ochabnout • *v* relent
ochabovat • *v* flag
ochlupení • *n* hair
ochota • *n* willingness
ochotný • *adj* easy, sweet, willing
ochrana • *n* protection
ochránce • *n* protector
ochranný • *adj* protective
ochrnutí • *n* paralysis
ochromit • *v* stun, wither
ochromující • *adj* stunning

ochutnat • *v* taste
ocílka • *n* steel
očistec • *n* purgatory
očistit • *v* clear
očividně • *adv* palpably
očividný • *adj* apparent
očko • *n* eye
očkovanec • *n* vaccinee
očkování • *n* vaccination
od • *prep* by, from, since
óda • *n* ode
odbíhat • *v* digress
odbíjená • *n* volleyball
odbočka • *n* digression, exit
odborník • *n* expert, pundit
odborný • *adj* expert
odbýt • *v* skimp
odcestovat • *v* depart
odchod • *n* departure, exit
odchozí • *adj* outgoing
odčinění • *n* atonement
odčinit • *v* atone, undo
odčítání • *n* subtraction
odcizení • *n* alienation
odcizit • *v* alienate, estrange
oddanost • *n* allegiance
oddaný • *adj* devoted, duteous
oddech • *n* rest
oddělení • *n* compartment, division, ward
oddělený • *adj* separate
oddělit • *v* cut, separate, sequester
oddenek • *n* rhizome
oddíl • *n* section, troop
odebrat • *v* remove
odečíst • *v* subtract
odejít • *v* depart, go
odejmout • *v* derogate
odemknout • *v* unlock
odepřít • *v* withhold
odepsat • *v* reply
odesílatel • *n* sender
oděv • *n* garment
odezva • *n* response
odfláknout • *v* skimp
odhad • *n* estimate, guess
odhadnout • *v* estimate
odhalení • *n* revelation
odhalit • *v* detect, expose, reveal
odhodit • *v* discard
odhodlanost • *n* grit, resoluteness
odhodlaný • *adj* determined, gallant, resolute
odjet • *v* depart
odjezd • *n* departure, exit
odkapávat • *v* dribble
odkaz • *n* link

odkázat • *v* refer, will
odkazovat • *v* link
odklad • *n* stay
odkládání • *n* procrastination
odkládat • *v* defer, procrastinate
odkrýt • *v* discover, uncover, unearth
odkud • *adv* whence, where • *conj* where
odlesk • *n* glint
odlet • *n* departure
odletět • *v* depart
odlišně • *adv* differently
odlišný • *adj* different
odlít • *v* cast
odlitek • *n* cast
odliv • *n* ebb, tide
odloučený • *adj* secluded
odložení • *n* stay
odložený • *adj* deferred
odložit • *v* postpone, stay
odměna • *n* guerdon, reward
odměnit • *v* reward
odměřený • *adj* reserved, shy
odmítnout • *v* decline, refuse, reject, withhold
odmítnutí • *n* rejection
odmocnina • *n* root
odnož • *n* fork
odolat • *v* resist
odolatelný • *adj* resistible
odolnost • *n* immunity
odolný • *adj* resistant
odpad • *n* garbage, landfill, refuse, waste
odpadky • *n* garbage
odpadlictví • *n* apostasy
odpadlík • *n* apostate
odpanit • *v* deflower
odpaření • *n* vaporization
odpařování • *n* vaporization
odplata • *n* nemesis
odpočet • *n* count
odpočinek • *n* repose, rest
odpočítávání • *n* countdown
odpočívat • *v* rest
odpojit • *v* detach, disconnect
odpoledne • *n* afternoon
odpor • *n* abomination, animosity, aversion, disgust, resistance, resistor
odpornost • *n* abomination
odporný • *adj* heinous, nasty, rebarbative, vile
odporující • *adj* contradictory
odposlouchávající • *n* eavesdropper
odpouštět • *v* forgive
odpověď • *n* answer, reply, response
odpovědět • *v* answer, reply

odpovědnost • *n* accountability, responsibility
odpovědný • *adj* responsible
odpovídající • *adj* adequate, corresponding, pertinent
odpovídání • *n* response
odpovídat • *v* correspond, match
odpudivý • *adj* rebarbative, repulsive
odpůrce • *n* detractor
odpustek • *n* indulgence
odpuštění • *n* forgiveness
odpustit • *v* forgive
odpuzovat • *v* repel
odradit • *v* deter, discourage
odraz • *n* reflection
odrážet • *v* reflect
odrazit • *v* reflect
odrážka • *n* bullet
odrazující • *adj* daunting
odřenina • *n* abrasion
odřít • *v* abrade
odročení • *n* stay
odročit • *v* postpone
odrůda • *n* variety
odsadit • *v* indent, lead
odsazeni • *n* indentation
odsazení • *n* indentation
odškrtnutí • *n* check
odsoudit • *v* condemn, convict, doom, sentence
odsouzení • *n* conviction, sentence
odsouzený • *n* convict
odstavec • *n* paragraph
odstavit • *v* wean
odštěpit • *v* splinter
odstín • *n* color, shade
odstoupit • *v* resign
odstranění • *n* elimination, removal
odstranit • *v* eliminate, remove
odstrašit • *v* deter
odstředivka • *n* centrifuge
odstředivý • *adj* centrifugal
odstřelovač • *n* sniper
odtažení • *n* tow
odtok • *n* outpouring, runoff
odtrhnout • *v* tear
odtud • *adv* hence, thence
odumírání • *n* mortification
oduševnělý • *adj* profound
odůvodnění • *n* justification
odvaha • *n* bravery, courage, prowess
odvázat • *v* deliver, untie
odvážit • *v* dare
odvážný • *adj* audacious, bold, brave, courageous, gallant
odvod • *n* conscription, draft
odvodit • *v* derive, infer

odvodnění • *n* drainage
odvolací • *adj* appellate
odvolání • *n* appeal
odvolat • *v* appeal, recant, retract
odvození • *n* derivation, inference
odvozenina • *n* derivative
odvozený • *adj* derived
odvrátit • *v* avert, deter
odvzdušnit • *v* bleed
odzbrojit • *v* disarm
odznak • *n* badge, button
ofenzíva • *n* offensive
oficiálně • *adv* officially
oficiální • *adj* official
ofina • *n* bang, fringe
ofsajd • *n* offside
ofsajdový • *adj* offside
ofset • *n* offset
oftalmolog • *n* ophthalmologist
oftalmologie • *n* ophthalmology
oftalmoskop • *n* ophthalmoscope
ohavnost • *n* abomination
ohavný • *adj* heinous
ohebnost • *n* flexibility
ohebný • *adj* flexible, inflected
oheň • *n* fire
ohled • *n* regard, respect
ohleduplnost • *n* discretion
ohleduplný • *adj* considerate
ohlodávat • *v* nibble
ohlušující • *adj* deafening
ohm • *n* ohm
ohnisko • *n* focus
ohnivý • *adj* fiery, incendiary
ohňostroj • *n* firework
ohňostroje • *n* fireworks
ohnout • *v* bend, bow, incline
ohodnocení • *n* rating
ohodnotit • *v* assess
oholený • *adj* shaven
oholit • *v* shave
ohon • *n* tail
ohrada • *n* fence
ohraničit • *v* border, circumscribe
ohraničovat • *v* border
ohřát • *v* warm
ohromení • *n* amazement
ohromený • *adj* dumbfounded
ohromit • *v* amaze, astonish, astound, flabbergast
ohromný • *adj* formidable, huge, immense, mountainous
ohromující • *adj* amazing, daunting, formidable, stunning
ohrožení • *n* peril, pickle, threat
ohrožený • *adj* endangered, threatened
ohrozit • *v* endanger

ohrožující • *adj* fierce
ohyb • *n* bend, bow, curve, diffraction
ohýbání • *n* inflection
ojedinělý • *adj* sporadic
ojetý • *adj* bald
ok • *adj* cool
okamžik • *n* bit, crisis, instant, moment, point, second
okamžitě • *adv* immediately
okamžitý • *adj* immediate
okap • *n* gutter
okapi • *n* okapi
okarína • *n* ocarina
okázalost • *n* ostentation
okázalý • *adj* ostentatious
okazionalizmus • *n* nonce
okcipitální • *adj* occipital
oklamaný • *n* dupe
oklamat • *v* deceive, dupe
oklešťovat • *v* restrain
okluziva • *n* plosive
okno • *n* blackout, window
oko • *n* eye, eyespot
okolí • *n* environment, surroundings
okolík • *n* umbel
okolnost • *n* circumstance
okolo • *prep* about, around • *adv* around
okořenit • *v* season
okoun • *n* perch
okounek • *n* sunfish
okouzlení • *n* fascination
okouzlit • *v* bewitch, fascinate, mesmerize
okouzlující • *adj* bewitching, charming, enchanting, fascinating, stunning
okovat • *v* horseshoe
okraj • *n* border, brink, extremity, lip, margin, periphery
okrajový • *adj* fringe
okrást • *v* rip
okres • *n* county, district
okruh • *n* ring
oktaedr • *n* octahedron
oktametr • *n* octameter
okuj • *n* scale
okupace • *n* occupation
okupant • *n* occupant, occupier
okupovaný • *adj* occupied
okurka • *n* cucumber
okusovat • *v* nibble
oleandr • *n* oleander
olej • *n* oil
olejnatý • *adj* oily
olejový • *adj* oily
olemovat • *v* border
oligarchie • *n* oligarchy
oliva • *n* olive

olověný • *adj* leaden
olovnice • *n* plummet
olovo • *n* lead
olše • *n* alder
oltář • *n* altar
olůvko • *n* pencil
omáčka • *n* sauce
ombudsman • *n* ombudsman
omdlení • *n* fainting
omdlít • *v* faint, swoon
omega • *n* omega
oměj • *n* aconite
omezení • *n* austerity
omezený • *adj* limited, parochial, restricted
omezit • *v* circumscribe, curtail, limit, restrain, restrict
omezovat • *v* confine, skimp
omezující • *adj* restrictive
omikron • *n* omicron
omladit • *v* rejuvenate
omluva • *n* apology, excuse
omluvit • *v* apologize, excuse
omluvitelný • *adj* excusable
omluvný • *adj* apologetic
omráčený • *adj* silly
omráčit • *v* befuddle, stun
omračující • *adj* stunning
omyl • *n* error
omylný • *adj* fallible
omyvatelný • *adj* washable
on • *pron* he
ona • *pron* she
onanie • *n* masturbation
ondatra • *n* muskrat
oneirologie • *n* oneirology
onemocnět • *v* contract
oni • *pron* they
onkogen • *n* oncogene
onkolog • *n* oncologist
onkologie • *n* oncology
onomastika • *n* onomastics
onomatopoie • *n* onomatopoeia
onomatopoion • *n* onomatopoeia
ontogeneze • *n* ontogeny
ontologický • *adj* ontological
ontologie • *n* ontology
ony • *pron* they
onyx • *n* onyx
opačný • *adj* opposite
opadavý • *adj* deciduous
opak • *n* opposite
opakovaně • *adv* repeatedly
opakování • *n* repetition
opakovat • *v* repeat
opál • *n* opal
opálení • *n* tan

opálený • *adj* tanned
opar • *n* herpes
opásat • *v* girdle
opasek • *n* belt, girdle
opat • *n* abbot
opatření • *n* measure
opatrně • *adv* carefully, cautiously
opatrnost • *n* carefulness
opatrný • *adj* careful, cautious, shy
opatství • *n* abbey
opce • *n* option
opera • *n* opera
operace • *n* operation, surgery
opereta • *n* operetta
opět • *adv* again
opevnění • *n* fortification
opiát • *n* opiate
opičák • *n* monkey
opice • *n* ape, monkey
opilec • *n* alcoholic, drunkard
opilost • *n* drunkenness
opilý • *adj* drunk, drunken, intoxicated
opium • *n* opium
opláchnout • *v* rinse
opláchnutí • *n* rinse
oplachtění • *n* suit
opláštění • *n* shell
oplatka • *n* wafer
oplocení • *n* fence
oplodí • *n* pericarp
oplodnění • *n* fertilization
oplodnit • *v* fertilize
oplotit • *v* fence
oplývat • *v* abound
oplzlost • *n* obscenity
opona • *n* curtain
oponent • *n* opponent
opora • *n* buttress, friend
oportunista • *n* opportunist
oportunizmus • *n* opportunism
opotřebení • *n* wear
opovrhovat • *v* despise, scorn
opovržení • *n* contempt, disdain, scorn
opovrženíhodný • *adj* contemptible
opožděný • *adj* belated
opozice • *n* opposition
opozitum • *n* antonym
opracovat • *v* work
oprat • *v* rinse
oprátka • *n* noose
oprava • *n* correction, repair
opravář • *n* repairman
opravdový • *adj* substantial
opravdu • *adv* actually, truly • *interj* really
opravit • *v* correct, fix, mend, repair, restore

opravna • *n* garage
oprávnění • *n* entitlement
opřít • *v* lean
oproštěný • *adj* exempt
oprsklý • *adj* saucy
opsat • *v* circumscribe
optický • *adj* optic
optik • *n* optician
optika • *n* optics
optimismus • *n* optimism
optimista • *n* optimist
optimistický • *adj* optimistic, sanguine
optometrie • *n* optometry
optometrista • *n* optometrist
opuchnout • *v* swell
opulentní • *adj* spendthrift
opuštěný • *adj* abandoned
opustit • *v* abandon, desert, quit
opylovač • *n* pollinator
orální • *adj* oral
orangutan • *n* orangutan
oranžáda • *n* orangeade
oranžový • *n* orange • *adj* orange
orat • *v* plough
orbita • *n* orbit
orbital • *n* orbit
orc • *n* orc
orchestr • *n* orchestra
orchidea • *n* orchid
orchidej • *n* orchid
ořech • *n* nut
ořechový • *adj* nutty
oregano • *n* oregano
orel • *n* eagle
ořešák • *n* walnut
ořez • *n* crop
ořezat • *v* crop
orgán • *n* body, organ
organela • *n* organelle
organický • *adj* organic
organismus • *n* organism
organizace • *n* body, organization
organizátor • *n* organizer
organizér • *n* organizer
organizovat • *v* organize
orgasmus • *n* orgasm
orgie • *n* orgy
orientovat • *v* orient
originalita • *n* genuineness
originální • *adj* authentic, novel
orkán • *n* hurricane
orlíček • *n* columbine
ornament • *n* ornament
ornitolog • *n* ornithologist
ornitologický • *adj* ornithological
ornitologie • *n* ornithology
ornitóza • *n* psittacosis

orný • *adj* arable
orobinec • *n* cattail
ortodoncie • *n* orthodontics
ortodoxie • *n* orthodoxy
ortodoxní • *adj* orthodox
ortoklas • *n* orthoclase
ortopedie • *n* orthopedics
osa • *n* axis, axle
osada • *n* hamlet, settlement
osadník • *n* settler
osahávat • *v* grope
osamělost • *n* loneliness
osamělý • *adj* lonely
oscilace • *n* oscillation
oscilátor • *n* oscillator
osciloskop • *n* oscilloscope
oscilovat • *v* oscillate, pulsate
osedlat • *v* saddle
osel • *n* ass, donkey, jackass
ošetřovat • *v* nurse
ošetřovatel • *n* nurse
ošetřovatelka • *n* nurse
ošidit • *v* bamboozle
ošidný • *adj* deceptive
osika • *n* aspen
ošklivit • *v* detest, loathe
ošklivost • *n* ugliness
ošklivý • *adj* ugly
oslabit • *v* weaken
oslava • *n* celebration, party
oslavovat • *v* hail
oslnit • *v* dazzle
oslnivý • *adj* resplendent
osmdesátník • *n* octogenarian
osmdesátý • *adj* eightieth
osminka • *n* quaver
osmistěn • *n* octahedron
osmiúhelník • *n* octagon
osmium • *n* osmium
osmnáctý • *adj* eighteenth
osmotický • *adj* osmotic
osmóza • *n* osmosis
osmý • *adj* eighth
osnova • *n* staff, warp
osoba • *n* person
osobní • *adj* personal
osobnost • *n* personality
osolit • *v* salt
ospalky • *n* sleep
ospalý • *adj* sleepy
ospravedlnění • *n* justification
ospravedlnit • *v* exonerate, justify
ospravedlnitelný • *adj* justifiable
osprchování • *n* shower
osrdečnice • *n* pericardium
osrdečník • *n* pericardium
ostatní • *adj* else, other • *n* others

osten • *n* prickle, thorn
ostentativní • *adj* ostentatious
osteoartróza • *n* osteoarthritis
osteomyelitida • *n* osteomyelitis
osteoporóza • *n* osteoporosis
oštěp • *n* javelin
ostnokožec • *n* echinoderm
ostouzení • *n* disgrace
ostouzet • *v* disgrace
ostraha • *n* security
ostře • *adv* sharply
ostří • *n* edge
ostříhat • *v* shear
ostřit • *v* hone, sharpen
ostroh • *n* headland, promontory
ostrov • *n* island
ostrovan • *n* islander
ostruha • *n* spur
ostružina • *n* blackberry
ostrý • *n* heat • *adj* hot, sharp, spicy
ostuda • *n* disgrace, shame
ostudný • *adj* disgraceful, ignominious, shameful
ostýchavý • *adj* demure
osud • *n* destiny, doom, fate, fortune, kismet
osudný • *adj* fatal
osudový • *adj* fatal
osvědčení • *n* certificate
osvěta • *n* edification
osvětlit • *v* illuminate, light
osvětlovat • *v* illuminate
osvěžit • *v* refresh
osvěžující • *adj* fresh
osvícení • *n* enlightenment
osvícenost • *n* lucidity
osvítit • *v* enlighten, light
osvobodit • *v* deliver, free, liberate, liberated
osvoboditel • *n* liberator
osvobození • *n* emancipation, liberation
osvobozený • *adj* exempt, liberated
osvobozovat • *v* liberate
osvojení • *n* adoption
osvojit • *v* adopt
osyp • *n* talus
otázka • *n* question
otčím • *n* stepfather
otčina • *n* fatherland
otcovský • *adj* paternal
otcovství • *n* fatherhood
otec • *n* father
otéci • *v* swell
otéct • *v* swell
otěhotnět • *v* conceive
otevřeně • *adv* straightforward

otevřenost • *n* openness
otevřený • *adj* candid, out
otěž • *n* rein
otisk • *n* fingerprint
otitulkovat • *v* subtitle
otočit • *v* rotate, turn
otok • *n* edema, swelling
otoskop • *n* otoscope
otrava • *n* intoxication, pain, poisoning, vexation
otrávit • *v* poison
otravný • *v* annoying • *adj* toxic
otravování • *n* vexation
otravovat • *v* vex
otřes • *n* tremor
otřesný • *adj* appalling
otrhanec • *n* rag
otrhaný • *adj* ragged
otrlý • *adj* callous
otročit • *v* slave
otrocký • *adj* slavish
otrocky • *adv* slavishly
otroctví • *n* slavery
otrok • *n* slave
otrokářství • *n* slavery
otrokyně • *n* slave
otruby • *n* bran
otupělost • *n* weariness
otupení • *n* hebetude
otvor • *n* gap, opening
otylost • *n* obesity
ouško • *n* auricle, eye
outdoorový • *adj* outdoor

ovád • *n* horsefly
ovál • *n* oval
ovce • *n* ewe
ověření • *n* verification
ověřit • *v* verify
ověřitelný • *adj* verifiable
oves • *n* oat
ovladač • *n* driver
ovládat • *v* check, command, control, govern
ovlivnit • *v* affect, influence
ovoce • *n* fruit
ovocnář • *n* fruiterer
ovzduší • *n* atmosphere
oxid • *n* oxide
oxidace • *n* oxidation
oxymóron • *n* oxymoron
ozbrojený • *adj* armed
ozdoba • *n* ornament
ozdobný • *adj* decorative
ozdravovna • *n* sanatorium
oživit • *v* enliven, reinvigorate
označit • *v* denounce, designate, flag, label, mark, name, tag
označkovat • *v* tag
oznámení • *n* notice, publication
oznámit • *v* announce
ozón • *n* ozone
ozon • *n* ozone
ozřejmit • *v* elucidate
ozvěna • *n* echo

P

páchat • *v* perpetrate
páchnout • *v* reek, smell, stink
páčidlo • *n* crow, crowbar
pacient • *n* patient
pacifismus • *n* pacifism
packa • *n* paw
pád • *n* descent, fall
padák • *n* parachute
padat • *v* fall
padělání • *n* forgery
padělatel • *n* forger
padělek • *n* forgery
padesátina • *n* fiftieth
padesátiny • *n* jubilee
padesátý • *adj* fiftieth
pádlo • *n* paddle
padnout • *v* fall, fit
padouch • *n* villain
pagoda • *n* pagoda

pahorek • *n* hill
pahýl • *n* stump
pájet • *v* solder
pájka • *n* solder
pak • *adv* then
páka • *n* lever
pakostnice • *n* gout
palác • *n* palace
palačinka • *n* pancake
paladin • *n* paladin
palatin • *n* palatine
palatýn • *n* palatine
palba • *n* fire
palčák • *n* mitten
palcát • *n* mace
palčivý • *adj* burning
palec • *n* inch, thumb
pálení • *n* burn
paleontolog • *n* paleontologist

paleontologický • *adj* paleontological
paleontologie • *n* paleontology
paleta • *n* palette, pallet
paliativní • *adj* palliative
palice • *n* mallet, spadix
pálící • *adj* burning
palimpsest • *n* palimpsest
palindrom • *n* palindrome
pálit • *v* burn
palivo • *n* fuel
pálivý • *adj* burning • *n* heat
pálka • *n* bat
pálkař • *n* batter
palladium • *n* palladium
palpitace • *n* palpitation
paluba • *n* deck • *v* holystone
památník • *n* monument
pamatovat • *v* remember
paměť • *n* memory
pamětihodnost • *n* sight
pamflet • *n* lampoon
pampeliška • *n* dandelion
pán • *n* gentleman, lord, man, master, mister, sir
pan • *n* gentleman, sir
panák • *n* dummy, slug
pancíř • *n* armor
pandemický • *adj* pandemic
pandemie • *n* pandemic
panel • *n* panel, tab
panenka • *n* doll
panenství • *n* virginity
pánev • *n* pelvis
pánevní • *adj* pelvic
paní • *n* madam
panic • *n* virgin
panika • *n* panic
panikařit • *v* panic
pankáč • *n* punk
pankreas • *n* pancreas
pankreatitida • *n* pancreatitis
panna • *n* doll, maiden, virgin
panovačný • *adj* bossy
panovník • *n* monarch, sovereign
pant • *n* hinge
panteista • *n* pantheist
panter • *n* panther
pantofel • *n* slipper
pantofle • *n* slipper
pantograf • *n* pantograph
pantomima • *n* mime, pantomime
papája • *n* papaya
papež • *n* pope
papežský • *adj* papal
papilom • *n* papilloma
papír • *n* paper
papírnictví • *n* stationery

papírový • *adj* paper
papoušek • *n* parrot
papouškovat • *v* parrot, regurgitate
paprika • *n* paprika
paprsek • *n* beam, ray, reed, shaft, spoke
papuče • *n* slipper
papuchalk • *n* puffin
papyrus • *n* papyrus
pár • *n* couple, pair
pára • *n* steam, vapor
parabola • *n* parabola
paracetamol • *n* acetaminophen
paradigma • *n* paradigm
paradox • *n* paradox
paradoxně • *adv* paradoxically
paragraf • *n* section
parajazyk • *n* paralanguage
pařák • *n* steamer
paralaxa • *n* parallax
paralélní • *adj* parallel
parametr • *n* parameter
paranoia • *n* paranoia
paranoidní • *adj* paranoid
paranoik • *n* paranoid
paraplegie • *n* paraplegia
paraplegik • *n* paraplegic
parašutista • *n* parachutist
párat • *v* unravel
párátko • *n* toothpick
parazit • *n* parasite
parazitismus • *n* parasitism
parazitní • *adj* parasitic
parcela • *n* parcel, plot
parchant • *n* rascal
pardon • *interj* sorry
párek • *n* sausage
parenchym • *n* parenchyma
parestézie • *n* paresthesia
pařez • *n* stump
paréza • *n* paresis
parfém • *n* perfume
parita • *n* parity
park • *n* park
parketa • *n* parquet
parkoviště • *n* parking
parkur • *n* showjumping
parlament • *n* parliament
parlamentní • *adj* parliamentary
parmice • *n* mullet
parník • *n* steamboat, steamer, steamship
parodie • *n* parody
parodontologie • *n* periodontics
parodovat • *v* parody
paroh • *n* antler
paroháč • *n* cuckold

parotitida • *n* parotitis
paroxysmální • *adj* paroxysmal
partitura • *n* music, score
partner • *n* date, partner
partnerka • *n* date
partnerství • *n* partnership
párty • *n* party
partyzán • *n* guerrilla
partyzánský • *adj* partisan
paruka • *n* wig
pas • *n* passport, waist
pás • *n* belt
paša • *n* pasha
pasák • *n* herdsman, pimp, shepherd
pásek • *n* belt, strap
paseka • *n* glade
pašerák • *n* smuggler
pasiáns • *n* patience
pašije • *n* passion
pasivum • *n* liability
páska • *n* ribbon, tape
pasování • *n* register, registration
pasovat • *v* knight, register
pašovat • *v* smuggle
pásovec • *n* armadillo
past • *n* trap
pást • *v* graze
pasta • *n* paste
pastelka • *n* crayon
pastevec • *n* herdsman
pastička • *n* mousetrap
paštika • *n* paste
pastinák • *n* parsnip
pastvina • *n* field, pasture
pastýř • *n* herdsman, shepherd
pat • *n* stalemate
pata • *n* heel
patent • *n* patent
páteř • *n* backbone, spine
páteřní • *adj* spinal
páternoster • *n* paternoster
patice • *n* socket
patka • *n* base, heel
patnáctý • *adj* fifteenth
patologický • *adj* pathological
patologicky • *adv* pathologically
patologie • *n* pathology
pátrat • *v* delve, investigate
patřičný • *adj* pertinent
patřit • *v* belong
patrně • *adv* apparently
patro • *n* flight, palate
patrona • *n* shell
pátý • *adj* fifth
pauza • *n* pause, rest
páv • *n* peacock, peafowl
pavěda • *n* pseudoscience

pavědecký • *adj* pseudoscientific
pavián • *n* baboon
pávice • *n* peahen
pavilon • *n* pavilion
pavouk • *n* spider
pavoukovec • *n* arachnid
pažba • *n* butt, stock
paže • *n* arm
páže • *n* page
pazourek • *n* flint
pec • *n* furnace, oven, stove
péče • *n* care
pecen • *n* loaf
pečení • *n* baking
pečeť • *n* seal
pěchota • *n* infantry
péci • *v* bake
pečivo • *n* pastry
pecka • *n* kernel, pit, stone
pečlivý • *adj* careful, meticulous
pečovat • *v* care
péct • *v* bake, roast
pedagogický • *adj* pedagogical
pedál • *n* pedal
pedant • *n* pedant
pedantický • *adj* pedantic
pedantský • *adj* pedantic
pederast • *n* pederast
pederastie • *n* pederasty
pediatrický • *adj* pediatric
pediatrie • *n* pediatrics
pedometr • *n* pedometer
pejorativně • *adv* pejoratively
pekař • *n* baker
pekárna • *n* bakery
peklo • *n* hell
pěkně • *interj* nice • *adv* nicely
pěkný • *adj* beautiful, nice
pekřín • *n* mandrake
pektin • *n* pectin
pekuniární • *adj* pecuniary
pelikán • *n* pelican
pelyněk • *n* absinthe, artemisia, wormwood
pemfigus • *n* pemphigus
pemza • *n* holystone, pumice
peň • *n* bole
pěna • *n* foam, froth
peněženka • *n* purse, wallet
peněžní • *adj* monetary, pecuniary
penicilín • *n* penicillin
penilní • *adj* penile
penis • *n* penis
pěnivý • *adj* frothy
peníze • *n* cash, money
pěnkava • *n* chaffinch
pěňkava • *n* finch

penny • *n* penny
penze • *n* pension
penzion • *n* pension
pepř • *n* pepper
pepsin • *n* pepsin
peptid • *n* peptide
peřej • *n* rapid
pergamen • *n* parchment
peří • *n* plumage
perikard • *n* pericardium
perikarditida • *n* pericarditis
perina • *n* glen
perioda • *n* period
periodicita • *n* periodicity
periodický • *adj* periodic
periodikum • *n* periodical
periskop • *n* periscope
peritonitida • *n* peritonitis
perla • *n* pearl
perleť • *n* nacre
perlín • *n* rudd
perlivý • *adj* carbonated, sparkling
permeabilita • *n* permeability
permoník • *n* dwarf
permutace • *n* permutation
perník • *n* gingerbread
pero • *n* pen, quill
péro • *n* dick, feather
perón • *n* platform
peroxid • *n* peroxide
personál • *n* staff
personifikace • *n* personification
perspektiva • *n* perspective
peruť • *n* squadron
perverzní • *adj* perverse
perzistence • *n* persistence
pes • *n* dog
pěšák • *n* infantryman
pěšec • *n* pawn
pěší • *adj* pedestrian
pesimismus • *n* pessimism
pesimista • *n* pessimist
pesimistický • *adj* pessimistic
pěšina • *n* footpath, path
pěšinka • *n* part
pěst • *n* fist
pesticid • *n* pesticide
pestík • *n* carpel, pistil
pěstovat • *v* grow
pestruška • *n* vole
pestrý • *adj* colorful, variegated
pětadvacátý • *adj* twenty-fifth
petice • *n* petition
pětina • *n* fifth
pětiúhelník • *n* pentagon
pětka • *n* ten
petrklíč • *n* cowslip, primrose

petrolej • *n* kerosene
petržel • *n* parsley
petrželka • *n* parsley
pěvec • *n* songster
pěvkyně • *n* songstress
pevně • *adv* firmly
pevninský • *adj* continental
pevnost • *n* fort, fortification, fortress
pevný • *adj* firm, solid
pí • *n* pi
pianista • *n* pianist
piáno • *n* piano
piča • *n* pussy
píča • *n* cunt
píce • *n* forage
píchnout • *v* sting
píchnutí • *n* sting
pícnina • *n* forage
pičovina • *n* shit
pidimužík • *n* dwarf
piedestal • *n* pedestal
pietismus • *n* pietism
piezoelektřina • *n* piezoelectricity
piha • *n* freckle
pijan • *n* alcoholic
pijavice • *n* leech
pijavka • *n* leech
pik • *n* spade
píka • *n* pike
pikador • *n* picador
pikantní • *n* heat
piknik • *n* picnic
pikola • *n* base, piccolo
piky • *n* spade
pila • *n* saw
píle • *n* diligence, industry
piliny • *n* sawdust
pilíř • *n* pier, pillar
pilník • *n* file
pilný • *adj* diligent, hardworking, industrious
pilot • *n* pilot
pilovat • *v* file, hone
pilulka • *n* pill
pindík • *n* doodle
pinďour • *n* doodle
pinta • *n* pint
pion • *n* pion
pionýr • *n* pioneer
pipa • *n* pipe
pipeta • *n* pipette
pípnout • *v* peep
pípnutí • *n* peep
piraňa • *n* piranha
pirát • *n* pirate
pirátství • *n* piracy
pisař • *n* scribe

písek • *n* sand
píseň • *n* song
pískat • *v* wheeze, whistle
pískot • *n* wheeze
pískovec • *n* sandstone
pískoviště • *n* sandbox, sandpit
písmeno • *n* letter
písmo • *n* font, writing
písnička • *n* song
písnout • *v* text
pisoár • *n* urinal
píst • *n* piston
pistácie • *n* pistachio
píšťala • *n* pipe, whistle
píšťalka • *n* whistle
píštěl • *n* fistula
pistole • *n* gun, pistol
pít • *v* drink
pití • *n* drink
pitný • *adj* drinkable, potable
pitomec • *n* fool, jerk
pitomý • *adj* silly
pitoreskní • *adj* picturesque
pitva • *n* dissection
pitvat • *v* dissect
pivo • *n* beer
pivoňka • *n* peony
pivovar • *n* brewery
pixel • *n* pixel
pizda • *n* cunt, pussy
pižmo • *n* musk
pizza • *n* pizza
pizzerie • *n* pizzeria
pláč • *n* cry
placenta • *n* placenta
placentální • *adj* placental
placentární • *adj* placental
plachetnice • *n* sailboat
plachost • *n* shyness
plachta • *n* sail
plachtění • *n* sailing
plachtit • *v* plane, sail
plachý • *adj* shy
plagiátor • *n* plagiarist
plagiátorství • *n* plagiarism
plak • *n* plaque
plakát • *n* poster
plakat • *v* cry, weep
plamen • *n* flame
plameňák • *n* flamingo
plamenomet • *n* flamethrower
pláň • *n* plain
plán • *n* layout, plan, scheme
planeta • *n* planet
planetárium • *n* planetarium
planetární • *adj* planetary
planina • *n* plain

plankton • *n* plankton
plánovač • *n* planner
plánování • *n* planning
plánovaný • *adj* planned
plánovat • *v* mean, plan
planš • *n* piste
plantáž • *n* plantation
plášť • *n* cloak, wrap
plast • *n* plastic
plastelína • *n* plasticine
pláštěnka • *n* raincoat
plástev • *n* honeycomb
plastový • *adj* plastic
plat • *n* salary
plát • *n* sheet
platan • *n* plane, sycamore
platba • *n* payment
plátek • *n* slice
platforma • *n* platform
platina • *n* platinum
platinový • *adj* platinum
platit • *v* pay
plátno • *n* canvas, linen
platný • *adj* available, valid
platonický • *adj* platonic
platýs • *n* flounder
platýz • *n* halibut
plavání • *n* swim, swimming
plavat • *v* float, swim
plavba • *n* cruise, sail, voyage
plavčík • *n* lifeguard
plavec • *n* swimmer
plavidlo • *n* craft
plavit • *v* sail
plavky • *n* swimsuit
plavoun • *n* capybara
plavý • *adj* dun
playboy • *n* playboy
pláž • *n* beach, sand, strand
plaz • *n* reptile
plazit • *v* crawl
plazma • *n* plasma
plch • *n* dormouse
plebejec • *n* vulgarian
plebiscit • *n* plebiscite
plechovka • *n* can, tin
plejáda • *n* constellation
plemeno • *n* breed
plena • *n* diaper
plenární • *adj* plenary
plenění • *n* pillage
plenit • *v* pillage
plenitel • *n* pillager, plunderer
plenka • *n* diaper
pleonasmus • *n* pleonasm
ples • *n* ball
plešatějící • *adj* balding

plešatost • *n* baldness
plešatý • *adj* bald, callow
plesnivět • *v* mildew
plést • *v* knit, plait
pleť • *n* complexion
pleteň • *n* plexus
pletenec • *n* plait
pletení • *n* knitting
pletenina • *n* knitting
pletichář • *n* schemer
pletka • *n* entanglement
pleva • *n* chaff
plevel • *n* weed
plíce • *n* lung
plicní • *adj* pulmonary
plíseň • *n* mildew, mold
plískanice • *n* sleet, slush
plískavice • *n* dolphin
plít • *v* weed
plivat • *v* spit
plivátko • *n* spittoon
plivnout • *v* spit
plivnutí • *n* spit
plnoletost • *n* age
plný • *adj* complete, full
plocha • *n* area, desktop, plane
plochý • *adj* flat, plane
plod • *n* fetus, fruit
plodit • *v* beget
plodnost • *n* fertility
plodný • *adj* fertile
plodový • *adj* fetal
plody • *n* fruit
plot • *n* fence
ploténka • *n* disk
plotice • *n* roach
plout • *v* float, sail, swim
ploutev • *n* fin, flipper
plsť • *n* felt
plsťák • *n* fedora, felt
plůdek • *n* fry
pluh • *n* plough
pluk • *n* regiment
plukovník • *n* colonel
plus • *conj* plus
plutokracie • *n* plutocracy
plutokrat • *n* plutocrat
plutokratický • *adj* plutocratic
plutonium • *n* plutonium
plyn • *n* gas
plynatost • *n* flatulence
plynně • *adv* fluently
plynný • *adj* fluent
plynout • *v* follow
plynule • *adv* fluently, smoothly
plynulý • *adj* fluent, fluid, steady
plyš • *n* plush

plž • *n* gastropod
pneumatika • *n* tyre
pneumokonióza • *n* pneumoconiosis
pneumonie • *n* pneumonia
pneumonitida • *n* pneumonitis
po • *prep* after, by
pobídka • *n* incentive
pobláznený • *adj* gaga
poblíž • *prep* toward
pobočka • *n* branch
pobočník • *n* adjutant
pobodat • *v* stab
pobouřený • *adj* indignant
pobřeží • *n* coast
pobřišnice • *n* peritoneum
pobýt • *v* stay
pobyt • *n* sojourn, stay
pobývat • *v* stop
pocákat • *v* splatter
počasí • *n* weather
počáteční • *adj* initial
počátek • *n* beginning, origin
pocení • *n* perspiration
počestný • *adj* righteous
počet • *n* calculus, count
početí • *n* conception
početný • *adj* numerous
pocházet • *v* stem
pochlebování • *n* flattery
pochlebovat • *v* flatter
pochmurný • *adj* gloomy
pochod • *n* march
pochodeň • *n* torch
pochodovat • *v* march
pochopení • *n* apprehension, comprehension, understanding
pochopit • *v* apprehend, conceive, grasp, understand
pochovat • *v* earth
pochva • *n* scabbard, sheath, vagina
pochyba • *n* doubt
pochybení • *n* error
pochybnost • *n* doubt
pochybný • *adj* doubtful
pochybovat • *v* doubt
pocit • *n* affection, feeling
počít • *v* beget, conceive
počítač • *n* computer
počítačový • *adj* digital
počítat • *v* compute, count, number
počitatelný • *adj* countable
pocítit • *v* experience
pociťovat • *v* experience
počtář • *n* counter
poctivě • *adv* fairly
poctivost • *n* honesty
poctivý • *adj* honest, square

pod • *prep* below, beneath, under, within
podání • *n* delivery, service
podat • *v* administer, complain, file, hand, move, pass, serve
podávat • *v* pass, serve
podběl • *n* coltsfoot
podbradek • *n* jowl
podcenit • *v* underestimate, undervalue
podchlazení • *n* hypothermia
poddajný • *adj* docile, meek
poddaný • *n* subject
poddruh • *n* subspecies
poděděný • *adj* inherited
poděkovat • *v* thank
podél • *prep* along
podělit • *v* allot
podepřít • *v* truss
podepsaný • *adj* signed
podepsat • *v* sign, subscribe
podesta • *n* landing
podezírat • *v* suspect
podezíravý • *adj* suspicious
podezřelý • *n* suspect • *adj* suspect, suspicious
podezření • *n* suspicion
podezřívat • *v* suspect
podezřívavě • *adv* askance
podezřívavý • *adj* suspicious
podgrupa • *n* subgroup
podhlavník • *n* bolster
podhodnotit • *v* undervalue
podíl • *n* quotient, share
pódium • *n* dais, rostrum
podívaná • *n* show, sight, spectacle
podívat • *v* look
podivení • *n* wonder
podivín • *n* freak, maverick
podivínský • *adj* maverick
podivně • *adv* curiously
podivný • *adj* curious, peculiar, strange, uncanny
podkova • *n* horseshoe
podkovář • *n* blacksmith, farrier
podkovat • *v* horseshoe
podkožní • *adj* subcutaneous
podkroví • *n* garret
podlaha • *n* floor
podlaží • *n* level
podle • *prep* after, by
podlehnout • *v* succumb
podlézat • *v* fawn
podlézavý • *adj* obsequious, oily
podlitina • *n* bruise
podložka • *n* washer
podlý • *adj* bad, wicked

podmáslí • *n* buttermilk
podmět • *n* subject
podmínka • *n* condition, probation, requirement, term
podminovat • *v* mine
podmnožina • *n* subset
podmořský • *adj* submarine
podnadpis • *n* subheading
podnebí • *n* climate
podnět • *n* cue, impetus, stimulus
podnik • *n* business, company, concern, enterprise
podnikatel • *n* businessman, entrepreneur
podnikavec • *n* entrepreneur
podnítit • *v* excite, stimulate
podobat • *v* resemble
podobenství • *n* parable
podobizna • *n* portrait
podobně • *adv* likewise, similarly
podobnost • *n* similarity
podobný • *adj* similar
podotknout • *v* observe
podpalubí • *n* hold
podpatek • *n* heel
podpaží • *n* armpit
podpěra • *n* prop, rest, support
podpírat • *v* support
podpis • *n* signature
podplatit • *v* bribe
podpora • *n* dole, subsidy, support
podporovaný • *adj* supported
podporovat • *v* countenance, support
podprsenka • *n* bra
podřadný • *adj* inferior
podrážka • *n* sole
podřídit • *v* subordinate
podřízený • *n* inferior • *adj* subordinate
podrobení • *n* subjugation
podrobnost • *n* detail
podrobný • *adj* detailed, minute
podrost • *n* coppice, underbrush
podšálek • *n* saucer
podšívka • *n* lining
podskupina • *n* subgroup
podstata • *n* content, core, essential
podstatný • *adj* substantial
podstavec • *n* easel, pedestal
podstoupit • *v* undergo
podsvětí • *n* afterlife, underworld
podsvětní • *adj* stygian
podtitul • *n* subtitle
podtrhnout • *v* underline, underscore
podtrhnutí • *n* underline
podtřída • *n* subclass
podtržení • *n* underline
podtržítko • *n* underline, underscore

poduška • *n* cushion
podvádět • *v* cheat
podvedený • *n* dupe
podvědomě • *adv* subconsciously
podvědomí • *n* subconscious
podvědomý • *adj* subconscious
podvést • *v* hoax
podvod • *n* deception, fraud, hoax, scam
podvodný • *adj* fraudulent
podvozek • *n* chassis
podvrh • *n* forgery
podvýbor • *n* subcommittee
podvýživa • *n* malnutrition
podzemní • *adj* subterranean
podzim • *n* autumn
podzimní • *adj* autumnal
podzvukový • *adj* subsonic
poeta • *n* poet
poetka • *n* poet, poetess
poezie • *n* poetry
pohan • *n* pagan
pohánět • *v* propel, push
pohanka • *n* buckwheat
pohanství • *n* paganism
pohár • *n* cup
pohlaví • *n* gender, sex
pohlavní • *adj* sexual
pohlazení • *n* stroke
pohlcený • *adj* absorbed, engrossed
pohled • *n* glance, look, postcard, sight, stance, view
pohlednice • *n* postcard
pohledný • *adj* handsome
pohltit • *v* absorb, devour
pohnout • *v* move
pohnutka • *n* motive
pohoda • *n* ease
pohodlí • *n* comfort • *adj* comfortable
pohodlně • *adv* conveniently
pohodlný • *adj* comfortable, convenient, cosy
pohoštění • *n* hospitality
pohostinnost • *n* hospitality
pohostinný • *adj* hospitable
pohostinství • *n* hospitality
pohostit • *v* treat
pohotovost • *n* emergency
pohovka • *n* couch, sofa
pohrabáč • *n* poker
pohraničí • *n* frontier
pohřbít • *v* bury, inter
pohrdání • *n* contempt, disdain
pohrdat • *v* despise, scorn
pohrdavý • *adj* contemptuous, derogatory, scornful
pohřeb • *n* funeral

pohřební • *adj* funeral
pohřebník • *n* undertaker
pohroma • *n* disaster
pohroužen • *adj* rapt
pohrudnice • *n* pleura
pohyb • *n* motion, move, movement
pohyblivost • *n* mobility
pohyblivý • *adj* mobile
pojednání • *n* treatise
pojednat • *v* treat
pojednávat • *v* deal, discourse
pojem • *n* concept, notion
pojetí • *n* paradigm
pojištění • *n* insurance
pojistit • *v* insure
pojistka • *n* fuse, policy, safety
pojišťovna • *n* insurance
pojmenovaný • *adj* named
pojmenovat • *v* name
pokání • *n* repentance
pokaňkat • *v* blot
poker • *n* poker
poklad • *n* darling, treasure
pokládat • *v* step
pokladna • *n* treasury
pokladní • *n* cashier, treasurer
pokladník • *n* treasurer
pokleknout • *v* kneel
pokles • *n* decline
pokleslost • *n* droop
poklona • *n* bow, compliment
pokoj • *n* peace, room
pokolení • *n* generation
pokora • *n* humility
pokořit • *v* humble
pokorný • *adj* humble, meek, submissive
pokoušení • *n* temptation
pokožka • *n* complexion, epidermis
pokračování • *n* continuation
pokračovat • *v* continue, keep
pokraj • *n* brink
pokřik • *n* shout
pokřín • *n* mandrake
pokřivený • *adj* crooked, wry
pokrm • *n* dish
pokrok • *n* advancement, progress
pokrokový • *adj* progressive
pokropit • *v* sprinkle
pokřtít • *v* christen
pokrýt • *v* plate
pokrytec • *n* hypocrite
pokrytecký • *adj* hypocritical
pokrytectví • *n* hypocrisy
pokrytí • *n* coverage
pokud • *conj* if
pokus • *n* assay, attempt, essay, experi-

ment
pokušení • *n* temptation
pokusný • *adj* experimental, tentative
pokuta • *n* fine
pokyn • *n* sign
pól • *n* pole
polapit • *v* tangle
polarizace • *n* polarization
polární • *adj* polar
polder • *n* polder
pole • *n* array, field, square
poledne • *n* noon, south
poledník • *n* meridian
polekat • *v* scare
polemika • *n* polemic
polibek • *n* kiss
políbit • *v* kiss
police • *n* shelf
policie • *n* police
policista • *n* policeman
poliomyelitida • *n* poliomyelitis
politbyro • *n* politburo
politička • *n* politician
politický • *adj* political
politik • *n* politician
politika • *n* policy, politics
politováníhodný • *adj* regrettable
polknout • *v* swallow
polobůh • *n* demigod
poloha • *n* location, situation
polokoule • *n* hemisphere
poloměr • *n* radius
polonéza • *n* polonaise
polonium • *n* polonium
poloostrov • *n* peninsula
polopřímka • *n* ray
polosamohláska • *n* semivowel
polotučný • *adj* bold
polovina • *n* half
polovodič • *n* semiconductor
položka • *n* entry, item
polštář • *n* cushion, pillow
polštářek • *n* cushion
poltergeist • *n* poltergeist
polyester • *n* polyester
polyethylen • *n* polyethylene
polyetylén • *n* polyethylene
polyetylen • *n* polyethylene
polygamie • *n* polygamy
polyglot • *n* polyglot
polyglota • *n* polyglot
polygon • *n* polygon
polygynní • *adj* polygynous
polykat • *v* swallow
polymer • *n* polymer
polymerizace • *n* polymerization
polymorfismus • *n* polymorphism

polymorfizmus • *n* polymorphism
polynom • *n* polynomial
polyp • *n* polyp
polypropylen • *n* polypropylene
polyptoton • *n* polyptoton
polysémie • *n* polysemy
polyteismus • *n* polytheism
polyteistický • *adj* polytheistic
pomáda • *n* pomade
pomáhat • *v* aid, assist, help
pomalost • *n* slowness
pomalu • *adv* slowly
pomalý • *adj* slow
pomazánka • *n* paste
pomeje • *n* swill
pomelo • *n* pomelo
poměr • *n* affair, proportion, ratio
pomeranč • *n* orange
pomerančovník • *n* orange
poměrně • *adv* relatively
pomezí • *n* frontier, march
pominutý • *adj* crazy
pomlčka • *n* dash
pomluva • *n* defamation, libel, slander
pomluvit • *v* defame, libel, slander
pomněnka • *n* forget-me-not
pomník • *n* monument
pomoc • *n* aid, assistance, favor, help • *interj* help
pomocí • *prep* by, via
pomoci • *v* help
pomocnice • *n* assistant, help
pomocník • *n* assistant, help, helper
pomocný • *adj* auxiliary
pomoct • *v* help
pompézní • *adj* pompous
pomsta • *n* revenge, vengeance
pomstít • *v* avenge
pomstychtivý • *adj* vindictive
pomůcka • *n* aid
pomyslný • *adj* imaginary
ponaučení • *n* lesson
ponechat • *v* retain
poněkud • *adv* somewhat
poněvadž • *conj* as, whereas
poník • *n* pony
ponížení • *n* contempt, disgrace, humiliation, mortification
ponížit • *v* abase, embarrass, humiliate
ponižování • *n* disgrace
ponižovat • *v* disgrace
ponižující • *adj* derogatory, ignominious
ponor • *n* draught, immersion
ponoření • *n* immersion
ponořený • *adj* engrossed
ponořit • *v* duck

ponorka • *n* sub, submarine
ponožka • *n* sock
pontifikát • *n* pontificate
pop • *n* pope
popadnout • *v* seize
popálenina • *n* burn
popálit • *v* burn
popcorn • *n* popcorn
popel • *n* ash
popelavý • *adj* ashen
popelnice • *n* bin
popelník • *n* ashtray
popěvek • *n* air
popínavý • *adj* voluble
popis • *n* description
popisek • *n* caption
popisný • *adj* descriptive
popisovat • *v* describe
popkorn • *n* popcorn
poplach • *n* alert
poplatek • *n* fee
poplést • *v* bamboozle
popleta • *n* scatterbrain
poporodní • *adj* postnatal
poprava • *n* execution
popravčí • *n* executioner
popravit • *v* execute
popředí • *n* foreground
popředí • *n* forefront
popřít • *v* deny
poprsí • *n* bosom
popsat • *v* describe
popsatelný • *adj* describable
poptávka • *n* demand
popudlivý • *adj* petulant
populace • *n* population
populární • *adj* popular
pór • *n* pore
pořad • *n* show, video
pořád • *adv* always
pořadač • *n* binder, file
pořadatel • *n* host, organizer
pořádek • *n* order
pořadí • *n* order, suit
poradit • *v* advise
poradní • *adj* advisory
pořádný • *adj* meaty, proper
pořadový • *adj* ordinal
poranit • *v* hurt, wound
poraženecký • *adj* defeatist
poraženectví • *n* defeatism
porážet • *v* butcher
porazit • *v* best, defeat
porážka • *n* defeat
porce • *n* serving
porcelán • *n* china, porcelain
pórek • *n* leek

porfyrie • *n* porphyria
pornograf • *n* pornographer
pornografický • *adj* pornographic
pornografie • *n* pornography
poroba • *n* subjugation
porod • *n* birth, childbirth, delivery, murder, parturition
porodit • *v* birth, deliver
porodnictví • *n* midwifery, obstetrics
porodnost • *n* birthrate
porost • *n* growth, vegetation
porota • *n* jury
porotce • *n* juror
pórovitost • *n* porosity
porovnání • *n* comparison
porovnat • *v* compare
porovnávat • *v* compare
porozumění • *n* comprehension, grasp, understanding
porozumět • *v* apprehend, understand
portál • *n* portal
portrét • *n* portrait
portské • *n* port
portýr • *n* doorkeeper
porucha • *n* defect, disorder, failure, outage
poručík • *n* midshipman
poručník • *n* guardian
porušení • *n* violation
porušený • *adj* corrupt
porušit • *v* violate
poryv • *n* scud, surge
posádka • *n* crew
posedlost • *n* obsession
posedlý • *adj* obsessed
posednout • *v* possess
posel • *n* bearer, messenger
posera • *n* chicken, coward
pošetilec • *n* fool
pošetilost • *n* foolishness
pošetilý • *adj* foolish, silly
poševní • *adj* vaginal
posílit • *v* strengthen
posilovna • *n* gym
poskakovat • *v* skip
poškodit • *v* damage
poškorpení • *n* squabble
poškození • *n* damage, harm
poskvrnit • *v* blot
poskytnout • *v* grant, supply
poskytovatel • *n* provider
poslanec • *n* representative
poslání • *n* mission
poslat • *v* send
poslechnout • *v* listen
poslední • *adj* final, last
poslouchat • *v* listen, obey

posloupnost • *n* progression, sequence, succession
posluchač • *n* listener
poslušnost • *n* obedience
poslušný • *adj* docile, duteous, obedient
posměch • *n* derision, mockery
posměšek • *n* jeer
posmívat • *v* jeer, laugh
posmrtně • *adv* posthumously
posmrtný • *adj* posthumous
pospíchat • *v* hustle
pošpinit • *v* denigrate
postačující • *adj* sufficient
pošťák • *n* mailman
postava • *n* character, figure
postavení • *n* erection, monopoly, position, status
postavit • *v* build, put, stand
poštěkávat • *v* bay
postel • *n* bed
poštěváček • *n* clitoris
postihnout • *v* affect, afflict
postit • *v* fast
postižený • *adj* disabled
postmoderna • *n* postmodernism
postoj • *n* attitude, carriage, posture, stance
poštolka • *n* kestrel
postoupit • *v* level
poštovné • *n* postage
poštovní • *adj* postal
postrádat • *v* lack, miss
postradatelný • *adj* dispensable, expendable
postrašit • *v* scare
postříkat • *v* blot, splash, sprinkle
postroj • *n* harness
postulát • *n* given
postup • *n* operation, procedure
postupka • *n* straight
postupně • *adv* gradually
postupný • *adj* gradual
posun • *n* shift
posuv • *n* shift
posuzovat • *v* judge
posvátný • *adj* holy, sacred
pot • *n* sweat
potápěč • *n* diver
potápka • *n* grebe
potáplice • *n* diver, loon
potaš • *n* potash
potažmo • *adv* consequently
poté • *adv* afterwards, thereafter
potenciál • *n* potential
potenciální • *adj* potential
potencionální • *adj* potential

potentát • *n* potentate
potěšení • *n* pleasure, relish
potěšit • *v* please
potit • *v* sweat
potíž • *n* difficulty, knot
potížista • *n* troublemaker
potkat • *v* encounter, meet
potlačit • *v* inhibit, stifle, strangle • *n* quell
potlesk • *n* applause
potočnice • *n* watercress
potok • *n* brook, burn, creek, river, stream
potom • *adv* after, then, thereafter
potomek • *n* descendant, scion
potomstvo • *n* offspring, posterity, progeny
potopa • *n* flood
potopení • *n* immersion
potopit • *v* drown, sink
potrat • *n* abortion, miscarriage
potratit • *v* abort, miscarry
potrava • *n* food
potravina • *n* foodstuff
potřeba • *n* need
potřebovat • *v* need
potrestat • *v* punish
potrhaný • *adj* ragged
potrhat • *v* maul
potrhlost • *n* quirk
potrhlý • *adj* crazy
potůček • *n* brooklet
potupa • *n* opprobrium
potupný • *adj* ignominious
potvora • *n* monster
potvrdit • *v* attest, confirm
potvrzení • *n* confirmation
poučka • *n* maxim
poučování • *n* indoctrination
poukaz • *n* coupon
poušť • *n* desert
poustevna • *n* hermitage
poustevník • *n* hermit
pouť • *n* pilgrimage
pouta • *n* handcuff, handcuffs, restraint
poutat • *v* confine
poutník • *n* pilgrim, wayfarer
pouto • *n* fetter
pouzdro • *n* box, case
pouze • *adv* just, merely, only
použít • *v* use
použití • *n* use
použitý • *adj* used
používat • *v* use
povaha • *n* nature
považovat • *v* value
povědět • *v* say

povel • *n* command, order
pověra • *n* superstition
pověrčivě • *adv* superstitiously
pověrčivý • *adj* superstitious
pověření • *n* credential, writ
pověřit • *v* charge
pověsit • *v* hang
pověst • *n* legend, reputation
povětroň • *n* meteor
povídat • *v* chat
povídavý • *adj* chatty, loquacious, talkative
povinnost • *n* duty
povinný • *adj* compulsory
povodeň • *n* flood
povodí • *n* basin
povolání • *n* calling, profession, vocation
povolat • *v* draft
povolení • *n* permission, permit
povolit • *v* allow, permit, relent
povrch • *n* surface
povrchní • *adj* perfunctory, shallow, superficial
povstalec • *n* insurgent, rebel
povstání • *n* rebellion, uprising
povyk • *n* ruction
povýšenec • *n* upstart
povýšení • *n* promotion
povýšený • *adj* haughty
povýšit • *v* promote, up
povzbudit • *v* encourage
povzbuzení • *n* encouragement
povznášející • *adj* uplifting
povznést • *v* uplift
požádat • *v* file, request
požadavek • *n* requirement
pozadí • *n* background
požadovat • *v* require
požár • *n* conflagration, fire
pozastavit • *v* suspend
pozdě • *adv* late
později • *adv* afterwards
pozdní • *adj* late
pozdrav • *n* greeting, salutation
požehnání • *n* blessing, boon
požehnaný • *adj* blessed
požehnat • *v* bless
pozemek • *n* estate, mortmain
pozemský • *adj* mundane
pozice • *n* position, stand
požitek • *n* relish
pozitiv • *n* positive
pozitivismus • *n* positivism
pozitivista • *n* positivist
pozitivizmus • *n* positivism
pozitivně • *adv* positively

pozitivní • *adj* positive
pozitron • *n* positron
poživatelný • *adj* comestible
poživatina • *n* comestible
pozlátko • *n* gloss
poznamenat • *v* note, observe, remark
poznámka • *n* annotation, note, remark
poznat • *v* know, recognize
pozor • *n* attention
pozornost • *n* attention, favor, heed
pozorný • *adj* attentive
pozorování • *n* observation
pozorovat • *v* observe
pozorovatel • *n* lookout, observer
pozorovatelna • *n* lookout
pozoruhodný • *adj* remarkable
pozoun • *n* trombone
pozpátku • *adv* backwards
pozůstatek • *n* remnant, vestige
pozvání • *n* invitation
pozvat • *v* invite
práce • *n* job, service, work
prach • *n* dust, powder
prachovka • *n* duster
prachy • *n* cheese
pracně • *adv* laboriously
pracnost • *n* laboriousness
pracný • *adj* laborious
pracovat • *v* work
pracoviště • *n* workplace
pracovitost • *n* industry
pracovna • *n* study
pracovní • *adj* crew
prádélko • *n* lingerie
prádelna • *n* laundry
prádelník • *n* dresser
přadeno • *n* skein
pradlena • *n* washer
prádlo • *n* laundry
pragmatický • *adj* pragmatic
pragmatika • *n* pragmatics
práh • *n* threshold
prak • *n* sling
praktický • *adj* handy, practical
praktičnost • *n* practicality
prám • *n* punt
pramalý • *adj* scant
pramen • *n* origin, spring
přání • *n* desire, wish
praní • *n* laundry
pranýř • *n* pillory
praotec • *n* patriarch, progenitor
prapor • *n* banner, battalion, flag
praporek • *n* flag
prarodič • *n* grandparent
prasátko • *n* jack
prase • *n* pig

prášek • *n* powder
praseodym • *n* praseodymium
praskat • *v* crepitate
prasklina • *n* crack, tear
prasklý • *adj* flat
prasknout • *v* burst, rupture
prasknutí • *n* burst, crack
prasnice • *n* sow
prašník • *n* anther
praštěný • *adj* silly
praštit • *v* hit
prastrýc • *n* great-uncle
přát • *v* desire, dream, long, wish
prát • *v* wash
přátelský • *adj* amicable, congenial, friendly
přátelství • *n* friendship
prateta • *n* great-aunt
pravačka • *n* right-hander
pravák • *n* right-hander
pravda • *n* truth
pravděpodobně • *adv* probably
pravděpodobnost • *n* chance, probability
pravděpodobný • *adj* probable
pravdivě • *adv* truly
pravdivý • *adj* true, truthful
pravdomluvnost • *n* truthfulness, veracity
pravdomluvný • *adj* truthful
právě • *adv* just
pravěk • *n* prehistory
pravěký • *adj* prehistoric, primeval
pravice • *n* right
pravicový • *adj* right
pravidelně • *adv* regularly
pravidelnost • *n* regularity
pravidelný • *adj* regular
pravidlo • *n* rule
pravítko • *n* ruler
právní • *adj* legal
právníčka • *n* advocate
právník • *n* advocate, jurist, lawyer
právo • *n* law, right
pravobok • *n* starboard
pravopis • *n* orthography, spelling
právoplatný • *adj* rightful
pravost • *n* genuineness
pravověrný • *adj* orthodox
pravý • *adj* authentic, genuine, proper, right, true
praxe • *n* practice
prázdniny • *n* holiday, vacation
prázdnota • *n* emptiness, hollow, void
prázdný • *adj* empty, hollow
pražec • *n* fret, sleeper
pražit • *v* roast

prcat • *v* fuck
prchat • *v* run
prchavost • *n* volatility
prchavý • *adj* fleeting, volatile
prd • *n* fart, flatus
prdel • *n* ass, asshole, butt
prdět • *v* fart
přeborník • *n* champion
přebrodit • *v* ford
přebytek • *n* surplus
přecenit • *v* overestimate, overvalue
přecházet • *v* cross
přechod • *n* checkpoint, transition
přechodně • *adv* temporarily
přechodník • *n* transgressive
přechodný • *adj* interim, transitional, transitive
přečin • *n* misdemeanor
přečíst • *v* peruse
přecitlivělost • *n* hypersensitivity
přecitlivělý • *adj* brittle
přečkat • *v* weather
preclík • *v* pretzel
přecpaný • *adj* crowded
před • *prep* before, from
předák • *n* foreman
předání • *n* handover
předat • *v* relay
předávkovat • *v* overdose
předběžný • *adj* preliminary, tentative
předčasnost • *n* prematureness
předčasný • *adj* premature, untimely
předchozí • *adj* previous
předchůdce • *n* forerunner, precursor, predecessor, progenitor
předčítat • *v* read
předehra • *n* foreplay, overture, prelude
předejít • *v* come
předek • *n* ancestor, forefather, front, progenitor
předělání • *n* overhaul
předepsat • *v* prescribe
predikát • *n* predicate
predispozice • *n* predisposition
předkožka • *n* prepuce
předkrm • *n* starter
předloktí • *n* forearm
předložka • *n* preposition
předměstí • *n* suburb
předměstský • *adj* suburban
předmět • *n* item, object, subject, topic
předmluva • *n* preface
přednášející • *n* lecturer
přednášet • *v* lecture
přednáška • *n* discourse, lecture
přední • *adj* forward, front, premier

prednison • *n* prednisone
prednizon • *n* prednisone
předpis • *n* prescription
předpojatost • *n* bias
předpoklad • *n* aptitude, assumption, premise, supposition
předpokládat • *v* assume, guess, suppose
předpona • *n* prefix
předposlední • *adj* penultimate
předpověď • *n* forecast, prediction
předpovědět • *v* predict
předpovídat • *v* bode, predict
předseda • *n* chairman
předsíň • *n* atrium
předškolní • *adj* preschool
představa • *n* image, notion
představení • *n* representation
představit • *v* introduce
představitelný • *adj* conceivable, thinkable
představivost • *n* imagination
představovat • *v* picture
předstírání • *n* pretense
předstírat • *v* pretend
předsudek • *n* paradigm, prejudice
předtím • *adv* previously
předtucha • *n* premonition
předurčení • *n* predestination
předurčit • *v* predestine
předvádět • *v* sport
předválečný • *adj* antebellum
předvečer • *n* eve
předvedení • *n* show
předvídat • *v* foresee, predict
předvídatelný • *adj* predictable
předvoj • *n* vanguard
předvolání • *n* summons
předvolat • *v* summon
preeklampsie • *n* preeclampsia
preferovat • *v* prefer
prefix • *n* prefix
přehánění • *n* exaggeration
přehánět • *v* exaggerate, overstate
přeháňka • *n* shower
přehláska • *n* umlaut
přehlasovat • *v* outvote
přehled • *n* synopsis
přehlédnout • *v* overlook
přehlédnutí • *n* oversight
přehlídka • *n* parade, review, show
přehlížet • *v* disregard
přehlušit • *v* drown
přehnaný • *adj* exaggerated
přehnat • *v* overdo
přehoz • *n* wrap
přehrada • *n* dam

přehřátí • *n* hyperthermia
přehrávač • *n* player
přehršel • *n* cornucopia
přehršle • *n* cornucopia
přejet • *v* cross
překážet • *v* hinder
překážka • *n* hazard, hindrance, impediment, obstacle
překlad • *n* compilation, lintel, translation
překladač • *n* compiler
překládání • *n* translation
překladatel • *n* translator
překližka • *n* plywood
překonat • *v* excel, outdo, overcome, surmount, transcend
překotit • *v* topple
překročit • *v* exceed
překroutit • *v* twist
překvapení • *n* surprise
překvapený • *adj* surprised
překvapit • *v* surprise
překvapivý • *adj* startling
prelát • *n* prelate
přelétnout • *v* peruse
přelíčení • *n* trial
přelidnění • *n* overpopulation
přeložit • *v* compile, fold, translate
přeložitelný • *adj* translatable
přelud • *n* mirage
premiéra • *n* premiere
přemíra • *n* plethora
premisa • *n* premise
přemístění • *n* dislocation
přemítat • *v* ruminate
přemluvit • *v* cajole
přemoci • *v* overcome • *n* quell
přemrštěný • *adj* camp, exorbitant
přemýšlet • *v* think
přenašeč • *n* vector
přenesený • *adj* figurative
přenést • *v* transfer, transmit
přenos • *n* transfer, transmission
přenosnost • *n* portability
přenosný • *adj* communicable, portable
preparace • *n* taxidermy
přepážka • *n* septum
přepínač • *n* switch
přeplněný • *adj* crowded
přepnout • *v* toggle
přepona • *n* hypotenuse
přeposlat • *v* forward
přepracování • *n* overhaul
přeprava • *n* shipping
přepravce • *n* shipper
přepravení • *n* transportation
přepravit • *v* convey

přepsat • *v* clobber, transfer
prérie • *n* prairie
přerozdělění • *n* redistribution
přerušení • *n* interrupt
přerušit • *v* interrupt
přerušovaný • *adj* intermittent
přes • *prep* across, despite, notwithstanding, over, via
přesáhnout • *v* exceed
presbyopie • *n* presbyopia
přesčas • *n* overtime • *adv* overtime
přesila • *n* preponderance
přeskočit • *v* leap, skip, vault
přeskok • *n* vault
přeslička • *n* horsetail
přesmyčka • *n* anagram
přesně • *adv* exactly, just, right, sharp • *interj* exactly
přesnost • *n* accuracy, precision
přesný • *adj* accurate, precise, punctual, sharp
přestát • *v* stand, weather
přestat • *v* fail, quit
přestavba • *n* reconstruction
přestávka • *n* intermission, pause
prestiž • *n* prestige
prestižní • *adj* prestigious
přestoupení • *n* malfeasance
přestoupit • *v* transgress
přestupek • *n* misdemeanor, transgression
přesvědčení • *n* belief, conviction
přesvědčit • *v* cajole, convince, persuade
přesvědčivost • *n* persuasiveness
přesvědčivý • *adj* convincing
přetížení • *n* overload
přetížit • *v* overload
přetvářka • *n* hypocrisy
převaha • *n* ascendancy, preponderance
převážně • *adv* predominantly
převažující • *adj* predominant
preventivní • *adj* preventive
převést • *v* convert, convey
převézt • *v* transfer
převis • *n* crag
převládající • *adj* dominant, prevalent
převládat • *v* prevail
převlaka • *n* isthmus
převlek • *n* disguise
převléknout • *v* change
převod • *n* gear, transfer
převodník • *n* converter
převodovka • *n* gearbox, transmission
převor • *n* prior
převrhnout • *v* topple

převtělení • *n* reincarnation
převýšit • *v* exceed
převzetí • *n* takeover
přezdívat • *v* nickname
přezdívka • *n* nickname, sobriquet
prezentace • *n* presentation
prezervativ • *n* condom
prezident • *n* president
prezidentování • *n* presidency
prezidentský • *adj* presidential
prezidentství • *n* presidency
přezimovat • *v* hibernate
přezírání • *n* contempt
přežít • *v* survive
přežití • *n* survival
přežívat • *v* survive
přezkoumání • *n* review
přezrálý • *adj* overripe
přežvýkavec • *n* ruminant
přežvykovat • *v* munch, ruminate
prha • *n* arnica
při • *prep* at • *adj* conscious
příběh • *n* story
přibít • *v* nail
přiblížení • *n* approximation
přibližně • *adv* about, approximately • *prep* circa
přibližný • *adj* approximate
přibližování • *n* convergence
příbor • *n* cutlery, silverware
příbuzenství • *n* relationship
příbuznost • *n* kinship, relationship
příbuzný • *adj* akin, related • *n* relation, relative
přibýt • *v* arrive
přičemž • *conj* whereas
příčestí • *n* participle
přicestovat • *v* arrive
přicházet • *v* arrive, come
příchod • *n* arrival, coming
příchozí • *adj* incoming • *n* newcomer
příčina • *n* cause
příčinlivost • *n* industry
příčinnost • *n* causality
příčinný • *adj* causal
příčka • *n* rung, step
přičlenění • *n* affiliation
příčný • *adj* transverse
příď • *n* bow
přidat • *v* add
přídavek • *n* addition, encore
příděl • *n* ration
přidělit • *v* allot, assign
přidružení • *n* affiliation
přihlášení • *n* enrollment
přijatelnost • *n* acceptability
přijatelný • *adj* acceptable, palatable,

plausible
příjem • *n* income, reception
příjemce • *n* consignee, payee, receiver, recipient
příjemný • *adj* agreeable, nice, pleasant, sweet
přijet • *v* arrive, come
přijetí • *n* acceptance, reception
příjezd • *n* arrival
příjezdový • *n* drive
příjice • *n* syphilis
přijímač • *n* receiver
přijímat • *v* accept
přijít • *v* arrive, come
přijíždět • *v* arrive, come
příjmení • *n* surname
přijmout • *v* accept, receive
příkaz • *n* command
přikázání • *n* commandment
přikázat • *v* command
příklad • *n* example
přikládač • *n* poker
příkladný • *adj* exemplary
přiklánět • *v* incline
příkop • *n* trench
příkře • *adv* steeply
přikývnout • *v* nod
přilba • *n* helmet
přilbice • *n* helmet
přilehlý • *adj* adjacent
přilepit • *v* glue
přílet • *n* arrival
přilétat • *v* arrive
přiletět • *v* arrive
příležitost • *n* chance, occasion, opportunity
příležitostně • *adv* occasionally
příležitostný • *adj* casual, occasional
přílipka • *n* limpet
příliš • *adv* too
příliv • *n* flow, tide
příloha • *n* appendix
přiložený • *adj* enclosed
přiložit • *v* attach
primární • *adj* primary
přiměřený • *adj* adequate
příměří • *n* armistice, truce
přimět • *v* make
priming • *n* priming
primitivní • *adj* primitive
přímka • *n* line
přimluvit • *v* intercede
přímo • *adv* directly, straight
přímočarý • *adj* straightforward
přímořský • *adj* maritime, seaside
přímý • *adj* candid, direct, right, straight, straightforward

přinášet • *v* bring
princ • *n* prince
princezna • *n* princess
princip • *n* principle
přinést • *v* bring
přínosné • *adj* conducive
přinucený • *adj* forced
přinutit • *v* force, make
priorita • *n* priority
případ • *n* case
připadnout • *v* strike
připevnit • *v* attach, fasten
připínáček • *n* thumbtack
připisovat • *v* attribute
přípitek • *n* toast
připojit • *v* attach, connect, hook, mount
připomenout • *v* remind
připomínač • *n* reminder
připomínat • *v* resemble
připomínka • *n* reminder
přípona • *n* suffix
připoutání • *n* restraint
připoutat • *v* fasten
příprava • *n* preparation
připravenost • *n* preparedness, readiness
připravený • *adj* ready
připravit • *v* prepare
připsat • *v* credit
připustit • *v* admit, concede, grant
přípustný • *adj* admissible
přiřadit • *v* assign
přiřazení • *n* assignment
příroda • *n* nature
přírodní • *adj* natural
přirovnání • *n* simile
přirozeně • *adv* naturally
přirození • *n* genitalia
přirozený • *adj* candid, natural
příručka • *n* handbook, manual
přísada • *n* ingredient
přísaha • *n* oath
přísahat • *v* swear
příšera • *n* monster
příslovce • *n* adverb
příslovečný • *adj* adverbial, proverbial
přísloví • *n* proverb, saying
příslušný • *adj* competent, pertinent
přísnost • *n* austerity, stringency
přísný • *adj* strict
přispění • *n* contribution
přispět • *v* contribute
příspěvek • *n* contribution
příst • *v* purr, spin
přistání • *n* landfall, landing
přistát • *v* dock, land

přístav • *n* port
přistávat • *v* land
přístavek • *n* apposition, ell
přístaviště • *n* landing, wharf
přistěhovalec • *n* immigrant
přistěhovalectví • *n* immigration
příští • *adj* next
přistoupit • *v* accede
přístroj • *n* instrument
přístup • *n* access, approach, attitude
přístupný • *adj* approachable
přísudek • *n* predicate
přitáhnout • *v* draw
přitahovat • *v* attract, draw
přitažlivost • *n* attraction, attractiveness, attractivity, gravitation
přitažlivý • *adj* attractive
přítel • *n* boyfriend, friend
přítelkyně • *n* friend, girlfriend
přítok • *n* tributary
přítomen • *adv* in
přítomnost • *n* presence, present
přítomný • *adj* present
příušnice • *n* mumps
přivádět • *v* bring
příval • *n* surge
přivázat • *v* tie
přivážet • *v* bring
přívěs • *n* trailer
přívěsek • *n* pendant
přivést • *v* bring
přívětivý • *adj* affable
přivézt • *v* bring
privilegium • *n* privilege
přívlastek • *n* attribute
přivlastňovací • *adj* possessive
přivolat • *v* summon
přívrženec • *n* adherent
příze • *n* wool, yarn
přízemní • *adj* pedestrian
přízeň • *n* favor
příznak • *n* symptom
přiznání • *n* acknowledgement, confession
příznivě • *adv* fairly
příznivec • *n* adherent, friend, patron
příznivkyně • *n* friend
přizpůsobení • *n* adaptation, adjustment
přizpůsobit • *v* adapt
přizpůsobivost • *n* adaptability
přizpůsobivý • *adj* adaptable
přízrak • *n* phantom
přízvuk • *n* accent
prkno • *n* board
pro • *prep* for • *n* pro
problém • *n* problem

probudit • *v* wake
probuzený • *adj* awake
proč • *adv* why
procedura • *n* procedure
procento • *n* percentage
proces • *n* process, suit
pročesat • *v* comb
pročesávat • *v* comb
procesor • *n* processor
procestovat • *v* travel
pročež • *conj* wherefore
procházka • *n* walk
pročíst • *v* peruse
pročištění • *n* overhaul
pročistit • *v* refine
procvičování • *n* practice
prodat • *v* sell
prodavač • *n* salesperson
prodávat • *v* deal, sell
prodej • *n* sale
prodejce • *n* dealer, vendor
prodejna • *n* shop
proděravět • *v* riddle
prodloužit • *v* lengthen
produkce • *n* generation, output, production
produkovat • *v* produce
produktivita • *n* productivity
produktivní • *adj* productive
profese • *n* profession
profesionální • *adj* professional
profesor • *n* professor
profil • *n* profile
profylakční • *adj* prophylactic
profylaktický • *adj* prophylactic
profylaktivní • *adj* prophylactic
profylaxní • *adj* prophylactic
progesteron • *n* progesterone
prognóza • *n* prognosis, projection
program • *n* program
programátor • *n* programmer
programování • *n* programming
programovat • *v* program
prohánět • *v* run
prohibice • *n* prohibition
prohlášení • *n* declaration, utterance
prohlásit • *v* pronounce
prohlédnout • *v* peruse, scope, scrutinize
prohlídka • *n* inspection
prohlubeň • *n* depression, hollow, indentation
prohnaný • *adj* sly, wily
prohnat • *v* run
prohodit • *v* swap
prohra • *n* loss
prohrábnout • *v* poke

prohrát • *v* lose
projekt • *n* project
projektil • *n* projectile
projektor • *n* projector
projev • *n* discourse, manifestation, speech
projímadlo • *n* laxative
projížďka • *n* drive
prokázat • *v* prove
prokazatelný • *adj* demonstrable
prokazovat • *v* argue
prokládání • *n* interlace
proklatý • *adj* damned
prokletí • *n* curse
proklínat • *v* curse
proklít • *v* curse
prokluz • *n* slip
proktitida • *n* proctitis
proláklina • *n* depression
proletariát • *n* proletariat
proletářský • *adj* proletarian
prolhaný • *adj* mendacious
prolin • *n* proline
prolog • *n* prologue
proměna • *n* metamorphosis, transformation
proměnit • *v* change, transform
proměnlivý • *adj* fluid, variable
proměnná • *n* variable
proměnný • *adj* variable
promethium • *n* promethium
promíchat • *v* intersperse
promiň • *interj* sorry
prominentní • *adj* prominent
promiňte • *interj* sorry
promítání • *n* projection
promoce • *n* graduation
promovat • *v* graduate
promyka • *n* mongoose
promyšlený • *adj* deliberate
pronajímatel • *n* landlord
pronajmout • *v* rent
pronásledovat • *v* chase, haunt, pursue, stalk
pronést • *v* utter
proniknout • *v* fathom, infiltrate, penetrate
proniknutelný • *adj* penetrable
propadnout • *v* fail, flop
propagace • *n* promotion
propagační • *adj* promotional
propaganda • *n* propaganda
propagovat • *v* promote
propan • *n* propane
propast • *n* abyss
propedeutika • *n* propaedeutic
proplatit • *v* redeem

propojení • *n* affiliation, link
propůjčit • *v* confer, endow
propust • *n* sluice
propustit • *v* dismiss
propustka • *n* furlough
propustnost • *n* throughput
proradnost • *n* perfidy
prořezat • *v* coppice, prune
prořezávání • *n* pruning
prořezávat • *v* coppice
proroctví • *n* prophecy
prorok • *n* prophet, seer
prorokyně • *n* prophet, prophetess
prosazovat • *v* enforce, push
prosba • *n* prayer, request
prošetření • *n* probe
prosím • *adv* please • *interj* sorry
prosit • *v* beg
prosít • *v* riddle, sieve
proslulost • *n* fame
proslulý • *adj* famous
proso • *n* millet
prospěch • *n* profit
prosperovat • *v* thrive
prospěšný • *adj* beneficial
prospět • *v* benefit
prospívat • *v* thrive
prosťáček • *n* simpleton
prostaglandin • *n* prostaglandin
prostata • *n* prostate
prostatitida • *n* prostatitis
prostituce • *n* prostitution
prostitut • *n* gigolo
prostitutka • *n* prostitute
prostoj • *n* outage
prostopášný • *adj* dissipated
prostor • *n* room, space
prostovlasý • *adj* bareheaded
prostředek • *n* mean
prostředí • *n* ambient, environment
prostřední • *adj* middle
prostřednictvím • *prep* by
prostředník • *n* intermediary, proxy
prostudovat • *v* peruse
prostý • *adj* crude, free, plain, simple
protaktinium • *n* protactinium
protein • *n* protein
protějšek • *n* counterpart
protekce • *n* protection
protektorát • *n* protectorate
protéovský • *adj* protean
protest • *n* protest
protestovat • *v* protest
protéza • *n* prosthesis
proti • *prep* against, from, opposite, with • *n* con, no
protichůdný • *adj* contradictory

protihorečnatý • *adj* antipyretic
protihráč • *n* opponent
protijed • *n* antidote
protiklad • *n* contrast, opposite
protikladný • *adj* contradictory
protilátka • *n* antibody, antidote
protilehlý • *adj* opposite
protipříklad • *n* counterexample
protiřečící • *adj* contradictory
protista • *n* protist
protitankový • *adj* antitank
protiústavní • *adj* unconstitutional
protiváha • *n* counterbalance
protivník • *n* adversary, opponent
protivný • *adj* nasty
protizánětlivý • *adj* anti-inflammatory
protizávaží • *n* counterbalance
proto • *adv* therefore
proton • *n* proton
protoplazma • *n* protoplasm
prototyp • *n* prototype
protože • *conj* as, because, since
proud • *n* current, stream
proudění • *n* flow
proudit • *v* flow
proužkovaný • *adj* barred, striped
provádění • *n* conduct
provaz • *n* cord, tether
provázání • *n* twine
provázek • *n* string, twine
provedení • *n* execution, version
proveditelnost • *n* feasibility
proveditelný • *adj* feasible
prověřit • *v* check
provést • *v* guide
provincie • *n* province
provinční • *adj* parochial
provize • *n* commission
provizorně • *adv* temporarily
provizorní • *adj* provisional, stopgap, tentative
provokativní • *adj* ostentatious, provocative
provokovat • *v* troll
provoz • *n* operation
provzdušnění • *n* aeration
próza • *n* prose
prozaický • *adj* prosaic
prozatímní • *adj* interim, provisional
prozkoumat • *v* peruse
prozvonit • *v* flash
prs • *n* breast, tit
prsa • *n* breaststroke
pršet • *v* rain
prskavka • *n* sparkler
prso • *n* tit
prst • *n* digit, finger, toe

prsten • *n* ring
prstenec • *n* ring
prstění • *n* fingering
prstit • *v* finger
prstoklad • *n* fingering
průběh • *n* course
průbojný • *adj* assertive
prudce • *adv* steeply
prudký • *adj* violent
průduch • *n* vent
průdušinka • *n* bronchiole
průduška • *n* bronchus
průdušnice • *n* trachea, windpipe
pruh • *n* lane, strip, stripe
průhlednost • *n* transparence, transparency
průhledný • *adj* transparent
průjem • *n* diarrhea
průkopník • *n* pioneer
průliv • *n* strait
průlom • *n* breakthrough
průměr • *n* average, diameter
průměrnost • *n* mediocrity
průměrný • *adj* average, mediocre, random
průmysl • *n* industry
průmyslník • *n* industrialist
průmyslový • *adj* industrial
průnik • *n* intersection
průplav • *n* canal
průsak • *n* leak, seepage
průsečík • *n* intersection
průsvitný • *adj* translucent
prut • *n* bar, rod
průtok • *n* discharge
průvan • *n* draft, draught
průvodce • *n* guide, wizard
průvodčí • *n* conductor
pružina • *n* spring
průzkum • *n* exploration, probe
průzkumník • *n* explorer
pružnost • *n* elasticity
pružný • *adj* elastic
prvek • *n* element
prvně • *adv* first
první • *n* first • *adj* first
prvok • *n* protozoan
prvorozený • *n* firstborn • *adj* firstborn
prvosenka • *n* primrose
prý • *adv* allegedly
pryč • *adv* away, off
pryskyřice • *n* resin
pryskyřník • *n* buttercup
prýštit • *v* well
pryž • *n* rubber
psaní • *n* writing
psaný • *adj* written

psát • *v* write
pšenice • *n* wheat
pseudoefedrin • *n* pseudoephedrine
pseudověda • *n* pseudoscience
pseudovědecký • *adj* pseudoscientific
psí • *n* psi
psitakóza • *n* psittacosis
psoriáza • *n* psoriasis
pšoukat • *v* fart
pšouknout • *v* fart
pštros • *n* ostrich
pstruh • *n* trout
psychedelický • *adj* psychedelic
psychiatr • *n* psychiatrist
psychiatrický • *adj* psychiatric
psychiatrie • *n* psychiatry
psychoanalýza • *n* psychoanalysis
psychofarmakologický • *adj* psychopharmacological
psychofarmakologie • *n* psychopharmacology
psychogenní • *adj* psychogenic
psycholog • *n* psychologist
psychologický • *adj* psychological
psychologie • *n* psychology
psycholožka • *n* psychologist
psychometrie • *n* psychometry
psychosomatický • *adj* psychosomatic
psychoterapeut • *n* psychotherapist
psychoterapeutický • *adj* psychotherapeutic
psychoterapie • *n* psychotherapy
psychóza • *n* psychosis
ptáčátko • *n* fledgling
ptáče • *n* chick, fledgling, nestling
ptáček • *n* birdie
ptačinec • *n* chickweed
pták • *n* bird, dick, peter
ptakopravec • *n* augur
ptakopysk • *n* platypus
ptát • *v* ask
ptydepe • *n* gibberish
puberta • *n* puberty
puberťák • *n* adolescent
publikace • *n* publication
publikování • *n* publication
publikovat • *v* publish
publikovatelný • *adj* publishable
pučet • *v* bud
puchýř • *n* blister
pud • *n* drive
půda • *n* attic, loft, soil
pudink • *n* blancmange, custard
pudl • *n* poodle
půdorys • *n* plan
pugét • *n* bouquet
půjčit • *v* borrow, lend, loan
půjčka • *n* loan

půjčovat • *v* borrow, lend
puk • *n* puck
puklina • *n* crack
půl • *adj* half
pulec • *n* tadpole
půlení • *n* bisection
půlit • *v* halve
půlka • *n* buttock, cheek
půlměsíc • *n* crescent
půlnoc • *n* midnight, north
pulover • *n* pullover
pulovr • *n* sweater
puls • *n* pulse
pulsar • *n* pulsar
půltón • *n* halftone, semitone
pulzar • *n* pulsar
pulzovat • *v* pulsate
puma • *n* puma
pumpa • *n* pump
punc • *n* hallmark
punčocha • *n* stocking
punčocháče • *n* pantyhose, tights
punk • *n* punk
punker • *n* punk
puntičkář • *n* prig
puntíčkářský • *adj* meticulous
pupek • *n* navel
pupen • *n* bud, button
pupenec • *n* button
pupínek • *n* pimple
purkrabí • *n* burgrave
purpurový • *adj* purple
pusa • *n* kiss, mouth
puška • *n* gun, rifle
působit • *v* act
působivost • *n* impressiveness
působivý • *adj* impressive
pustý • *adj* stark
putativní • *adj* putative
půtka • *n* skirmish, squabble
půvab • *n* charm
původ • *n* birth, descent, extraction, origin
původce • *n* originator
původně • *adv* originally
původní • *adj* original
pyj • *n* penis
pyl • *n* pollen
pyramida • *n* pyramid
pyróza • *n* pyrosis
pyšný • *adj* haughty, proud
pytel • *n* bag, sack
pytlačit • *v* poach
pytláctví • *n* poaching
pytlák • *n* poacher
pyžamo • *n* pajamas

R

rabín • *n* rabbi
rabinát • *n* rabbinate
racek • *n* gull
rachitida • *n* rachitis
rachomejtle • *n* shrew
rachot • *n* rumble
rachotit • *v* rumble
racionalismus • *n* rationalism
racionalista • *n* rationalist
racionalizace • *n* rationalization
racionální • *adj* rational
řád • *n* order
rád • *adj* glad
řada • *n* row, sequence, series
rada • *n* advice, council, counsel
radar • *n* radar
raději • *adv* rather
řádek • *n* line, row
radiátor • *n* radiator
radikál • *n* radical
radikalismus • *n* radicalism
radikální • *adj* radical
rádio • *n* radio
radioaktivita • *n* radioactivity
radioaktivní • *adj* radioactive
radioamatér • *n* ham
radioamatérka • *n* ham
radiografický • *adj* radiographic
radiografie • *n* radiography
radioizotop • *n* radioisotope
radiolog • *n* radiologist
radiologie • *n* radiology
radioterapie • *n* radiotherapy
řadit • *v* sort
radit • *v* advise
radium • *n* radium
rádium • *n* radium
radlice • *n* plowshare
radní • *n* alderman
radon • *n* radon
radost • *n* cheerfulness, joy
radostný • *adj* cheerful, joyous
radovat • *v* rejoice
řadový • *adj* ordinal
rádža • *n* rajah
raf • *n* rough
rafinace • *n* refinement
rafinérie • *n* refinery
rafinovat • *v* refine
raft • *n* raft
ragú • *n* ragout
ráj • *n* heaven, paradise
rajče • *n* tomato
rajský • *adj* paradisiacal

rak • *n* crayfish
raketa • *n* racket, rocket
rakev • *n* coffin
rakle • *n* squeegee
rákosí • *n* reed
rákosník • *n* gook
rakovina • *n* cancer
rakovinný • *adj* cancerous
rally • *n* rally
rallye • *n* rally
rám • *n* cadre, frame
rámec • *n* cadre
rameno • *n* flight, shoulder
ramínko • *n* hanger, strap
rampouch • *n* icicle
rána • *n* bang, hit, wound
ranč • *n* ranch
rande • *n* date, rendezvous, tryst
ranit • *v* hurt, wound
ráno • *n* morning, morrow
raný • *adj* early
rapír • *n* rapier
rasa • *n* breed, race
řasa • *n* alga, cirrus, eyelash
rašelina • *n* peat, turf
rašeliniště • *n* bog
řasenka • *n* mascara
řasinka • *n* cilium
rasismus • *n* racism
rasista • *n* racist
rasistický • *adj* racist
rasizmus • *n* racism
rasový • *adj* racial
rašple • *n* rasp
rašplovat • *v* rasp
ratifikace • *n* ratification
ratifikovat • *v* ratify
raut • *n* rout
razit • *v* coin, mint
razítko • *n* stamp
rčení • *n* saying
reagování • *n* response
reakce • *n* reaction, response
reaktor • *n* reactor
realismus • *n* realism
realistický • *adj* realistic
reálný • *adj* real
rebarbora • *n* rhubarb
řebčík • *n* fritillary
rebel • *n* rebel
rebelie • *n* rebellion
řebříček • *n* yarrow
rébus • *n* rebus
řeč • *n* discourse, language, speech

recenze • *n* recension, review
recenzent • *n* reviewer
recepce • *n* reception
recept • *n* recipe
recese • *n* recession
recesivní • *adj* recessive
recidiva • *adj* recidivous • *n* relapse
recidivista • *n* recidivist
recidivní • *adj* recidivous
řečiště • *n* bed
řečnický • *adj* rhetorical
řečnictví • *n* rhetoric
řečník • *n* orator, speaker
řečniště • *n* rostrum
recyklace • *n* recycling
redaktor • *n* editor
redefinice • *n* redefinition
ředění • *n* dilution
ředěný • *adj* rarefied
ředit • *v* dilute
ředitel • *n* director
ředitelství • *n* directorate
ředkvička • *n* radish
redukce • *n* reduction
redukcionismus • *n* reductionism
referendum • *n* referendum
reflace • *n* reflation
reflex • *n* reflex
reflexe • *n* reflection
reflexivní • *adj* reflexive
reforma • *n* reform
reformátor • *n* reformer
refrakce • *n* refraction
refrén • *n* chorus, refrain
regata • *n* regatta
regionální • *adj* regional
registrace • *n* enrollment, register
regresivní • *adj* regressive
regulátor • *n* governor, regulator
regulovat • *v* regulate
řeholnice • *n* nun
řehot • *n* guffaw
řehtačka • *n* clapper
řehtání • *n* neigh
řehtat • *v* guffaw
rejda • *n* roadstead
rejnok • *n* skate, stingray
rejsek • *n* shrew
rejstřík • *n* index, register
řeka • *n* river
rekapitulace • *n* recapitulation
reklama • *n* advertisement, commercial
rekonstrukce • *n* reconstruction
rekord • *n* record
rekrut • *n* recruit
rekrutovat • *v* recruit
rektor • *n* rector

rekurzivní • *adj* recursive
rekvizita • *n* prop
relace • *n* relation
relaps • *n* relapse, slip
relativně • *adv* relatively
relativní • *adj* relative, specific
relé • *n* relay
relevantní • *adj* pertinent, relevant
reliéf • *n* relief
religiózní • *adj* religious
relikviář • *n* reliquary
relikvie • *n* relic
remake • *n* remake
řemdih • *n* flail
řemen • *n* belt
řemeslník • *n* artisan, craftsman
řemeslo • *n* craft, handicraft
remise • *n* remission
remitenda • *n* returns
remíza • *n* draw, tie
remizovat • *v* draw
remorkér • *n* tow, tugboat
renální • *adj* nephritic
renegát • *n* renegade
renomé • *n* renown
renovace • *n* overhaul
rentiér • *n* rentier
reorganizovat • *v* reorganize
řepa • *n* beet
repelent • *n* repellent
repertoár • *n* repertoire
řepka • *n* rapeseed
replika • *n* replica
reprezentace • *n* representation
reprezentovat • *v* represent
reprezentovatelný • *adj* representable
reprodukce • *n* reproduction
reprodukovatelný • *adj* reproducible
reproduktor • *n* loudspeaker, speaker
republika • *n* republic
republikánství • *n* republicanism
reputace • *n* repute
řeřicha • *n* nasturtium, watercress
resekce • *n* resection
řešení • *n* solution
řešeto • *n* colander, sieve
resetovat • *v* reset
řešitelný • *adj* solvable
respekt • *n* respect
respektovat • *v* esteem, respect
respirátor • *n* respirator
restaurace • *n* restaurant
restriktivní • *adj* restrictive
restringovat • *v* restrain
ret • *n* lip
řetěz • *n* chain, tether
řetězec • *n* chain, string

232

rétoricky • *adv* rhetorically
rétorika • *n* rhetoric
retroaktivní • *adj* retroactive
řev • *n* roar
revidovat • *v* revise
revize • *n* revision
revoluce • *n* revolution
revolucionář • *n* revolutionary
revoluční • *adj* revolutionary
revolver • *n* revolver
revue • *n* review
rez • *n* rust
řez • *n* cut, section, slash
řež • *n* carnage
řezák • *n* incisor
řezat • *v* cut
rezavět • *v* rust
rezavý • *adj* rusty
řezbář • *n* woodcarver
rezervace • *n* booking
rezervovat • *v* book
režie • *n* direction
rezignovat • *v* resign
režim • *n* mode, regime
režisér • *n* director
řezivo • *n* lumber
řezník • *n* butcher
rezoluce • *n* resolution
rezonátor • *n* shell
rhenium • *n* rhenium
rhodium • *n* rhodium
ribozom • *n* ribosome
říci • *v* tell
říct • *v* say
řídce • *adv* sparsely
řidič • *n* chauffeur, driver
řídící • *n* steering
řidička • *n* driver
řídit • *v* control, drive, govern, manage, run, steer
řídkost • *n* sparseness
řídký • *adj* infrequent, rare, sparse, thin
říhat • *v* belch, burp
říhnout • *v* belch, burp
říhnutí • *n* burp
říje • *n* heat, rut
říjet • *v* rut
říkanka • *n* rhyme
říkat • *v* call
ring • *n* ring
rinitida • *n* rhinitis
říše • *n* empire, kingdom, realm
riskovat • *v* dare, gamble
říšský • *adj* imperial
řiť • *n* anus, asshole
rituál • *n* rite, ritual
rituální • *adj* ritual

rival • *n* rival
rivalita • *n* rivalry
řízek • *n* cutlet, schnitzel
řízení • *n* conduct, management
riziko • *n* hazard, risk
říznout • *v* slash
říznutí • *n* cut
rizoto • *n* risotto
robertek • *n* dildo
robotika • *n* robotics
ročenka • *n* yearbook
rock • *n* rock
ročník • *n* year
rod • *n* clan, gender, genus, lineage, tribe, voice
rodák • *n* countryman, native
rodeo • *n* rodeo
rodič • *n* parent
rodičovství • *n* parenthood
rodina • *n* family
rodinný • *n* family
rodiště • *n* birthplace
rodný • *adj* native
rododendron • *n* rhododendron
rodokmen • *n* pedigree
roh • *n* horn
rohatý • *adj* horned, horny
rohovina • *n* horn
rohovitý • *adj* horny
rohovka • *n* cornea
rohovkový • *adj* corneal
rohožka • *n* doormat, mat
roj • *n* swarm
rok • *n* year
rokle • *n* gorge, ravine
rokoko • *n* rococo
rolák • *n* polo-neck, turtleneck
role • *n* part, role
rolnictví • *n* husbandry
rolník • *n* farmer, peasant
román • *n* novel
romanopisec • *n* novelist
ropucha • *n* toad
rorýs • *n* swift
rosa • *n* dew
rošáda • *n* castling
rosomák • *n* wolverine
rošťák • *n* mischief, rascal
rošťárna • *n* mischief
rostlina • *n* plant
rota • *n* company
roub • *n* graft, scion
rouhání • *n* blasphemy
rouhavý • *adj* blasphemous
rouno • *n* fleece
roura • *n* pipe, tube
rouška • *n* veil

rovina • *n* plane
rovinka • *n* straight
rovinný • *adj* plane
rovnice • *n* equation
rovník • *n* equator
rovníkový • *adj* equatorial
rovnoběžka • *n* parallel
rovnoběžník • *n* parallelogram
rovnoběžnost • *n* parallelism
rovnoběžnostěn • *n* parallelepiped
rovnoběžný • *adj* parallel
rovnocennost • *n* equality
rovnodennost • *n* equinox
rovnoměrně • *adv* evenly
rovnoměrný • *adj* even
rovnoramenný • *adj* isosceles
rovnost • *n* equality
rovnostářský • *adj* egalitarian
rovnostářství • *n* egalitarianism
rovnostranný • *adj* equilateral
rovnováha • *n* balance, equilibrium
rovnovážný • *adj* balanced, well-balanced
rovný • *adj* even, flat
rozbalit • *v* unpack
rozbíhání • *n* divergence
rozbíhavost • *n* divergence
rozbíhavý • *adj* divergent
rozbít • *v* crush
rozbitý • *adj* broken
rozbočovač • *n* hub
rozbor • *n* analysis
rozbuška • *n* detonator
rozčarování • *n* disenchantment
rozčarovaný • *adj* disappointed, disillusioned
rozcestí • *n* crossroads, fork
rozcestník • *n* signpost
rozchod • *n* gauge
rozčtvrtit • *v* quarter
rozcvička • *n* warm-up
rozdat • *v* deal
rozdávající • *n* dealer
rozdělení • *n* cleavage, distribution
rozdělit • *v* cut, deal, part, split
rozdíl • *n* difference, distinction
rozdílný • *adj* variant, various
rozdrcený • *adj* crushed
rozdrtit • *v* crush, flatten
rozdvojení • *n* bifurcation
rozehnat • *v* disperse
rozený • *adj* born, nee
rozeta • *n* rosette
rozevřít • *v* splay
rozeznat • *v* descry, distinguish
rozeznatelný • *adj* recognizable
rozeznít • *v* sound

rozezvučet • *v* sound
rozházet • *v* strew
rozhlas • *n* radio
rozhledna • *n* lookout
rozhněvaný • *adj* angry
rozhodčí • *n* referee
rozhodně • *adv* flatly
rozhodnost • *n* decision
rozhodnout • *v* decide
rozhodnutí • *n* decision
rozhodný • *adj* decisive
rozhodovat • *v* decide
rozhodující • *n* crisis • *adj* crucial, decisive
rozhořčenost • *n* acrimony
rozhořčený • *adj* indignant
rozhovor • *n* conversation, dialogue
rozhřešení • *n* absolution
rozinka • *n* raisin
rozjímání • *n* contemplation, meditation
rozkaz • *n* command, order
rozkázat • *v* command, order
rozkazovací • *adj* imperative
rozklad • *n* decay, partition
rozklepaný • *adj* delicate
rozkol • *n* faction
rozkolísat • *v* wobble
rozkoš • *n* pleasure
rozkrok • *n* groin
rozkvět • *n* bloom, blossom
rozkvetlý • *adj* blooming
rozlehlý • *adj* vast
rozlišení • *n* resolution
rozlišit • *v* distinguish
rozlišování • *n* discrimination
rozlišující • *adj* distinguishing
rozloučení • *n* goodbye
rozložení • *n* layout
rozložit • *v* decompose
rozluštit • *v* decipher
rozmanitost • *n* diversity
rozmanitý • *adj* diverse, miscellaneous
rozmar • *n* freak, whim
rozmařilec • *n* spendthrift
rozmařilý • *adj* spendthrift
rozmarýn • *n* rosemary
rozmazaný • *adj* blurred
rozmazat • *v* blur
rozmazlit • *v* spoil
rozmazlovat • *v* coddle, mollycoddle
rozměr • *n* dimension, extent, size
rozmíška • *n* squabble
rozmlouvat • *v* converse, discourse
rozmluvit • *v* dissuade
rozmnoženina • *n* copy
rozmnožit • *v* manifold, reproduce

rozmnožování • *n* reproduction
rozmrzelost • *n* annoyance
rožnout • *v* switch
rozostřit • *v* blur
rozpaky • *n* quandary
rozpočet • *n* budget
rozpolcení • *n* cleavage
rozpor • *n* contradiction, discrepancy, faction
rozporuplný • *adj* ambivalent
rozpoznání • *n* recognition
rozpoznatelný • *adj* recognizable
rozpracovat • *v* elaborate
rozprava • *n* discourse
rozprostření • *n* layout
rozptyl • *n* scattering, variance
rozptýlení • *n* diversion
rozptýlit • *v* dispel, disperse, dissipate, strew
rozpůlení • *n* bisection
rozpůlit • *v* halve
rozpuštění • *n* dissolution
rozpustit • *v* dissolve
rozpustnost • *n* solubility
rozpustný • *adj* soluble
rozrušený • *adj* upset
rozsah • *n* compass, extent, scope
rozsáhlý • *adj* extensive
rozšířený • *adj* extended
rozšířit • *v* augment, extend, widen
rozšiřitelnost • *n* extensibility
rozsivka • *n* diatom
rozsoudit • *v* adjudicate
roztěpit • *v* rive
rozsudek • *n* judgment, sentence
rozsvítit • *v* switch
roztáhnout • *v* splay
roztahovat • *v* splay
roztát • *v* melt
roztávat • *v* melt
rozteč • *n* pitch
roztěkaný • *adj* desultory
roztleskávačka • *n* cheerleader
roztoč • *n* acarus, mite
roztok • *n* solution
roztomilý • *adj* cute
roztřetit • *v* third
roztrhnout • *v* rip, tear
roztřídit • *v* organize
roztrojit • *v* trisect
roztroušený • *adj* scattered
roztrousit • *v* strew
rozum • *n* mind, reason, wit
rozumět • *v* apprehend, understand
rozumně • *adv* reasonably
rozumnost • *n* reasonableness
rozumný • *adj* reasonable, sage

rozumový • *adj* philosophical
rozvázat • *v* untie
rozvážný • *adj* deliberate, judicious
rozvědka • *n* intelligence
rozvést • *v* divorce, elaborate
rozvětvení • *n* ramification
rozvívat • *v* winnow
rozvláčný • *adj* long-winded
rozvod • *n* divorce
rozvojový • *adj* developing
rozvrh • *n* schedule
rozvrhování • *n* scheduling
rozvržení • *n* layout
rozzlobený • *adj* angry
rozzlobit • *v* anger
rozzuřit • *v* enrage, infuriate
rtěnka • *n* lipstick
rtuť • *n* mercury
rub • *n* back, reverse, tail
rubidium • *n* rubidium
rubín • *n* ruby
rubl • *n* ruble
rubrika • *n* rubric
ručička • *n* hand
ručit • *v* guarantee, warrant
ručitel • *n* guarantee, guarantor
ruční • *adj* manual
ručnice • *n* rifle
ručník • *n* towel
ruda • *n* ore
rudl • *n* trolley
rudnout • *v* redden
rudý • *adj* red, ruddy, sanguine
ruina • *n* ruin
ruinovat • *v* dilapidate
ruka • *n* arm, hand
rukáv • *n* sleeve
rukavice • *n* glove
rukávník • *n* muff
rukojeť • *n* grip, handle
rukojmí • *n* hostage
rukopis • *n* manuscript
rula • *n* gneiss
ruleta • *n* roulette
rum • *n* rum
ruměný • *adj* ruddy
runda • *n* round
rupnutí • *n* crack
rušení • *n* disturbance
rušit • *v* annoy, disturb
rušný • *adj* busy
růst • *v* climb, grow • *n* growth
rusý • *adj* red
ruthenium • *n* ruthenium
rutherfordium • *n* rutherfordium
rutil • *n* rutile
rutina • *n* groove, routine

rutinní • *adj* routine
růže • *n* erysipelas, rose
růženec • *n* rosary
růžice • *n* rosette
různorodost • *n* heterogeneity
různorodý • *adj* heterogeneous, miscellaneous
různý • *adj* variant
růžový • *n* pink • *adj* pink
rvačka • *n* brawl, fight, fracas, scuffle
řvát • *v* roar, yell
ryba • *n* fish
rybák • *n* tern
rybář • *n* fisherman
rybařit • *v* fish
rybenka • *n* silverfish
rybíz • *n* currant
rybka • *n* fishy
rybník • *n* fishpond, pond
rybolov • *n* fishing
rýč • *n* spade
rychle • *adv* fast, quickly
rychlost • *n* speed, velocity

rychlý • *adj* fast, quick, rapid, swift
rýha • *n* crease, groove, trench
rým • *n* rhyme
rýmovačka • *n* rhyme
rýmovat • *v* rhyme
ryolit • *n* rhyolite
rypák • *n* snout
rys • *n* lynx
ryšavý • *adj* red
rýt • *v* delve, dig
rytina • *n* engraving
rytíř • *n* knight
rytířský • *adj* chivalrous
rytířství • *n* chivalry
rytmus • *n* rhythm
ryv • *n* jerk
rýže • *n* rice
ryzí • *adj* pure
ryzost • *n* purity
ržání • *n* neigh
ržát • *v* neigh

S

s • *prep* with
šablona • *n* template
sabotáž • *n* malfeasance, sabotage
sabotér • *n* saboteur
sabotovat • *v* sabotage
šach • *n* check, shah
sacharid • *n* carbohydrate
sacharóza • *n* sucrose
šachovnice • *n* chessboard
šachta • *n* mineshaft, shaft
šachy • *n* chess
sad • *n* orchard
sada • *n* set
sadismus • *n* sadism
sadista • *n* sadist
sadistický • *adj* sadistic
sádlo • *n* lard
sádra • *n* plaster
sádrovec • *n* gypsum
safír • *n* sapphire
šafrán • *n* crocus, saffron
sága • *n* saga
ságo • *n* sago
ságovník • *n* sago
sáh • *n* fathom
šáh • *n* shah
sáhnout • *v* reach
sajga • *n* saiga
sajka • *n* saiga

šakal • *n* jackal
sakra • *n* damn
šál • *n* shawl
šála • *n* scarf
salám • *n* salami
salamandr • *n* salamander
salaš • *n* hovel
salát • *n* salad
šálek • *n* cup
salmonelóza • *n* salmonellosis
šalotka • *n* shallot
šalupa • *n* sloop
šalvěj • *n* sage
sám • *adv* alone • *pron* itself, yourself
sama • *pron* themselves
šaman • *n* shaman
šamanismus • *n* shamanism
samarium • *n* samarium
samčí • *adj* male
samec • *n* male
samet • *n* velvet
sami • *pron* themselves
samičí • *adj* female
samohláska • *n* vowel
samolibost • *n* complacency
samoobsluha • *n* self-service
samosprávný • *adj* autonomous
samostatnost • *n* independence
samostatný • *adj* separate, stand-alone

samota • *n* solitude
samotář • *n* loner, solitary
samotný • *pron* itself, yourself • *adj* single
samouk • *n* autodidact
samovar • *n* samovar
samovládce • *n* autocrat
samozřejmost • *n* truism
samozřejmý • *adj* obvious
šampaňské • *n* champagne
šampión • *n* champion
šampón • *n* shampoo
šamšír • *n* scimitar
samuraj • *n* samurai
samy • *pron* themselves
saň • *n* dragon
sanatorium • *n* sanatorium
šance • *n* chance, odds, opportunity
sandál • *n* sandal
sáně • *n* sledge
sangvinický • *adj* sanguine
sání • *n* suction
sanice • *n* jowl
sanitka • *n* ambulance
šanon • *n* file
santal • *n* sandalwood
saponát • *n* detergent
šarády • *n* charades
sarance • *n* locust
sardel • *n* anchovy
sardinka • *n* sardine
sarkastický • *adj* sarcastic, wry
sarkofág • *n* sarcophagus
sarkom • *n* sarcoma
šarlatán • *n* charlatan
šarlatánství • *n* charlatanry
šarvátka • *n* squabble
sasanka • *n* anemone
šašek • *n* fool, joke
šasi • *n* chassis
sašimi • *n* sashimi
sát • *v* blot, suck
satan • *n* devil
šátek • *n* headscarf, kerchief
satelit • *n* satellite
satira • *n* satire
satirický • *adj* satirical
šatna • *n* wardrobe
šatník • *n* wardrobe
šaty • *n* clothes, dress, gown
sauna • *n* sauna
savana • *n* savanna
savec • *n* mammal
šavle • *n* scimitar
saxofonista • *n* saxophonist
saxofonistka • *n* saxophonist
saze • *n* soot

sazeč • *n* compositor
sázka • *n* bet, wager
sběr • *n* collection
sběrač • *n* gatherer
sběratel • *n* collector
sběratelství • *n* collecting
sbíhavý • *adj* convergent
sbírání • *n* collection
sbírat • *v* collect, gather
sbírka • *n* collection
sblížit • *v* converge
sbližování • *n* convergence
sbližovat • *v* converge
sbohem • *n* farewell, goodbye • *interj* farewell, goodbye
sbor • *n* choir, chorale, ward
scéna • *n* scene
scénář • *n* script
scénárista • *n* screenwriter
scenérie • *n* scenery
scestný • *adj* aberrant
schéma • *n* schema, scheme
schistosomóza • *n* schistosomiasis
schizofrenie • *n* schizophrenia
schizofrenik • *n* schizophrenic
schizofrenní • *adj* schizophrenic
schizogonie • *n* schizogony
schod • *n* step
schodiště • *n* stair, staircase, stairs, stairway
schody • *n* stair, staircase, stairs
schopnost • *n* ability, aptitude, skill
schopný • *adj* able, capable
schovat • *v* conceal, hide
schránka • *n* box, clipboard, receptacle, seashell
schůze • *n* meeting
schůzka • *n* appointment, date
schválení • *n* approval
schválit • *v* approve, grant
schvalovat • *v* approve
sčítač • *n* computer
sčítanec • *n* addend
sčítání • *n* addition
sčítat • *v* compute
sdělit • *v* convey
sdílený • *adj* shared
sdílet • *v* share
sdružení • *n* affiliation, association
se • *pron* itself, me, myself, yourself • *v* occur • *prep* with
sebe • *pron* itself, myself, yourself
sebeklam • *n* self-deception
sebekritika • *n* self-criticism
sebeláska • *n* self-love
sebelítost • *n* self-pity
sebeobrana • *n* self-defense

sebeovládání • n self-control
sebereflexe • n self-knowledge
sebeúcta • n self-esteem
sebeurčení • n self-determination
sebeuspokojení • n complacency
sebevědomí • n confidence
sebevrah • n suicide
sebevražda • n suicide
sebevražedný • adj suicidal
sebezáchova • n self-preservation
sebezapření • n self-denial
sebezničující • adj self-destructive
sebrat • v collect, gather, muster
secese • n secession
sečíst • v add
sečna • n secant
šedá • n gray
sedavý • adj sedentary
šedesátník • n sexagenarian
šedesátý • adj sixtieth
sedět • v fit, sit
sedlák • n farmer, peasant
sedlina • n dreg, dregs, settling
sedlo • n saddle
sedmdesátník • n septuagenarian
sedmdesátý • adj seventieth
sedmiúhelník • n heptagon
sedmý • adj seventh
sednout • v click, sit
šedohnědý • adj dun
sedřít • v excoriate
šedý • adj gray
šéf • n boss, chief
šéfkuchař • n chef
sehnat • v purchase
sehnout • v duck
seismologie • n seismology
seizmologie • n seismology
sejf • n safe
šejgec • n shegetz
sejmout • v draw
šek • n cheque
sekáč • n chisel
sekáček • n cleaver
sekáči • n harvestman
sekaná • n mince
sekans • n secant
sekat • v mow
sekera • n slash
seknutí • n slash
sekrece • n secretion
sekreční • adj secretive
sekretář • n escritoire, secretary
sekretářka • n secretary
sekta • n sect
sektářský • adj sectarian
sektor • n sector

sekunda • n second
sekundant • n second
sekvence • n sequence
sekvoj • n redwood, sequoia
selanka • n idyll
sele • n piglet
selen • n selenium
selhání • n default, failure
selhat • v fail
selhávat • v fail
sem • adv here, hither
semafor • n semaphore
sémantický • adj semantic
sémantik • n semanticist
sémantika • n semantics
semeník • n ovary
semeniště • n hotbed
semeno • n seed, semen, sperm
semestr • n semester
semetrika • n vixen
semifinále • n semifinal
seminář • n seminar, seminary
sémiotika • n semiotics
sen • n dream
senát • n senate
senátor • n senator
sendvič • n sandwich
senilní • adj senile
seno • n hay
sentence • n sentence
senzace • n sensation
senzacechtivý • adj sensationalist
senzibilizace • n sensitization
senzitivní • adj sensitive
senzomotorický • adj sensorimotor
senzualismus • n sensualism
separace • n separation
separátní • adj separate
sépie • n cuttlefish
šepot • n whisper
sepse • n sepsis
šeptat • v whisper
septima • n seventh
seřadit • v sort
seraf • n seraph
serafín • n seraph
serenáda • n serenade
seriál • n series
série • n set
šerif • n sheriff
šeřík • n lilac
serin • n serine
sériový • adj serial
šerm • n fencing
šermíř • n fencer
šermovat • v fence
sérologie • n serology

serotonin • *n* serotonin
sérum • *n* serum
servírovat • *v* serve
servis • *n* garage
servítek • *n* napkin
šery • *n* sherry
sešit • *n* notebook
sešívačka • *n* stapler
seskupení • *n* body
seskupit • *v* group
sestava • *n* battery
sestavení • *n* build
sestavit • *v* compose, construct
sesterský • *adj* sororal
šestiúhelník • *n* hexagon
šestnáctkový • *adj* hexadecimal
sestoupit • *v* descend
sestra • *n* nurse, sister
sestřenice • *n* cousin
sestrojit • *v* construct
sestup • *n* descent
šestý • *adj* sixth
sesuv • *n* slide
setkání • *n* encounter, meeting
šetřit • *v* skimp
setrvačník • *n* flywheel
setrvačnost • *n* inertia
sever • *n* north
severní • *adj* north, northern
severovýchod • *n* northeast
severovýchodní • *adj* northeast
severozápad • *n* northwest
severozápadní • *adj* northwest
sevření • *n* grasp, grip
sevřít • *v* clasp, clench
sex • *n* sex
sexismus • *n* sexism
sextant • *n* sextant
sextet • *n* sextet
sexteto • *n* sextet
sexuální • *adj* sexual
sezení • *n* session
seznam • *n* list
sezóna • *n* season
sféra • *n* sphere
sfinga • *n* sphinx
sfinx • *n* sphinx
sfygmomanometr • *n* sphygmomanometer
shazovat • *v* belittle
sherry • *n* sherry
shlédnout • *v* scope
shluk • *n* cluster
shnilý • *adj* rotten
shoda • *n* agreement, consensus
shodit • *v* lose
shodný • *adj* identical

shodovat • *v* agree
shovívavě • *adv* benevolently
shovívavost • *n* forbearance
shovívavý • *adj* lenient
shrnutí • *n* abstract, summary
shromáždění • *n* assembly, meeting
shromáždit • *v* collect, gather, muster
shromažďovat • *v* collect, gather
si • *pron* me
šibal • *n* wag
šibenice • *n* gallows, scaffold
šibolet • *n* shibboleth
šídlo • *n* awl
sídlo • *n* residence
šifra • *n* cipher
sigma • *n* sigma
signál • *n* cue, signal
signifikát • *n* signified
šíje • *n* isthmus, nape, neck
šikana • *n* bullying
šikanovat • *v* bully
šikmý • *adj* skew
šikovnost • *n* adroitness, prowess, skillfulness
šikovný • *adj* handy, skillful
šiksa • *n* shiksa
síla • *n* force, might, power, strength
šílenec • *n* lunatic
šílenství • *n* insanity, madness
šílený • *adj* crazy, insane, mad
šilhat • *v* squint
šilhavost • *n* strabismus
šilikon • *n* silicone
silikóza • *n* silicosis
šilink • *n* schilling
silnice • *n* road
silný • *adj* intense, stark, strong
silo • *n* silo
siloměr • *n* dynamometer
silueta • *n* silhouette
šimitar • *n* scimitar
šimpanz • *n* chimpanzee
simulace • *n* simulation
simulátor • *n* simulator
simulovat • *v* simulate
sinalý • *adj* ashen
šindel • *n* shingle
singularita • *n* singularity
sinus • *n* sine
sinusitida • *n* sinusitis
šíp • *n* arrow
sípání • *n* wheeze
šípař • *n* fletcher
sípat • *v* wheeze
šípek • *n* hip
šipka • *n* arrow
síra • *n* sulfur

síran • *n* sulfate
siréna • *n* siren
šířit • *v* circulate, spread, transmit
sirka • *n* match, matchstick
šířka • *n* latitude, width
široce • *adv* widely
široko • *adv* wide, widely
široký • *adj* broad, wide
sirota • *n* orphan
sirotčinec • *n* orphanage
sirotek • *n* orphan
sirup • *n* syrup
šiška • *n* cone
šišlání • *n* lisp
šišlat • *v* lisp
sít • *v* sow
šít • *v* sew
síť • *n* net, network
sitár • *n* sitar
sítí • *n* reed
síťkovaný • *adj* reticulate
sítnice • *n* retina
síto • *n* screen, sieve
situace • *n* situation
sjednocení • *n* unification, union
sjednotit • *v* unite
sjetý • *adj* bald, high
sjezd • *n* convention
sjezdovka • *n* piste
škádlení • *n* badinage
škádlit • *v* tease
skákat • *v* jump
skála • *n* rock
skalár • *n* scalar
skalární • *adj* scalar
skalnatý • *adj* rocky
skalpovat • *v* scalp
skandál • *n* scandal
skandha • *n* aggregate
skandium • *n* scandium
škaredý • *adj* ugly
skateboard • *n* skateboard
skauting • *n* scouting
škeble • *n* clam
skener • *n* scanner
skenovat • *v* scan
skepse • *n* skepticism
skepticismus • *n* skepticism
skeptický • *adj* skeptical
skeptik • *n* skeptic, zetetic
skica • *n* draft, sketch
sklad • *n* store, warehouse
skládat • *v* consist
skladatel • *n* composer
skladba • *n* composition
skládka • *v* landfill • *n* landfill
sklárna • *n* glassworks

sklenice • *n* glass, jar
skleník • *n* greenhouse
sklep • *n* cellar
sklepení • *n* cellarage, vault
skleslost • *n* droop
sklesnout • *v* droop
sklíčený • *adj* despondent, disconsolate, gloomy
skličující • *adj* daunting
sklizeň • *n* harvest
sklízet • *v* harvest
sklo • *n* glass
sklon • *n* camber, gradient, inclination, slope, tendency
skloněný • *adj* battered
sklonit • *v* splay
skloňování • *n* declension
skloňovat • *v* decline
sklopit • *v* incline
sklovina • *n* enamel
skluzavka • *n* slide
skoble • *n* adze
škocim • *n* shegetz
skočit • *v* buy, jump, spring
škoda • *n* damage, mischief, pity
škodlivý • *adj* harmful
škodolibý • *adj* malicious
skok • *n* jump, leap
skokan • *n* jumper
škola • *n* school
školačka • *n* schoolgirl
školení • *n* training
skolióza • *n* scoliosis
školka • *n* kindergarten
skončit • *v* finish, quit, stop
skopec • *n* wether
skopové • *n* mutton
skořápka • *n* eggshell, husk, shell
skóre • *n* decision, score
skořice • *n* cinnamon
skořicovník • *n* cinnamon
skoro • *adv* almost, nearly
skórovat • *v* score
skot • *n* cattle, cow
škrábanec • *n* scratch
škrábat • *v* scrape, scratch
škrabka • *n* peeler, scraper
škraboška • *n* domino
škraloup • *n* lump
škřele • *n* operculum
škřet • *n* goblin, orc
skříň • *n* closet, cupboard, wardrobe
skřipec • *n* rack
skript • *n* script
skřítek • *n* dwarf, gnome, goblin, troll
skřivan • *n* lark
škrob • *n* starch

skrolovat • *v* scroll
skromnost • *n* frugality, modesty
skromný • *adj* frugal, meek, modest
škrtat • *v* cancel
škrtidlo • *n* tourniquet
škrtit • *v* choke, throttle
škrtnout • *v* cancel
skrupulózní • *adj* scrupulous
skrýt • *v* conceal, hide
skrytý • *adj* hidden
skrývat • *v* conceal
skrz • *prep* through
škubat • *v* pluck
skučet • *v* howl
škudlit • *v* skimp
skulina • *n* slit
škuner • *n* schooner
skunk • *n* skunk
skupina • *n* body, crew, group, moiety, set, troop
skutečně • *adv* actually, really, very • *interj* really
skutečnost • *n* fact, reality, truth
skutečný • *adj* actual, real
skutek • *n* act, deed
skútr • *n* scooter
škvára • *n* slag
skvělý • *adj* cool, great, wonderful
škvíra • *n* crack, slit
škvor • *n* earwig
skvoucí • *adj* resplendent
skvrna • *n* blot, fleck, spot, stain
škytat • *v* hiccup
škytnout • *v* hiccup
škytnutí • *n* hiccup
slabika • *n* syllable
slabina • *n* hole
slaboch • *n* pushover, weakling
slabost • *n* fondness, frailty, weakness
slabý • *adj* feeble, weak
šlacha • *n* tendon
slad • *n* malt
sladce • *adv* sweetly
sladit • *v* reconcile, sweeten
sladkost • *n* candy, sweet, sweetness
sladkovodní • *adj* freshwater
sladký • *adj* sweet
šlajsna • *n* sluice
sláma • *n* straw
slaměný • *adj* straw
slang • *n* slang
slanina • *n* bacon
slanost • *n* saltiness
slaný • *adj* salt, salty
šlapat • *v* go
šlapka • *n* bitch, whore
slast • *n* pleasure

sláva • *n* fame, glory
slavík • *n* nightingale
slavit • *v* celebrate
slavnostní • *adj* festive
slavný • *adj* famous, glorious, proud
slazený • *adj* sweet
šlechta • *n* nobility
šlechtic • *n* aristocrat, noble
šlechtit • *v* breed
slečna • *n* maiden, miss
sled • *n* sequence
sleď • *n* herring
sledovat • *v* follow, shadow, stalk, tail, track, watch
šlehat • *v* whip, whisk
slepice • *n* chicken, hen
slepit • *v* conglutinate
slepota • *n* blindness
slepovat • *v* conglutinate
slepuška • *n* vole
slepý • *adj* blind
sleva • *n* discount, special
slévárna • *n* foundry
slévat • *v* alloy
sléz • *n* mallow
slezina • *n* spleen
slib • *n* oath, promise, word
slíbit • *v* promise
slibný • *adj* auspicious, promising
šlichta • *n* dinner
slída • *n* mica
slídit • *v* spy
slimák • *n* slug
slina • *n* saliva, spit
slinění • *n* salivation
slintat • *v* dribble, drool, slobber
slipy • *n* underpants
slít • *v* alloy
slitek • *n* ligature, logotype
slitina • *n* alloy
slíva • *n* plum
slivovice • *n* slivovitz
sliz • *n* mucus, slime
slogan • *n* slogan
sloh • *n* style
sloj • *n* bed
sloka • *n* stanza
slon • *n* elephant
sloní • *adj* elephantine
slonice • *n* elephant
slonovina • *n* ivory
slonovinový • *adj* ivory
sloučenina • *n* compound
sloučit • *v* coalesce, merge
sloup • *n* column, post
sloupec • *n* column, file
sloupek • *n* column

sloužit • *v* serve
sloveso • *n* verb
slovíčkaření • *n* quibble
slovíčkářský • *adj* pedantic
slovní • *adj* verbal
slovník • *n* dictionary, vocabulary
slovníkář • *n* lexicographer
slovo • *n* word
složení • *n* composition
složený • *adj* compound
složit • *v* compose
složitost • *n* complexity
složka • *n* constituent, file, folder
sluch • *n* hearing
sluchátko • *n* handset
sluchový • *adj* auditory
slučitelný • *adj* compatible
sluha • *n* servant
slunce • *n* sun
slunečnice • *n* sunflower
slunečník • *n* sunshade, umbrella
sluneční • *adj* sunny
slunit • *v* sun
slunovrat • *n* solstice
slupka • *n* husk, shell
slušnost • *n* decency
slušný • *adj* correct, courteous, decent, polite, proper
služba • *n* duty, service
služebník • *n* servant
služebný • *n* servant
služka • *n* maid
slyšení • *n* hearing
slyšet • *v* hear, listen
slyšitelný • *adj* audible
slza • *n* tear, teardrop
smalt • *n* enamel
smaragd • *n* emerald
smát • *v* laugh
smazání • *n* deletion
smazat • *v* erase
smažit • *v* fry
smeč • *n* smash, spike
smečka • *n* pack, pride
smělost • *n* audacity
smělý • *adj* bold
směna • *n* shift
směnitelný • *adj* fungible
směnka • *n* bill
směr • *n* direction • *adv* east
směrnice • *n* guideline
směrodatný • *adj* decisive
směrovat • *v* route, steer
směřovat • *v* steer
směs • *n* melange, mixture
směšně • *adv* ridiculously
směšný • *adj* laughable, ridiculous

smést • *v* whisk
smět • *v* can, may
smeták • *n* broom
smetana • *n* cream
smetánka • *n* cream
smetiště • *n* dump
smích • *n* laughter
šminky • *n* cosmetics
smirek • *n* emery
smířit • *v* reconcile
smířlivý • *adj* conciliatory
šmírovat • *v* stalk
smíšený • *adj* miscellaneous, mixed
smítko • *n* mote, speck
smlouva • *n* contract
smlouvat • *v* haggle
smog • *n* smog
smokink • *n* tuxedo
smola • *n* pitch
smrad • *n* pungency, reek, stench, stink
smrdět • *v* stink
smrk • *n* spruce
smrt • *n* death, end
smrtelník • *n* mortal
smrtelnost • *n* mortality
smrtelný • *adj* deadly, lethal, mortal
smrtící • *adj* deadly, lethal
smrtka • *n* death
smrtonosný • *adj* deadly, lethal
smrž • *n* morel
SMS • *n* text
smůla • *n* pitch
smutek • *n* sadness, sorrow
smutný • *adj* sad
smyčec • *n* bow
smyčka • *n* hitch, loop
smyk • *n* skid
smýkat • *v* skid
smysl • *n* meaning, sense
smyšlený • *adj* fictitious
smyslnost • *n* sensuality
smyslný • *adj* sensual
smyslový • *adj* sensory
smysluplnost • *n* meaningfulness
smysluplný • *adj* meaningful
snacha • *n* daughter-in-law
snad • *adv* perhaps
snadno • *adv* easily
snadný • *adj* easy
snaha • *n* effort, endeavor, pursuit
snášenlivost • *n* tolerance
snášet • *v* bear, endure
sňatek • *n* marriage
snažení • *n* pursuit
sněhobílá • *n* snow
sněhobílé • *n* snow
sněhobílý • *n* snow

sněhulák • *n* snowman
šnek • *n* snail
snesitelný • *adj* bearable, tolerable
snést • *v* bear
sněžit • *v* snow
sněžný • *adj* snowy
snící • *n* dreamer
snídaně • *n* breakfast
snídat • *v* breakfast
sníh • *n* snow, white
snílek • *n* dreamer
snímání • *n* cut
snímat • *v* draw
snímek • *n* picture
sníst • *v* eat
snít • *v* dream
sníženě • *n* choke
snížení • *n* diminution, reduction
snížit • *v* decrease, lower, mitigate
snob • *n* snob
snop • *n* sheaf
šňůra • *n* cord, string
šnycl • *n* schnitzel
sob • *n* reindeer
sobeckost • *n* selfishness
sobecký • *adj* selfish
sobectví • *n* egoism, egotism
soběstačný • *adj* autarkic, self-sufficient, stand-alone
sobol • *n* sable
socha • *n* sculpture, statue
sochař • *n* sculptor
sochařství • *n* sculpture
sochor • *n* crow
socialismus • *n* socialism
socialista • *n* socialist
socialistický • *adj* socialist
socializace • *n* socialization
socializmus • *n* socialism
sociální • *adj* social
sociolog • *n* sociologist
sociologický • *adj* sociological
sociologie • *n* sociology
sociopat • *n* sociopath
sodík • *n* sodium
sodomita • *n* sodomite
sodovka • *n* soda
sofa • *n* sofa
šofér • *n* chauffeur, driver
sofista • *n* sophist
software • *n* software
šógi • *n* shogi
šógun • *n* shogun
sojka • *n* jay
sok • *n* rival
šok • *n* shock
soket • *n* socket
sokol • *n* falcon
sokolnictví • *n* falconry
solenoid • *n* solenoid
solidarita • *n* solidarity
solidní • *adj* solid, sound
solipsismus • *n* solipsism
sólista • *n* soloist
solit • *v* salt
solný • *adj* salt
solvence • *n* solvency
solventní • *adj* solvent
somatický • *adj* somatic
sonáta • *n* sonata
sonda • *n* probe
sonet • *n* sonnet
sonografie • *n* sonography
sopečný • *adj* volcanic
sopel • *n* booger, phlegm, snot
sopka • *n* volcano
soprán • *n* soprano
sorbet • *n* sorbet
šortky • *n* shorts
sosák • *n* proboscis
soška • *n* statuette
sosna • *n* pine
šotek • *n* brownie, goblin
sotva • *adv* hardly
souběžný • *adj* concurrent
souboj • *n* duel
soubor • *n* file
současnice • *n* contemporary
současník • *n* contemporary
současný • *adj* contemporary, current, present, simultaneous
součástka • *n* component
součet • *n* sum, total
součin • *n* product
součinitel • *n* coefficient
soucit • *n* compassion, pity, sympathy
soucítit • *v* sympathize
soud • *n* court
soudce • *n* judge
soudělný • *adj* commensurable
soudit • *v* judge
soudní • *adj* judicial
soudnost • *n* discretion, judgment
soudruh • *n* comrade
soudružka • *n* comrade
soudržnost • *n* coherence
soudržný • *adj* coherent
souhlas • *n* accord, agreement, approval, consensus, consent, go • *interj* roger
souhlasím • *interj* right
souhlasit • *v* accede, agree, consent
souhláska • *n* consonant
souhrn • *n* summary

souhvězdí • *n* constellation
soukmenovec • *n* tribesman
soukolí • *n* gear
soukromí • *n* privacy
soukromý • *adj* private
soulad • *n* agreement, harmony
soulož • *n* sex
souměřitelný • *adj* commensurable
souměrnost • *n* symmetry
souměrný • *adj* symmetrical
soumrak • *n* dusk, evening, nightfall, twilight
souostroví • *n* archipelago
soupeř • *n* rival
soupeření • *n* competition, rivalry
soupis • *n* catalogue
šoupnout • *v* slither
souprava • *n* consist
souřadnice • *n* coordinate
šourek • *n* scrotum
sourozenec • *n* sibling
sousedit • *v* adjoin
sousední • *adj* conterminous, neighboring
sousednost • *n* adjacency
sousedství • *n* neighborhood
sousedstvo • *n* neighborhood
sousloví • *n* phrase
šoustat • *v* fuck, screw
soustava • *n* framework, system
soustrast • *n* compassion, sympathy
soustředit • *v* concentrate
soustředný • *adj* concentric
soustruh • *n* lathe
soustružit • *v* lathe
soustružník • *n* turner
soutěska • *n* gorge
soutěž • *n* competition, contest
soutěžící • *n* competitor
soutěžit • *v* compete
soutěživost • *n* competitiveness
soutěživý • *adj* competitive
soutěžní • *adj* competitive
soutisk • *n* register
soutok • *n* confluence
související • *adj* contextual, related
souvislost • *n* nexus
souvislý • *adj* coherent
souzení • *n* judgment
soužení • *n* torment
soužit • *v* torment
sova • *n* owl
sovět • *n* soviet
sovětský • *adj* soviet
šovinismus • *n* chauvinism
šovinista • *n* chauvinist
šovinistický • *adj* chauvinist

šovinizmus • *n* chauvinism
špaček • *n* starling
spáchat • *v* commit
spád • *n* descent
spad • *n* fallout
spadnout • *v* collapse
špageta • *n* spaghetti
špagety • *n* spaghetti
špalda • *n* spelt
špalek • *n* faggot
spálenina • *n* burn
spálit • *v* burn
spalničky • *n* measles
spalování • *n* combustion
spam • *n* spam
spamovat • *v* spam
spánek • *n* repose, sleep, temple
španěl • *n* spaniel
spánkový • *adj* temporal
spárovat • *v* grout
špás • *n* prank
spása • *n* salvation
spát • *v* sleep
špátle • *n* spatula
špatně • *adv* badly, wrong
špatný • *adj* bad, wrong
spatřit • *v* sight
spěch • *n* haste, hurry, rush
spěchat • *v* hurry, hustle
specialista • *n* specialist
specialita • *n* specialty
speciální • *adj* special
specifický • *adj* specific
specifikace • *n* specification
specifikovat • *v* specify
specifikum • *n* hallmark
špehovat • *v* spy
spektrální • *adj* spectral
spektroskopie • *n* spectroscopy
spektrum • *n* spectrum
spekulant • *n* speculator
spekulativní • *adj* speculative
spekulovat • *v* speculate
speleologie • *n* speleology
špenát • *n* spinach
špendlík • *n* pin
šperk • *n* jewel
sperma • *n* semen, sperm
spermie • *n* sperm
špetka • *n* pinch
špic • *n* spitz
špice • *n* pinnacle
špička • *n* pinnacle, point, spire, surge
špicl • *n* betrayer, spitz
spiklenec • *n* conspirator
spiknutí • *n* conspiracy
špína • *n* dirt, filth

špinavě • *adv* dirty
špinavý • *adj* dirty, nasty
špindíra • *n* sloven
spinet • *n* spinet
špión • *n* spy
špionáž • *n* espionage
spirála • *n* spiral
spirituál • *n* spiritual
spirocheta • *n* spirochete
spirometr • *n* spirometer
spis • *n* writing
spíš • *adv* probably, rather
spíše • *adv* probably, rather
spisovatel • *n* writer
špitál • *n* hospital
špíz • *n* skewer, spit
spíž • *n* pantry
splácnout • *v* flatten
splátka • *n* installment
splatný • *adj* due
splenomegalie • *n* splenomegaly
splést • *v* confuse, tangle
spleť • *n* entanglement
splín • *n* spleen
splnit • *v* fulfill, meet
šplouchat • *v* plash
spočetný • *adj* countable
spočítat • *v* calculate
spočitatelný • *adj* countable
spočívat • *v* rest
spoďáry • *n* pants
spodek • *n* foot, jack
spodky • *n* pants, underpants
spodnička • *n* petticoat
spoiler • *n* spoiler
spojenec • *n* ally
spojenecký • *adj* allied
spojení • *n* concatenation, connection, contact, link, nexus
spojený • *adj* united
spojit • *v* bind, coalesce, connect, join, unite
spojitá • *adj* smooth
spojitost • *n* continuity
spojitý • *adj* continuous
spojivka • *n* conjunctiva
spojka • *n* clutch, conjunction
spojovník • *n* hyphen
spokojený • *adj* content, happy, satisfied
společenskost • *n* sociality
společenský • *adj* gregarious, social
společenství • *n* community
společně • *adv* together
společník • *n* companion
společnost • *n* company, corporation, society

společný • *adj* common, joint
spoléhající • *adj* dependent
spoléhat • *v* rely
spolehlivost • *n* reliability
spolehlivý • *adj* dependable, reliable
spolek • *n* affiliation, club, fraternity, hunt
spolknout • *v* swallow
spolu • *adv* together
spolubydlící • *n* roommate
spolunáležitost • *n* community
spolupachatel • *n* accomplice
spolupráce • *n* collaboration, cooperation
spolupracovat • *v* cooperate
spoluúčast • *n* excess
spoluviník • *n* accomplice
spolužák • *n* classmate, schoolmate
spona • *n* brooch, buckle
spondylitida • *n* spondylitis
sponka • *n* brooch
spontánní • *adj* candid, spontaneous
spontánnost • *n* spontaneity
sponzor • *n* sponsor
sponzorovat • *v* sponsor
spor • *n* contradiction, dispute, quarrel
spora • *n* spore
sporadický • *adj* sporadic
sporák • *n* cooker, cookstove
spořit • *v* save
spořivost • *n* frugality, thrift
spořivý • *adj* frugal, parsimonious
sporný • *adj* contentious, controversial
sport • *n* sport
sportovec • *n* athlete, sportsman
spotřeba • *n* consumption
spotřebitel • *n* consumer, user
spotřebovat • *v* consume, draw
spotřebovávat • *v* draw
spoušť • *n* mischief, trigger
spousta • *n* cornucopia, mass, plethora
spouštěč • *n* trigger
spoutání • *n* restraint
spoutaný • *adj* fettered
spraš • *n* loess
spratek • *n* brat
správa • *n* administration, conduct, control
správce • *n* administrator, manager, steward
správcovství • *n* stewardship
spravedlivě • *adv* evenly, fairly, justly
spravedlivý • *adj* just, righteous
spravedlnost • *n* equity, justice
spravit • *v* fix, mend, repair
správně • *adv* correctly, fairly, right • *interj* right

správnost • *n* correctness
správný • *adj* correct, just, proper, right
spravovat • *v* administer, manage
sprcha • *n* douche, shower
sprchování • *n* shower
sprchovat • *v* shower
sprint • *n* dash, sprint
sprinter • *n* sprinter
sprintovat • *v* dash
spropitné • *n* tip
sprostý • *adj* dirty, nasty, obscene, rude
šprot • *n* sprat
šprým • *n* prank
spustit • *v* lower
sputnik • *n* sputnik
sráč • *n* shit
sračka • *n* shit
šrapnel • *n* shell
srát • *v* shit
sráz • *n* incline
srážení • *n* precipitation
sraženina • *n* precipitate
srazit • *v* collide, dispirit, dock
srážka • *n* collision
srážky • *n* precipitation
srdce • *n* clapper, heart
srdečně • *adv* kindly
srdeční • *adj* cardiac
srdečnice • *n* aorta
srkat • *v* slurp
srna • *n* doe
srnec • *n* roebuck
šrot • *n* meal, scrap
šroub • *n* bolt, screw
šroubovák • *n* screwdriver
šroubovat • *v* screw
šroubovice • *n* helix
srovnat • *v* compare, level, organize, reconcile
srovnatelný • *adj* comparable • *v* compare
srovnávat • *v* compare
srozumitelnost • *n* intelligibility
srozumitelný • *adj* comprehensible, intelligible
srp • *n* sickle
sršeň • *n* hornet
srst • *n* fur, hair
srub • *n* cabin
štáb • *n* headquarters
stabilita • *n* stability
stabilizace • *n* stabilization
stabilizátor • *n* stabilizer
stabilní • *adj* solid, stable
štace • *n* gig
stačit • *v* do
stadión • *n* stadium

stádium • *n* stage
stádní • *adj* gregarious
stádo • *n* flock, herd, mob
štafeta • *n* relay
stagflace • *n* stagflation
stáhnout • *v* excoriate, withdraw
stáj • *n* stable
stále • *adv* still
stálezelený • *adj* evergreen
stálý • *adj* still
štamgast • *n* denizen
stan • *n* tent
standard • *n* standard
standardizace • *n* standardization
standardizovaný • *adj* standardized
stánek • *n* kiosk, stand
štangle • *n* crossbar
stání • *n* court
staniol • *n* tinfoil
stanovat • *v* camp
stanovisko • *n* opinion, position
starat • *v* care
stařena • *n* granny
stařešina • *n* elder
stáří • *n* age
stárnout • *v* age, date
starobylý • *adj* ancient
staromódní • *adj* old-fashioned
starost • *n* anxiety, worry
starosta • *n* mayor
starožitnost • *n* antique
starší • *adj* elder
start • *n* start
startér • *n* starter
starý • *adj* old
šťastný • *adj* cheerful, happy, lucky
stát • *v* become, cost, stand • *n* country, nation, state
statečnost • *n* bravery, courage
statečný • *adj* audacious, brave
statek • *n* farm
statistický • *adj* statistical
statistik • *n* statistician
statistika • *n* statistics
stativ • *n* tripod
státník • *n* statesman
statný • *adj* stalwart
stav • *n* condition, shape, state, status
šťáva • *n* juice
stavba • *n* building, construction
stavebnictví • *n* construction
stavět • *v* build, make
stavitel • *n* builder
stávka • *n* strike
šťavnatý • *adj* saucy
steak • *n* steak
štědrost • *n* generosity, largess, munifi-

cence
štědrý • *adj* generous
steh • *n* stitch
stehlík • *n* goldfinch
stehno • *n* thigh
stěhování • *n* move
stěhovat • *v* move
stěhovavý • *adj* migratory
stejnokroj • *n* uniform
stejnopis • *n* counterpart
stejnorodý • *adj* homogeneous
stejnost • *n* sameness
stejný • *adj* equal, same • *pron* same
štěkání • *n* bark
štěkat • *v* bark, bay
štěkot • *n* bark
stéla • *n* stele
stěna • *n* wall
sténat • *v* groan, moan
štěně • *n* puppy
štěnice • *n* bedbug, bug, wiretap
stenóza • *n* stenosis
step • *n* steppe
štěpení • *n* cleavage, fission
štěpit • *v* splinter
štěpnost • *n* cleavage
štěpný • *adj* fissile
štěrbina • *n* crack, slit
stereotyp • *n* stereotype
sterilizace • *n* sterilization
sterilizovat • *v* sterilize
sterilní • *adj* sterile
štěrk • *n* gravel
stěrka • *n* squeegee
steroidní • *adj* steroidal
stesk • *n* yearning
štěstí • *n* cheerfulness, fortune, happiness, luck
štětec • *n* brush
štětka • *n* brush, teasel
stetoskop • *n* stethoscope
stěžeň • *n* mast
stěží • *adv* hardly
stezka • *n* path
stěžovat • *v* complain
stíhačka • *n* fighter
stíhání • *n* chase
štíhlost • *n* slenderness
štíhlý • *adj* slender, slim
štika • *n* pike
stimul • *n* impetus
stín • *n* shade, shadow, shell
stínit • *v* shadow
stínítko • *n* lampshade
štípat • *v* splinter
stipendium • *n* scholarship
štípnout • *v* pinch

štír • *n* scorpion
stisk • *n* grip
stisknout • *v* grasp, press
štít • *n* carapace, shield
stít • *v* behead
štítek • *n* label, plate, tag
štítonoš • *n* supporter
stížnost • *v* complain • *n* complaint
stlát • *v* make
štoček • *n* plate
stočený • *adj* stranded
stochastický • *adj* stochastic
stodola • *n* barn
stoh • *n* haystack, stack
stoický • *adj* stoic
stojan • *n* stand
stoletá • *n* centenarian
století • *n* century
stoletý • *n* centenarian • *adj* centenary
stolice • *n* excrement, feces, stool
stolička • *n* stool
stomatitida • *n* stomatitis
stomatologický • *adj* dental
stonek • *n* stalk
stonožka • *n* centipede, millipede
stopa • *n* foot, footprint, trace, track
stopař • *n* hitchhiker, stalker
stopařka • *n* hitchhiker
stopky • *n* stopwatch
stopovat • *v* stalk, track
storno • *n* cancellation
stornovat • *v* cancel
štos • *n* stack
stoupající • *adj* uphill
stoupání • *n* ascension, rise, slope
stoupat • *v* ascend, increase, rise
stoupavý • *adj* uphill
stoupenec • *n* adherent, disciple, partisan
šťovík • *n* dock, sorrel
stožár • *n* pylon
strach • *n* fear
straka • *n* magpie
strakapoud • *n* woodpecker
strakatý • *adj* mottled
strana • *n* face, page, party, side
stranický • *adj* partisan
stránka • *n* aspect, page
stránkování • *n* pagination, paging
stránkovat • *v* page
střapec • *n* tassel
strašák • *n* scarecrow
strašidlo • *n* specter
strašit • *v* haunt
strašně • *adv* awfully
strašný • *adj* terrible
stratég • *n* strategist

strategický • *adj* strategic
strategie • *n* strategy
stratosféra • *n* stratosphere
strava • *n* diet
strávit • *v* ingest
stravitelný • *adj* digestible
stráž • *n* guard
strážce • *n* guardian
střecha • *n* roof
střechýl • *n* icicle
strečink • *n* stretching
střed • *n* center, gold, middle, nucleus
středisko • *n* center
středně • *adv* medially, moderately
střední • *adj* neuter
středník • *n* semicolon
středověký • *adj* medieval
strejc • *n* gaffer
střela • *n* arrow, missile, projectile
střelba • *n* shooting
střelec • *n* bishop, marksman
střelit • *v* shoot
střelnice • *n* range
střep • *n* fragment, shard
střet • *n* clash, conflict
střeva • *n* bowels
střevle • *n* minnow
střevní • *adj* intestinal
střevo • *n* bowels, intestine
střežit • *v* guard
strhat • *v* excoriate
strhnout • *v* tear
stříbřitý • *adj* silver, silvery
stříbrná • *n* silver
stříbrnice • *n* silversmith
stříbrník • *n* silversmith
stříbrný • *adj* argent, silver, silvery
stříbro • *n* argent, silver
stříbrotepec • *n* silversmith
střída • *n* ablaut
střídat • *v* alternate
střídavý • *adj* alternate, alternating
střihač • *n* editor
stříhat • *v* clip, shear
stříkačka • *n* douche
stříkat • *v* cum, splash, splatter
střílet • *v* fire, misfire, shoot
striptér • *n* stripper
striptérka • *n* stripper
striptýz • *n* strip, striptease
stříška • *n* circumflex
střízlík • *n* wren
střízlivost • *n* sobriety
střízlivý • *adj* prosaic, sober
strkat • *v* jostle
strnad • *n* yellowhammer
strniště • *n* stubble

stroboskop • *n* stroboscope
strohost • *n* acrimony
strohý • *adj* austere, terse
stroj • *n* machine
strojník • *n* machinist
strom • *n* tree
stromeček • *n* bracket
stroming • *n* flow
stroncium • *n* strontium
strop • *n* ceiling
stroužek • *n* clove
stručnost • *n* brevity, conciseness
stručný • *adj* concise, succinct, summary
struhadlo • *n* grater
struktura • *n* layout, structure
strukturovaný • *adj* structured
strunatec • *n* chordate
struník • *n* tailpiece
strunný • *adj* stringed
strunový • *adj* stringed
strup • *n* scab
strupovitost • *n* scab
struska • *n* slag
strýc • *n* uncle
strýček • *n* uncle
strýčkovský • *adj* avuncular
strýcovský • *adj* avuncular
strž • *n* ravine
stud • *n* shame
studánka • *n* well
student • *n* student
studentka • *n* student
studený • *adj* cold
studie • *n* study
studio • *n* studio
studium • *n* study
studna • *n* well
studovat • *v* learn, study
studovna • *n* study
stuha • *n* ribbon
stůl • *n* table
stupeň • *n* degree
stupínek • *n* dais, rostrum
stupnice • *n* scale
stupňování • *n* comparison
stupňovat • *v* compare
stupňovitý • *adj* gradual
štupovat • *v* darn
stvol • *n* scape
stvoření • *n* creation, creature, critter
stvořitel • *n* creator
stvrzenka • *n* receipt
stý • *adj* hundredth
stydlivost • *n* shyness
styk • *n* intercourse, sex
styl • *n* manner, style

stylový • *adj* stylish
stylus • *n* stylus
stýskání • *n* yearning
styžský • *adj* stygian
subatomový • *adj* subatomic
subjektivní • *adj* subjective
sublimace • *n* sublimation
sublimovat • *v* sublimate
substantivum • *n* noun
subvence • *n* subsidy
suchar • *n* bromide, rusk
sucho • *n* drought
suchozemský • *adj* terrestrial
suchý • *adj* dry
sud • *n* barrel
sudí • *n* judge
sudý • *adj* even
suflér • *n* prompter
suk • *n* knot
šukat • *v* fuck
sukně • *n* skirt
sukničkář • *n* womanizer
sůl • *n* salt
sulc • *n* aspic
sulfid • *n* sulfide
šulin • *n* dick
sultán • *n* sultan
sultanát • *n* sultanate
šum • *n* noise
suma • *n* sum
šumařit • *v* fiddle
sumec • *n* catfish
šumivý • *adj* sparkling
summit • *n* summit
šunka • *n* ham
sup • *n* vulture
superego • *n* superego
superlativ • *n* superlative
supermarket • *n* supermarket
supernova • *n* supernova
šupina • *n* scale
supinum • *n* supine
šuplík • *n* drawer
suplika • *n* petition
suřík • *n* minium
surikata • *n* meerkat, mongoose
surový • *adj* crude, raw, rough
surrealismus • *n* surrealism
suši • *n* sushi
sušička • *n* dryer
šustit • *v* rustle
šustot • *n* rustle
suť • *n* rubble
suterén • *n* basement
sutiny • *n* debris
suvenýr • *n* souvenir
šva • *n* schwa

šváb • *n* cockroach
svačina • *n* snack
svádění • *n* seduction
švadrona • *n* squadron
švagr • *n* brother-in-law
švagrová • *n* sister-in-law
svah • *n* gradient, incline, slope
sval • *n* muscle
svalit • *v* topple
svalnatý • *adj* muscular
svalovec • *n* muscleman
svalový • *adj* muscular
svár • *n* feud, strife
svářet • *v* weld
svastika • *n* swastika
svatba • *n* marriage, wedding
svátek • *n* holiday
svatokrádež • *n* sacrilege
svatokupectví • *n* simony
svátost • *n* sacrament
svatozář • *n* aureola, halo
svatý • *adj* holy, sacred • *n* saint
svatyně • *n* sanctuary, shrine
svaz • *n* affiliation, alliance, lattice, union
svázat • *v* bind, truss
svazek • *n* volume
švec • *n* cobbler, shoemaker
svědčit • *v* testify
svědectví • *n* testimony, witness
svědek • *n* witness
svědět • *v* itch
svědomí • *n* conscience
svědomitost • *n* conscientiousness
svědomitý • *adj* conscientious
svekr • *n* father-in-law
svěrač • *n* sphincter
svěrák • *n* vise
svěřenec • *n* ward
svěrka • *n* clamp
svěsit • *v* hang
svést • *v* inveigle, mislead, seduce
švestka • *n* plum
svět • *n* world
světadíl • *n* continent
svěťák • *n* playboy
světec • *n* saint
světélkující • *adj* photogenic
světlice • *n* safflower
světlo • *n* light
světlomet • *n* headlight
světluška • *n* firefly
světlý • *adj* bright, light
světový • *adj* worldwide
svetr • *n* sweater
světský • *adj* secular, temporal
svévole • *n* arbitrariness

svěžest • *n* freshness
svěží • *adj* brisk, fresh
svíce • *n* candle
svícen • *n* candlestick
svíčka • *n* candle
svíčkař • *n* chandler
švihák • *n* beau
švindl • *n* swindle
svině • *n* hog, pig, sow, swine
svinka • *n* woodlouse
svinout • *v* involve
sviňucha • *n* porpoise
svislítko • *n* pipe
svislý • *adj* vertical
svišť • *n* marmot
svítání • *n* dawn, daybreak
svitek • *n* roll, scroll
svítit • *v* shine
svízel • *n* bedstraw
svižný • *adj* swift
svoboda • *n* freedom, liberty
svobodná • *adj* unmarried
svobodný • *adj* celibate, free, liberated, single, unmarried
svolat • *v* muster, summon
svorkovač • *n* stapler
svrab • *n* scabies
svraštit • *v* knot
svrbění • *n* prickle
svrchovanost • *n* sovereignty
svrchovaný • *adj* sovereign
svrhnout • *v* topple
svůdce • *n* seducer
svůdný • *adj* seductive
syčák • *n* punk
syčení • *n* hiss
syčet • *v* hiss
sychravý • *adj* chilly
syfilis • *n* syphilis
syfilitický • *adj* syphilitic
sykavka • *n* sibilant
sykavý • *adj* sibilant
sýkora • *n* chickadee
sýkorka • *n* chickadee
sykot • *n* hiss
sylogismus • *n* syllogism
symbiotický • *adj* symbiotic

symbióza • *n* symbiosis
symbol • *n* symbol
symbolicky • *adv* symbolically
symbolický • *adj* symbolic
symetrický • *adj* symmetrical
symetrie • *n* symmetry
symfonie • *n* symphony
symptom • *n* complaint
syn • *n* son
synagoga • *n* synagogue
synapse • *n* synapse
synaptický • *adj* synaptic
synchronizovat • *v* synchronize
synchronní • *adj* synchronic, synchronous
syndrom • *n* syndrome
synekdocha • *n* synecdoche
synkopa • *n* syncope
synod • *n* synod
synoda • *n* synod
synonymie • *n* synonymy
synonymita • *n* synonymy
synonymum • *n* synonym
synopse • *n* synopsis
synovec • *n* nephew
synovitida • *n* synovitis
syntax • *n* syntax
syntaxe • *n* syntax
syntéza • *n* synthesis
syntezátor • *n* synthesizer
sypat • *v* pour
sýpka • *n* granary
sypký • *adj* loose
sýr • *n* cheese • *interj* cheese
syřidlo • *n* rennet
syrovátka • *n* whey
syrový • *adj* crude, raw
sysel • *n* gopher, suslik
systém • *n* framework, system
systematický • *adj* systematic
systematizace • *n* systematization
systematizovat • *v* systematize
systémový • *adj* systematic, systemic
sytič • *n* choke
sytý • *adj* full
sžíravý • *adj* caustic

T

tabák • *n* tobacco
tabatěrka • *n* snuffbox
tableta • *n* pill
tábor • *n* camp
táborák • *n* bonfire

tábořit • *v* camp
táborový • *adj* camp
tabu • *n* taboo
tabuizovat • *v* taboo
tabule • *n* blackboard, board, sheet

tabulka • *n* table
tabulkový • *adj* tabular
tác • *n* platter
tácek • *n* tray
tachykardie • *n* tachycardia
tady • *adv* here
tágo • *n* cue
tagovat • *v* tag
tah • *n* go, move, pull, stroke
tahač • *n* tow
tahák • *n* crib
tahat • *v* jostle, pull
táhnout • *v* drag, draw, pull, tow
taipan • *n* taipan
tajemně • *adv* mysteriously
tajemník • *n* secretary
tajemný • *adj* mysterious, uncanny, unearthly
tajemství • *n* confidence, secret
tajfun • *n* typhoon
tajga • *n* taiga
tajně • *adv* secretly
tajnůstkářský • *adj* secretive
tajný • *adj* esoteric, secret
tajuplně • *adv* mysteriously
tajuplný • *adj* mysterious, uncanny
tak • *adv* as, so, thus • *adj* so
také • *adv* also, too
takeláž • *n* rigging
takhle • *adv* so
takt • *n* bar, measure, rhythm, tact
taktický • *adj* tactical
taktika • *n* tactics
taktní • *adj* tactful
takto • *adv* so
taktovka • *n* baton
talamus • *n* thalamus
talár • *n* gown
talek • *n* talc
talent • *n* aptitude, talent
talíř • *n* dish, plate
talisman • *n* talisman
tam • *adv* there, thither, yonder
tampón • *n* tampon
tančit • *v* dance
tancovat • *v* dance
tandem • *n* tandem
tanec • *n* dance
tanečnice • *n* dancer
tanečník • *n* dancer
tangens • *n* tangent
tango • *n* tango
tání • *n* melting
tanin • *n* tannin
tank • *n* tank
tankista • *n* tanker
tantal • *n* tantalum

tápat • *v* grope
tapeta • *n* wallpaper
tapioka • *n* tapioca
tapír • *n* tapir
taroky • *n* tarot
tasemnice • *n* tapeworm
tasit • *v* draw
taška • *n* bag, tile
tát • *v* melt
táta • *n* father
tatínek • *n* dad, daddy, father
taťka • *n* father
tau • *n* tau
tautologie • *n* tautology
tavit • *v* melt
taxi • *n* taxi
taxík • *n* taxi
taxonomický • *adj* systematic
taxonomie • *n* taxonomy
tázací • *adj* interrogative
tažení • *n* campaign, drive, tow
tažnost • *n* ductility
tchán • *n* father-in-law
tchoř • *n* polecat
tchýně • *n* mother-in-law
tchyně • *n* mother-in-law
tě • *pron* you
té • *n* tee
teak • *n* teak
teatrální • *adj* camp
tebe • *pron* you
tebou • *pron* you
technecium • *n* technetium
technici • *n* crew
technický • *adj* technical
technik • *n* technician
technika • *n* technique, technology
technoblábol • *n* technobabble
technologie • *n* technology
téci • *v* run
tečka • *n* dot, period, tittle
tečna • *n* tangent
tečnový • *adj* tangential
téct • *v* flow, run
teď • *adv* now, presently
tehdy • *adv* then
těhotenství • *n* pregnancy
těhotná • *adj* pregnant
teismus • *n* theism
tektit • *n* tektite
tektonický • *adj* tectonic
tekutina • *n* fluid, liquid
tekutost • *n* liquidity
tekutý • *adj* fluid, liquid
tele • *n* calf
telecí • *n* veal
telefon • *n* phone, telephone

telefonovat • *v* call, phone, telephone
telegraf • *n* telegraph
telegrafní • *adj* telegraphic
telegram • *n* cable, telegram
teleologie • *n* teleology
telepatický • *adj* telepathic
telepatie • *n* telepathy
tělesný • *adj* bodily, corporal, corporeal, physical
těleso • *n* body
televize • *n* television
televizor • *n* television
tellur • *n* tellurium
tělo • *n* body
tělocvična • *n* gymnasium
téma • *n* question, theme, topic
tematický • *adj* thematic
temeno • *n* crown, vertex
téměř • *adv* almost, nearly
temnota • *n* dark, darkness
temný • *adj* dark, gloomy, obscure, stygian
tempo • *n* rhythm
tendence • *n* tendency
tenis • *n* tennis
tenký • *adj* thin
tenosynovitida • *n* tenosynovitis
tentononc • *n* whatchamacallit
tentýž • *adj* same, very • *pron* same
tenzor • *n* tensor
teokracie • *n* theocracy
teolog • *n* theologian
teologický • *adj* theological
teologie • *n* theology
teorém • *n* theorem
teoréma • *n* theorem
teoretický • *adj* theoretical
teoreticky • *adv* theoretically
teoretik • *n* theorist
teorie • *n* theory
teosofie • *n* theosophy
tep • *n* pulse
teplo • *n* heat, warmth
teploměr • *n* thermometer
teplota • *n* temperature
teplouš • *n* fag, fairy
teplý • *adj* warm
tepna • *n* artery
teprve • *adv* only
terapeut • *n* therapist
terapeutický • *adj* therapeutic
terapie • *n* therapy
terasa • *n* terrace
terbium • *n* terbium
terč • *n* target
tercie • *n* third
terej • *n* gannet

terén • *n* terrain
teriér • *n* terrier
teritorium • *n* territory
těrka • *n* squeegee, stump
termín • *n* date, deadline, term
terminál • *n* terminal
terminologický • *adj* terminological
terminologie • *n* terminology
termistor • *n* thermistor
termit • *n* termite
termodynamika • *n* thermodynamics
termoláhev • *n* thermos
termosféra • *n* thermosphere
termoska • *n* thermos
termostat • *n* thermostat
terorismus • *n* terrorism
terorista • *n* terrorist
teroristický • *adj* terrorist
tesák • *n* fang
tesař • *n* carpenter
tesknění • *n* yearning
tesknit • *v* pine
tesla • *n* adze
teslice • *n* adze
těsně • *adv* just, tightly
těsnopis • *n* shorthand
těsný • *adj* tight
test • *n* test
testament • *n* testament
těsto • *n* batter, dough, paste
testosteron • *n* testosterone
testovat • *v* test
těstoviny • *n* pasta
teta • *n* aunt
tetanus • *n* tetanus
tětiva • *n* bowstring, chord
tetování • *n* tattoo
tetovat • *v* tattoo
tetřev • *n* capercaillie, grouse
text • *n* text
textovka • *n* text
též • *adv* too
tezaurus • *n* thesaurus
těžba • *n* mining
těžce • *adv* heavily
teze • *n* thesis
těžítko • *n* paperweight
těžký • *adj* difficult, hard, heavy
thalamus • *n* thalamus
thallium • *n* thallium
thorium • *n* thorium
threonin • *n* threonine
thulium • *n* thulium
thymin • *n* thymine
ticho • *n* quiet, silence
tichý • *adj* meek, quiet, silent
tíhnout • *v* incline

tikat • *v* tick
tikot • *n* tick
tílko • *n* singlet, vest
timokracie • *n* timocracy
tímto • *adv* hereby
tinitus • *n* tinnitus
tinktura • *n* tincture
tinnitus • *n* tinnitus
tiráda • *n* tirade
tis • *n* yew
tisák • *n* roan
tiše • *adv* quietly, silently
tisící • *adj* thousandth
tisíciletí • *n* millennium
tisk • *n* press
tiskař • *n* printer
tiskárna • *n* printer
tisknout • *v* press, print
tísnit • *v* confine
tít • *v* cut
titan • *n* titanium
tito • *pron* these
titr • *n* titer
titul • *n* publication, title
titulek • *n* caption
titulky • *n* subtitle
tkadlec • *n* weaver
tkáň • *n* tissue
tkaní • *n* weaving
tkanička • *n* lace, shoelace
tkát • *v* weave
tlačit • *v* jostle, push
tlačítko • *n* button
tlak • *n* pressure
tlakoměr • *n* barometer
tlama • *n* mouth
tleskat • *v* applaud, clap
tlouct • *v* beat
tlouštík • *n* fatty
tlouštka • *n* thickness
tlumač • *n* interpreter
tlumič • *n* silencer
tlumočit • *v* interpret
tlumočník • *n* interpreter
tlupa • *n* band
tlusťoch • *n* fatso, fatty
tlustý • *adj* fat, thick
tma • *n* dark, darkness
tmavý • *adj* dark, dim
to • *pron* it, that
toaleta • *n* bathroom, toilet
tobě • *pron* you
tobolka • *n* capsule
točit • *v* turn
toho • *pron* it
tok • *n* flow, flux, stream
tokáta • *n* toccata

tolerance • *n* tolerance
tolerovat • *v* tolerate
toluen • *n* toluene
tomahavk • *n* tomahawk
tomel • *n* persimmon
tomu • *pron* it
tón • *n* tone
toner • *n* toner
tónina • *n* key
tonus • *n* tone
topaz • *n* topaz
topení • *n* heating
topič • *n* stoker
topinka • *n* toast
topit • *v* drown, stoke
topol • *n* aspen, poplar
topologie • *n* topology
topolovka • *n* hollyhock
topoření • *n* tumescence
tornádo • *n* tornado
torpédo • *n* torpedo
torpédoborec • *n* destroyer
torzo • *n* torso
totalitní • *adj* totalitarian
totální • *adj* total
totem • *n* totem
totiž • *adv* namely
toto • *pron* this
totožnost • *n* identity
totožný • *adj* identical
touha • *n* desire, longing
toulat • *v* gallivant
toulavý • *adj* roving
toulec • *n* quiver
toulka • *n* wander
touš • *n* puck
toust • *n* toast
toustovač • *n* toaster
toužit • *v* desire, long
továrna • *n* factory, mill
tovaryš • *n* journeyman
toxicita • *n* toxicity
toxický • *adj* toxic
toxikologie • *n* toxicology
toxin • *n* toxin
tracheitida • *n* tracheitis
tračník • *n* colon
tradice • *n* tradition
tradičně • *adv* traditionally
tradiční • *adj* traditional
tragédie • *n* tragedy
tragický • *adj* tragic
tragikomedie • *n* tragicomedy
trajekt • *n* ferry
trajektorie • *n* trajectory
traktor • *n* tractor
trám • *n* beam, girder

trampolína • *n* trampoline
tramvaj • *n* tram, trolley
transakce • *n* transaction
transformátor • *n* transformer
transkripce • *n* transcription
translace • *n* translation
transliterace • *n* transliteration
transparent • *n* banner
transponovat • *n* transpose
transpozice • *n* transposition
transvestita • *n* transvestite
tranzistor • *n* transistor
tranzitivní • *adj* transitive
trapas • *n* trip
třapatka • *n* coneflower
trápit • *v* concern, vex
trapný • *adj* embarrassing
trasa • *n* route
třasovisko • *n* quagmire
třást • *v* shake, shudder
trať • *n* railway
trauma • *n* trauma
traumatický • *adj* traumatic
tráva • *n* grass, weed
trávení • *n* digestion
travestie • *n* travesty
trávicí • *adj* digestive
trávit • *v* digest, poison, spend
trávník • *n* grass, lawn, turf
trawler • *n* trawler
třebaže • *conj* albeit
trefit • *v* hit
třenák • *n* bicuspid, premolar
trenažér • *n* simulator
trenér • *n* coach, trainer
tření • *n* friction
trénovat • *v* coach, train
třepetat • *v* flutter
trepka • *n* slipper
třes • *n* tremor
třešeň • *n* cherry
treska • *n* cod
třešně • *n* cherry
třešňový • *adj* cherry
třesot • *n* shudder
trest • *n* pain, punishment, sentence
trestat • *v* punish
trestný • *adj* criminal, punishable, punitive
třetí • *adj* third
třetina • *n* third
třetit • *v* third
trezor • *n* safe
trh • *n* bazaar, market
trhák • *n* blockbuster
trhání • *n* extraction
trhat • *v* shred

trhavý • *adj* jerky
trhlina • *n* crack, tear
trhlý • *adj* crazy
triangl • *n* triangle
tribunál • *n* tribunal
třicátý • *adj* thirtieth
třicetina • *n* thirtieth
trichomoniáza • *n* trichomoniasis
třída • *n* avenue, class, classroom, strip
třídění • *n* categorization, sorting
třídit • *v* sort
trigonometrie • *n* trigonometry
trik • *n* trick
třikrát • *adv* thrice
trimestr • *n* trimester
třináctina • *n* thirteenth
třináctý • *n* thirteenth
trio • *n* trio
triola • *n* triplet
tříska • *n* splinter
třít • *v* rub
triviální • *adj* trivial
třmen • *n* stirrup
třmínek • *n* stapes
trn • *n* prickle, thorn
trochej • *n* trochee
trofej • *n* trophy
trojí • *adj* trial
trojice • *n* trinity, triple
trojitý • *adj* triple
trojjazyčný • *adj* trilingual
trojka • *n* troika
trojkolka • *n* tricycle
trojlist • *n* trefoil
trojlístek • *n* shamrock, trefoil
trojnásobně • *adv* threefold
trojnásobný • *adj* threefold
trojnožka • *n* tripod
trojpalubník • *n* three-decker
trojtečka • *n* ellipsis
trojúhelník • *n* triangle
trojzubec • *n* trident
trol • *n* troll
trolej • *n* trolley
troll • *n* troll
trombocytopenie • *n* thrombocytopenia
trombón • *n* trombone
trombóza • *n* thrombosis
trombus • *n* thrombus
tropický • *adj* tropical
troposféra • *n* troposphere
trosečník • *n* castaway
troška • *n* bit, tittle
trosky • *n* debris
trouba • *n* oven
troubení • *n* trumpet

troubit • *v* bugle, trumpet
troud • *n* tinder
troufalost • *n* audacity
troufalý • *adj* bold, presumptuous
troufat • *v* dare
trpaslík • *n* dwarf, gnome • *adj* dwarf
trpělivost • *n* patience
trpělivý • *adj* patient
trpět • *v* suffer
trpící • *adj* suffering
trpkost • *n* acerbity
třpyt • *n* resplendence
třpytivý • *adj* resplendent, sparkling
trubač • *n* bugler
trubadúr • *n* troubadour
trubec • *n* drone
trubka • *n* bugle, nozzle, pipe, trumpet, tube
truchlit • *v* mourn
trucovat • *v* sulk
truhla • *n* chest
truhlář • *n* carpenter, joiner
truhlík • *n* doodle
truismus • *n* truism
trumf • *n* trump
trumfy • *n* trump
trumpeta • *n* trumpet
trumpetista • *n* trumpet
trůn • *n* throne
trup • *n* body, torso
trus • *n* dung
trvalka • *n* perennial
trvalý • *adj* permanent
trvání • *n* date, duration
trvanlivost • *n* durability
trvat • *v* dure, insist, last, run
trychtýř • *n* funnel
tryptofan • *n* tryptophan
trysk • *n* gallop
tryska • *n* nozzle
trýzeň • *n* torment
trýznit • *v* torment
tržiště • *n* bazaar
tržní • *n* market
tržnice • *n* bazaar, market
tu • *adv* here
tuba • *n* tuba
tuberkulóza • *n* tuberculosis
tucet • *n* dozen
tučňák • *n* penguin
tučný • *adj* bold, fatty
tudíž • *adv* hence, therefore
tuha • *n* graphite
tuhnout • *v* solidify
tuhý • *adj* rigid, solid, stark
ťuhýk • *n* shrike
tuk • *n* fat

tukan • *n* toucan
ťuknutí • *n* bump
tulák • *n* wanderer
tuleň • *n* seal
tulipán • *n* tulip
tůň • *n* pool
tuna • *n* ton
tuňák • *n* tuna
tundra • *n* tundra
tunel • *n* tunnel
tunika • *n* tunic
tupost • *n* hebetude
tupozrakost • *n* amblyopia
tupozraký • *adj* amblyopic
tupý • *adj* blunt, dull, sober
tur • *n* bovine, cow
turban • *n* turban
turbína • *n* turbine
tuřín • *n* rutabaga, swede
turismus • *n* tourism
turista • *n* tourist
turistika • *n* tourism
turmalín • *n* tourmaline
turnaj • *n* tournament
turniket • *n* turnstile
tuzemský • *adj* domestic
tužka • *n* pencil
tvar • *n* shape
tvář • *n* face, jowl
tvárnost • *n* plasticity
tvárný • *adj* plastic
tvaroh • *n* quark
tvarosloví • *n* morphology
tvarovat • *v* shape
tvíd • *n* tweed
tvor • *n* being, creature, critter
tvoření • *n* creation
tvořit • *v* constitute, make, spell
tvořivost • *n* creativity
tvořivý • *adj* creative
tvrdě • *adv* firmly
tvrdit • *v* assert, claim, harden
tvrdnout • *v* harden
tvrdohlavě • *adv* stubbornly
tvrdohlavost • *n* stubbornness
tvrdohlavý • *adj* hardheaded, obstinate, stubborn
tvrdost • *n* hardness
tvrdý • *adj* firm, hard, stark
tvrzení • *n* allegation, assertion, claim
tvůj • *pron* thine
tvůrce • *n* creator
twist • *n* twist
ty • *pron* thou, you
tyč • *n* bar, rod, stave
tyčinka • *n* rod
tyčka • *n* stake, stave

255

týden • *n* week
týdeník • *n* weekly
týdně • *adv* weekly
tyfus • *n* typhus
tygr • *n* tiger
tygřice • *n* tigress
týk • *n* teak
tykadlo • *n* antenna, feeler
týl • *n* nape, occiput
týlní • *adj* occipital
tým • *n* team
tymián • *n* thyme
typ • *n* guy, type

typický • *adj* typical
typografický • *adj* typographical
typografie • *n* typography
týrání • *n* maltreatment
tyranie • *n* tyranny
tyrkys • *n* turquoise
tyrkysová • *n* turquoise
tyrkysový • *n* turquoise • *adj* turquoise
tyrosin • *n* tyrosine
tyrozin • *n* tyrosine
týž • *adj* very

U

u • *prep* at, by, near
ubrousek • *n* napkin
ubrus • *n* tablecloth
ubytování • *n* accommodation, lodging
ubytovna • *n* inn
ubývající • *adj* waning
ubývat • *v* dwindle
účaří • *n* baseline
učarovat • *v* bewitch
účast • *n* attendance, participation
účastník • *n* meeting, participant
účastnit • *v* partake, participate
učebnice • *n* textbook
učebnicový • *adj* textbook
učedník • *n* disciple
účel • *n* function, purpose
ucelený • *adj* coherent
účelový • *adj* purposive
učeň • *n* apprentice
učenec • *n* pundit, scholar
učení • *n* teaching
učenlivý • *adj* teachable
učený • *adj* learned
účet • *n* account, bill, check
účetní • *n* accountant
účetnictví • *n* accounting
ucho • *n* ear, eye
uchopení • *n* grasp, grip
uchopit • *v* apprehend, grab, grasp
uchovat • *v* preserve
uchovávat • *v* preserve
uchvácen • *adj* rapt
uchvátit • *v* mesmerize, seize
uchvatitel • *n* invader
účinek • *n* effect
účinnost • *n* efficacy, efficiency
účinný • *adj* efficient, powerful
učit • *v* study, teach
učitel • *n* teacher

ucpaný • *adj* clogged
ucpat • *v* clog
úcta • *n* esteem, respect
účtenka • *n* receipt
uctívání • *n* worship
uctívat • *v* esteem, worship
uctivý • *adj* duteous, reverent
úctyhodný • *adj* gallant, respectable
úd • *n* penis
údaj • *n* datum
údaje • *n* data
údajně • *adv* allegedly
údajný • *adj* alleged
událost • *n* event, incident
udavač • *n* betrayer, informer, snitch
udávač • *n* betrayer
úděl • *n* destiny, fate
udělat • *v* come, create, do, make
udělit • *v* bestow, confer, grant
úder • *n* box, hit, stroke
udeřit • *v* hit
udidlo • *n* bit
udit • *v* smoke
udivit • *v* amaze
udivující • *adj* marvelous
udobření • *n* atonement
údolí • *n* valley
údržba • *n* maintenance
údržbář • *n* handyman
udržitelný • *adj* sustainable
udržovat • *v* maintain, sustain
udusat • *v* tamp
udusit • *v* stifle
uf • *interj* phew
uhádnout • *v* guess
úhel • *n* angle
uhel • *n* charcoal
úhelník • *n* square
uhelný • *n* colliery

uher • *n* boil, pimple
uhlazený • *adj* urbane
úhledný • *adj* dapper, shapely
uhlí • *n* carbon, coal
uhlík • *n* carbon
uhlopříčka • *n* diagonal
uhlovodík • *n* hydrocarbon
uhnout • *v* dodge
uhodit • *v* box, clout, hit, knock
úhor • *n* fallow
úhoř • *n* eel
uhrančivý • *adj* bewitching
uhranout • *v* bewitch, jinx
úhrn • *n* total
ujetej • *n* freak
úkaz • *n* phenomenon
ukázat • *v* point, prove, show
ukazatel • *n* indicator, pointer
ukázka • *n* show, specimen
ukazováček • *n* forefinger
ukazovák • *n* forefinger
ukazovat • *v* point, show, sport
uklidit • *v* clean
uklidněný • *adj* relieved
uklidnit • *v* allay, calm
uklízeč • *n* cleaner
uklízečka • *n* cleaner
uklizený • *adj* tidy
uklízet • *v* clean
uklouznout • *v* slip
úkol • *n* task
ukolébat • *v* lull
ukolébavka • *n* lullaby
ukončit • *v* stop
úkony • *n* procedure
úkosem • *adv* askance
ukrádat • *v* pilfer
ukrást • *v* steal
ukřižování • *n* crucifixion
ukřižovat • *v* crucify
úkryt • *n* concealment
ukrýt • *v* conceal, hide
ukvapený • *adj* unadvised
úl • *n* beehive
ul. • *n* st
ulehčit • *v* facilitate
úleva • *n* relief
ulevený • *adj* relieved
ulevit • *v* relieve
ulice • *n* street
ulička • *n* alley
uličník • *n* rascal
ulita • *n* shell
úlitba • *n* libation
ulítlý • *adj* unearthly
úloha • *n* task
úlomek • *n* fragment

úložiště • *n* storage
uložit • *v* file, save
úložné • *n* storage
ultimátum • *n* ultimatum
ultrafialový • *adj* ultraviolet
umělec • *n* artist
umělecký • *adj* artistic
umělý • *adj* artificial, false
umění • *n* art, temperance
uměřený • *adj* austere
umět • *v* can
umíráček • *n* knell
umírající • *n* dying
umírání • *n* dying
umírněnost • *n* moderation, temperance
umístění • *n* location, position
umístit • *v* place, put
umlčet • *v* silence
úmluva • *n* convention
umocnění • *n* exponentiation
umocnit • *v* involve
umocňování • *n* exponentiation
umožnit • *v* enable
umřít • *v* die
úmysl • *n* intention, purpose
úmyslný • *adj* deliberate, intentional
umyvadlo • *n* basin, washbasin
unáhlenost • *n* rashness
unáhlený • *adj* hasty, impetuous
unární • *adj* unary
únava • *n* fatigue, tiredness
unavený • *adj* tired
unavit • *v* tire
únavný • *adj* uphill
unce • *n* ounce
unést • *v* abduct, kidnap, take
unie • *n* alliance, union
uniforma • *n* uniform
uniformní • *adj* uniform
únik • *n* escape, leak
unikátní • *adj* unique
uniknout • *v* escape
univerzální • *adj* ecumenical, universal
univerzita • *n* university
únos • *n* abduction, kidnap, kidnapping
únosce • *n* kidnapper
úpadek • *n* bankruptcy
úpal • *n* sunstroke
upálit • *v* burn
upevnit • *v* firm
upír • *n* vampire
úplatek • *n* bribe
uplatit • *v* bribe
úplatkářství • *n* bribery
úplavice • *n* dysentery

úplně • *adv* quite, right, stark
úplnost • *n* completeness
úplný • *adj* complete, full, whole
upolín • *n* globeflower
upomínka • *n* reminder
úponek • *n* cirrus
úpornost • *n* perseverance
upovídaný • *adj* chatty, talkative
upozornění • *n* alert, caveat, notification
upozornit • *v* notify
úprava • *n* adjustment, modification
upravit • *v* adapt, adjust
uprchlík • *n* fugitive, refugee
upřednostňovat • *v* favor, prefer
upřesnit • *v* specify
upřímně • *adv* honestly
upřímnost • *n* candor, frankness, sincerity
upřímný • *adj* candid, frank, sincere
úprk • *n* stampede
uracil • *n* uracil
úřad • *n* bureau, office
uragán • *n* hurricane
uran • *n* uranium
úraz • *n* injury, trauma
urazit • *v* insult, offend
urážka • *n* injury
urážlivý • *adj* offensive
urbanizace • *n* urbanization
určení • *n* determination
určit • *v* determine, specify
určitě • *adv* certainly
urea • *n* urea
úřednický • *adj* clerical
úředník • *n* clerk
uretrální • *adj* urethral
uretritida • *n* urethritis
urna • *n* urn
úroda • *n* yield
úrodný • *adj* fertile
úrok • *n* interest
urolog • *n* urologist
urologie • *n* urology
úroveň • *n* level
urovnat • *v* level, reconcile, settle
urputný • *adj* fierce
urychlit • *v* accelerate
usazenina • *n* sediment
úsečka • *n* line
úsilí • *n* effort, endeavor, pursuit
usilovat • *v* strive
uskočit • *v* shy
úskočnost • *n* craftiness, ruse
úskok • *n* ruse
uškrtit • *v* strangle
uskutečnit • *v* implement, realize

uskutečnitelnost • *n* feasibility
uskutečnitelný • *adj* feasible, realizable
ušlechtilý • *adj* noble
usmát • *v* smile
úsměv • *n* smile
usmíření • *n* reconciliation
usmívat • *v* smile
usnadnit • *v* facilitate
usoudit • *v* infer
uspávadlo • *n* soporific
úspěch • *n* success
úspěšně • *adv* successfully
úspěšný • *adj* successful
uspět • *v* succeed
ušpiněný • *adj* soiled
uspokojení • *n* complacency, satisfaction
uspokojit • *v* please, satisfy
uspokojivý • *adj* satisfactory
uspořádání • *n* order, organization
uspořádat • *v* arrange, order, organize
úspornost • *n* austerity, economy
úspory • *n* saving
ústa • *n* mouth
ustanovit • *v* designate
ústav • *n* institute
ústava • *n* constitution
ustavit • *v* constitute
ústavní • *adj* constitutional
ústí • *n* estuary, mouth, muzzle
ustlat • *v* make
ústní • *adj* oral
ustoupit • *v* recede, retreat
ústřední • *adj* central
ústřičník • *n* oystercatcher
ustřihnout • *v* shear
ustrnutí • *n* disbelief
ústrojí • *n* tract
ústup • *n* retreat
ústupek • *n* concession
úsudek • *n* judgment
usuzování • *n* inference
usuzovat • *v* judge
usvědčení • *n* conviction
usvědčit • *v* convict
úsvit • *n* dawn, daybreak
usychat • *v* wither
utáhnout • *v* tighten
utajení • *n* concealment, secrecy
utajený • *adj* clandestine
utajit • *v* withhold
utajovaný • *adj* clandestine
útěcha • *n* consolation, solace
utéci • *v* flee
utéct • *v* flee
útěk • *n* escape
útes • *n* cliff, crag, reef, rock

utěšit • *v* console, solace
utíkat • *v* flee, run
utilitarismus • *n* utilitarianism
utilitarizmus • *n* utilitarianism
utírat • *v* wipe
utišit • *v* allay, silence, solace
utiskovat • *v* oppress
útlak • *n* oppression
útlost • *n* slenderness
útlý • *adj* slender
útočiště • *n* asylum, nest, refuge, retreat, shelter
útočit • *v* attack
útočně • *adv* aggressively
útočník • *n* assailant, attacker, forward
útočnost • *n* aggressiveness
útočný • *adj* aggressive
útok • *n* attack, offensive
utopický • *adj* utopian
utopie • *n* utopia
utopit • *v* drown
utrácivý • *adj* spendthrift
útrata • *n* expense
utrhnout • *v* tear
utřídit • *v* organize
utřít • *v* wipe
utrpení • *n* suffering, torment
útržek • *n* counterfoil, scrap, shred
útulek • *n* pound
útulný • *adj* cosy, cozy
ututlat • *n* cover-up • *v* withhold
utvářet • *v* shape
uvadat • *v* wither
uváděč • *n* usher
úvaha • *n* reflection
uvařit • *v* boil
úvaz • *n* tether
uvážit • *v* weigh
uvážlivost • *n* discretion
uvážlivý • *adj* judicious
uváznutí • *n* deadlock
uvažování • *n* reasoning
uvažovat • *v* consider, wonder
uvědomění • *n* awareness, consciousness
uveitida • *n* uveitis

uvěřitelný • *adj* plausible
uvést • *v* present
uvěznění • *n* imprisonment
uvěznit • *v* imprison
uvidět • *v* spot
uvnitř • *adv* in, inside • *adj* inside • *prep* within
úvod • *n* introduction, preface
uvolnění • *n* relaxation
uvolněný • *adj* lax, loose, relaxed
uvolnit • *v* loosen, relax, release
uvozovka • *n* quote
už • *adv* already
úžas • *n* amazement, disbelief
úžasný • *adj* amazing, formidable, marvelous
uzávěr • *n* closure
uzávěrka • *n* deadline
uzavírka • *n* closure
uzavření • *n* closure
uzavřený • *adj* closed
uzavřít • *v* enclose
uzda • *n* bridle, curb, rein
úžeh • *n* sunstroke
uzel • *n* hitch, knot, node
území • *n* territory
uzemnění • *n* earth
územní • *adj* territorial
uzemnit • *v* earth, flatten, ground
uzený • *adj* smoked
užitečně • *adv* usefully
užitečnost • *n* usefulness, utility
užitečný • *adj* handy, useful
užitek • *n* utility
uživatel • *n* user
úzko • *adv* narrowly
úzkoprsý • *adj* narrow-minded
úzkost • *n* anxiety
úzkostný • *adj* anxious
úzký • *adj* narrow
uznání • *n* acknowledgement, recognition
uznat • *v* grant, recognize
uznávat • *v* esteem, honor, respect

V

v • *prep* at, in, into, within • *adj* comfortable, in
váček • *n* pouch
vačice • *n* opossum
vačka • *n* cam
vačnatec • *n* marsupial

vada • *n* flaw, impediment
vádí • *n* wadi
vadit • *v* bother
vadnout • *v* wither
vadný • *adj* bad, defective, faulty
vafle • *n* waffle

vagabund • *n* vagabond
vagína • *n* vagina
vaginitida • *n* vaginitis
vágní • *adj* vague
vágnost • *n* vagueness
vagón • *n* car, carriage
váha • *n* scale, weight
váhání • *n* hesitation
váhat • *v* hesitate, stagger, vacillate
váhavě • *adv* reluctantly
váhavost • *n* reluctance
váhavý • *adj* deliberate, hesitant, indecisive
váhy • *n* scales
vaječník • *n* ovary
vajíčko • *n* egg, ovum
vak • *n* pouch
vakcína • *n* vaccine
vakcinace • *n* vaccination
vakovlk • *n* thylacine
vakuum • *n* vacuum
val • *n* bulwark
valach • *n* gelding
valcha • *n* washboard
valčík • *n* waltz
válcovitý • *adj* cylindrical
válcový • *adj* cylindrical
válec • *n* cylinder, shell
válečník • *n* fighter, warrior
válečný • *adj* military
valem • *adv* quickly
válet • *v* roll
validace • *n* validation
valin • *n* valine
válka • *n* war
valkýra • *n* valkyrie
valník • *n* dray
valný • *adj* plenary
valuta • *n* currency
vám • *pron* you
vámi • *pron* you
vampýr • *n* vampire
vana • *n* bath, bathtub
vanad • *n* vanadium
vandal • *n* mischief, vandal
vandalismus • *n* vandalism
vandalství • *n* vandalism
vánek • *n* breeze
vanilin • *n* vanillin
vanilka • *n* vanilla
vanout • *v* blow
vápenec • *n* calcite, limestone
vápenka • *n* limekiln
vápník • *n* calcium
vápnit • *v* lime
var • *n* boil, boiling
vaření • *n* cooking

varhaník • *n* organist
varhany • *n* organ
variabilní • *adj* variable
variace • *n* variation
varianta • *n* variant, version
vařič • *n* cooker
varieta • *n* manifold, variety
vařit • *v* boil, brew, cook
varování • *n* caveat, warning
varovat • *v* warn
vás • *pron* you
vášeň • *n* passion, penchant
vaskulitida • *n* vasculitis
vášnivý • *adj* avid, intense, passionate
vát • *v* blow
vavřín • *n* laurel
vaz • *n* ligament
váza • *n* vase
vazák • *n* header
vazal • *n* vassal
vázanka • *n* necktie
vázat • *v* bind
vazba • *n* arrest, bond
vážený • *adj* respectable
vážit • *v* weigh
vážka • *n* dragonfly
vazký • *adj* viscous
vážně • *adv* seriously, truly
vážnost • *n* seriousness
vážný • *adj* earnest, grave, serious
vazodilatátor • *n* vasodilator
včela • *n* bee
včelař • *n* beekeeper
včelaření • *n* beekeeping
včelín • *n* apiary
včera • *adv* yesterday
včerejšek • *n* yesterday
včetně • *prep* including
vchod • *n* entrance
vdaná • *adj* married
vdechnout • *v* aspirate
vděčnost • *n* gratitude
vděčný • *adj* grateful, thankful
vděk • *n* gratitude
vdova • *n* widow
vdovec • *n* widower
ve • *prep* in • *adv* in
věc • *n* business, thing
večer • *n* even, evening, night
večeře • *n* dinner, supper
věchet • *n* whisk
večírek • *n* party
věčnost • *n* eon, eternity
věčný • *adj* eternal
věda • *n* science
vědec • *n* scientist
vědecký • *adj* scientific

vědění • *n* knowledge
vedení • *n* conduct, conduction
vědět • *v* know
vedle • *prep* beside, next
vedlejší • *adj* minor
vědom • *adj* aware
vědomě • *adv* consciously
vědomí • *n* awareness, consciousness, knowledge • *adj* conscious
vědomý • *adj* conscious
vedoucí • *n* leader
vědro • *n* bucket
vedro • *n* heat
vegan • *n* vegan
veganka • *n* vegan
veganský • *adj* vegan
vegetarián • *n* vegetarian
vegetariánka • *n* vegetarian
vegetariánství • *n* vegetarianism
věhlas • *n* fame
věhlasný • *adj* famous
vejce • *n* ball, egg
vějíř • *n* fan
vejvoda • *n* voivode
věk • *n* age, eon
vektor • *n* vector
velbloud • *n* camel
veletucet • *n* gross
velezrada • *n* treason
velikášství • *n* megalomania
velikost • *n* size
veliký • *adj* great
velitel • *n* commander, leader
velitelství • *n* headquarters
velkodušný • *adj* magnanimous
velkohubý • *adj* grandiloquent
velkoměsto • *n* city, metropolis
velkomyslný • *adj* noble
velkoobchod • *n* wholesale
velkovévoda • *n* duke
velký • *adj* large
velmi • *adv* right, very
velryba • *n* whale
velrybařit • *v* whale
velvyslanec • *n* ambassador
velvyslanectví • *n* embassy
vemeno • *n* udder
ven • *adv* down, outside
vendeta • *n* vendetta
věnec • *n* wreath
venkov • *n* country
venkovní • *adj* outdoor
venkovský • *adj* rural
venku • *adv* out, outside
věno • *n* dowry
venografie • *n* venography
věnování • *n* dedication, inscription

věnovat • *v* endow
ventil • *n* throttle, valve
vepř • *n* hog, pig
vepřín • *n* pigsty
vepřové • *n* pork
vepřovice • *n* adobe
vepsat • *v* inscribe
veranda • *n* veranda
veřejně • *adv* publicly
veřejnost • *n* public
veřejný • *adj* public
věřící • *n* believer
verifikovatelný • *adj* verifiable
věřit • *v* apprehend, believe
věřitel • *n* creditor
vermut • *n* vermouth
věrnost • *n* faithfulness, truth
věrný • *adj* faithful, loyal
věrohodný • *adj* authentic, plausible
verš • *n* verse
versta • *n* verst
věru • *adv* forsooth
verva • *n* gusto
verze • *n* version
ves • *n* village
veš • *n* louse
veselohra • *n* comedy
veselost • *n* cheerfulness
veselý • *adj* gay, merry
veslař • *n* oarsman
veslo • *n* oar
veslování • *n* rowing
veslovat • *v* row
vesmír • *n* cosmos, space, universe
vesmírný • *adj* cosmic
vesnice • *n* village
vesnička • *n* hamlet
vést • *v* conduct, confer, lead
vesta • *n* vest, waistcoat
vestavěný • *adj* built-in
věštba • *n* divination
věštec • *n* prophet
věštění • *n* divination
věstit • *v* augur, portend
věštit • *v* augur, bode
věštkyně • *n* prophet, prophetess
věta • *n* movement, proposition, sentence, theorem
veterán • *n* veteran
veterinář • *n* veterinarian
větev • *n* bough, branch, limb
větévka • *n* bough
veto • *n* veto
větrák • *n* fan
větrat • *v* air, ventilate
větřík • *n* breeze
větrník • *n* pinwheel

větrný • *adj* windy
větroň • *n* glider
větší • *adj* bigger
většina • *n* majority, mass
větvení • *n* bifurcation
větvička • *n* twig
větvit • *v* branch
veverka • *n* squirrel
vevnitř • *adv* in
vévoda • *n* duke, voivode
vévodkyně • *n* duchess
vévodství • *n* duchy
věž • *n* rook, sail, tower
vězeň • *n* prisoner
vězení • *n* prison, quod
vezír • *n* vizier
věznění • *n* incarceration, prison
věznit • *v* incarcerate
věznitel • *n* jailer
vézt • *v* carry
vhazování • *n* throw-in
vhodnost • *n* fitness, suitability
vhodný • *adj* compliant, fit, pertinent, suitable
viadukt • *n* viaduct
vibrafon • *n* vibraphone
vibrátor • *n* vibrator
víc • *adv* more
více • *adv* more
vícejazyčný • *adj* multilingual
vícestranný • *adj* multilateral
vichřice • *n* whirlwind
víčko • *n* eyelid
viď • *interj* right
vid • *n* aspect
viděl • *n* handsaw
vidění • *n* eyesight, vision
video • *n* video
videokazeta • *n* videocassette
vidět • *v* see
vidina • *n* vision
viditelnost • *n* visibility
viditelný • *adj* apparent, visible
vidle • *n* pitchfork
vidlička • *n* fork
vidloroh • *n* pronghorn
viďte • *interj* right
vikář • *n* vicar
víkend • *n* weekend
vikev • *n* vetch
víko • *n* cover, lid
vikomt • *n* viscount
víla • *n* fairy
vila • *n* villa
vina • *n* guilt
vinen • *adj* guilty
vinice • *n* vineyard

vinit • *v* blame
vinný • *adj* guilty
víno • *n* vine, wine
vinohrad • *n* vineyard
viola • *n* viola
violka • *n* viola
violoncellista • *n* cellist
violoncello • *n* cello
vír • *n* vortex, whirlpool
víra • *n* belief, faith
virbl • *n* snare
víření • *n* vortex
virion • *n* virion
virologie • *n* virology
virový • *adj* viral
virus • *n* virus
visačka • *n* tag
viset • *v* hang
víska • *n* hamlet
viskózní • *adj* viscous
vitamín • *n* vitamin
vítaný • *adj* welcome
vítat • *v* welcome
vítej • *interj* welcome
vítejte • *interj* welcome
vítěz • *n* knight, winner
vítězoslavný • *adj* triumphant
vítězství • *n* victory
vítr • *n* flatus, wind
vitrina • *n* case
vitrína • *n* vitrine
vize • *n* view, vision
vizionář • *n* visionary
vizmut • *n* bismuth
vízum • *n* visa
vjem • *n* perception
vkapat • *v* instill
vklad • *n* deposit
vkus • *n* taste
vláda • *n* government, reign
vládce • *n* ruler, sovereign
vládnout • *v* govern, reign, rule
vlajka • *n* color, flag
vlak • *n* train
vlákno • *n* filament, thread
vlas • *n* hair
vlásečnice • *n* capillary
vlast • *n* fatherland
vlastenec • *n* patriot
vlastenecký • *adj* patriotic
vlastizrada • *n* treason
vlastní • *adj* own, proper
vlastnictví • *n* ownership, property
vlastník • *n* owner, patron, proprietor, tenant
vlastnit • *v* own, possess
vlastnost • *n* characteristic, property,

quality
vlaštovka • *n* swallow
vlasy • *n* hair
vlažný • *adj* lukewarm, tepid
vlčice • *n* bitch
vlečení • *n* tow
vléci • *v* tow
vléct • *v* drag
vlevo • *adv* left
vlezdoprdelka • *n* toady
vlezlý • *adj* nosy
vlhká • *adj* wet
vlhkoměr • *n* hygrometer
vlhkost • *n* humidity, moisture
vlhký • *adj* damp, humid, moist, wet
vlhovec • *n* meadowlark
vlídně • *adv* benevolently, kindly
vlídný • *adj* affable
vliv • *n* influence
vlivný • *adj* influential
vlk • *n* wolf
vlkodlak • *n* werewolf
vlna • *n* fleece, wool
vlnitý • *adj* curly
vlnolam • *n* breakwater, bulwark
vlnovec • *n* bellows
vlnovka • *n* tilde
vločka • *n* flake
vloha • *n* aptitude
vložit • *v* deposit, interject, paste
vně • *prep* outside
vnějšek • *n* outside
vnější • *adj* external, outer
vnímání • *n* perception
vnímat • *v* perceive
vnímavý • *adj* impressive, perceptive, savvy
vnitřek • *n* inside
vnitřní • *adj* inner, interior, internal
vnitřnosti • *n* viscera
vnitrozemský • *adj* landlocked
vnouče • *n* grandchild
vnučka • *n* granddaughter
vnuk • *n* grandson
voda • *n* water
vodič • *n* conductor
vodík • *n* hydrogen
vodit • *v* lead
vodítko • *n* clue, hint, leash
vodka • *n* vodka
vodnatelnost • *n* dropsy
vodní • *adj* aquatic
vodnice • *n* turnip
vodopád • *n* waterfall
vodorovně • *adv* across, horizontally
vodorovný • *adj* horizontal, level
vodotěsný • *adj* waterproof, watertight

vodováha • *n* level
vodovod • *n* waterworks
voják • *n* soldier
vojenský • *adj* military
vojín • *n* private
vojna • *n* war
vojsko • *n* army, military
vojtěška • *n* alfalfa
vokalista • *n* vocalist
vokalistka • *n* vocalist
vokáň • *n* circumflex
vokativní • *adj* vocative
volající • *n* caller
volání • *n* call, shout
volat • *v* call, phone, telephone
volátko • *n* gizzard
volavka • *n* egret, heron
volba • *n* choice, election
vole • *n* gizzard
volejbal • *n* volleyball
volič • *n* elector, voter
volit • *v* choose, elect
volitel • *n* elector
volitelný • *adj* optional
volně • *adv* loosely
volno • *n* leisure
volnomyšlenkář • *n* maverick
volnost • *n* leisure
volný • *adj* free, idle, lax, loose
volt • *n* volt
vombat • *n* wombat
voňavka • *n* perfume
voňavkářství • *n* perfumery
voňavý • *adj* sweet
vonět • *v* smell
vor • *n* raft
vořech • *n* mutt
vosa • *n* wasp
vosel • *n* asshole
vosk • *n* wax
voskovat • *v* wax
vous • *n* beard, whisker
vousatý • *adj* bearded
vozataj • *n* charioteer
vozhřivka • *n* glanders
vozidlo • *n* vehicle
vozík • *n* carriage, trolley
vozit • *v* carry
vozovka • *n* pavement
vpád • *n* invasion
vpravo • *adv* right
vpřed • *adv* forward
vrah • *n* killer, murderer
vrak • *n* derelict, shipwreck, wreck
vrána • *n* crow
vrása • *n* fold
vráska • *n* crease, wrinkle

vrata • *n* gate
vratič • *n* tansy
vrátit • *v* return
vrátná • *n* janitor
vrátník • *n* pylorus
vrátný • *n* janitor
vratný • *adj* reversible
vřava • *n* riot
vrávorání • *n* stagger
vrávorat • *v* reel, stagger, totter
vražda • *n* murder
vražedkyně • *n* murderess
vrba • *n* willow
vrčení • *n* growl
vrch • *n* hill
vrchol • *n* peak, pinnacle, summit, vertex
vrcholek • *n* peak, pinnacle, summit
vřed • *n* ulcer
vřelý • *adj* warm
vřes • *n* ling
vřesoviště • *n* moor
vřeteno • *n* spindle
vrhat • *v* throw
vrhcáby • *nj* backgammon
vrhnout • *v* put, round, throw
vřít • *v* boil
vrkat • *v* coo
vrkot • *n* coo
vrozený • *adj* congenital, innate
vršek • *n* top
vrstva • *n* layer
vrt • *n* well
vrtačka • *n* drill
vrták • *n* bit
vrtat • *v* bore, drill
vrtět • *v* grind
vrtošivý • *adj* crotchety
vrtule • *n* prop, propeller
vrtulník • *n* helicopter
vrub • *n* nick, notch
vrut • *n* screw
vsadit • *v* bet, wager
však • *adv* however
všechen • *pron* everything
všechno • *n* all • *adv* all • *pron* everything
všední • *adj* prosaic, routine
všehochuť • *n* mishmash
všelék • *n* panacea
všemocný • *adj* almighty, omnipotent
všemohoucí • *adj* almighty, omnipotent
všemohoucnost • *n* omnipotence
všeobecný • *adj* general
všestranný • *adj* universal
všetečka • *n* busybody

vševěd • *n* know-it-all
vševědoucí • *adj* omniscient
vševědoucnost • *n* omniscience
všežravec • *n* omnivore
všežravý • *adj* omnivorous
všichni • *pron* everybody, everyone
vskutku • *adv* forsooth, indeed
vštípit • *v* inculcate, instill
vstoupit • *v* enter, join
vstřebání • *n* absorption
vstřebat • *v* absorb, imbibe
vstup • *n* entry
vstupenka • *n* ticket
vstupovat • *v* enter
všude • *adv* everywhere
všudypřítomný • *adj* omnipresent, ubiquitous
vsuvka • *n* parenthesis
vtáhnout • *v* retract
vtělení • *n* incarnation
vteřina • *n* minute, second
vtip • *n* crack, joke, wit
vtípek • *n* crack, joke, quip
vtípkovat • *v* quip
vtipný • *adj* humorous, witty
vůbec • *adv* even
vůči • *prep* toward
vůdcovství • *n* leadership
vúdú • *n* voodoo
vůl • *n* ox, steer
vůle • *n* will
vulgarismus • *n* vulgarism
vulkán • *n* volcano
vulkanizace • *n* vulcanization
vulkanologie • *n* volcanology
vulva • *n* vulva
vůně • *n* fragrance, perfume, scent, smell
vuřt • *n* sausage
vůz • *n* cart, wagon
vy • *pron* you
vyautovaný • *adj* out
vybalancovaný • *adj* balanced, well-balanced
vybalit • *v* unpack
vybavení • *n* equipment, gear
vybavit • *v* equip
výběr • *n* selection
výběrčí • *n* collector
výběžek • *n* panhandle, point
vybírat • *v* choose, collect
vybíravý • *adj* choosy, selective
výbor • *n* committee
výborně • *adv* excellently
vybouchnout • *v* bomb
vybrat • *v* choose, select
vybrousit • *v* hone

výbuch • *n* bang, explosion, report
vybuchnout • *v* explode
vybudovat • *v* build
výbušnina • *n* explosive
výbušný • *adj* explosive
vyčerpání • *n* exhaustion
vyčerpanost • *n* weariness
vyčerpaný • *adj* exhausted
vyčerpat • *v* exhaust
vyčerpatelný • *adj* exhaustible
východ • *n* dawn, east, exit • *adv* east
východně • *adv* east
východní • *adj* east, eastern • *adv* east
výchova • *n* nurture, upbringing
vychovat • *v* rear
výchovný • *adj* educational
výchozí • *adj* initial
vychytralý • *adj* shrewd
vyčiněný • *adj* tanned
vyčinit • *v* tan
vyčistit • *v* clean, clear, refine
vyčítat • *v* rebuke, reproach
vyčítavý • *adj* accusatory
výčitka • *n* rebuke, reproach
výčnělek • *n* bulge, projection, protuberance
vyčnívající • *adj* prominent
vyčpělý • *adj* trite
výcvik • *n* training
výdaj • *n* expense
vydání • *n* edition, expense, extradition, release
vydat • *v* publish
vydatný • *adj* square
vydavatel • *n* publisher
výdech • *n* expiration
vyděděnec • *n* outcast
vydědění • *n* disinheritance
vydědit • *v* disinherit
vydělaný • *adj* tanned
vydělat • *v* earn, tan
vydělávat • *v* earn, tan
výdělek • *n* earnings, proceeds
vyděrač • *n* blackmailer, bloodsucker
vyděšený • *adj* frightened
vyděsit • *v* scare
vydírání • *n* blackmail
vydírat • *v* blackmail
vydra • *n* otter
výdrž • *n* durability, stamina
vydržení • *n* usucaption
vydržet • *v* last, take
vyfotografovat • *v* photograph
vyhaslý • *adj* extinct
vyhladit • *v* annihilate, exterminate
vyhladovělý • *adj* ravenous
vyhlášení • *n* declaration

vyhlásit • *v* denounce, pronounce
výhled • *n* outlook
vyhlídka • *n* lookout, outlook, prospect
vyhnanství • *n* exile
vyhnout • *v* duck, eschew, miss
výhoda • *n* advantage, benefit, upside
vyhodit • *v* eject, fire
výhodný • *adj* advantageous
výhonek • *n* shoot, sprout
vyhoření • *n* burnout
vyhostit • *v* expel
vyhovět • *v* please, satisfy
vyhovovat • *v* agree, suit
vyhovující • *adj* suitable
výhra • *n* win
výhrada • *n* reservation
vyhrožovat • *v* threaten
výhrůžka • *n* threat
vyhubit • *v* exterminate
vyhubovat • *v* chide
výhybka • *n* points, switch
vyhynulý • *adj* extinct
vyjádření • *n* expression, utterance
vyjádřit • *v* express, voice
vyjádřitelný • *adj* expressible
vyjadřovat • *v* express
vyjasnit • *v* clarify, clear
vyjednat • *v* negotiate
vyjednávání • *n* negotiation
vyjednávat • *v* negotiate, treat
vyjeknout • *v* yelp
výjezd • *n* exit
výjimečně • *adv* exceptionally
výjimečný • *adj* exceptional
výjimka • *n* exception
vyjít • *v* rise
vyjma • *conj* but • *prep* except, excluding
vyjmenovat • *v* name
výkal • *n* excrement, feces
vykálet • *v* defecate
vykastrovat • *v* splay, steer
výklad • *n* exposition
výklenek • *n* niche
vykloubení • *n* dislocation
vykloubit • *v* dislocate, splay
vyklubat • *v* hatch
vykolejení • *n* derailment
vykolejit • *v* derail
výkon • *n* feat, power
vykonání • *n* execution
výkonnost • *n* performance
výkonný • *adj* executive
výkop • *n* trench
vykoupení • *n* atonement, redemption
vykoupit • *v* ransom, redeem
výkres • *n* plot

vykřičník • *n* bang
výkřik • *n* rage, scream, shout
vykřiknout • *v* scream
vykuchat • *v* gut
výkupné • *n* ransom
vyléčit • *v* heal
vyléčitelný • *adj* curable
vylekat • *v* scare
vylepšit • *v* amend, improve
vylepšovat • *v* amend, refine
výlet • *n* excursion, trip
výlev • *n* vent
vylidnit • *v* depopulate
vylíhnout • *v* hatch
vylodit • *v* disembark
vylosovat • *v* draw
vyloučit • *v* except, excrete, expel, preclude
vyložit • *v* interpret
vylučování • *n* excretion, secretion
vylučovat • *v* secrete
vyluhovat • *v* draw
vyluhovávat • *v* draw
vyluxovat • *v* vacuum
vymahatelný • *adj* enforceable
vymámit • *v* inveigle, wheedle
vymanit • *v* extricate
vymazání • *n* deletion
vymazat • *v* blot, erase
výměna • *n* exchange
vyměnit • *v* change, exchange, swap, switch
vymezení • *n* demarcation
vymezit • *v* designate, pinpoint
výmluva • *n* excuse
výmol • *n* pothole
vymřelý • *adj* extinct
vymření • *n* extinction
vymrštit • *v* eject
vymyslet • *v* conceive
vynález • *n* invention
vynalézavost • *n* inventiveness
vynalézavý • *adj* inventive
vynálezce • *n* inventor
vynalézt • *v* invent
vynásobit • *v* multiply
výňatek • *n* excerpt
vynechat • *v* omit, skip
vynést • *v* yield
vynikající • *adj* excellent, prominent, superb
vynikat • *v* excel
výnos • *n* edict, proceeds, revenue, yield
výnosnost • *n* success
výnosný • *adj* lucrative
vynucený • *adj* forced

vynucovat • *v* enforce
vynulovat • *v* zero
vyobrazení • *n* representation
výpad • *n* charge, diatribe
vypadat • *v* appear, look
výpadek • *n* outage
vypálit • *v* burn, fire
vypaření • *n* vaporization
vypařit • *v* evaporate
vypařování • *n* vaporization
vypátrat • *v* track
vypeckovat • *v* pit, stone
vypínač • *n* switch
výpis • *n* statement
vyplatit • *v* disburse, pay, redeem
vyplenit • *v* plunder
výplň • *n* filling
vyplnit • *v* fill
výpočet • *n* calculation
vypoltářovat • *v* cushion
výpověď • *n* notice
vypovědět • *v* denounce
výprask • *n* hiding, spanking
výprava • *n* quest
vypravěč • *n* narrator, raconteur, storyteller, teller
vyprávěcí • *adj* narrative
vyprávění • *n* narrative
vyprávět • *v* narrate
vyprázdnění • *n* defecation, evacuation
vyprázdnit • *v* defecate, empty
výprodej • *n* sale
vypudit • *v* expel
vypustit • *v* skip
výpustka • *n* ellipsis
vyrábět • *v* make, manufacture, produce
výraz • *n* countenance, expression
vyrazit • *v* depart
výrazivo • *n* phraseology
vyrážka • *n* rash
výrazný • *adj* striking, violent
vyřčení • *n* utterance
výřečný • *adj* voluble
vyřešit • *v* figure, resolve, solve
vyřezávat • *v* carve
vyříznout • *v* excise
vyříznutí • *n* resection
vyřknout • *v* utter
výroba • *n* production
výrobce • *n* manufacturer, producer
výrobek • *n* product
vyrobit • *v* manufacture
výročí • *n* anniversary
výroční • *adj* annual
výrok • *n* statement, utterance
vyrovnaný • *adj* balanced, even, level,

well-balanced
vyrovnat • *v* even, reconcile
vyrovnávač • *n* equalizer
vyrušení • *n* disturbance
vyrušit • *v* cancel
vyrůst • *v* augment
výsada • *n* privilege
výsadkář • *n* parachutist, paratrooper
vysát • *v* blot, vacuum
vyschnout • *v* wither
výše • *adv* above
výseč • *n* sector
vysedět • *v* brood, hatch
vyšetření • *n* examination
vyšetřit • *v* examine
vyšetřování • *n* investigation
vyšetřovat • *v* investigate
vyšetřovatel • *n* investigator
vysílač • *n* transmitter
vysílačka • *n* walkie-talkie
vysílání • *n* broadcast, transmission
vysílat • *v* broadcast, transmit
vyšívat • *v* embroider
výška • *n* altitude, height
výškoměr • *n* altimeter
výskyt • *n* occurrence
vyslat • *v* orbit
výslech • *n* interrogation
výsledek • *n* outcome, result
výsledný • *adj* resultant, resulting
vyslovit • *v* pronounce
výslovnost • *n* pronunciation
výslovný • *adj* explicit, express
vyslovovat • *v* pronounce, sound
výslužba • *n* retirement
vyslýchat • *v* interrogate
výsměch • *n* derision, mockery, ridicule
vysočina • *n* highland
vysoko • *adv* high, highly
vysokoúrovňový • *adj* high-level
vysoký • *adj* high, tall
vyšplíchnout • *v* splatter
vyšší • *n* above • *adj* superior
vystát • *v* stand, take
výstava • *n* exhibition, exposition, show
výstavba • *n* building
vystavení • *n* exposure
vystavit • *v* expose
výstelka • *n* epithelium, lining
vystopovat • *v* track
vystoupit • *v* disembark, secede
výstraha • *n* alert
vystrašený • *adj* afraid, frightened
vystrašit • *v* frighten
výstřední • *adj* eccentric, extravagant
výstřednost • *n* eccentricity, quirk
výstřel • *n* report, shot

vystřelit • *v* fire
výstřih • *n* cleavage
vystřízlivění • *n* disenchantment
vystřízlivět • *v* sober
výstroj • *n* equipment
vystrojit • *v* equip
výstup • *n* exit, output
výstupek • *n* bulge, projection
vysunout • *v* eject
vysvětlení • *n* explanation
vysvětlit • *v* explain
vysvětlitelný • *adj* explicable
vysvětlivka • *n* annotation
výt • *v* howl
výtah • *n* abstract, lift
vytáhnout • *v* draw, extract
vytahovat • *v* draw, pull
výtažek • *n* abstract, extract
výtečnost • *n* excellence
výtečný • *adj* excellent
vytékat • *v* ooze
výtěžek • *n* proceeds
vytí • *n* howl
výtka • *n* reproach
výtluk • *n* pothole
vytrvalost • *n* endurance, grit, perseverance, persistence
vytrvalý • *adj* vivacious
vytrvat • *v* endure
výtržník • *n* disturbance
vytváření • *n* creation
vytvářet • *v* make
výtvor • *n* creation
vytvoření • *n* creation
vytvořit • *v* compose, create
vytvrdit • *v* harden
využít • *v* draw, employ, exploit
využití • *n* exploitation
využívat • *v* draw
vývar • *n* broth
vyvarovat • *v* eschew
vyvážený • *adj* balanced, well-balanced
vyvážit • *v* counterbalance
vyvézt • *v* export
vyvíjet • *v* develop
vyvinout • *v* evolve
vyvlastnění • *n* expropriation
vyvlastnit • *v* expropriate
vyvodit • *v* deduce, draw, infer
vývoj • *n* advancement, development, evolution
vývojář • *n* developer
vyvolat • *v* beget, develop, evoke, page
vyvolávat • *v* evoke
vyvolit • *v* choose
vývoz • *n* export
vývozce • *n* exporter

vyvozovat • *v* draw
vyvrácení • *n* refutation
vyvrátit • *v* disprove, refute
vyvratitelný • *adj* refutable
vyvrhel • *n* dregs, outcast
vyvrtat • *v* bore
vývrtka • *n* corkscrew
vyvýšený • *adj* uphill
vyžadovat • *v* require
vyzařovat • *v* glow
výzbroj • *n* suit
výzdoba • *n* decoration
výživa • *n* nurture, nutrition
výživné • *n* alimony
výživný • *adj* meaty, square
vyživovat • *v* nourish
výzkum • *n* research
význam • *n* meaning, sense, significance
vyznamenání • *n* distinction
významně • *adv* significantly
významný • *adj* momentous, significant
vyznání • *n* confession, creed
vyznavač • *n* confessor
výzva • *n* challenge
vyzvat • *v* challenge, dare, defy
vyzvědač • *n* spy
vyzývat • *v* defy
vzácnost • *n* rareness, rarity
vzácný • *adj* infrequent, precious, rare, scarce
vzad • *adj* backward • *adv* backward
vzadu • *adv* behind
vzájemně • *adv* mutually
vzájemný • *adj* mutual
vzaný • *n* take
vzbouřenec • *n* rebel
vzbudit • *v* awake, awaken, wake
vzdáleně • *adv* remotely
vzdálenost • *n* distance
vzdálený • *adj* distant, remote
vzdát • *v* forbear
vzdech • *n* sigh
vzdělanec • *n* pundit
vzdělání • *n* education
vzdělaný • *adj* educated
vzdělat • *v* educate
vzdělávací • *adj* educational
vzdělávání • *n* education, training
vzdor • *n* defiance, disobedience • *prep* despite, notwithstanding
vzdorovat • *v* defy
vzduch • *n* air
vzduch-vzduch • *adj* air-to-air
vzduch-země • *adj* air-to-surface
vždy • *adv* always
vzdychat • *v* sigh
vzedmutí • *n* surge
vzestup • *n* ascension
vzetí • *n* take
vzhled • *n* appearance, look
vzhůru • *adj* awake, up • *adv* up
vzít • *v* capture, take
vžitý • *adj* inveterate
vzkříšení • *n* resurrection
vzkvétat • *v* thrive
vznášedlo • *n* hovercraft
vznášení • *n* levitation
vznešenost • *n* nobility, nobleness
vznešený • *adj* noble, sublime
vznětlivý • *adj* fiery, inflammable, sanguine
vznícení • *n* ignition
vznik • *n* origin
vzniknout • *v* arise
vzor • *n* hero, model, paradigm, pattern
vzorec • *n* formula
vzorek • *n* sample, specimen
vzorkování • *n* sampling
vzorkovat • *v* sample
vzory • *n* hero
vzpěra • *n* prop
vzpěrač • *n* weightlifter
vzpírání • *n* weightlifting
vzplanutí • *n* ignition
vzpomínka • *n* memory
vzpoura • *n* mutiny, rebellion, revolt
vzpřímený • *adj* upright
vzrušení • *n* excitement
vzrušený • *adj* excited
vzrušit • *v* excite
vzrůst • *v* augment • *n* growth
vzrušující • *adj* exciting
vztah • *n* affiliation, marriage, relation, relationship
vztažný • *adj* relative
vztek • *n* anger
vzteklina • *n* rabies
vztlak • *n* buoyancy
vztyčit • *v* erect

W

watt • *n* watt
WC • *n* lavatory
whisky • *n* whiskey

whist • *n* whist
wolfram • *n* tungsten

X

xantipa • *n* vixen
xenofobie • *n* xenophobia
xenon • *n* xenon

xylofágní • *adj* xylophagous
xylofon • *n* xylophone

Y

yard • *n* yard
ypsilon • *n* upsilon
ytterbium • *n* ytterbium

yttrium • *n* yttrium
yzop • *n* hyssop

Z

z • *prep* from, in, of
za • *prep* after, behind, beyond, by, for, in, per
žába • *n* frog
zabalit • *v* involve
zábava • *n* amusement, diversion, entertainment, fun, pastime
zabavení • *n* expropriation
zabavit • *v* confiscate, seize
zábavný • *adj* funny
zabírat • *v* run
zabít • *v* murder
zabití • *n* kill
žabky • *n* flip-flop, thong
záblesk • *n* flash, glint
zábor • *n* claim
zábradlí • *n* rail, railing
zabránit • *v* prevent
žábry • *n* gill
zabukovat • *v* book
začarovat • *v* bewitch
začátečník • *n* beginner, novice
začátek • *n* beginning, start
zacházení • *n* treatment
zacházet • *v* maul, treat
záchod • *n* bathroom, latrine, lavatory, toilet
zachování • *n* conservation
zachránce • *n* savior
zachránit • *v* rescue, save
záchvat • *n* seizure
zachvění • *n* shudder
zachytit • *v* capture, catch
začínat • *v* begin, start

začít • *v* begin, start
žačka • *n* schoolgirl
začlenit • *v* integrate
zácpa • *n* congestion, constipation, jam
záď • *n* stern
záda • *n* back
zadaná • *adj* taken
zadaný • *adj* taken
zadarmo • *adv* free
žádat • *v* ask, bid, request, require
zadat • *v* enter
zadek • *n* back, butt, buttock
zadní • *adj* back, hind, rear
žádný • *pron* neither, none
žádost • *n* petition, request
žádoucí • *adj* desirable
zádrhel • *n* kink
zadržet • *v* apprehend, arrest, detain, hold
zadumaný • *adj* pensive
záhada • *n* enigma, mystery, puzzle
záhadně • *adv* mysteriously
záhadný • *adj* mysterious, uncanny
zaháknout • *v* hook
zahálet • *v* idle, loaf
zahalit • *v* veil
zahálka • *n* idleness
zahanbený • *adj* ashamed
zahanbit • *v* abash
záhlaví • *n* header
zahlcení • *n* congestion
zahlédnout • *v* glimpse, sight
zahnout • *v* round, turn
záhon • *n* bed, border, flowerbed

zahořklý • *adj* sour
zahrada • *n* garden
zahradnice • *n* gardener
zahradnictví • *n* horticulture
zahradník • *n* gardener
zahraniční • *adj* foreign
zahřát • *v* warm
zahřmění • *n* thunder
zahrnout • *v* embody, involve
zahrnovat • *v* encompass
záhyb • *n* crease
zainteresovaný • *adj* interested
zajatec • *n* captive
zajatý • *adj* captive
zaječice • *n* hare
zájem • *n* interest
zajetí • *n* captivity, confinement
zajíc • *n* hare
zajíknout • *v* gasp
zajímat • *v* interest
zajímavý • *adj* interesting
zajisté • *adv* certainly
zajištění • *n* collateral, security
zajistit • *v* ensure, guarantee, secure
zajížďka • *n* detour
zájmenný • *adj* pronominal
zájmeno • *n* pronoun
zajmout • *v* apprehend, capture
zájmy • *n* pursuit
žák • *n* disciple, pupil
zákal • *n* turbidity
zákaz • *n* ban, bar, prohibition
zakázaný • *adj* forbidden
zakázat • *v* ban, forbid, prohibit
zákazník • *n* buyer, client, customer, patron, punter
zakazovat • *v* ban, forbid, prohibit
základ • *n* base, basic, ground
zakladatel • *n* founder, progenitor
základna • *n* base
základní • *adj* basal, basic, rudimentary, underlying
základy • *n* elements, foundation
zaklínadlo • *n* spell
zaklít • *v* bewitch
zakokrhání • *n* crow
zakolísat • *v* totter
zákolník • *n* linchpin
zákon • *n* act, law, malfeasance, testament
zakončit • *v* round
zákoník • *n* code, law
zákonný • *adj* legal, statutory
zákonodárce • *n* legislator
zákonodárný • *adj* legislative
zákonodárství • *n* legislation
zákop • *n* trench

zakopnout • *v* stumble, trip
zakořeněný • *adj* inveterate
zakotvit • *v* anchor
zakrnění • *n* atrophy
zakrnět • *v* atrophy
zákrok • *n* surgery
zakrvácený • *adj* bloodstained
zakrýt • *v* conceal
zákusek • *n* dessert
žákyně • *n* schoolgirl
žal • *n* grief
žalář • *n* prison
žalářník • *n* jailer
zalasovat • *v* lasso
záležet • *v* matter
záležitost • *n* affair, business
záliba • *n* fondness, pursuit
záliv • *n* bay, gulf
žalm • *n* psalm
žaloba • *n* action
žalobce • *n* plaintiff
záloha • *n* advance, ambush, backup
žalostný • *adj* sorry
žalovaný • *n* defendant
žalovat • *v* sue
založení • *n* foundation
založit • *v* file
záložka • *n* bookmark, tab
záložní • *adj* backup
záložník • *n* reservist
žalozpěv • *n* elegy
žalud • *n* acorn, glans
žaludeční • *adj* gastric
žaludek • *n* stomach
záludný • *adj* malicious
žalující • *adj* accusatory
zamazat • *v* smudge
zámek • *n* lock
záměna • *n* change
zaměnit • *v* confuse, mistake
zaměnitelný • *adj* fungible
záměr • *n* aim, intention, objective
záměrně • *adv* intentionally
záměrný • *adj* deliberate, intentional
zaměřování • *n* surveying
zamést • *v* sweep
zaměstnanec • *n* employee
zaměstnání • *n* employment, occupation, work
zaměstnanost • *n* employment
zaměstnaný • *adj* busy
zaměstnat • *v* employ, hire
zaměstnávat • *v* busy
zaměstnavatel • *n* employer
zametat • *v* sweep
zamíchat • *v* involve, shuffle
záminka • *n* excuse, pretext

zaminovat • *v* mine
zamířit • *v* level
zamítnout • *v* reject
zamknout • *v* lock
zamlčení • *n* concealment
zamlžení • *n* fog
zamlžený • *adj* befogged
zamlžit • *v* confound
zamotat • *v* involve, tangle
zamračený • *adj* cloudy
zamrzlý • *adj* frozen
zamýšlet • *v* aim, intend
zanedbání • *n* neglect
zanedbat • *v* neglect
zanedbatelný • *adj* negligible
zanedlouho • *adv* shortly, soon
zaneprázdněný • *adj* busy
zánět • *n* inflammation
zánětlivý • *adj* inflammatory
zanícený • *adj* avid, inflamed
zánik • *n* extinction, retrogression
zanítit • *v* inflame
žánr • *n* genre
zaokrouhlit • *v* round
zápach • *n* reek, stench
západ • *n* sunset, west
západní • *adj* west, western
zapadnout • *v* set
zapálený • *adj* avid
zapálit • *v* light
zápalka • *n* match, matchstick
zápalný • *adj* incendiary, inflammable
zapalovač • *n* lighter
zapalování • *n* ignition
zapamatovat • *v* remember
zaparkovat • *v* park
zápas • *n* battle, fight, match, struggle, wrestling
zápasit • *v* fight, struggle, wrestle
zápasník • *n* wrestler
zápatí • *n* footer
zápěstí • *n* wrist
zápis • *n* enrollment, minute, notation, note
zápisek • *n* note
zápisník • *n* notebook
zapisovač • *n* register
zapisovat • *v* minute, write
záplata • *n* patch
záplava • *n* flood
zaplavit • *v* flood, inundate
zaplést • *v* entangle, tangle
zápletka • *n* conduct
zapnuto • *adj* on
zapojit • *v* involve
zapomenout • *v* forget
zapomínat • *v* forget

zapomnětlivost • *n* forgetfulness
zapomnětlivý • *adj* forgetful
zápor • *n* con, drawback
záporně • *adv* negatively
záporný • *adj* negative
zaprášený • *adj* dusty
zápražka • *n* roux
zapříčinit • *v* beget, cause, occasion
zapříst • *v* entangle
zapřít • *v* deny
zaprvé • *adv* first
zapsaní • *n* enrollment
zapsat • *v* commit
zapustit • *v* embed
zář • *n* resplendence
žár • *n* heat
zařadit • *v* place
zaražený • *adj* dumbfounded
zařehtání • *n* neigh
zářez • *n* cutting, groove, nick, notch, wedgie
zarezervovat • *v* book
žargon • *n* jargon
zaříkadlo • *n* spell
zářit • *v* glow
zářivě • *adv* brilliantly
zářivý • *adj* brilliant, resplendent
zařízení • *n* device
zařízený • *adj* furnished
žárlivost • *n* jealousy
žárlivý • *adj* jealous
zarmoucený • *adj* sorry
zarmoutit • *v* chagrin
zármutek • *n* chagrin
zárodečný • *adj* embryonic
zárodek • *n* embryo
zároveň • *adv* simultaneously
zarovnání • *n* justification
zarovnat • *v* justify
záruka • *n* guarantee, security
zásada • *n* base, precept, principle
zásaditý • *adj* alkaline, basic
zásadní • *adj* essential • *n* fundamental
zásadovost • *n* integrity
zasáhnout • *v* intervene
zasahovat • *v* encroach
zase • *adv* again
zasedání • *n* meeting, session
zásilka • *n* consignment, delivery, shipment
zasklít • *v* skip
zaskočit • *v* nonplus, perplex, stun
zaškrcovadlo • *n* tourniquet
záškrt • *n* diphtheria
zaškrtnout • *v* check
zasloužit • *v* deserve
zásluha • *n* merit

zasněžený • *adj* snowy
zasnoubení • *n* betrothal, engagement
zasnoubený • *n* betrothed • *adj* engaged
zásoba • *n* stock, stockpile, supply
zásobit • *v* stockpile
zásobník • *n* magazine, queue
zaspat • *v* oversleep
zasraný • *adj* fucking
zášť • *n* hatred
zastaralý • *adj* dated
zástava • *n* banner, collateral, security
zastavárna • *n* pawnshop
zastavit • *v* discontinue, pledge, stop
zastávka • *n* stand, stop
zástěna • *n* screen
zástěra • *n* apron
zastínit • *v* overshadow
záštita • *n* bulwark
zastrašit • *v* discourage
zastrašování • *n* intimidation
zastrašovat • *v* browbeat, intimidate
zástrčka • *n* plug
zastřelit • *v* shoot
zastřihnout • *v* trim
zástup • *n* file, relief
zástupce • *n* agent, proxy, representative
zástupný • *adj* vicarious
zastupovat • *v* represent
zásuvka • *n* drawer, outlet, receptacle
zasvěcenec • *n* initiate
zasvěcený • *adj* dedicated
zasvětit • *v* consecrate, devote
zasycený • *adj* full
zátah • *n* sting
zatáhnout • *v* draw, embroil, foot, retract
zatahovat • *v* draw
zatajování • *n* concealment
zatčení • *n* arrest
zatelefonovat • *v* call
zatemnit • *v* cloud
zátěž • *n* ballast, burden
zatímco • *conj* as, whereas, while
zatížení • *n* burden
zatknout • *v* apprehend, arrest
zatmění • *n* eclipse
zátoka • *n* bay
zatracený • *adj* damned
zatratit • *v* damn
zatřídit • *v* organize
zatrpklý • *adj* bitter
zatvrzelý • *adj* stark
zátylek • *n* nape
zaujatý • *adj* biased, taken
zaujetí • *n* bias

zaujmout • *v* assume
zauzlení • *n* incarceration
zauzlovat • *v* knot
závada • *n* defect
zavádějící • *adj* deceptive, misleading
zaváhání • *n* hesitation
zaváhat • *v* hesitate, stagger
zavazadla • *n* luggage
zavazadlo • *n* luggage
zavázat • *v* tie
závazek • *n* obligation
závaží • *n* weight
závažnost • *n* severity
závažný • *adj* grave, momentous
závazný • *adj* binding
závěj • *n* drift
závěr • *n* conclusion, inference, result
závěrka • *n* shutter
závěs • *n* curtain
zavést • *v* introduce
závěť • *n* testament, will
záviděníhodný • *adj* enviable
závidět • *v* envy
zavinout • *v* involve
záviset • *v* depend
závislák • *n* addict
závislost • *n* dependence, dependency
závislý • *adj* addicted, dependent
závist • *n* envy
závistivý • *adj* envious
závit • *n* gyrus, worm
zavlažování • *n* irrigation
zavlažovat • *v* irrigate
závod • *n* race
závodník • *n* racer
závoj • *n* veil
zavolat • *v* call, hail, ring
závora • *n* gate
závorka • *n* bracket, parenthesis
závrať • *n* dizziness, vertigo
zavraždit • *v* assassinate, murder
zavřený • *adj* closed
zavrhnout • *v* disown, refute
zavrhovat • *v* deprecate
zavřít • *v* close, shut
zavšivený • *adj* lousy
zavytí • *n* howl
zážitek • *n* experience
zažloutlý • *adj* sallow
záznam • *n* record, recording, register
zaznamenat • *v* note
zázračný • *adj* miraculous
zázrak • *n* miracle, wonder
zázvor • *n* ginger
zázvorový • *adj* ginger
zbabělec • *n* chicken, coward
zbabělost • *n* cowardice

zbabělý • *adj* cowardly
zběhlý • *adj* versed
zběhovec • *n* bugle
zběžný • *adj* cursory, perfunctory
zbitý • *adj* battered
zbojník • *n* brigand, highwayman
zbouchnout • *v* impregnate
zboží • *n* goods, merchandise, product
zbožnost • *n* piety
zbožňovat • *v* adore
zbožný • *adj* pious
zbraň • *n* arm, hardware, weapon
zbrklost • *n* rashness
zbrklý • *adj* impetuous, rash
zbroj • *n* armor
zbrojit • *v* arm
zbrojnice • *n* arsenal
zbýt • *v* remain
zbytečnost • *n* futility, superfluity
zbytečný • *adj* superfluous, useless
zbytek • *n* remainder, rest
zbytky • *n* scrap
zbývající • *v* left • *adj* remaining
zcela • *adv* completely, entirely, quite, right
zda • *conj* if, whether
zdali • *conj* whether
zdanitelný • *adj* taxable
zdánlivý • *adj* apparent, seeming, specious
zdar • *n* success
zdarma • *adv* gratis
zdatnost • *n* might, prowess
zde • *adv* here
zdechlina • *n* carcass, carrion
zděděný • *adj* inherited
zdědit • *v* inherit
zdeformovaný • *adj* crooked
zdejchnout • *v* absquatulate
zděšení • *n* dismay
ždímat • *v* wring
zdířka • *n* socket
zdít • *v* brick
zdlouhavý • *adj* lengthy, prolix
zdobit • *v* adorn, decorate
zdobný • *adj* decorative
zdolat • *v* conquer
zdráhající • *adj* reluctant
zdraví • *n* health
zdravit • *v* greet
zdravý • *adj* healthful, healthy, right, sound, well
zdrcený • *adj* crushed, disconsolate
zdrhnout • *v* flee
zdrobnělina • *n* diminutive
zdroj • *n* feed, parent, powerhouse, resource, source

zdrženlivost • *n* forbearance
zdržet • *v* abstain, hold
zdržovat • *v* hinder
zdůraznit • *v* emphasize, stress
zduřet • *v* swell
zdůvodnění • *n* justification
zdvihnout • *v* lift
zdvojit • *v* duplicate
zdvojnásobit • *v* double
zdvořilost • *n* urbanity
zdvořilý • *adj* courteous, polite, urbane
zdymadlo • *n* lock
ze • *prep* from, in, of
že • *interj* right • *conj* that
zebra • *n* zebra
žebrák • *n* beggar
žebřík • *n* ladder
žebro • *n* costa, rib
zebu • *n* zebu
zeď • *n* wall
zednictví • *n* masonry
zedník • *n* bricklayer, mason
žehlička • *n* iron
žehlit • *v* iron
žehnání • *n* blessing
želé • *n* jelly
zelená • *n* green
zelenáč • *n* greenhorn
zelenavý • *adj* greenish
zelenina • *n* vegetable
zelený • *n* green • *adj* green
železnice • *n* rail, railway
železo • *n* iron
zelí • *n* cabbage
zelinář • *n* greengrocer
želízka • *n* handcuffs
želva • *n* terrapin, tortoise, turtle
želvovina • *n* tortoiseshell
želvovinový • *adj* tortoiseshell
země • *n* country, earth, ground, land, soil
země-vzduch • *adj* surface-to-air
zemědělec • *n* farmer
zemědělský • *adj* agricultural
zemědělství • *n* agriculture
zeměkoule • *n* globe
zeměměřič • *n* surveyor
zeměměřičství • *n* surveying
zeměpis • *n* geography
zeměpisec • *n* geographer
zeměpisný • *adj* geographic
zemětřesení • *n* earthquake
žemle • *n* bun
zemřelý • *n* deceased
žena • *n* wife, woman
ženatý • *adj* married
ženich • *n* bridegroom

ženista • n sapper
zenit • n zenith
ženská • n skirt
ženský • adj female, feminine, womanly
žert • n hoax, joke
žertík • n joke
žertovat • v joke
zešikmit • v splay
zesilovač • n amplifier
zeslábnout • v languish
zesměšnění • n derision, mockery
zesnulý • n deceased • adj deceased
žestě • n brass
žesťový • n brass
zet • n zee
zeť • n son-in-law
zéta • n zeta
žeton • n token
zeugma • n zeugma
žezlo • n mace
žhář • n arsonist
žhářský • adj incendiary
žhářství • n arson
zhasnout • v switch
zhltat • v devour
zhltnout • v devour
zhmotnit • v materialize
zhnědnout • v brown, tan
zhnusení • n abomination
zhnusit • v disgust
zhoršit • v confound, deteriorate, slip
zhoubný • adj malignant
zhřešit • v sin
zhromit • v amaze
zhroutit • v flop
zhruba • adv approximately
zhubnout • v lose
zhuštěný • adj succinct
zhýralost • n debauchery
zhýralý • adj dissipated
židle • n chair
žihadlo • n stinger
žíhání • n annealing
žíhat • v anneal
žíla • n vein
žilní • adj venous
zima • n cold, winter
zimolez • n honeysuckle
zimostráz • n box
žíně • n horsehair
zinek • n zinc
žínka • n washcloth
žirafa • n giraffe
zírat • v peer, stare
žíravina • n caustic, corrosive
žíravý • adj caustic, corrosive

zirkonium • n zirconium
zisk • n gain, profit, take
získat • v contract, derive, obtain, purchase
ziskový • adj profitable
žít • v live, reap
žito • n rye
zítra • adv tomorrow
zítřek • n tomorrow
zívání • n yawn
zívat • v yawn
živě • adv live
živec • n feldspar
živel • n element
živit • v nourish
zívnout • v yawn
zívnutí • n yawn
živobytí • n livelihood
živočich • n animal
živořit • v languish
život • n being, life
životaschopnost • n viability
životaschopný • adj viable
životnost • n animateness, durability, life
životný • adj animate
životopis • n biography
živý • adj alive, brisk, live, sanguine, vivid
žížala • n earthworm
žízeň • n thirst
žíznivý • adj thirsty
zjednodušení • n simplification
zjednodušit • v simplify
zjevení • n epiphany, revelation
zjevně • adv apparently, obviously
zjevný • adj apparent, evident
zjištění • n finding
zjistit • v ascertain, learn
zjizvit • v scar
zkažený • adj corrupt
zkazit • v corrupt, spoil
zklamání • n disappointment
zklamaný • adj disappointed
zklamat • v chagrin
zkomplikovat • v involve
zkonfiskovat • v seize
zkontrolovat • v check
zkorumpovaný • adj corrupt
zkosit • v splay
zkoumání • n exploration
zkoumat • v delve, investigate
zkoušející • n examiner
zkoušet • v examine, rehearse, try
zkouška • n assay, check, essay, examination, rehearsal, test, trial
zkrácení • n abbreviation

zkrácený • *adj* short
zkracovat • *v* abbreviate, shorten
zkrat • *n* short
zkrátit • *v* abbreviate, contract, curtail, shorten, trim
zkratka • *n* abbreviation, shortcut
zkratovat • *v* short
zkreslení • *n* distortion
zkreslit • *v* skew
zkřížení • *n* splay
zkřížit • *v* thwart
zkrotit • *n* quell
zkroucený • *adj* crooked
zkroutit • *v* contort
zkrvavený • *adj* bloodstained, gory
zkušební • *adj* tentative, trial
zkušenost • *n* experience
zkušenostní • *adj* experiential
zkušený • *adj* experienced, expert
zkusit • *v* attempt, try
zkysaný • *adj* sour
zkyslý • *adj* sour
žlab • *n* manger, trough
žlábek • *n* groove
zlatá • *n* gold
zlaťák • *n* gold
zlatník • *n* goldsmith
zlato • *n* gold
zlatovláska • *n* goldilocks
zlatý • *adj* gold, golden
žláza • *n* gland
zledovatělý • *adj* icy
zlepšení • *n* improvement
zlepšit • *v* ameliorate, amend, improve
zlepšovat • *v* amend
zlo • *n* evil
zloba • *n* annoyance
zlobr • *n* ogre
zločin • *n* crime, malfeasance
zločinec • *n* criminal, felon, gangster
zločinnost • *n* crime
zločinný • *adj* criminal
zloděj • *n* prig, robber, thief
zlodějka • *n* thief
zlom • *n* fault
zlomek • *n* fraction, fragment
zlomenina • *n* fracture
zlomyslnost • *n* malice, spite
zlomyslný • *adj* malicious
zlost • *n* annoyance
zlostný • *adj* angry
zlotý • *n* zloty
žloutek • *n* yolk
žloutenka • *n* jaundice
zlověstný • *adj* ominous, sinister, uncanny
zlozvyk • *n* vice

žluč • *n* bile
žluklý • *adj* rancid
žlutá • *n* yellow
žlutý • *adj* yellow
zlý • *adj* bad, evil, fierce, sinister
zmáčknout • *v* squeeze
zmařit • *v* thwart
zmást • *v* befuddle, bewilder, boggle, confuse
zmatek • *n* anarchy, confusion, mayhem
zmaten • *v* boggle
zmatený • *adj* confused
změknout • *v* relent
změna • *n* change
změnit • *v* change
zmenšit • *v* diminish
zmenšovat • *v* dwindle
zmeškat • *v* miss
zmije • *n* adder, viper
zmínit • *v* mention
zmínka • *n* mention
zmírnění • *n* understatement
zmírnit • *v* cushion, mitigate
zmizení • *n* disappearance
zmizet • *v* disappear, flee, vanish
zmizík • *n* eraser
zmocněnec • *n* proxy
zmocnění • *n* proxy
zmocnit • *v* empower
žmoulat • *v* munch
zmrazit • *v* freeze
zmrzačit • *v* maim
zmrzlina • *n* ice
zmrzlý • *adj* frozen
zmrznout • *v* freeze
značka • *n* brand, make, mark, sign, tag
značkování • *n* markup
značný • *adj* considerable
znak • *n* character, sign
znalec • *n* connoisseur, expert, judge
znalost • *n* knowledge
známá • *n* friend
znamebí • *n* omen
znamenat • *v* mean
znamení • *n* sign, signal
znamenitý • *adj* eminent, superb
znaménko • *n* sign
známka • *n* grade, mark
známý • *n* acquaintance, friend • *adj* familiar, known
znásilnění • *n* rape
znásilnit • *v* rape
znásilňovat • *v* rape
znásobit • *v* multiply
znát • *v* know
znechutit • *v* disgust

znečištění • *n* contamination, pollution
znečistit • *v* contaminate
znecitlivění • *n* numbness
znehodnotit • *v* degrade
znělka • *n* jingle
znělost • *n* voice
znepokojený • *adj* worried
znepokojivý • *adj* daunting
znepokojovat • *v* concern, worry
znepokojující • *adj* daunting
zneužít • *v* misuse
zneužití • *n* abuse, misuse
znevažovat • *v* denigrate
zničení • *n* consumption, destruction
zničit • *v* destroy, murder
zničitelný • *adj* destructible
znít • *v* sound
žnout • *v* mow, reap
znova • *adv* again
znovuzrození • *n* rebirth
znuděný • *adj* bored
zobák • *n* beak, bill
zobat • *v* peck
zobecněný • *adj* generalized
zobecnit • *v* generalize
zobrazení • *n* map
zobrazit • *v* view
zodpovědnost • *n* responsibility
zohavit • *v* maim
žoldák • *n* mercenary
žoldnéř • *n* mercenary
žolík • *n* joker
zombie • *n* zombie
žonglér • *n* juggler
žonglování • *n* juggling
žonglovat • *v* juggle
zoo • *n* zoo
zoolog • *n* zoologist
zoologie • *n* zoology
zoospora • *n* zoospore
zora • *n* dawn
zorganizovat • *v* organize
zornice • *n* pupil
zosnovat • *v* hatch
zosobnění • *n* personification
zostudit • *v* disgrace
zotavení • *n* recovery
zotavit • *v* recover
zotročení • *n* enslavement
zoufalství • *n* despair
zoufalý • *adj* desperate, disconsolate
zoufat • *v* despair
zpátky • *adv* back, backward, behind
zpět • *adv* aback, back
zpěv • *n* singing
zpěvačka • *n* singer, songstress
zpěvák • *n* singer, songster

zpívat • *v* sing
zplacatit • *v* flatten
zplesnivět • *v* mildew
zplihlost • *n* droop
zplihnout • *v* droop
zplnomocněnec • *n* plenipotentiary
zplnomocnění • *n* proxy
zploštit • *v* flatten
zpochybnit • *v* question
zpomalovač • *n* inhibitor
zpověď • *n* confession, reconciliation
zpovědnice • *n* confessional
zpovědník • *n* confessor
zpoždění • *n* delay, latency
zpracování • *n* processing
zpracovat • *v* process
zpráva • *n* message, report
zprávička • *n* note
zpravodaj • *n* reporter
zpřesnit • *v* specify
zpronevěra • *n* embezzlement
zprostředkovatel • *n* dealer, mediator
zpupný • *adj* vainglorious
způsob • *n* manner, way
způsobilý • *adj* able
způsobit • *v* cause
zrada • *n* perfidy, treason
zrádce • *n* betrayer, traitor
zradit • *v* betray
žrádlo • *n* dinner
zrádný • *adj* treacherous
zrak • *n* eyesight, vision
zrakový • *adj* visual
žralok • *n* shark
zralost • *n* ripeness
zralý • *adj* mature, ripe
zranění • *n* injury
zrání • *n* ripening
zranit • *v* injure, wound
zranitelně • *adv* vulnerably
zranitelný • *adj* vulnerable
žrát • *v* buy, dig, gorge
zrát • *v* ripen
žravost • *n* binge
žravý • *adj* voracious
zrcadlit • *v* reflect
zrcadlo • *n* mirror
zrcátko • *n* mirror
zředěný • *adj* diluted, rarefied
zředit • *v* dilute
zřejmě • *adv* apparently, palpably
zřejmý • *adj* crude, obvious, palpable, transparent
zřetelný • *adj* distinct, transparent
zřetězení • *n* chain, concatenation
zřícenina • *n* ruin
zřídka • *adv* rarely, seldom

zrní • *n* grain
zrnitost • *n* grain
zrnko • *n* grain
zrno • *n* grain
zrod • *n* birth
žrout • *n* glutton
zručnost • *n* adroitness, dexterity, prowess, skillfulness
zručný • *adj* dexterous, skillful
zrudlý • *adj* ruddy
zruinovat • *v* ruin
zrušení • *n* cancellation
zrušit • *v* abolish, cancel, discontinue
zrychlení • *n* acceleration
zrychlit • *v* accelerate
zrychlovat • *v* accelerate
zrzavý • *adj* ginger
zrzek • *n* redhead
zrzka • *n* redhead
ztělesnění • *n* embodiment, epitome
ztělesňovat • *v* embody
ztěžka • *adv* heavily
ztěžovat • *v* hinder
ztišit • *v* solace
ztlumit • *v* cushion
ztopoření • *n* erection
ztotožnění • *n* identification
ztrácet • *v* lose
ztráta • *n* loss
ztratit • *v* lose
ztřeštěný • *adj* crazy
ztrhat • *v* maul
ztrojnásobit • *v* triple
ztroskotání • *n* shipwreck
ztroskotat • *v* shipwreck
ztuchlý • *adj* rancid
ztuhlost • *n* stiffness
ztuhlý • *adj* stiff
ztuhnout • *v* harden
ztvrdnout • *v* firm
zub • *n* tooth
zubař • *n* dentist
zubařský • *adj* dental
zubatý • *adj* dentate, serrate, serrated
zubní • *adj* dental
zubnice • *adj* dental
zubr • *n* bison, wisent
zúčastnit • *v* participate
žula • *n* granite
žumpa • *n* cesspool
župan • *n* bathrobe
zuřit • *v* bluster
zuřivost • *n* rage
žurnalista • *n* journalist
žurnalistika • *n* journalism
zůstat • *v* remain, rest, stay, stop
zúžení • *n* constriction

zúžit • *v* constrict
žvanit • *v* drivel, drool, rabbit
zvápenatění • *n* calcification
žvást • *n* yak
zvát • *v* invite
zvážit • *v* weigh
zvažovat • *v* consider, deliberate, toy
zvědavě • *adv* curiously
zvědavost • *n* curiosity
zvědavý • *adj* curious
zvednout • *v* lift
zveličený • *adj* exaggerated
zvenku • *adv* outside
zvěř • *n* game
zvěrokruh • *n* zodiac
zvěrolékař • *n* veterinarian
zvěrstvo • *n* atrocity
zvěst • *n* rumor
zvětrat • *v* weather
zvětšit • *v* augment, enlarge, increase, magnify
zvíře • *n* animal, beast
zvířecí • *adj* animal
zvířena • *n* fauna
zvířetník • *n* zodiac
zvládat • *v* overcome
zvládnout • *v* manage, overcome
zvládnutelný • *adj* manageable
zvláštně • *adv* curiously
zvláštní • *adj* curious, peculiar, special, strange, uncanny, weird
zvolání • *n* exclamation
zvolat • *v* exclaim
zvolit • *v* choose
zvon • *n* bell, plunger
zvonec • *n* bell
zvoneček • *n* bell
zvoněčník • *n* rampion
zvonek • *n* bell, bong
zvonění • *n* bell
zvonit • *v* knell, ring, toll
zvracet • *v* vomit
zvratky • *n* puke, vomit
zvratný • *adj* reflexive
zvuk • *n* sound
zvukomalba • *n* onomatopoeia
zvukový • *adj* acoustic
zvýhodňovat • *v* favor
zvyk • *n* custom, habit
žvýkat • *v* chew
zvýrazněný • *adj* bold
zvýraznit • *v* highlight
zvýšení • *n* increase
zvýšit • *v* increase, up
zygota • *n* zygote

Made in the USA
Las Vegas, NV
05 December 2023

82121408R00154